U0804028

读客®

读客中国史入门文库

顺着文库编号读历史，中国史来龙去脉无比清晰！

从开国斗到亡国

明朝残酷权力斗争全史

从没有哪个朝代，斗得像明朝那么久、那么狠、那么花样百出！

宗承灏 著

文匯出版社

图书在版编目（CIP）数据

从开国斗到亡国 / 宗承灏著. -- 上海 : 文汇出版社, 2023.7

ISBN 978-7-5496-4069-0

Ⅰ.①从… Ⅱ.①宗… Ⅲ.①中国历史-明代-通俗读物 Ⅳ.①K248.09

中国国家版本馆CIP数据核字(2023)第106825号

从开国斗到亡国

作　　者 / 宗承灏

责任编辑 / 甘　棠
特约编辑 / 周诗佳　王霁钰　乔佳晨
封面设计 / 王　晓

出版发行 / 文匯出版社
上海市威海路 755 号
（邮政编码 200041）
经　　销 / 全国新华书店
印刷装订 / 三河市龙大印装有限公司
版　　次 / 2023 年 7 月第 1 版
印　　次 / 2023 年 7 月第 1 次印刷
开　　本 / 710mm × 1000mm　1/16
字　　数 / 463 千字
印　　张 / 30.5

ISBN 978-7-5496-4069-0
定　　价 / 59.90 元

推荐序

历史要让人性复活

（岳南：中国作家协会会员、中华考古文学协会副会长、台湾清华大学前驻校作家，著有《南渡北归》《从蔡元培到胡适》等畅销书。）

英国历史学家卡尔说：“历史是现在与过去之间永无休止的对话。”元朝末年，有那么多豪门贵族、英雄豪杰蜂拥而起，他们谁也没有想到，笑到最后的那个人会是要饭出身的朱元璋。有人说，中国历史是个两段论：“得民心者得天下”与“得天下者得民心”。前者告诉当事人如何去实现“得天下”的理想，后者是说得了天下其他都不是问题，包括民心。

有人会问，当皇帝，到底需要干什么？

或许朱元璋会告诉你，前半程是“得民心者得天下”，后半程是“得天下者得民心”。更何况没有人比朱元璋更懂“民心”究竟为何物，很多时候，他就是“民心”的代言人。

如果朱元璋没有底层社会的生活经验，没有突破人生底线的黑心和辣手，那么朱元璋就不是朱元璋。

从字里行间，我能够感受得到，宗承灏始终处于一种“端着”写作的状态，不够放松，或许这源于他本人的性格。也由此可见，他是一个不喜欢拿历史随便开玩笑的人。对宗承灏选择这样一种写作态度，我还是持肯定的看法。

我始终认为，一个连本民族历史都谈不上尊重的人，还能指望他对我们所生活的这个时代有所馈赠吗?

对于我们这些习惯于泡在泛黄的古籍堆里的人来说，很多时候会被一些看上去极其简单的问题深深困扰。比如说，会在文思泉涌的某个时刻突然停下来，向精神层面的另一个自己发问："什么是历史？你写的这些东西是真相吗？"

另一个自己就会反诘："你生活于当下，连当下的万象百态都没有办法搞清楚，凭什么去向一个容易遗忘的族群、一群容易遗忘的人索取过往的真相？"

往事并不如烟，对于一个历史书写者来说，真相绝对不是我们书写的真正目的，人性才是。也就是说，历史并非单纯的始于事，止于事。如果我们只是一味地将历史放在显微镜下做标本研究，未必能深入地了解那些人那些事。倒不如将他们置入广阔的历史背景之下，围绕在他们身上的一些盲点也许就容易被衬托出来了。博尔赫斯说："我们无法阻挡时间的流逝，是我们永远处于焦虑不安之中的原因。"时间是拨弄人性的那只手，人性是吐纳时间碎片的机器。

历史是一个民族的往事，是一群人又一群人的集体往事，而在这往事的经纬度上曾经寄生过数以亿计的血肉灵魂。对于我们这些历史书写者来说，通过自己的努力让已经消失的时间能够重现于眼前，就是所谓的历史"复活"。过去了的东西当然不可能重来，更不可能搬进实验室进行解剖后再去做防腐处理。所谓的历史"复活"，不过是历史与现实在某种程度上有着某种惊人的相似度，而这种相似又不是完全的契合。但有一点毋庸置疑，历史是可以复活的。历史就是时间轴上的一个又一个点，是一段又一段的往事，它是有生命力的。所谓的消失，只是时间层面上的消失。作为一个历史文本的写作者而言，他的使命就是带领自己的读者去实现那段历史的复活。

心理学有一个神秘的词语——"神入"。而这个"神入"就成了宗承灏试图复活历史的路径。何为"神入"？神入者，它的简单化的同义词是"换位思考"。其实它不仅限于思考，更是我们感受他人内心体验的一个过程。换句话说，就是让你置身于历史发展的环境中去观察历史，站在历史人物的立场上去研究历史，从而把握历史人物的情感、理想、信仰和意图等，并理解历史事件的演绎变化。通过这种“主体进入客体之中去想象客体”的研究活动感悟历史，让“历史”得以“死去活来”。

如果用一句话来推荐宗承灏的这本书，我想说的是，这是一本写给爱思考的人读的书，一本值得反复阅读的书。

目 录

第一章　寻根辨踪之旅

第一节
身份与活路

1. 大元王朝的失格

这个时代，因为后来的改朝换代，被史家们定义为元朝末年。

生在一个王朝末年，死亡或重生，皆有可能。当年，成吉思汗征服中原，他手下的大将别迭提议：杀光那些毫无用处的中原人，使广袤的土地变成丰美的牧场，用来牧放征服世界所需要的战马。亏得那位有着海洋般广阔胸怀的大汗没有完全听从，他有着更为远大的梦想，他的目光并不局限于中原地区。而他的继任者忽必烈则用横扫欧亚大陆的骄人战绩，回应了他的目光，并将一个游牧部落打造的帝国推至巅峰。

自建立以来，元朝始终处于动荡状态中，或者说是“战争状态”。公元1260年忽必烈击败自己的弟弟阿里不哥，自称大可汗之后，远在中西亚地区的几个蒙古汗国并没有完全归服于他。正因为如此，所谓的蒙古大帝国是不完整的。元朝建立后，它的势力范围也仅局限于以中国为主的远东地区。这个专为战争而生的王朝，就像是一台永不停歇的“战争机器”。事实上，直到公元1294年忽必烈去世，他与他那些同宗兄弟间的冲突仍没完没了地进行着。因此，长期以来，元帝国精锐的主力部队主要部署在中国北方与西北地区。这种情形，使得后来的红巾军能够在黄河以南四处蔓延。

版图茫茫，局部战争不过是巨人伤了根手指头，并不耽误一个人的享乐，更不会一朝夺命。但战争打的是钱和粮，连年征战，小恙酿成大疾只是时间问题。仅1280年元朝统一中国后，有记录的战争就多达230场，如果再算上之前的，更是多得难以计数。征服世界的赫赫武功，很难使这些蒙古族武士不蔑视那些被征服的人。于是，汉人沦为三等公民，中华大地陷入千古未遇之奇灾剧变。

蒙古铁骑卷起的千里烟尘尚未散尽，持续了近百年的疾风骤雨悄然停息，而大元帝国却以惊人的速度滑向它的地狱之门。“长生天”赐予的福分，被他的子民们糟践得所剩无几。气息奄奄的老骆驼，就这样进入它生命的倒计时。压垮它的，不是一根稻草，而是排山倒海的力量。上层社会风气奢靡，道德瓦解，正所谓上流社会做着下流之事。而在社会的底层，越来越多的农民失去土地，卖身为奴。灾难频发，饿死者的白骨相望于道。

在马背上打下天下，凭什么不能在马上治理？历史学家孟森在谈到元朝的制度时说，有史以来，以元最无制度，马上得之，马上治之，“不知礼法刑政为何事”。他认为蒙古帝国的执政者对于制度的漠视，从《元史·兵志》可知，“止有佥军、补军、调军、遣军之法，别无养军、练军之法”，“其他刑罚、食货等，一切苟简”。元朝的执政者与他们所征服的人民，像是生活在两个世界中，他们在相当长时间里不知华夏政治传统与儒家文化为何物。在他们看来，那些古老的智慧毫无用处。在嗜血的战士眼里，那些满口之乎者也仁义道德的儒生，既虚伪又没用，烦琐啰唆，令人无比厌烦——世界上居然有人将读书作为终生事业，而且还能据此专业做官？这样的事实，曾经让他们完全无法理解。在明朝人修的《元史》中，对元朝灭亡的原因有这么一句总结：“元之所以亡者，实基于上下因循，狃于宴安之习，纪纲废弛，风俗偷薄，其致乱之阶，非一朝一夕之故。”

明人陆容在他那本相当有名的著作《菽园杂记》中记载了这个段子：

元世祖忽必烈入主中原以后，下令汉人必须梳蒙古族的发式，穿蒙古族的衣服。有一次，他去太学视察，发现孔子及其圣子贤孙们的塑像的衣着发式还都是汉族样式，于是命令有关衙署将其全部改成蒙古族式。这令孔子的弟子子路大为恼火，立即动身到昊天上帝那里去投诉。昊天上帝听完子路的苦恼后，忍不住笑出声来，开导他说：“你怎么如此不识时务？打从盘古开天地，三皇五帝到如今，都管我叫天；现在，连我的名字都被改了，叫‘腾吉理’，我也只能答应他。此乃时势使然。别着急，你且忍耐忍耐，终有一天会改回去的。”

随着岁月的流逝，备感痛苦的人们开始采取行动以改变这种情形。

关于这些行动的记载，遍布于元帝国中后期的编年史册。到朱元璋的时代，整个国家犹如一个大干柴库或巨型火药桶，几乎所有人都在等待着点燃它的那一点星星之火。

大到每个国家，小到每个人，都被框定在层层边界之中，即我们所生存的空间。对于元朝来说，他们的先人以结群方式来分配、争夺与保护资源领域，形成了一种天然“边界”。而当他们骑上战马，身体的欲望被战马的奔跑带往永无止境的前方时，他们也就失去了边界意识，更失去了对于边界的管控能力。史书记载，统一后的元朝疆域“北逾阴山，西极流沙，东尽辽左，南越海表”，“汉、唐极盛之际，有不及焉”。我们知道，在任何时代、任何国家，执政者的边界从来不是依靠暴力，而是依赖于各种社会组织、制度和文化，依赖于支持这一社会政治秩序的历史记忆。而这些，都是元朝所缺乏的。

蒙古人的边界意识来自他们的移动能力，以及本民族的神话、宗教信仰。神话将本群体的英雄神圣化，也将边界外的人群世界妖魔化。所谓“神不歆非类，民不祀非族”，让人们不敢暴露在本族之神守护的边界之外。而边界的划分，使得元朝将全国人口不分种族进行了强制性的划分。蒙古人为一等人，西域各地居民则为二等“色目人”，原金国境内的汉人、契丹人、女真人以及曾作为元后方根据地的云南人就为三等的“汉人”，而淮河以南的大部分人口则不分种族均为“南人”或“蛮人”。这样的划分带来的恶果很快显现，当处于最高层的蒙古人与最底层的南人发生冲突时，远在西域的二等“色目人”即使有立场，也可以忽略不计；而三等“汉人”，在局势明朗之前不会轻易倒向任何一方。如此一来，“蒙古人”和“南人”之间的对峙，就形成了一对一的单挑之势。蒙古族骑士虽然勇猛无比，但人口数量过于稀少，尤其与其治下的庞大人口基数相比。区区百万人口撒在广袤的大地，即使加上早期臣服的色目人，也开不出绚烂的花朵。他们征服的世界过于庞大，凭借着卓越的移动能力，恨不得将战线一直推到天边，累死马，也累死人。不管他们多么凶猛，那种被汪洋大海淹没的感觉也让人恐慌。在潮水般的切割和包围中，他们丧失了最初的勇猛。

由于“南人”的组成中有农民、手工业者、商人、小地主、知识分子等（不分民族），因此当诸多阶层联合起来时，其蕴含的力量是令元朝政府始料不及的。换句话说，元末的农民起义实际上就是“南人起义”，其实质就是两大人口等级的正面对抗。元朝从一开始就犯了致命的错误，它将人口最庞大的群体定义为“四等人”，这等于是为自己培养起最具潜力的对手。

蒙古人与汉人、南人的矛盾是边界意识的现实镜像，正因为如此，元朝社会的基本矛盾除了传统史家所言的农民阶级和地主阶级的矛盾，便是蒙古人和其他等级人种的矛盾。“地主阶级”曾是元朝政府有意拉拢的对象，但由于部分“小地主阶级”可能是“汉人”或“南人”，这部分地主阶层在社会矛盾激化时，很容易就走到元朝政权的对立面。而许多手工业者、商人、知识分子等，也在等级歧视和压迫过程中逐渐加入反抗者的行列。由于这部分人的存在，农民义军就成了一支融合各社会阶层智慧的队伍。

如果社会矛盾的存在是历史的必然，那么事件的发生则是必然中的偶然。从元代的记录里，我们可以看到关于黄河决口的十数次记载。撒旦打开炼狱之门，人间沦陷。数万，甚至数十万平方千米的人间大地立时化作汪洋泽国。元至正四年（1344年），河南淮北地区连着下了二十多天的暴雨，致使黄河水暴涨，白茅堤、金堤等黄河堤坝决口。济宁、定陶、巨野等地水灾泛滥，人民苦不堪言。这次治河工程从至正十一年（1351年）四月开始。由于工程量浩大，朝廷征调了汴梁、大名以及庐州等地十七万军民负责工程的具体修建工作。这不是元帝国规模最大的一次治河行动，却是它的最后一次。

在做出治河的决定之前，帝国决策层曾经发生过激烈的争论。反对派认为，山东连年饥馑，民不聊生，聚众于此地治河，“恐他日之忧，又有重于河患者”。此种“高论”，显然只能出自缺少人文关怀的政治动物之口。那些遍地横行的贪官污吏，已经不容许自己的政府施行此类善举德政。不幸的是，他们确也道出了当日的实情。

果然，如史料记载，十七万治河民工与军队聚集起来，开始这个造福社会的宏大工程后，“朝廷所降食钱，官吏多不尽给，河夫多怨”。各级官吏上下其手，层层克扣，致使国家拨下来的工钱，大多在各级管理者手中蒸发了，治河民工只能得其余唾，由此引发的憎恨可以想见。治河工地上“死者枕藉于道，哀苦声闻于天”，广大在工地的贫苦民工都渴望有救世主来拯救他们。终于，星星之火被擦燃，烈火刹那间腾空而起。

事情起因于治河工地上的一个怪异发现。元至正十一年四月底，在今天山东曹县西南的黄陵岗工地上，民工们突然在河道底下挖出了一个独眼石头人，石人背部刻着一句话，曰：“石人一只眼，挑动黄河天下反。”这与几年来流行于黄河南北广大地区的一句童谣完全吻合。利用谶语的效应鼓动民众造反这种计谋，数百年屡试不爽，甚至连手法都不变。历史是周而复始的转圈游戏，城头变幻大王旗。在人心浮动之际，这种不具有原创精神的游戏所带来的功效是那些堂皇说教的千万倍。

一时间，人心大动。几天后，五月初三，河南颍州，也就是今天安徽省阜阳县白鹿庄发生了韩山童、杜遵道、刘福通等领导的白莲教暴动。他们利用遍布各地的教会组织大造声势，并暗暗地錾了一个石人埋于黄陵冈的当路处；同时精心策划，分派大批教徒混入民工，宣传天下将要大乱，弥勒佛已经降生。一传十、十传百，河南、江淮一带的老百姓很快就闻风而动。加上督河官吏克扣修河经费中饱私囊，搞得民怨沸腾，大有山雨欲来之势。每个改旗易帜的时代，都会迎来一场令人疯狂的盛宴。

2. 王的身份与活路

一个人的身份注定了他从何处而来，又将归于何处。后人试图给朱元璋贴上各种身份标签：佃农、游民、和尚、造反者，或者是一个手段过于狠辣的帝王。他的一生至少有五次的身份转换经历，而每一次身份的转换对他来说，都是一次个人价值的自我提升与精神蜕变。有人说做了帝王的朱元璋，和作为小农的朱元璋，是两个人。其实他什么都没有变，却又什么都变了。

这个古老的国度就像是一个巨大无比的盒子，每个人都活在其间。若是不满的情绪越积越浓，整个盒子里便会充斥着一种如弦在绷的紧张气息。烈火四野蔓延，各种改朝换代的传说应运而生。朱元璋出生于一个佃农家庭，他的父亲朱五四和他的祖父朱初一都是没有多少文化的农民，一辈子连个正儿八经的名字也没捞到。没名没号的底层小人物在任何时代里都像是野草的种子散落于这个世界的角角落落，飘到哪里就会在哪里生根。

朱五四一生从淮河下游，洪泽湖南岸的盱眙（今江苏淮安市盱眙县）漂泊到濠州（今安徽凤阳），他的人生经历了四次迁徙，先后搬过七次家。早在他的上一代，也就是朱元璋的祖父时期，他的家族就脱离了宗族所在地句容（今属江苏）的朱家巷。这一年是元文宗天历元年（1328年），中华大地正在蒙古异族的统治之下，全国人分四等，蒙古、色目、汉人、南人。朱家属南人范畴，位居末等；而他们又是这末等南人中最为穷困、最为低贱的雇农，属于草根中的草根。当时的老百姓都被编进固定户籍，包括民户、军户、匠户、灶（煮盐）户、站（驿站）户、儒户、矿户等，有几十种。不同户籍承担着不同的供纳和劳役。这种强制性的供纳，与劳役者的身份并没有绝对的联系。国库里面缺什么，生活于低层的劳力者就要无条件地供纳。

朱初一被编为矿户中的淘金户，意味着朱家每年都要向朝廷缴纳定额黄金。句容县从来就不是一个黄金出产地，而作为赤贫户的朱初一，估计这辈子也没见过几次黄金，更不用说让他去淘金。在不讲理的世道里，生存者没得选择。可怜的朱初一只有卖掉粮食购买黄金去缴纳。朱家本就是贫家小户，怎能禁得起这般折腾，日子过得异常艰难。万般无奈之下，朱初一只好领着全家人候鸟似的四处迁徙。想尽办法，只为活下去，这是所有生物的本能，包括人类。从这个层面上说，人类与蝼蚁并无差异。朱初一经历了怎样的困境，我们不得而知。总之，他将全家搬迁至洪泽湖南岸的盱眙。这里有大片因战争而抛荒的土地，他们停下来，开荒种地，繁衍生息。在农耕社会求生存，土地就是活命之资。朱元璋的父亲朱五四也在这里娶妻生子，在那样一个动荡的大时代里，普通老百姓根本就没有享受生活的资格。能够活下去，已是上天给予的最大恩宠。

朱五四搬到濠州钟离太平乡孤庄村后，他的小儿子朱元璋来到这个世界。1328年的农历九月十八日是一个何等神奇的日子。史家不惜笔墨，将所谓的祥兆记录下来。那天夜里，朱家的屋顶上一片红光，左邻右舍以为失火，纷纷跑出来救火。朱元璋出生后，母亲抱着他到河里洗浴，从远处漂来一块红罗幛为他裹身。人们口口相传“真龙天子”降生时的种种神奇与灵异，而现实却是另一种情景。朱元璋出生的时候，朱五四已年过半百，算是老来再得子。朱元璋的降临，并没有表现出改变这个家庭窘境的任何迹象，不过是在一串嗷嗷待哺的小生灵中，又增加一份负担。朱元璋投生于朱家，注定了他从娘胎里一落地，就成为社会最底层人群中一员。他睁开眼睛看到的世界，是一个充满饥饿、寒冷、肮脏、混乱的世界。哥哥、姐姐站在母亲旁边，用他们饥肠辘辘的肚子欢迎他这个家庭新成员的到来。

朱元璋的大伯朱五一有四个儿子，也就是朱元璋的堂兄弟。他们分别叫重一、重二、重三、重五；父亲朱五四有四个儿子，也就是朱元璋的哥哥重四、重六、重七。因为朱元璋在这个家族中排行第八，所以取名“重八”。他还有两个姐姐，她们是没有资格排序的。元璋这个名字，还是他后来加入郭子兴义军之后取的。“璋”的意思是“锋利的玉器”，这里或多或少暗含着朱元璋的一种人生态度。对于乱世底层人群来说，孩子，不止于孩子。他也是一个家族，一个家庭在命运轮盘赌中的筹码。所以，中国民间才会有“越穷越生，越生越穷”的说法。

官府的敲诈和聚敛让草根小民难以生存，朱家也不例外。穷家破业的小户，他们的生存成本，不知要高出他们的身份多少倍。按照元廷规定，淮河流域的农民需要缴纳丁税、地税和科差。土地，不仅养活不了它的子民，还要吃它的子民。

彼时，一个农民家庭需要承担沉重的朝廷赋税。地税每亩三升，丁税三石，将近地税的一百倍，即一百亩地折一丁，对于朱家这样人多地少的赤贫户来说，沉重的丁税负担让他们难以承受。三个成人，需要缴九石谷，再加上地税，每年不下十石。如此负担，对于朱家这样的小农实在是无法承受的生命之重。地主家有的是余粮，而朱家是吃了上顿就不知道下顿在哪里。朱元璋后来当了皇帝，想到这些，还是会陷入焦虑。他在批阅奏折时，总是会挑出那些与农民生存有关的内容，一再咂摸。

朱元璋的父祖世代务农，并没有值得大书特书的事迹。倒是他的母族一系值得一谈，尤其他的外祖父，是个有故事的老人。《明史·列传第一百八十八·外戚》记载：“陈公，逸其名，淳皇后父也。洪武二年追封扬王，媪为王夫人，立祠太庙东……当宋季，名隶尺籍伍符中，从大将张世杰扈从祥兴。至元己卯春，世杰与元兵战，师大溃，士卒多溺死。王幸脱死达岸。”朱元璋的外祖父姓陈，早年投军于南宋末年抗元名将张世杰麾下，参加过南宋与元朝铁骑最后一战，也就是发生于广东新会县的崖山之战。那场载入史册的大战，以南宋宰相陆秀夫仗剑逼令妻儿跳海，然后自己背负着仅有六岁的南宋末代小皇帝蹈海而亡，宣告了南宋王朝的覆灭。朱元璋的外祖父被打落海中，后被人救上岸，历尽艰辛逃回老家。他一直避居乡间，靠巫术、卖卜与看风水为生，活到九十九岁才去世。

朱元璋出生时，那场大战已过去半个多世纪。朱元璋的童年，外祖父的英雄事迹是他成长的活教材。他记不清母亲陈二娘在他面前重复讲述过多少遍。他印象中的外祖父，高大且固执。他无法将记忆中的这个老人，与母亲故事里那个神一般的人物联系起来。他喜欢故事里的外祖父，因为他符合一个孩子对于英雄的想象。那个有着忠君报国理想，敢于反抗异族压迫的外祖父，在朱元璋幼小的心灵深处产生了巨大的回响，也让他对王朝更迭、天下易主之事产生兴趣。生在这样一个赤贫之家，居然还能和一段传奇扯上关系，这让朱元璋感到满足。就像一个快要饿死的叫花子，居然从口袋里翻出一张藏宝图。母亲是外祖父的二女儿，天性开朗大方，深得外祖父疼爱。听母亲说，在她幼年时候，见过世面的外祖父曾教她读书识字，给她讲述自己经历或者没有经历过的历史掌故和各地的风土人情。

朱元璋从乡人口中知晓，母亲年轻时能歌善舞，曾经在乡间迎春赛会与社戏上有过精彩表现。这样的话在朱元璋听来，无异于又一段传奇。从朱元璋记事起，母亲苍老的面容里，只有“苦寒”二字，哪里有半点歌舞娱乐的影子。他不明白，当年跳脱出众的母亲，怎会选择嫁给老实巴交的朱五四。朱元璋稍长，虽然家境窘困，母亲还是节衣缩食将他送进私塾。他在私塾待了不到一年，由于家里生活难以维系，只好辍学。他不得不像其他孩子那样放牛割草，以此补贴家用。尽管如此，在母亲的教导下，朱元璋还是勉强学完《百家姓》《千字文》等发蒙读物，为自己打下了浅薄的文字根底。正是因为母亲，朱元璋看这个世界不再只有一种颜色，内心拥有了区别于一般农家娃的开阔度。

纷纭杂沓的乱世，无休无止的杀伐，使得濠州的钟离、定远一带人口锐减。尽管如此，贫瘠而广袤的土地上，却仍然无一尺半寸属于朱家。濠州境内有韭山、凤凰山、三峰山等荒山，常有虎豹出没，“樵者不敢入于山，农者不敢耕于野，商旅不敢出于途，孳畜不敢牧于薮”。当地官府及猎户，七八年间擒获千余只猛虎，数量惊人。朱家迁居孤庄村时，“自定远抵淮涘，南北数十里，嵁岩林莽，虎聚为患，村落震恐，行旅戒严于其途。后元命将军应宜儿赤捕杀殆尽，其患始熄”。孤庄村之所以称为“孤庄”，与这里人烟稀少、虎聚为患有着很大的关系。

朱元璋出生时，他的大姐已经嫁给了盱眙县太平乡段家庄的王七一。上天并没有眷顾这对贫贱夫妻，二人婚后不久便相继而亡。他的上面还有三个哥哥，一个姐姐。因为贫困，大哥朱重四好不容易才娶上一房媳妇，而二哥、三哥想要成家立户，几乎不可能。没有办法，他们只好入赘女方家做了上门女婿。朱元璋做了皇帝以后，封二哥重六为“盱眙王”、三哥重七为“临淮王”。他是根据他们各自的入赘地，来给予他们不同的封号。二哥入赘地是泗州盱眙，三哥是钟离县东乡。入赘，在民间通常被认为是一件不光彩的事。《汉书·贾谊传》有“家贫子壮则出赘”的话，哥哥入赘虽然是家族的耻辱，但也是一条别无选择的活路。

对于朱五四而言，让两个儿子相继入赘是没有办法的办法。既可以让他们成家立室，也少了两个人的重税。二姐嫁给三哥入赘地钟离县东乡的一个渔户李贞，同样是穷人家。虽然朱元璋的父母育有四子二女，但是只有朱元璋和大哥朱重四在一起生活。大哥婚后育有二子一女：长子圣保，二子驴儿（朱文正），女儿是后来的福成公主。这样算下来，朱元璋一家这时候有八口人。

元顺帝至元三年（1337年），朱元璋十岁，他们一家为了逃避沉重的赋役，举家迁往钟离县西乡，依然靠租地耕种，维持最基本的生活条件。西乡的土壤较差，加上当地的灌溉条件也不行，一年忙到头，收成缴了租子后所剩无几。父亲没办法，只好第二年带着全家再次搬迁。这一次搬到了太平乡的孤庄村，成为地主刘德家的佃户。

上无片瓦，下无立锥，最基本的生活来源都要仰赖主人。刘德是那种与我们想象并无多大出入的、为富不仁的地主，对佃户尤其苛刻。如果碰到大灾之年，即使皇恩浩荡，专门发下减免租税的诏书，所起的作用也是微乎其微。地主刘德以减税不减租为由，逼着佃户缴全租。佃户们缴不出，他就放高利贷。通常是借给别人一百，先扣除利息，实际上别人只能拿到八十。等到好年景，他则会连本加利和租谷一起催缴。一家人辛辛苦苦忙碌一年，等于是为地主家忙活。不种地连活下去都难，种地反倒欠下不少债，这就是当时的现实。

朱元璋天生具有领导者的潜质，打小就是一群乡间孩子的头领。或许是他肚子里的故事多，心里的点子多，伙伴们喜欢围拢在他身边。他把他们分成几拨，指派头目，订立规则，各占高坡，相互追逐，以定胜负。他们最爱玩的游戏就是扮皇帝，乐此不疲。每个人身上穿着破衣烂衫，内心却有着求取富贵的愿望。当放牛娃，常挨主人打骂，吃不饱饭。早晨赶着牛出门，天色将晚才能回家。牛吃饱了，可饿了一天的朱元璋，只能一遍遍往肚子里灌山中的泉水。他做梦也不会想到，多年后，会有上百道菜摆在他的面前，晃得他眼睛都花。凤肝龙髓，玉液琼浆，在精美的器皿里泛着光。只要他愿意，每天都能享受到这一切。当他坐在这样的排场面前时，却快乐不起来。享乐于他而言，更像是活受罪。

不过如果当年那个叫重八的孩子，能够穿过彼端的时间帘幕，坐于此端，一定会沉浸于一场食欲的极乐世界。关于朱元璋的童年，最为世人津津乐道的，就是他杀牛饱食的故事。那次他与小伙伴们放牛，饿得实在受不了，他盯着母牛肚皮底下吮奶的小牛犊，想出了一个点子。他抽出随身携带的弯刀，将锋利的刀尖插进了小牛犊的肚腹。他召唤和他一起放牛的徐达、汤和、周德兴过来帮忙，一头小牛犊就这样被他们烤着吃了，他这一生都不会忘记那一顿饱食的肉香。

饥饿像一条吐着信的毒蛇，从空荡荡的胃里钻出来。顷刻之间，只剩下一张牛皮、一堆骨头和一条牛尾巴。看着伙伴们互相埋怨，急于洗脱罪责的模样，朱元璋虽有些慌乱，但不免觉得有些滑稽。他让伙伴们把牛骨和牛皮就地挖坑掩埋，并将血迹掩盖起来，然后将牛尾巴插到山上的岩缝里。他告诉他们，地主刘德如果问起，大家就一口咬定小牛钻进山洞里去了，拽不出来。

这个近乎天真的想法瞒不过刘德，不出意外，朱元璋被毒打一顿赶回了家。平日里像老牛一样沉默的父亲给了他一巴掌，没有再说什么，承担了赔偿小牛的债务。多年后，徐达、汤和他们在说起这件事的时候，语气里仍流露着钦佩之意。朱元璋表现出来的勇智与担当，超出了他的同龄人，也因此赢得了这帮顽劣之徒的信任。对于心智尚未成熟的孩子，这无疑是一次大胆的行动，其直接目的是消饥解馋，而其深层动机则是对刘德那种为富不仁者的间接报复。尤其是日后跟着朱元璋一起冲锋陷阵的大将汤和、周德兴和徐达等人，也在分牛而食的小伙伴当中。从某种意义上说，日后为朱元璋冲锋陷阵的许多将领，这时候已经与他形成了臣属关系。从游戏当中，可以看出少年时期的朱元璋，已经具有为改变命运而敢作敢为的性格萌芽。对于一个穷孩子来说，改变命运不就是为了吃顿饱饭吗？本以为土地是最讲道理的地方，一分耕耘，一分收获，它承认你的用心，承认你的付出。但这不过是理想主义者的想法。在那样一个时代里，土地是最不讲道理的地方，十分耕耘，也难有一分收获，像人一样坏了心肠。

随着侄儿、侄女们相继来到这个家庭，朱元璋在家中也陷入尴尬的境地。迁居孤庄村那一年（至元五年，1339年），父亲已经五十八岁，母亲比他小五岁，也已经五十三岁。由于生活条件所限，一个贫民活到五十岁以上，已经够本。而此时的朱元璋刚刚年满十二岁，全家八口人的生活重担，落到了大哥朱重四的肩上。大哥成了家里的顶梁柱，不仅要上奉父母，下养子女，还要承担照料弟弟的责任。作为底层民众中的佃户，朱家连赖以生存的土地都是从地主家租种的，其他生活资料近乎于无。

每天在地里忙碌了一天的朱家大哥，像一头疲惫的老牛，有着暴躁的脾气和无言的沉默。每每回到家中，看到逐渐苍老的父母和玩性正烈的弟弟，脸色总会变得异常难看。他的这种态度，一度让朱元璋和家人并不满意。朱元璋在《御制纪非录》中记下了这段令人肝肠寸断的往事："朕不幸有骨肉乖离之患，且从孙（朱）守谦（朱文正之子）之祖（朱重四），幼因皇考（父亲朱五四）惜之甚，及壮，无状甚焉，其非奉父母之道，有不可胜言。"在朱元璋的记忆深处，他和大哥重四共同生活的十七年，兄弟之间的关系并不融洽，有很多不愉快的往事留在心头。在那样一个纷乱的大时代背景下，一个农民的命运绝对不会比地上爬行的蝼蚁好到哪里去。一场突发的灾难，就会让整个家族和个人陷入难以自拔的人生绝境。天空、大地、所有的人，表情都是一样的冰冷麻木，暗暗沉沉。

从至元五年（1339年）到至正四年（1344年），朱元璋在孤庄村生活了五年之久。在那贫寒的岁月里，他从十二岁的少年成长为十七岁的青年。十七岁对于那些富家子弟来说，是风流锦绣的年华；对于朱元璋来说，留在记忆中的只有苦涩和辛酸。

朱元璋已经成长为一个男人，他要与父兄一起扛起生活的重担。生于佃农之家，既要做到应对所有农活如臂使指、挥洒自如，又要熟悉民风民俗、人情世故，甚至还要成家立业顶起一个户头。如果不出意外，他将沿着父兄的生活足迹，成长为一个勤劳、淳朴、忠厚的凤阳农民。在淮河岸边的那块古老的土地上，他无数次地仰望星空，希望能够得到某种指引。

元至正四年（1344年），一场突如其来的天灾，彻底摧毁了相对宁静的贫寒岁月，也完全改变朱元璋的人生境遇。那一年的春季，数月无雨，江淮大地千里赤旱；铺天盖地的蝗虫风卷残云般地将田地里残存的青苗吞噬得干干净净；接着，一场席卷而来的大瘟疫在蝗、旱灾害的双轮驱动之下，威力空前，使朱家顷刻之间陷入灭顶之灾。朱元璋的父母和长兄都死于这场天灾人祸，从四月初六到四月二十二，短短的十几天内，父母和大哥朱重四相继死亡，随后不久三哥朱重七也离开人世。朱元璋后来在《御制皇陵碑》中，痛苦地回忆起这段经历："俄而天灾流行，眷属罹殃。皇考终于六十有四，皇妣五十有九而亡。孟兄先死，合家守丧。"当他的父亲、母亲和大哥相继死了以后，嫂子带着孩子回了娘家，只剩下他和他的二哥相依为命。对于风雨飘摇的家族来说，亲人的相继离世，无异于天塌地陷，但对于逝者又何尝不是一种解脱？逝者已逝，生者还要继续挣扎。活在恐惧深水中的漂浮者，没有救命稻草可以抓。

中国传统社会最讲究宗族观念，乡村社会基本上是依靠宗族力量在维系繁衍。像朱元璋这样从父辈迁徙过来的外乡人，根本享受不到来自宗族力量的庇护。当他们的生活陷入绝境时，很少有人伸出援助之手。这种完全依靠个人力量在世间求生存、求发展的现实，让他的性格深处有了更多坚硬的成分。如果这个世界是一颗有生命的蛋，朱元璋所要做的，就是将自己打磨成一块石头，然后去敲碎那颗蛋，以此换来新生。中国人讲究的是入土为安，一番痛彻心扉过后，朱元璋和二哥重六经过合计，前去哀求地主刘德，希望他能看在数年主客一场的分儿上，施舍一块坟地给他们的父母。人与兽本是亲兄弟，而高尚不过是饱食者的文明把戏。在土地上辛苦劳作了一辈子的农民，死了却无一寸埋骨之地。朱元璋本以为刘德能怜悯他们，施舍一块埋葬父母的土地。遗憾的是，他们一无所获，不仅如此，刘德还借机羞辱了他们一番。

现实毕竟不是一潭绝望的死水，朱家夫妇的良善还是为他们死后积攒了福祉。同村人刘继祖得知朱家遭遇，就给了他们一块田地。刘继祖不会料到，自己出于好心赠给朱家的这块地，会成为日后的“龙脉”之地，成就一个王朝的万世根本。朱元璋和二哥千恩万谢，感激不尽。但是死者衣衾棺木还是没有着落，只好将遗体包裹了几件破烂衣服，抬到坟地草草掩埋，以安顿亲人的亡灵。

那一天，朱元璋永世不会忘记；那一幕，成为折磨他一生的黑色魔咒。他和二哥重六来到坟地，正要准备动手挖坑，天空突然电闪雷鸣，风雨交加。等到云散雾开，他们再到坟地去看，父母的尸首不见了。刚才的暴雨将山坡上松软的泥土冲塌，恰好埋住了那两具遗体。三十五年后，朱元璋在写《御制皇陵碑》时，回忆起这段往事，依然能够体会到他当时的心境：“殡无棺椁，被体恶裳，浮掩三尺，奠何肴浆。”如此巨大的打击在他年少的心头投下浓重的阴影，每念及此，肝肠寸断。他的亲人们都死在那个万恶的年头里，死亡是他们的解脱，让他们的灵魂变得更加明亮和喜气洋洋，不再受这世间的罪与罚。

穷人在艰难的世道里活命，好像生来就是为了尝尽生活的百般苦楚。对于我们这样一个视肉体痛苦为生存常态的民族而言，精神上的痛苦并不具有普世意义。尤其对于朱元璋所处的游民阶层，若有人说自己精神痛苦，或是灵魂不堪重负，那一定会有人说，你是异类，是精神病患者。对他们来说，流汗吃饭、流血赚钱，敢于寸刀割人，必然要做好加倍偿还的准备。

朱元璋就这样眼睁睁看着自己的亲人一个个消失在自己的面前，却毫无办法。短短的十三天，死神夺走了他的四位亲人。对于一个半大孩子，这种打击到了让人难以承受的边界。而在此次灾荒之前，他的二嫂、三嫂都已经先后病故，二哥的独生子也夭折了。现在，朱家只剩下他和二哥重六，以及大嫂王氏和她的一双小儿女。大嫂王氏因公婆、丈夫均已过世，她也不愿意留在那个支离破碎的家庭，便带着子女回娘家度日。接着，二哥重六也返回入赘的岳父家中。让朱元璋没有料到的是，他与二哥重六从此再也没有见过面。

暮年的朱元璋在书写《御制皇陵碑》时，提及往事，情难自已，颤抖的双手握不住一支笔。家破人亡，亲人离散，兄弟也要分头逃难。这一分开，就有可能会消散于世道苍茫，或许再也不会有见面的机会。他至死都无法忘记，他和二哥分开时，抱头痛哭的场景。

后人有一句漂亮话，命运在为一个人堵上一扇门的时候，同样会为他打开另一扇窗。既然从命运之门爬不进去，那就翻窗而入，翻墙而入。或许是命不该绝，让朱元璋遇到了汪氏老母，她给他指引了一条活路。汪氏老母是朱家的邻居，丈夫早逝，带着三个儿子艰难度日。她看到沦为孤儿的朱元璋，便经常接济一碗粗茶淡饭。

在汪氏老母的筹量下，无路可走的朱元璋遁入空门，在皇觉寺当了一名游方和尚。不为晨钟暮鼓修来世，只为混口饭吃。当生活将朱元璋逼向绝境的时候，他并没有在生活的苦海恶浪中乱了方寸。

3. 王朝的江湖背景

洪水退去，淮河两岸瘟疫又起。上天似乎要将他的人间子民逼至绝境，连续四十天的干旱无雨，赤地千里。大水退后种下去的庄稼干枯了，划根火柴就能点着整个大地旷野。人们心头仅存的星星点点的希望火焰逐渐熄灭，如果天要绝人的活路，人能奈何？对于淮河流域生活的人们而言，逃荒是他们最不陌生的一项关于生存的必考科目。沿着钟离村尘土飞扬的乡间土道，一群群扶老携幼的难民艰难地向前移动着。大旱之后，又遇蝗灾。寥寥中原，赤地千里，饿殍遍野，哀鸿遍野。

在这个世界上，大多数人的命运掌握在少数人的手里。对于他们来说，三个也好，三百万也好，仅仅是数字的变化。千千万万挣扎于底层的农民，既是天灾人祸的承受者，也是一战成名的付出者。大历史看上去像是和他们没有多大的关系，大历史好像只漫步于高墙森严的官邸府院，可是谁也不能否认，他们身上有着改写历史的最大可能性。

朱元璋到庙里不足两个月，就迎来了一场大饥荒。寺庙的主持只好把粮仓封了，让本就无路可寻的僧人们到纷乱的世道里去寻找活路。所谓的活路，无非就是让他们到处去化缘乞讨。

朱元璋背上破包袱，提上木鱼和瓦罐，重新投入民间社会。这时候的他有了一种恍如隔世的感觉，这种感觉更多是由于身份的变化所引发的。在此之前，他还只是元朝濠州府钟离县太平乡孤庄村里的一个普通男丁，是父系朱氏和母系陈氏家族血缘关系链中的重要一环，是皇觉寺有度牒在身的和尚。

迈出皇觉寺门槛的那一刻，朱元璋陷入人生的大迷茫中。就算他有着超然于同龄人的个性，也无法为自己找到一个准确的人生定位，他甚至觉得自己和地上爬行的蝼蚁并没有多大的差别。生或者死，对于这个世道而言，都是微不足道的。农民的根扎在土地上，一切纲常教义，一切“安分守己”“安土重迁”之类的大道理都与土地有关。但无处不在的压迫与榨取，将朱元璋和他的伙伴们从这块土地上连根拔起，他不得不转换身份。农民做不得，只好去做这个社会上的浮浪者，做一个浮食游民。从他来到这个世界，一场接一场的灾难，早已将附着于其身的，所有可以证明自我存在的价值符号都一一擦去。父母双亡，兄弟离散，几乎所有的血缘关系链都被无情地割断。官府衙门不管他的死活，地方甲长当他不存在，如今连一座破寺庙也不肯收容他。

当一个人的身份变得越来越模糊，意味着这个世界已经将他抛弃。对于农民来说，他们一旦脱离生息之地，很容易被主流社会抛弃，成为游荡于城乡之间的游民。游民是那些在主流社会失去容身之地的人，他们托命的空间就是江湖，风波险恶，温饱难求。他们成为在农村之间辗转，租种土地，以农为生，没有流入城市的人群。学者王学泰这样描述游民的性格：“游民脱离了主流社会，失去了自己的角色位置……他们是没有根柢，随着时势浮沉游荡的一群人；他们没有地位，失去了社会的尊重……因此，他们是反对现存的社会秩序的，也不必考虑角色位置为人们所设置的种种规定……他们极端重视眼前利益，不太顾及离现实较远的后果……他们很少有文化教养，也就没有了文饰的习惯。一些为社会舆论所不容、被通行道德所鄙视的行为，他们常常不以为非，而且为了达到眼前的目的，也很少有固定的是非观念；一些士大夫甚至普通人都要掩饰的观念和性格，在游民看来没有掩饰的必要……而是赤裸裸地表现出中国文化传统的阴暗面。”

朱元璋先后漂泊到了庐州、六安、汝州、颍州等地，最后又返回到皇觉寺。在《御制皇陵碑》中，朱元璋用生动的笔触描述了自己三年的流浪生活：“居未两月，寺主封仓，众各为计，云水飘飏。我何作为，百无所长。依亲自辱，仰天茫茫。既非可倚，侣影相将。朝突炊烟而急进，暮投古寺以趍跄。仰穹崖崔嵬而倚碧，听猿啼夜月而凄凉。魂悠悠而觅父母无有，志落魄而侠佯。西风鹤唳，俄淅沥以飞霜。身如蓬逐风而不止，心滚滚乎沸汤。一浮云乎三载，年方二十而强。”

云游归来，朱元璋已拥有丰富的游民经验。有人因此推断他在这三年的流浪生涯里，接受了新的宗教、新的思想、新的意识形态，甚至说他加入了民间社会的秘密组织。如果说人的青少年时期是一个人学习成长和积累过程，三年的江湖经历对于朱元璋来说，相当于他在社会这座大学堂里完成了全部的学业。在任何时代，游民的社会经历和社会经验都会比那些困于一隅的农民来得更加丰富。也正因为如此，种种世相历练了朱元璋的多重性格。寄身丛林，自然逃不掉丛林法则的困囿。至于道德，说多了就成了招牌和幌子。在这三年时间里，朱元璋遇到过各种各样的人物，他整日与社会上的三教九流、底层百姓在一起摸爬滚打，既得到过帮助，也受过侮辱与冷眼。在他所经历的人间万象中，体察到的是人性的弱点和人情的真伪。所有这一切，成就了朱元璋性格深处猜忌、残忍的另一面。什么时候该缩回壳里当一个软体动物，什么时候该梗着脖子迎刃而上，他比谁都拎得清楚。

鲁迅曾在演讲《流氓与文学》中谈到，“流氓要是得了时机，也是很厉害的”。他认为刘邦、朱元璋都是流氓，只不过他们后来当了皇帝。其实对于“流氓”“无赖”的理解，古今是有差异的。《中文大辞典》解释称：“（流氓）今谓扰乱社会秩序安宁、专事不良行为者，亦曰流氓，与无赖同。”显然，今天的这个词是有明确的道德指责的，一提起“流氓”，我们马上就想到的是其品行不端，猥琐下流之徒。然而，这个词开始并不是这种意思。“流氓”，指的是“流民”，《说文》里称：“氓，民也。”“氓”与“民”是互通的，以“氓”“民”互文或换用的用法多如牛毛。鲁迅所谈的“流氓”，更接近于“流民”，虽然也带着贬义，但并没有直接取品行败坏的“流氓”之义。

所以说，“流氓”取“氓”义解之，是脱离了古代社会最基本的生产资料——田地，没有正当的业务可恃且又愚昧无知的社会底层成员。而作为流氓之“流”的字义解，又可包含或引申出向坏的方向嬗变以及放纵成弊等内容。也就是说，“流氓”词义的不同，也可视为流氓演变史。流氓们开始只是没有土地，后来连品行也变坏了。不过，这是两千多年后的作家观点，虽然影响大，但不能作为历史的依据。从土地上出走的朱元璋，不再是一个在生活陷入绝境时听天由命的农民，在江湖的历练下，他正在成长为一头大胆而狡黠的野兽。在凭借手段混饭吃的江湖，朱元璋身上的主动冒险精神表现得越发强烈。他这个乞丐，无数次在争食抢地盘的街头，与其他乞丐挥拳拔刀。不是因为仇恨，而是为了聊以糊口的利益，以一敌众，刺刀见红。一次次与死亡擦肩而过，朱元璋用自己的勇气扼住了命运的喉咙。晚年时期，他在回忆那段人生经历时，不无得意地感慨：自己“阅人既多，历事亦熟”“人情善恶、真伪，无不涉历”“人之情伪，亦颇知之”。那段江湖经历，让朱元璋迅速成长并成熟起来，帮助他跨过青涩的懵懂年代，直接进入成年人的复杂世界。在这个世界里，朱元璋学会用更加务实的角度去看待事物，体验世情冷暖，学会识人本领。

王家卫在他的电影道白里，意味深长地说，人就是江湖，有人的地方就有江湖。正是江湖改变了朱元璋的性格，也正是这种性格赋予了大明王朝一种阴郁复杂的时代特征。一个被社会和生活迅速催熟的农家子，从乡村到江湖，他获得了同龄人不具备的特质——勇敢，精明，适者生存的手段。江湖在赋予他这些特质的时候，也同样损伤他身上所具备的与道德有关的品质。对于一个连生存都成问题的人，空谈道德是不现实的。就像一只在草原上生存的狼，填饱肚子才是第一位的，为了实现这个目的，什么样的手段都可以去尝试。

朱元璋寄居于佛门净地之时，外面的世界如同一锅沸腾的水热浪滚滚。从至正十一年五月颍州的白鹿庄起义，到至正十二年（1352年）三月，十个月之间，北起黄河，南越长江，东际濠、泗，西抵荆、襄，鄱阳、洞庭之滨，浙西、赣南之地，红巾军遍地游走，末世狂舞的乱象在中华大地蔓延开来。许多像朱元璋这样走投无路的游民为了保住最后的生存底线，拼死也要杀出一条生路。这时候白莲教在民间组织的影响力已经有所显现，白莲教亦称白莲社。白莲社所信奉的宗教吸收了摩尼教的教义。摩尼教所宣传的理念是黑暗即将过去，光明即将到来，他们的口号是“明王出世，天下天平”。白莲社所奉的偶像是弥勒佛，所以白莲教也叫弥勒教；同时，因为白莲教宣传明王出世，又被称为明教。投身其间的教众认为他们正行走于黑暗的世道，都不满意当下。他们相信过不了多久，将会迎来一个温暖而明亮的时代，“明王”或“弥勒佛”

将横空出世。作为人间子民，他们要动员天下民众去迎接光明的召唤。一个宗教预言就这样口口相传，成为引爆现实的导火索。虽然有人质疑，但并不妨碍信徒对于信仰话题的传播。它像烈火一样燃烧，很快便产生了吞没一切的力量。

南北两派在起兵以后，由于有着同样的信仰和目标，于是合二为一。教徒用红布裹头，时人称之为红巾军。又因为教众烧香拜佛，因此他们也被称为香军。在他们的身上，他们的武器里，知情者能够通过香气辨别出他们属于哪一支队伍。或许是在苦水里泡的时间过于长久的缘故，他们也是最容易得到满足的群体。作为社会结构中的弱势群体，他们从来没被人真正关心过，救济过，甚至怜悯过，而明教组织恰好迎合了他们的精神需求。在残酷的世界里，唯有精神的强大才能让人活下去。入教的农民滚雪球似的增长，明教的教区随之扩张，与朝廷抗争的行动越来越多。人们相信，在最黑暗和孤寂的时刻，一定会有闪电掠过天际，而明教就是那道裂空的闪电。光明将如期而至，弥勒佛也将从西方极乐世界而来统治这个世界，使人们的命运来个戏剧性的乌托邦式的转变。于是，那些有心造反之人，借助弥勒佛降世大做天命神授的文章。

不知道是不是巧合，朱元璋的行乞路线与弥勒教徒起事的场所有着惊人的契合，他的活动路线基本上集中于息州、陈州、信阳和整个淮西流域，而其中的前三个地方是彭莹玉的活动范围。这一年的八月，黄河以南到长江流域，已然烽烟四起。彼时的河南、河北、山东、安徽、江苏、浙江、湖北、湖南、江西、福建、四川等地已经到处可见头上裹着红布的农民。他们分属十数个甚至更多小山头，遥相呼应。等到朱元璋再度返回皇觉寺的时候，已经物是人非，曾经赖以栖身的寺庙，在一场暴乱过后毁于战火。濠州城内外笼罩着一片战争的阴影，元军与红巾军剑拔弩张。突然降临的灾难，再次将朱元璋抛离了原有的生存轨道。

元顺帝至正十一年五月初三，颍州的白鹿庄聚集了三千人，个个头裹红布，手持刀枪棍棒，聚义造反。领头者是颍州人刘福通和颍上人杜遵道、罗文素、韩咬儿等。他们颁布号令，祭告天地，宣称韩山童是宋徽宗的八世孙，应该是中国的皇帝。而刘福通是宋朝大将刘光世的后人，按理说，他也应该以复兴大宋国运为己任。于是，他们共推韩山童为“明主”，择定日期通告四方首领共同起兵。

至正十二年（1352年）正月，定远的地方大户郭子兴也于当地举兵。周边数万贫民闻风而动。郭子兴聚众烧香，成为当地白莲社的带头大哥。一个多月后，起义军攻克濠州，郭子兴自称元帅。而此时，一场大饥荒带来的巨变，让朱元璋身上所有的世俗锁链都被生生扯断。父母不存，兄弟失散，一切家族亲戚关系都被割断，他在这个世上赤条条来去无牵挂。地方官府不再管他的生存或者死亡，甲长也不管他从何处来，又向何处去，甚至连他栖身的寺庙也不再管他吃斋还是念佛。平生第一次，他觉得自己一无所有，在这个世界上失去了人生的定位。每天睁开眼睛，展现在他面前的天地是无序、混乱、凶险的。失去了家族和寺院的庇护，他就像是一只断了缆绳的小船，任何一场突如其来的风浪，都有可能将他吞没其中。

命运在将一个人逼入绝境时，也会为他开启逃生时刻。就在生无所依的时候，朱元璋收到了一封改变命运的书信。写信之人是他小时候的玩伴汤和，汤和说他已经是红巾军中的一员，在郭子兴部下做了一名千户。《明史》记载，汤和“幼有奇志”，村里孩子玩骑马打仗的游戏时，他总是扮演指挥官的角色。汤和长大后，“身长七尺，倜傥多计略”，“沉敏多智数”，按今天的尺寸换算，他该有两米以上，高大倜傥，富有谋略，沉着、明敏，颇有才智。汤和非常了解朱元璋的生存处境，于是写信相约。毕竟对他而言与其在乱世中等待机会，不如放手一搏，反正最坏的结果就是一个“死”字。

这封书信的内容用七个字概括，那就是“速从军，共成大业”。朱元璋收到这封信的第一反应，用他自己后来回忆的话说就是“既忧且惧”，一时不知如何应对。促使朱元璋迈出关键一步的还是形势逼人紧：一是汤和的那封来信被人发觉，发现之人要到官府去揭发此事；二是朱元璋出家所居住的皇觉寺已经被元兵烧毁，这意味着他将无容身之所，成了一名不折不扣的流浪无产者。也就是说，使朱元璋最后走上造反道路的并不是一个英雄对于未知前途的幻想，更多是一个底层小人物的求生欲望，是为生活所迫。

古代社会，漂泊无根的游民和辗转于天灾人祸中的贫困农民是很少有机会接受教育的，也就谈不上具备文化知识。在人生的十字路口，他们很难做出理性的自觉行为。那种文人士大夫似的人生价值观对他们来说，是无法理解的。让他们为了实现某种理念或某种社会理想投入造反的行列，是令人很难想象的。

当汤和向朱元璋发出邀请的时候，朱元璋内心纠结了很长一段时间，他甚至用自己从外祖父那里学来的卜筮之法来决定自己的前途命运。在朱元璋写的一篇叫作《纪梦》的文章中就记录了这样一幕：朱元璋使用“珓杯”来为自己算卦。珓杯是用竹或木做成的像杯一样的东西，杯口朝上是阳，杯口朝下是阴。两个杯抛起，落在地下，以阴阳来判别吉凶。生无所托的小民，不信天意，不信神灵，还能信什么？朱元璋渴望天意有灵，神意有指。遗憾的是，他并没有从中得到想要的答案。

人性都有趋利避害的一面，造反者的中坚人物大部分是漂泊于世道上的游民。作为将生存放在第一位的游民，他们更看重眼前的利益。与那些老实巴交、没见过世面的农民在宗教信仰问题上容易上当受骗还不太一样。在人生的重大抉择面前，他们更加精于算计，会将投入成本与将来可能得到的收益进行反复比较。他们追求的是“大秤分金银，大碗吃酒肉”的理想社会，是有朝一日时来运转。“若要官，杀人放火受招安”是他们的美好愿望；“皇帝轮流做，明年到我家”是他们的最高人生理想。他们的所作所为有自己的一套混世法则，有奶便是娘。他们可以做到左手英雄豪迈，右手鱼肉良善，全然不觉得有何矛盾，也不会于心有愧。他们醉心的是无法无天的自由，是“哥不大，弟不小”的平等，然而一旦组织起来，忠义堂上的交椅该坐第几把？容不得丝毫含糊。

接到汤和的信后，朱元璋反复为自己占卜吉凶，每一次占卜都是内心的计算，为他将要付出的行动寻找一个能够说得过去的心理支撑点。农民如果不是因为破产成为走投无路的游民，便不会轻易加入造反者的行列。连朱元璋这样的无产者走上造反道路都需要再三权衡，犹豫不决，更不用说那些有家有地、生活在宗法网络中的农民。在封建君主制社会里，那些居住分散的小农和游民是散漫的无组织力量，他们要想对抗强大的王朝机器，或者仅是为了求生而拂逆了当权者的意志都要付出惨痛代价。就算反抗，也是极其无力的。因此，在他们造反的同时，必然需要形成有组织的力量，不然无异于以卵击石。

朱元璋投到郭子兴的军中以后，凭借着年轻人敢想、敢闯、敢干的“三敢”精神，加上一副好使的脑子，很快独当一面。加入义军不到一个月的时间，朱元璋就被郭子兴提拔为亲兵九夫长，逐渐成为郭子兴身边的亲信之人。郭子兴更是将其义女马氏嫁给了朱元璋，也就是后来的马皇后。她的名字无从考证，但是部分野史与地方戏曲称之为马秀英。朱元璋和马姑娘结婚以后，地位发生了变化，从一个刚刚入伍的新兵蛋子，摇身一变就成了主帅的女婿。

朱元璋加入起义军后的生活与他在庙里当和尚时大不一样。起义军里的关系错综复杂，他除了自身，并没有任何可以倚靠的力量。能够帮助自己立足于此的，只有个人身上所具备的人生智慧和自我保护的生存本领。郭子兴拉拢朱元璋，是为了壮大自己的实力。濠州红巾军的统帅来自不同地方，他们之间存在着抱团相抗的问题，并不和睦。军队首领除了郭子兴，还有孙德崖等四人，他们每个人都想成为带头大哥，彼此猜疑，很难相容。

元至正十二年（1352年），在徐州战场上败退下来的彭早住和赵君用投奔濠州城。进城不久，赵君用就勾结孙德崖在大街上把元帅郭子兴给绑架了。郭子兴的部下和他的儿子害怕孙德崖，不敢反抗。朱元璋正在淮北地区与官军作战，听到消息，连夜赶回濠州，找到关押之所将郭子兴救出。朱元璋并不甘心长居人下，内心有了一套自己的利益算计。乱世求生存，他想拥有一支属于自己的武装。

第二年（1353年）三月，围困濠州城的元军将领死在军中。围困濠州达半年之久的元军被迫撤离，濠州解围。元军退去，但濠州城内各派系之间的争斗却愈演愈烈。没完没了的内耗，让朱元璋萌生了去意。他最想回到自己的家乡，那里有很多的熟人资源，有自己少年时结交的朋友。中国人有着极重的乡情意识，尤其在乱世求生时，同乡情谊就更加牢固。近有湘军、淮军，远有刘邦信任的丰沛集团，都是同乡组成的团体。凡自家居所前后方圆十余里内都称为“屋门口人”，平日即守望相助、互通有无；如遇上“屋门口人”与外乡人发生争斗，则不管是非曲直都会上前助拳，就算流血破财也在所不惜。濠州因为被围得太久，城里的军士死伤过半，粮草严重缺乏。朱元璋就偷偷返回怀远用盐换了些米，补给郭子兴的部队。几个月后，朱元璋再次返回乡地招兵买马。

不到一个月的时间，朱元璋拉起了一支队伍。虽然只有区区七百多人，但对于他来说，却意义重大。郭子兴非常满意，将其提拔为镇抚。朱元璋此时的心态已经在悄然发生着变化，他通过这一段时间的观察，判断郭子兴难成大事。朱元璋觉得到了自己该离开的时候，便将七百多人的队伍交给了郭子兴。

至正十四年（1354年）春天的某一天，二十七岁的朱元璋带领徐达等二十四名亲信离开濠州，南下定远。这二十四个人是他精心挑选的，大多是他的老乡。在这里不妨列出他们的名字：徐达、汤和、吴良、吴桢、花云、陈德、顾时、费聚、耿再成、耿炳文、唐胜宗、陆仲亨、华云龙、郑遇春、郭兴、郭英、胡海、张龙、陈桓、谢成、李新、张赫、张铨、周德兴。

每个人的名字都是响当当的，他们中的大部分人后来都成为了大明帝国的开国英雄。这些人可以说是朱元璋事业的先驱者，他们帮他打下了大明天下，建立了惊天的伟业。元末乱世一窝蜂出了那么多扯旗造反之人，只有朱元璋摘取了帝国王冠上那颗熠熠生辉的明珠。

4. 王朝的仁义之皮

元末乱世，天下势力分为几大派系。元军与红巾军、红巾军与红巾军、元军与元军，派系之间利益交织，矛盾重重。只要巧妙地周旋于几方势力，利用他们之间的矛盾，就能远交近伐，相互牵制；只要争取到几年的和平环境，休养生息，等到时机成熟，就能四面出击，扫灭群雄。而做到这两点的，只有朱元璋。

一支军队，通常会被打上指挥者的烙印。军队的特质，往往是指挥者的秉性。若是指挥者没有敬畏与情义，一支军队就可能会成为屈辱的代名词。就朱元璋而言，他的军队是一条船，而情义则是平衡内心与现实的压舱石。朱元璋应该感谢郭子兴给他取了个好名字，好过无数个重八叠加。古人深信，名字与一个人的运势紧密关联。读书人真是很好，他可以给自己取好多的名字，又是字，又是号。每一个名号就像他们戴在脸上的面具，代表一种命运的趋向，一种性格的观照。一个人有好几个名字，就有好多重面具。面具多了，人的面貌与性格也就变得模糊。与普通武夫相比，朱元璋身上有着优于他人的品质，那就是对于士人的态度。早在1366年，朱元璋还是小明王节制下的吴国公时，就已流露出对儒家文化的归化和向往。这个出生于淮河岸边的泥腿子，向来对文化葆有一份敬畏。他命有司到处访求古今书籍，还对侍臣詹同等人说，每于宫中无事，自己常取孔子的书来读，像“节用爱人”“使民以时”这样的话，真是治国良策，“孔子之言，诚万世师也”。

历史上出现的草莽英雄最容易犯的错误，大多集中于此。他们没有文化，也不读书，以粗鄙的言行掩饰人格的缺失。他们身上的粗豪气质与士人的迂腐格格不入，读书人的柔弱与敏感，是他们无法理解的。在这里，我且将元末士人的生命形态做一处观照。

概括这一时期士人的生命形态，没有比“天下有道则见，无道则隐”这句话更合适的。在元朝，成吉思汗的继承者们为了维护王朝的稳定统治，把人民分为四等，森严的等级划分使蒙古人统治中国的地位赫然挺立，汉人和南人屈居于蒙古贵族的脚下如同蝼蚁，但中国古代传统士人依然坚持“学而优则仕”，在这种民族矛盾日益加深的基础上，士人的命途可想而知。“其长则蒙古人为之，而汉人、南人贰焉”，士人想借元朝的官僚机制实现人生抱负，几乎不可能。元初科举停废，补充官吏只剩下荐举一途。荐举，使得官场大开奔竞之门，本就不是固若金汤的“权力安全阀”被粗暴地拧开。庞大的胥吏阶层，成为元朝官僚的后备梯队。而胥吏的主要成分，大多是曾经奋斗在科举第一线的士人。王朝易主，曾经追求的功名理想化为泡影。失去科场舞台的士人，犹如缺氧的鱼。即使体制的那道窄门，为某个人打开一条向上游动的通道，也不要高兴得太早。因为他很快会发现，前方等待着他的是冷遇，是仇杀，是不得不隐退的选择。废止科举固然令读书人感到怅然，而这又何尝不是一种解脱。大元非“伯乐”，士人自然难成“千里马”，部分士人便产生了归隐之念。

读书人争相脱离宦海，为帝国的官僚机器留下一副苍白虚弱的躯壳。科举制度的取消，让知识无法改变士人的命运，官阶无法兑现官员的利益，权力只能用来交换无现实意义的规则。如此，士子们身无所恋。从官僚系统的上层到底层，每天都在上演着拒官辞官、官员玩失踪的活剧，山林成为他们最后一块自由呼吸的空间。历史学家孟森在谈到元朝制度时说，有史以来，以元最无制度，马上得之，马上治之，“不知礼法刑政为何事”。元对制度的漠视，源于对文人的漠视。

元末乱世，读书人沦为战争祭品。不为我用，即为我仇。只要被抓，一杀了之。朱元璋不识多少字，但他崇信文人，崇信他们的真知灼见。战争期间，朱元璋身边始终伴有谋士，他们教他读书认字，给他讲人心向背。这算是他和读书人的蜜月期，亲近且信任，许多人主动来投。接触日深，他可以相当娴熟自如地引经据典，与他们探讨治乱之道。他可以写出相对工整的骈体文、诗词歌赋，自我感觉良好。读书真是天大的好事，让身陷泥沼的朱重八成为朱元璋，让朱元璋成为一块锋利的玉石。当然这只是他的想法，那些读书人并不能帮他洗刷来自底层的胎记，尤其是他身上散发的血腥戾气。

朱元璋让失去希望的读书人，重新看到希望。而他身上所表现出的某些特质，正好符合读书人对于贤明之主的幻想。他们希望能够借助他的手，重建他们心目中的理想国。他们将儒家的仁义之道灌输给朱元璋，让他这个没有读过几天书的泥腿子豁然开朗，天下之道，在乎仁义。正如吴晗先生《朱元璋传》中所说："元璋明白读书的好处，苦于自己读书不多，许多事说不出道理，以此，很尊重有学问的人。也明白读书人能讲道理，替人出主意，很可怕；谁对他们客气，给面子，养得好，吃得饱，就替谁出力做事。这种办法叫作'养士'，养什么似乎不太好听，不过只要养之养之，被养的也就不大在乎了。养士是件好事，你不养，跑到敌方那儿或者被人养去，却会坏事。"

朱元璋认识到读书的好处，读书让他的行事有所皈依，让他的情感有所安放。至正十五年（1355年），朱元璋写下平生第一首诗《不惹庵示僧》："杀尽江南百万兵，腰间宝剑血犹腥。山僧不识英雄汉，只恁哓哓问姓名。"随着年龄增长，朱元璋对吟诗作文越来越熟练，不乏得意之作。他最喜欢阅读的书籍是兵书，是史册，沉迷于前人的智慧，站在巨人的肩头。他将《孙子兵法》读得烂熟于心，研究历代战史、战例、战将。他甚至想过，若是他有幸生于书香门第，还会投身造反这项刀头舐血的事业吗？答案是否定的。这个答案让朱元璋无比伤感。

朱元璋在文人面前有着不同的两副面孔，一副是谦卑的，甚至是自卑的；另一副则是不安的，甚至是憎恶的。登基前，他用钱权和诚意将文人诱出山林，嘱咐使臣们"求贤之道，非礼不行……有司尽心询访，必求真材，以礼敦遣"。登基后，朱元璋则用威权将士人赶出山林，发布命令："率土之滨，莫非王臣。寰中士大夫不为君用，是自外其教者，诛其身而没其家，不为之过。"他还在《严光论》中抛出"不为君用即为罪"的理论。他觉得他们虽然表面恭敬，但内心是瞧不起他的。他们目光如炬，审时度势，什么也瞒不过他们的那双眼睛。朱元璋敬佩他们，也害怕他们。

打下定远之后，最先投奔他的儒生是冯国用、冯国胜兄弟。他们来到他的队伍里，带来了一整套发展理念。他向他们问计天下该如何定，这也是朱元璋录用人才必须过的一关。通常情况下，一番交流之下，朱元璋就能知道他们肚子里到底有没有货，是不是他需要的人才。他们说了半天，只有一个主题，那就是“有势者强，有德者昌”。

他们劝告朱元璋：“金陵（南京古名）龙盘虎踞，愿定鼎金陵，倡仁义以一天下。”对于他们带有前瞻性的说法，朱元璋感觉很新鲜，也很有道理。在此之前，朱元璋并没有认真考虑过发展方向与政治理念。他能够想到的是，如何趋利避害，让自己在乱世之中生存得久一些，再久一些。红巾军的组成很简单，就是一帮用武力捞取血酬的农民，他们并没有远大的政治理想。挣扎于生存底线的游民，或者家有两亩薄田的农民，他们参加红巾军，不过是为了图一顿饱饭，希望借此来改变自身的命运。对于他们来说，所谓有德，就是不要乱杀人，不要乱抢财物，要有自己远大的目标。倡仁义，收人心，对于成就事业是最重要的。冯氏兄弟说的这番话让朱元璋豁然开朗，这套生存理念与先前农民军打家劫舍似的烧杀抢掠有着本质上的区别。

进攻滁州的路上，有一个将要对朱元璋的一生事业起到更大作用的人物出现了，他就是濠州定远人李善长。此人学的是法家学问，史传说他“少读书有智计，习法家言，策事多中”。投奔朱元璋之前，李善长不过是乡间的小知识分子，只能算是粗持文墨，算不得大知识分子。李善长刚到军门谒见，便与朱元璋有过一番对话。

朱元璋向李善长请教：“天下大乱，什么时候才能平定？”

李善长的回答是，秦末大乱，汉朝的开国皇帝刘邦是群雄之中的佼佼者。他出身平民，性格豁达大度，知人善任，不滥杀无辜，用了五年时间成就帝业。如今元朝纲纪紊乱，天下已成土崩瓦解之势。主公的家乡在濠州，距离刘邦的家乡沛县并不遥远。人杰地灵、天命所在，主公应当仁不让。效法刘邦的所作所为，天下不难平定。

多年以来，朱元璋对红巾军的诸位首领冷眼以对，他们中的大多数是目光短浅的草莽英雄。李善长的一席话，说到了他的心坎上。于是，他把李善长留下做了掌书记，类似于行政秘书。从攻打滁州开始，李善长成了朱元璋事实上的幕府领袖。李善长是第一批加入朱元璋军事集团的士人，也是最重要的一个。自此，士人集团如滚雪球一般越滚越大。攻取太平以后，当涂县的儒士、明道书院山长陶安来向朱元璋进言：“海内鼎沸，豪杰并争……明公（指朱元璋）渡江，神武不杀，人心悦服，应天顺人，以行吊伐，天下不足平也。”朱元璋能够听出来，此言有奉承之意。不过也再次警醒他，只有行仁义之举，方能平定天下。如果说朱元璋投奔红巾军的初衷，只是为了改变命运，找个混饭吃的地方，不至于像其父兄那样被这个食人的恶世吞没。走到今天，有了一定的实力之后，他的心胸和眼界也发生了根本性的转变。朱元璋的虚心问道，自有报答。尤其是儒生陶安、朱升、孙炎、宋濂、刘基、叶琛、章溢等人相继而来，他们将儒家所主张的那一套“顺天应人”的理论，以及夺取天下后的治国安邦之术也灌输给了他，使他逐步摆脱农民军简单粗暴型的发展之路。

朱元璋的人才库里涌现出一大批贤人谋士，有滁州当地的，也有地域相近的，比如定远、凤阳、和县以及淮北等地区的。刚起兵时，他就率先亮出儒家“尊王攘夷”的大旗。北伐时，他提出的口号就是“驱除胡虏，恢复中华，立纲陈纪，救济斯民”。彼时，长江南北的汉人已经被蒙古人和色目人统治了近百年，吃尽了苦头。他竖起的这面大旗，可以说是当时最符合现实需要的一种笼络人心的手段。创业阶段，朱元璋祭出的法宝是儒家思想中的高端理论——仁者制人。他曾经对手下的武将们说：“每攻下一城，我能够听到你们不乱杀人，就非常高兴。你们要始终明白一个道理，鸟不会投到老鹰盘踞的树林，百兽也不会进入布满陷阱的地方。而百姓们会自动远离残暴的军队，去投奔不乱杀人的武装。”

朱元璋只读过一年半载的私塾，但在人生的打拼中，却实现了由草莽英雄向儒家王道的转型，这种转变伴随着争夺天下的残酷厮杀。在元末诸军中，他能够以“独不嗜杀”闻名于天下，这是做得最成功的地方。那些儒家士子来到朱元璋的身边，反复向他倡导仁义。他们让他懂得了历史的演进规则，尤其是每一次新旧制度的更替，这块土地上都会散发出浓重的血腥之气。在浓重的血腥之中，谁能先做到用仁义洗刷血腥，谁就离成功不远了。老百姓是最容易满足的群体，只要能够给他们提供苟安于世所需要的最基本条件，他们就绝不会冒险去做不法之事。乱世之中，那些握有合法伤害权的官吏只要不全力残害他们，能够给他们留下一条活路，他们就会在关键时刻投桃报李。

占据滁州之后，大批文臣儒将慕名而来，这些人大多来自安徽境内距滁州不远的地区。之所以如此，一方面是政治的地缘效应在起作用，另一方面是朱元璋的军队在打拼过程中所展现出来的实力与品牌效应起到了吸引人才的作用。他们的信任，并没有换来朱元璋对他们的完全信任。为了防止集团内部出现离心叛德之人，他经常将那些征战在外将士的家眷留在身边作为人质。进攻南京的时候，马夫人和随军将士的家属就全部留在了和州。朱元璋攻取集庆后定下一条规矩："与我取城子的总兵官，妻子俱要在京住坐，不许搬取出外。"征战在外的将官顾虑老婆孩子的安全，自然不敢轻举妄动。他严令那些心思深沉的谋士不得与武将走得太近，文武结合，难免会做出不利于自己的事。同时，朱元璋还要求，凡是元朝官吏和儒生，都要由他挑选着用，逃者处死，严禁将领将读书之人留在身边作为谋臣。

功名从来不是天上掉馅饼，就当时群雄割据的天下大势而言，朱元璋的根据地是最小的，兵力也是最弱的。从与元军主力对峙这一点而言，朱元璋并不是元军最为看重的对手。在朱元璋与元军之间至少隔着三个割据政权，东面是张士诚，西面为徐寿辉，北面乃红巾军主力小明王。他们牵制了元军的主力，拱卫着朱元璋的地盘，这一客观环境与有利条件为朱元璋在夹缝中求生存、求发展提供了可乘之机。就在小明王率领的红巾军主力在北方与元军进行着殊死搏斗、两败俱伤的关键时刻，朱元璋却从中大获其利，不断向南面和东南发展，将应天周围的战略据点全数攻下，作为向外发展的坚固堡垒与前哨基地。

打下徽州后，儒士朱升向朱元璋献上了极为要命的三句话："高筑墙，广积粮，缓称王。"这三句话是要朱元璋能够暂时巩固后方，发展生产，缩小目标，慢慢谋取天下。朱元璋还是接受了这个建议，一方面将战斗力与生产力合而为一，另一方面又把地方武装与正规部队分开，不但扩大了生产力，还加强了战斗力，这也是朱元璋能在群雄割据的战争中"一枝独秀"，并最终大获全胜的主要原因之所在。

朱元璋是个极度务实之人，《太祖实录》里记载了他说过的一句话："吾平日为事，只要务实，不尚浮伪，……不事虚诞。"朱元璋不是喜欢唱高调的人，一生都在践行"务实"二字。元朝漠视制度，朱元璋起事后，深知欲成大事，离不开一套完备的制度，更离不开谋划制度的人才。每攻下一座城池，当地文人不管是为旧政权服务过的还是隐居林下的，都会被召来接见并授予官职。

郭子兴死后，韩林儿政权只是将朱元璋任命为郭子兴部的第三号人物。朱元璋很清醒地认识到这一点，他早就有能力从韩林儿政权脱离，可他一直没有这么做。用朱元璋自己的话来说：“建大事者必勤远略，不急近功。故泰山之高，非篑土可成，江湖之广，由勺水所积，天下之大，非一日可定也。自古帝王之兴，皆上察天运，下顺民心，从容待成，曷尝急遽？”他的所有对手都在忙着割据，称王称帝，只有他在那里厉兵秣马、强筋健骨，征讨四方。朱元璋是各路造反者中最后一个称帝的，也是真正笑到最后的那个人。当时他的东面是张士诚所建立的周，西面是陈友谅的汉，北面是小明王韩林儿，南面则是福建山区，由效忠元朝的陈友定所控制。朱元璋要想突围而出，实现更大的宏图霸业，最大的威胁来自张士诚和陈友谅。

他与刘基在这件事上达成了共识：降与逃都不是办法，只有拼死抵抗。

刘基说：“捕杀野兽就要先捕杀凶猛的，擒拿盗贼就必须先拿下强壮的。今日之计，不如先讨伐汉国。汉国地域宽广，夺取之后，一统天下的格局就有了。”

刘基将进攻的矛头直接指向陈友谅的建议，深得朱元璋的心意。陈友谅在掌握了西系红巾军统帅大权之后，将军事矛头指向元朝军队。虽然他将自己的年号定为“大义”，但所作所为，与一个“义”字根本沾不上边。他在很短的时间内，就将各路人马整合到自己麾下。张士诚器小，而陈友谅过于自大。器小无远见，志骄好生事。人性的弱点是突破口，在累累尸骨之上，是他们纵情任性开出的血色花朵。陈友谅是一个还算至情至性的热血汉子，临大事易冲动；而张士诚性格则偏于内向，缺乏雄霸天下的进取心。二人性格上的差异，正是朱元璋选择进军次序的关键所在。史家赞扬：“陈氏平，遂决计伐（张）士诚。暨北定中原，（刘）基运筹居多。”

在朱元璋与陈友谅的几次正面交锋中，张士诚始终抱着隔岸观火的心态。鄱阳湖决战时期，朱元璋的军队倾巢而出，集庆几乎成为一座空城。尽管如此，张士诚不但没有发动攻击，甚至摆出几分像是为朱元璋看门护院的架势，令人茫然无解。

至正二十三年（1363年）七月，那场令世人震惊的鄱阳湖大战全面爆发。

这是中国史乃至世界军事史上投入人员最多、规模最大的一次水上大会战，也是朱元璋与陈友谅之间的生死对决。双方投入了八十万总兵力，其中，陈友谅六十万人，而朱元璋只有二十万人，实力悬殊。

陈友谅水师势力非常强大，他的战舰分大中小三等，大者可载三千人，中者可载两千五百人，小者亦能载两千人。从人数来说，号称六十万，文武百官的家属也全部出动，倾国而出，可见陈友谅从一开始就抱着决一死战的心态与架势，要与朱元璋做一锤定音的较量。几番杀伐过后，整个鄱阳湖上，漂浮着数不胜数的尸体，愁云惨雾之间，天地为之色变。经过一个多月的对峙，陈友谅被困于湖中，粮食殆尽，伤亡惨重。于是他孤注一掷，冒死突围。很不幸的是，他在激战中被飞箭"贯睛及颅而死"。

至正二十五年（1365年），也就是朱元璋称吴王的第二年，他做出了一项重要的决定——挥师东征，扫平称霸之路上的另一个重要对手张士诚。不到半年时间，他便势如破竹攻取了徐州、盐城、泰州等大片地区，其中包括张士诚原先的根据地高邮。至正二十七年（1367年）即小明王龙凤十三年，朱元璋改元为吴元年。这一年七月，张士诚上吊自杀不够决绝，反而被部将救起成了俘虏，被押解至应天。

朱元璋当面问张士诚："如今兵败被俘，有何感想？"

张士诚回答："太阳照你不照我而已。"

这句话难免会让人想起楚汉争霸，项羽败于乌江时，也曾说过类似的话——"此天之亡我，非战之罪也。"这样的回答让朱元璋恼恨不已，他可以武力征服对方，却无法令其低下那颗骄傲的头颅。

这一年十月，朱元璋命徐达为征虏大将、常遇春为副将军，率师渡淮北上，在誓师大会上，他发布著名的讨元檄文，明确提出"驱逐鞑虏，恢复中华，立纲陈纪，救济斯民"的纲领，以争取北方汉族地主的支持。他同时宣布"如蒙古、色目，虽非华夏族类，但同生天地之间，有能知礼义、愿为臣民者，与中国之人抚养无异"，以争取蒙古民众，借以分化元朝统治集团。此时的元朝统治阶级已处于内讧和争斗之中，元顺帝倒成了孤家朕。朱元璋的军队已完成对元大都的三面（东、南、西）合攻之势。

第二节

枢阁的变局

1. 洪武元年的奥义

吴元年（1367年）十二月的应天府（南京城），似乎在一夜之间，坊巷庭院由最初的热闹走向平静，又似乎不是一般意义上的平静，而像是一场狂欢来临前的期盼与等待。从洪武门到承天门，在这条城市的中轴线上，大大小小的瓦舍勾栏粉刷一新，各家商铺换了颜面。随着人流穿过御街（先借用这个名称），两侧是即将启用的大明中央机关府衙。过了承天门，就进入了即将启用的宫城。

朱元璋登基已进入倒计时。各项准备已完全就绪：新的"皇历"《戊申（1368年）岁大统历》已经颁布，新的法律《律令》及《律令直解》已经颁行，皇帝即位朝服、后妃官员朝贺礼服都已齐备。皇帝即位册立皇后、太子等各种仪礼已经起草完毕，包括皇帝仪仗的各种演习都已经相当精熟。

就在徐达的北伐军队以势如破竹之势向元朝腹地挺进的时候，朱元璋登上权力巅峰的时机已经瓜熟蒂落。虽然徐达所统领的军队还没有夺取大都，元顺帝还没有退位，但决胜天下的最后时刻已经到来。十二月十一日，李善长再率文武百官奉表劝进。朱元璋虽然没有答应他们的请求，但还是很满意这一出君臣之间的双簧。当皇帝像是活在一场春秋大梦里，来得虚幻。不要说让别人认可，就是自我说服，也需要一个情绪的缓冲。当群臣打着天下民意的旗号将那个即将成为皇帝的人绑架于权力塔顶的时候，任谁的心理也会发生微妙的变化。自己既然是来拯救万民的，为什么不能舍身取大义呢?

第二天，李善长等文武百官再次恳请：“殿下谦让之德，已经著于四方，感于神明。愿您为生民百姓的利益着想，答应群臣的要求。”

许多人对于权力持欲拒还迎的姿态，越到跟前，表面上越要推三阻四，做出谦虚低调的姿态。正所谓越高位，越要低调。其实那些准帝王比谁心里都要着急上火，恨不得一步登天。但历朝的开国皇帝，不管是武力打拼来的，还是靠阴谋篡夺来的，都要践行“三推三让”的程序，好像唯有如此，才合乎天道。“三推三让”是礼，以礼来表现继位者内心的仁。

一个想当皇帝的人，憋了几年几十年，天下皆知，但是即位之前，还要像演戏似的“三推三让”。这种做法，无非是要告诉别人，自己当这个皇帝不是出于个人意愿，而是天命难违，是民意难抗，不得不为之。为了摘掉造反者的帽子，朱元璋称自己“乐生于有元之世”，“取天下于群雄之中，不在元氏之手”。他笼络作为社会精英的缙绅和文人，加速融入儒家传统，借此证明他取天下的合法性。登基前，他摆出一副“我不下地狱，谁下地狱”的牺牲姿态，凡有耳者当聆听，凡有心者当铭记。身为官员要体察圣心，瞅准最合适的时机，做出最恰如其分的试探。朱元璋环顾整个朝堂，发现没有比左丞相李善长更合适的人选。更为重要的是，凭李善长的能力完全胜任这样一个角色。

登基对于新皇来说，是极为隆重的事。自古以来，中国人讲究的是开局顺，事事顺。十二月二十二日，应天皇城全面竣工。刘基参考了天地阴阳消长之规律，判断来年正月初四应该是一个大吉之日，于是登基大典就定在那一天。十二月份常常是雨雪连绵的阴天，如果到了即位那天仍然是这样的天气，就是一种不祥之兆。这一天，迁居新宫，祭告上苍，朱元璋说：“明年正月四日，于钟山之阳，设坛备仪，昭告上帝皇祇，简在帝心。如臣可为民主，告祭之日，伏望帝祇来临，天朗气清惠风和畅。如臣不可，至日当烈风异景，使臣知之。”如果上天认为他可以做天下苍生之主，登基之日就会天气晴朗；如果认为他不够这个资格，那么老天爷就给个明示。

时间一天天过去，一连十几天都是狂风暴雪。到了正月初一，上天仿佛得到了神明的某种暗示，风雪消停，朱元璋和文武官员们大大松了一口气。四十岁的朱元璋就这样站在了1368年的时间门槛上，看上去踌躇满志，意气风发。1368年是一个全新的起承转合的开始。中国历史中每一次轰轰烈烈的农民起义过后，就会迎来一个所谓的新朝。说新，其实也并无多少新意。

在那些起义者的心目当中，他们扯旗造反的目的并不是推翻一个旧体制，打造一个新体制。他们打倒皇帝，图的就是让自己取而代之。“皇帝轮流做，明年到我家”，既是投机思维，也是普遍心态。翻阅历史时，我们一次次扼腕叹息，叹息那些流血和阴谋怎会不厌其烦地重复上演。新建的政权统治不过是前朝的复制与翻版，高高在上的永远是张家的皇帝李家的王，下面匍匐着的官僚就像是机器模子倒出来的产品，庞大的政治机构犹如一辆腐朽的破车运行在跑偏的历史轨道上，一次次翻车，又一次次发动点火。茨威格在名著《异端的权利》里说：“无论谁，如能给予人们一种新的协调和纯洁的幻想，就立即能够激发人类最神圣的活力：自我牺牲和宗教狂热。成百万人像是中了邪一样准备投降，他们允许被蹂躏，甚至甘受强暴。”这片土地上的子民，他们只要能有一口气活下去，什么不公和屈辱都能忍受。一旦统治者残暴贪渎得超过限度，让他们活不下去，那种既不惜自己的命更不管别人的命的凶残和嗜血就会被释放出来，陷入非理性的互害丛林当中。

新旧交替，经过一次摧枯拉朽的扫荡，表面的污垢被暂时性地清除。新朝之主看起来较为英明，官员们也较为清明，封建地主的剥削趋于缓和。可是好日子如昙花般绚烂于一瞬间，随着时间的推移，国家机器又会出现新的磨损，政治空气又会变得污浊不堪，王朝的统治又会陷入前朝的困境之中，历史又得周而复始地来那么一次大规模的清污运动。不同的是，在这场运动中的领头者获得了成功，最终登上了皇位。

历史的发展，循环着往复不断。谈不上进步，也谈不上落后，就像黑格尔所概括的那样，彼时的中华帝国就是一个“停滞的帝国”。大明朝也不例外。以元末纷乱的天下大势而言，如果没有出现朱元璋，肯定还会有张元璋、李元璋挺身而出，以实现推翻元朝统治的目的。这一天是正月初四，整个天空像是被风雪洗过般洁净湛蓝，南京城沉浸于喜庆祥和的新年气氛。天朗气清预示着上天对朱元璋即位这件事是欣然接受的，也预示着大明王朝会有一个天朗地阔的未来。在大队仪仗的簇拥之下，朱元璋率文武官员浩浩荡荡前往郊祀坛。郊祀坛是“天地合祀”之所，与后来的天坛、地坛、日坛、月坛有所不同，它不是分开的。到了郊祀坛，敬天拜地，中华帝国由此迎来新的君主。臣民们憧憬着朱元璋能够带领他们走进一个新的时代，他们为自己躬逢盛世而欢欣鼓舞。

朱元璋终于把命运活成了一个深藏的奥义，一个时代的某种象征。他将朱家从艰难苟活的困境里拖了出来，活成了一副不知今夕何夕的幸福模样。

“定有天下之号曰大明，建元洪武。”朱元璋穿戴衮冕，率领文武百官，在郊祀坛之南面北行礼，向上天祷告。即位的第二天，朱元璋在和身边的官员交流治国之道时，不无忧虑道：“创业之初其功实难，守成之后其事尤难。朕安敢怀宴安而忘艰难哉！”创业不容易，守业会更加艰难，他不敢有一丝一毫的懈怠。

第三天，朱元璋在奉天殿大宴群臣，并说起自己当了皇帝的感受。他说：“朕尊居天位，念天下之广，生民之众，万机方殷，中夜寝不安枕，忧悬于心。”说的是皇帝该说的套话，但其中不乏真诚。为了将那些陷于痛苦和灾难中的人解救出来，让自己的人生奋斗变得崇高起来，他辗转反侧，内心忧虑，难以安寝。尽管这个世界从来没有什么救世主，可造神运动在这块古老的土地上从未停息。或许是看到朱元璋做了皇帝还如此忧虑，御史中丞刘基安抚道：“过去天下未定，皇上焦虑难安可以理解，如今四海一家，您应该少些忧虑。”自己和天下相比，太渺小了。一个人走路还有可能会摔跤，饮食生活不当还会引发疾病，何况一身担天下之重。

按说当了皇帝后，朱元璋应该放松下来，享受帝王生活。奇怪的是，他感到自己身上的担子越来越重，重到必须时时警醒自己。即使宴请群臣，歌舞升平，他也不忘语言的敲打。他始终不曾忘记自己的出身，更不允许自己产生乐极一时的暴发户心态。如同一辆车子在险峻的路上往往会走得稳当，平坦的路稍一颠簸就有倾覆的危险。守天下就如同车夫驾车，虽然天下太平，也不能忘乎所以，不然就会江山不稳，帝业不牢。一个人的出身环境、成长经历决定了他的思维。出生于世代雇农之家的朱元璋，在人生的旅途中备尝人间艰辛，这一切无疑对他设计国家制度和国家政策具有决定性的影响。

朱元璋将自己的这种忧患意识归结为“三畏”。他曾对文臣宋濂说，做人不能无知无畏，人只有有所“畏”，才不会胡乱来。自己“上畏天，下畏地，中畏人”，时刻不敢疏忽，生怕所作所为违背“天地之道”，违背老百姓的意愿，触犯老百姓的利益。朱元璋从早到晚都抱着警惕自持的心态，作为一国之君，若是无法让普天下的老百姓过上安稳的生活，那么就会失去天下民心，这是非常可怕的事。自从做了皇帝之后，他常常因为琢磨身边的人和事，寝食难安。

那么大一份家业，朱元璋总是担心哪一天被人颠覆，这禁城宫殿不是归别人所有，便是被一把火烧了；子孙妻妾不是被杀个精光，就是被掠去为奴做婢。念及于此，他就浑身出冷汗。眼前这帮王侯公卿，没有一个吃素的，都是刀头舐血过来的。尤其是徐达、常遇春、蓝玉、胡惟庸等人，个个都是狠角色。所谓的礼义纲常不过是花架子，能唬住庸人可唬不住他们。为了不让自己迷失了方向，麻木了神经，忘却了忧患，朱元璋特地让人搜集和编纂有关历史上那些无道昏君的恶劣事迹，供他借鉴。历史上的那些帝王，无论是向善，还是为恶，他都可以拿他们作为自己的一面镜子，以史为鉴，少走弯路。

从游民领袖到一代帝王，社会地位的变迁好像并没有给他带来实质性的改变。两种身份似乎有高下之分，但是它们之间的距离却并没有我们想象中的那么大，庙堂之高与江湖之远基本上都是在一个规则体系里生存绵延，异曲同工。无论是朱元璋，还是其他的皇帝，他们的思想根源都深植于同一种文化的土壤，他们深信自己的个人意志应有绝对自由的空间，并具有自由伸张的绝对权力。他们确认自己的一切想法、一切行为及其所产生的一切后果都具有绝对的真理性，都代表着上天的意志。

一个叫“明”的王朝开启大幕，统一全国的战争还在向前继续推进。夺取天下指日可待，朱元璋需要那些为他炮制宏大叙事的知识分子，和他一道筑造这个时代的乌托邦。大明是天下民众都在盼望的一个光明世界，寄托着朱元璋的治国理想。历史上出现过无数国号，有的标注姓氏、家族，有的标明地望、徽号，当然，也有的国号寄托了开国者的政治理想。在一个难以判定方向的未明世界里奔走，一个人又如何知道自己是在走向光明呢？如果说“明”是智慧的本性，那么它又何尝不是在警示朱元璋和他的后世子孙：从光明到黑暗，是很容易的事。

大明的“明”来源于明教的“明”。小明王宣扬的是“弥勒降生，明王出世”，将会给天下人带来幸福生活。红巾军要实现夺权，小明王是最好的一面旗帜。既然明王出世可以带来光明，那么就要在现实里找到一个明王带领大家推翻黑暗的现实。这是红巾军所信奉的宗教，也是红巾军所提出的政治理念。

当年，红巾军迎立韩林儿为“大宋皇帝”，使用“龙凤”年号。为了扩大自己在红巾军中的影响力，朱元璋的队伍也打着小明王的旗号。由此，朱元璋与小明王结下不解之缘，也与明教结下不解之缘。小明王是一块金字招牌，创业之始，人人都需要。每年的正月初一，朱元璋都要在军帐中专门设立一个座位——御座。虽然韩林儿没来，但那个座位也是属于韩林儿的，文武官员都要向着那个座位行叩拜之礼。虽然刘基等人私下称呼韩林儿为“牧竖耳”，但朱元璋表面上一直将其奉为正朔。

朱元璋在那篇讨伐张士诚的檄文中，说过元朝末年有很多人“酷信弥勒之真有”，误中妖术，“聚为烧香之党”，大家纷纷起兵，“焚荡城郭，弑戮士夫，荼毒生灵，无端万状”。祸害民众的怪力乱神只会给人民带来更加深重的痛苦和灾难，不可能迎来一个真正的光明世界。如果说“明”仅止于小明王的明，是明教的明，人民肯定是不会接受的，儒家也难以接受。朱元璋和他的军队经过儒家知识分子的全方位改造，与依托白莲社的红巾军渐行渐远。一年前，他派部将廖永忠准备将安置在滁州的小明王韩林儿接到南京来，船行至长江瓜步渡口即今日江苏六合附近，风起浪翻天，一船人全部沉没于江中。据随行护送小明王的卫兵描述，船翻后，廖永忠亲自跳入隆冬刺骨的江水中援救，怎奈天意绝人。小明王沉江后，朱元璋就与以“弥勒降生，明王出世”为号召的红巾军完全脱离。他不再需要别人的金字招牌，自己就是招牌。

朱元璋仿佛是一个分身有术之人，隐身于光明的背面，看着自己建立的光明国。他必须要用这个“明”字，不能抛弃那些为了追求光明世界而追随他的部众，不能让他们失望。他要彻底改变信奉明教的红巾军部众无组织、无纪律的生存状态，要以“仁义”行天下，得天下。他身边不乏饱学之士，他们都是儒家学说的传承者，之所以会接受“明”字来做国号，是因为他们赋予了“明”字一个新的含义。明是什么？明是日月同辉。中国古代有日月崇拜。历朝历代的京都之地都设有日坛、月坛，要祭祀朝日，祭祀夕月。皇帝们都说自己做皇帝是奉天承运，皇权是神授的，因此要敬日、敬月，日月相合就是明。他们赋予了“明”字新的含义。

2. 刘基的罪与罚

在体制中人眼里，浙东集团的首脑人物是刘基。刘基的才华毋庸置疑，他与宋濂、章溢、叶琛等人并称“浙东四先生”。元末之际，“浙东四先生”在浙东地区已是久负盛名的贤士。至正年间，浙东贤士改换门庭，由事元而事明。“浙东四先生”虽然是一个组合式的名号，但是他们并无拉帮结派，就是在刘基与以李善长为首的淮西集团斗争时，浙东人士也没有像淮西党人那样抱团相抗。

刘基，字伯温，浙东青田人。不同于穷酸书生，刘基出身青田大族，虽不比钟鸣鼎食，但温饱有余，吃穿不愁。相较于朱元璋而言，刘基简直是天意眷顾的幸运儿。优越的生活环境，让刘基自小便在心里埋下读书入仕的种子。入郡求学后，刘基在读书方面表现出异于常人的天分。焦竑在《玉堂丛语》说：“（刘基）为文有奇气，决疑义，皆出人意表。凡天文、兵法诸书，过目洞识其要。”据说，他曾经在元大都的一家书店中翻阅一本天文书，翻过一遍后竟然默记于心。书店的主人见他手不释卷，便要将此书相赠，刘基谢绝好意，他说自己可以将全书默写出来。

元朝至顺年间，二十三岁的刘基考中进士。他的科举座师揭傒斯见到他，不由惊叹：“此人是魏徵之流，而英迈犹有过之，是匡时济世之人。”经过三年的注官守阙，经过铨选，刘基受命赴江西担任瑞州西安县丞。时人眼中，刘基绝对是一个世间奇人。他的奇，不因时间的流逝而消弭，反倒如陈年的酒，越久越香，越久味越浓。他的奇表现在两方面，一是奇在相貌，满脸的络腮胡子，身材高挑而魁梧；二是奇在言行，常有惊人之言、惊人之举。他生就一张张飞的脸，满腹却是诸葛亮的才情。《明史》说他“慷慨有大节，论天下安危，义形于色”，也就是说他是一个情绪外露的感性文人。刘基的学问高深莫测，上知天文下知地理，有未卜先知之能。民间传说中，人们更是将他与“推背图”联系在一起，颇具神秘色彩。世人以为他的神奇，神奇在他所掌握的阴阳风角之术，其实他的学问不止于此。在这一点上，朱元璋曾亲口承认：伯温敷陈王道，数次用孔子的话教导我，岂有阴阳风角的影子？

这一时期，浙江一带灾异频仍，河南、广东、四川等地相继发生农民起义。社会动荡之下，刘基刚刚起步的仕途风波不息。科举在某种程度上取决于一个人的才华，而官运则考验个人在官僚体制中的适应能力。刘基虽有治乱之心，但仅凭一腔热血，也难以在浊浪翻滚的世道中求得安稳。他在执法期间，体验到了官途的黑暗与小民的苦难。辞官江西后，刘基除了隐居修学，还踏上游历之途，增长见闻。

至正十二年（1352年），朝廷起用刘基为江浙省元帅府都事。这一年，浙东出现了一个在海上打劫财物的悍匪蔡乱头。就在元军例行抓捕之时，方家的仇人却趁机指证方国珍兄弟和蔡乱头是同党。方国珍做贼心虚，和几个弟弟杀死仇家，随即亡命海上。刘基建议“方氏首乱，宜捕而斩之”。为了剿抚反元义军，刘基奔走于南北，南下永嘉，北上杭州，沿途但见瘦马路人，城池荒芜，只觉心中万般凄凉，写下诗篇，诗曰：观音渡头天狗落，北关门外尘沙恶。健儿被发走如风，女哭男啼撼城郭。诗又曰：长夜风吹血腥入，吴山浙河惨萧瑟。

刘基准备大干一番时，方国珍突然掉转方向归顺元朝。元朝政府为了招抚方国珍，将刘基及其家属羁困于绍兴。长达三年的监困，让这个青田才俊吃尽了苦头。无乱可平的刘基被削夺兵权，弃官返回青田故里。愤然离去之时，他不禁仰天长叹：“臣不敢负国，今无所宣力矣！”空有一腔报国志，怎奈天不遂人愿。刘基尚有未竟之志，并不甘心就此老于林泉。既然无法再为元廷效力，他只能被迫调整人生方向。以刘基的神奇，天下大势又岂能躲过他的一双慧眼：北方红巾军如同被蝼蚁啃咬的河堤，随时有决堤之势；江南群雄中，方国珍、陈友定不思进取，苟安一隅，张士诚虽为豪杰，但甘于安逸，更主动请降于元，失去天下人心。纵观天下，仅陈友谅与朱元璋二人可代元成为江山新主，使天下归一，但陈友谅其人，威有余而恩不足，生性猜疑，为人狠辣；朱元璋出身布衣，处事谦善，善用人才，但此人似有骑墙之势，让人不明就里。在刘基看来，他们都不像是成事之主，倒像是趁火打劫的流寇，浑水摸鱼的强盗，不值得他以性命相托。既然无法实现治国安邦平天下的人生理想，落个清风明月自在怀，见机行事，随机而动，也是不选之选。

朱元璋对刘基动心思，应该是他的势力范围扩展至浙东以后的事，那时，他正在四处寻访人才。进入浙东前，他的人才库里已经储备了李善长、胡惟庸、汪广洋、陶安、朱升等一大批家门口的（江淮一带）文人谋士。自古以来，浙东一带都是英才荟萃之地，金华宋濂、青田刘基、龙泉章溢、丽水叶琛等人自然逃不出朱元璋的视线。朱元璋刚到滁州时，韩国公李善长就向他举荐浙东的名士宋濂，说宋濂知星象经纬。宋濂却说，他的才学远不如青田的刘基。

朱元璋的军队攻下处州城，刘基被带到南京来见朱元璋。朱元璋开出优厚的条件，想要留下刘基帮他。刘基不为所动，朱元璋只好将其放回。为了留下刘基，朱元璋还专门写过一封言辞恳切的信，试图打动对方，刘基坚辞不就。这让朱元璋大为恼火，他为此找来宋濂问其原因。宋濂说："刘君最有名，亦豪侠负气与君类，自以仕元，耻为他人用。"刘基是一个重气节的君子，既然他已经做了元朝的官，就羞于再来做朱元璋的官。

没过多长时间，朱元璋指示处州总制官孙炎去劝说刘基出山。孙炎接到指示后，并没有亲自登门去请刘基，而是派使者前往。刘基不肯出山，只是回赠了一柄宝剑给孙炎。孙炎拒绝收下刘基回赠的宝剑，他说："剑当献天子，斩不顺命者，人臣不敢私。"封还之。孙炎给刘基写了一封几千字的长信，反复陈说利害，陶安和宋濂也来信相劝。或许为朱元璋的诚意打动，又或许是折服于孙炎的人格魅力，刘基决意走出林泉。据说，早在刘基做江浙行省儒学副提举时，曾经游览西湖，见西北方的天空飘起奇异的云彩，光映湖水，同游的文人雅士都以为是祥瑞，准备当场赋诗。刘基却在旁边大声说道："这是天子气啊，应在金陵，十年后有王者起其下，我当辅之。"

彼时的杭州城还是元朝的繁华之地，同游之人皆以为刘基喝醉了酒，说的是醉话，吓得那些胆小怕事的文人躲得远远的。他们在刘基面前抱怨，说他将要连累他们被抄家灭族。据说刘基临行之际，在家中大摆筵席，向亲朋好友陈说天象，说："此天命也，岂人力能之耶？"若是如此，刘基投奔朱元璋，并不是孙炎劝说，而是顺天而为，说到底还是自己做主。或许是因为他相信，朱元璋的出现迎合了他所想象的"天命"。而对方的一再征召，则让刘基颇为纠结。

一个乱世书生，处于各种势力纵横捭阖、互争胜负之际，刘基想要过一种半隐半仕的生活，既不现实，也不够真诚。就像司马光说的那样："隐非君子之所欲也。人莫己知而道不得行，群邪共处，而害将及身，故深藏以避之。"隐，是因为天下无道；不隐，是因为天下道现。这种归隐不是和平与繁荣时期的一种追求生活格调的做法，而是迫不得已的行为。人家找上门来，藏是藏不住的，刘基必须做出抉择。朱元璋已经控制了他的家乡处州，如果他有心复出，朱元璋无疑是最为合适的投奔对象。虽说“一臣不事二主”的道德枷锁束缚着他，但在纷扰的世道面前，道德只是幌子，不是现实本身。

至正二十年（1360年）三月，已快到知命之年的刘基在应天府与朱元璋见面，朱元璋问他：“能诗乎？”

刘基回答：“诗是儒者的末事，哪有不能的。”

朱元璋指着手中的斑竹箸，让刘基当场赋诗一首。

刘基随口吟道：“一对湘江玉并看，二妃曾洒泪痕斑。”

这首诗并不合朱元璋的口味，他说：“你这首诗充满了酸儒之气。”

刘基话锋一转，说道：“此言差矣。汉家四百年天下，尽在张良一借间。”

如果说，前两句诗让朱元璋领略了刘基的文采，后两句诗则让朱元璋领略了他的政治胸襟。经过一番交流，朱元璋对刘基的印象发生了根本性的转变，由一个术士变而为一介酸儒，再变为张良似的谋略之士。初见宋濂、刘基、章溢、叶琛等人，朱元璋曾谦卑地说：“吾以天下累四先生矣。”

刘基绝不是单纯的术士，也不是只会写诗填词的文人，而是具有远大抱负的儒生。他向朱元璋呈献的那篇《时务十八策》就是极为高明的策论，可谓字字珠玑。刘基等地方实力派的加入，不仅化解了元朝的抵抗力量，也使浙东的社会秩序趋于稳定。朱元璋授予刘基弘文馆学士时说过：“朕初到浙东时，你就对我颇有好感。等朕回归京师，你就亲来投奔。这时，浙东的老百姓对我还不够信任，你老卿一至，山越清宁。”说到底，刘基的出山，一半是朱元璋请出来的，另一半则是被时势逼出来的。

刘基来投之日，正赶上陈友谅率军自上游浮江而下，攻陷太平（今安徽当涂），杀守将花云以及朱元璋的义子朱文逊。朱元璋专门召集诸将，讨论对策。手下将领各说各理，有主张投降的，有主张逃跑的。而刘基却向他献策：两军交战勇者胜，在生死决战的关键时刻，不应被将领们的不同意见所迷惑，而是应该开诚布公，整合人心，奋力一战，争取胜利。朱元璋大喜，当场赐刘基一把宝剑，令诸将拜他为军师，如有不服者，立斩之。此次会面，刘基还为朱元璋带来了一幅军事战略图，堪比隆中对时诸葛亮献给刘备的那幅。这幅刘基亲手绘制的地图时，山峦、河流、湖泊、城镇、关隘一目了然，帝国军事战略跃然纸上。从这张图上可以看到，朱家军被陈友谅、张士诚以及元廷压制在江南一隅。三面强敌，一面背海，形势岌岌可危。只有先弱后强，避免两线作战，各个击破，再集中兵力北定中原，才能一举奠定乾坤。

刘基和朱元璋的关系，在帝国建制前后有过一段水乳交融的蜜月期，诚如朱元璋所说："卿能言之，朕能审而用之。"朱元璋将其视为汉代谋臣张良，尊称他"老先生"而不呼其名。在朱元璋的竭力敦促下，以宋濂、刘基为首的一批江南学者接受任命，到南京礼贤馆就职。他们在新设立的一个叫儒学提举司的机构里工作，一项重要任务就是给朱元璋时年八岁的儿子、未来的太子朱标讲授经学。

有一个细节，透露出许多信息，相当值得注意。

1361年，刘基的母亲富氏去世，此时，正值安庆、江州之战，刘基虽然悲恸欲绝，但出于战争的需要与朱元璋的挽留，他并没有及时回家奔丧。翌年三月，刘基回乡葬母，在江西与老家青田途中，恰逢洪都降将祝宗、康泰叛乱，好友叶琛遇害。刘基在丧母失友之痛中协助地方守将平定金华、处州的苗军之乱，延误了回乡葬母的日期。刘基回乡时已是其年四月，至第二年正月，他一直在家丁忧服丧。在这期间"太祖数以书即家访军国事，基条答悉中机宜"，朱元璋时常以军国大事咨询刘基，他都回书一一作答。朱元璋在人前称其为"吾之子房"。

等到帝国建制后，君是君，臣是臣，身份地位发生了变化。朱元璋用刘基参议决策多年，对其城府之深是有所忌惮的。龙湾大捷，奇袭江州，显示了他的过人智谋；拒绝救援安丰，将小明王别置滁州，展现了他的政治远见；至于那些传说中的占星术，更是让刘基的头顶上方环绕着一圈圈神秘的光环。这个精明的浙江人，为自己涂上一层天然的保护色，让人看不清他的真实面目。在朱元璋的家乡凤阳，有一种叫作"李子"的水果。此果未成熟时，咬上去酸涩无比，一旦成熟，其表面便会涂上一层粉霜，那是它表皮分泌出的一种天然保护物。李子尚未成熟时，在枝头上散发着勃勃的光泽，一旦蒙上粉霜，便灰蒙蒙的，毫不起眼。在朱元璋看来，刘基就是枝头上的一颗李子，熟透了的那颗。他心底里一定藏着发痒的冲动，蓄积着不可遏制的力量。君臣之间，投桃报李显然不是叙事的结论。刘基不是淮河边上浪荡的游民，是生于浙江富足之地的读书人，朱元璋无法不对他怀有戒备之心。

刘基在南京时，虽然朱元璋对他优礼甚厚，但并不完全信任他；虽然授予他不低的官职，但并未委以重任，给予实权。刘基缜密的思维，对于形势精准的判断，以及长远的战略眼光，让人惊叹不已。朱元璋感谢命运将这样一个人送到他的面前，庆幸他不是作为对手而存在。从龙湾战役、安丰战役、江州之战、鄱阳湖大战，一直到灭元之战，朱元璋想到的或者没有想到的，刘基都替他想到了。很多时候静下来，想到这个人，想到他在一些事情上的看法，朱元璋会不由倒吸凉气，脊梁骨直冒虚汗。亏得刘基是自己的人，他若是早年跟随其他人，还能有老朱家今日的荣耀吗？这样的权谋之臣让人读不透，读不透，心就会悬在那里。朱元璋突然意识到，将刘基放在最重要的岗位上无异于一场政治豪赌，他不敢冒这个险。

淮西与浙东两大集团开始了明争暗斗，这或许也是朱元璋希望看到的。他对淮西官员除了乡情，还掺杂着驭臣之术。在浙东人看来，朱元璋有意压制刘基的威望，逐渐淡化他对政局的影响力。与此同时，他开始有意无意培植淮西集团，制衡刘基、宋濂等江左名士。朱元璋对刘基既依赖又忌惮，对李善长同样如此。有一天，朱元璋召见刘基，他们的话题围绕着丞相人选问题而展开。刘基劝说朱元璋不要撤换李善长："善长勋旧，能调和诸将。"

朱元璋问："他数次想要害你，你为什么还要帮他说话？"

刘基说："这就像是给一间大房子换柱子，必须换最大的那根木头，如果把小木头捆扎换上去，这间房子很快就会坍塌。"

朱元璋又问："杨宪如何？"

刘基道："杨宪有丞相的才干，没有丞相的气度，丞相必须保持水一般平衡的心态，用义理来权衡一切，而不要感情用事。这一点，杨宪做不到。"

朱元璋又问："汪广洋如何？"

刘基说："此人过于偏浅，还不如杨宪。"

朱元璋接着问："你看胡惟庸这个人怎么样？"

刘基说："胡惟庸是最不合适做丞相的，就好比一匹劣马，你叫它驾车，必然会导致翻车事故。"

朱元璋故意试探他："我的丞相人选，难道就没有一个能够超过先生的？"

刘基的脸上马上现出惶恐谦卑之色，说道："臣疾恶太甚，口无遮拦，一向闲散惯了，无法应对繁杂的行政事务，在这个位子上，恐怕辜负皇上的重托。天下之大，怎么会没有人才可用呢？请明主悉心搜求。不过刚才提到的几个人，的确不合适。”

朱元璋最终还是没有听刘基的，继任的丞相，他还是先用杨宪，再用汪广洋。此二人败后，李善长推荐的胡惟庸才登场。据说刘基私下里很是失落，在一些故交好友面前感叹：“希望自己评价胡惟庸的那些话不要得到应验，那样的话，天下百姓有福，大明王朝有福。”

洪武元年（1368年），朱元璋离开南京北巡，命李善长留守应天，授权他一切便宜行事，直与监国无异了。在此期间，发生了李彬贪渎舞弊案，这个案件在官修正史上记载得含糊不明。而在民间记载的诸多版本中，有一版近乎小说家言：李善长搬进新宰相府后，李彬将老宰相府改造成了一座京城权贵的销魂窟。那里有他四处搜罗来的美女，还有从张士诚及其文臣武将那里俘来的娇姬美眷。张士诚有一套纯银打造的家具也被他搬进这里。这里的餐食酒菜，不输于朱元璋所享用的御宴。而到这里消费的人，不仅要有钱，要有官衔品级，还需要推荐人。朱元璋对于嫖娼的官员惩处极为严酷，丢官事小，掉脑袋事大。趁着夜色，偷偷来此消费的人，都对李彬极度信任。

李彬是淮西人，是李善长的同乡和死党，官任中书省都事。那些来此消费的人，不光冲着李彬而来，更是冲着他背后的靠山李善长而来。他们表面上是来享用美色和美食的，暗地里则是来买官的。据说，李彬承诺他们最高的官职是宰相助理和六部尚书。这里每晚的成交额在十五到二十五万两白银。在当时的京城，人们暗中将这里称为“小宰相府”。而发现这里的人，正是杨宪，一个被朱元璋称为皇家恶犬的人物。

朱元璋离京前，委托李善长与刘基共同负责京城事务。李善长负责行政事务，刘基负责监察百官。朱元璋再三敲打他们，不希望在他离开的这段时间，百官懈怠，朝政松弛。李善长并未将朱元璋的话放在心上，放眼朝堂，淮西人占据了体制内的许多重要位置。作为淮西人的主心骨，李善长无疑是百僚之首。李善长挟监国之威，风头一时无两。身为御史中丞的刘基则显得忧心忡忡。他纠察百官时，即使用击鼓传花的游戏手法，十个人中也会有八个人是淮西人。《明史纪事本末》曰：“基素刚严，凡僚吏有犯，即捕治之。宦者监工匠不肃，启太子捕置法；宿卫舍人弈棋于直舍，按治之；人皆侧足立。”刘基性格耿正，执法向来严苛。朱元璋前脚离开南京，杨宪就将“小宰相府”的事报告给刘基。刘基着人搜查“小宰相府”，并控制住李彬。

在李善长看来，刘基纠察百官，大多是冲着他和淮西官员来的。应天府当时流传着一句诗：“马上短衣多楚客，城中高髻半淮人。”朝中六部百司，一大半权贵要员都是李善长的淮西同乡，而一品以上的官员当中，徐达、常遇春、冯胜、汤和等也都是淮西同乡。他们占据着要津高位，关系盘根错节，潜在势力极大。这些掌权派不可能不犯错，刘基得罪他们，就是得罪朝中的掌权派。而中书省都事李彬的事发，将刘基与李善长的矛盾完全公开化了。

李彬犯贪纵罪，落在刘基的手里，被投进大牢。朱元璋离京北巡，人不在应天，李善长只好去找刘基说情。刘基秉公执法，坚持将此事报告于朱元璋。这是一起典型的卖官贪腐案件，朱元璋平生最恨的就是贪腐，他当即传话回京，命令处死李彬，绝不姑息。朱元璋的这份回复恰好落在李善长的手中，他虽然愤怒却不敢隐瞒。为了救自己的亲信一命，李善长编造了一个理由。他找到刘基，对他说：“京城已经很久没有下雨，先生熟知天文，此时不应妄杀人。”李善长明知刘基深谙天文之道，却以此为借口。如果刘基坚持要杀李彬，那就将天不下雨的责任推到刘基的身上。让李善长没想到的是，刘基给出的回答是：“杀李彬，天必雨！”刘基敢说这样的话，应该说他是有一定把握的，他确实懂得天文气象。可惜天有不测风云，刘基这次真的失算了，处死李彬后，京城果然很久没下一滴雨。刘基如此决绝，没有半点商量的余地。李彬被依法处死，李善长也被彻底激怒，他开始反击。为了既成的仇恨而仇恨，自然会招来更多的仇恨。这个仇恨的爆发点，不是别人的有意为之，而是自己将仇恨的血吞回肠胃，是发自身体内的爆炸。

等到朱元璋北巡归来，李善长开始爆发。他到朱元璋面前指控刘基在祈雨坛下杀人，惹得天怒人怨。李善长嫌自己的能量不够，指使众多对刘基怀有敌意的官员围而攻之。在围攻刘基的官员中，自然以淮人居多。对于淮西集团的官员而言，刘基成了他们捞取权力资本道路上最大的障碍。

朱元璋始终没有表态，几天后，他借天旱征求刘基意见。刘基说，阵亡士兵的妻子全部集中居住在营房，有数万人之多；官府的工匠死亡后，暴尸野外。这些阴气郁结，都足以“上干和气”，需要解决他们的问题才能下雨。朱元璋依计照办，但老天仍不下雨。刘基惹恼了朱元璋和丞相，只能以自己的黯然退场为代价。刘基这个人，是个还算有节操的读书人，虽然声望颇高，但从来不会主动挑事。可是在李善长等淮西人看来，朝堂上只有两种人，一种是淮西人，另一种是非淮西人。刘基是“非淮西人”，后世学者专门为他开辟了一个新的名词，说他是“浙东”利益集团的代言人。在李善长的众多假想敌中，刘基排名靠前。不管浙东士子有无集团化倾向，刘基都是淮西人的绊脚石。洪武初年，帝国的财政收入，每年只有几百万两白银，而李彬案涉案金额之巨令人震惊。诚如李亚平所言：“以朱元璋对人事关系的高度敏感，想要让他相信，只有李彬一个人就能够在帝国官场掀起涉及几百万两白银的丑闻来，恐怕是有些勉强的。不久后，他早早让李善长离开宰相之位，这件事或许是诱因之一。”而刘基的悲剧，在于他看到了政治的根本，想要回避却已经来不及，他掌握王佐之术却掌控不了自身的命运。立德、立言、立功，三立于一身，三立皆达到顶峰，极目茫茫，历史上能有几个这样的人？朱元璋将其列为打压对象，其实是为了完全驾驭他。

洪武元年（1868年）八月，刘基借着妻子过世的理由，向朱元璋请求“告归”。当了几个月御史中丞的刘基以“致仕”的形式，离开政坛。临行前，他向朱元璋提出忠告：一是不要迁都凤阳，二是集中力量消灭元朝残余势力。就在当年年底，朱元璋写了封亲笔信，将刘基召回南京，追赠其祖父、父亲为“永嘉郡公”。朱元璋对其信任更胜以往，每次召见刘基，都屏退左右，与他长时间密谈。

3. 所谓的派系与圈层

检校及杨宪之死

中书省是丞相的办事机构，是朝廷的中枢，因此成为皇帝和大臣关注的焦点。朱元璋能够感受到来自以李善长为首的淮西集团的潜在威胁，他希望刘基取代李善长，起到平衡和制约的作用。刘基善于揣测朱元璋的心意，不想卷入权力争夺，怕引来杀身之祸，因而萌生去意。朱元璋心目中的三个丞相人选，刘基将其全部否定。朱元璋没有听他的，先是起用杨宪，再用汪广洋，此二人败后，李善长推荐的胡惟庸正式登场。当时最有可能代替李善长的是杨宪，朱元璋多次说："杨宪可居相位。"把他由御史中丞调任中书省左丞之职。杨宪优点突出，缺点也突出，刘基说他"有相才无相器"。史书对其评价是："有才辨，明敏，善决事。然忮刻，有不足于己者，辄以事中伤之。在中书，欲近易省中故事，凡旧吏皆罢去，更用己所亲信者。"

认识杨宪，就要先认识检校这个组织。朱元璋骨子里天生就有敏感、偏执的成分，对人抱有警惕之心，凡事持怀疑态度。他的这种疑惧之心，只要受到外界的小小刺激，就会引发巨大的心理震荡。如果有人关注锦衣卫成立之前的那段历史，会发现有这样一批人潜伏于大明的内廷与外朝。他们没有留下自己的姓和名，只有一个称呼——"检校"。检校的品位极低，除伺察、告发他人的阴私勾当外，没有其他任何权力。他们如魅似鬼地存在着，让朱元璋觉得，自己混沌的双眼成了一双千里眼，幻听的耳朵成了一对顺风耳。无论品级多高的官员，见了他们也都会惧怕三分。情报工作是没有硝烟的战场，你中有我，我中有你，阴谋血腥是斗争的常态。早在明朝建国以前，朱元璋已在身边豢养了这样一批由他调控、专门负责情报工作的检校。当时天下群雄四起，想要从中脱颖而出，战时的情报工作必不可少。

等到时局稳定，朱元璋并没有忘记那些藏于暗处的耳朵与眼睛。他不仅没有解散检校，还赋予他们新的工作内容：由前期的获取战时情报，转为监察帝国上下的一举一动，尤其是察听京城大小衙门的官吏。官吏所做的不公不法之事，还有风闻之事，甚至不着边际的道听途说，都要随时监听，及时向他报告。监听的范围不断扩展和延伸，从上到下，如一张巨型蛛网覆盖帝国的每一寸土地。不光在职官员和退休官员，甚至连他们的家属、普通老百姓，也在监控范围之内。应天府那个崭新的门楼消隐在一株巨大的古树之后，像是湛然青天伸出的一双手，拨弄着人间的庸常与极端。

那些日光下的蠢蠢欲动、黑暗中的窃窃私语，因受制于制度的漏洞和官家的体面而无法施展。于是，朱元璋布下的窃听系统刚好弥补了这些遗憾，它几乎是无孔不入的。他曾征集了一大批的元末儒士来南京编纂经典。其中有个老儒士钱宰，被征调参与编纂《孟子节文》。一日，他在回家的路上，想到自己朝出暮归的诸般艰辛，不禁悲从中来。他本是个诗人，郁闷愁苦助长了他的诗兴，张嘴就来："四鼓咚咚起着衣，午门朝见尚嫌迟。何时得遂田园乐，睡到人间饭熟时。"不料牢骚诗句被暗中跟踪的检校听到。第二天上朝，朱元璋便将钱宰找来问话："听说爱卿昨日作了一首好诗，不过诗的意境值得商榷。朕从未'嫌'你上朝迟啊，你看改作'忧'字是否更贴切？"钱宰冷汗直冒，忙不迭地磕头谢罪。只有朱元璋知道，这个向他打报告的检校成员，是和钱宰擦身而过的某个年轻书生，还是在他身后丈余外正在和小贩讨价还价的路人甲，又或者是对着钱宰宣过一声佛号、讨过几枚随缘钱的游方和尚。总之，无人不是检校，无处不有检校。检校里大多是好事之徒，他们擅长无中生有、无事生非，无风也可卷起三尺浪。朱元璋喜欢怀疑人，他们就将丁点儿大的事儿，放在显微镜下审视。朱元璋通过锦衣卫与巡检司两个机构，在全国布下了一个庞大的监控网络，从中央到地方，从城市到乡村，无论官僚还是百姓，均处于严密的监视与控制之下。

检校需要从事的脑力劳动，通常是由文官负责。儒家文化的肃然与庄重，伴随戳心剖腹的残酷浮现于他们的脸上。朱元璋早期的亲信幕僚大多是检校出身，如高见贤、夏煜、杨宪、凌说等人。这些人一天到晚干的就是告发别人阴私的勾当，朱元璋视他们为自己所豢养的恶犬，人见人怕的恶犬。检校，无品无级，甚至连办公机构和人员编制都没有，他们不过是被安插于不同部门不同职业中的隐形人。朱元璋虽然亲自领导检校组织，但无法做到事必躬亲，需要有人替他分忧。杨宪是最好的选择，他是检校成员，而且是核心人物。

检校不分白天黑夜，像幽灵一样四下活动，一有风吹草动，他们便会向皇帝报告。于是，臣僚们退朝后的一举一动，尽在朱元璋的掌控之中。有一次，大学士宋濂在家里请客。第二天，朱元璋就找他问话："你昨天喝酒了吗？座上的客人是谁？吃些什么菜？"宋濂面露惊诧之色，只好如实回答。朱元璋从袖子里掏出一张图，图上准确地标出赴宴者的座次顺序。宋濂脸色大变，汗如雨下。

国子监祭酒宋讷因事在家中独自生闷气，暗中监视他的检校便将他生气的表情画了下来，报告于朱元璋。待到上朝时，朱元璋便问宋讷，为何在家中生闷气，是不是生他这个皇帝的气。宋讷叩头如捣蒜，说自己是因为夫妻关系不睦而生气。他问朱元璋如何得知，朱元璋便将检校为宋讷画的像递给他。当他看到自己面带怒容的画像时，脸色异常难看。

吏部尚书吴琳已告老回湖北黄冈，但朱元璋对他还是不太放心，怕他利用自己的威望在下面做出一些不利于朝廷的事。于是，朱元璋便派检校前往侦察。这个检校到了吴琳的家乡，并不直奔吴宅，而是东溜西逛，打算收集一些关于吴琳图谋不轨的传闻。这名检校经过一片稻田，见一农夫模样的老人坐于田边休息，便上前问他："可知此地有个吴尚书？"不料老人答道："敝人便是。"检校见其苍老的模样，与那些山村野夫并无区别，便回京向朱元璋如实报告。类似的事例举不胜举，朱元璋编织的这张情报网络让整个帝国处于监控之下。

在这里，借用一个禅门公案来形容监控与被监控——老和尚与小和尚下山。当看到一个酒家的酒旗被风吹动时，老和尚便问小和尚是"风在动"，还是"旗在动"？小和尚说"旗在动"，老和尚摇头。于是，小和尚改口道"风在动"，老和尚还是摇头。小和尚很是奇怪，既不是旗在动，也不是风在动，那么到底是什么在动？老和尚给出的答案是，你的心在动。

这个问答的机锋在朱元璋和官员的心里，也有着类似的观照。他们都是那面旗帜，在彼此的眼里，必然是猎猎飞舞的。即使他们静默无语，在对方看来，也依然是那面不安分的旗帜。因为他们都有一颗不安分的心，所以怀疑与防范才会成为选择。

元末，朱元璋消灭张士诚后，在他的地盘上设立浙东行省。朱元璋专门派外甥朱文忠担任行省右丞，总管军务，同时让杨宪作为属官随行辅佐。

临行前，朱元璋特地叮嘱："朱文忠是我的外甥，年轻且未经过历练。地方上的事由你做主张，如有差失，罪只归你。"他这么做，是让杨宪帮他盯着朱文忠。杨宪到任不久就密报朱元璋，说朱文忠图谋不轨，任用儒士干预公事。这是朱元璋最为忌惮之处。为了防止朱文忠这样的实权派武将自立门户，朱元璋规定不许他们任用文人。收到杨宪的上书，朱元璋将朱文忠重用的五人押解进京，杀了其中的两人，其他三人罚做抄写手。

随后不久，杨宪又将同僚张昶陷害致死。张昶是元朝旧臣，察罕横扫中原之时，朱元璋担心自己的军队被元廷吃掉，有意通好察罕，曾两次派使者携带重礼和亲笔信前往察罕处求和。而元廷也派户部尚书张昶带着“江西行省平章政事宣命诏书”来南京招安朱元璋。后来察罕被刺身亡，风云突变，朱元璋改变主意，不但拒绝接受元廷的招安，而且将张昶扣留下来。

张昶在元廷任职多年，精通朝章法典。朱元璋的文臣谋士大多是元朝的中下级官员，他们从来没有接触过元朝高官，因此对张昶极为敬重。为了让张昶死心塌地效忠大明，朱元璋杀死了随张昶一起来的元朝官员，又用一个死囚替代张昶，将其押往刑场处死。杨宪与张昶在中书省相识相交。出于职业习惯，杨宪将自己恶犬似的眼睛和耳朵“长”在了张昶的身上，时常窥测他。当时元朝气数尚未散尽，在北方地区仍拥有较强的势力。张昶出使被困，身为元廷高官要员却成为朱元璋的普通官员，这种身份上的落差让他无法接受。有一天，或许是憋得实在难受，他向所谓的好友杨宪倾诉：“我如果能够回到元朝，仍会不失富贵。我是元朝旧臣，将我勉强困在这里，实在是思念旧居。我的妻子儿女都在北方，不知他们现在过得怎样？”

当时元臣守节不辱被朱元璋放回的事例有很多，况且杨宪又是他的同僚兼好友，张昶并未设防。待到朱文忠收复杭州时，又将那些俘虏来的元朝高官放还大都。张昶得知此事后，非常羡慕，暗中让那些遣返人员带表章给元顺帝，带家书给自己的儿子。结果底稿落到了杨宪的手里，杨宪随即呈递给了朱元璋。在审问过程中，张昶在简牍背面写道：“身在江南，心思塞北。”这让朱元璋大为震怒，下令将其处死。杨宪的斗争欲望太过强烈，居然连张昶都不放过，他这种四面树敌的做法给自己带来了杀身之祸。

那些最先辨识政治风向的读书人，很容易陷入简单的是非选择中。杨宪的举动为文人集团所齿冷。在他们看来，杨宪是一个阴险狡诈、出卖朋友的小人。他虽然为同僚所不容，但是得到了朱元璋的信任。朱元璋认为，有着丰富情报工作经验的杨宪，正好可以作为安插进中书省的一枚有用的钉子。然而杨宪很快就让朱元璋失望了，他一进入中书省，就像是换了个人似的。

朱元璋鉴于李善长有病，把陕西参政汪广洋晋升为中书省右丞。杨宪位居左丞。汪广洋初来乍到，表现得十分低调，依违于其间。杨宪仍不满意，唆使侍御史刘炳弹劾汪广洋“奉母无状”，要求将其调回陕西。不久，又奏请皇帝将其调往海南。杨宪如此上蹿下跳，无容人之忍，让朱元璋大为不满。李善长立即上了一道奏疏，指责杨宪“排陷大臣，放肆为奸”。于是，朱元璋下令逮捕刘炳。杨宪唆使侍御史陷害朝廷大臣，虽然是大罪，但罪不至死。问题在于，无论是李善长、胡惟庸还是刘基，他们都不希望杨宪活在这个世界上。李善长、胡惟庸告发杨宪唆使侍御史刘炳陷害汪广洋，同时，刘基也告发杨宪的种种阴私之事。胡惟庸对这个山西阳曲人耿耿于怀，他和左丞相李善长说：“杨宪为相，我等淮人不得为大官矣！”况且杨宪是检校出身，他们不想让朱元璋把大明朝变成一个用特务手段控制的国家，因此在处死杨宪的问题上，他们才能够抛弃以往的成见，联手出击，欲置杨宪于死地。

洪武三年（1370年），中书省右丞杨宪被处死，做了帝国的第一个冤大头。杨宪死后，朱元璋召回汪广洋，恢复他中书省右丞之职。杨宪是洪武年间复杂的派系斗争中第一个流血的高官，他死于朱元璋为其设定的恶犬职业。他自以为有皇帝宠着，就可以不管不顾地向所有人发起挑战，逮谁咬谁，现实却并非如此。随着他得罪的人越来越多，他反而将自己逼入一个孤立无援的状态。其他检校人员也都没有落得好下场。高见贤、夏煜、丁光眼等人告讦他人，结果被人反告讦，导致被杀。

检校人员不断被杀，证明了一个道理：咬人的狗都不会有好下场。庙堂与江湖之间地域漫漶，仅有一条并不明显的模糊界限。庙堂不是人性的跑马场，江湖也不是白刀子进红刀子出的投名状。一个有了出路却走上绝路的人，一个明知归宿是与刀锋对撞的人，还是没有躲过命运的劫难。杨宪之死只是一个开端，朱元璋并没有因为一个检校的死而放弃整个检校组织，反而使他变得更加警惕。

杨宪罪不至死，真正置杨宪于死地的，不是刑律罪责，而是官僚集团的利益需求。无论是淮西派的李善长、胡惟庸，还是浙东派的刘基，他们都不愿意看到杨宪居于显位。作为一颗棋子，它的存在如果不是为了迎合主人安排的战局，而是整天想着走出主人控制的领域，那么它的命运之路除了自我毁灭，还能有其他更好的选择吗？朱元璋不会因为一个小小的杨宪，使自己与功臣们的关系陷入僵局。更何况此时的朱元璋还没有下定彻底改组中书省体制的决心，在这样的利害计算之下，他能够做出这样的取舍也是符合逻辑的。

帝国的分封与差异

洪武三年十一月初九日清晨，朱元璋率群臣以武成告于郊庙，诏谕文武群臣：尔等勠力王家，着有茂绩，非有世赏，何以报心。从来皇帝封功臣，最大奖赏莫过于死后配享太庙，让后世皇帝时常祭祀怀想，功臣名爵与整个王朝相始终。朱元璋下敕给中书省，他要在配享太庙之外，另建一座单独的功臣庙，把那些和他一起打天下的人按功劳大小分作三六九等，供在功臣庙里受人间香火。对于那些文臣武将来说，能够进入帝国的功臣庙，无疑是巨大的荣耀。游民出身的朱元璋没当过家，更没治过国。做了皇帝，只能参照前朝，依葫芦画瓢地为自家王朝定规矩、画方圆。至于方不方，圆不圆，只能摸着石头过河。

不久前，征虏大将军、中书右丞相、信国公徐达，左副将军、浙江行中书省平章事李文忠奉诏从北方班师回京。次日早朝，朱元璋驾临奉天殿，太子朱标、诸位亲王及百官朝服陪列。先是徐达率诸将上《平沙漠表》，接着李文忠上《贺表》。这都是官样文章，少不了一番吹捧。天下归一，人心大定，太祖朱元璋自然高兴。他当廷宣布大封文武功臣的决定，确定封功原则。群臣欢呼，各自分头准备封功的大事。“忠”字怎么写？上“中”下“心”，“中”是旗帜中心的圆环，引申为旗帜，旗是原始民族的精神图腾。“忠”字就是心随旗帜而动。古人造字，自有奇妙的道理可言。

过往时代的“忠”，是朗朗乾坤，罡风猎猎，而“义”则是江湖血性，结盟抱团。“忠”借助“义”涂抹了一层嗜杀的气象，而“义”则借助“忠”坚定立场，改变个人命运。朱元璋从洪武二年（1369年）建功臣庙，到洪武八年（1375年），功臣庙里总共供奉了三百零九位功臣。所谓功臣庙，其实就是皇帝心里的忠义庙，忠与义犹如剑之双刃，又如两面飞扬的旗帜。中国的江湖义气，在其早期，表现为拔刀相助，扶弱锄强等侠义行为。所谓的“侠义精神”，也就是贵族精神向社会层面的延伸，体现在任侠上就是“忠敬勇死”四个字。诚如司马迁在《史记·游侠列传》中所言：“今游侠，其行虽不轨于正义，然其言必信，其行必果，已诺必诚，不爱其躯，赴士之厄困，既已存亡死生矣，而不矜其能，羞伐其德，盖亦有足多者焉。”

在司马迁看来，侠义精神表现在“为他、反主流、敬事、谦逊”四个方面。

侠义的本质即在于“为他”。“为他”是注重公义，也就是后世俗语所说的“路不平，有人铲；事不平，有人管”。当时侠的“为他”与后世的“为他”是有区别的，后者是由于道德感的激发，站出来打抱不平，而前者是出于一种职业习惯，像是侠士个人应尽的职责和义务。

先秦的侠大多来自“大夫”“士”两个阶层。大夫，多是执政者；士，多是行政人员。自西周以来，这是一个相对固化的圈子，他们世代相承，几百年来逐渐养成了处理公共事务的责任感与荣誉感。虽然经过了世事的变动，公共事务早就交到了各级官僚手上，但由责任和荣誉形成的习惯不可能一下子被皇权专制扫荡得干干净净，必然还会残留在一些早已没落的贵族的身上，只要机会合适还是会冒出头。那些贵族的侠，他们在体制内有权力、在社会上有势力，可谓名利皆有。而那些身处闾巷的布衣之侠，也就是所谓的“游侠”，他们靠的是自己的打拼和修行，要得到世人的认可，其艰难程度可想而知。游侠与游民的地位相去无几，或许只是比一般游民具有更高的暴力指数、更丰富的人生阅历和指挥人的才能。班固在他的《两都赋》里说，乡间的豪俊和游侠中的佼佼者，名节上追慕平原君、孟尝君，名声上仅次于春申君、信陵君，他们互相联合交往，驰骋遨游于其间——由此可以看出，那些具有侠义精神的人在当地都是略有点人脉和势力的。到朱元璋的时代，侠义精神开始延伸至社会末端，逐渐混同于江湖义气，带有浓厚的帮派、团伙色彩。朱元璋和他的合作者们立身处世只论交情，将他们掰开，个个命如草芥。为了生存，他们凭着嗅觉开始寻找各自的“兄弟”，而不问是非善恶。我们从元末明初的史料中，以及明英烈各种版本的传记作品中，很容易找到佐证。

现如今，大明开国，“兄弟”成为帝国的开国元勋，江湖义气将化为他们的地位和荣耀。坐在皇位上的朱元璋，看着当年仅凭“义气”二字就追随自己的兄弟，心里百感交集。曾几何时，他们口称“有肉一起吃，有事一起当”，如今“肉”来了，就看朱元璋怎么来分这块“肉”。

次日五鼓，朱元璋驾临奉天殿。太子及诸王、左丞相李善长、右丞相徐达率文武百官朝礼毕，分列丹墀左右。太祖诏谕群臣：

> 汝等其听朕命，朕今日定封行赏，非出己私，皆仿古先帝王之

典，筹之二年，以征讨未暇，故至今日。思昔创业之初，天下扰乱，群雄并起，当时有心于建功立业者，往往无法以驭下，故皆无成。朕本无意天下，今日成此大业，是皆天地神明之眷佑，有非人力之所致。然自起兵以来，诸将从朕被坚执锐，以征讨四方，战胜攻取，其功何可忘哉？今天下既定，是用报以爵赏，其新附将帅之有功者，亦如之。凡今爵赏次第，皆朕所自定，至公而无私。

十一月十一日，按照司天监早已择好的良辰吉日，举行隆重的分封仪式。金銮殿上跪满了功臣，一个个如雷贯耳的名字在大殿上响起。公封完了，侯封完了，伯封完了，然而，在宣封的声音中迟迟没有响起刘基的名字。过了一段时间，朱元璋才给刘基补封了一个诚意伯，年俸禄二百四十石。有人议论，说功劳在刘基之下的后勤总管李善长被封为韩国公，俸禄四千石，是刘基的十几倍。嚼舌之人并非无中生有，他们轻易就识破了事物的本质：即使在伯爵中，刘基的俸禄也是最低的。没有比较，就没有伤害。朱元璋是一个举着权力之灯照明的人，在他看来，那些接近皇权的人未尝不是如此。天下初定，一切都有推倒重来的可能。如此想来，朱元璋寝食难安。

开基之始，朱元璋就想大封功臣，只因天下尚未进入完全的太平时期，武将们还在四处征战，功过不好衡量，此事便一拖再拖。文武大臣早就盼着这一天，于朱元璋而言，这也是皇权运行的一次重大考验。此次分封，朱元璋一口气封了六公、二十八侯、十一伯。在榜之人由此成为大明朝第一批勋贵，构成明初勋贵的主体。按照分封体系，应该分为五等，公、侯、伯、子、男，朱元璋却将子、男追封给那些战死的功臣。皇帝不是完全的自由人，朱元璋同样处于游戏规则之下，他也要以富贵与热情维系上下左右各方关系。朱元璋给了有功之臣足够的尊崇，按照品级划分，公、侯、伯的权威要高于一品大员。他的封赏在天下臣民看来，虽然有些贤明君主的宏大气象，但在貌似公正奖赏的背后，也有个人的算计在里面。这个世界本来就没有什么绝对的公正，而朱元璋的公正只有一个原则，那就是要建立在有利于皇权的基础上。

对于分封之事，朱元璋有自己的考量。正因如此，他从建立君臣尊卑有序、防止左右上下发生纷争的角度，将功臣们按照功劳大小，分为三六九等，依次封赏。封赏功臣向来是皆大欢喜之事，但是处理不当也会引发各方纷争，为帝国埋下斗争的隐患，是一颗随时会爆的定时炸弹。朱元璋在封赏之前，就已经向大臣们反复做了强调：封谁，怎么封，都是由他一手定下的，绝对公正无私，不存在厚此薄彼。有不同意见者可以当面提，一旦他做了决定，就不希望再听见不和谐的声音。一个不知恐惧为何物的莽夫，似乎比那些老谋深算的智者更能因势利导地解决问题。按照他所说的公正无私，六公按地位高低依次为李善长、徐达、常茂（常遇春之子）、李文忠、冯胜、邓愈。此六人即明初六公，全部令子孙世袭，只有常茂，如无子嗣，即以兄终弟及的形式世袭。

那些被封公之人，他们的功劳毋庸置疑。这六个人各有优势，其他几人都是凭着战场上出生入死军功卓著受封的，文臣仅李善长一人，可见他在朱元璋心目中无可替代的位置。大封功臣时，朱元璋就特别强调：善长虽无汗马军功，但功劳甚大，连汉时的萧何也不一定及得上他，由是授开国辅运推诚守正文臣、特进光禄大夫、左柱国、太师、中书左丞相，封韩国公。岁禄四千石，子孙世袭。予铁券，免二死，子免一死。虽然李善长得圣眷之隆，无人出其右，但在分封的大原则下，武人的功劳还是大于文臣。

攻打滁州时，李善长就追随在朱元璋身边。鞍前马后这么多年，功劳非常人所及，所以朱元璋才会将其封为“公”。侯和伯的分封则遵循一个原则：凡是封侯的，都是能征惯战的武将；封伯的，是文臣。洪武三年（1370年）的这次分封，只封了两个伯，一个是刘基，另一个是汪广洋，他们都是文臣。

朱元璋还规定“凡爵非社稷军功不得封”，“凡公侯伯封拜，俱给铁券”，根据勋臣爵位的高低，将他们的军功封爵与颁赐铁券完全结合于一体，把铁券定为七个等级。同时又铸铁榜文，从法律上对铁券的免罪特权做出具体的限制。

历史无错，错的都是人。铁券是朱元璋赐予勋贵功臣免罪免死的凭证，因取坚久之意，乃以铁铸之。其形似瓦，铁质，上面镌刻着皇帝诏敕，底部刻着本爵及其子孙免死的次数，字用镂金。铁券可以传世，故亦称世券。铁券制是汉高祖刘邦首创。朱元璋登上皇帝的宝座，正式开启了体制与江湖的联欢，马蹄踏出的山河大地，把这样一大批人赶进了他的乌托邦世界，旧的体制像一柄折断的剑，被重新抛入熔炉与砧板。各个王朝对铁券制一直都没有形成严密的、规范化、程序化的典章制度，时用时废。为了巩固皇权，笼络这批功臣，朱元璋将封爵与赐券进行二合一处理，铁券也就成了明朝重要的典制。好看与实用兼而有之，面子与里子都要讲究。

朱元璋和他的功臣们都明白，免死铁券只是暂时的隆恩崇誉，刻上字的铁牌子真的能免死吗？当功臣们被囚于槛车，押赴刑场，免死铁券又何曾起过丝毫作用。铁券并不是朱元璋赐给功臣的护身符，它既以维护皇权利益而开启免罪功能，又同样以损害皇家利益而失去免罪功能。说到底，真正决定铁券是否有效的还是朱元璋这个规则的制定者，毕竟它是为皇权服务的。

此次分封的二十八个侯依次为汤和、唐胜宗、陆仲亨、周德兴、华云龙、顾时、耿炳文、陈德、郭兴、王志、郑遇春、费聚、吴良、吴祯、赵庸、廖永忠、俞通源、华高、杨璟、康铎（康茂才之子）、朱亮祖、傅友德、胡美、韩政、黄彬、曹良臣、梅思祖、陆聚。

人生两大苦楚，想要而不得，不想要而得。对于权力的得失，功臣们只有无条件地接受。朱元璋既没有按照官职高低，也没有按照俸禄多寡，而是按照投奔自己的时间先后排定了侯的顺序。这一原则将濠州红巾军旧将，也就是将汤和到吴祯这十四人的排名向前提。时间分先后，人分三六九，朱元璋有意将部分位高名重的战将排在了那些平庸战将的后面。濠州旧将的位次是以投奔时间先后来排序，其余的十四位战将，包括水军头号战将廖永忠、骁勇善战的傅友德也是如此。投奔时间越靠前的人，忠诚度越高。他们在朱元璋身处险境，居于低微之时，就将身家性命交付于他，朱元璋对他们的感情是不一样的。

分封的这些人物中，汤和算是个例外。这个人于朱元璋而言有着重要的意义。当年朱元璋就是被他的一封信忽悠到起义这条路上来，再也回不到顺民之路。必须承认，在那个封赏的具体场域中，声名比死亡更锋利。汤和是资格最老的红巾军将领，也是最早与朱元璋相识，又有封公之勋。虽然犯过小错误被朱元璋贬封为“侯”，但在朱元璋分封的侯爵中仍处于第一的位置。朱元璋向官员们强调封爵规则时说过，汤和、赵庸、廖永忠、郭兴等四人各有罪责，“止封为侯”。

御史大夫汤和与朱元璋从小玩到大，一起从军，一起建功立业。此人有一致命弱点，喝完酒后控制不住自己的情绪，喜欢胡乱杀人，无视法度。他在镇守常州时，曾经有事想要向朱元璋当面请示，没得到批准。他借酒浇愁，酒后吐出一段愤懑之语："吾镇此城，如坐屋脊，左顾则左，右顾则右。"他认为自己镇守这座城池，就像坐在屋脊上，他帮谁谁就能赢。他要是当时投了张士诚，张士诚也能赢。茫茫黑夜，他成了点燃圣灯的人。他若是点灯人，那朱元璋又算得了什么？

凡事有度，富贵于人更是如此。富贵极致，难免让人心浮意骄，朱元璋焉能不察？他太了解汤和，这个家伙口无遮拦，挟功恃宠，朱元璋早就在心里给他立下尺规。汤和的情绪里，有对朱元璋的不满，也有对个人处境的不满。如果每个功臣都怀有这种不满的情绪，将会是一件很危险的事。当然很多事情不便说得过于通透，只得按一个"欲加之罪"，算是对每个人心底的疑惑有个形式上的交代。

除了看重分封之人的资历，如同绝大多数决策者，朱元璋也凭借个人好恶来确立他们所占的位次。对于开国功臣，他最为看重的是他们的忠诚度，以及他们在帝国权力体系中的安全性。

朱元璋的用心裁夺，让官员们感受到了皇权带来的压力。他要让他们知道，这天下是他的，他们的身家性命也是。封侯的同时，还有六个人与其他诸侯同时受到重赏，最后却没有捞到诸侯的封号。朱元璋本打算封三十个侯爵，最后剔除了两人，他们是来自巢湖水军的汪兴祖和早年跟随赵均用、后来率泗州军队投奔而来的薛显。汪兴祖先是被封为东胜侯，后来有人向朱元璋告发他犯过错误，于是朱元璋将其从侯爵的大名单里抹去，只给了他一个都督的职务。洪武四年（1371年），朱元璋派傅友德出兵征伐四川，汪兴祖受命戴罪立功，或许是立功心切，他战死于沙场。待到蜀平，朱元璋准备追封其子为东胜侯，赐予铁券。因其子年幼，停袭。

薛显曾经追随大将军徐达攻取中原，朱元璋曾当着众将的面夸赞此人。朱元璋说："薛显勇略冠军，可当一面。"但此人身上戾气过重，经常拿身边的胥吏、兽医、火者、马军开刀，动辄取人性命。分封时，朱元璋将其封为永城侯，并没有授予他免死铁券。没过多久，他被贬往海南。

分封并不能让每个人都满意，毕竟粥少僧多。宽袍大袖的官服之下，那一副副历练自江湖的筋骨，在夜深人静的夜晚，隐隐发出锵然之声。朱元璋在淮河岸边长大，他肯定体验过，人在河里游泳最危险的事，莫过于身处险境而不自知。何为险境？就是死水之地，看似无波无纹，水底却蕴藏着难以估量的迅猛之力。善游者，不会往死水的地方游。作为开国之君，朱元璋并不担心功臣们对于欲望的执念，反倒担心他们对于欲望的无所求。为了安抚他们不安的心，朱元璋告诉他们，如果不满意封赏，可以当面说出来。

朱元璋虽然这么说，可是没人敢当面质疑。有些人心里虽有不平，但表面上还要装作皆大欢喜。不管怎么说，这些被封赏的开国功臣都成了这个社会新一代的大地主、大贵族，也成了新王朝的既得利益者。他们应该关起门来歌唱和舞蹈，而不是在暗处嘀咕和抱怨。

初登大位的朱元璋不敢懈怠，那些文武功臣结成的关系网过于庞杂，让他透不过气来。即使用非常规手段用力戳破几个血窟窿，也无法让他感觉到呼吸通透。大风卷起巨浪，哪管浪花发出的呜咽声。那些在朱元璋心中彷徨不定的想法，此时获得了一种“借力”落地的平静。事情就此注定。他知道，编织这张网的人不是别人，而是他自己。十四位濠州旧将中，有十一个人来自濠州的钟离县，一人来自定远县，他们与朱元璋都长于淮河岸边，同饮一河水。元代的濠州辖钟离、定远、怀远三县，濠州红巾军先起于定远，然后占据濠州，这些将领都来自钟离与定远，统称为濠州人。而后十四人绝大多数来自淮西地区，都不属于濠州人。如常遇春、胡大海、傅友德、廖永忠兄弟、华云龙、汤和、俞通海父子等，这些人都是游民出身。在没有投奔朱元璋之前，他们或是沉沦游荡于社会底层，或是占山为王，或是地方秘密宗教的组织者和传播者，游离于宗法网络之外，没有任何牵挂，来去自由，同时又有着强烈的反社会倾向。

在社会大动荡中，此类人是最积极的勇敢分子，他们自然也就成为朱元璋军事集团的铁血骨干。在火光乱窜的时代，无论是归去还是出山，都必须赤脚从火上踏过。只要不怕痛，以刀杀火，咬牙踩过去，一切皆有可能。他们都是方圆百里之内的乡人，在亲疏远近上，犹如大圈套小圈。偌大的朝堂，成了一个巨型的套娃，无人不套，无人不被套。历史充满了幽默感，让人无从可笑。朱元璋是钟离西乡人，与费聚、王志、顾时算是近邻同乡，这些人的位次都排在定远人华云龙之后。在地位更高的六位公爵中，除了徐达是钟离乡人，李善长、常遇春、冯胜都是来自濠州外围的定远、怀远，而李文忠、邓愈则来自泗州的盱眙、五河。

虽然他们都出自濠泗地区，与朱元璋属于大同乡。但是六位公爵除了徐达属于最早一批濠州红巾军追随者外，其他五人都是从濠州红巾军的其他派别、民间或其他社会组织投奔而来。他们中的绝大部分人投奔朱元璋的时间，都要晚于十四位濠州诸侯。尽管如此，他们所享受的待遇却不比濠州旧将们差。

生于斯，长于斯，乡土成为游民们抱团而生的唯一理由，这个理由胜过一切说教。同饮一河水、同食一地粮、同说一乡音的地缘，像是一股热血从人的脚底板贯通至每个人的天灵盖。当然，所有的事情都没有绝对的。在这块古老的土地上，有很多奇妙的事情，比如婚姻。如何掌控这些同生共死的战友，除了封赏杀伐外，朱元璋选择了最为传统，也最为有效的手段——联姻。在他的儿子、女儿成年后，他和功臣们之间的羁绊除了最初刀头舐血的友情以及立国后的君臣之义外，又多了一层关系——亲家情分。打天下时，朱元璋和那些功臣们正处于风华正茂的年轻时代，而他们的子女也大都处于幼年时期。等到朱元璋坐拥天下，亲王、公主们渐渐长大，那些元勋宿将的孩子们也都到了谈婚论嫁的年龄。为了将皇权这盘棋越下越大，朱元璋主动和他们攀亲，这当然也是他们求之不得的。于是，在朱元璋的执政史中，也因此留下一段暴力与媚眼交相辉映的特殊时期。

朱元璋犹如一只巨型蜘蛛，盘坐于宫殿的内部。乡土远近的亲疏关系是他吐出的丝，勋贵之间的姻亲关系也是他吐出的丝。千丝万缕，缠绕纠结，他在网中央，网住别人，也网住自己。当这张网越来越密，越来越紧，他的应激反应也随之变强。直到有一天，他将其撕扯得七零八落。太子朱标的岳父是常遇春，李善长的儿子娶了临安公主，傅友德的儿子娶了寿春公主，而邓愈之女为秦王妃，汤和之女为鲁王妃，蓝玉之女为蜀王妃……其中和皇族最为亲善的是徐达，他的三个女儿，分别为燕王妃、代王妃和安王妃。至于年纪稍长的功臣家的女儿，朱元璋也主动将她们召入后宫。

邓愈和李善长都是皇族的亲家，但他们私下算起来，李善长却比邓愈长了一辈，邓愈的儿子娶了李善长的外孙女。可以想象，若是在家宴上，这些人的称呼怎一个乱字了得。至于那些和朱元璋关系并不密切之人，他们也会主动和那些功臣联姻以求富贵。与此同时，诸位皇子也在娶妻后被分封到了全国各地。毕竟这时候还有仗可打，让皇子们以亲王的身份分镇各地，既是对他们的锻炼，也是对领兵将领的监控。徐达、傅友德、蓝玉这样的高级将领几乎年年在外征战，但真正的最高军事统帅并非他们，而是他们领兵所在地的藩王们，即那些被分封出去的皇子。如此一来，朱元璋以自己为核心，以和皇家结亲的远近为半径，在大明帝国画出一个封闭而又盘根错节的联姻圆。庞大的圆，像是朱元璋吹起来的泡泡，它将所有的功臣宿将，包括大多数高级文武官员都粘在一起。

朱元璋若信赖他们，他们的荣耀既有公侯封号和铁券封赏，也有亲密的联姻；朱元璋若怀疑他们，那些东西也就不值一提。功臣联姻不再是维系个人和王朝安全的纽带，反倒成了相互勾结的罪证。出生入死换来的信任，得到的荣耀，完全建立在一座名为"皇权"的沙砾城堡之上。一句话可兴之，也可亡之。权力有时候看上去硬如刀锋，实则薄如蝉翼，每一个局中人都是透明而脆弱的。昔年，濠州城的红巾军南渡长江，一举奠定立国之基。那些在江北加入队伍的势力与濠州旧部，朱元璋用"从朕渡江"的"渡江旧人"称呼他们。"旧人们"也引以为荣，用"从上渡江"等话语来炫耀自己这一象征着荣誉的身份。同时期不同时间节点投奔的人在排位上有着很大的区别。渡江前追随朱元璋的功臣，他们来自不同队伍，不同地域。之所以能够成功南渡，最后占领应天（南京），是因为在此之前朱元璋就吸纳了巢湖水军。

如果按功劳划分，巢湖水军是渡江前投奔而来的。除濠州旧将，他们是朱元璋军事集团中最重要的一支军事力量。朱元璋称霸水上，支持北方作战，完全得益于巢湖水军。令人不解的是，巢湖诸将无一人跻身公爵，只有赵庸、廖永忠、俞通源、华高在侯爵排行榜中占据四席。其主要首领俞廷玉、俞通海、廖永安、赵伯仲、张德胜等人则于洪武三年（1370年）先后离世，剩下的都是他们的兄弟子侄。这些人的官位和战功虽然高于排名在他们前面的很多人，但是得到的封赏与取得的功绩是不相称的。

从表面上看，巢湖水军只是比常遇春等人晚一点投奔过来，但是投奔的对象有所不同。至正十四年（1354年）是朱元璋人生轨迹的一个重要转折点，濠州城解围后，他就脱离大部队，回乡组建个人武装。当时他只带了二十四名亲信回到定远，经过一番经营，赢得两万人归属红巾军。朱元璋因此分得部分军兵，独自南下滁州。朱元璋军事集团的核心部分初步形成，其中包括徐达等旧属和李善长等新人。郭子兴去世，濠州红巾军接受龙凤政权的任命，朱元璋成为三号人物。此后不久，巢湖水军才投奔过来，而此时朱元璋还不是濠州红巾军的统帅，与巢湖水军的将领并没有建立起私人归属关系。渡江之后，朱元璋才算真正夺得军队的领导权。那些早期没有追随的濠州旧将，以及巢湖水军和新的投降者，虽然他们对朱元璋的忠诚经受了同样的考验，却无法建立起那种“患难见真情”的私人关系。带有感情色彩的私人归属关系，往往会在一个人名位不彰时确立下来。

朱元璋要给他们设置空间和时间的界限，让他们在帝国秩序里分出等级。那些最早投奔他的追随者，属于濠州人群体，他们构成了公爵的全体和侯爵的前半部分，在洪武三年的勋贵体系中，居于主导地位。他们是朱元璋最亲密、最可信赖的战友。而那些渡江前的归附者（其中以巢湖水军为主力），他们并不是严格意义上的濠州人。在朱元璋的早期关系网中，他们甚至没有资格落入其中。这一部分人仅在侯爵中占据四席，还不如渡江后的归附者。至于渡江后的投降者，他们能够在帝国勋贵格局中占据一席之地，大多仰仗其战功。他们虽然带来了战斗力十足的军队，但是朱元璋对他们仍存有防范之意。一言以蔽之，洪武时期与勋贵有关的部署，与朱元璋刻意打造的体制结构有着莫大的关系。

在这场“有肉一起吃”的分封盛宴中，朱元璋煞费苦心。他既要做到貌似公正地封赏，甚至颁赐那块晃人眼的“免死铁券”，又要貌似合理地消除皇权的潜在威胁，同时还要避免天下人对他的言而无信之讥。在他所颁发的“免死铁券”中，都刻有同样一句看似不经意的话语：“除逆谋不宥，其余若犯死罪，尔免二死，子免一死。”朱元璋于此埋下伏笔，若有人谋反，一律不得免死。让人感到讽刺的是，这道象征着荣誉和功勋的免死铁券，日后看来，成了一道道催命符。

李善长与淮人朋党

洪武四年（1371年）正月，帝国朝堂突然爆出一条惊人的消息：左丞相、韩国公李善长致仕。功臣们似乎嗅到了帝国上空弥漫着不祥的气息，但他们并没有意识到，朱元璋心中那把无形的屠刀已缓缓举起。从无形到有形，缺的只是一个借口。

有人说，朱元璋是个暴君，从登上帝位的那一天，就想着杀戮功臣，清除异己。还有人借用经济理论来形容他与功臣的关系，说他们是一种“委托代理”关系，极为形象。作为“法人”，他手里控制着帝国的产权，却分身乏术，抽不出更多的时间和精力来打理，于是委托一个或数个“代理人”来帮助管理国家。朱元璋所能做的，就是让他的“代理人”享受政治待遇，得到经济效益。他希望用现实利益换得他们对他的赤胆忠心，让他们不要生出异心，更不要想着去造反，以保证皇权独大。虽然说，有人的地方，就有江湖，有江湖就无法淘尽这滚滚而来的恩仇与鲜血，但庙堂江湖从来不按常理出牌。有条件要上，没有条件创造条件也要上的惩罚逻辑，是歪理，也是真理。

造反是一项高风险、高收益并存的事业。对于皇帝来说，要让江山千秋万世传下去，就要排除功臣造反的可能性。在不清楚谁将会造反的时候，每一位功臣都是嫌疑人。这种完全靠内心推理来完成的命题，对于功臣来说，是致命的。新朝刚立，朱元璋任命两位丞相，左丞相李善长和右丞相徐达。左、右丞相无异于早期明教中的左右护法，一文一武。李善长是安徽定远人，他和胡惟庸是小同乡，和朱元璋是大同乡。而徐达和朱元璋是小同乡，都是安徽凤阳人。从年龄上看，李善长比朱元璋大了十四岁，不应该算是同辈中人。

李善长毕竟不是草根阶层，他是读书人，是修习过法家思想，有着深谋远虑的知识分子。他与传统意义上的儒生有着很大的不同，是坚定不移的实用主义者。在他看来，儒家信奉的“为政以德”过于温良，不足以固国安邦。李善长与朱元璋有着某种相似之处，朱元璋后来推行的铁血政策与法家“以暴抗暴”的统治理念如出一辙。秦制两千年，不单单是朱元璋，每个帝王都会这么认为。信奉法家，即拥有无边的法力，这也使得他们在欲望的旷野上时刻与血肉相遇，而儒家只能在被语言架空如道德的天色里，想着如何飞，却飞不起来。当朱元璋还是吴王的时候，李善长便出任右相国。在相国这个位置上，李善长如鱼得水，可谓首功之臣。

在王朝更迭、皇权易主的时代背景下，像李善长这样的实用主义者，每天醒来思考的问题就是如何在乱世之中掘得第一桶金。第一桶金到手，他们又会幻想着建立自己的财富王国。他们中的很多人打着道德的旗号，怀揣着不道德的心思。他们并无普世的家国情怀，有的只是个人的小我满足。毕竟苟且于乱世，生存才是第一位。儒家推崇的导君于正、匡扶社稷的人文理想，在他们的头脑中所占的比重是极少的，他们认为那是不切实际的理想主义。

对于赤手空拳起家夺得政权的朱元璋来说，他不愿意分权与人，他将处理朝政视为自己的责任，也是他的一种人生乐趣。这种乐趣是权力带来的，是人性在权力游戏中得到的满足。

朱元璋端坐于御座之上，好似真理在握。一个人在其一生中若能有一秒钟的时间得以窥见真理的面目，甚至是灵魂的面目，就会哑然失语。在朱元璋看来，若能将帝国朝政一把抓，那该是多么过瘾的事。可“奏事不许隔越中书”的制度却让他无法和各级官僚进行有效快捷的沟通。虽然宰相们唯皇帝马首是瞻，但是制度的鸿沟摆在那里，一步当作几步跨，谈何容易。更何况鸡毛蒜皮之事，宰相们是不愿意去劳驾皇帝的。在他们看来，举手之间就能摆平的事，再转手交给皇帝，多此一举。其实这种体制运行是有问题的，对于朱元璋这样一个还算勤政的皇帝，倒也无妨；若是摊上一个贪图享乐的慵懒之君，很容易惹火上身。宰相们也有钻制度空子的嫌疑，像是要故意架空皇帝，瓜分皇权。建国初期，朱元璋在中央权力机构设置三大席位，分别是中书省、大都督府和御史台。中书省总领帝国政务，大都督府分管军事，御史台负责监督检察，而这三大机构的领导者都要对皇帝负责。从帝国政治制度的表面看来，政治、军事和纪检部门各负其责，但是在实际的工作运行中，大都督府和御史台都要受到中书省的掣肘和节制。作为中书省的最高行政长官，李善长和徐达这两个左、右丞相官居正一品。而表面上和中书省平行的大都督府、御史台的最高长官大都督和左、右御史大夫则稍逊一筹，只能算是从一品。所以从品级上来看，大都督和御史大夫比宰相要矮上半个头。

人们常说帝王之道，聪明的帝王会将皇权的秘密埋在宫殿的某个角落。朱元璋要用制度打穿一切纸上的字和无底的黑，在宫殿的幻象中高歌前行。新朝初立，正在过渡的人和事物带来的不确定性，让朱元璋感到焦虑。朱元璋无比珍视抢来的皇权，除了保留元朝沿袭的中书省，还设置了左、右丞相，让独大的中书省实现了两条腿走路。一切，看上去都成了。但一觉醒来，发现一切并不明晰。右丞相徐达作为一员武将，长年领兵在外，追击遁入草原沙漠的北元势力，迟迟无法归位。如此一来，中书省大权独揽的只有李善长一人。李善长追随朱元璋多年，有着极为高超的行政才能。在他的身边，逐渐形成了一个以他为首的功臣集团，集团中的人分布于帝国官僚机构大大小小各部门之中，把持着政府的行政运作。

朱元璋没有当皇帝的经验，只能从帝王传、忠臣录等书的文字中寻找指引。纸上得来终觉浅，现实被日光赋予得太多，而让人有所觉察的总是生活的单面。即使李善长是个有品有行的政治完人，可他在面对一人之下、万人之上的局面时，估计也会在某个时刻被眼前的幻境冲昏头脑。于是，有官员私下向朱元璋打小报告，说他“外宽和，内多忮刻”，当时朱元璋并没有将这一妄评之言放在心上。

李善长是淮西出身，对于乡人有着强烈的“护犊之情”。居高位时，他所重用的官员也大多是乡土人士。他们在明朝的权力体系中，形成了一个盘根错节的淮人朋党。战争年代，权力者需要乡人的抱团相助，可等到江山坐稳，官僚集团的抱团只会削弱皇权。对此，朱元璋有着清醒的认识。因为清醒，才让他无法容忍。这时，他必须回到有宫殿和旗帜庇护的氛围中来，成为皇帝，而不是淮西人的首领。这一年，汤和、傅友德平定蜀地，天下蓝图已定。虽然还有小股势力在边境打打游击；虽然扩廓帖木儿领着北元骑兵还在和右丞相徐达缠斗不休；虽然梁王还在云南试图做最后的挣扎，但是放眼辽阔的中原地带，那里已经成为明朝的天下，平灭或者驱赶四方边境之敌只是时间问题。如果没有石破天惊的突发事件，朱元璋设定的皇权格局已经基本落定。他正在调整自己的角色，由一名军事统帅向帝国领袖转型。他开始着手改革沿袭于元朝的一揽子计划，在诸多的计划中，最重要的是宰相制度的存与废。

中书省的存在于朱元璋而言是皇权通行路上的第一大障碍，他要大权独揽，势必触及宰相的权力。触及宰相制度，就不得不从帝国的权力壁垒中打开一道缺口，否则的话师出无名。制度的缺口存在于人，人的弱点又往往存在于人性。要废除一项制度，首先要搞定制度内的人。不过朱元璋也是有所顾虑的：一是将现任宰相拉下马，能否废除现行制度；二是废除此项制度，能否堵住天下流言汹汹。

现实逼人，如果我们把一个新皇帝视为进京赶考的举人，那么朱元璋对于自己的这份答卷显然是胸有成竹。在权力运行的规则体系中，进京赶考的朱元璋在登上皇位的那一刻，就有了自己的想法和思路。

对于朱元璋来说，李善长并不仅仅是一个居于高位的权臣。在漫长的战争岁月里，他们之间建立起来的情谊并不比徐达等将领少。对于大自己十四岁的长者，朱元璋的心里更多的是一份敬重与感激。时过境迁，随着各自身份的变化，这份感激也滋生出更为复杂的情绪。

洪武初年，在即帝位、册封皇后、太子等一系列的大事件中，李善长都扮演着大礼使的重要角色。朱元璋还让他担任太子朱标的太子太师，这等于将帝国的未来也交到他的手上。君臣之间的这份信任并非一朝一夕培养起来的。当年朱元璋羽翼未丰，寄身于郭子兴麾下，郭子兴听信身边人的挑拨，扬言要夺回他的兵权，甚至要将李善长调到自己身边。听到消息后，李善长第一时间赶到朱元璋面前表达忠心，话语言及肺腑之处，他涕泪满面。对朱元璋来说，李善长是一个亦臣亦师的人物。只要李善长没有犯下谋逆这种不可饶恕的罪行，朱元璋很难找到一个杀他的理由。此时，朱元璋并没想过清理李善长、徐达这些开国功臣。不然他就不会给他们那么重的封赏，他还是有过与他们共同分享胜利果实的想法的。

朝中的实权人物大多是朱元璋的同乡，即所谓的“淮西勋贵”。有人将中国的熟人社会比作丢入水中的石子，水面会形成一圈圈向外放射的波纹，而每一个人都是自己圈子的中心。社会关系是逐渐从一个个人向外辐射出去的，是私人联系的累积和增加，而社会范围也是由一根根私人联系发展起来的网络。李善长只是常例，并非特例。

朱元璋南下攻打滁阳（今安徽滁州）时，李善长特地赶到军门求见。朱元璋听说此人是地方的知名人物，号称“里中长者”，就礼节性地接待了他。经过一番交流，他对李善长顿生相见恨晚之意。从厚待李善长开始，聚集在朱元璋身边的文人逐渐多了起来。这些儒生士子中，李善长是最为特殊的一员。朱元璋曾与他有过一段推心置腹的交流，朱元璋说：“如今群雄纷争，要打好仗，最要紧的是要有好的参谋人员。现在群雄中管文书与做谋士的幕僚，总喜欢说一些左右将士的坏话，从而导致文武不和，将士难以施展才能，这样的军队非败不可。将士垮了，好比鸟儿失去羽翼，主帅势孤力单，必然要走向灭亡，这是一个教训。你应该为我搭建一座梁，将文武官员的心联结在一起，千万不要学那幕僚的坏样。”

朱元璋的政治蓝图中，李善长扮演着一个能够左右时局的重要角色。如果我们能够理解西汉开国丞相萧何靠着为刘邦转运粮饷而摘得头功，进而荣升丞相，也就明白李善长在朱元璋的心目中居于何等位置。朱元璋称吴王后，就将李善长封为右相国。元朝以右为大，李善长已是朱元璋创业团队中最重要的人物。他不光接手军机檄文之类的文案工作，更保障了军队的后勤供给，使得前线将士能安心作战。同时他还制定了一系列的法律法规，如经营盐，立茶法，立钱法，开矿冶炼，定鱼税，等等。在李善长的高效运作之下，朱元璋的统治区域呈现出一派兵强马壮、经济繁荣的景象。吴国元年，朱元璋论功行赏，封李善长为宣国公。后来改革官制，不再像元朝那样以右为尊，改以左为大，李善长又理所当然地被调整为左相国。

李善长虽然没有在战场上获取卓著的军功，但并不妨碍朱元璋对他的重用。朱元璋大封功臣之时，给出的褒奖理由是：后勤保障工作做得好（给军食，功甚大）。于是授太师、中书左丞相，封韩国公，岁禄四千石，子孙世袭。他还赐给李善长一副铁券，“免二死，子免一死”。封公的六个人中，李善长名列第一。在颁发的嘉奖令上，李善长更是被朱元璋比作萧何，朱元璋给予他的风光荣耀在那些开国功臣中绝对是首屈一指。

由于右丞相徐达常年领兵在外，朝中实权基本上是掌握在李善长一个人的手中。以李善长为首的淮西勋贵在帝国的官僚系统中炙手可热。淮西集团的勋贵们把持了洪武初年的政治，由他们释放出的熏天势焰让其他派系根本无法近身，更谈不上掣肘。当欲望无法得到遏制的时候，各个派系之间的明争暗斗不可避免。

帝国政界上层圈子中存在着一个以李善长为首的淮人官僚集团，这个政治集团是以朱元璋为背景的，早在创业之始，就已形成并逐步发展壮大。朱元璋的培植与倚重，使得淮西集团的权势之火，越烧越旺。而淮西集团与其他派系之间的矛盾也由最初的暗流涌动，变为水面震荡，直至掀起滔天巨浪。为了巩固既得利益，攫取更大的空间，淮西勋贵岂能容得下其他势力与自己分肥？他们当务之急就是想尽办法，通过一切正常或非正常手段来打击压制其他势力。从前期的李善长到后来的胡惟庸，十七年时间，淮西集团都在竭力挤压非淮人的生存空间，不给他们揽权的机会。李善长势力的发展很大程度上得益于朱元璋对淮人集团的倚重，作为淮右党人的首领，李善长的权力越大，意味着集团势力在王朝体系中分到的利益蛋糕也就越大。

李善长迎来了他的巅峰时刻。淮西集团在帝国官场上再无对手。李善长位居左丞相，一人之下万人之上。加上他打着同乡的旗号立于朝堂，权势到了无以复加的地步。不光个人权势炙手可热，亲友也遍布朝堂内外，盘根错节。虽然高处不胜寒，但他并没有被眼前的幻象迷惑。他所辖的中书省威权最重，也是朱元璋最为关注的地方。对于此人，朱元璋从未放松警惕。李善长比刘基难以对付，刘基毕竟是一个耿介之臣，而李善长肚子里的花花肠子要曲折得多。对于这样的功臣，历代开国皇帝用之也忌之。用是因为确实好用，忌是怕他们功高震主。朱元璋将这种纠结的心态传递给了李善长，他提醒对方：作为一个臣子，你要做到时时检点自己，不能由着自己的性子乱来，凡事都要讲究一个度；如果一件事情做得不合理，就可能前功尽弃。

聪明如李善长，怎会听不出弦外之音？朱元璋是在向他敲警钟，让他学会低调，不要过于张扬，否则的话，再大的功劳，再多的免死金牌也保不了命。洪武四年正月，李善长以“患病”为由，向朱元璋递交了一份致仕奏疏。朱元璋并没有与他虚伪客套，就势批准了他的请求。李善长急于退出，是因为他已经嗅到朝堂上散发出的危险气息。他在最为风光的时候选择退出，不是真的想要放权，而是为了明哲保身。

让人遗憾的是，精明如李善长，也难以猜中故事的结局。对于朱元璋织下的这张庞人的蛛网而言，身陷其中，不得挣扎，越挣扎困得越紧，陷落得越快。别说李善长，就是朱元璋也不知道，今天和昨天会有多少不同，明天又将会走向怎样的命途。斜睨之处，余光所及，命运对他们并无另外一番心肠。李善长致仕回老家安徽定远，朱元璋赏赐了他土地若干顷，并赏给他一百五十户人家为他守冢，还有佃户一千五百家，仪仗卫士二十户。年仅五十八岁的李善长就这样被提前退休，颐养天年。昨天还处于权力的巅峰，今天就远离了朝堂。这个世界，有些人的影响力是超越距离的。蜘蛛在困住自己的同时，也在不断吐丝，延展自己的触角。

李善长致仕的旨意一下，平日里仰其鼻息的朝中百官无不震惊。两个月前，李善长才被封为国公，转眼之间，就被打发回家抱孙子了。一时之间，朝堂上下人心鼓噪，朝局大动。

4. 在死棋局中落幕

洪武四年三月，弘文馆学士、诚意伯刘基致仕。李善长和刘基的相继离开，对于朝廷而言是巨大的损失。此二人在朱元璋的心目中，一为萧何，一为张良。如今，天下已定，朱元璋难道真的不需要他们了吗？有人据此揣测，这也可能是引发朱元璋后来一举端掉宰相制度的诱因。按照《明史》说法，李善长“外宽和，内多忮刻”，大权在握之后，“意稍骄”，皇帝对他感到厌恶。李善长以身体有病为由请求辞职，朱元璋也有罢免之意。刘基则不同，当他看到李善长离去，取而代之的是汪广洋、胡惟庸，感到“不安于其位”因此主动提出致仕。

刘基真的有些不安。眼前的刘基已不复神采，白发稀疏，步履维艰。朱元璋不免动了恻隐之心，答应放他回家了却余生。历史学家孟森感慨，刘基的归隐，实为惧祸，然而急流勇退尚且不免于祸。朱元璋还写信去向他请求临别赠言，刘基在回信中特别强调：“霜雪之后，必有阳春，今国威已立，宜少济以宽大。”刘基劝朱元璋，不要严刑峻法，当以宽大治国。这样的话，显然入不得朱元璋的耳中。不过，朱元璋还是礼节性地送了一首诗给他，题目是《赠刘伯温》：

妙策良才建朕都，亡吴灭汉显英谟。
不居凤阁调金鼎，却入云山炼玉炉。
事业堪同商四老，功劳卑贱管夷吾。
先生此去归何处，朝入青山暮泛湖。

刘基的朋友宋濂，在与同郡人吴德基一起致仕时，曾问吴德基愿不愿意接受长者的教诲。吴德基表示愿听指教，宋濂说：“慎毋出户，绝世吏，勿与交。”

不知宋濂与刘基交流时是否说过类似的话。总之，刘基回到青田老家，布衣粗食，饮酒下棋，不问世事。他或许感觉到，远在应天的朱元璋仍在时刻关注着他，朱元璋在帝国的每个角落布下的眼睛和耳朵也在盯着他。诚如他在一首叫作《梁甫吟》的诗中所写：

谁谓秋月明？蔽之不必一尺翳。
谁谓江水清？淆之不必一斗泥。
人情旦暮有翻覆，平地倏忽成山溪。

谁说这秋天的月亮格外明，只要很小的一团云气就可以将它遮住；谁说这奔腾的江水格外清，只要很少的泥沙就可以将它变得混浊。在世间，人情世故早晚翻覆，平地忽然就化作山中的小溪。为了与大明体制撇清关系，也为了证明自己已是闲云野鹤，刘基从来不与地方官员见面。据说，青田县令想见他而不得，打扮成乡民的样子前去寻访。刘基正在溪边洗脚，就让儿子将客人引入茅舍，烧了一锅黍饭招待他，称自己不过一介草民，何劳大人亲自造访。可惜即使这般谨小慎微，刘基也难逃事后清算。

在刘基的老家瓯江、括苍山间，南抵福建界有一处叫谈洋的地方，长期被盐枭占据。盐枭不服管制，埋下诸多不安定因素。刘基就向朱元璋奏请在此处设立巡检司。他为此写了一份奏章，遣长子刘琏带到南京，直接送达朱元璋。那时，胡惟庸刚升任左丞相，掌中书省，按照正常程序，所有奏章都要经过他的手才能交到皇帝的手上。中书省有权在皇帝御览之前拆看人臣的奏章，如果这份奏章落到胡惟庸的手里，肯定被截留于中书省，不会让朱元璋看到这份奏章。

得知这件事后，胡惟庸意识到，攻击刘基的机会来了。他指使刑部尚书吴云上书弹劾刘基，说谈洋之地有王气，刘基让朝廷设立巡检司的真正目的是驱逐百姓，争抢地盘，他想死后把墓建在这里。朱元璋看到奏章后，并没有按谋反罪逮捕刘基，只是剥夺了他的朝廷俸禄。朱元璋对此事的态度颇值得玩味，史料上的原文是这样记录的："帝虽不罪基，然颇为所动，遂夺基禄。"不罪而罪，更让人惶惶不安。

江山初定，如果像刘基这样有影响力的人才心生异志，或另投他人，对于朱元璋和他的新王朝来说，着实令人头疼。此时的刘基已进入生命的暮年时分，诚如他在诗文中的感慨，“须发已白过大半，齿落十三四，左手顽不掉，耳聩，足蹠踔不能趋”。刘基身在青田，心底的忧患却在京都。他害怕祸从天降，不顾老病之躯，急忙赶赴南京城向朱元璋陈清事实。朱元璋没有怪罪他，因此他也找不到机会做任何辩解。朱元璋在他入京次月停发了他一个月薪俸。理由是刘基在一次祭孔典礼上不陪祭而受胙，这本是小事，朱元璋却小题大做，让刘基颜面扫地。此后年余，刘基进退两难，在朝无职事，青田归不得。他不知该以何面目与旧僚相处，更不知如何面对朱元璋，只能以诚意伯的空衔随朝陪侍。有时接一些临时性任务写一些无关痛痒的官样文章，有时也会出门应酬，不久就卧床不起了。

1375年春天，朱元璋决定赐刘基“还山以便侍养”。离京南归的日子定在二月三日，此前一天，朱元璋关心刘基病情，特召宋濂来问，宋濂答是患“霜露之疾”。宋濂步至丹墀，朱元璋让内使把一部新刊刻出版的文集赐予宋濂。后来，宋濂得知，这部文集受赐的唯自己与李善长、胡惟庸三人，没有刘基。宋濂意识到，皇帝对这个老臣已是非常嫌恶了。

江南多雨潮湿的季节过早地降临到了南京，连绵不绝的雨水冲刷着这座千年古都。这是一个冷雨潇潇的清晨，一辆破旧的牛车“辚辚”地驶出南京聚宝门，载着刘基离开了这座繁华喧嚣的都城，驿道边的杨柳已经抽出了新枝，浮出了绿油油的春意。一群燕子从柳树的枝丫间飞起，掠向巍峨的城楼。

刘基回头望了一眼冷冰冰的城郭，大开的城门仿佛命运敞开的巨大黑洞，将自己那些波澜往事吸附得无影踪，剩下的只是躺在牛车上的瘦骨嶙峋的老人。刘基小心翼翼地打开锦盒，取出皇帝赐予他的那道圣旨《赐归老青田诏书》，又仔细地看了一遍。朱元璋在这封诏书里，用词极为严苛，甚至出现了这样的句子：“君子绝交，恶言不出。忠臣去国，不洁其名……”

人与人之间的交往，一旦置于权力的绞肉机下，便自然而然地将人性导向黑暗语境中的耻辱记忆。罪行存在，或是不存在，都不重要。重要的是王朝的惩罚逻辑和血性法则，有没有得到配合与落实。刘基的离开，不是因为刘基本身，而是因为这一切符合价值逻辑。朱元璋正在逐渐淡化自己与功臣之间的战友关系，他要让森严的君臣等级变得越来越清晰。刘基返回故里，病情迅速恶化，两个半月后，六十五岁的刘基走到油尽灯枯的地步。直到临死，刘基还遥望着京都，幻想朱元璋有朝一日还能够念起他。他对儿子说：“夫为政，宽猛如循环。当今之务在修德省刑，祈天永命。诸形胜要害之地，宜与京师声势连络。我欲为遗表，惟庸在，无益也。惟庸败后，上必思我，有所问，以是密奏之。”

关于刘基的死因，历史在这里打了个哑谜。朱元璋后来与刘基的儿子谈到这件事的时候，把刘基死亡的责任一股脑儿都推到胡惟庸的身上，当然这是十几年以后的事。朱元璋对刘基的次子说过几段话：“你父亲活着的时候，满朝都是党，只是他一个不结党，结果遭到了胡惟庸的毒害，吃了他（们）的蛊。”

他还说：“你休道你父亲吃了他们的蛊，其实你父亲心里是有分晓的，他们便忌恨于他。若是那无分晓的，他们也不会忌恨他。到如今，朝廷是有分晓的，终不会亏待了你父亲的好名声。”

朱元璋还对其他大臣说：“刘基活着的时候，胡家结党，只是老子说不倒。后来胡家结党，加害于刘基。一日刘基来对我说：‘上位，臣如今肚内一块硬结怛（疙瘩），谅看不好。’我着人送他回去，死于家中。后来宣他儿子来问，他儿子说他的（肚子）胀起来紧紧的，后来泻得瘪瘪的，人却死了，这正是着了蛊的迹象。”此说难以成立，刘基返乡两月有余，何种慢性毒药能够两个半月再发作毙命。吴晗给出这样的观点：“刘基被毒，出于明太祖之阴谋，胡惟庸旧与刘基有恨，不自觉地被明太祖所利用。”

在返乡两个半月的时间里，刘基有足够的时间梳理自己的人生。在他那部留存后世的《郁离子》一书中，他曾喟叹“君子之生于世也，为其所可为，不为其所不可为而已”，刘基就算能掐会算，也算不出“可为”与“不为”之间，有着怎样的游走空间。时人称其“负气甚豪，恒不可一世士，常以屈强书生自命”，从追随朱元璋的那一刻起，他就活在“可为与不为，皆要为之”的无奈中。他死之后，还能成为朱元璋手中的一颗棋子，很难说是幸还是不幸。这里有个事件颇为可疑，刘基的长子刘琏，后来受胡惟庸亲信胁迫，堕井而亡。有人以此作为胡惟庸毒死刘基的旁证。甚至有小说家言，刘基生前就已布好这场弈局，布局的真正目的是瓦解李善长、胡惟庸的淮西集团。从某种程度上说，刘基之死具有某种英雄末路的悲剧色彩。无论怎样，刘基与李党之争，是以个人之力同一个权势在握的庞大党群相抗，这注定了他在这场斗争中失败的命运走向。一介狷介、倔强的南方书生，生亦沉默，死亦沉默。

5. 帝国的危机与重构

朱元璋在完成自我身份更迭的同时，也在将个人烙印深深打在历史的天空。封建社会的小农经济，决定了个体农民的生存状态。对于他们来说，人生无非四件事，春耕、夏播、秋收、冬藏；无非四个“头”，休养于炕头、劳作于地头、最远来到村头、最终走向坟头，终其一生，仅此而已。在一个农民的心目中，土地是维系他们生存的根本；而对朱元璋这样一个当了皇帝的农民来讲，整个天下，都是他的田间地头。有人说，人性的欲望就是由空荡荡的胃传导给这个世界。像朱元璋这样一个处于社会底层的家庭里的孩子，生来是以世界上最粗粝的粮食来填充胃肠。少年时的生活经历深深地影响了朱元璋的治国理念。一个人从放牛娃、农民、游方和尚（游民）、争夺天下的豪杰，直至坐上皇位。他生来是一个赤贫者，是最接近社会底层的人，遭受过人间最惨烈的困苦。

朱元璋从乡村社会出走，可他的一生都像是在原地打转。离开的是他的身体，而他的精神气质早就钉在了那里。那里不仅有浓厚的人情，有田园风光，也有愚昧、野蛮与懦弱，有对权力的盲目崇拜和顺从。在社会底层的摸爬滚打、血肉横飞中，底层文化精神全方位地渗透进他的身心。而随着命运神奇的改变，赤贫出身的他登上皇位，不可避免地将自己性格中的贫困文化因子传播得更深入，更广泛。别人对他与他对别人的种种阴谋，遵循的生存逻辑是一种互相伤害，他的血越来越热，心却越来越冷。这让他始终处于高度的敏感与警觉中，并对人性深处的温情，不再抱有任何幻想。甚至有学者认为，朱元璋在他帝王生涯的中后期，已经患上相当严重的精神疾病，譬如被迫害妄想症。罗素曾经描述过此类疾患的病理，他说：“有些人幻觉他人企图杀害自己，囚禁自己，或者施以其他方式的侵害。由于想要保护自己免遭幻觉中迫害者的侵害，他们往往会采取一些暴力行动，因此，对他们的自由应该给予一定的限制。”但朱元璋是皇帝，限制其自由的现实可能近乎无。董仲舒提出的“君权天授”论，目的也是想要将皇帝的统治权力限制在“德治”和“仁政”的范围内。经过扫荡群雄拿下江山，尤其是无数文人、武将、士大夫三叩九拜热烈赞颂，传统文化一次次夯实论证，在热浪滚滚的皇权加持下，朱元璋也早已将自己视为天授之子。他是天子，何为天子？天子集诸多国家大权于一身，且其权力不受其他任何权力机构和社会组织的限制和约束，天子的意志就是法律，天子一言而为天下法。

朱元璋写了《皇明祖训》，定下《大明律》，又作了《大诰》，把大明王朝打造成了一只风雨不透的铁桶。就连什么人什么职业穿什么衣服什么鞋，住多少尺的房子，都要逐条逐项分列清楚。种种规定烦琐细密，已经到了让人无法分清辨明的地步。为了摸清家底和控制老百姓的行踪，朱元璋创建了户籍制度和土地登记制度，进而实现稳定压倒一切的治国理想。老百姓要守着自己的田地，日出而作日落而息，不要闲来无事惹出祸端，更不要四处走动。一个人离开乡土超过百里，就要到地方县衙申请备案，让官府开具“路引”即“介绍信”，说清楚自己去往何处、几时回乡。私自出门者要打八十棍，偷越国境者要处以绞刑。

有人说，人是活的，制度是死的。但凡制度，总有它的漏洞。可朱元璋不相信这一点，他用心编制了里甲（乡村社会的基层组织）这张大网，对整个帝国进行网格化管理。所谓网格化，也就是将全国人民，每十户编为一甲，每一百一十户编为一里（一里包括十甲，另十户轮流为里长）。如此一来，生活在大明土地上的每一个人，他们各有各的网格，各有各的位置，不可逾越。将他们牢牢钉死在土地、职业与有限的活动半径内，是帝国安详、宁静、和谐的前提与保障，也是大明王朝万世一统的前提与保障。

虽然说，人最宝贵的是自由，但一个人若是吃不饱穿不暖，任人欺凌宰割，也就谈不上自由了。在朱元璋的理想国里，每个人都好似生活于天罗地网般的牢笼之中。尽管如此，其间毕竟还能看到脉脉温情，而那些官吏士绅就没有这么好的命，当他们由士绅成为土豪劣绅，由官吏成为贪官污吏，等待他们的将是无情的诛杀。帝国社会结构是一个金字塔，广大农民处于塔底，向上逐层缩小，依次为士绅、官僚，金字塔的顶部是皇亲国戚勋贵，朱元璋端坐于最顶部。各个阶层一级踩着一级，一层压着一层，撑起了大明朝的江山。朱元璋来自底层，他比谁都清楚那些生活在社会底部的农民，他们最容易得到满足，一室避风雨，一饱解千忧。当时，全国推行了一套极有创意的引凭制度。这套制度将身份证、通行证、许可证以及各种证明身份的执照熔于一炉又分别打造，对于各种职业、各种身份的活动方式及其范围做了严格甚至是非常严厉的规定，其管理可谓细致入微。

商人有商引，无引以奸盗论处。

贩盐有盐引，卖茶有茶引，无引以走私论，处死刑。

百姓外出有路引，凡百里之外，无官府发放之路引者概可擒拿送官，告发、擒拿者有奖，纵容者问罪。

凡行医卖卜之人，只能在本乡活动，不得远游，否则治罪。

作为平民老百姓出入家门，下地忙农活，在家闭门睡懒觉，必须让你的乡邻知道，你这个人到底在忙些什么。你日常的活动仅仅限于一里地范围内，早晨出门，傍晚一定要回归。包括你何时睡觉，何时起床，必须和乡邻互相知道。而那些行踪诡秘、不务正业、游手好闲之人，都要统统流放到边远地区。对于这样的人，允许四邻、里甲、亲戚诸人拘拿到京重处；如果坐视不问，一旦这些人犯了大罪，与之相邻相识之人全部连坐。

百姓邻里必须互相知根知底，也就是所谓“知丁知业”。凡成年男子，从事何种职业、何处高就、何地发财、何种营生，必须彼此知晓，否则人们可以以社会破坏分子论处报官。

像朱元璋这样的社会游民，之所以能够夺得天下，是因为参加了农民军。如今他做了皇帝，自然想尽办法杜绝历史的重演。民众的自由流动和接触是导致社会动乱根源之一，他本人就是这样一个典型。为了防止在他的帝国里，出现另一个当年的自己，他做出了这样的规定。或许就是这些看上去有些乖戾不祥的法令，让整个帝国充满了令人不安的气息。这也正是朱元璋想要达到的目的，他要让整个国家变成一个牢笼，民众不仅没有空间流动的自由，也没有身份改变的自由，只是尽其本业，为明王朝提供赋税、徭役。

从底层一路拼杀，坐进皇宫宝座，朱元璋深知这座形似金字塔的社会结构并不牢靠。他太过于忧虑，这种忧虑来自对帝国长治久安，皇家万世一统的深切追求。他既然可以从别人手里抢来江山，那么别人也同样可以从他的手里抢走江山。他穿着皇帝的衣装，潜意识里还是那个被逼得走投无路的游民，是那个刀头舐血的造反者。刚建国那几年，朱元璋每次醒来的时候，不知今夕何夕，醒在何处。所谓屁股决定脑袋，而他的脑袋总是觉得屁股底下的那张龙椅在摇晃。自古天下江山之失，有因外敌入侵，也有统治集团内部的争斗。作为被统治着的广大群体，如农民、中小地主，只要有可能存在的生存空间，他们并不会起事反抗，倒是官僚集团随时都有想要篡夺皇位的野心家。

李善长回乡的第二年，无官可守的岁月让他倍感凄凉。他偶尔会站在淮水岸边，遥望着南京的方向，发出悠长的叹息。权力给人带来的不仅仅是财富与地位，还有精神层面的勃发。不甘就此谢幕的李善长连着发了几道奏疏，说自己病已痊愈，希望朱元璋能够给他一个继续为国效忠的机会。李善长前一年退休时，也才五十八岁，从他活到七十七岁还很硬朗的情形看，他的确算不上老。

可以想见，朱元璋看到奏疏时那副暗自窃喜的神情。他不想让李善长返回京都，便在凤阳给他安排了一个差事，命其在凤阳督建宫殿，再造一座皇城。凤阳定都计划是从洪武二年（1369年）开始的，朱元璋命令从江南、山西迁十四万户富裕人家来此带动地方经济发展。在《中都告祭天地祝文》中，朱元璋说：自洪武初平定中原，臣急至汴梁，意在建都以安天下。及其至彼，民生凋敝，水陆转运艰辛，恐劳民之至甚，遂议群臣，人皆曰古钟离可，因此两更郡名，今为凤阳，于此建都。朱元璋要将李善长像钉子一样钉在凤阳，让他死了重返帝国中枢的心思。

此时，汪广洋出任中书省右丞相，胡惟庸出任中书省左丞。江山初定，明中央政制多沿袭元朝，在中央设中书省，置左、右丞相，其下设平章政事、参知政事，居于其他官职之上，掌中央最高行政权。作为百官之长，丞相是官僚集团和士大夫的领袖，处于官僚组织的顶端，是皇帝之下权力最大、地位最尊的职务，加上位居皇帝的“卧榻之侧”，比较接近皇权，地位十分特殊。朱元璋忌惮李善长之处，并不仅仅在于他的丞相之位，还在于他是淮西勋贵的首领。君臣关系本就十分微妙，丞相的特殊地位和身份更容易遭到皇帝的猜忌，引起和君权的冲突摩擦。在通常情况下，封建社会最有组织性的集团当首推军队。除了军队，以丞相为代表的官僚组织就是最有组织性的力量。这是因为不仅官僚组织是一个组织严密、机构庞大的整体，而且在其内部还因科举制度、地缘因素而形成官员之间的师生关系、乡籍关系等非正式群体。而在这两类群体中，李善长都是那个拍板做决定的“话事人”。如果我们将皇权视为一块蛋糕，有资格分肥皇权的，不是农民，不是中小地主，而是丞相以及他背后庞大的官僚集团。他们拥有知识，且以儒家思想作为其共同的信仰与行为准则，因而也比其他社会集团更有群体意识和整体性。丞相是官僚组织和士大夫的重心所在，因而势必成为朱元璋猜忌防范的首要对象。

胡惟庸是李善长的同乡，也是安徽定远人。他在和州投身朱元璋幕府，授元帅府奏差，不久转为宣使，除宁国主簿，进知县，迁吉安通判，擢湖广佥事，以办事灵巧，再加李善长的举荐，一步步赢得朱元璋的赏识。先是擢太常少卿，再拜中书省参知政事，胡惟庸逐渐成长为帝国的高级文官。作为淮人首领的李善长虽然离开帝国中枢，但他并不甘心就此撒手。当他了解到朱元璋非常看好胡惟庸，而胡惟庸刚好又是淮西人时，便向朱元璋上书保举胡惟庸。此举一来迎逢圣意，二来也能将淮人心腹继续安插在帝国中枢，可谓一举两得。不过胡惟庸为朱元璋所赏识，并不完全是李善长的功劳。朱元璋在用人上从不假手于人，何况像宰相这样重要的位置。

胡惟庸的出现，让李善长找到了淮西集团新的代言人，也是自己的接班人。不久，胡惟庸又将侄女嫁给了李善长的弟弟李存义的二儿子李佑。就这样，李、胡两家的来往更加密切。胡惟庸是淮西人，他一门心思结交李善长，逐渐成为淮西集团新的代言人。相比之下，汪广洋这个非淮西集团出身的右丞相则要孤单许多，每日只知饮酒而不管事。胡惟庸的职位低于汪广洋，却“专决省中事”，反过来指责汪广洋“无所建白”，终于导致右丞相汪广洋被贬为广东行省参政。

洪武六年（1373年）七月，胡惟庸升任为右丞相，任命陈宁为御史大夫、涂节为御史中丞。不久，胡惟庸又转任左丞相，实至名归地主持中书省的政务。自从李善长退休以后，左丞相的位置一直空缺。徐达虽然兼着右丞相的头衔，但是他为人谨慎，又常年领兵在外，政务方面只占位置不问事。如此一来，胡惟庸就成了真正的独相。一人之下、万人之上的感觉让人迷醉。《明史·胡惟庸列传》写道：

自杨宪诛，帝以惟庸为才，宠任之。惟庸亦自励，尝以曲谨当上意，宠遇日盛。独相数岁，生杀黜陟，或不奏径行。内外诸司上封事，必先取阅，害己者，辄匿不以闻。四方躁进之徒及功臣武夫失职者，争走其门，馈遗金帛、名马、玩好，不可胜数。

朱元璋像是在故意娇宠一个放肆的小孩，任其为所欲为。在此之前，御史大夫韩宜可就对胡惟庸与陈宁、涂节之流恃宠擅权，有所不满，当面向朱元璋递交弹劾奏疏，措辞犀利：“三人险恶似忠，奸佞似直，恃功怙宠，内怀反侧，擢置台端，擅作威福，乞斩其首以谢天下。”朱元璋看到这份奏疏，大为愤怒，破口大骂：“快口御史，敢排陷大臣耶！”当即把他押入锦衣卫诏狱。不久，国子监助教吴伯宗察觉胡惟庸的奸恶，不愿与其同流合污，被胡惟庸贬至凤阳，他上书皇帝：“胡惟庸专恣不法，久之必为国患。”精明如朱元璋，又怎能视这样的话为耳旁风。从朱元璋一生行事和众多文件书信中，我们知道，朱元璋是那种事无巨细，几乎无微不至的性格。然而，在如此长的时间里，朱元璋不仅没动过胡惟庸，甚至还放手纵容他，将其扶上“独相”的宝座。这实在让人感到不可思议。或许是为了让胡惟庸更好地专权，这一年，中央政府撤销了中书省编制中的平章政事（副宰相）和参知政事两个职位。同时，在地方上废除了元朝实行的行中书省制度，改由承宣布政使司担任地方行政长官，直接向中书省负责。本来在中书省的编制中，左、右丞相是级别最高的，其下分别为平章政事，左、右丞和参知政事，如今废除了平章政事和参知政事的职位，中书省就只剩下了左、右丞相和左、右丞的编制，其下增设了几个和地方布政使司相联系的位置，不过是辅助丞相而已。

官僚机构改革使得胡惟庸在中书省，乃至在帝国的整个官僚集团，都获得了无与伦比的权力。朱元璋已经意识到相权之重对皇权的威胁，特别是中书省权力过大，“人君不能躬览庶政，故大臣得以专权自恣”，容易导致皇权旁落。此外，大都督“节制中外诸军事”权力过重，御史台也无法满足对官民监控的需要。朱元璋开始了他的改革，其目的就是集中皇权，使“权不专于一司”。因此可以推断：以李善长和刘基的功劳、威信和才干，他们若身处宰相之位，朱元璋要想废除宰相制度，难度要大得多。因此，我们可以再大胆揣测，朱元璋是有意在宰相之位上，放置胡惟庸这样一个人。他需要这样一个权欲熏心、利令智昏的人物，需要他替自己清除障碍，如消灭刘基。他需要在这个岗位上，放置这样一个不安分的人。人，只有在不安分中，才能露出更多破绽。一个撒欢尥蹶子的人，随时可能犯错误，而这也为朱元璋废除宰相提供借口。功高如李善长者都可以被朱元璋轻松挪开，更何况区区胡惟庸。胡惟庸和杨宪一样，一门心思要独揽相权，成为中书省第一人。杨宪被除掉以后，胡惟庸前面的绊脚石就只剩下汪广洋，他又岂能轻易放过这唾手可得的机遇？待到汪广洋被贬，胡惟庸任右丞相。

洪武九年（1376年），朱元璋废除了地方权力高度集中的行中书省。这一年，他将女儿临安公主嫁给李善长的长子李祺，将其封为驸马都尉。操办喜事时，李善长进京主持儿子的婚礼。当年的丞相，如今成为皇帝的亲家翁，此等荣耀绝非一般臣子能够享有的。李善长进京以后，朱元璋虽然委任他一些职务，但要想东山再起已不可能。相权带来的荣耀早已不复存在，李善长知道，他已经没有能力再次染指帝国权杖上那颗最耀眼的宝石。

李善长作为淮西集团文官的当家人，经年经营地盘，这个羽翼丰满的官僚集团对于急于抓权的朱元璋来说如芒在背。胡惟庸原本是朱元璋帐下的一个文书，朱元璋看中他并无党羽，才将其放在重要位置以制约李善长。让朱元璋没想到的是，胡惟庸居然无视自己的良苦用心，反而投身李善长门下。世事如棋，李善长虽然离开丞相之位，但他在朝堂上的影响力还在，各个官僚机构的当家人大多是他布下的棋子。

汪广洋以为真正离开权力中枢，就可以落得逍遥自在。但是朱元璋并不这么想，没过多久又将他召回京城，让他做了左御史大夫。性情懦弱的汪广洋担任监察部门的负责人，对于急于揽权的胡惟庸来说是最好的安排。汪广洋在左御史大夫任上和他以前在中书省时毫无区别，一无建树，丝毫没有影响到胡惟庸的相权。无所掣肘的相权是可怕的，这让朱元璋感到皇权正在一点点被侵蚀。此前左丞相李善长虽有威望，但处事谨慎，右丞相徐达经常统兵在外；后来的右丞相汪广洋也是无为而治，相权与皇权的矛盾隐而不显。朱元璋夺权之心日重，在任命胡惟庸为左丞相的同时，重新起用汪广洋为右丞相，让他们互相牵制。怎奈事不随人愿，胡惟庸越来越胆大妄为，而汪广洋“依违其间，无所救正”，这让朱元璋大为不满。事已至此，朱元璋心里已有改组中书省、废除宰相制度的想法，但如此大动作非得有人血祭才行。

6. 胡惟庸案的逻辑推演

洪武十年（1377年）六月，朱元璋参加了一次廷臣们召开的御前会议，在这次会议上，他当着胡惟庸等官僚高层的面说了这样一段话：历史上，那些政治清明的王朝有一个共同特征，那就是上下相通，耳目相连；凡是昏暗的朝廷，都是上下隔绝，聪明内蔽。国家能否大治，与此有着莫大的关系。他担心下情不能上达，因此不能知道治政的得失，所以要广开言路，以求直言。

这样的政治腔调在胡惟庸听来，不过是朱元璋在为自己捞取开国皇帝应有的政治形象分而已。胡惟庸的势力一天天坐大，他把大量亲信安插进了帝国官僚体制中，并利用手中权力把他们提到高级职位上，对不听从号令的官员则大肆打击、罢黜。为了改变被动局面，朱元璋还专门设立了一个官署来处理行政要件，这就是通政使司。通政使司的横空出世传递出这样一个强烈信号：朱元璋准备为帝国官僚系统动一场大手术。

今后奏事不要再报经中书省

黑夜的屋顶上，亡灵的呼号穿云裂帛，只有活着的人浑然不知。这是朱元璋第一次命令御史们巡行各地，目的很简单，为了实现下情上达。通政使司每天都要将朝臣们的奏章进行收纳整理呈报朱元璋，让“实封直达御前”，然后再转交相关职能部门予以处理。设立通政使司，负责“中外章疏敷奏封驳”，取代原来奏疏直接禀报丞相的做法。朱元璋想要减少对丞相的依赖，不允许他们代表皇权任意胡为。

新朝初立，很多制度都是参考元制而来。对朱元璋来说，一切都是摸着石头过河。大臣们所呈报的奏章要先经过中书省，其中三分之二的奏章由中书省直接处理，然后按照丞相批注的意见分别发往吏、户、礼、兵、刑、工六部以及大都督府和御史台等各相关职能部门。如果奏章涉及军政人事，丞相当不了家，那么就要转呈皇帝来做最后的拍板。官员的所有奏章都不能插上翅膀飞过中书省这一级，直接摆在御案之上。在丞相们看来，官员的奏章需要分级别类，区别对待。哪些内容能够让皇帝过目，哪些内容不需要皇帝过目，这并不取决于皇帝的好恶，而是由中书省来决定，也就是由丞相来决定。作为丞相来说，这是他们最乐于享受的一项政治福利；可对于朱元璋来说，这是他最不能容忍之事。在胡惟庸等帝国高官的门庭外，每一个黎明和夜晚都聚集着大批的人，好人摇晃不定，坏人用钱铺路，那些黯淡的冤魂无人理会。朱元璋无法想象，他们背着自己，隐藏了多少秘密和恶念。

设立通政使司，是为了破解这一切。说到底，它就是一个夺权的部门，夺的不是别人的权力，是丞相的权力。制度虽然发生变化，但是多年来形成的权力思维惯性还在旧有的轨道上滑行。出现了一个通政使司，丞相制度并没有消失。通政使司收上来的奏章还是要送达中书省，由丞相胡惟庸做最后的决断。检校在无形之中成为朱元璋安插于中书省的内线，除了监视中书省的官员，还要掌握朝臣们所上书的奏章内容，免得皇帝当了冤大头。通政使司最初并没承担更多的职责，不过扮演了一个辅助的角色，作为秘书处的中书省仍然存在于帝国的官僚体系中。

洪武十一年（1378年）的一次廷务会议上，朱元璋当着六部官员的面说：“皇帝深居宫中，能够知晓万里之外的事，这主要是因为兼听广览，了解民情。胡元之世，政令都出自中书省，大小事务都要先关报中书，然后才奏闻给皇帝，元朝又多昏君，才导致民情不通，以至于天下大乱。我要引以为鉴。”

朱元璋要掌握天下实情，掌握官员的思想动态，就要撇开中书省。既然他已经找到破解的密码，就不会再做无谓的等待。他随即下诏，诸司今后奏事不要再报经中书省，直接向他这个皇帝奏报就可以了。他无法做到无条件的信任，也无法做到无条件的怀疑。他每天在这里忙碌，旋转得像一个陀螺，却始终无法解除内心的困惑和迷津。朱元璋的精力极为旺盛，他将当皇帝视作田间劳作，而枯燥烦琐的事务如同长势喜人的庄稼，让他舍不得假手于人。《明太祖实录》中记载：朱元璋时常沉浸于帝国事务中，不论吃饭还是睡觉。但凡想起一件事，立即便要拿笔纸记录下来，若逢吃饭时，他通常会将这些纸条别在衣服上，故而，他的衣服上常常会别着许多纸条。他自己不以为意，还会戏称“鹑衣”，即破烂衣之意。

朱元璋的集权做法，对胡惟庸来说，无疑是一次致命的打击，因为它动摇了丞相专权的根基。在此之前，胡惟庸利用手中的相权排除异己，打击政敌，靠的就是旧制中“奏事不许隔越中书”这一条款。制度是王朝土壤里开出的花，而这朵花到底能开成什么样，则取决于个人的命运和天性。朱元璋怕自由，自由在理论上是永恒的，但在实践中则显得过分缥缈。制度是自由的对立面，如同笼中鸟与苍鹰的对话。制度赋予了丞相极大的自由度，他可以任意扣压奏章，欺下瞒上。而那些六部长官就是想在朱元璋面前告丞相的御状也不可能，因为他们无权与皇帝直接取得联系。如今颁布实施的新政打破了这一局面，六部官员可以绕过中书省，直接与朱元璋接上头。这样一来，独相胡惟庸的危机感顿生，他的丞相权力正在被一步步架空。

开国之初，朱元璋对外廷势力尚未腾出手来加以梳理，只是在王朝体制的建立上照搬元朝那一套。朱元璋对帝国的天空充满了向往，却对夜晚和星辰感到恐惧。诗人说，自由会将一个人的影子带上天空，而恐惧会将他的敬畏之心洗劫一空。中书省的官僚结构设置是左、右丞相，秩正一品；左、右丞，秩正二品；参知政事从二品，其属官有左、右司郎中，员外郎等官员。中书省的权力极大，大到可以总领百官，事务涉及方方面面，帝国的一切命令及章奏都需要中书省呈转颁发，不然就视为违法和无效。除了人事任免权、决策权、行政权、监察权、财政权等大小不等的权力，中书省还同时掌管军权、军务。也就是说，靠着中书省一个官僚机构的运转，皇帝就可以不用上朝。

朱元璋坐在宫殿的宝座上，不像是皇帝，倒像是一个震慑人心的牌位。丞相的权力极大，一人之下万人之上。就连六部长官也下辖于中书省，成为其属吏。从洪武元年（1368年）起，中书右丞相徐达就一直是军中的最高指挥官，直到十七年以后他死于北京城。从秦朝创立丞相制度起，排除一些历史时期出现的波折，丞相的权力时大时小。丞相制度天生有个缺点：皇帝和丞相的权力分配难以平衡。别小看这个问题，因为王朝的制度，皇帝是至高无上的独裁统治，官家集团只有一个老板，那就是皇帝，所有的人（包括丞相）都是为他打工的。朱元璋做了皇帝，就不能用朱重八的脑子思考，也不能用刘基、李善长的脑子思考。丞相的特殊性在于，他是一人之下万人之上。如果皇帝太过强势，丞相就会经常换人，甚至会换一个杀一个。若是皇帝太软弱，皇权便会被相权架空。一旦这样的局面形成，皇帝所能做的只是根据丞相的建议颁发圣旨，其他不用操心。时人可以不知道皇帝是谁，但一定会知道丞相是谁，这是非常可怕的事情。

在权力的哀歌与颂歌之间，朱元璋的选择由不得别人做主。他出身草根阶层，虽然当了皇帝，但还是能够清醒地认识到自身存在的不足。在学习前朝明君圣主的同时，他也以一个草根者的立场来观察自己的帝国和臣子。他肯定会想起前朝那些实权派大臣，他们在掌权时说一不二，风头甚至盖过皇位上坐着的那个人。丞相权力过大就有可能干预到皇帝的意愿，甚至威胁到皇权，比如那个挟天子以令诸侯的曹操。旧制度下，在权力面前，人永远是有缺陷的，是病态的。

这是朱元璋内心深处最大的忧虑，而这种忧虑也必将促使着他做出改变。他需要时间来为自己证明，他所做的一切是值得的，是不二的选择。

有人会问，既然他后来废除丞相，为什么当初还要设置丞相？其实朱元璋当初这么做也是有苦衷的，建立一套制度并不是那么容易的事，不光需要大量的时间，更需要实践的检验。既然不是一朝一夕的事，只有拿旧体制先应付着。

朱元璋设立中书省，授大臣以重权，是他为新王朝量身定制的做法。他们都是从刀光剑影中一路拼杀过来的，“同当患难，同享富贵”，作为建国皇帝，这种姿态一定是要有的。在帝国的创业阶段，文武大臣们都曾经立下赫赫功勋。朱元璋所要做的，就是根据他们每个人的功勋、才具和特点，量体裁衣，授以高官显职以平衡权力集团之间的利益。

从胡惟庸位极人臣之日起，朱元璋撒开的这张大网也到了收网阶段。在巩固政权时，朱元璋更多地表现出了人性冷酷的一面，制造了大量的冤假错案，杀了一些该杀和不该杀的人。有史家认为，朱元璋对生命、人的生存权利和人的自尊采取的是贱视和蔑视的态度。他们匍匐于他的脚下，却没有一个人真正懂得他。朱元璋得感谢命运，它给自己带来灾难的同时，也给自己注入了抗体。

朱元璋也许并不认同这种观点，他们不是皇帝，又怎知他这个皇帝内心深藏的忧惧不安。正是这种不安，让他很多时候表现出一种喜怒无常、怀疑一切的状态。在他看来，体制内的“忠臣良民”太少，每个人的眼睛里都写着欲望二字，他们寻找一切机会蚕食他所开创的基业。正因为如此，他才要从肉体上消灭他们。对于皇帝来说，杀人是容易的事，很多时候不过是兴之所至而已。人在经历了太多的苦难后，精神感知会变得麻木迟钝，对他人所遭受的苦难会缺少常人应有的感觉，甚至不觉得这是一种痛苦。

积疑成狱及其他

有案可查的是，朝臣们第一次对胡惟庸的攻击是在洪武九年（1376年）八月份发动的。这时候，胡惟庸将大量亲信盟友提拔到了高级职位上，并且以各种理由和借口将他认为的反对者赶出要塞部门。胡惟庸大肆排除异己的做法，在令官员们感到恐慌的同时，更多的是愤怒。

御史韩宜可就在朝堂之上攻击胡惟庸及他的两个盟友，他告发胡惟庸等人悖逆于皇帝，僭越了皇权，要求将这帮人全部收监或者斩首。朱元璋记下了韩宜可的这句话，但是并没有按照他所说的去做，而是命人将韩宜可交付有司并将其下狱。没有十足的把握，朱元璋不愿打草惊蛇。此次事件虽然没有撼动胡惟庸，却引起了朱元璋与诸臣的警醒。朱元璋当着六部官员的面训话后，原来在中书省辖下的六部获得了越过中书省直接向他呈报的权力，这给朝政带来了不小的混乱。

一个体制里，最简单的是一对一的单线管理，这放到大明朝就成了“皇帝——中书省——六部”的管理体系。按制度来说，六部还是属于中书省的管辖范围，六部的尚书们应该对胡惟庸负责。而按照朱元璋的想法，六部可以向他直接呈报。这样的话，在六部尚书的管理和使用上，就形成了一种双线模式。这样的政务运行模式，在君臣齐心、意见统一的时候还能够保持政务畅通，一旦皇权与相权发生冲突，事情就会变得比较麻烦。尚书任何事情不能瞒着皇帝，皇帝才是帝国的一把手；但是尚书又不能不上报中书省，皇帝批阅过的折子绕不过中书省，最后还得交由中书省发布。如此一来，帝国的权力运行就变成了多头管理，这可苦了那些整日奔波于皇帝和宰相之间的六部官员，如此繁复的程序让他们疲于奔命，难免造成一些常识性的错误。

朱元璋看出了其中的弊端，他早就想要掀起一场体制革命，苦于找不到突破口。帝王的命运太过虚妄，它就像是一个光荣的象征，尽可能地不与神性混为一谈。朱元璋的精明是惜利者的精明，他只是在替自己看护一个庞大的庄园，容不得别人践踏。洪武十一年（1378年）的秋天，位于大明西南边陲的占城国来使进贡。按照帝国的外交程序，中书省应该在接到这种外交大事的第一时间上报皇帝。但实际情况却是，朱元璋并不是按照正常程序从中书省或是礼部那里得到的消息，消息是出宫办事的宦官带回来的。由于无人接待，占城国使者连宫门都没有摸到，再加上语言不通，外邦使者只好流落街头。这件事让朱元璋勃然大怒，堂堂大明居然如此对待番邦小国的外交使者，传将出去有辱大国名声。朱元璋当即传唤胡惟庸和汪广洋，责问他们占城国来使事关国体，竟敢隐瞒不报。胡惟庸和汪广洋在这件事上的表现大相径庭，一个急于推卸，一个茫然无措。

洪武九年（1376年），汪广洋发动过对李善长的弹劾。这是他人生的第一次，也是唯一一次向上位者发起挑战。他最初还是想要有所作为的，不然不会公然挑衅李善长的权威。虽然这次弹劾没有取得预期效果，但是他在面对李善长时所表现出来的大无畏精神，还是博得了朱元璋的赏识。令人遗憾的是汪广洋并不是一个越挫越勇的人，弹劾李善长失败对他的打击是巨大的。虽然事后朱元璋将其重新放入中书省，但他的心性已经发生了蜕变。

在这个世界上，多是逆境造就了人，困境磨炼了人。汪广洋无意再去困境里磨炼，也无意再参与到权斗的游戏中。多年的宦海生涯，让最初的政治理想离他渐行渐远。虽然他还有一把风中的骨头属于自己，但他的魂魄已被摇晃得散了架。汪广洋的存在于朱元璋而言就是一枚棋子，通过他来盘活中书省这盘棋，借以削夺相权。这就像是一个人在黑夜里行走，以为自己的行走是属于身体的，却突然发现，原来是有一双隐藏在身体外的无形之手，提着自己在黑夜里奔走。这是多么可怕的发现，这个发现让汪广洋惶恐不安。对于中书省二把手的这份工作，他无意周旋，任由胡惟庸为所欲为。

对于占城国来使这样重大的外交事件，汪广洋根本就没有反应过来，在朱元璋问起他时，也不知如何作答，只是跪在那里支支吾吾，磕头如捣蒜。胡惟庸则辩解说这种事情一向都是由礼部负责，都是礼部惹的祸，与中书省没有任何关系。

面对胡惟庸的狡辩，朱元璋找来礼部官员和两位宰相当面对质，礼部官员面对两大宰相毫无惧色，说这件事已经给中书省打过报告。礼部与中书省当着皇帝的面踢皮球，这让朱元璋更加恼火。他接连下了几道敕书，说："你们互相推卸责任，朕不聪明，不知道究竟该追究谁的责任，所以囚禁省、部官员，一定要追究到底。"朱元璋下令将礼部负责接待外使的相关人员全部下狱，同时让检校暗中调查。这是一场明暗两面的牌局，明面上，两位宰相和礼部官员都被皇帝骂了一通，毫发未伤；暗面上，朱元璋已经在酝酿一场暴风雨。那段时间里，南京城中书省昏暗的烛光下，胡惟庸和汪广洋怀揣着各自的心思坐立不安。这种不安前所未有，他们从朱元璋暴怒的表情里已经感觉到，或许这一次不同往日。检校的调查结果很快出来，汪广洋成了占城使者事件的第一责任人。朱元璋下令将汪广洋正式拘捕，罪名是“不能效忠为国，坐视兴废”，也就是说他凡事不作为，抱着葫芦摇。朱元璋将其安排在中书省的位置上，本意是为了掣肘胡惟庸。结果汪广洋却当起了甩手掌柜，将朱元璋好端端的活棋走成了死棋。既然是死棋，作为棋子的他也就走向了死路。

汪广洋再次被贬往广南地区，朱元璋囚禁了其他负有连带责任的官员，包括胡惟庸在内。当汪广洋船行至黄山地区太平县时，朱元璋追加了一道圣旨。这道诏书追究了汪广洋在江西包庇朱文正的事，同时又追究其在中书省袒护杨宪等罪责，赐毒命他自尽。估计到生命的最后一刻，汪广洋都没弄明白，是什么原因让朱元璋对他痛下杀手。在太平县这个不太平的地方走完自己的生命旅程，对于汪广洋来说，有着更为特殊的意义。要知道，太平这个地方是汪广洋仕途的起点。至正十五年（1355年），他还是元朝的一名进士，并没有被授予实职，客居太平县，每日过着诗酒风月的恬淡生活，等待着人生机遇的突然降临。而就在这一年，朱元璋的军队渡过长江防线，攻下采石矶，进驻太平。求贤若渴的朱元璋，听闻汪广洋才名，便于帅帐之中召见了他。两人相谈甚欢，从此汪广洋走上了人生载浮载沉的不归之路。终点回到了起点，汪广洋做梦也不会想到自己会成为朱元璋削除相权的祭旗人。

洪武十三年（1380年）正月初二，整个帝国沉浸于浓浓的新年气氛中，南京城的上空却笼罩着一层阴霾。御史中丞涂节突然告发胡惟庸涉嫌毒杀刘基，并意图谋反。毒杀刘基一事并无实据，真相还不确定，可对于朱元璋来说，他需要的不是反复求索的真相，而是一个治罪的理由。朱元璋接到涂节的报告后，立即批转司法部门连夜突审。在官方给出的案卷中，胡惟庸案的构成和经过，并不复杂，也不难断，大罪小过充塞其间。在这里择其大者，表述如下：

《明史纪事本末》记载，胡惟庸老家旧宅的井里，忽然长出竹笋，高出水面数尺。有献媚者说，他家三代祖坟上，夜晚火光烛天，此为祥瑞。于是，胡惟庸心有所动。其后不久，他的儿子在大街上策马狂飙，恰好一辆马车经过，胡公子当场丧命轮下。胡惟庸丧子心痛，一怒之下杀了马车夫。有人将此事告到朱元璋那里，朱元璋龙颜大怒，责令胡惟庸向马车夫的家属做出赔偿。当胡惟庸备好重金为自己赎罪时，朱元璋却将其拦下。罪不可赎，罪在其身，这让胡惟庸心生恐惧。于是，他和御史大夫陈宁、中丞涂节图谋兵变，同时密告四方及追随自己的那些武将。其后不久，胡惟庸突然对外宣称，自家老宅的井里涌出醴泉，就是甜蜜的美酒。为了表明自己不敢独享祥瑞的态度，胡惟庸邀请朱元璋临幸府上观赏稀罕之事。这一天，当朱元璋的龙辇行至西华门时，一个叫云奇的太监突然拦住去路。他没有说话，却急得汗珠顺着脸颊往下淌。卫士乱棒齐下，差点将云奇活活打死。无论怎么打，云奇却一直用手指着胡惟庸府邸的方向。朱元璋随即登上宫城远眺，发现胡惟庸的府邸，隐约埋伏着大量的士兵。于是，“即发羽林掩捕”之。

胡惟庸党案说法众多，真相莫辨，恐怕穿越回明朝也难以探知究竟。诚如吴晗先生所言，“这原因大概是由于胡党事起时，法令严峻，著述家多不敢记载此事。到了事过境迁之后，实在情形已被淹没，后来的史家只能专凭《实录》，所以大体均属相同”。只要《实录》没有记载的，便只能闭门造车，以讹传讹，所以有诸多时间冲突、空间不合理的地方。比如，《明史》中所记涂节告变和《纪事本末》所记的云奇告变就存在冲突。若采信前者，则胡惟庸已服罪被诛，也就不存在朱元璋临幸府上观赏醴泉之事；若采信后者，胡惟庸当天被诛，也就不存在涂节告发之事。孰真孰假，或两者皆不可信，疑点重重，实在让人难辨真伪。

事情到此远没有结束，胡惟庸的罪名在他死后不断升级。治胡惟庸一人之罪，擅权植党就已足够，要扩大打击面，牵蔓其他功臣宿将难免让人觉得小题大做。比如，也有史家反复求证胡惟庸通倭、通虏之事，在这里聊作表述：胡惟庸通倭之事多采自《明史》和《实录》，文中以口供叙述胡惟庸的罪状，其中通倭投虏事，仅有两句：“惟庸使指挥林贤下海招倭军，约期来会。又遣元臣封绩致书，称臣于元，请兵为外应。”此事若成立，林贤和封绩此二人，便是胡惟庸案发时的漏网之鱼。林贤通倭，而那个叫封绩的元朝旧臣则通元。明朝的两大强敌，所谓南倭北虏，胡惟庸都与他们有瓜葛。胡惟庸被诛后七年，《大诰》中提及林贤：明州卫指挥使林贤在南京时，已经私通胡惟庸，结成死党。胡惟庸派遣亲信陈得中，与一个叫归廷的日本朝贡使节密谋：由林贤前往日本请求国王发兵，打着朝贡来大明的旗号，配合胡惟庸谋反。这件事随着林贤被举报而浮出水面。朱元璋知晓后，直接诛灭林贤九族。至于说胡惟庸案牵涉中日关系，实在是无稽之谈。

再说那个叫封绩的元朝遗臣，更是毫无根据。虽说欲加之罪何患无辞，但朱元璋不仅要做到罪臣有词，还要做到有故事性。于是，他在完善故事的过程中，也在替胡惟庸做合乎故事需要的逻辑推演，力求剧情合理，演员到位。而封绩就是他找到的演员，此人本是从未到过北方的江苏人，他用别人写好的台词供出胡惟庸通元的事迹，算作胡党造反的罪状。或许觉得剧情还不够合理，封绩又改籍为河南人，身份是元朝遗臣。他奉旨扮演的那个角色，除了要指控胡惟庸，还有李善长。当然这一切，都发生在胡惟庸案发十年之后，早已死无对证。审查结果出来：胡惟庸谋反案坐实，不可不杀。与此同时，朱元璋做出一个惊人的决定：御史中丞涂节和御史大夫陈宁作为胡党嫡系也难辞其咎。因为有官员禀告，涂节也参与了谋反，见事情败露才站出来检举胡惟庸。此案由朱元璋“自临问之”，自正月甲午日（二日）廷臣审录，到戊戌日（六日）结案，以胡惟庸为首的一大批人及其家族被全部处死。

新年伊始，帝国中枢一下子处决三个文官大臣，一个丞相、一个御史大夫和一个御史中丞。处死丞相是非同寻常的政治事件，朝堂内外为之震骇。朱元璋为此颁布了一系列诏书，以平息人心躁动。第一道诏书，他告诫文武百官，朝廷设立中书省“以总天下之文治”，设立都督府“以总天下之兵政”，设立御史台“以振朝廷之纪纲”，“岂意奸臣窃持国柄，枉法诬贤，操不轨之心，肆奸欺之蔽，嘉言结于众舌，朋比逞于群邪，蠹害政治，谋危社稷”。因此他主张“革去中书省”，提升六部职权。第二道诏书，他要大肆清算胡惟庸等人的罪状：“丞相汪广洋、御史大夫陈宁昼夜淫昏，酣歌肆乐，各不率职，坐视废典，以致胡惟庸构群小夤缘为奸，或枉法以惠罪，或执政以诬贤，因是发露，人各伏诛。”两道圣旨将帝国的体制运行做了重新布局，处于极度震骇状态下的官员如梦方醒。原来他们的皇帝早就酝酿好了这一切，这样两道诏令绝非朝夕之间能够完成。朱元璋担心有人在诏令里做手脚，篡改他的意思，因此他从不假手于人。他宁愿用粗粝不堪的乡间俚语表明观点，做出决断，也不希望他们用圆融的文字在那里不知所云。

中书省作为最高行政机关从此退出历史舞台，宰相制度也就此废除，这项变革在中国政治史上堪称一重大事件。自汉代以来，丞相一直是官僚机构中的最高职位，是秉承君主旨意综理全国政务的人，一人之下万人之上。朱元璋将整个中书省的官员编制几乎全部废除，只保留了一个纯粹记录官性质的中书舍人。原本属于中书省和丞相的权力，分摊给原来由丞相管领的六部和监察机关，大幅提升监察机构在官僚系统内的地位。他们直接对皇帝负责，王朝政务的决策者和实行者之间再无任何阻碍。在正式宣布废除中书省和丞相制度时，朱元璋言辞凿凿："自古三公论道，六卿分职，不闻设立丞相。自秦始置丞相，不旋踵而亡。汉唐宋虽有丞相，然其间亦多小人专权乱政。"因此他决定废除中书省和丞相，大权归于朝廷。在帝国官僚系统的复式结构中，丞相作为体制结构最顶端的那尊大神，一直与皇权进行着此消彼长的博弈。朱元璋索性将其连根拔除，为他的继任者们"拨刺"。他说："以后嗣君毋得议置丞相，臣下敢以此请者，置之重典。"他在这里打了一剂预防针，为的就是要向世人展示自己改革的决心和魄力以及对个别妄言者的警告。在发布的文告里，朱元璋给胡惟庸定下的罪名是"擅权枉法"。含混不清的罪名，就好像一个大大的箩筐，任何逾越法律的行为都可以往里装。从打压同僚到私扣奏章，从收受贿赂到专权独断，就连沉湎于声色犬马之类的流氓罪名都包含在内。后来，朱元璋命儒臣编撰《相鉴奸臣传》，他在序言中给胡惟庸定性："不守人臣之分，恃要持权，窥觇人主之意，包藏祸心，舞文弄法。"

胡惟庸被杀之后，帝国的皇权运行模式突然转换为一架令人恐怖的绞肉机。由胡惟庸案引发的连锁反应就像平地起了一场龙卷风，朱元璋要除掉的并非胡惟庸一个人，而是一个庞大的"胡党"。相比在朝廷中人脉广泛的胡惟庸，朱元璋反倒成了独坐于深宫禁院中的孤家朕。像胡惟庸这样的权相，他的交往范围从朝廷文官蔓延至开国功勋和军队将领。当他被定性为"谋反罪"后，那些与他有来往之人就应该是同案犯。朱元璋有着强大的怀疑精神，人心如盗贼，眼里看见的也全是盗贼。他所做的任何决定，在分析家们看来，都充满了盗贼式的疑问。"谋反"不是小事情，牵涉面之广，参与人员之多，付出成本之高，都是其他行业无法比较的。朱元璋将胡惟庸参与谋反案坐实，是为了将更多的官员牵扯进来。官僚系统内部陷入巨大的恐慌，死者像是穿过黑暗的蝙蝠，生者像是在劫难逃的窃贼，赴死与逃亡，都在皇帝的掌控中。手握军政大权的相权集团被斩落马下，朱元璋觉得一切都是值得的。朱元璋并不是突然提速，也不是突然采用激烈的手段。他耗尽心力，不仅文官机构做了大幅调整，军事机构也同样做出调整。大都督府则被分割成中、左、右、前、后五军都督府，五军都督府掌管军旅之事，隶属于兵部，曾经和中书省分庭抗礼的大都督府编制也就此消失。废黜丞相和大都督这文武两个最高职务，将丞相的权力一分为六，分别给了六部；将大都督的权力一分为五，分别成立五军都督府，并且从制度上让各个部门相互牵制，谁也不能单独对皇权构成威胁，这才是朱元璋的真实目的。那些躲躲闪闪的文臣武将，他们并不甘愿领受惩罚和喝下毒药似的解药。虽然这场体制革命的主刀者是朱元璋，但他从来就不是慈悲的济世者。

朱元璋并不具备主刀者的技能，他只有并不盲目的乐观。长胳膊拉不住短命鬼，他只能尽其所能护住自家的王朝。他发出诏令："今我朝罢丞相，设五府、六部、都察院、通政使司、大理寺等衙门，分理天下庶务，彼此颉颃，不致相压，事皆朝廷总之，所以稳当。以后子孙做皇帝时，并不许立丞相，臣下敢有奏请立者，文武群臣即时劾奏，将犯人凌迟，全家处死。"经过整顿之后的政治舞台俨然成了皇帝的独角戏，皇权的高度集中、官僚集团的分权制衡基本达成。各部门只需要对朱元璋负责，受他的直接领导和监督。它们之间既能独立行使职权，又能相互掣肘。他们无法自由地发力，力道自然汇入皇帝的能量池。监察机关将六部纳入它的监察范围，而六部的给事中（言官）也可以反过来对监察机关的官员进行弹劾。这是朱元璋最希望看到的一幕，他希望在他的王朝体系里，权力可以相生相克，没有一权独大。

洪武十三年（1380年）的春节，是大明建制以来最为特殊的日子。正月过后，朱元璋才算真正开始至高无上的皇权运作。现在的大明，没有了中书省的宰相碍手碍脚，朱元璋的皇权达到了百无禁忌的巅峰状态，这让他感觉到从未有过的愉悦，整个人都处于无比亢奋的状态。"事皆朝廷总之"，也就是由他这个皇帝总揽一切，他是自己的丞相。他虽然是皇帝，但是他与他的那些土里刨食的父老乡亲并无区别，他们将一个家庭扛在肩上，他将一个王朝扛在肩上，他们沿着不同的道路向着同一个方向奔跑。一个人的家庭和朝堂并不会让意志坚定的人心生颓丧，只会让他们在内心里拥有一笔神秘的财富。

权力高度集中带来的衍生物就是尽不完的义务，就算皇帝也不例外，除非皇帝“三观”尽毁，破罐子破摔。没过多久，皇权运行所带来的副作用开始显现。一个有为的君主，其底线是保障帝国的基本运行。百无禁忌的权力，带给朱元璋的不光是权力上的高度集中，更是繁重的工作压力。据吴晗统计，洪武十七年（1384年）九月十四日到二十一日。在这八天时间里，全国共有一千一百六十件各种文书报告送到皇帝的案头，其中涉及各类事项三千三百九十一件。平均计算，他每天要批阅文件字数约二十万，处理事务四百二十三件。这样的工作量，即便不眠不休，一个小时也要阅读八千字以上，同时要在二十多件朝政事务上做出决断。一个成年人每天需要三到四个时辰的睡眠时间，才能保证身体健康和意识清醒。而朱元璋在洪武十三年以后，一天的睡眠时间估计还不足两个小时。生于物质世界并沉迷于它的繁华和乐趣，必将累死于它的繁华和乐趣。

有人替朱元璋算过一笔账，废除丞相制度之后，每天呈到他面前的奏章将近有二百封，里面大大小小计约五百件事需要皇帝亲自拍板才能施行。文官都是文章好手，平常之事也能写出花，洋洋洒洒，骈四俪六。一篇万言长文，切入正题的只有几百字。刑部主事茹太素曾经上过一份长达一万七千字的奏章，朱元璋令人诵之。听到六千多字的时候，还没有进入正题，朱元璋大为愤怒，将茹太素在朝堂上杖责一顿。第二天，再令人诵之，读到一万六千五百字时才进入主题。

朱元璋不由喟然长叹：“为君难，为臣不易，朕所以求直言，欲其切于情事。文词太多，便至荧听，太素所陈，五百余言可尽耳。”一道五百字就能够说清问题的奏折，结果注水成了万言书，当时像茹太素那样动辄上万言的奏章是很常见的。按照一封奏章五千字计算，二百封就是百万字。皇帝不仅要看奏折，还得动脑子去考虑如何解决问题。

对于一个生下四十二个子女的男人来说，他的身体绝对称得上健壮。面对繁重的朝政压力，朱元璋即使有着超强的精力，也耐不住无休止的耗损。他本就不是一团和气之人，长期处于满负荷状态，脾气变得异常暴躁。朱元璋就像是一支脱弦而去的箭，不断被空气磨去飞行的力道，只剩下一截锐器延续着自己的前进方向。一切并不如朱元璋想象中的乐观，他和官员进入一种角力状态。皇帝每天要完成一天百万字的奏章批阅量，今日忙不完，明日再忙，而明日又有新的奏章呈递上来，周而复始。官员们得不到皇帝的回复就不敢擅自做主，帝国的运行效率随之慢了下来，官员落下一个行政不作为的恶名，自然遭到皇帝的严厉惩罚。如此恶性循环，朱元璋和朝臣之间的关系越来越紧张。朱元璋就像是一个端坐于高处的复仇者，每天都被愤怒的火焰点燃。

体制，还是绞肉机

朱元璋将胡惟庸党案编织成了一个超级大箩筐，这个箩筐始终没有成形，越编越细，越织越密。从通倭、通虏，直至谋反，每编织一条罪名，就有一些人遭到清洗。那些功臣宿将的关系本来就是网状结构，从甲株连到乙，从乙株连到丙，每个人都是网中人，每个家族都是网络之家，杀人屠家，国家机器犹如绞肉机。为了提高效率，一击即中，朱元璋在洪武十五年（1382年）设立了锦衣卫。《大明会典》将其职责归结为两点：其一“直驾侍卫”，其二“巡察缉捕”。而在实际操控中，锦衣卫的第一个功能为人忽视，第二个功能令人生畏。神灵在先于人类认识欲望和疯狂之前，就埋下了恶念的种子。有人说，这个世上有一种人，是虎或狼的后代，他们血腥的恶习让人胆战心惊。有人将他们称为食人者。

如果说，检校是朱元璋释放出去的恶犬，那么锦衣卫就是虎狼。它是一个集特务、法庭、监狱三位一体的组织，其功能更加完善。锦衣卫掌侍卫、缉捕、刑狱之事。它的镇抚司专门从事侦察、逮捕、审问人犯等工作，并且有自己的监狱——直接听命于皇帝的“诏狱”。《明史·刑法志》曰：“锦衣卫狱者，世所称诏狱也……幽絷惨酷，害无甚于此者。太祖时，天下重罪逮至京者，收系狱中，数更大狱，多使断治，所诛杀为多。”避死而不能，脱去皮囊之累而不得。一场场秋风扫落叶，一次次暗夜索冤魂，锦衣卫这头龇牙咧嘴的猛兽逐渐成形。朱元璋要的就是雷霆之撼，要的就是噩梦不断。正是在锦衣卫的协助下，朱元璋得以有条不紊地开始他对功臣的肃清行动，行动稳健、准确，如同一架高效精密的仪器。那些身居高位的官员，早晨出门上朝，心情如同上坟。因胡惟庸案被牵连而死的高级官员不可胜数：御史大夫陈宁、中丞涂节、吉安侯陆仲亨、延安侯唐胜宗、平凉侯费聚、南雄侯赵庸、荥阳侯郑遇春、宜春侯黄彬、河南侯陆聚、宣德侯金朝兴、靖宁侯叶升、申国公邓镇、济宁侯顾敬、临江侯陈镛、营阳侯杨通、淮安侯华中，高级军官毛骧、李伯升、宋慎、丁玉和，甚至任太子师十余年的儒臣宋濂也被牵连，贬死茂州。

胡惟庸死了，故事还没有结束。一个不断成长中的故事，随着时间的推移，故事的轮廓越来越大，内容也越来充实。所有的人都将目光投向李善长，不是因为李善长真有什么故事，而是这个故事需要李善长。帝国中枢的大部分官员还是李善长在任时的老部下，面对胡惟庸已死、皇帝对他们日益不满的现实，他们只能回到李善长的羽翼之下，寻求庇护。在朱元璋看来，要实现皇权的最大化，就要想办法分化官僚集团，各个击破，千万不能再让他们形成抱团。李善长的存在让那些文官功臣集团心有所属，这是他最为不安的地方。淮西集团虽然因胡惟庸之死受到重创，但是只要李善长还活着，淮西勋贵集团就不会从帝国的官僚体系中消失。

事实上也如此，外廷的许多部门都由淮西勋贵集团的人把持。洪武十四年成立的大理寺和都察院，和刑部并称三法司。刑部受天下刑名，都察院纠察，大理寺驳正，这是大明司法程序的三个支点。三法司中多是文官，文官有党，他们就都可能是胡惟庸的同党。胡惟庸案再生波澜，犯罪性质也由当初暧昧不清的“擅权枉法”变成“十恶不赦”之首的“图谋造反”。因被牵扯进胡惟庸案的有一公、二十侯，连坐、死罪、黥面、流放的有数万人之多，朝中文臣几乎为之一空。朱元璋不能容忍一个有可能凌驾于皇权之上的官僚体制存在，数以万计的人命不是为胡惟庸陪葬，而是为朱元璋定下的这项制度陪葬。

洪武二十二年（1390年），注定是一个不平常的年份。虐杀的阴云在天空几度徘徊和犹疑，最终还是决然地降落到李善长的身上。距离胡惟庸案发已经过去了十年，为什么要等上十年，而不是胡、李案并时而发？朱元璋打的就是时间差。胡惟庸案发时，他没有去惊扰李善长和一批武将。李善长和胡惟庸是同乡，且李善长的弟弟李存义的儿子娶的是胡惟庸的侄女，结下了姻亲关系。胡惟庸仕途得意，更是得益于李善长的举荐。胡惟庸案初始阶段，有人控告李善长也不干净，朱元璋并未追究。在这期间，御史台缺行政长官，朱元璋还将致仕归乡的李善长召回京城，主持御史台事务。1385年有人再度对李善长发起攻击，揭发李善长的弟弟李存义父子“实为胡党”。朱元璋将李存义发配至崇明，对李善长仍没有采取行动。对此，他的解释是：我当初起兵时，李善长前来投奔，说从此见天日了。那年我二十七岁，善长四十一岁。他是我初起时的股肱心腹，不忍心惩处。果真如其所言，是因为君臣情深才没有惩处李善长吗？显然不是。李善长此时威信尚存，朱元璋对他仍有所忌惮。同时，帝国的军事行动尚未结束，无论是处置李善长，还是打击武将，都不是最佳时机。尽管如此，朱元璋还是在一道题为“谕太师李善长”的敕文中向李善长发出了警示：

> 今卿年迈，故精力之为可期。不审为何同小吏而枉功臣，而乃夤昏定拟诡语，符同朝奏，此非臣下之所当为……卿谋欺诳，法当斩首。然行赏有誓，尔当三免极刑。今无患矣，止削禄一千四百石。

朱元璋在当年颁发给李善长的“免死铁券”中，明确地写着：“尔免二死，子免一死”，因此敕文中说“尔当三免极刑”，只削夺年薪抵其罪，以示警告。如果李善长的政治嗅觉足够敏锐，他应该能够感受到危险正在逼近。在帝国的官僚体系中，他长期占据着淮西集团的首领地位。李氏家族势力越大，积怨越多。但是以其特殊身份和他在朝野积累的深厚背景，除非皇帝要动他，若不然，放眼朝堂之上谁又能动得了他？

这一年春天，李善长在凤阳府定远老家享受着他的晚年生活。那一刻，他不会想到死亡。阳光下，他抚摸着自己老迈的身体，幸福地眯起那双浑浊的老眼，就像是一个经历过风暴劫后余生的人，正在回味过往的时光。不久前，他家老房子的一段墙体突然倒塌，让这位古稀老人受到了惊吓。他只想安度余生，并没打算惊扰乡里。而这轰然一响，让他想到了昔日的战友，信国公汤和。于是，他给汤和写去一封信，希望他能够借自己三百名士兵帮助修葺房屋。李善长与汤和的致仕有很大区别。汤和是彻底地退出了朝堂，他是个识时务，且宁静淡泊之人。开国初期，他第一个站出来表态。他说：“臣犬马齿长，不堪复任驱策，愿得归故乡，为容棺之墟，以待骸骨。”他愿意交出兵权，回归故土。李善长则不同，他即使从朝堂上退出，其影响力还在，权力的触角还在。当李善长糊涂到借兵帮忙时，汤和对此异常敏感。一直以来，他的乡居生活悠闲自得，每日吃酒下棋，游山玩水，含饴弄孙，从不结交地方官和乡绅，不谈国家大事，给人一副世间散人的印象。汤和在考虑是否借兵给李善长的同时，写了一封信将此事告知朱元璋。朱元璋由此对李善长这个股肱之臣生出一份嫌恶。李善长就像是一个走在布满了陷阱道路上的盲人，他压根儿就不知道自己已经从鬼门关转了一圈回来。他毫无知觉地绕过第一个陷阱，第二个陷阱又在前面等着他。

这一年五月，京中一些被查处的下级官吏和犯人将被发配边境。李善长数次请求赦免一个叫丁斌的人，据说此人是他的一个远房亲戚。朱元璋密令刑部尚书、左都御史詹徽追查丁斌这个案子，交代任务时，詹徽却在皇帝给出的只言片语中捕捉到了极为准确的信息，他连夜拷问丁斌。在詹徽的诱导下，丁斌供出了李善长之弟李存义与胡惟庸共同谋反的细节。詹徽是个很会办事的人，他选择李存义为突破口是因为此人既是李善长的弟弟，也是胡惟庸的亲家，是李、胡二人的天然桥梁。

综合《明太祖实录》和《明史》中所写可以看到，随着继续追查，李存义也随即给出了足以置李善长于死地的供词：胡惟庸曾多次请求他游说李善长共举大事，李善长此先大为震惊，他拒绝了，并说这样的话是要灭九族的。胡惟庸知道李善长贪婪，可以利诱，十多天后又派他上门游说，许诺一旦举事成功，就封李善长为淮西王。李善长惊讶不许，却心有所动。后来胡惟庸亲自前往游说，李善长还是没有许诺。过了一段时间，他又上门劝说，李善长叹息道："吾老矣，吾死，尔等自为之。"胡惟庸闻讯大喜，亲自去和李善长商量，两人屏退左右，密谈良久，"人不得闻，但遥见颔首而已"，胡惟庸欣然告辞。密谈之后，胡惟庸立即指使林贤下海，邀请日本军队约期来会；又派元朝旧臣封绩带信给蒙古，请他们出兵接应。

如果李存义的说法成立，李善长造反未遂就是重罪。詹徽随即展开大规模的罪名罗织，重赏之下，必有勇夫，李府的家奴纷纷起来告状，编织了一个个李善长谋反的故事。直到此时，文武百官方才如梦初醒，或许是怕李善长案牵连到自己，大小官员开始对李善长口诛笔伐。千夫所指，李善长求生无门。有一名御史站出来弹劾李善长，劾状称，1385年，蓝玉将军征讨蒙古时，捕获一名叫封绩的信使。手中持有一封胡惟庸写给元君的亲笔信，此事后来被李善长瞒报。李善长府中一个叫卢仲谦的奴仆，这时也站出来检举主人和胡惟庸经常密谋。

墙倒众人推，就连钦天监的官员也赶来凑热闹，说什么天有异象，当诛杀大臣。这一年四月，朱元璋批下此案。《明太祖实录》“洪武二十三年五月”条下录：“善长遂自缢，上命以礼葬之，厚恤去家。”可现实既无礼可言，也无理可讲。李善长因参与胡惟庸谋反案，被赐自缢，夷其三族，赦其长子驸马李祺及临安公主所出二嫡子李芳、李茂死罪，贬为庶民。七十七岁的李善长领着全家七十余人走上黄泉路。不知李善长闭上眼睛的那一刻，会否想起他与朱元璋第一次见面时的情景。元至正十四年，正值青春勃发之年的朱元璋见到了当时刚过四十的李善长。朱元璋问他：“天下英雄豪杰无数，为何独独选择追随我？”

李善长的回答是，天下豪杰虽多，但得天下者非将军莫属。

朱元璋虚心向他请教。李善长说出了那番慷慨之辞，他说：“昔汉高祖以亭长起家，兵不过百人，将不过三五，终披荆斩棘开创大汉四百年江山，何也？唯善用人耳，今将军比高祖强盛多矣，我观天下大势，元失其鹿、汉人归心，正是驱逐胡虏、恢复中华之良机，望将军胸怀万里而豁达大度、纳天下英才而知人善任、宽恕仁和而不嗜杀人，救天下民众于水火。”

朱元璋当时许诺，等到将来霸业有成，必回报当日之言！

李善长受死之际，如果想到朱元璋的当年之言，也许会后悔当日的选择。不管怎么说，命运之神在这里开了一个残酷的玩笑。如果说朱元璋走的是当年刘邦之路，那么被他称作“朕之萧何”的李善长却没有萧何的好命。朱元璋从来不否认李善长是大明开国的第一功臣，他娴于辞令、明习故事，处理政务裁决如流；他调兵转饷而无乏；他恢复制钱，榷淮盐、立茶法、开铁冶、定鱼税……

正因为这些赫赫功绩，朱元璋才会封他为国公之首、大明第一任相国，赐他铁券，免其二死。有人对朱元璋处死七十七岁的李善长无法理解，不明白对一个行将走到人生尽头的老人，为何还要穷追不舍。在朱元璋的皇权世界里，臣属不能走得太近，需要和他保持一个空白区域。唯有如此，才能让他有安全感。作为淮西集团首领的李善长，故旧戚党遍布朝堂各个角落，势力可谓盘根错节。他是帝国官僚集团的一支标杆，他的存在就是对皇位的最大威胁。

李善长死后的第二年，工部郎中王国用冒死向朱元璋呈上由翰林学士解缙代为起草的《论韩国公冤事状》。其大意是：善长与陛下同心，出万死以取天下，勋臣第一，生封公，死封王，男尚公主，亲戚拜官，人臣之分极矣。这道奏折分析得透彻，严词切语。在青年才子解缙看来，李善长没有铤而走险的必要，谋反一说于理不通，于情不合，难以说服人心。至于说他辅佐胡惟庸造反，更是谬之千里。试想，一个人爱自己的儿子肯定甚于爱侄子。李善长与胡惟庸是侄儿结亲，与陛下则是亲子亲女结亲，孰亲孰远一望即知。更何况即使他能帮助胡惟庸谋反成功，难道胡惟庸会与其半分天下？他能得到的地位和今天的差不多，没必要以身犯险。以李善长七十多岁的高龄，他绝不可能这么做。

朱元璋看完解缙的这封奏疏，无言以对。他并没有借此去寻解缙的麻烦，其实他也是那么认为的。李善长遭到灭族，固然有朱元璋的原因，但和他参不透帝王心术也有很大的关系。解缙所说"出万死以取天下，勋臣第一"，这是李善长生前的荣耀，也是置他于死地的刀锋。想当年李斯与儿子一起被绑缚至刑场，李斯发出了"牵犬东门岂可得乎"的人生感叹，不知道李善长有无如此这般的慨叹。很多人至死也不会有所醒悟，生命就算重新再来一次，权力依然是他们的心头好。解缙代王国用写奏疏这件事被载入史书："韩国公李善长得罪死，缙代郎中王国用草疏白其冤。"或许是这道奏折使朱元璋良心发现，让他体会到了臣子的初衷。反正，在看了这份奏折后，向来多疑的朱元璋居然未予深究——"太祖得书，竟亦不罪也。"如此，使得挂名的王国用和捉刀代笔的解缙侥幸逃脱一劫，并得以青史留名。

到了明朝末年，钱谦益根据内阁所藏诏书，一一对照。他认为，李善长受胡惟庸案株连，"善长昏姻谊重，家门虑深，目瞪口呿，宛转受其笼络而不能自拔，卒委身以殉之。"大明体制的绞肉机已经启动，胡、李之死，只是最早的献祭。为了彰显这部机器的强大和凛然之气，还有更多的血肉将被它吞噬。胡惟庸案一再清算，牵连的人员也由与胡惟庸血缘相近的亲族、同乡，延伸至故旧、僚属以及其他关系上。凡是与他牵扯上一星半点关系的，皆被连坐诛族，先后有三万余人被杀。

清洗，还是治权的变质

洪武二十五年（1392年），太祖朱元璋下诏，寻求通晓天象的高人。古人观测天象运行，以此推算年时节候，获知帝王命数或国祚久长。有个叫周敬心的太学生上疏劝谏：大戮官民，不分臧否。其中岂无忠臣、烈士、善人、君子？于兹见陛下之薄德而任刑矣。水旱连年，夫岂无故哉！他列举了历年来几次大规模政治清洗：洪武四年，录天下官吏；十三年，爆发胡惟庸党案；十九年（1386年），纵容百姓逮捕所谓害民之官，株连无数；二十三年（1390年），又将敢于批评政府的人诛杀。不论好坏，无人不杀，无人不可杀。他说，国祚长久，不在于天象历数。作为开国之君，既然轻视德治而滥用刑法，也就不要管什么水旱连天，那都是有原因的。

这个胆大包天的周敬心，言辞激烈，大有触动逆鳞之势。出人意料的是，朱元璋不但没有愤怒，反而还夸赞周敬心，说他作为一个国子监的学生，谈论天下大计，虽然不符合官家秩序，但究其本心，还是因为忠君爱国。

1392年是朱元璋即位后人生受到最大打击的一年。这年四月二十五日，三十八岁的太子朱标突然病死。幼年丧母、中年丧妻、老年丧子，一个男人人生的三大不幸全让朱元璋摊上了。五个月后，九月十二日，朱元璋立朱标年仅十六岁的长子朱允炆为皇太孙，作为皇位继承人。太子朱标的去世，让朱元璋对将来之事，陡生危机感。他颁布了一个《昭示奸党录》，将胡惟庸案的口供和叛案详细记录公布，让天下人都知道这些奸党的罪状。可能就在这个时刻，朱元璋开始谋划对帝国武将的清洗。相对于太子朱标，皇太孙朱允炆的性格偏柔弱。时年六十一岁的朱元璋不得不为将来考虑。为了保证皇权顺利交接并平稳过渡，他决定痛下杀手，留给皇太孙一个平安的天下。太祖朱元璋曾向李善长追述说："朕起兵后，年二十七八，血气方刚，军士日众，若不自省察，任情行事，谁能禁我？因思心为身之主帅，若一事不合理，则百事皆废，所以常自点检。"有人说朱元璋此处所说的身、心、礼，即本我、自我和超我。他力图以自我抵制、导引本我，使之合乎作为社会道德原则内在化的超我。由于儒士的介入，这一时期是朱元璋治国性格养成的关键阶段。他从小失学，游荡于民间，但中国民间社会的儒家世俗伦理并不比在学堂里接触得少。建国后，儒士们阐述的治国天平上的大经大法，却是他前所未闻的。

朱元璋曾无奈地说过：“此身与心若两敌然，时时自相争战。”这样的话，听来让人感叹，皇帝也是人，也有生之困惑，也有天人交战的时刻。为了化家为国，不致功业未就而上下解体，他极力用自我压抑和控制本我的冲动，“凡诸事，为必求至当，以此号令得行，肇成大业”。随着地位的巩固，他的忧患之心更重，而心境也与此前大不相同。于是，他开始放纵自己的情感，本能冲动对行为的主导作用越来越突出，暴虐的一面急剧膨胀，杀人成为常态。

洪武二十六年（1393年）二月初十，梁国公蓝玉被杀，朱元璋张开了捕杀功臣的那张罗网，尤其对淮西老将及其子弟、军事新贵等加以清洗。作为一代名将、开国功臣的蓝玉受封凉国公，他善于引兵打仗，史传称他“长身赪面，饶勇略，有大将才”。蓝玉是常遇春的内弟，常遇春的女儿是太子朱标的妃子，所以蓝玉和太子朱标就有了亲戚关系。他还获得与皇室联姻的殊荣，一个女儿嫁给了太祖第十一子蜀王朱椿。蓝玉早年在姐夫常遇春麾下效力，升至大都督佥事，后又随傅友德征讨四川、随徐达北征蒙古扩廓帖木儿部，因功勋卓著升大将军，后封永丰侯。

蓝玉是不可多得的将帅之才，出征西番，擒得逃寇，且捉住了建昌卫的叛帅。可是一旦离开战场，他的表现只能用一介莽夫来形容。在战争结束的归途中，他就干了一件让人颇为不齿的事。他用暴力霸占了元君的妃子，使得这位妃子羞愧自杀。朱元璋非常愤怒，但考虑到蓝玉功劳很大，便没有去追究他，而蓝玉却更加放肆起来。在这之后，蓝玉的此类行为越来越多。北征回来，经过喜峰关，由于天黑不辨人影，守关的士兵不敢开门。蓝玉命令士兵攻击关卡，强行闯关而入。

蓝玉蓄养奴仆、义子几千人，作为随从亲信。他纵容这批人横行乡里，侵占民田。当御史要依法惩办这些人时，蓝玉竟然藐视王法，堂而皇之地驱逐御史。朱元璋原来准备封蓝玉为梁国公，为了警告他，将梁字改作凉。此时的朱元璋已对公侯们产生深深的疑虑，蓝玉恃功骄纵更刺激了他。更让朱元璋无法接受的是，蓝玉毫无收敛，竟然无视他这个皇帝的威权。前一年年初，平定四川西部建昌地区叛乱时，朱元璋派蓝玉为领兵主将。出发前，他召见蓝玉，赐座交谈。当时，蓝玉还带了几员将军一同觐见。朱元璋要单独向蓝玉面授机宜，便令其他人在殿外等候。谁知，那几个随身将军没有任何反应。直到蓝玉挥手示意，他们才缓缓退出。这不是将领不守规矩，而是他们的主帅蓝玉向来无人臣之分。即使在皇帝面前，蓝玉也毫无收敛，傲慢且无礼。他领兵在外，经常干出超越权限之事。比如，擅自决定将校的升降，不向朝廷请示报告；任意对犯错军士施加黥刑，在他们脸上刺字，以此挟制部下，使军队成为私人武装。

有些火一旦燃起，就算暂时熄灭，火种还在，只要有风起，便会重新烧起来。蓝玉征西归来，朱元璋赏赐其“太子太傅”头衔。册立皇太孙时，他满以为自己会坐上“太子太师”的位置，却没想到自己还是太子太傅，反倒让冯胜、傅友德两人做了太子太师。这让蓝玉大为不满，在人前大发牢骚：“凭我的功劳，难道还不配做太子太师吗？”这些话在朱元璋听来，是极为刺耳的。综合平日里的表现，他对蓝玉的厌恶之情越发强烈。一个人若是在人生得意的某个时刻，能够亲手触摸死亡的面目，甚至是魂魄的面目，他会对自己的人生选择有一个清醒的认识，他会心怀敬畏，懂得取舍。朱元璋曾经在颁给蓝玉的铁券中，将他的不法之事写了进去，警告他要保持清醒，安守人臣本分，可是蓝玉不以为意。这就激化了将权与皇权之间的矛盾，朱元璋越发无法容忍蓝玉。

朱元璋太了解蓝玉这个人，正因为如此，他知道蓝玉若得不到相应的奖赏，就会产生失宠的错觉。这种不好的感觉，一定会让蓝玉怏怏不乐，暗怀对皇帝的不满，久之必将做出不理性的行为。这是朱元璋为蓝玉铺下的一条必走之路，这条路的前方，朱元璋已为他布设了一张巨大的捕兽罗网，只待他自投其间。《明通鉴》援引当时的私家记载，蓝玉被诛，是因为他触及皇子之间的斗争。洪武二十年（1387年），蓝玉以征虏左副将军随同冯胜征纳哈出，出征归来，他又关心起东宫之事。他向太子朱标秘密进言：“燕王在国抚众，安静不扰，得军民心，众咸谓其有君人之度……臣又闻望气者言，燕地有天子气，殿下宜审之。”他说燕王这个人有野心，还说有望气者言，燕王封地北平有天子气象，须得小心提防。朱标不以为意，回应道：“燕王事我甚恭谨。”朱标生性忠厚，事后竟然将蓝玉的话说与燕王朱棣。等到太子朱标病亡，燕王来京参加吊唁，他在入朝奏事时对朱元璋说：“在朝诸公，有人纵恣不法，如不处置，将来恐成尾大不掉之势。”这句话虽然没有指明蓝玉，但朱元璋心里已有判断，再加上“纵恣不法”四字，更是确认无误。

其后几个月，蓝玉上朝奏事，没有一件获得批准。他不仅没有收敛，反而愈加放肆。有一次，他见朱元璋乘舆远远地经过，便指着朱元璋说：“那个乘舆的人已经开始怀疑我！”这样的话传至朱元璋的耳朵里，深深触动了他本就敏感的神经。洪武二十六年二月八日早朝时，锦衣卫指挥使蒋某突然控告蓝玉谋反，说他与鹤庆侯张翼、普定侯陈垣、景川侯曹震、舳舻侯朱寿、东莞伯河荣、吏部尚书詹徽、户部侍郎傅友文等人私底下相互勾连，企图趁皇帝到郊外举行“亲耕耤田”仪式时，劫持皇上车驾。蓝玉当场被拘留，突击审讯。身处于权力规则制约之下，官员与官员之间早就用利益和人情串连成了上下左右的连环。一个人倒下去，将有很多人为他殉葬，准确地说，为权力殉葬。据称蓝玉在受审时对他的叛逆罪供认不讳，同时在他的招供过程中，又把许多侯爵以及吏部尚书詹徽都牵扯进来。

最让人意外的是詹徽，他曾经主持审理过李善长案，现在又随同皇太孙朱允炆一起审讯蓝玉。审讯中，詹徽斥责道：“速吐实话，不得株连他人。”结果惹得蓝玉大喊起来：“詹徽就是臣的同党！”一句话，詹徽也就成为了“蓝党”。

次日，蓝玉连同家属一并处死。蓝玉受的是肢解之刑。没有过多的周旋，只有血肉淋漓的奉献。这个习惯了刀刃与鲜血的战将，体验到了穿透灵魂的痛。他彻底交出自己的身体，任由疼痛蔓延至全身每一寸骨头与肌肉。蓝玉作为统帅，部属众多，受株连的人数也就更多，并且都是族诛。在蓝玉被清洗一案中，许多元功宿将都成了刀下冤魂。到当年五月一日，朱元璋已将京城各军府、卫所的中高级将领牵连进来杀得所剩无几。这使得人们有理由猜测，朱元璋之所以要实行这种大清洗，就是要消除可能威胁皇位继承人的帝国权贵。为了辩明其行为的正确性，朱元璋想出各种办法。胡惟庸党案以后，他颁布《昭示奸党录》告示天下；蓝玉案以后，他又颁布《逆臣录》，并且以手诏布告天下。列名《逆臣录》的，有一公、十三侯、二伯，连坐处死的功臣及其家属达一万五千人。这份《逆臣录》同样漏洞百出，它收录了近千人的口供，并记载着蓝玉在一个月时间里，在自己的公爵府秘密约见了上千人，并与他们达成造反意向。比如，一个叫蒋富的证人招供：蓝玉出征回来，在酒席上对他说：“老蒋，你是我的旧人，我有句话和你说知，休要走了消息。如今，我要谋大事，已与众头目每都商量定了，你回去到家打听着，若下手时，你便来讨分晓，久后也抬举你一步。”这个老蒋是蓝玉家的“打鱼网户”。还有一个叫张仁孙的“染匠”招供：蓝玉对他说，要成大事，吩咐他们置备军器，听候接应，日后事成要让你们做大官。这样的证言若然采信，蓝玉就是个天大的蠢货。身为三军统帅的大将军，竟然要和“打鱼网户”“染匠”之流商量谋反之事。有了十年前胡惟庸案的办案经验，罗织罪名不在话下。白纸黑字，板上钉钉的事，没人敢质疑。朱元璋这样做的目的，显然是想给蓝玉和胡惟庸两件清洗案做个了结，同时向帝国的官僚集团和民间社会传递出一个信息：这两件大案是钦定的，谁也不准翻案。

胡、蓝两案之外，被诛杀的开国功臣还有：德庆侯廖永忠，1375年以僭用龙凤等事赐死；永嘉侯朱亮祖父子，于1380年被赐死；临川侯胡美，于1384年犯禁处死；江夏侯周德兴，于1392年以帷薄不修、私生活暧昧的罪状处死。蓝玉死后，那些侥幸存活下来的功臣宿将，认为长夜已尽，黎明在望，而这只是他们的一厢情愿。

洪武二十六年，在山西、河南地区练兵的傅友德、王弼和冯胜三人被同时召回。他们的功劳和声望不在蓝玉之下。六年前，冯胜以征虏大将军的头衔，率左副将军傅友德、右副将军蓝玉，统领二十万大军围剿元朝残余势力，获得完胜。朱元璋将三人召回京城，让他们产生不祥的预感。一拨拨的人倒下去，犹如荒草倒伏于疾风暴雨之中，每个人都心怀绝望地离去，不再渴望能够有奇迹发生。据说，在临行前，定远侯王弼悲观地说：“圣上年事已高，喜怒无常，我们恐怕很难再活下去了，该为自己考虑了。”

有人控告冯胜私藏兵器，朱元璋将他召入京城，赐以酒食。或许是他早有预感，临行前大摆宴席将家中女眷全部毒杀后，他轻轻地掩上房门。这是一场不得不赴的鸿门宴，决定权在朱元璋，不在他。他和朱元璋在酒宴上回忆过往，畅叙友情，在谈笑之间结束一切。待到他返回家中，和他的妻妾女佣一样，沉睡般死去。朱元璋的一句话，便会有匪夷所思的奇观发生。他们成了惊弓之鸟，不待张弓搭箭就一头从高空栽落下来。他们醒在某个清晨或夜晚，想象着身旁会不会有朱元璋的意念在游荡，他们的皇帝成了恶灵的化身。

傅友德是一员猛将，他在大明武将排名中位居前列，此人曾经三易其主（刘福通、明玉珍、陈友谅），最后才被迫降于朱元璋。他跟随征西将军汤和出征四川，中流矢轻伤不下火线，率将士血战到最后。他的小儿子战死时，他悲恸欲绝。朝野中很多人都知道，大将军傅友德特别怜子。

他曾率领蓝玉、沐英平定云南，进封颍国公，岁禄三千石，赐予免死铁券。他的儿子娶了公主，女儿做了皇子妃，可以说是贵极人臣。朱元璋曾经在《平西蜀文》中盛称“友德功为诸将第一”。功勋是他的荣耀，也是他的局限，就像那只掠过天空的苍鹰，没有翅膀，无法飞天；没有利爪，难以据地。而什么都具备了，又防不住茂林深处那支吹着哨音的羽箭。

洪武二十七年（1394年），朱元璋大宴文武百官。在这次宴会上，他当着百官的面声色俱厉地指责傅友德教子无方。傅友德的两个儿子都是殿前亲军，平日里喜欢惹是生非。朱元璋借题发挥，向傅友德发出一种警示。傅友德没有说话，转身离席而去。他刚走到门口，宫中侍卫便赶来传旨：“带二人首级来见！”随即，递给傅友德一把宝剑。没过多长时间，傅友德提着两个儿子的人头回来。这种血淋淋的场面让朱元璋大为震骇。他斥问傅友德：“你如此残忍，莫非怨恨我！”

傅友德一副完全豁出去的架势，将两颗人头直接扔到皇帝的面前，然后仰天大笑，声震殿宇，他言道：“你不就是想要我们父子的人头吗？”还没等朱元璋做出反应，他横剑自刎，鲜血染红了大殿。这个在大西南纵横驰骋所向无敌的一代名将，以这样一种惨烈的方式结束了自己的生命，让朱元璋颜面尽失。朱元璋下令将傅家老小全部发配到辽东、云南，只将他的大儿子傅忠（朱元璋的女婿，尚寿春公主）及其子留在京城。

开国初年分封的六位公爵，徐达、常茂（常遇春的儿子）、邓愈、冯胜、李文忠、李善长等人。除了邓愈早死，其他人都没逃过清洗。到朱元璋死时，他先后分封的九位公爵，除病死者外，只有汤和得以善终。而其中徐达的死亡，给那个无解的时代又添加了一道谜。徐达是武将之首，朱元璋非常尊重徐达，就是称帝之后，私下仍称呼其为兄长，他在朱元璋心目中的位置是其他人比不了的。

朱元璋对徐达一直抱有极高的信任度，给他的赏赐在诸位功臣中也是最为优厚的。他的三个女儿，长女嫁给燕王朱棣，其他两个女儿分别嫁给代王朱桂、安王朱楹为妃。长子徐辉祖封魏国公、袭爵，幼子徐增寿死后被追封定国公。一门二公，也就徐达一门。徐达死于洪武十八年（1385年），有人猜测，徐达之死与朱元璋有关。说在他患病不能吃蒸物的情况下，朱元璋故意赐蒸鹅予他，导致疽发身死。作此推测的都是不了解朱元璋的人，他虽然几乎杀尽有功之臣，但从来都是公开治罪，昭告天下。食鹅致死毫无医学根据，纯属无稽之谈。更何况胡惟庸、李善长、蓝玉这些人，都是被抄了满门，株连九族。徐达则不同，除次子徐添福早卒之外，他的其余三子都被封了官职，特别是他的第三个儿子徐膺绪还是手握军权的指挥使。

朱元璋在《逆臣录序》中分析功臣建功立业时说过，将军立功是因为上有“君命”，下有“战将与士卒之力”。功臣之所以成为功臣，只是因为上有懂得识人用人的领导者，下有出生入死的将士们，更重要的是有天命护佑，与个人的奋斗没有直接的关系。而那些所谓文臣武将宁愿逆龙鳞，也不愿顺他这个皇帝的心意。他们只知贪功，常做“违君命，逆天心”的事，领受死亡的奖赏是他们应得的，不值得世人去同情。

朱元璋掀起的这场“连环三击”前后持续十余年，被卷进去杀死的文武功臣各色人等，有数万人之多。史家感叹道：“于是元功宿将相继尽矣！”其中有些人的确是属于罪大恶极，自取灭亡的。譬如永嘉侯朱亮祖，他仗着手中的威权，恶贯满盈。但更多的人死得实在是冤枉。朱元璋巧妙地借助了朝臣之间的矛盾，将诬陷栽赃运用到了极致，他先后以谋逆、谋反、通倭等种种理由把胡惟庸、蓝玉、李善长等几大官僚集团全部收拾干净，刀锋所向，杀无可杀。

朱元璋的分权制衡体系就这样在血泊中建立起来，功臣们被一个个剔除，虽然相权被剥离出官僚系统，但由于朱元璋的血腥杀戮毫无节制，使得官僚结构中的辅政系统损毁严重，最后竟然到了形同虚设的地步。这就形成一种局面，在那个庞大的复式立体化的官僚系统中，行政机构成了花瓶式的摆设，看上去很美，中看不中用。废除丞相制度之后，朱元璋先是设立了春、夏、秋、冬四辅官，后来又设置了华盖殿、文华殿、武英殿、文渊阁和东阁等大学士，但这些人的工作能力与先前被杀的那几位丞相，不可同日而语。另外，由朱元璋一手营造出来的恐怖专政的政治氛围，也让这些人战战兢兢无心恋位。随着时间的流逝，我们将不断看到：朱元璋废除丞相制度，将皇帝的威权推向极致，最终演化出明朝特色内阁——司礼监制度。有明一代，宦官假借皇权，以司礼监的名义，代表皇帝批核奏章，文官系统无法反抗。

朱元璋建立的“锦衣卫”，权力之大，前朝皇权从未有过。除了“锦衣卫”，后来又添设东厂和西厂，也都是用于代替皇帝监督臣僚和百姓，到后来则代表了皇权。这些特务单位，独立处理刑案的权力不受执法单位三法司（刑部、大理寺、都察院）的约束。如果皇帝因为身体和年龄，不能亲自执政时，这种特务单位就由宦官指挥，这更加提高了宦官的权力，助长了宦官的气焰。

第三节
“清明世界”的混沌万象

1. 发动良民治良民

朱元璋在《大诰》中叹言：“呜呼！艰哉！刑此等之徒，人以为君暴，宽此等之徒，法坏而网弛，人以为君昏。”用他的话说，他宁愿做一个背负昏庸之名的暴君，也不愿意做一个受人蒙蔽的皇帝。人的欲望似无形却有形，像群蛇一样咝咝地叫着，滚滚而来。他要让那些食禄者有所戒惧，在他们伸手拿赃时，要掂量一下付出的成本和代价。在缠绕交错的权力体系中，他尤其关注财税系统的官僚机构，那是王朝赖以生存的生命线。王朝的庞大支出依靠它来运转，容不得出现任何闪失，即使是细微如丝的问题，也要小题大做。

“空印案”发生于洪武十五年（1382年）。根据明代的财政制度，每年各个布政使司及下属府州县都要派出审计官吏前往京师户部，核对其所在衙门交纳中央的钱粮、军需事宜。在审核过程中，户部常常会发现双方账目不符之处。一旦如此，就要驳回原册，勒令该地计吏重新填报，盖上原衙门的印信，重新上交审批。可是大多数地方与京师相距遥远，在当时交通条件相当落后的情况下，往返会耽误十几天、几十天，甚至几个月的时间。各地计吏就耍了小聪明，随身带着盖有官印的空白册页，一旦遭户部驳回，就遵照户部数额，立即重新填报。朱元璋发现后，大为震怒：“吏员竟敢如此欺朕耶？”户部主事容隐，各省自然胆大妄为。他下令处死户部尚书及各地布政衙门的主印长官，佐官杖一百，发配边地。“空印案”中被处死者有数百人，受杖发配者达数千人，一时天下震动。

三年后，即洪武十八年，帝国又爆发了一桩震动天下的大案——户部侍郎郭桓盗卖官粮案。户部侍郎郭桓盗卖官粮，将仓库里的粮食据为己有，接受地方官员的贿赂，和地方官勾结起来共同犯罪。郭桓案是由纳粮而起，粮食是维系一个王朝生存发展的命脉。震惊之余，朱元璋毫不犹豫地施以重手，致使天下半数中产以上家庭陷入破产的境地。郭桓案遍及浙西四府，牵连十二个布政司（全国的布政司总数也就十二个）。如果说胡、蓝案将帝国中央机构清洗了一遍，那么郭桓案又将地方官场扫荡一遍。这条贪腐犯罪链的源头在它的第一环节，粮长。粮长是税粮征收的第一道关卡，粮长们借助体制的便利游走于民间社会与府衙之间。人性使然，贪婪的欲望剥夺了他们所剩无几的善良。

历史是一面镜子，镜子外面点了一把火，镜子里也会燃起一团火。于是，一团火焰被另一团火焰照亮。郭桓案这把火从应天、镇江等五个州、府开始烧起。这把火烧在外面，而朱元璋的那面心镜也跟着燃起一团火。

俯察民情，从中觉察王朝更迭的气息，是朱元璋多年来的习惯。他享受皇权带来的无上荣耀，也偶尔一个人坐在宫殿里，回忆涉世之初所经历的困顿岁月，情至深处兀自落下泪来。这几个州府在战争年代曾长期支援他的军队，他不曾忘记这份恩情。即位后，他免除了这些地区所有民田的夏税秋粮，官田则减半征收。他雄视山岳与庙堂，更不会放过民间社会的风吹草动。在他处理政务间隙，偶然发现了这一起性质恶劣的贪腐案。

一石秋粮从浙西运送到南京，沿途层层剥盘，所耗运费高达四石粮食的价格。为了减轻农民负担，朝廷采取以钞折粮的办法。即每石米折钞两贯，农民可以缴钱折粮，免除运费。但那些习惯了“上有政策，下有对策”的地方官员，还是会变着法子在秋粮征收中苛敛，以获取灰色收入。

贪欲是万恶之源，那些身处于低层的胥吏，他们总是以钱财和热情维系着自己的社会圈子。他们崇尚生活中的财色酒气，他们渴望跻身于官场来蹚这趟浑水。为了捞足油水，他们挖空心思。比如，他们对每石秋粮征收水脚钱、车脚钱、口食钱各一百文；按照规定，以钱折粮是不用再包装的，可粮库官员仍然加征辨验钱、蒲篓钱、竹篓钱各一百文，甚至还要征收水路运输沿江神佛的香火钱一百文。各项征费累计九百文，差不多等于一石秋粮折款的一半以上。朝廷实行钞折粮的本意是为了降低运费，减轻粮农负担，可是一项好政策就这样被歪嘴和尚念歪了。每有官员向朱元璋奏报这些情况，他都有想要杀人的冲动。诚如他在愤怒之下，说出的那番话："如此坑害老百姓，还指望我饶恕他们的罪过吗（害民如此，罪可宥乎）？"

洪武十七年，帝国的五个州府全部免除夏税秋粮，没有一粒粮食上交国库。当地官田名下的几十万亩田地，也实行减半征收。让人感到困惑的是，征收的粮食都跑到哪里去了？是用于填补历年亏空，还是上下级官僚层层瓜分了？这样的疑问就像一个个钩子，将朱元璋的内心撕扯得血肉模糊。他来自江湖，端坐于皇权的高台。他比谁都清楚，江湖与体制之间存在着的那条灰色地带。这个案子像一个既定而又丑陋的价值算式，让置身于其中的每个人，蒙蔽了羞耻之心。右审刑吴庸等办案人员认定的结果是，当地官吏张钦等人勾结户部侍郎郭桓等，将其作弊私分。这是京城附近地区，发生在朱元璋眼皮子底下的事情；那些稍微远一点的地区——浙西地区，帝国版图中最为丰饶富裕的地区，暴露出来的问题更为严重。当权力的绞肉机逐渐钝化于如此麻木的群体时，如何让制度的刀片得到及时的更新换代？朱元璋像一个笨拙而又勤快的老农，在自家的土地上怀揣着"精神的痛苦"蹒跚而行。郭桓所盗卖的官粮究竟达到多少石呢？《大诰》中将其粗略地定为七百万石，再加上其他各项，共损失精粮总数达到两千四百余万石。真实的数字大得惊人，不过其中不乏水分。自元朝以来，虚报数字就成为官场上的一种数字游戏。数字里面出政绩，数字能够掩盖真相。

如此惊人的浪费与损失让朱元璋既愤怒又心疼，自古以来，贪赃枉法之人，没有比郭桓这帮人更过分的。这如山似海的粮食，能够填饱多少人的肚子，能够让多少家庭打开门户，见到大明的日月和蓝天。在任何一个时代里，粮食都是执政者心头之重。推行"粮长"制度，将体制的抽水管道深深地扎入民间社会，是朱元璋设置"粮长制"的初衷。他将每一万石税粮划分为一个纳税区，每个纳税区由当地富户中最有实力者担任粮长，负责税粮的催征输解。

朱元璋建立"粮长制"，并将此项制度作为解决官吏下乡扰民问题的撒手铜。粮长，一个个深谙低层智慧的小人物最初并没有意识到职业的风险。皇帝赋予他们权力，权力赋予他们一种隐身的法术。他们想的是一夜暴富，而且是巨富。他们将自己及亲友们应当缴纳的税粮，分摊到纳税区的众人头上；或者在应该缴纳的正粮之外，再加上各种附加费，名目达到十八种之多，通常是正粮的数倍以上；又或者将收缴上来的税粮当作高利贷放出去，再向上级衙门申请延期交纳。他们大多是地方大户，负责田赋的催征、经收和解运。无论是“官治民”，还是“良民治良民”，最后都会落入人治大于法治的历史俗套当中。治人的良民是皇帝在民间社会的代言人，他们在纳粮过程中动用的暴力手段，是皇帝赋予的合法伤害权。实行“粮长制”的本意是为了防范胥吏害民，结果却养出了另外的祸患。

每当粮长解运税粮抵达京城时，朱元璋都会安排时间和他们见上一面。在那样一个地位悬殊的见面会上，朱元璋除了要给他们敲敲警钟（训谕），还要详细询问民间情况。对于大老远赶到京城的粮农来说，他们非常珍惜与皇帝的见面机会。这样的机会，会在不经意间改变他们的命运；这样场面，更像是一次官员遴选，而遴选的对象则是有着丰富基层经验的粮长。他们在朱元璋面前口吐莲花，说出他想听的，将他引领到一个无限光明的地带。他们可以通过面试的机会博取皇帝的好感，而朱元璋也会将他们提拔到一个相对的高度。平日这些粮长在乡村里，也算是场面上行走的人，他们表现出来的八面威风，与地方官吏的做派并无二致。据说，地方上的那些大地主以晋升“粮长”为荣。而且“粮长”这个位置具有世袭效应，老子是“粮长”，儿子也是“粮长”，这就是“永充制”。如果说，这是一出戏，那些粮长便是戏里的演员，而朱元璋则是导演。演员是无法自我欣赏的，而导演在赋予演员创作权力的同时，也对他们篡改剧本，利用职权害民肥己的事实痛恨不已。有的粮长巧立各种名目，科敛害民，甚至采取残酷的刑讯手段，逼得老百姓拆屋揭瓦，或变卖牲口、农具等来缴纳粮税，连最基本的生活资料都丧失殆尽。

“粮长制”存在着严重缺陷，至于它的功效，则另当别论。新朝开张，朱元璋还没来得及建立一套属于自己的体制框架。在没有更好选择的情况下，他只能延续前朝旧制——“以吏治国”。他从民间社会选用一些相对可靠的人员来督征税粮，如此一来，国家的收入就可以增多一些。对于那些饱受官府压迫的农民来说，他们也不愿意与官府直接打交道。由于地方官员基本上都是由外地人充任，并不了解当地情况，容易受到地方胥吏的蒙蔽。经过利害权衡，由朱元璋所倡导的民间自理方式应运而生。对于贪官污吏，他一贯的态度就是从严从重，绝不留半点情面。

朱元璋的“以良民治良民”，前一个“良民”指的是那些大地主，而后一个则是普通农民；前者是治人的粮长大户，而后者则是被治的农民小户。“以良民治良民”的关键之处在于如何区分“良民”，他们之间到底是谁该治谁？所谓的“良民”，不过是那些“有恒产有恒心”的地主，庞大的帝国机器只有得到他们的支持才能够平稳运行。朱元璋是无产者出身，现在当了皇帝，摇身一变成了最大的地主，而那些官僚胥吏则是小地主。大地主重用小地主，让他们赚得盆满钵满。在这条食物链中，无论是皇帝，还是民间地主，他们的利益管道是彼此互通的。

很多粮长属于地方上的半公职人员，并不属于体制内的官员，接近于吏。权力对有权无职的他们有着很强的诱惑力，他们能够从征收税粮的过程中捞取更多的好处。这个世界，但凡利益出没的地方，就会有趋之若鹜的人群。朱元璋对于这一套“粮长制”还是颇为得意的，这一制度也契合了自己“以良民治良民”的想法。为了让粮长能够忠诚地服务于朝廷，朱元璋给了他们优厚的生存条件——不惜打破吏不为官的传统，让粮长有机会晋级官员，甚至更高级别的官员。尽管如此，一些想中饱私囊的粮长仍感到不满足。但凡权力出没的地方，就会有寻租，就会有腐败。所有既定的法则都有不可摇晃的立场，所以朱元璋的刀一直插在光明与黑暗的缝隙处，它随时会嵌入人的头骨，会抵进人的咽喉。

朱元璋在执政的三十多年里，最为关注的事莫过于农民。这里固然有他出身的因素，更重要的是国运使然。他当过游民，也知晓游民是造成这个社会不安定的主要因素。所谓的游民十之八九是那些离开土地、漂泊无依的农民。由于出身贫苦，幼时受过许多苦难，朱元璋在登上皇位后便把自己当作贫困农民的代表，就连下诏书的时候，自己也免不了要表白一番：

“朕本农夫，深知民间疾苦。朕本农夫，深知稼穑艰难。”

这种特殊的生活经历和思想境界，决定了朱元璋和农民的关系。如果说他与其他帝王最大的不同之处，应该就在于他一生对农业特别关注，对农村特别了解，对农民特别同情。他的一切与农民有关的感叹都发自内心，如同一个老农站在自家的田间地头，感叹这一年的收成：

“四海苍生，皆吾赤子，爱念之意，旦暮不忘。”

“食惟民之天，民乃邦之本，一视同仁，皆吾赤子。”

朱元璋总是不厌其烦地在皇子和大臣们面前唠叨：“四民之中，农民是最累、最苦的。春天鸡一叫就要起床，赶牛下田耕种，插下秧子，得除草，得施肥，大太阳里晒得汗直流，劳碌得不成人样。好容易盼到收割，完租纳税之外，剩不下一丁点儿。万一碰上水旱虫灾，全家着急，毫无办法。可是国家的赋税全是农民出的，当差做工也是农民的事。”朱元璋曾经带着太子朱标来到南京郊外农民家中茅草屋里，与农家同吃同住，体会农民生活的艰苦。回宫之后，朱元璋问太子此行有着怎样的感受，太子自然是心有戚然。

郭桓贪腐案最终认定的数字为七百万石，带有强行给此案定性的嫌疑。既然皇帝开了金口，其他人也就不敢再乱嚼舌头。郭桓案确实存在贪污，但若说金额巨大到抵得上国家一年的收入，规模巨大到牵涉全国部级以下所有官员，牵涉全国所有“中产阶级”，几乎是不可能的。朱元璋的处理很简单，他要让他们知道，他才是这个国度里唯一拥有合法酿制罪恶和疼痛权力的人，而敢于对抗这一价值逻辑的人，必须要为此付出代价。户部所收赃款是从布政司来的，那就把布政司的官员抓来，问他赃款自何处而来？布政司必然会供出赃款来自府官，那再把府官也抓来；如果府官说来自州县，那就接着把州县官抓来。

这一以暴制暴的恶性循环，虽不能扫除数千年专制的罪与罚，但于朱元璋而言，能为大明朝扫荡出一片清明世界也是功莫大焉。从哪儿来的贿赂，就查到哪儿，一查到底，逼着官员如实退赔。这是一条罪恶的河流，它从京城滚滚而下。郭桓、王志等京官是源头所在，地方官位居中游贯通上下，苏州粮长们更是在底部将这条河流搅得如同混浊泥浆。

开国以来，一场场的杀戮并没有给这个国度带来想象中的清明，也从来没有达到杀一儆百、制造恐怖、消解罪恶的目的。朝廷派人去各地追赃，各地官员为了保全身家性命，必然会想尽一切办法去填补仓库的亏空。惩罚，只会制造身体的疼痛；惩罚，从未触及灵魂的觉醒。那些针对人心的罪与罚，高歌猛进的制度将来有一天会反噬朱元璋。他成不了圣主，他们会用他施于这个时代的所有手段，扒出的所有罪恶，将他封闭于历史的丑陋一页。这都不要紧，化国为家的人，考虑的是国，也是家。在朱元璋的眼里，那些贪婪的人，恨不得将他的家搬空，将他的国掀翻。他们像虎狼一样科敛老百姓，每一笔他都记在《大诰》里。府州县官不收粮食，逼着百姓折钞票交纳，每石米折钞二贯，他们巧立名目，另外索取“水脚钱”一百文，“车脚钱”三百文，“口食钱”一百文。管仓库的衙役要“辨验钱”一百文，“蒲篓钱”一百文，“竹篓钱”一百文，沿江“神佛钱”一百文。从源头算起，每石米的价值不过五百文，官吏们竟然收将近三千文，多收了六倍。

许多地方官员借此机会在全县范围内科敛百姓，等于加征了一道税。收税的总额之中，大约上缴百分之一就足以补偿赃款，其余部分便落入自家的腰包。朱元璋要求各地耆民赴京面奏，揭发地方官的犯罪事实，他要严厉惩处那些涉案官员和案件牵连的富民。人的欲望就像是一块很大的石头，你不去触碰，它是安静的。当你将它投之于水，它就是一块动静很大的石头。短短几年的时间，郭桓等人连贪污带盗卖再加上掺水毁掉的官粮，给朝廷造成了两千四百万石粮食的损失。如此肆无忌惮，朱元璋焉有不怒之理。如果再不出手，任由事态泛滥下去，后果将不堪设想。

朱元璋成立了以右审刑吴庸为组长的郭桓案专案组，不光要查，而且要一查到底。这条利益的食物链已经裂纹斑斑，那些怀揣着欲望之人每天想的是如何从这条食物链里挖掘更多的欢愉。这个案子不是郭桓和几个主犯的问题，朱元璋要将这个案子扩展得更宽泛。郭桓只是户部的一个副部长，竟敢以身试法，贪污如此巨额的国家财产，实在是没把朝廷法度放在眼里。这时候，朱元璋所布局的特务网络已经遍及全国，许多官员白天贪污，晚上就被揭发。如此严酷的形势下，郭桓却能私吞几个省的公粮，这很不正常。朱元璋从废除丞相之后，大事小事都事必躬亲，成百上千万石的粮食没有按期入库，他应该有所察觉。他住在宫殿里，虽然不能亲临每个地方，吃透每个官员的心思，可是这么大的案子，他又怎会一无所知。他不过是在等一个合适的机会，再将这张巨型大网撒下，以捞取更多更大的鱼虾。他撒下这张巨型大网，对郭桓同党的追查在全国范围内陆续展开。朱元璋张开的这张巨型大网，由上至下，前一秒钟还在庆幸自己是漏网之鱼的官员，下一秒钟就有可能成为网中之鱼。他要求以赃款赃银为线索一路严查下去，从第一个行赌者到最后一个受贿人。这条线索就是大明官场的生存路径，每条路径又有若干分支，从京官、地方官，直至粮长。对朱元璋来说，不见血的权力运行，根本无法保证一个王朝的长治久安。那些自认为瞒天过海的贪婪者，根本没有意识到脚下蛰伏的危机。他们每天忙于算计、宴请与交游，无暇顾及眼前的风险。

追查之下，朱元璋很快发现，六部的所有官员几乎都成了郭桓的同案犯，这个结果是他早已料到的。其中涉案官员包括兵部侍郎王志、礼部尚书赵瑁、刑部尚书王惠迪、工部侍郎麦至德等。除了上面所列的六部高级官员，所有侍郎以下官员都卷入其中，成为刀下之鬼。

兵部侍郎王志职务犯罪获得赃款总额是二十二万贯。事情败露后，朱元璋亲自提审他，问："谁借你那么大的胆子，贪污受贿那么多？"

王志回答："财利迷其心，虽君亲亦忘之。"

朱元璋问："现在将成为阶下囚或者刀下鬼，你还有什么想法？"

王志的回答与所有临刑的贪官如出一辙："臣临刑方觉悔不及矣！"

当时的六部，每个部除了尚书一人，侍郎两人，所有的办事官员都受到牵连。部长成了光杆司令，官员陷入恐惧之中，他们见面问候的第一句话通常是"你们今天死了几个？"其实这个问题根本就用不着回答，因为一个部里最多只剩下三个人。除了眼皮子底下涉案的中央官员，地方的经办官员也未能幸免。粮食是由省里送来的，往下查，就是各个府县；府县再往下，就是那些所谓的富户、粮长，这些人也大多被杀。结果令所有人感到震惊，王朝体系里仅有的十二名省部级官员全部涉案。朱元璋的悲愤可想而知，他再一次举起了那把令所有帝国官员都为之胆寒的屠刀。如此糟糕的结果难免让人陷入忧郁的沉思，多杀就会好起来吗？

在郭桓案中，从六部各个副部长往下，到地方各级官吏，牵涉此案而死者，达数万人之多。整个帝国但凡有些田地和余粮的家庭，都被这个案子逼至绝境，直至破产。等到尘埃落定，大明的朝堂为之一空，甚至连中央各部机关的普通文吏也不够用。

这些官员在刚刚提拔的时候表现得清廉忠贞，随着担任职务时间越久，变得又奸又贪。让人更不明白的是为什么皇帝越反贪官员却越贪。朱元璋如割韭菜般杀贪官，结果贪官却越杀越多，杀不胜杀。朱元璋只看到了人性中的贪婪一面，却没有察觉到皇权制度下隐藏着的巨大黑洞。当人的欲望化为绝望，他们也只有无奈地接受绝望安排的所有议程。受死若是来得太快，恐怕连一场潦草的告别都来不及，更不用说自我反省。没有自我否定，只是埋怨命运的捉弄与不公。人啊，就是连自寻死路时，也要绕过自己去讨伐命运。

郭桓等人收受应天等地富户徐添庆等人的贿赂，私自免除他们的马草（战马所需的草料），再将负担转嫁给已经交纳马草的安庆百姓。他们私底下做着纳粮入水、纳豆入水的勾当——每年都有一些奸诈的粮长，伙同仓库官在豆、粮中拌水，以增加斤两。每间仓库容量不下一万石，只要其中有一户刁民的粮食掺水，就会导致官粮经湿热一蒸而全仓坏掉。

在朱元璋的屠刀之下，很难说有多少人是罪有应得，多少人是背了黑锅。按常理推测，像郭桓案这种高级别的贪污大案参与的人是越少越好，如此既能保证安全，也能确保利益分成较为集中。但最后的处理结果让所有人震惊，这是一起牵涉面广、参与人员众多的腐败窝案。礼部、刑部、兵部、吏部、工部各个部门分工合作，而这显然不符合贪腐常理。朱元璋告诉涉案官员：当你们祸害百姓的时候，如果有人对百姓的疾苦产生恻隐之心，不同流合污；当你们向百姓科敛的时候，如果有人拒绝在公文上签字画押，或者阻止，使其不能得逞，又或者用密封的奏书向皇帝报告，对百姓予以关怀体恤。如果有人这么做了，我还不分轻重一视同仁地惩处他们，那我就是在枉杀无辜。但现实并非如此，每次那些寄生于体制内的蛀虫横征暴敛，都没人站出来阻止。这种权力上的不作为也是一种腐败，我将你们和贪污犯一起治罪，有什么冤枉可喊的？

朱元璋借着郭桓案，将整个帝国上上下下又来了一次大清洗。制度这种东西要保持它的新鲜度，只有越洗越健康。尽管每一次清洗，他都要打着维护老百姓利益的旗号，但这些案子也确确实实损害到了帝国的统治根基，伤害到了士子阶层们的忠孝之心。谁也不想寒窗苦读十年或者更长时间，辛辛苦苦挣了一官半职，最后还是受到牵连，落得身首异处。在朱元璋看来，高门大户往往为富不仁，与官府有着某种交易性质的勾连，将手无寸权的良民逼至生存的绝境。朱元璋以如此残酷的方式，无意间达到了消灭天下富户的目的，只留下老实巴交、安分守己的小农。这真是历史的奇妙所在，打造一个恒定的小农社会又何尝不是他的政治理想。朱元璋对那些害民之官极为愤恨，这帮人的虐民之心，甚如蝮蛇。既然他们可以虐民，他就要虐他们，不然难消心头之恨。朱元璋一次次使出极端手段，逮着一个杀一个，抄没其家产。他曾创下一次杀头抄家一百六十个粮长的纪录。浙江金华有个杨姓粮长，他是地方首富。或许是财富助长了他的狂妄之气，他居然在人前放话：皇帝征粮万石，还不及他一个田庄的收入。这句话很快就传到皇帝的耳朵里，等到杨粮长解粮进京时，朱元璋专门召见了他。

朱元璋故意问道："粮食何在？"

他傲慢地回答："霎时便到。"

朱元璋冷冷一笑："杀时便到吗？"

粮长们往往搞不清楚状况，他们手中的权力是皇帝赋予的，而他们不过是皇帝伸展于民间的触角。当触角失去控制，反过来挑衅皇权时，他们的下场也就可想而知。郭桓案引发的大清洗，使得体制内人人自危。虽然没人敢指责皇帝有什么过错，但是对于告发此案的御史，和审理此案的审判官们，却表现得群情激愤，议论鼎沸。这个案子所带来的负面效应正在摧毁天下士子们的制度信仰。朱元璋不断扩充手中的黑名单人数，而那些有幸进入黑名单的官员，一部分是负责审理此案的审判官员。比如说，负责此案的主审法官吴庸，就成了最后一个因郭桓案被杀的官员，而且死得极惨，是磔刑，也就是将身上的肉一片片地割下来。朱元璋用他的死来平息众怒。办完了这两件事，朱元璋随即下旨，大赦天下。

朱元璋觉得事情到此应该结束了，可现实让他一再失望。在郭桓案中，龙江卫几个仓官因为伙同户部官郭桓等盗卖仓粮，被处以墨面、文身之刑，他们被挑断脚筋、割去膝盖后，仍旧留在本仓看管粮食。然而，还没过半年，一个进士到仓库放粮，早晨发出两百根放粮的筹码，晚上竟然多出来三根。进士当面责问，发觉是已经受刑的仓官康名远不思悔改，私自偷出放粮的筹码，转卖给几个同样受过刑的小仓官，用来盗支官仓里的粮食。

朱元璋在听说这件事后心痛难抑，那些听上去让人魂魄俱散的刑法已足够残酷，按说领略过其中滋味的人应该会有所收敛。可让人想不到的是，康名远等人肢体残了，面容毁了，仅存一条活命，还是要盗卖官粮。朱元璋愤怒地向天下人发问："此等凶顽之徒，其将何法以治之乎？"对于那些凶顽之徒，还有其他办法吗？严刑峻法是唯一的选择。官员们早上刚上任，晚上就有可能将手伸向不该伸的地方。朱元璋杀了一批又一批贪腐之人，仍无法阻止官吏们心头的贪念。

2. 来自民间的总动员

朱元璋一直保持着这样一个习惯，那就是在地方官上任之前，找他们谈一次话。朱元璋告诉他们，做大明的官，要坚持两点：正确对待自己的事业，做到恪尽职守；正确对待贪腐的诱惑，做一个清官。有人说，当官有自己的一套规则，规则倒映着人世无边的镜像，身在体制内，就不能坏了规则。

人，即便做了官，甚至是做了皇帝，也还是被权力喂养着的卑小而又虚妄的个体。朱元璋给官员们总结出来一个"守井定律"——老老实实地守着自己的薪俸过日子，就像守着井底之泉。井虽然不满，却可以每天汲水，泉不会干。受贿来的外财真有益处吗？你搜刮民财，闹得民怨沸腾，再高明的密谋也隐瞒不住。一旦事发，被关在监狱里受刑，判决之后再被送到劳改工场服苦役，这时候你那些赃款在什么地方？在数千里之外。你的妻子儿女可能收存，也可能没有。那些赃物多数藏于外人之手。你想用钱，能到手吗？你家破人亡，赃物也成了别人的东西。所以说，不干净的钱对自己是毫无益处的。

朱元璋站在官员的立场上来算这笔账的，他用臣子们的算计来倒推自己的算计。他想通过这种算计把臣子们装进口袋里的污款掏出来，重新分肥。官员们个个精明得像猴似的，又岂能轻易被说动，更何况真金白银的诱惑要远远大于单调乏味的说教。朱元璋通过《大诰三编》传递出了一个信息：反腐只有起点，没有终点。为了表明决心，他列举了各种治贪的办法。在这些办法中，赋予了老百姓一项特权——"旁入公门"。

"旁入公门"不是历史的隐喻，而是粗暴的呐喊。老百姓从小门冲进去，把与自己的冤屈相对应的胥吏抓起来直接押送京城。至于有品级的官员，百姓是无权抓捕的。当然，他会给那些参与抓捕的百姓吃颗定心丸，如果有官员试图阻止他们抓污吏，他将对阻挠者施以酷刑，然后族诛。朱元璋用石头般坚硬的态度，费尽了心力，也只是构建了一种微弱的平衡。一个王朝的结构是由帝王、文官、胥吏三级构成，抛开奉行孔孟之道的文官集团，还有大量混迹于基层的胥吏。这些活在体制金字塔底部之人，他们的存活之道就是向老百姓不断地索取，通过刮地皮来满足自己的生存欲望。当朱元璋还是朱重八的时候，经常上门盘剥之人便是他们。正因为如此，朱元璋对胥吏的痛恨更为深刻。元朝统治者由于不熟悉儒家文化，便大量雇用胥吏治国。他们是茅坑里的石头，是体制这张纸包裹的一团火焰。老百姓很少有机会与官员打交道，而胥吏则代表府衙，代表官员，甚至代表着皇帝，在民间社会为所欲为。他们是妖人，王朝便是妖国；他们是天使，王朝便是天使国。他们的疯狂与贪婪，将好端端的清明之国搅得乌烟瘴气。虽然说朱元璋对那些与自己理念不符的文官采取了极端的方式，但对数量众多的胥吏却无可奈何。在朱元璋发出的动员令下，整个帝国掀起了一浪高过一浪的群众斗争胥吏的热潮。

常熟县乡民陈寿六是一个最普通不过的人，原本低眉顺眼地过着自己的穷日子。如果不是因为后来发生的事情，他也许一辈子就悄无声息地淹没于时间的深处。他应该感谢朱元璋，感谢他生活的那个时代，将他从成千上万的平庸者中托举而出。于是，历史给他留下了几行字，一个小人物的名字和他干的那些事被记录了下来，小人物也跟着不朽起来。

事情的起因是陈寿六得罪了当地一个叫顾英的县吏，遭到了顾英的迫害打击。陈寿六家仅有的口粮和来年的种粮都被顾英的爪牙搜刮殆尽。顾英不只是针对陈寿六个人，他平时就横行乡里，受他迫害的人不在少数。恶是可以量化的物质，它无时无刻不在摧毁这个世界的良知。人生来是为了做个好人，而物质将他们逼向恶的那一面，是恶的理由和借口。顾英这种人无法估量小民的力量，他以为，老实巴交的农民只会沉默地面对生活的不公，并不会翻起多大的风浪。他错了，因为他遇上了陈寿六。顾英在陈寿六胸中烧起了一团火，当“旁人公门”的号令抵达民间社会时，可以想象得到，陈寿六眼眸深处闪动的那一缕光泽。

陈寿六爆发了，他扔下了锄头，像一个战士一样将自己武装起来。他不是一个人在战斗，他率领自己的弟弟和外甥冲进了“旁人公门”的那道门，趁顾英喝得酩酊大醉，将其五花大绑，连夜押送离开常熟县，直奔京城而去。这事来得太过突然，常熟县的官吏们根本来不及做出任何反应。燃烧的火焰撞破体制的那道窄门，在黑暗的庇护下，两道火焰相互拥抱，相互滋长。陈寿六不是一个没有头脑的莽夫，他是一个知法懂法的乡民，他的所作所为也没有僭越当时的法律。也就是说，陈寿六绑架县吏顾英是按照朝廷的法律条文在执行。既然无罪，他决定孤注一掷。他在一个无人关注的夜晚离开了生活的地方，隐匿了自己。他要出门远行，他不会很快回来，他甚至做好了死亡的准备。

临行之前，陈寿六做了一件事。他让乡亲们找来了太祖朱元璋专门颁布的反贪手册——《大诰》，随身携带以作护身符之用。因为按照朱元璋的圣谕，对持有《大诰》押送巧立名目、害民取财的地方贪吏赴京的普通民众，各个关卡路口都要一路绿灯。陈寿六等人押送顾英抵达京城后，朱元璋传令将那个可恨的顾英投进监狱。朱元璋不仅没有追究陈寿六等人的罪过，还赏给陈寿六银三十锭，其他三人衣服各两件，并免除了他们的杂役。在陈寿六等人离京后，朱元璋又给地方官府颁布谕令：“如果有人敢罗织罪名，搬弄是非，扰害陈寿六，我就将他族诛！”朱元璋对陈寿六大加褒扬，号召农民都要学习他身上这种敢与官场恶势力做斗争的精神。当然，若是陈寿六仗恃着皇帝恩宠而横行不法，为非乡里，也同样罪不容赦。陈寿六若有过失，地方官员无权做出决断，必须将他召到京城，交给朱元璋亲自审理。

皇帝开了金口，陈寿六似的农民，很快成为这块土地上最为耀眼的政治明星，成了归朱元璋直接领导的御用农民。沉默的农民如同石头，当皇帝用深情的目光注视他们时，石头便开始歌唱。此风一开，前往南京城的各条驿道上，时时处处都能看见这样一幅景象：乡民们三五成群，或者百十为伍，带着干粮，押着几个手脚绑得结结实实的富豪或者胥吏，或步行，或驾着破驴车匆匆赶路。遇到关口有官员盘查，他们就会从怀里掏出几本金黄色封皮的小册子。平日里不可一世的官员们见到这些小册子，会立刻收起平日里的威风，毕恭毕敬地请“陈寿六”们赶快过关。这些官员并不是畏惧于手无寸权的乡民，而是畏惧他们手中握着的《大诰》，畏惧皇权。

洪武十八年，朱元璋在颁布的《大诰》中如此宣谕：“今后布政司、府、州、县在职的吏员，赋闲的吏员，以及城市、乡村中那些老奸巨猾的顽民，若胆敢操纵词讼、教唆犯罪、陷害他人，勾结官府，危害州里，允许当地的贤良方正、豪杰之士将这些人抓起来，绑送京城。如有人胆敢中途邀截，则枭首示众！各处关津、渡口，也不得阻挡。”几千年历史，何曾有过老百姓捉拿贪官污吏的事情发生。所以朱元璋在和官员们说到这件事时，也不由得发出感叹：“陈寿六其不伟哉！”——这陈寿六难道不是很了不起吗！

一个农民能够绑架县吏，大老远跑到京城之地，来到皇帝面前“告御状”，过程艰难，勇气可嘉。当然此时的朱元璋并不是站在一个农民的角度考虑利害关系，那样的话，他充其量只能是有政治觉悟的农民，而不是一个政治成熟的皇帝。他用自己手中的圣谕赋予乡民集团这一项特权，是用来制约官僚集团，以达到整顿吏治的目的的。他要团结这个世上的绝大多数，站在金字塔的塔尖俯瞰江山如画，他在活人堆里喊出一个死者的名字，无数双惊恐的眼睛便会转向他。一个手无寸权的乡民，绑着一个县吏进京，这种行为本身的难度系数就已经高得离谱。《大诰》原本只是一本普法小册子，这时候成了陈寿六手中的“通行证”，可以为陈寿六遇水搭桥，逢山开道。它的神奇之处在于，只要陈寿六们顾虑到的，远在千里之外的皇帝也都想到了。朱元璋担心陈寿六们抓污吏上京，地方政府会拒绝给他们“路引”。没有“路引”，也就没有通行的资格。每一个城门都不会主动为一个农民开放，每一座府衙都不会主动为一个农民申冤。于是，朱元璋在《大诰二编》做出规定，百姓们没带“路引”出门，将治地方当局以重罪。又补充说：凡是进京上访或者是抓污吏上京的百姓，“虽无文引，同行人众，或三五十名，或百十名，至于三五百名”，只要各处关口要津查问清楚是入京的，即刻放行，不得阻拦，否则一律杀头！

那些日子，朱元璋坐在紫禁城里，想象着农民从四面八方涌向京都。那些平日作威作福的官员，低下了他们高傲的头颅。这是多么美妙的时刻，他的王国因此具有形而上的意义。朱元璋的“旁入公门”的门并不是只拍苍蝇，不打老虎。他看不见苍蝇，但是他能够想象得到，苍蝇在最广大的土地上飞舞；他看见老虎，它们在他面前装成病猫。他们能瞒得了他什么呢？什么也瞒不了。朱元璋在他们每个人的头上都悬着一柄利剑，警醒他们，让他们心生敬畏，让他们面对夜晚的星辰，有着高远的追求与向往。在颁布这些新制度以前，他已经采取了许多霹雳手段来惩治那些贪赃枉法者。大批官员倒在了一波又一波的肃贪风暴之中，他甚至不惜动用剥皮实草这样的人间酷刑来震慑他们。

酷刑虽然很残酷，但效果看起来似乎并不明显，贪腐之风依旧炽烈如火，可谓“前尸未移，后尸继之”。侥幸与苟且成为他们自我安慰的良药，而人骨子里的逐利性已经超越了生命与尊严的界限。《大诰》里制定的那些破天荒的新制度，正是在这样的背景之下产生的。在诏书里，朱元璋将警示的对象从个别贪腐官员转为全体官员：“朕自开国以来，凡官多用老成。既用之后，不期皆系老奸巨猾，造罪无厌。”不久，他又失望道：“我设各级官员，本来为治理人民。然而，过去所任命的官员，都是不才无籍之徒，一到任后，就和当地吏员、衙役、地方上的黑恶势力相勾结，害我良民。”

洪武十八年，山西人李皋前往溧阳任知县。没过多久，李皋就和衙门里的差役潘富勾结起来盘剥当地百姓。潘富是个善于搞关系的人，李皋到任不到一个月，潘富就用搜刮来的钱财买了一名苏州女子贿赂他。在潘富等胥吏们的教唆下，李皋下令科敛荆杖（拐棍）。溧阳县的所有百姓，都要向官府缴纳一根拐棍。百姓们把拐棍送来，潘富们又借口质量不合格，拒绝收纳，甚至对百姓们拳打脚踢。潘富们要求老百姓把拐棍“折换”成银钱直接交上来，拐棍是幌子，榨老百姓的钱才是真正的目的。这些依附于地方官府衙门的胥吏大多是当地人，他们熟悉当地的风土人情。像潘富这样的胥吏就像吸附于权力底部的巨型蜘蛛，他们在地方上织成一张由亲属、邻居、朋友构成的关系网。相比而言，那些官府选派的州县官员却是外乡客，胥吏与地方势力往往盘根错节，他们的权力世代递延，而官员们则任满后就拎包走人，正所谓“铁打的衙门流水的官”。

潘富打着知县李皋的旗号，疯狂敲诈地方老百姓。就算知县是个有几分清明之人，也无法阻止潘富。更何况李皋是个贪图钱财美色的腐官。无奈之下，当地有个叫黄鲁的百姓就跑到京城告御状。因为这个案子涉及的主犯是知县李皋，老百姓没有“旁入公门”自发捉拿的权力，只能越级上访。朱元璋获悉情况后，下旨严查，并派人捉拿潘富。因为事前走漏风声，潘富成了一名在逃犯。他的脚力惊人，一口气跑到千里之外。先是溧阳本地的儒士蒋士鲁等十余家将潘富秘密递送到乐陵境的广德县。不久，潘富又流窜到建平县，当地百姓王海三悄悄将他递送回溧阳，溧阳百姓朱子荣又将其暗地里递送到宜兴县。一次又一次，经过数次你递我送，潘富被秘密护送到了崇德县。等到缉捕的衙役赶来，赵真将潘富暗地里递送到千乘乡的一座寺庙里。庙里的和尚们纠集两百余人，反将缉捕潘富的差役们团团包围，直至杀伤人命才肯散去。这件事越闹越大，直到传入京城，传到朱元璋的耳朵里。他传令，将赵真及其同伙的两百余户人家的家产全部抄没，凡是参与围攻办案人员的，一律诛戮；沿途窝藏潘富，帮助其逃跑的一百零七户人家，全部枭首示众，家产一并抄没。

一个小小的衙役，在朱元璋签发了缉捕诏书之后，居然上演一场如此大规模的连环大逃亡，先后历经八县，涉及三百多户人家。如此巨大的能量，让人感到匪夷所思。一个县里的小小污吏，就能搅动四方为之奔忙，官府奈何不得。可见胥吏们的社会关系在民间已经错综复杂到了何等地步，单凭皇帝和各级官僚的力量，已经无法摆平帝国庞大的胥吏集团。朱元璋来自民间，也了解民间的力量有多大。从登上皇位的那一天起，他就想尽办法，要将自己的权力触角伸向帝国的每一寸角落。他不光想，也尽最大努力地在做。可以说，在中国历史上，对老百姓的个人日常生活干涉得最深入的一个皇帝，非朱元璋莫属。在《大诰续编》里，朱元璋第一次提出让老百姓“互相知丁”。让这块土地上的每一个角落都处于日月朗照之下，都藏不住秘密。对于执政者来说，秘密是火光与危险。从章程颁布之日起，市井村镇中的老百姓要对自己的左邻右舍做到知根知底。既要知道邻居平日里从事何种职业，也要知道他们家里几口人，几人从事农业，几人读书，几人从事手工业或者商业。读书的，要知道老师是谁，在哪里读书；做老师的，要知道所教的学生是谁。久而久之，大明朝终将得到一个互相监视、遍地特务的破坏性社会环境。社会生态极其缺乏活力，每个人都被牢牢地捆绑在了各自的身份和职业当中，想动都不可能。

朱元璋这么做，是因为他始终没有找到更好的办法来延伸自己的“权力触角”。他设立了巡检司和锦衣卫，让巡检司专门负责盘查全国各地的过往行人，人们被限制在方圆一百里的活动范围之内。每一条街道，每一条道路，都有锦衣卫的人在潜伏，这样，吏民的一言一行都逃不过皇帝的耳目。朱元璋曾不无遗憾地说：“朕如宽厚行仁，人将谓朕不明于事；朕如加严，人又指之为暴矣。”有时候，他对自己实施的严刑峻法是有所怀疑的。重刑并不能完全把官吏吓得不敢去做错事，皇权再大也有局限性。按照圣贤的分类，老百姓可以从事士、农、工、商四种生计。而在圣人的教导下，老百姓应该在这四大领域，各守其道，各尽其职。唯有如此，天下才能实现真正的太平。而那些不在“四业”范围内的谋生者，大多数走的都是犯罪道路。无论如何，不能将失去土地的农民赶到街头。天上只落冰雹从来不掉馅饼，地上只生五谷从来不长人心，在山顶赏月，但不能飞檐走壁。流落街头的人，必须口袋里揣着“黄册”，以便证明自己是自己，自己是大明的民，没有更多的误会和嫌疑。

实施“知丁法”，是为了锁定民间的害群之马，以及游手好闲之辈。他们只知道罗织词讼，勾结胥吏，弄权官府，实在是体制的毒瘤。谁要想当个游民，就要做好被官府抓捕的准备。当年那个叫朱重八的游民，若是来到朱元璋的国度里，他会失去人身的自由，做不成游民。“知丁法”推广开来之后，老百姓们把自己了解的邻里情况上报里甲，里甲再把情况向县衙报告，一级级地向上申报。这种天罗地网似的人口摸排，使得潘富那样的逃犯无所遁形。

不要以为一个无名者在太阳下的奔跑毫无意义，也不要以为一块石头，或一把泥土的秘密，与偌大的王朝没有致命的联系。一个逃亡的污吏，先后历经八县，涉及三百多户人家，一千多人受到株连。对于铁板一块的王朝体制，运动是可怕的。那些无名者的命运，需要指引，更需要束缚。为此，朱元璋做出最为严酷的补充：如果《大诰》颁布下去，一里之间，百户之内还有无所事事的游民，而里甲坐视不管，邻里亲戚也不抓，任凭这些游民流窜于公门、市井之中，为非作歹，那么他们一旦被官府抓住的话就有可能被处死，里甲和四邻也都要全家被发配边疆。法度是为逆者而设，不是为顺者而定。那些泛滥如草芥的无名者，总有出头冒尖的。福建沙田县有十余个不愿务农的百姓，想要合作干点营生，为首的是一个叫罗辅的人。他们聚在一起商量：“如今朝廷的法律好生厉害，我等不务农恐怕会因此获罪，不如大家一起切掉几根手指，如此变成残废，不务农也就没罪了。”

这件事被人告发至京城，朱元璋下令将这些“奸民”押回原籍枭首示众，将各家的成年男丁诛杀，妇女、小孩一律流放。等到案子了结后，他痛心疾首地说：“不遵教化，自残父母赐给的身体，是为不孝；诽谤朝廷法度严苛，是为不忠。将此等不忠不孝之人诛杀，也是迫不得已的事！”

第二章　范本的另类解读

第一节
篡，即定论

1. 皇位、分封与火药桶

朱允炆是太祖朱元璋的皇孙，太子朱标的第二个儿子，朱允炆前面还有个兄长朱雄英。按照皇位继承的规则，若诸事顺遂，太子朱标将从朱元璋手里接棒，而朱雄英将来再接过第三棒。

历史的逻辑从不以人的意志为转移，意志先于意外而生，却又总是被意外打破。皇位继承出现变局的主因在于，朱元璋的皇族生育体系出现了问题，即所谓的“长房不旺偏房旺”。长房子孙的后人越是小辈，越是比他的父辈死得要早。朱标的长子朱雄英早夭，死在了他父亲的前头。太子朱标也于洪武二十五年病逝，年仅三十八岁。对于朱元璋来说，这无疑是致命的一击，也打乱了他的政治构想。他陷入巨大的悲痛之中，这种悲痛不仅因为老年丧子，还隐含了他对江山社稷的深深忧虑。太子死了，他苦心经营了二十五年的大明“国本”随之破碎。一切又要从头再来，皇位继承问题又回到二十五年前的起点。他已经没有了刚治国时意气风发的精气神，留给他的时间已经不允许他再做过多的折腾。朱元璋共有二十六个儿子，其中长子朱标为太子，一子夭折，其余二十四子皆受封为王，实行分封制。他不得不从这二十四位藩王中重新选拔皇位继承人，而供他参考的历史样板只有三种。

第一种：兄终弟及法。这种继承法的优点是长君主政，表面上可以避免幼主继位带来的权臣弄政和外戚干政的祸乱，但副作用同样不少。当了皇帝的兄长一般都不会再将皇位传于兄弟，他们会想方设法地传给自己的亲生骨肉，这样就可能引发皇位继承的争夺战。所以，当大臣们提出让他的二子朱樉或三子朱棡继位，被他一一否定。

第二种：立爱立贤法。所谓"立贤"，无非是以皇帝的价值标准加以评判。这种方法值得商榷，毕竟历史上真正具有理性的思想光辉的皇帝少得可怜。"立贤"只是一个美妙的借口，实际上等同于"立爱"，立皇帝心头所爱，绝非立臣民所需。太子朱标死后的第三天，朱元璋在皇宫的东角门召集朝中重臣，讨论皇位继承人的问题。他说："朕年事已高，太子朱标不幸夭折，我大明遭此厄运，都是命中注定。有句古话说得好：'一个国家要是有年长的皇位继承人的话，那是天下苍生的福分啊。'朕的第四子燕王朱棣贤明仁厚、英勇威猛、雄才大略。他在某些方面和朕很像，朕想立他为太子，诸位爱卿认为怎样？"朱元璋话音刚落，翰林学士刘三吾马上应对说："陛下所言极是，但是陛下立了燕王为太子，又将燕王前面的两个哥哥秦王朱樉和晋王朱棡置于什么位置？"朱元璋无法回答刘三吾的问题，不免潸然泪下。因此，他只好放弃"立爱"的念头，采用最为稳妥的君位继承法——嫡长子继承制。

此事录于朱棣钦定的《明太祖实录》中，其真实性要打折扣。因为朱棣后来起兵夺了侄子朱允炆的皇位，为了证明他夺位的合法性，官修史书被做过大量的手脚。太子朱标死的时候，朱棣前面的两位皇兄朱樉和朱棡都活得好好的，朱元璋没有理由撇开他们。嘉靖时人高岱曾分析：创业之主，其所为即后世之所程法，况继体垂统，大事也，祖训著有定制，岂容所行之不符也？盖欲易储者，所以贻一世之安；而终不易者，所以定万代之法。更何况，假使他执意要立朱棣为太子，百年以后，两个同样有资格入继大统的兄长将极有可能对朱棣兵戈相向。一旦这种局面出现，就有可能会演变为西晋末年"八王之乱"似的大劫难，这是朱元璋最不愿意看到的一幕。

第三种：嫡长子继承制。对于皇子众多的皇帝，要想在其中找到合乎要求的皇位继承者，必须得有规则，否则就可能诱发皇子之间的骨肉相残。于是，才有了嫡长子继承制。嫡长子继承制可以杜绝皇位继承所引发的祸端和危机，符合中国古代传统社会的权力诉求。但并不意味着每个王朝都能照此执行，恰恰相反，真正做好嫡长子继承制的皇帝与朝代并不多。在家国一体化的传统社会里，暂时还找不到比这更好的皇位继承法。在这一点上，朱元璋有着更为清醒的认识。为了确保皇权的和平过渡，朱元璋并不愿意冒险，他还是做出了最为理性的选择。因为太子朱标的嫡长子朱雄英早夭，顺延而下，朱元璋册立太子朱标的第二个儿子朱允炆为皇太孙。对于选择嫡长子储君法，朱元璋给出的解释是：自我创天下而以天下传之庶孽，万世而下有庶夺嫡孽抗宗者，我开其乱也。乱一传而万世之传，足虑焉。意思是，他开创的帝国及其一切章法都要传之后世，如果连他这个开国之君都不遵守自定的祖制，将来子孙后代就会仿效，这就与确保大明长治久安的根本精神背道而驰。子孙后代的乱与治不仅与他立的祖制有关，而且与他是否率先按照祖制执行有着更大的关系。

朱元璋刚开始对朱允炆这个孙子并不喜欢，因为他的长相太过奇特，额颅生得稍稍有些偏，头部轮廓看上去像是半个月亮。朱元璋常常抚摸着朱允炆的脑门，唤他为“半边儿月”。可惜太子朱标的长子早夭，以伦序，他只能立这个孙子。朱标的太子妃是常遇春的女儿常氏，常氏就是朱标的长子、朱元璋的长孙朱雄英的母亲。而朱允炆的母亲是太子朱标的嫔妃。子凭母贵，朱允炆是庶出而不是嫡出，因此在刚出生时他并没有受到重视。太子妃常氏薨逝后，朱允炆的母亲吕氏才依序升格为太子妃。也就在这时，朱元璋突然想起太子朱标膝下还有这么一个没有名字的皇孙，于是将其赐名为朱允炆。朱允炆六岁时，他的同父异母的哥哥朱雄英夭亡；十五岁时，他的父亲朱标离开人世。《明史》中，朱允炆呈现给世人这样一番面目：“（建文）帝生颖慧好学，性至孝。”“炆”这个字，有小火慢慢烹煮食物的意思。历史学家常用“少见的仁柔皇帝”来形容他。太子朱标在赴陕西的途中染病，一病不起。朱允炆承担了长子的本分，守候在病榻前精心护理。

朱标死后，朱允炆哀恸不已，数日内滴水不进。这一切被同样沉浸于悲痛之中的朱元璋看在眼里，他既欣喜又心疼。欣喜的是，自己能够有如此重情重孝的子孙，实乃家国之幸。但他实在不忍心看到朱允炆过于悲伤，就劝慰孙子：“你对父亲薨逝的悲痛之心，符合先儒规定的礼仪，你的确是个纯孝之人，但你就一点也没有考虑到我吗？”听了朱元璋这番话，朱允炆才从哀痛之中缓过神来。他提出要为父亲服丧三年。虽然这个想法遭到朱元璋的否决，但是在太子朱标去世后的三年里，朱允炆还是坚持做到了不饮酒吃肉、不闻乐观舞、不亲近女色，按照儒家的礼法行事，以彰显孝子之道。有人看不下去，劝朱允炆适可而止，做到心中有孝即可。朱允炆回答："丧服可以按照礼俗到时候就脱下，父子亲情却让我难以自拔。"

洪武二十五年（1392年）九月，经过半年的犹豫和反复斟酌，朱元璋终于将皇太孙朱允炆推向了帝国继承人的宝座。朱允炆就这样在懵懵懂懂之中被命运的潮水裹挟进历史的洪流，是时也是命。令朱元璋没有想到的是，在其后几年时间里，二皇子秦王朱樉和三皇子晋王朱棡相继去世。于是，燕王朱棣在众兄弟中就成了老大。朱元璋此时已是年过花甲的老人，随着马皇后和他的儿子一个个先他而去，让他感觉去日无多。皇太孙已立五六年，不宜再提废立之事。朱元璋感到皇太孙的性格文弱，并不放心将皇位托付于他。但他只注意到功臣对皇位的威胁，哪里晓得，真正觊觎皇位之人还是自家子弟。尤其几位兄长的离世，让朱棣突然觉察，自己已成为名义上的嫡出。据说有一次，朱允炆与朱棣觐见时相遇，燕王朱棣用手重拍朱允炆的背，并说"没想到你小子也有今天（不意儿乃有今日）"。这一幕恰好被朱元璋看见，朱元璋责问"何为打皇太孙"，朱允炆忙打圆场"这是叔叔喜欢我的缘故（臣叔父爱臣故耳）"。祖孙三人的对话中既包含着儒家的"尊尊亲亲"，也有朱允炆对朱棣的畏惧。朱元璋看出这是朱允炆在帮朱棣说话，他厉声斥责："你难道不懂礼法与忌讳吗？"朱棣因此被关了几天禁闭，朱元璋这么做不光是在惩戒朱棣，更是向其他皇子皇孙传递一个信号：朱允炆是帝国的接班人，你们在他面前要执礼数。

从大明帝国建立的那天起，为了江山稳固，传之千秋，朱元璋没有一天不在考虑"家天下"的长治久安。他在一片反对声中，处心积虑地推行早已被历史多次淘汰的分封制。他对历史上由分封带来的沉痛教训不是不晓，而是他固执地认为，自己推行的分封制，有别于前朝。前朝是分裂皇权，而他的分封是巩固皇权。朱元璋的分封制最大的特点，就是让藩王的势力远离中央帝国的心脏地带。从分封诸王的就藩地点来看，基本上都是以北方边境为重心，长江以南很少。这与历朝历代有所区别，在明朝之前的分封藩地基本上都是围绕着交通要冲、军事要地或者经济中心。那样做，等于为朝廷的中央躯体做了一次心脏搭桥手术，一旦手术所搭建的桥梁崩塌，就有可能危及帝国的政治生命。如此分封带来了诸多弊端：许多地区经济中心被各路藩王占有，直接削弱中央的经济实力。同时许多军事要地被藩王们占有，一旦藩王与中央政府闹翻脸，就很容易出现藩王割据的乱世。如果将帝国的核心地区封给藩王，一旦祸起萧墙，往往一发而不可收。

朱元璋出身寒微，或许正因为他曾经挣扎于社会的底层，吃过苦中苦，便不希望子孙遭同样的罪。他对诸子藩王的后代及后代的后代都做了制度上的安排，对他们的生活予以保障：皇子封亲王，授金册金宝，一年俸禄上万石，府置官属。身边的护卫队少者三千人，多者达万人。亲王们的生活待遇只比皇帝差一等，公侯大臣见了亲王也要行跪拜之礼。亲王嫡长子，年及十岁，则授金册金宝，立为王世子，长孙立为世孙，冠服视一品。诸子年十岁，则授涂金银册银宝，封为郡王。嫡长子为郡王世子，嫡长孙则授长孙，冠服视二品。诸子授镇国将军，孙辅国将军，曾孙奉国将军，四世孙镇国中尉，五世孙辅国中尉，六世以下皆奉国中尉。

为了打消天下人的顾虑，朱元璋封藩时特意做了一番表白：天下之大，必树藩屏，上卫国家，下安生民。今诸子既长，宜各有爵，分镇诸国。朕非私其子，乃遵古先哲王之制，为久安长治之计。前车之鉴犹在，朱元璋完全可以参照它们，在大明帝国的心脏地区——南京（包括今天江苏与安徽两省）和两浙等地不实行分封，要封就把诸王封得远一点。朱元璋以北方边境军事防务为中心，沿着长城一线布防分封，这样既可以将诸子藩王支得远远的，又可以让他们保卫边疆，辅佐中央皇室。当时分封到长江以南地区的藩土很少，这也是朱氏分封制的创新所在。他的那些继任者也是坚决贯彻，谁也不肯将帝国的心脏地带拿出来分封给诸子藩王。朱元璋第一次大封诸子藩王时，第五个儿子朱橚曾被封为吴王，但因为年纪尚小并没有迅速就藩。洪武七年的时候，有司请将其安置在杭州一带。朱元璋只说了这样一句话："钱塘财赋地，不可。"永乐年间，朱棣大行分封之事。宁王朱权在靖难战争开启时就跟着朱棣举兵，算是开业功臣。在举兵之初，朱棣曾经开出过口头支票："事成，当中分天下。"等到朱棣真的夺位成功，口头支票成了一张永远无法兑现的白条。朱权提出要求去苏州，朱棣笑着摇头说："这不行，苏州在京都周围（畿内也）。"宁王朱权只好退而求其次，要求去钱塘。永乐皇帝朱棣还是没有同意，最后宁王朱权只好去了南昌。从分封诸王的血缘关系来看，朱元璋分封的诸藩王绝大多数是自己的儿子，即皇太孙朱允炆的叔叔，属于直系血亲。这和前朝的分封有所区别，有的朝代将皇族里隔了几代的皇亲国戚也列入了分封的重点对象。当然朱元璋大封亲生骨肉的最主要目的，是让他们保卫边疆，辅助皇室。想法虽好，终究还是朱元璋的一厢情愿。事实证明，朱元璋给皇太孙朱允炆出了一道政治难题。

朱元璋分封诸王的宗藩制度，是和大兴党狱、剪除功臣同步进行的。1372年，首封秦、晋、燕、吴、楚等十王。其后二十多年时间里，朱元璋分封的诸子遍布全国各地，其中北部边疆数量最多，还形成九王守边制度，是分封制度重点地区。九个边塞之王，其中除燕王之外，还有辽王、宁王、谷王、代王、晋王、秦王、庆王、肃王，他们都靠近边地。朱元璋让他们厉兵秣马，如果边境有战事，他们可以提兵拒之。晚明史家尹守衡在他的史著《明史窃》中记载了这样一件事——朱元璋曾对皇太孙朱允炆说："我把防御外敌的事交给诸王，可保边境无事，你只管做你的太平皇帝。"朱允炆却忧心忡忡道："虏不靖，诸王御之；诸王不靖，谁去抵御他们呢？"据说，朱元璋听后，默然良久，然后反问道："你说如何是好？"朱允炆对此早有考虑，当即回答："以德怀之，以礼制之。不可则削其地，又不可则废置其人，又其甚则举兵伐之。"朱元璋点头道："是也，无以易此矣。"朱元璋打造了一台大明制度的机器，却从未想过机器不灵该怎么办。他也承认没有比朱允炆更好的办法。

朱允炆说得近乎完满，以德怀之，以礼制之，仍然不行，再去削，再去废，再去讨。在祖孙俩的对话中，丝毫不见朱允炆的文弱相，代之而起的是一副弱者暴起的本性反应。要是真能如朱允炆所言，以德怀、以礼制，少些意气，多些隐忍，天下事也就不必那么血淋淋的难看。朱允炆说这番话的时候，他的眼前映出的或许是恶狼环伺的画面。这些遍布全国的藩王，让朱允炆寝食难安。他们有自己的王府和军队，每个藩王都有三个护卫。三个护卫并不是指三个人，护卫是一个总称，护卫的人数从三千人到一万五千人不等，这样算一下可以大致了解藩王们的军事实力。按说这个数字不算大，要与中央叫板无异于以卵击石，但事实并非如此。九个藩王将帝国的边界分割为九大军区，这些藩属王国都是抗击蒙古侵略和镇压叛乱的支柱。九王之中，势力最大的当数燕王和晋王，他们各自带有十余万军队。他们中间还有军事强人宁王，此人“带甲八万，革车六千”，虽然兵力没有燕王和晋王多，但他拥有一支最为强大的武装——朵颜三卫。这是一支特殊的部队，可以说是明军中的国际纵队，全部由蒙古骑兵组成，战斗力极强。

朱元璋口口声声要将皇帝权杖上的刺削掉再交给他的继任者，他虽然拔掉所谓逆臣的刺，但在上面又种满了更为可怕的藩王刺。从政治地位上来讲，朱允炆与他的那些叔叔是君臣关系；从血缘关系上来说，诸王又都是他的叔叔。很多王叔的年纪可能比朱允炆还要小，但论起辈分，他们又都是他的长辈。这种辈分上的差距，放在讲究伦理道德的传统社会中就是优势。它给人带来的是心理的变化，导致建文朝叔侄君臣关系从开始就陷入僵局。

朱允炆警觉之事，朱元璋也不是麻木不觉。据说他曾经做过一个梦：梦见一条白龙和黄龙相缠相斗，他们一直打到明皇宫的大殿上。鏖战良久，白龙抵挡不住，坠落于地，而黄龙得胜腾飞而去。

第二天上朝，朱元璋带着满心的疑惑，来到奉天殿临朝。刚坐定就觉得眼前哪里不对，定睛俯察朝堂之下，但见燕王朱棣站在皇太孙朱允炆的左前方。按照明代规制，左为上、为大。按照家族本分，朱允炆是朱棣的侄儿。但是在朝堂上应以官方规制为准，朱允炆为皇太孙，是帝位的接班人，一人之下、万人之上。就算朱棣是叔叔，从政治角度来说，他也是朱允炆的臣下。一个臣下，怎么能够站到皇太孙朱允炆的上方左边呢？

朱元璋结合昨夜那场奇怪的梦，顿悟其中玄机，他下令将朱棣逐出皇宫。由于太子朱标和秦王、晋王相继去世，燕王朱棣已是最年长、是有权势的皇子。朱元璋曾专门颁给他一道敕谕：“朕诸子汝独才智，秦、晋已薨，系汝为长，攘外安内，非汝其谁？……尔其统率诸王，相机度势，防边乂民，以答天心，以副吾意。”毫无疑问，朱元璋的确将朱棣视作维护朱明天下的肱股支柱，寄予厚望。在所谓嫡出的诸皇子中，朱元璋对燕王最为欣赏。据《明实录》记载，太子朱标在世时，蓝玉曾私下对他说：“殿下试观陛下，平日于诸子中最爱者为谁？”太子回答：“无如燕王。”从有关史料中可以看出，朱元璋之所以最看中燕王朱棣，是因为他觉得这个儿子最像自己。越觉得像自己，越不可将其留在京师重地。他了解朱棣，就像了解自己。朱元璋性格中最危险的特质，便是攻击性，朱棣亦然。生物学家认为，遗传因素是攻击行为的原因之一，遗传因素在人格形成方面起到了巨大作用。从大明建国以及洪武年的种种作为上看，朱元璋具有攻击性极强的性格特质。

朱元璋在《祖训录》中曾定下管束诸藩王行为的规章："诸王临国中，毋得至京。王国所在，文武吏士听朝廷节制。"新皇登基三年内，藩王不许来朝，只能留守藩封。如果"奸臣"当道，诸王得准备他们的兵力，听候新皇调遣，拨乱反正。驱逐奸佞后，他们仍要返回封地。他要求"诸王来朝冕服见天子，次见东宫，先坐受拜，次叙家礼。坐则正中，诸王侍"。他告诉诸子藩王，应尽臣子本分，不得僭越礼制。朱元璋还专门命儒臣搜集、编撰前朝藩王事迹，撰成《昭鉴录》一书，让藩王们时刻讽诵，以期达到警醒的效果。尽管如此，在强藩林立、虎啸狼号的皇族里，皇太孙朱允炆仍像是羊入狼群。如果说朱元璋是一只野兽，那么朱棣完全配得上"头狼"的称号。洪武十三年春天，朱棣从凤阳回到南京，受命就藩北平。他的府邸就是元朝的旧宫，其规制如同天子。按照规定，藩王的府邸要"亚天子一等"，其他诸王皆如此。朱元璋为此还特地告谕诸王，燕王府邸乃元朝旧宫，不需要新建，他们新建的府邸皆按本朝规制。北平是元朝都城，位置险要，燕王的二哥和三哥分别就藩西安和太原，却将北平留给燕王，也难怪有人推测，此中自有深意。彼时，山西平遥有个名叫叶伯巨的七品小官，上了一道奏章，他说："我观察当今之事，太过者有三：分封太侈，用刑太繁，求治太速。当今裂土分封，使诸王各有坐地，大概是出于对宋、元孤立，宗室势弱的弊端的考虑。而秦、晋、燕、齐、梁、楚、吴、蜀诸国，无一不连邑数十，城郭宫室仅次于天子之都，拥有充足、强盛的甲兵卫士。我担心几代以后，尾大不掉，到那时再削诸王的封地并收回权力，则会引起众怨，更有甚者诸王可能会兵起伐主，那时防范就晚了。"

奏章陈上，太祖朱元璋览之大怒："小子离间我骨肉，赶快抓来，我要亲手杀了他。"叶伯巨被投入刑部的监狱，最终死在狱中。叶伯巨死了，但他的这句话像符咒一样贴在大明的门楣上，并最终得到灵验。朱元璋通过分封制，将自己的亲生骨肉培养成为大明江山的拱卫者与定海柱石，完成中国传统社会所津津乐道的"家国一体化"，甚至出现"打架亲兄弟，上阵父子兵"的理想格局。朱元璋希望看到的和谐画面，无非是朱家的子孙都能够拱卫皇室，看家护院，将自家天下传之久远。叶伯巨看得深远，怎奈朱元璋看不了那么远。分封诸王虽然提升了诸王的地位，但同时削弱了嫡长继承制中所蕴含的追求权力传承稳定和政治合法性明晰的制度意图。对于朱元璋这个制度的设计者来说，他左右手互搏，最后破坏的只能是政治合理性和政治合法性之间的平衡关系。他自以为无懈可击的分封制，在个人主义的现实条件下，最终酿成了一场时代之祸。

2. 削藩、三大臣及图穷匕见

洪武三十一年（1398年）闰五月初十，七十岁的朱元璋在南京明故宫西宫病逝归天。在总结朱元璋的话语中，让我记忆最深刻的是："许多皇帝影响了一代人的命运，而朱元璋却影响了中国数百年的命运。"同一天，朱允炆宣布正式登基即位，是为建文帝。从这一刻开始，这个略带忧伤的年轻人将不再以一个第三者的眼光打量眼前的帝国。出生于1377年的朱允炆，此时已是朝气勃发的青年，长年的读书生涯，再加上继承父亲朱标的仁厚秉性，养成他温良的个性及一腔道德理想主义情怀。可能是担心自己死后，诸王来朝给朱允炆带来压力，朱元璋曾立下遗诏——"诸王各于本国哭临，不必赴京"，这让那些准备上京的藩王不得不止于半途。对燕王来说，他现在是太祖朱元璋最年长的儿子，不让他进京为父皇送葬，他自然心有不甘，怀疑朝中有人故意作梗，甚至不排除是有人"矫诏"行事的可能。据说，朱棣闻讣后，率师赴京。当他看到建文帝朱允炆已在江口重兵设防，未敢贸然前进。朱允炆许他单骑进京。因看到江上设防，朱棣只好折道返回。

洪武时代结束，政权实现平稳过渡，一心躁进的年轻皇帝准备施行自己的执政计划。他罢斥了一批洪武旧臣，开始起用新人。在这批新人中，有从兵部侍郎进为兵部尚书的齐泰、有从翰林院修撰进为太常卿的黄子澄，还有从汉中府教授升为翰林院侍讲的方孝孺。所谓新朝气象，不过是新君对前朝"以猛治国"的纠偏，大多切中时弊。提高文臣地位、减免江浙重赋、平反冤狱等政策的推行，很快为朱允炆赢得了仁君的名声。

最让朱允炆寝食难安的，还是那些拥兵自重的叔叔，他们从未将他这个年轻的侄儿皇帝放在眼里。于是，屁股底下的皇位还未焐热，朱允炆就找来黄子澄密议：“先生记得往日在东角门说过的话吗？”黄子澄顿首道：“不敢忘。”黄子澄当然知道朱允炆说的是削藩之事。《明史》中记下了当日说话的内容：

惠帝为皇太孙时，尝坐东角门谓子澄曰：“诸王尊属拥重兵，多不法，奈何？”对曰：“诸王护卫兵，才足自守。倘有变，临以六师，其谁能支？汉七国非不强，卒底亡灭。大小强弱势不同，而顺逆之理异也。”太孙是其言。

黄子澄在朱允炆的提醒下，去找兵部尚书齐泰商议此事。二人是同年进士，相处甚洽。建文帝即位后让他们同参国政，两人在削藩问题上见解一致。根基未牢，羽翼未丰，朱允炆就要急着打开“削藩”这只潘多拉盒子。谁也没有意识到，这只盒子里跑出来的不只是吃人的魔鬼，还有帝国的悲剧。有人因此责怪朱允炆识人不当，则失之偏颇。平心而论，朱允炆用的这几个官员，都是当时官僚系统内的佼佼者。彼时，帝国官场在朱元璋大肆杀戮下，已经到了无人可用的地步。齐泰，原名“齐德”，应天府溧水人（江苏溧水人）。洪武十七年举应天乡试第一，第二年会试中进士。他曾先后在礼部、兵部任职，因为连续九年任职无过失，被朱元璋选中参加祭祀郊庙的仪式。为此，朱元璋赐他一个新名字“齐泰”。齐泰的仕途从此一帆风顺，从兵部郎中擢升为左侍郎。齐泰确有过人之处。有一次，朱元璋偶然向他问起守边将领的情况，他竟然准确无误地说了出来。朱元璋很是吃惊。再问图籍之事，齐泰从袖子里取出一本手册献上。朱元璋翻开来看，上面详细描绘出边防要地情况，十分清晰。朱允炆登基之后，将齐泰升为兵部尚书，让他参与朝廷的机务之事。黄子澄与齐泰是同榜进士，会试第一名，由编修进修撰，一直伴读东宫。

至于朱允炆身边另一个人，方孝孺，其父方克勤是个清官。明朝初年的“空印案”中，朱元璋从上到下杀了一批官员，而方孝孺的父亲方克勤就是其中一位。这场血腥杀戮过后，方孝孺遵照父亲生前安排，师从宋濂。宋濂当年是太子朱标的老师，照此推算，方孝孺算是朱允炆的师叔。由于官员的推荐，朱元璋下令让方孝孺进京。朱元璋在奉天门召见了他。此次见面，方孝孺不凡的谈吐和举止令朱元璋非常满意。朱元璋让方孝孺以《灵芝甘露论》为题，写一篇文章。方孝孺下笔千言，一挥而就。朱元璋阅后，赞叹其为世间少有之异才。

朱元璋问身边大臣揭枢："方孝孺和你相比，怎么样？"

揭枢摇头道："方孝孺的才学是臣的十倍。"朱元璋默然不语，可见他的内心也是认同这句话的。

朱元璋还让方孝孺去见当时的太子朱标，对朱标说："这是一个有才华的君子，加以历练，他日可以辅助你（此庄士也，当老其才以辅汝耳）。"

方孝孺本以为可以借此步入仕途，完成父亲未竟的事业。理想虽然丰满，但是现实依然骨感。朱元璋只是给了他一些精神鼓励和物质奖励，就让他返乡待业。虽然没有给他一官半职，但是方孝孺这个名字已经留在朱元璋的心里。后来，方孝孺受仇家牵连，卷进了一场官司当中，被逮捕至京。朱元璋看见名单中有方孝孺的名字，直接将他划去。

洪武二十五年，方孝孺因朝中大臣的推荐，再次受到朱元璋的召见。朱元璋还是说："现在不是用方孝孺的时候。"碍于朝中大臣一再举荐，朱元璋就授了他一个汉中府学教授的职位，这是个刚入流的从九品学官。以方孝孺的才学、人品和知名度，让他做九品学官显然是不公平的。朱元璋心中有数，他想将方孝孺留给自己将来的接班人。等到建文帝继位，他将方孝孺从汉中府召来南京任翰林侍讲，第二年升为侍讲学士。此时方孝孺已是声名显赫的学者，以文章家和道德家闻名于世，人称正学先生。他是研究《周易》的专家，经常建议朱允炆根据这部古代经典所提出的理想来实行仁政。方孝孺成了朱允炆智囊团的一名政务高参，每遇大事不决，朱允炆头一个想到的就是方孝孺，君臣之间亦师亦友。这种依赖性并不仅仅局限于政务方面，就连平日的读书学习中，遇到疑难问题，朱允炆也会去请教方孝孺。皇帝上朝处理政务时，面对官员的奏疏，有时也需要方孝孺当场批答。同时方孝孺还是修撰《明太祖实录》的负责人。燕王朱棣起兵后，朝廷讨伐他的诏书和檄文都是出自方孝孺之手。在年轻皇帝的心目中，比他大二十岁的方孝孺充当着精神导师的角色。朱允炆对学识渊博、人品出众的方孝孺寄予了无限的信任与期望。

这个青春勃发、宅心仁厚的书生皇帝，对他的老师尊崇有加。朝堂和谐，君臣同心，他们在成全对方的同时，也成全着自己。沉寂半生的方孝孺正在一步步走向他的人生巅峰，同时也在一步步滑向深渊。在朱允炆打造的上层结构中，齐泰、黄子澄和方孝孺犹如并驾齐驱的“三驾马车”。他们是帝国的饱学之士，更是书生中的道德标杆，他们的言行引领着天下读书人。历史学家孟森为方孝孺日后罹祸慨叹道：“削藩一事，古有明鉴，正学先生以学问名世，何竟不能以古为鉴，避其覆辙！”历史总是惊人的相似，削藩之事，汉初已有前车之鉴。刘邦分封诸王作为天下屏障，但藩王们野心勃勃，反而与中央朝廷分庭抗礼。到了汉景帝执政时期，他接受了晁错的主张，削夺藩王的兵权，最终招致七国之乱。

朱允炆本是性情温和之人，而他所倚重的这“三驾马车”，更是文人中的典范。朱允炆生于皇宫，自幼与诗书为伴，身边大都是文墨之士，接受的都是儒家仁义治国的那一套。他继承了父亲朱标温文尔雅和好学善思的脾性，继位后对朱元璋的强权之道多有变更。如果他不是生在皇家，绝对算得上芸芸众生中的一个好人。生在帝王家是幸运，也是不幸。朱允炆是个书生，内心的敏感要比一般人来得强烈，正因为强烈，所以更加痛苦。当他走下朝堂，捧起一本书，以四十五度角仰望天空的时候，不知道会不会有一种如释重负之感。政治场上波谲云诡，隐藏着多少凶险与杀机。他有幸加入了这场政治的轮盘赌，可他忘了政治的复杂要比读书凶险百倍。

作为一个帝王，一个错误的决定会要了无数人的命，一个正确的主张也同样会改变无数人的命运。朱允炆亲眼看见了洪武年间那大案套要案、要案连大案的连环杀戮。皇权就是一把双刃剑，刺向自己的敌人，同时也在刺向自己。放眼整个帝国，很难说清谁人是敌，谁人又是友，这让长期居于深宫的朱允炆陷入深深的迷茫。朱元璋几乎将功臣宿将杀戮殆尽，但他还是留下了黄子澄、齐泰和方孝孺等儒臣。自古以来，书生治国并不缺乏飞扬的激情，也不缺乏理想化的施政纲领，缺乏的往往是一种对于政治全局的掌控。而此时弥漫在中央朝廷的书卷气，使得朱元璋留下的铁血政治来了个急刹车。建文时期的“三驾马车”，定下了朱允炆以儒治国、以礼治国的调性。

自登基之日起，朱允炆就在不断强化自己的统治。帝国出台的所有新政都打上了“建文”烙印，具有明显的朱允炆的个人风格。所谓建文烙印，无非是以先儒的“法先王”和“托古改制”的儒家之风。据《明史》记载，朱允炆继位一年后，大明刑部上报的在押囚犯比洪武时期减少了十分之三。朱允炆信赖方孝孺，而方孝孺则经常建议年轻的皇帝用《周礼》制度来重新界定官僚制度中大小诸司的品级和阶勋。为了将天下读书人散了的心，重新缝合起来，方孝孺为他开出的药方是，国家应该归还文官应有的地位。在方孝孺的倡导之下，朱允炆重新修订官制：升六部尚书为正一品，设左右侍中，位列侍郎以上。这是在朱元璋废除丞相制度后，六部尚书第一次被提到与都司同级的地位。要知道，朱元璋在废除宰相制以后，仅将分掌天下各项政务的六部尚书的品秩定为正二品。武官地位则高于文官，比如中央的五军都督府的左右都督的品秩都是正一品。朱允炆大幅提升文臣地位，一方面设文翰、文史二馆，增设正心殿学士，另一方面改都察院为御史府，改都御史为御史大夫，罢十二道为左、右两院，改通政使司为寺，改大理寺为司。这些改革透露出一个信号，那就是抑武崇文。文官制度的修订，预示着帝国文官之治的开启，也是对于洪武专制制度的一种矫正。同时扩大国子监和翰林院的职责和人员编制，教育和训练太子及诸年幼王子，普及儒家文化。在民生方面，诏减苏、松、嘉、湖重赋，每亩不得过一斗。朱允炆让自己的儒风雅韵在更大范围内得到了体现，也使建文朝成为大明历史上令人怀念和惆怅的时代。

朱允炆的执政理念与朱元璋截然不同，朱元璋奉行的是个人专制和铁血规则。建文改制带有复古色彩，这些变更让人目不暇接。朱允炆即位不久，就在朱元璋定下的所谓“祖制”上大做文章，这样做难免给人留下口实。燕王后来就是以维护“祖制”的名义起兵反对他。对于齐泰、黄子澄和方孝孺来说，建文帝对他们的倚重与信任，给了他们无穷的动力。可惜的是这种动力并没有及时转化为治国的效率，文人的高度热情换来的却是政治上的不成熟和冒进，这在无形之中拖了帝国前进的后腿。新帝即位，百业待举，甚至连建文的年号还没更改，朱允炆就将削藩一事提上议事日程。辽州人高巍，一个太学生出身的吏部官员，察觉到削藩可能引发政治动荡。他向朱允炆提出不同意见：“藩王们骄逸不法，违犯朝制，不削，朝廷纲纪不立；削之，又伤了皇室与他们之间的感情，想要天下长治久安，不妨采用汉时贾谊的一个谋略，多建诸侯，以分散其力量。”按照高巍的意思，晁错不可学，应该仿效推恩之策。具体的做法就是，将南北诸王来个乾坤大挪移，把北方诸王的子弟分封到南方，南方诸王的子弟分封到北方。如此一来，藩王之权不削而削。再加上岁时节日经常馈问这些藩王，贤者下诏褒赏，骄逸不法者，初犯容之，再犯赦之，三犯不改则告太庙废黜之，这样还有人敢不顺服的吗？

表面上加恩，暗地里削弱，既隆之以礼，又推之以恩。如此合乎情理的言论，在一意削藩的朱允炆君臣听来，显然是在纵容藩王。这个建议不仅没有得到采用，甚至有人以此弹劾高巍，高巍不得不提出辞职。朱允炆和他最为信任的三大臣这时候考虑的是，诸王之中，先拿哪一个开刀？密议此策时曾有过一番争论，当时秦王、晋王已死，诸王中最有实力，且威胁最大的是驻扎在北平的燕王朱棣。齐泰主张先拿下燕王，把实力最强的削了，其他诸王也就好办了。黄子澄却持不同意见，他说："周、齐、湘、代、岷诸王在先帝时就有很多不法之事，削之有名。今要削藩，应先从周王开始，周王是燕王的同母兄弟，削周等于剪除燕王的手足。"

二人商议过后，第二天就报告了朱允炆。这一自以为高明，实则愚不可及的谏言，朱允炆居然毫不犹豫地采纳了。于是，新帝上台三个月后，周王被废为庶人迁徙云南。周王朱橚是朱元璋的第五子，是个不安分的人。洪武二十二年，他曾擅自离开王府，到了凤阳。朱元璋将其留在京师，让他的长子掌管王府事，两年后才让他归藩。《明史》有录："（朱）橚时有异谋，长史王翰数谏不纳，佯狂去。"就在朱允炆削夺周王之藩权时，周王的次子因继承上的矛盾，告发其父谋逆。据说儿子告老子，是因为看上了老子的王位。按照大明的规制，周王的长子被立为世子，也就是未来周王府唯一合法的继承人。但周王的次子并不甘心接受命运的安排。他听人说朝廷正准备对尾大不掉的诸藩王下手，决定自己乘机去上告，将父亲的不轨谋反行为全部讲给朝廷听。只要除掉父亲和兄长，自己就可以稳稳地坐上周王府第一主人的位置。

朱允炆命李景隆率兵北上巡边，路过开封，突然包围了周王府，将周王及诸子逮系，禁锢于京师。朱橚是一个不懂政治的人，准确地说，他更像是一个学者型的人物，是植物学家和方剂学家。他曾经根据元朝宫中遗事，写有《元宫词》百章，并参与编写科技著作《救荒本草》。这样一位学者型的藩王，说他造反实在过于牵强。朱允炆将周王的罪状写成敕书，颁发给诸藩王定罪，实在是自作聪明。这么做不但阻止不了藩王们，反而是在警醒他们。燕王见到敕书，大为震惊。周王朱橚和燕王朱棣都是由马皇后收养的，在藩王当中，他们之间的关系要比其他的兄弟关系更近一层。朱棣没想到新皇朱允炆真的动手了，只能写封奏疏为周王求情：若周王橚所为，形迹暧昧。幸念至亲，曲宥宽贷，以全骨肉之恩。如其行迹显著，祖训具在，臣何敢私。伏望陛下体祖宗之心，廓日月之明，施天地之德。据《明太宗实录》记载，建文帝“观之戚然”，并拿给齐泰和黄子澄看，认为削藩之事应该到此为止。齐、黄二人坚决反对，认为事已至此，削藩之事决不能停下来。他们劝说朱允炆，燕王朱棣最为可虑，“失今不图，后悔无及”。朱允炆虽犹豫不决，还是派人到燕王府去刺探情报，没得到任何能认定他有罪的把柄。一夜之间，周王被废，还获罪被关了起来。凡事开头难，既然难事都已开了头，也就没有什么神圣不可侵犯的。

朱允炆即位后的一年内，接连废除周、湘、齐、代、岷五个藩王，好像颇有气势，事实上这五个藩王加起来也抵不上一个燕王。朱允炆不敢碰强碰硬，却将矛头对准几个无足轻重的藩王，反而说明他气魄不足，策略不当，错过了时机，给燕王留下了充分的准备时间。当然，地处北平的燕王朱棣也一直处于严密的监视中。按照齐泰、黄子澄的意思，索性就拿燕王给周王议罪书的“回执”来做文章，虽说这份“回执”的破绽并不明显，还是透露出了为周王求情之意。既然周王有罪，就以燕王与周王“连谋”的罪名将二人一并拿下。朱允炆却说：“朕即位未久，连黜诸王，若又削燕，何以自解于天下？”

建文朝中存在着不同意见，这直接或间接影响了削藩政策的推行。综合来看，朝中存在着三股力量。一是以齐泰、黄子澄为首的坚定削藩派；二是以高巍和卓敬为代表的曲线削藩派；三是反对削藩派。此三派中，以齐泰、黄子澄最为得势，他们是朱允炆身边的近臣。坚定削藩派中还包括方孝孺，削藩的诏书大多出自他的手笔。至于第二股力量，前面已经交代，高巍试图说服朱允炆推行明里加恩、暗里削藩的隐蔽手法。户部侍郎卓敬则主张将燕王徙封南昌，借以削弱他的力量。朱允炆对此也曾有所考虑，但最终还是架不住身边近臣的怂恿。在这里说下卓敬这个人，此人在当时算得上奇才，就连后来杀害他的朱棣也不得不承认“国家养士三十年，唯得一卓敬”的事实。朱元璋生前也对卓敬非常看好，可惜朱允炆并没有给予这样一位有才之士足够的信任。至于第三股力量，他们反对削藩，认为不仅不能削，反而更要恩遇，否则就是在逼他们造反。

虽然抓不到燕王的把柄，但朱允炆还是做了一番更周密的部署。比如，将燕王的精锐部队全部调出，驻守开平；派亲信将领谢贵为北平都指挥使，掌管北平军事；命张昺为北平布政使，掌管行政；命都督宋忠调派沿边各卫马步兵三万，驻守开平，将燕王部下的精锐部队转到宋忠麾下。朱允炆君臣以为这样就可以将燕王锁死在北平城里，随时可以将其擒获。

对燕王朱棣来说，周王被削藩的确是个危险的信号。种种迹象表明，自己也有随时被废削的可能。他必须有所准备，不能束手待毙。他挑选了一批身手不凡的壮士作为自己的护卫，并以勾逃军为名，在各地招纳异人术士。同时，他利用燕王府院落阔大纵深的优势，秘密操练将士，赶造军器。为了避开朱允炆的耳目，他修筑了颇大的地下室，上面再建造房屋，墙根下再埋上大大小小的缸瓮。为了干扰监听，他命人在后苑养了大群的鹅鸭，用鹅鸭的声音掩盖操练士兵和制造军器的声音。

进入建文元年上半年，双方的相互猜疑日益加深。朱允炆君臣知道，削藩一事，最难啃的骨头就是燕王。削了燕王的藩，大事可定。燕王不削，所有篇章皆序曲，而不是主曲。没有拿到燕王谋反的罪证，朱允炆就没有理由公开废削他。燕王毕竟是叔辈行中的最长者，朱允炆对他必须时刻保持警惕。无论是派人侦刺，还是军事防范，都是他内心世界的外露。至于燕王，他仿佛看透了朱允炆的心思，他知道对方无时无刻不在想着废了自己。北平城里到处都是皇帝的耳目，他的军队已经被调出城外。在这微妙的历史时刻，叔侄双方时刻防范，时刻警惕，不断试探，不断戒备，既像是温情脉脉的表演，又像是一场心理战。据说，这一年二月，燕王为了消除朱允炆对自己的猜疑，毅然进京朝觐。燕王自恃叔父之尊，昂首阔步地由皇道上殿，到殿上也不下拜。在燕王此次朝觐之时，户部侍郎卓敬密奏皇帝，要他将燕王徙往南昌。朱允炆说："燕王是骨肉至亲，怎么能这样做呢？"卓敬回答道："隋文帝和杨广难道不是父子吗？"朱允炆让他不要再说了。在这场心理战的比拼中，燕王将朱允炆的心理拿捏得死死的，才敢冒险觐见。而朱允炆优柔寡断，一再错失良机。

一般说来，成大事者须有相应的恢宏志向、气度与才略，朱允炆显然不具备这些素质。他让人感受到的，只有躁进的心态。这大约是书生治国的通病，他们有着近乎病态的理想主义气质，想要一日千里，却连一日都等不得；事到临头，却还在左顾右盼，不知去往何处。燕王回到北平后长舒一口气，他在厉兵秣马的同时，假装生病迷惑朝廷。几个月后，太祖朱元璋小祥，即逝世一周年。让建文朝君臣感到震惊的是，燕王居然派长子朱高炽带着两个弟弟一起入京致哀。他们到京师后，齐泰果然向建文帝密奏，请求将三兄弟留在京师做人质。黄子澄却不同意，他的理由是："不若遣归，示彼不疑，乃可袭而取也。"这真正是书生之见。也难怪有人说他们不务实学，只知道纸上谈兵。当三兄弟回到北平后，燕王也感到惊喜。他说，这是上天保佑的结果。

不久，燕山护卫的一个百户告发燕王部下的两个官校，说他们到处为燕王招募勇士，图谋不轨。朱允炆虽未下令将燕王废削，但还是颁诏将其训责一通。朱棣感到很恐慌，只好以装疯来迷惑朝廷。北平布政使张昺和都指挥使谢贵登门看望时，正值盛夏，朱棣却围着火炉瑟瑟发抖，嘴里不停念叨着："真冷啊！真冷啊！"事后，他们把这情况报告给朝廷，朱允炆居然信以为真。有句话说，演员都会逢场作戏，而政治家都是好演员。无论在哪个时代，一个成功的政治家都需要是一个好演员。无论是长袖善舞，还是装疯卖傻，都需要演技。在演技比拼上，朱允炆又落了下风。

"燕王要举兵！"当朱允炆君臣从燕王派往京师的护卫百户口中得到这一消息时，可谓喜忧参半。喜的是，燕王反了，他终于得到废削燕王的罪证；忧的是，燕王反了，不知谁能替他缉捕燕王。他从心里畏惧燕王朱棣，畏惧的种子早就在他的心里埋下。朱棣传出病重的消息，黄子澄劝他发兵攻燕。朱允炆拒绝了，他说，燕王智勇双全，善于统兵打仗，虽然他病了，恐怕一时也拿他不下。

朱允炆与朱棣，这对叔侄就像两个钟情之人，都在等待着对方戳破那层窗户纸。谁都盼望那一天快些到来，可谁都不肯先迈出那一步。最后，朱允炆还是借助第三者之口，坐实燕王真的反了。对于这样一个结果，建文朝君臣是乐见的。不用再为废削燕王而绞尽脑汁，也不用再刺探和试探。

1399年夏天，朱允炆命令他在北平的亲信逮捕燕王朱棣，但错失良机，早有觉察的朱棣怎会束手就擒，他使计擒杀了朱允炆派来的人，趁着夜色指挥部下夺取九门，迅速控制了北平局势。燕王随即打出"奉天靖难"的旗号，他援引《皇明祖训》——"朝无正臣、内有奸恶"，藩王就可以举兵，"以清君侧之恶"。现在朝中有齐泰、黄子澄这样的奸臣，"横起大祸"。为此，他作为藩王就应该"奉行天讨，以安社稷"。但《皇明祖训》中原文是这样的："如朝无正臣，内有奸恶，则亲王训兵待命，天子密诏诸王统领镇兵讨平之。既平之后，收兵于营，王朝天子而还。”而燕王身上既无“天子密诏”，也不打算讨伐奸恶之后收兵，他的军事动员打着“祖训”的旗号，犯下的却是反叛的罪行。誓师时，燕王朱棣公开的说法就是“以诛齐泰、黄子澄为名”。燕王占领北平以后，接着便马不停蹄地攻略周围的重镇和关隘，从而有了稳定的后方。

3. 靖难役，以及建文失踪

在朱元璋的二十六个儿子中，朱棣年居第四，胆识谋略却在众兄弟之上。他于1370年封燕王，1380年，亦即胡惟庸党案爆发之年，就藩北平。诸王中有九位年长的藩王均分封在北部边塞，在太祖朱元璋看来“西北辽远，非亲子弟不足以镇抚而捍外患”。燕王智勇过人，娶开国功臣徐达的长女为妃。就藩北平后，徐达数次奉命备边北平，朱棣跟他学习兵法。1390年，朱棣会同晋王征讨元将乃儿不花部，晋王胆怯，退缩不前。朱棣千里奔袭，全胜而归，太祖朱元璋大喜。其后，朱棣屡率诸将出征，并节制沿边人马，威名大震。

朱允炆削夺藩王，各藩唇亡齿寒，至于是否起兵抗拒，朱棣虽有筹谋，但始终难以决断。他手下有个谋士叫姚广孝，此人公开身份是一个和尚，僧名道衍，所以大家习惯上又称他为道衍和尚。姚广孝，苏州府长洲人。他虽然出生于一个医药世家，却更向往僧侣生活，十四岁就出家做了和尚。他最初跟随虚白亮、智及等人学习禅宗，后又改习净土宗，中间还拜过一个道士为师，因此习得阴阳术数。洪武年间，朱元璋选拔各地懂儒学的僧人，姚广孝来到京城，参加并通过礼部组织的考试。那一年，马皇后去世，朱元璋要大臣们为诸王选高僧随侍，在各自封地诵经，为马皇后祈福，有官员就将姚广孝推荐给了朱棣。

据一些史料记载，姚广孝来到北平后，通过各种手段蛊惑朱棣。比如，他曾为燕王占卜，交给燕王三枚铜钱，让燕王投掷。燕王刚掷出一枚，他就说，殿下要做皇帝乎？吓得朱棣赶忙制止。明朝人中还流传着一个故事，有一次，燕王写了个上联，“天寒地冻，水无一点不成冰”，姚广孝则脱口而出：“世乱民贫，王不出头谁做主。”这些故事虽有附会成分，但它的历史情境是可信的，即姚广孝是朱棣起兵的有力推动者。

朱棣在北平招揽了许多奇人异士，袁珙就是其中之一。此人善于相面，据说曾给上百个读书人相面，“无不奇中”。早年他与姚广孝相识于嵩山，他这样形容对方：“目三角，形如病虎，性必嗜杀，刘秉忠流也。”刘秉忠是曾辅佐过元世祖忽必烈的一个僧人。姚广孝便将袁珙引荐给燕王，召至北平。燕王选择在酒馆里召见此人，袁珙进去的时候，只见面前十个卫士在那里猜拳行令。袁珙走进来一看，马上跪在燕王面前说：“殿下怎会如此不自爱？”其他卫兵取笑他，说他没喝就醉了。燕王便带其回宫，问他如何识得自己。袁珙说燕王的相貌贵不可言，龙行虎步，日角插天，有天子之相。等到四十岁时，胡须过了肚脐，就可以做皇帝了。

金忠是袁珙的朋友，此人精通《周易》，善于卜筮。金忠自幼家贫，在通州军中做一小卒，偶尔在北平街头给人占卜算命，屡屡得中，因此闯出名堂。姚广孝又将他找去为燕王卜卦，自然又是贵不可言。从此金忠出入燕王府中，并以占卜劝燕王举兵起事。燕王即皇帝位后，金忠官至兵部尚书。对于这些投机者来说，燕王是他们的贵人，燕王贵及帝王，他们自然也贵不可言。像朱棣这样的智勇之士，居然也相信方士之言，今日看来未免可笑。但应该承认，卜筮作为一种历史现象和文化现象，在许多关键时刻屡屡起到改变时局的作用。这些小人物，他们善于揣测人心，知道站在他们面前的人，要听什么话，要得到什么指引。他们相的虽然是面，但道出来的又何尝不是人心底的欲望？燕王朱棣早就觊觎名器，父亲不给他机会，他只有认命。他以为这一辈子只能做个藩王，在北风里遥望南国。没想到，侄儿登基不到一年，就让他们连藩王也做不成。有一次，姚广孝劝他举兵。他沮丧地说：“民心向着建文，怎么办呢？”姚广孝摇头道：“我只知道天意，谈什么民心？”姚广孝的屡次劝说，术士们的轮番暗示，让朱棣内心摇晃不已，也一点点剥落他内心的罪恶和恐惧。

姚广孝说得对，天道如此，他朱棣又能如何！于是当即起兵，拔居庸关，破怀来，取密云，克遵化。燕王略定后方的战事进展顺利。为了让将士们理解他起兵的正当性，朱棣发布了告谕全体将士的布告。将矛头直接指向建文帝朱允炆：

夫幼冲行乱无厌，淫虐无度，慢渎鬼神，矫诬傲狠，越礼不经，肆行罔极，靡有修底。上天震怒，用致其罚，灾谴屡至，无所省畏。惟尔有众，克恭予命，以绥定大难，载清朝廷，永固基图。

这份布告，朱棣开始诋毁建文帝。诋毁有二：一为太祖的丧事处理过于迅速疏简，朱棣捏造事实，甚至让朱允炆背上弑祖继位的污名，质疑其登基的合法性；二为任用奸恶，变乱旧制。一句话，建文朝的君不像君，臣不像臣。君王邪恶庸劣，臣子奸佞无道。他始终不肯说出夺位的话，却在用温水煮青蛙的策略为自己正名造势。历史学家孟森说："靖难之名，为成祖篡国时所自命。"一个"篡"字，即为定评。当燕王军队在北方大地攻城略地的时候，朱允炆不以为意。每天都和方孝孺等人讨论复古改制的事，他们讨论更定律令，减轻刑罚，还要合并州县，裁减冗员，还津津有味地讨论实行井田。随着前线战败的消息接踵而至，朱允炆才惊觉北方战事的严峻性。仁柔少断的朱允炆向来重文轻武，而他倚重的齐泰、黄子澄等人，兵事更非所长。齐泰主张公布燕王反叛的罪证，"明其为贼，敌乃可克。"朱允炆随即布告天下，出师伐燕，讨伐诏书中说：

邦家不造，骨肉周亲屡谋僭逆……朕以棣于亲最近，未忍穷治其事。今乃称兵构乱，图危宗社，获罪天地祖宗，义不容赦。是用简发大兵，往致厥罚。咨尔中外臣民军士，各怀忠守义，与国同心，扫兹逆氛，永安至治。

叔侄二人的两份战争宣言先后布告天下，可是谁来替建文帝充任伐燕的统帅呢？洪武时期大诛功臣武将的恶果暴露无遗，这也是藩王的兵权越来越重的原因。有人各种假设，若蓝玉还活着，让他主持北边防务怎样怎样。但历史不容假设，朱允炆盘点当年追随太祖平定天下的武将，仅剩长信侯耿炳文和武定侯郭英二人。朱允炆无将可用，只能让早已年过花甲的耿炳文披挂上阵。耿炳文的九千人先头部队，在北平以西的雄县遭到伏击，随后，各路增援的军队也被一一击溃。北军步步推进，耿炳文率余部向南退往冀中平原的真定（河北正定）。

建文元年（1399年）八月，两军在真定激战数日。对燕王来说，真定大战可谓战果辉煌。据《奉天靖难记》载："斩首三万余级，尸填满城壕，溺死滹沱河者无算，获马二万余匹。”耿炳文初战失利，但仍有相当实力，足以固守。这时，黄子澄犯下了一个大错，他推荐李景隆代替耿炳文为最高统帅，率领五十万大军北伐。李景隆是朱元璋的外甥李文忠的长子，袭爵曹国公。建文帝即位后，曾受命逮治周王。当时周王没有任何武装反抗的准备，所以李景隆能将周王逮系京师。自此以后，李景隆愈加受到朱允炆的信赖。朱棣听说李景隆提兵五十万前来，不禁大喜："昔年汉高祖也不过能带十万兵，李景隆何德何能，竟敢带兵五十万？赵括之败可待矣。”朱棣认为李景隆就是纸上谈兵的赵括，很快就可以将其击败。朱棣的战术核心是“兵出在外，奇变随用”，既可避免坐以待困，又可在外线运动战中壮大自己，变被动为主动。他计划将李景隆引到北平的坚城之下，敌人久攻不下，其师必惫，就会由强变弱。此时他再回师夹击李景隆，就一定能破敌。确定之后，朱棣嘱世子朱高炽守住北平，只需坚守不可轻易出战。朱棣率兵驰援永平，在解除永平之围后，他接着和诸将商议攻取大宁（内蒙古宁城西）。

朱棣的确是兵行险着，这边大宁若不能急攻快取，那边李景隆若已攻陷北平。朱棣将会两处失位，处于被两面包夹的危险境地。这是一场豪赌，作为赌徒的朱棣，他没有百分之百的胜算，但他有着超乎常人的战争嗅觉。这种嗅觉来自那些年他跟元军频繁交手得来的实战经验，也有他追随老丈人徐达学到的兵法战策。

十月六日，燕王的军队攻取大宁，宁王朱权的三护卫归降燕王。大宁是北边军事重镇，大宁行都司领兴州、营州共二十余卫，兵士都是西北精锐。尤其是朵颜、泰宁和福余三卫，都是投降过来的蒙古骑兵，异常勇悍。大宁诸卫军士的归降，为北军注入新的活力。以冷兵器为主的战争年代，得骑兵者得天下，是有道理的。诚如《明史》中所言："自是冲锋陷阵多三卫兵，成祖取天下，自克大宁始。”李景隆听说燕王北征大宁，便率军直扑北平。李景隆的战略决策并没有错误。倘若他攻下北平，朱棣将会失去以北平为中心的根据地。这一次，燕王赌赢了。留守北平的世子朱高炽和燕王妃徐氏立下大功。燕王的兵力本来就少，其精锐和主力随燕王在外，留在城内的多是老弱。这正像《仁宗实录·序》中所说："城中所余老弱不及十一。”南军挟雷霆之怒来进攻，北军却以“不及十一”的老弱士兵去抵挡。这真是一场疯狂的赌局。

十一月七日，燕王从后面对围攻北平的南军发起了攻击，连破南军四营。

燕王从离开北平援救永平，到胜利回到北平，大体经历了一个半月的时间。在这期间，燕王援永平、袭大宁，于郑村坝大胜李景隆，北平保卫战画上圆满句号。随后双方都在为接下来的白沟河大战做准备，其间双方经历了将近五个月的准备期。对双方来说，白沟河大战都是一场输不起的战役。双方几乎倾注所有的兵力，志在必得。

建文二年（1400年）四月八日，燕王率大军渡白沟河，拉开白沟河大战的序幕。关于两军渡河一事，《奉天靖难记》和《明实录》中记述得颇为离奇。当北军准备渡河时，燕王仰头望天，“默祷曰：‘天若助吾，河冰即合。’”夜间起营，果然“河冰已合，于是挥师毕渡”。当南军渡河而逃时，却“冰忽解，溺死者甚众”。此类记述显然是史官伪作祥瑞，丑诋建文帝，为燕王日后称帝制造“天意”。

这是一场艰难的战役，刚开始双方互有伤亡，燕军形势一度不利。正在双方一度拼杀的关键时刻，一阵旋风骤然而起，刮倒了南军的大旗。大旗一倒，指挥系统就出现了混乱。燕军趁此机会，猛冲猛打。于是，南军全线崩溃，兵败如山倒，“奔走之声如雷”。燕军借风纵火，焚烧敌营，连绵数十里的南军营地顿时成为一片火海。李景隆率领余部往南逃，丢弃的辎重、武器不可胜计，军士遭斩首和溺毙者十余万，投降者十余万。燕军沿途追杀，横尸百余里。李景隆兵败的消息传到京师，黄子澄当场恸哭，大呼：“大事去矣，荐景隆误国，万死不足赎罪。”他大哭求死，也请求治李景隆误国之罪。按照刑律，李景隆死上千回也难赎其罪。因他是皇帝至亲，建文帝终未治罪于他。

李景隆逃入济南，燕军随后将济南团团围住。由北平到南京，取道济南是最近的路线，两地几乎在同一直线上。由于铁铉和盛庸齐心协力，济南成为朱棣南征之路上最难啃的一块骨头。从五月到八月，朱棣用了三个月时间也未能攻下济南。铁铉曾向朱棣诈降，将其诱入城内，最后还是功败垂成。据说，燕军曾用火炮轰击济南城墙，形势一度危急。铁铉灵机一动，命部下刻写许多明太祖的神主牌位，高悬于城墙之上。朱棣起兵时，不就是举着“祖制”这面大旗，以示他造反的合法性吗？铁铉在这里恰好利用朱棣的文宣策略，索性在城墙各处挂上太祖牌位。果然，朱棣下令停止炮轰，不然他轰的是城墙，也是太祖牌位。如果城墙塌了，朱棣向天下人展示的那面“祖制”大旗也就随之倒下了。他不能因为攻城，而失去天下臣民之心。他不敢把炮口指向自身脆弱的合法性，他的内心是虚弱的。

朱棣担心被切断退路，只好班师回北平。建文帝闻讯大喜，擢升铁铉为兵部尚书，赐金币，封其三世。封盛庸为历城侯，总掌诸军北伐事宜。

对南军来说，他们以为这个秋天看见的是一道胜利的曙光，事后才发现，那不过是落日前的余晖。时为建文二年九月，南军在铁铉、盛庸的统领下，与燕军会战于东昌一带。是役，燕军大败，伤亡数万人，朱棣突围而出。正当朱棣仓皇北逃时，朱高煦率军赶到，奋力拼杀，使燕王得以安全撤退。在靖难之役中，燕王几次处于生死边缘，都是朱高煦及时赶到，将其救出重围。这也为后来的皇位之争埋下伏笔。东昌大战不仅是燕王靖难之役中最惨重的失败，也是他一生军事生涯最惨重的失败。《明史》记载说："是役也，燕精锐丧失几尽，（盛）庸军声大振。"

1401年的战事呈胶着状态，双方在山东和中原地区屡有交手，互有胜负。其间也有书信往来，使者不断，展开了一场心理战。从朝廷方面说，前线战事连遭败绩，燕王前锋直指京师。朱允炆又将齐泰、黄子澄罢逐，并派官员籍没其家，表面上示弱燕王，意在缓兵。这就像谈迁在《国榷》中所言："斩晁错以谢七国，摈齐、黄以款北平，今昔之谬，如出一辙。"谈迁认为既然事已至此，何不做得更彻底？"即函齐、黄首致之，曷益哉！"献上齐、黄二人首级，或许更有效果。

燕王经过短暂休整，留世子朱高炽守北平，亲自率大军南下。此次，朱棣不再取道德州、济南一线，而是从山东和河南临界一带南下。吸取前番连败的教训，燕师接连攻破东阿、汶上，很快抵达沛县。沛县既破，燕师遂逼向徐州。徐州守军据城固守，燕军一直未能将其攻破。燕王此时的战略已经有所调整，像济南、徐州这样的坚城，能攻下自然好，攻不下也不恋战，绕道火速南行，直扑南京。

建文四年（1402年）春天，战争的天平开始倒向燕王的北军。这年四月，双方主力大战于安徽宿州，当时北军连失大将，再加上不习惯江南初夏溽热，准备拔营南撤。这本是南军大举进攻的最好时机，朱允炆却听信廷臣的建议，以为北军已退，京师不可无良将，命魏国公徐辉祖撤回南京。朱棣见机会来了，趁机率大军围攻灵璧。灵璧之战使南军精锐丧失殆尽，已很难与北军展开对等的较量。

五月七日，朱棣渡过淮河，当天就攻占了盱眙。

五月十七日，扬州守将开门投降。

刚入六月，北军抵达浦子口，与京师隔江相望。盛庸在此驻守，两军在浦子口展开激战。正当朱棣要败退时，朱高煦率胡骑赶来。朱棣大喜，激动地拍着朱高煦的背说："勉之！世子多疾，如得天下，以若为嗣。"你大哥的身体多病，如果将来得了天下，就让你做太子。人情急之下说的话，难以周全。不过朱高炽和朱高煦两兄弟之间，朱棣确实更加欣赏朱高煦，觉得他像自己。北军反败为胜，浦子口失陷，南京完全暴露于朱棣的面前。

六月三日，朱棣誓师渡江，誓词有言："夫天下者，我皇考之天下；民者，皇考之赤子。"言下之意，天下是太祖的天下，民是太祖的民。我作为太祖的长子，得之有道，继之有道。朱棣不承认建文帝，也就不承认自己起兵夺权。

六月八日，燕王由镇江西进，抵达龙潭。燕王遥望钟山，怆然泪下。钟山脚下有太祖朱元璋的陵墓，三年征战，那一刻他内心百感交集。部下见这位战场上的铁血统帅竟然落泪，不解地问他，胜利在望，主公何以悲伤？燕王说："吾往日渡江，即入京见吾亲，比为奸恶所祸，不渡此江数年。今至此，吾亲安在？瞻望钟山，仰怀陵寝，是以悲耳。"

六月十三日，守卫金川门的李景隆和谷王朱橞，打开城门，迎接朱棣大军入城。让建文君臣感到恶心的，莫过于打开金川门不战自降，并迎接燕王进城的，是那个此前领着五十万大军北伐的李景隆。当朱棣以胜利者的姿态从金川门进入南京城时，只做了四年皇帝的朱允炆留下了一个巨大的历史谜团，消失于时间深处。几百年来，人们围绕着他的生死争论不休。争论的结果，无非是朱允炆焚亡，还是逃亡。

在十六世纪以后关于这个题材的小说演义中，建文帝和他的殉难随从人士逐渐变成了悲剧式的英雄人物。同情者，都希望能给建文帝留一个相对温暖的结局。于是，说他流亡。

永乐年间修《实录》，官方的统一口径称，城破前，宫中燃起一场大火，建文帝葬身火中。这种毫无实证的官方话语，难以说服人心。整个明代，有关建文帝逃出京城后在民间社会、化外之境时隐时现的传说层出不穷。

清朝乾隆年间所修《明史》，卷四《恭闵帝本纪》在写到朱允炆焚身而死时，也多语焉不详：“宫中火起，帝不知所终。燕王遣中使出帝后尸于火中，越八日，壬申，葬之。”也就是说，大火过后发现的是皇后的尸体，而不是建文帝的尸体。给人留下巨大想象空间的，是后面加上去的一句“或云帝由地道出亡”。

《明神宗实录》记载，明万历二年十月十七日，明神宗朱翊钧曾和大学士们谈起建文朝遗事，道出心底的困惑：传闻说建文帝逃亡，不知真伪。内阁首辅张居正回答说：国朝历史没有记载此事，听先朝故老相传，说靖难之师进入南京城时，建文帝按照老皇帝的部署，即削发披缁衣从水关御沟走出，人无知道。正统年间，在云南驿所墙壁上，有僧人题诗“长乐宫中云气散，朝元阁上雨声愁”等句。御史召见询问，老僧坐地不跪。只说想归骨故园，查验后，有说即是建文帝云云。

明末钱谦益的《有学集》有一篇《建文年谱序》，其中说到他在史局工作三十余年梳理史料，唯独对建文帝生死之事搞不清楚，每念及此，这个在历史上口碑并不好的文人也会落下泪来。他这个皇家密档的管理员都搞不清楚，其他人更是糊涂庙里糊涂神——糊涂到一块了。《实录》无证，传闻各异，伪史杂出，简直是一笔糊涂账。不过，钱谦益认为赵士喆所编《建文年谱》，荟萃各家记录，努力发掘真相，让他还未读完，就已“泪流臆而涕渍纸”。比照留存于世的各种记录，钱谦益相信建文帝真的逃出了京城。

生不见人，死不见尸。朱棣不相信建文帝真的自焚而死，甚至有史家说郑和下西洋，不是为了“宣教化于海外诸番国”，而是为了寻找建文帝的下落。

1407年，朱棣派遣户科给事中胡濙去全国各地寻找仙人张邋遢（张三丰），名为寻找张三丰，实则是寻找朱允炆的下落。胡濙在外奔波十年，足迹遍布天下州郡乡城邑。其间，他因母丧守制都没有得到应允，只是给他加官为礼部左侍郎，命他继续完成这一秘密使命。

1423年，胡濙回到京师。从《明史·胡濙传》中可见有关此事的记录：“二十一年还朝，驰谒帝于宣府。帝已就寝，闻濙至，急起召入。濙悉以所闻对，漏下四鼓乃出。先濙未至，传言建文帝蹈海去，帝分遣内臣郑和数辈浮海下西洋，至是疑始释。”朱棣已经就寝，听说胡濙来见，急忙将其召入。君臣二人密谈良久，胡濙四鼓过后才离开，可见事情之急迫，奏对时间之长久。

至于朱棣的疑虑是如何消除的，不得而知。朱棣此时已当国二十一年，距离他去世仅剩一年。耐人寻味的是，此前郑和已经六次下西洋，明成祖朱棣也让他暂时歇下。郑和第七次下西洋是在宣德年间。孟森《建文逊国事考》说：“果如横云所言，成祖（朱棣）命中使（太监）出其尸于火，已验明的系建文，始以礼葬，则何必疑于人言，分遣胡濙、郑和辈海内海外，遍行大索二十余年之久？”这样的诘问，直指朱棣的内心深处：公开宣称建文帝焚亡是为了合法即位，派人暗中侦察是因为他不相信建文帝死了。这里还有件事录于此：二十世纪二三十年代，孟森在北京大学历史系开讲明史，曾提到过，故宫曾经发现一套乾隆四十二年重修《明史本纪》刻本，其中《建文纪》的末尾有这样的话：“棣遣中使出后尸于火，诡云帝尸。越八月壬申，用学士王景言，备礼葬之。”也就是说，“自焚说”早已在四库定本中被纠正过来，只是四库本很少有人读到，即使读到，也不会注意到两个版本的不同，才会陷入疑误之境，以为官修明史真的将建文帝写为自焚而亡，其实不然。

关于建文帝是生存，还是死亡的问题，官修明史尚且暧昧不清，更不要说那些各执一词的明人笔记。

4. 弱势合法与强势即位

燕王朱棣进入京师当天，兵部尚书茹瑺率领群臣叩头劝进，言之凿凿，说国家不可一日无主，劝燕王立即登基。朱棣没有答应。既然皇位已是囊中物，他又着哪门子急，还是等更多的人来劝进。第二天，诸王和文武群臣一起上劝进表，请上尊号，正大位。燕王再次拒绝。第三天，跟随燕王征战的诸将一起上表劝进，说起兵以来，战必胜，攻必取，实乃天命所归。燕王仍拒绝。第四天，诸王再次上表劝进，燕王固辞不许。他给出的理由是，太祖创业艰难，要推择诸王中有才德、可以奉承宗庙者立之。第五天，朱棣觉得火候差不多了，接受诸王和群臣劝进，准备进宫登基。

这里有个细节值得注意：正当燕王满心欢喜地进宫登基时，时任编修的杨荣迎谒于路上，他对朱棣说：“殿下先谒陵乎，先即位乎？”一语惊醒梦中人，朱棣立即掉头前往孝陵拜谒。看似小事，背后却藏着深刻的政治玄机。拜谒父皇的陵墓后再即位，表明他继承的是太祖的皇位，而不是建文帝的皇位。朱棣从进入南京城这一刻起，就要面对世人对其政治合法性的质疑。从政治学意义上说，所谓政治合法性是指某个统治者凭什么获得其成员的忠诚。合法性体现的是一种价值判断。凡是建立在价值基础之上并以此得到公共舆论承认的即为合法。

燕王拜谒孝陵后，随后登上奉天殿，即皇帝位，即明成祖，建元“永乐”，以次年为永乐元年，改建文四年为洪武三十五年。朱棣自即位始，合法性不足或者说政治合法性危机就成了他的致命伤。为打开心结，朱棣进行了多方面的努力。他革除建文年号，让永乐年号与洪武年号无缝对接，含有不承认建文的意思，也有继承太祖之意。朱棣不仅革去建文年号，还对建文帝所实行的一些制度、所上的一些尊号、改用的一些名称，能改尽改，或恢复洪武旧制。殊不知，朱棣的一生都将在理直气壮的自信与欺世盗名的恐惧之间摇晃。这种矛盾心理，主宰了他的帝王生涯。朱棣虽然登上皇位，表面上风风光光，也难逃公论指责和内心的折磨。身边近臣反复告诉他，他从北京起兵，以一隅之力，一旅之师而有天下，足以证明他是天命所归、德性完美的英主。

对于皇帝来说，登基只是起点，一切才刚刚开始。朱棣一旦即位，天命的庇佑和德性的外化将持续下去，而作为皇帝只有用更大的作为来证明它的逻辑性。唯其如此，他才能将“靖难之役”这一带有叛逆不伦色彩的举动套上合理化的解释。不然，无法给天下臣民一个交代。朱棣对于建文时期编写的《太祖实录》极为不满，叶慧仲因为参与编撰而毫不隐晦燕王谋反之事，被诬陷为“逆党”遭到族诛。朱棣下令焚毁《太祖实录》，重新编写。所谓重新编写，无非是让编者尽篡改涂抹之能事。沈德符在其所著《万历野获编》中说，修改后的《太祖实录》，开国功臣的壮猷伟略稍不为靖难归附诸公所喜者，全被删削，建文一朝四年史实荡灭无遗。旧版《太祖实录》修于建文朝，朱棣既然在名义上得位于太祖高皇帝，又对建文一朝尽行革除，重修《太祖实录》以正视听，实为第一要务。又，永乐朝虽以非常之手段，由藩王入继大统，而以道德教化子民，使其驯良，还是一项长期任务。是以，举凡忠诚、烈女都应在褒扬之列，由当朝最有学问的侍读学士总领其事。由曹国公李景隆与尚书茹瑺挂名监修，解缙作为总裁，负责具体工作。

燕军进入南京以后，建文旧臣们各有表现，命运也迥然不同。综合来看，大致分为四类：其一为逃逸者。《明史》有录：“燕兵之入，一夕朝臣缒城去者四十余人。”一夜之间，从城墙上缘绳而下者四十余人。破城在即，兵荒马乱，逃跑者的姓名已无可考证。其二为投降者。任何时候，惜命者都是最多的。且不说他们对朱棣的行为持何种态度，也不说他们怎样看待自己的失节。他们中的大多数认为朱棣取代朱允炆不过是皇族家事，谁坐上皇位，他们就向谁称臣。在这些降臣中，有后来成为一代名臣的夏原吉、蹇义、杨士奇、杨荣、杨溥、解缙、胡广、金幼孜等人。其三为不屈者。这些人是少数，但也留下足够光彩的时刻。比如，徐达的长子徐辉祖，当燕王的军队由金川门入京时，他还率部做最后的抵抗。还有一个叫连楹的御史，他假装投降，想尽办法接近燕王行刺，结果被燕王的部下杀死。史书上说，连楹“被杀，尸直立不仆”。人被杀了，尸体还兀自挺立，不符合物理逻辑，符合精神逻辑。其四为殉难者。所谓殉难，殉的是建文帝，皇帝生死未卜，他们绝不偷生。无论是不屈者，还是殉难者，都给燕王以很大的震动。他必须用软硬两手来处置建文旧臣，即除了优容降臣外，还要用铁的手腕对付那些不肯归降的人。

南京城破后，建文帝的几个弟弟无一幸免，小儿子圭甫，当时只有两岁，朱棣派人把他幽禁到安徽凤阳老家，直到三世以后明英宗时，这个废皇子才重新得见天日。那时他已五十有七，智力水平却像个孩子一样，连大街上在走的牛马都分不清楚。此是后话不提。随即而来的是一场清除“建文奸党”的大规模血腥屠杀，朱棣要通过这种恐怖恫吓来堵住异见者的嘴。大军一入南京城，就“大索齐泰、黄子澄、方孝孺等五十余人，榜其姓名曰奸臣”。

南京陷落时，齐泰正出外募兵徒劳而返，为了不让燕王认出，他就把骑着的白马用墨涂黑。马跑得大汗淋漓，涂上去的墨汁都被洗掉了，有认得他的马的人大叫“这是齐尚书的马”，于是他被燕兵当场逮住，押往京城处斩，他的从兄弟敬宗等皆坐死，叔时永、阳彦等谪戍，刚满六岁的儿子免死为奴。而黄子澄还想图谋起事，被人告发抓住后，由朱棣亲自审问。最后他先被砍去双手、双腿，再处死。族人无论年少年长全都问斩，姻亲都发配戍边。

在这受戮之人中，最为悲惨的，莫过于方孝孺“夷十族”。朱棣兵发北平时，姚广孝特地以方孝孺为托。他对朱棣说，南京城破之日，方孝孺一定不肯降服，不管如何千万别杀他，“杀孝孺，天下读书种子绝矣”。朱棣答应了他。朱棣进南京后，方孝孺拒不迎降，闭门不出，并为建文帝穿丧服，昼夜啼哭。朱棣召用他，他坚决不肯屈从，最后被镇抚伍云等强迫着来见朱棣。朱棣要找人拟即位诏，朝中官员都推荐方孝孺，朱棣遂召他出狱。朱棣派了方孝孺的两个学生廖镛、廖铭去狱中劝说，结果引得方孝孺破口大骂：亏你们跟我学了这么多年，连最基本的道义和是非都不懂吗？起草新皇登基的诏书对一个文臣来说是至高的荣誉，朱棣认为，方孝孺没有理由，也不应该拒绝。

方孝孺被召上殿来时，大放悲声，哭声响彻朝堂。朱棣不以为忤，为示礼贤下士，下榻亲自来迎接。以下这节朝堂上的辩论，向来被世人视作“方孝孺式硬气”最生动的呈现：

> 成祖降榻劳曰：“先生毋自苦，予欲法周公辅成王耳。”
>
> 孝孺曰：“成王安在？”
>
> 成祖曰：“彼自焚死。”
>
> 孝孺曰：“何不立成王之子？”
>
> 成祖曰：“国赖长君。”
>
> 孝孺曰：“何不立成王之弟？”
>
> 成祖曰：“此朕家事。”顾左右授笔札，曰：“诏天下，非先生草不可。”
>
> 孝孺投笔于地，且哭且骂曰：“死即死耳，诏不可草。”
>
> 成祖怒，命磔诸市。

朱棣内心憋的那团邪火终于燃烧起来，他将这个不识时务的儒生凌迟处死。方孝孺留下一首绝命诗，慨然就死，时年四十六岁。有人说他的这首绝命诗颇有屈原的《离骚》之风，沉郁悲怆，涕泪泣血：

> 天降乱离兮孰知其由？
> 奸臣得计兮谋国用猷。
> 忠臣发愤兮血泪交流。

以此殉君兮抑又何求？

呜呼哀哉兮庶不我尤！

方孝孺自始抱定必死之心。他的每一句问答都将朱棣逼向逻辑死角，同时也将自己逼向命运的死角。按照我国古代制度，谋反是诛灭九族的重罪。所谓九族包括获罪者自己父亲一系的祖父母、父亲的兄弟姐妹、获罪者的堂兄弟姊妹及其所有子女等为四族；母亲一系的外祖父母、母亲的兄弟姐妹及其子女等为三族；妻子一系的父母和妻子的兄弟姐妹为两族。灭十族则为朱棣的独创发明，这里包括方孝孺的学生和朋友。

《明史纪事本末》叙述到“壬午殉难”一节，方孝孺怒骂“死即死耳，诏不可草”后，还有几句对话录于此：

文皇大声曰：“汝安能遽死。即死，独不顾九族乎？”

孝孺曰：“便十族奈我何！”声愈厉。

文皇大怒，令以刀抉其口两旁至两耳，复锢之狱，大收其朋友门生。每收一人，辄示孝孺，孝孺不一顾，乃尽杀之，然后出孝孺，磔之聚宝门外。

朱棣下令诛其十族，大捕其宗族门生。方孝孺硬抗朱棣，除了因为他的儒生气节，以及与建文帝的君臣之谊，还有他的政治理念。有学者从方孝孺的著作中发现，早在十八岁的时候，方孝孺就曾写下《释统》三篇，深究政治合法性。他将中华统系分为正统、附统、变统三种。他认为：“仁义而王，道德而治者”为正统，如三代之君；汉唐宋“虽不敢几乎三代，人其主皆有恤民之心，则亦圣人之徒也”。故附之于正统，是为附统。而“取之不以正”“守之不以仁义，戕虐生民”“夷狄而僭中国，女后而据天位”，《释统》皆为变统。

方孝孺提出三统之说，目的在于顺从天意，维护纲常，使正统尊，奸邪息。所以在政治合法性问题上，方孝孺是一个严格的正统派。他坚持政策的有效性绝对不能代替政治的合法性。朱棣下令将方孝孺投入大牢，大肆抓捕其亲族朋友门生。每抓一人，都带来让他看一看。方孝孺看到他们非常难过，弟弟方孝友被杀前反劝道："阿哥何必泪潸潸，取义成仁在此间。华表柱头千载后，旅魂依旧到家山。"

十族全诛后，磔方孝孺于市。磔就是所谓的"千刀万剐"，是把身上的肉一片一片割下来，让受刑者受尽痛苦而死的酷刑。其门人廖镛、廖铭捡其遗骸，把他安葬在聚宝门外的山上。方孝孺的兄长方孝闻，先他而死，弟方孝友与他一同就戮，妻子郑氏，两个儿子中宪、中愈自刎而死，两个女儿皆未成年，投秦淮河而死。一门坐死者八百七十三人。有人说，方孝孺为此得到于事无补的壮烈，成全了个人的气节，可让数百人陪着他粉身碎骨，似乎又让人觉得不值。明朝钱士升在《皇明表忠记》中就对方孝孺的这种做法予以指责："孝孺十族之诛，有以激之也。愈激愈杀，愈杀愈激，至于断舌碎骨，湛宗燔墓而不顾。"其实他若能聪明一点，有智慧一点，转换一下思路，从长计议，或许会是另外一种局面。但每个时代都有其视为不可玷污的神圣价值，如果拿我们今日的价值观去衡量过去的时代，那么看到的自然是不可理解的愚昧。而在那样一个年代，以武力推翻一位合法君主在世道人心中的罪过，一点也不比今日发动军事政变推翻民选政府的罪过来得轻。

激烈如方孝孺，执拗如方孝孺，宁诛十族，也要选择"死社稷"。我们在这里不妨想象一下：南京城破之前，他和建文帝朱允炆师生之间应该有个充满仪式感的告别。向来听从老师教导的朱允炆，或许会认真聆听老师的最后一段教诲，教诲的主题便是君臣"死社稷"。方孝孺，这个历史上的唯一，倒在了血泊之中，而朱允炆则跳进熊熊大火之中。方孝孺本可以不死，姚广孝曾为他向朱棣求情："城下之日，彼必不降，幸勿杀之。杀孝孺，天下读书种子绝矣！"向来自负的朱棣居然听进去了，"成祖颔之"。然而，一切如姚广孝所料，方孝孺"必不降"，朱棣也必"杀孝孺"。他只有双手合十，轻叹了事。方孝孺之于朱允炆，如同姚广孝之于朱棣。即使在南北激战的烽火硝烟之下，方孝孺还饶有兴致地引导朱允炆进行复古改制的尝试，宫殿名、城门名，悉数恢复古称，官制也按《周官》重订。而姚广孝在朱棣身边，始终不曾脱下他的僧袍，这个不官不民、亦官亦民的和尚，作为朱棣的座上宾，运筹帷幄，出谋划策，位极人臣，却极好地把握住了自己的角色设定。他的那一身僧袍，既是障眼法，也是自保术，至少消除了朱棣对他的戒心。更让人不可思议的是，等朱棣得天下，论功行赏，姚为第一，举朝推崇。但他居然常居僧寺，冠带而朝，退仍缁衣。这个长着一双三角眼、形如病虎的家伙，显然要比那个满面肃容、愁苦忧国的方孝孺更懂得政治是怎么回事。

方孝孺被处死后，朱棣命翰林院侍读楼琏起草登基诏书。楼琏是浙江金华人，也是宋濂的学生，文采出众。楼琏心惊胆战地拟完诏书，回到家对妻子说："我死了倒也罢了，只怕不承命的话还要连累你。"妻子斥道："你还好意思回来？面对九泉之下的宋濂先生，你难道心里没有愧疚吗？"楼琏羞愧难当，到了傍晚真的自缢身亡。

时任都察院左都御史的景清，当年曾参与"削藩"密谋。他本与方孝孺等人相约以身殉国，但令人不解的是，当许多建文旧臣纷纷殉国之时，他却向朱棣投诚归附。当时有人骂他"言不顾行，贪生怕死"。不过也有人对此表示理解，因为建文初年，景清曾任北平参议，得到过朱棣的赏识。朱棣仍命他担任都察院左都御史，他成为了永乐朝新贵。某一天上朝时，景清身穿红衣，暗藏利器，准备行刺朱棣。巧合的是，日前主管天象的官员曾报告朱棣："异星赤色犯帝座，甚急。"朱棣上朝时，见到景清身穿红衣，神色异常，便命令侍卫对其搜身，果然搜出了凶器。景清奋然高呼着"要为故主报仇"，不断辱骂朱棣。卫士拔掉他的牙齿，他仍骂声不绝，还把口中鲜血吐向朱棣。朱棣命人将其活活打死，并将其皮囊剥下来，塞进稻草，悬挂于长安门示众。

一日，朱棣乘坐轿子经过长安门时，悬挂着景清皮囊的绳索忽然断裂，景清皮囊正好落于轿前，状如扑击。朱棣大惊失色，下令将其烧毁。后来有一天朱棣午睡，梦见景清持剑追杀过来。惊醒之后他感叹道："想不到景清死了还这么厉害。"于是，他下旨株连景清九族，将其乡整个村庄籍没，"转相攀附"而死的有数百人之多。这就是臭名昭著的"瓜蔓抄"。

遭受过这样"瓜蔓抄"的不止景清一人。南京陷落后，建文时期的大理寺少卿胡闰也是受害者。朱棣不仅抄了他的家，诛杀他全族二百一十七人，还将他们聚居地——府城西面的硕辅坊，化作一片废墟。吕毖《明朝小史》写道：

> 一路无人烟，雨夜闻哀号声，时见光怪。尝有一猿独哀鸣彻晓。东西皆污池，黄茅白苇，稍夜，人不敢行。南至祝君庙，北至昌国

寺，方有人烟。

户部侍郎卓敬不屈，临刑时神色自若，灭三族；礼部尚书陈迪不屈，朱棣派人把他儿子捉来杀掉，并割其鼻，强塞给陈迪吃，陈迪唾向刽子手，骂得更凶，被凌迟处死，宗族被戍者一百八十余人；刑部尚书暴昭不屈，“先去其齿，次断手足，骂声犹不绝，至断颈乃死”；右副都御史练子宁，被逮后语不逊，“命断其舌，磔死，宗族弃市者一百五十一人，又九族亲家之亲被抄没戍远方者数百人”……

兵部尚书铁铉被捕后，表现得宁死不屈，背对着朱棣不肯趋附。朱棣命人割去他的耳朵，煮熟后塞到嘴里逼着他自己吃，还问他“甘否”。铁铉说：“忠臣孝子之肉有何不甘！”朱棣下旨将他寸磔处死，将其尸骨丢进油锅炸成焦炭。建文帝朱允炆的太子虽然没有被处死，但被禁锢在一个没有门窗的房子里，每日只在一个碗口大的洞里递进去食品和水。五十多年后，此人被释放出来，已经成为一个全然不知鸡鸭猪狗为何物的废人。

后来的修史者故意为朱棣开脱，掩饰其残暴，并没有将屠戮方孝孺十族写入十七世纪的官方史书《明史》。甚至于在官方文件中，方孝孺被描绘成一个贪生怕死之徒。《太宗实录》卷九“四年六月乙丑”条下载：“时有执方孝孺来献者，上指宫中烟焰，谓孝孺曰：此皆尔辈所为，汝罪何逃！孝孺叩头祈哀，上顾左右曰：勿令遽死。遂收之。”“丁丑”条下又载：“执奸臣齐泰、黄子澄、方孝孺等至阙下，上数其罪，咸伏辜，遂戮于市。”《太宗实录》修于仁宗朝，当时朝廷修三朝实录，对史事多有涂饰。史料并没有留下因受“建文奸党”株连而被处死、监押、流放和遭受其他迫害的无辜士大夫和老百姓的具体数字，据保守估计，靖难日的清洗至少万人。后世修史者，对永乐初年的这些死难官员，不能以胜败而论，只能说他们有尽忠之志，却无尽忠之谋，败得英勇，败得激荡而富于正气，“忠愤激发，视刀锯鼎镬甘之若饴，百世而下，凛凛犹有生气。”如果说，明朝开国，太祖朱元璋诛杀功臣，动的是高层官僚，那么成祖朱棣，动的是中下级官员。他们不仅屠戮官员，还要辱他们的妻女。

讽刺的是，这父子二人都曾经结下佛缘，朱元璋当过游方和尚，朱棣最宠信之人便是道衍和尚（姚广孝）。朱棣登基后开始信佛崇佛，京师之地寺院林立、僧人众多，他不仅有时让臣下唱佛曲，而且颁之于塞外。当然，人们切不可被这种表象所迷惑，朱棣崇佛不过为了用佛，他从不佞佛，后来还对佛教加以限制。《太宗实录》中有一个细节，很是意味深长：

永乐五年五月的一天，明成祖朱棣去佛教寺院灵谷寺。有一条小虫子在他衣服上爬，他甩手一抖，小虫子落在地上。他随即命身边的宦官将这条小虫放到树上，还说道："此虽微物，皆有生理，毋轻伤之。"那一刻佛光普照，慈悲盈怀，他简直就像个佛家子弟。一念佛，一念魔，实在让人难以判断。

孟森的《明史讲义》写到靖难后杀戮之事，大为不解：

> 成祖以篡得位，既即位矣，明之臣子，究以其为太祖之子，攘夺乃帝王家事，未必于建文逊位之后，定欲为建文报仇，非讨而诛之不可也。故使事定之后，即廓然大赦，许诸忠为能报国，悉不与究，未必有大患也。即不能然，杀其人亦可成其志，而实则杜诸忠之或有号召，犹之可也；诛其族属，并及童幼，已难言矣；又辱其妻女，给配教坊，浣衣局、象奴及习匠、功臣家，此于彼之帝位有何损益？

建文时期的政府档案被大量销毁，宫廷档案和皇帝起居录等被多处涂写和修改，所有记载这一政变的私家记述和文献都被禁止。诚如史家所言："建文一朝之政治，其真实记载，已为永乐时毁灭无遗……成祖以为罪则罪之，既篡之后，谁与抗辩？"经过一班文臣粉饰，官方将这场政变做如是叙述，记入"实录"：洪武三十五年六月，靖难的军队打到南京金川门外，"建文君欲出迎，左右悉散，惟内侍数人而已，乃叹曰，我何面目相见耶！遂阖宫自焚。"在他们的春秋笔法之下，朱允炆是建文君，而不是建文帝。他没脸见人，羞愧自杀。而朱棣看到宫中火起，即命太监前往援救，施救不及，便哭着说：果然如此痴呆！我来是为帮助你做个好皇帝，你竟然走上绝路。

那一刻，火光冲天，朱棣的泪水在脸上肆意流淌，原来假面也令人动容。人说，历史任人打扮，而在另一本历史书里，同样是这个年份，出现的则是另外一段话：在遥远的西方，文艺复兴照亮了中世纪黑沉沉的夜空，一架功能强大的发动机轰然启动，逐渐加速，世界再也不是以前的那个世界了。

第二节
内阁与内廷

1. 舌头的两种解读

那是南京陷落前的一个夜晚，解缙和他的两个老乡胡广、王艮相约密谈，地点选在邻居吴溥的家里。三人都是江西吉水人，平日走动频繁。此三人中，解缙的资历最老。早在洪武二十一年（1388年），他就以第七名的优异成绩荣登进士榜，被选为翰林院庶吉士。不知何故，对功臣宿将出手狠辣的朱元璋，却对这个天资聪颖的年轻人格外赏识，经常让他随侍身边。明朝遗老钱谦益编撰《列朝诗集小传》，如此描述："五岁时，族祖抱置膝上，戏之曰'小儿何所爱？'（解缙）应声作四绝句，其一曰：'小儿何所爱，夜梦笔生花。花根在何处，丹府是吾家。'……年十九举进士，倚待辄数万言，未尝起稿，善为狂草，挥洒如雨风。才名烜赫，倾动海内。"万历时的状元焦竑评价他："解缙之才，有类东方朔，然远见卓识，朔不及也。"

既然是才子，也就有了才子的性格。何为才子性格？用解缙自己的话说，就是"宁为有瑕玉，不为无瑕石"。宁愿做一块有瑕疵的美玉，也不做无瑕疵的石头。可是在中国传统社会里，奉行的却是"沙丁鱼罐头"法则。人才进入官僚体制，犹如沙丁鱼装进罐头盒，谁冒尖就掐谁的尖。据说，有一天朱元璋对解缙说："你我虽为君臣，但情同父子，你应该知无不言。"对于朱元璋的信任和鼓励，解缙大为感动。次日，解缙就上了一封万言书《大庖西封事》，对朝政提出尖锐的批评。他说道："法令经常更改，民众难免生疑，刑罚太重，民性愈加顽劣。建国二十年，法律仍时常变化，没有法律是一以贯之的。这些年来，您诛杀奸逆，锄根剪蔓，可从来没听您褒扬过谁。我们见多的是您喜怒无常。'或朝赏而暮戮，或忽死而忽赦'，早上去上朝，到了晚上就可能被杀头，或者一会儿下令处决一个人，一会儿又将其赦免。"面对朱元璋，一个年轻官员说出这样的话，难免让人替他的命运担忧。

解缙还专门献上一篇《太平十策》，提出了自己的治国主张。他的看法代表了当时读书人对时局的看法。朱元璋对解缙的两次直谏大加赞赏，解缙由此成为皇帝身边的宠臣。有官员说解缙恃才傲物，竟然进入兵部索要皂隶（听差），无中生有指责兵部尚书，且态度傲慢，出言不逊。朱元璋获悉后说，解缙因为担任闲散之职而发牢骚，是有些自由散漫。于是命有关部门将其晋升为监察御史。当时正赶上都御史袁泰恣意横行，无人敢起草弹劾奏疏，又是由解缙挑头。而让解缙名声大噪的，是他曾于洪武二十三年时，代替工部郎中王国用起草奏疏，为退休丞相、韩国公李善长鸣冤。他希望朱元璋引以为戒，"臣恐天下闻之，谓功如善长且如此，四方因之解体也，今善长已死，言之无益，所愿陛下作戒将来耳。"朱元璋仍然没有怪罪解缙。面对解缙宽仁待之的朱元璋，与面对功臣宿将心狠手辣的朱元璋，完全是两个人。或许在朱元璋心目中，解缙虽有才，但毕竟是个小角色。一个小角色，即使想蹦又能蹦多高？在不知可爱为何物的太祖皇帝眼里，解缙倒真有几分可爱，所以才会如此纵容他。后来，解缙的父亲解开入京觐见，朱元璋对他父亲说："大器晚成，若以而子归，益令进学，后十年来，大用未晚也。"让他父亲将他领回去，好好学习，十年后再来，一定会派上大用场。

解缙在乡间还没等到十年，朱元璋就死了。解缙以为十年之约自动解除，就自己返回了京师。为此，他还托人给建文帝写过一份悔过书。他说，因为自己"狂愚""无所避忌"，才会让自己陷入困境。幸赖太祖皇帝宽仁，"令以十年著述，冠带来廷"。他说，自己乡居八年，服侍父母，闭门谢客，将整个心思都放在著述求学上，勘误《元史》，承命写成《宋书》，删定《礼经》。太祖宾天的讣闻传来，让我痛彻心扉。我连刚刚去世的母亲都来不及安葬，九十岁的老父也顾不上服侍，就来到京师，只为在先帝陵前哭悼几声。却不想，因为还没到十年就出来，被人抓住了把柄。

建文帝还没考虑好将他安置于何处，朱棣的北军就已经抵至南京城下。这天夜晚，三个老乡在吴溥家聚会。胡广、王艮两人是建文二年的状元和榜眼。解缙向有辩才，讲到激动处声泪俱下。胡广也激愤难抑，誓不偷生于世。只有王艮不说话，只是默默流泪。待三人走后，吴溥父子有一番对话，真是道尽人性百般。

吴溥的儿子吴与弼，时年十四。他感慨，胡叔能慷慨赴死，也算是好事。但吴溥说："此三人中，唯有你王叔会以身殉国。"父子正说话间，忽听得隔壁传来胡广与家人的说话声："外面乱得很，你们要看好咱家的猪，不要让它跑了。"吴溥摇头对儿子道："一豚尚不能失，肯舍生乎？"

果不其然，王艮回到家中与妻子诀别，将早已备好的毒酒一饮而尽。燕王朱棣率领北军进入南京，宣布悬赏捉拿太常寺卿黄子澄、兵部尚书齐泰等左班文臣二十九人。至于解缙，史书中用了极其形象的三个字，"缙驰谒"。他跑得不可谓不快，态度不可谓不恭敬，为的不过是向大明的新主子报到。与其同行的还有吏部侍郎蹇义，户部侍郎夏原吉，翰林院修撰胡广、李贯等文臣，"叩马首迎附"，建文旧臣摇身一变而为永乐新贵。能在人群中看见解缙，朱棣的心情想必是愉悦的。当年，太祖皇帝活着时在他面前没少提过此人。朱棣登基后，将建文朝大臣们的一千余道奏章收集起来，命解缙等人编阅。凡涉及农业、经济、军事等的一律登记造册，以备查阅。凡涉及讨伐北军的文字，全部当场销毁。朱棣用半开玩笑的话对朝臣说："这些奏章，你们都有份儿吧？"

大臣们吓得没人敢接话，只有李贯站出来说："臣实未尝有也。"朱棣闻言大怒："你作为皇帝身边的近侍，竟然没有一句谏言，有失为臣之道。我特别讨厌你这种没有骨气，只会引诱朱允炆毁坏祖宗成法扰乱朝政的官员。"

李贯后来因解缙案的株连被关进监狱，临死前叹道："想到王敬止（王艮），我真是心中有愧。"那晚参加聚会的三人，胡广的官运最好，他先是和解缙一起被任命为内阁七成员之一，直文渊阁，死后被追封礼部尚书，谥号"文穆"，可见胡广是一个识时务的人，处事圆通。后来解缙被朱棣处死，他儿子也被流放辽东。胡广为示划清界限，勒令女儿与解缙的儿子离婚，断了这门亲事。他女儿坚决不从，割下一截耳朵以明志，说："我的婚姻虽然不幸，也是由皇上做主、你亲口答应的，若要我离婚我就死在你的门前。”胡广毫无办法，他女儿就一直等着她的夫君从辽东放归。

解缙很快擢升为翰林院侍读学士，与胡广，编修黄淮、杨士奇，检讨金幼孜、胡俨，修撰杨荣等直文渊阁，组成皇帝亲自任命的七人内阁。所谓内阁，这时候只是入直文渊阁的俗称，而非正式的官署，后来逐渐成为文渊阁的代名词。至于阁臣的设置，自此以后从未中断，虽无定员，但大体上已成定制。这几个阁臣的秩级，最高正六品，最低从七品。他们虽没有超出当年朱元璋所定大学士正五品的官秩，但此内阁已非彼内阁，不仅充任皇帝顾问，还“机密重务悉与闻”，参与了朝廷的和战、立储、用人、征调、复议等重大军国事务，甚至中央六部的要政，内阁也有了御前审议的权力。洪武朝时，朱元璋为消除对皇权的威胁，罢丞相，分事权于六部；现在朱棣命文臣在文渊阁“预机务”、重建中枢，实则是管制的又一重大改革，日后经过他的儿孙两朝（仁、宣二朝），日趋完备。

朱棣在右顺门召见解缙等七人说：“朕即位以来，尔七人朝夕相与共事，鲜离左右，朕嘉尔等恭慎不懈，然恒情，保初易，保终难，尔等亦宜谨终如始，庶几君臣保全之美。”

无论哪个朝代、哪个皇帝，都有一种意识形态上的洁癖和警惧心结，这根弦会让自己和身边人保持最起码的清醒。如果说年轻时的解缙，是一个另类知识分子，在这十几年的时间打磨之下，他应该逐渐走向了成熟。这种成熟，不仅体现在生活层面，更多是政治层面。解缙听出朱棣的弦外之音，叩首回应：“陛下不以臣等浅陋，过垂信任，敢不勉励图报。”朱棣赏赐各人五品官服，不久后又赏赐解缙等人“金绮衣”，待遇与尚书相当，让他们随侍左右。

一个在太祖面前“知无不言”的诤言者，脱下建文朝的官服，因识时务而骤得大贵。朝臣们看他的眼神是复杂的，而他的内心也是五味杂陈。朱棣似乎格外看好他，鼓励他要无所畏惧地进言：

> 敢为之臣易求，敢言之臣难得。敢为者强于己，敢言者强于君。所以王、魏（王猛、魏徵）之风，世不多见。欲使进言者无所畏，听言者无所忤，天下何患不治？

当年太祖朱元璋让他“知无不言”，如今成祖朱棣让他大胆进言，父子二人对解缙的期待如出一辙。解缙居然都相信了，凭借着他的才子习气，仍旧要做那个口无遮拦的异类文人。朱棣让解缙学习魏徵，自己则要做从谏如流的唐太宗。有趣的是，朱棣在和大臣们的谈话中，经常提到唐太宗，言辞之间流露着敬慕之情。李世民发动震惊史册的“玄武门之变”杀掉自己的兄弟，逼退父亲李渊，然后登上帝位，所以“贞观之初恐人不谏，常导之使言”。唐太宗李世民既有弑兄胁父的行为，又曾读圣贤书，不能无愧于中，且受良心谴责。登基后，唐太宗奋力开创贞观之治，种种行为和言论，完全是照着明君圣君的标准在做。这里既有才华和能力，也有表演的成分。既登九五之尊，则更要让后世感觉到天命在兹，至于那些历史悲剧，都是不得已的命运使然。

既然明成祖朱棣将唐太宗引为异代知音，自觉或不自觉地加以效仿。那么谁来做他的魏徵？没有人比解缙更合适。而解缙也真的当真了，中国古代文人生来爱做梦，且将这样的梦叫作贤臣遇明君的梦。他们精神上的洁癖，要求他们不与世同流。恰好在那一刻遇见赏识他们的皇帝，他们的梦就开始发酵，且一发而不可收。这一天，解缙入宫奏事，见左顺门外，一个叫张兴的太监正在拿鞭子打人。他上前呵斥，张兴不敢得罪圣眷正隆的解缙，只得收手。活在史料中的解缙，“好臧否，无顾忌，廷臣多害其宠”。这可不是聪明人的活法，口无遮拦，树敌太多，随时会在他们的人生道路挖下大坑。坑不了别人，坑的是自己。

又一日，朱棣从袖子里掏出一张纸条，解缙见上面写着几个大臣的名字。朱棣让解缙逐一点评。这是一桩得罪人的事，换作他人，说些模棱两可的话也就过去了。解缙则知无不言：

> “蹇义天资厚重，中无定见。夏原吉有德量，不远小人。刘俊有才干，不知顾义。郑赐可谓君子，颇短于才。李至刚诞而附势，虽才不端。黄福秉心易直，确有执守。陈瑛刻于用法，尚能持廉。宋礼戆直而苛，人怨不恤。陈洽疏通警敏，亦不失正。方宾簿书之才，驵侩之心。”

皇帝把解缙的话传给太子，太子又问尹昌隆、王汝玉二人如何。解缙答：

“昌隆君子而量不弘。汝玉文翰不易得，惜有市心耳。”才子喜好臧否，当然不是解缙开的头。臧否人物固然出于文人秉性，但着实不符合官场规则。如果臧否的是古人，话语高低，听者不会往心里去；如果臧否的是官场同僚，事情就复杂了，引来他人的妒忌倒是其次，由此酿成人生悲剧的也不乏其例。据说，数年后，仁宗朱高炽即位，他将解缙论人长短的这些上疏给阁臣杨士奇看，说：“人家都说解缙狂狷，朕看他评价这些人，都有他的真知灼见，一点也不狂啊。”朱高炽宅心仁厚，难以体会解缙的狂，到底狂在何处。不过，解缙口无遮拦的习气，终究还是令他惹祸上身。

1403年9月，就在重修《太祖实录》后不久，解缙受皇帝委托，开始接手一项足以让他彪炳史册的浩大工程，即编纂一部“包括宇宙之广大，统会古今之异同”的百科全书。按照朱棣的想法，这部宏大制作是“凡书契以来经史子集百家之书，至于天文、地志、阴阳、医卜、僧道、技艺之言，备辑成一书，毋厌浩繁”。解缙带领着这支由二千一百六十九名学者组成的庞大学者队伍，投入这项浩大的文化工程。三年寒暑，这部叫《永乐大典》的大书终于全部编成。此书收录上自先秦，下迄明朝初期的各种书籍七八千种，共计一万一千零九十五册，二万二千八百七十七卷，三亿七千万字，仅目录就达六十卷之多。这部仅仅缮写了一套的《永乐大典》，深藏于明成祖朱棣的私人图书馆内，实现了他对于信息的彻底垄断。

如此宏大的规模，宛如皇权之树上开出的绚烂花朵。然而，花开蒂落的时节，人们却发现那个平常最忙碌的身影突然消失不见了。1407年2月，就在大典修成的八个月前，解缙因事被贬为广西布政司参议，已置身于数千里外的南方。

解缙的离开，预示着帝国最高权力之争，开始进入一个新的循环期。

少年高才的解缙，自负匡济大略，可他“好臧否，无顾忌”的习性，得罪了一大批廷臣。这个不通世故的书生，不知危险正在向他悄然逼近。因为他在自觉或不自觉地介入册立太子的事宜，卷入权力之争。一直以来，解缙都以另类的姿态存在于官僚体制内。这样的存在方式需要一个条件，那就是皇帝的宠信。这一必要条件一旦失灵，他将陷入孤立无援的境地。

明成祖朱棣有三个儿子，即长子朱高炽、次子朱高煦、三子朱高燧。早在朱棣登上皇位之前，朱高炽与朱高煦的权位之争已是公开的秘密。在册立谁为太子的问题上，朱棣犹豫不定。那一刻，他应该更能体会到自己的父亲太祖朱元璋的难处。他只有三个儿子，就举棋不定。而他的父亲朱元璋却有二十多个儿子，最后接班的建文帝，还是被他这个叔叔夺了皇位。天道循环，他无论如何也不希望皇权的悲剧重演。他三个儿子都是徐皇后（开国功臣徐达之女）所生，没有嫡庶之分，按照“立嫡以长”的原则，朱高炽是不二人选。对于戎马一生的朱棣来说，却更喜欢次子朱高煦，而不太喜欢洪武二十八年被封为世子的长子朱高炽。史称“高煦长七尺余，轻趫善骑射，两腋若龙鳞者数片”。朱高煦跟着父亲朱棣南征北战，从征白沟、东昌有功，江山之战又有救驾之功。朱棣几次陷于危难，都是朱高煦奋勇前来，转败为胜。朱棣觉得这个儿子最像自己，可以担当大事。朱棣曾抚着他的背，许以皇储之位。虽然这种许诺不乏政治利诱和一时冲动的成分，但也不可能完全是空口白话。

在明人陈沂的《畜德录》中有个故事：朱棣要立朱高煦为太子，征求隆平侯张信的意见。张信不同意，还因此顶撞朱棣：“此事事关重大，怎能如此随便？！”朱棣一怒之下拔剑相向，当场砍掉了张信的几颗牙，弄得张信满嘴鲜血，溅了一身。当然这件事未必真实，不过从中可以说明朱棣想立高煦的决心。

朱高炽“体肥重，且足疾”，连跪拜都需要有人搀扶，不说上马统兵，简直就是一个残疾人。他为人忠厚，与其父朱棣勇武果决的性格完全不同，故有“仁宗为太子，失爱于成祖”之说。

难道朱高炽在父亲朱棣心目中真的如此差劲？也不尽然。朱棣率靖难之师南下时，朱高炽留守北平，挡住了李景隆数十万大军的疯狂进攻，确保了北平后方无虞。这个功劳非同小可，试想北平若被攻陷，朱棣就会失去根据地，军需、粮饷和所有家眷都将被抄没，北军将无心战事。朱棣也认为，高炽坚守北平的战功无人可比，更是别人无法超越的优势。从政治心理的角度来分析，合法性的缺失是朱棣的“原罪”，而他孜孜勤政，奋发有为，锐意进取的诸般举动，则是他的救赎。正是在负罪感和成就欲的驱使下，朱棣克服了帝王常见的怠政、奢侈、刻薄少恩等缺陷，行非常之举，建非常之功。而嫡长子继承制，无疑是最具合法性的。他自己就是合法性的破坏者，所以，在特定情势下，合法性不足未必是一件坏事。合法性不足所产生的“赎罪”动机，让他凡事从合法性出发。立长，心中不喜；立幼，不合伦序，动摇根基。两下比较，朱棣心中其实并无剧烈地摇晃。

朱棣曾就此事征求过解缙的意见，《明史》记载：

> 帝密问缙，缙称："皇长子仁孝，天下归心。"帝不应。缙又顿首曰："好圣孙。"谓宣宗也。帝颔之。太子遂定。

朱棣征求大臣的意见，还是内心踟蹰，决定不下。朱棣听了解缙的前半句话，沉默不应。直到解缙说到"好圣孙"，才算真正解开朱棣心头的疑惑。解缙说到了"好圣孙"朱瞻基，即后来的明宣宗。这孩子长得聪慧机灵，深得朱棣喜爱。据说朱瞻基出生前一天晚上，朱棣梦见死去多年的父亲朱元璋。在梦里，太祖朱元璋将一枚大圭交到他的手上，告诉他，传之子孙则永世其昌。朱瞻基满月时，朱棣说，孙儿长得英气满面，跟他梦中见到的一模一样。

听了解缙的话，朱棣不再犹豫。第二年年初，朱棣立皇长子朱高炽为太子，次子朱高煦为汉王，三子朱高燧为赵王。第三子朱高燧年纪最小，又聪明伶俐，所以最受朱棣的疼爱。朱高燧开始就和二哥朱高煦相互勾结，排陷太子。当明成祖朱棣不在北京时，就由赵王留守，各衙门政务都要启禀赵王而后行。朱高炽虽然当上太子，但朱棣对太子朱高炽仍有诸多不满。相反，他对汉王朱高煦却越发宠爱，礼仪待遇甚至超过太子。解缙提醒他，这样做会引起争端。这样的话在朱棣听来尤其刺耳，由于起兵篡位、名分不正，朱棣一直以来在政治合法性方面深感焦虑。朱棣认为解缙在离间骨肉关系，对他的恩礼逐渐衰退。恰好此时，朝廷讨论发兵征讨安南，解缙反对出兵，又惹得朱棣大为不满。永乐四年，朱棣赏赐黄淮等五人"五品纱罗衣"，却故意漏掉解缙，嫌恶和羞辱的意思已经很明显了。不久，淇国公丘福将一些朝廷机密故意泄露出去，朱高煦趁机构陷，诬陷解缙泄露宫禁秘密，揭发他上年廷试阅卷不公，激怒了朱棣。永乐五年二月朱棣下旨，将翰林学士解缙贬为广西布政司参议。就在解缙将要启程之际，那个曾经被他讥评"诞而附势，虽才不端"的礼部郎中李至刚，趁机进谗言，说解缙对于贬官心怀怨怼。于是，朱棣将其再贬，贬往极南之地交趾。

永乐八年，解缙回京述职。他抵京时，恰逢明成祖朱棣北征，他向临时

“监国”的太子朱高炽奏报工作。作为东宫旧人，这本是最寻常不过的事。汉王朱高煦却在朱棣回京时，告发解缙“伺上出，私觐太子，径归”。也就是说，解缙趁着皇帝离京之际，私自觐见太子，不等皇帝返回，径自离京，完全不顾人臣之礼。这样的话，再次触碰到朱棣的敏感神经。结交太子，图谋不轨，这是烂俗的宫廷斗争戏码。就在朱棣举棋不定时，解缙的一篇事关赣江旱情的奏疏又递到了御案之上。朱棣大怒，下诏将解缙逮捕入狱。

永乐十三年正月，锦衣卫纪纲向朱棣呈报在押囚犯名单，朱棣从中发现解缙的名字，漫不经心说：“缙犹在耶？”不同的人对这句话有不同的解读，比如说，有人读出关切，读出对一个文人生命力的钦佩和赞许，有人则读出刺骨的寒意。很显然，纪纲是后一种人，他听到了主子的指令。

在一个大雪之夜，纪纲请解缙喝了一场酒。嘉靖年间文坛领袖王世贞，在他的私家笔记里还原了那个夜晚的细节：“纲退而与缙对泣，沃以烧酒，埋雪中立死。”对于纪纲这样惨刻寡恩之人，居然在杀解缙之前与其相对流泪，将其灌醉，埋在厚厚的积雪中结束生命。天地苍茫，红泥火炉，酒入愁肠。这个以直谏著称的才子，自知生命已走到尽头，他一杯接一杯，喝得酩酊大醉，舌头都捋不直了，嘴里还在咕咕哝哝地说着什么，可惜太祖朱元璋听不见了，建文帝朱允炆听不见了，成祖朱棣也听不见了。他的舌头太忙了，把十个百个舌头的话都说完了。中国人向来有“言多必失”之戒，也有“沉默是金”的保身之术。在这里，摘录巴西作家吉里耶尔美·菲格莱德的小说《伊索》中一小段关于舌头的故事：

大寓言家伊索是个不自由的奴隶，有一天，他的主人请客，让他准备菜肴。于是，他奉命行事。一番忙碌过后，他端上来的第一道菜是清蒸舌头，第二道菜是熏舌头，第三道菜是红烧舌头。主人大为光火，伊索解释说：“还有什么比舌头更好呢？舌头是科学的钥匙，真理和理智的武器，舌头能帮助我们建设城市。我们用舌头教学、说服、训导、祷告、解释、描写、证明、肯定。我们用舌头说出‘亲爱的’‘神’和崇高而神圣的字‘妈妈’。我们用舌头来说‘是的’，用舌头来下命令叫军队去打胜仗。”

主人突发奇想，又让伊索把这个世上最坏的菜买回来。伊索回到后厨，一会又端上来一盘舌头。主人感觉被愚弄，伊索却不紧不慢道：“舌头的确是这个世界上最坏的东西。它是一切阴谋的源泉，一切造谣中伤的开端，一切争论的祸首。在广场上坏诗人用舌头使我们疲倦，不会思想的哲学家也求助于舌头。舌头能撒谎、掩饰、颠倒是非、诽谤、侮辱、求乞、诅咒，能让人萎靡不振，让人出卖、诱惑并且堕落。我们正是用舌头说出这样的字眼：‘你死’‘无赖汉’‘奴隶’。”

正因为解缙口无遮拦，有史家将解缙的悲剧归咎于他自身，比如，《明通鉴》的编者夏燮评价：“语曰：‘君不密则失臣，臣不密则失身。’（解）缙以不谨持恭而卒以不密取祸。”

冤，还是不冤，解缙的舌头都已经彻底静默。他的妻子、儿女、宗族流放辽东，等到朱高炽即位，他的家人才放归老家吉水。一直到成化元年，距离那个杀人的雪夜已过去半个世纪，解缙才获得平反，赠朝议大夫，谥文毅。

这一切的是是非非，不过是舌头在兴风作浪。解缙的舌头，还有无数人的舌头。想到这里，还真让人不寒而栗。

2. 中枢的三分和归一

离间天家骨肉的，向来是天家自己。

朱高煦从心底瞧不起当太子的兄长朱高炽，不仅暗中排陷，公开场合也多有不恭。朱棣的宠爱，更加助长了朱高煦的野心。

有一次，明成祖命他和太子一起去谒祭孝陵。太子肥胖，且有足疾，由两个宦官搀扶着他往前走，还不时失足摔倒。朱高煦身材高大，勇武挺拔，他走在后边见太子走路都费劲，不免讥讽：“前人蹉跌，后人知警。”这时，太子的长子朱瞻基跟在后边，接着朱高煦的话回了一句话：“更有后人知警也。”朱高煦猛然回头，见朱瞻基表情凛然，不由心里咯噔一声。

朱高炽专心于监国事业，似乎并不曾知晓来自其弟的挑战和压力，有人问朱高炽是否知道有人在皇帝面前说他的坏话，他说：“不知也，吾知尽子职而已。”据说，朱高炽手下有个名叫顾成的文官，曾经向他说了几句语重心长的话：“殿下但当竭诚孝敬，孜孜恤民，万事在天，小人不足措意。”

皇室的权力斗争愈演愈烈，壁垒分明的两大集团，一边是太子朱高炽和他儿子朱瞻基，以及文臣杨士奇、杨溥、杨荣、夏原吉、蹇义、黄淮等一班东宫僚属，他们都是朱棣为太子挑选的当代最知名的学者；一边是汉王朱高煦，他的支持者主要来自一批将领。为了构陷太子，朱高煦一直不肯远离两京。当明成祖册立朱高炽为太子的同时，封朱高煦为汉王，让他就藩云南。但朱高煦不愿去那边远之地，在父皇面前哭诉："我何罪，斥万里。"朱棣本就宠爱这个儿子，便让他随自己去北京行在。这时太子在南京监国，为了随时侦伺太子的行动，朱高煦请让他的儿子回南京。朱棣居然答应了他。他又向皇帝讨得两护卫，明代一卫有五千六百人，朱高煦手下有三卫兵马，行为更加骄横。朱棣头两次亲征漠北，都带上了朱高煦。他每天陪伴在朱棣身边，少不得说些诽谤太子的话。

从两个集团的势力消长来看，因太子失宠，东宫一派暂时处于劣势。此时解缙已被构陷致死，曾经的内阁七人，只剩下胡广、黄淮、杨士奇、金幼孜、胡俨、杨荣六人。伴随永乐政局的发展，他们各有不同的政治遭际。迁都北京之前，朱棣时常北征与巡幸北平，经常不在南京。而太子朱高炽留在南京监国，皇太孙朱瞻基也留在北京，充当父亲朱高炽与祖父朱棣之间的联络人。

由于朱棣长期不在南京，部分官员跟随左右，处理朝政要务，其他多数官员便与太子、太孙一同监国。朱棣对太子监国一直不放心，在他北征时曾传令六科将太子裁决庶务的情况详加记录向他上报，有时甚至对太子处理过的政事强行更改。如此，帝国的政治中枢便一分为三。一是北巡集团，包括朱棣及随从北征、巡幸北京的诸王及文武官员，文官主要是翰林编修杨荣、检讨金幼孜和侍读胡广。后来胡广于永乐十六年去世，该集团只剩下杨荣、金幼孜二人，杨荣负责参谋军务，而金幼孜则作为侍读，陪伴皇帝吟诗作赋。二是监国集团，包括太子朱高炽，以及辅助监国的吏部尚书蹇义、兵部尚书兼詹事金忠、右春坊大学士兼翰林侍读黄淮、左春坊大学士左谕德兼翰林侍讲杨士奇，还有东宫洗马杨溥等。三是留守集团，即皇太孙朱瞻基和他的师父、户部尚书夏原吉。

明成祖三个儿子争夺皇位继承权，牵动了整个朝廷。解缙就是牺牲品。三大政治集团在长期政务处理和朝夕相处中，内部认同感渐渐形成。由于朱棣与太子关系不睦，三大集团之间存在着一定的拒斥感。

永乐十二年，明成祖朱棣亲征漠北，得胜回师。这次朱高煦随征，经常向朱棣说些诽谤太子的话，说得多了，朱棣自然心有所动。回到京师，他以太子迎驾迟缓为由，对太子痛加训斥，并将太子身边的一些大臣逮捕入狱，其中包括黄淮、杨溥等人。这一关押就是十年，此间甚为凶险，直到朱高炽登基。当时还牵连到内阁学士杨士奇，朱棣向他询问太子之事，杨士奇说："太子孝敬如初，凡所稽迟，皆臣等罪。"朱棣虽未治杨士奇的罪，那些向着汉王朱高煦的官员却交章弹劾。于是，朱棣又将杨士奇下到诏狱，但时隔不久就放了出来。

朱棣大动肝火，以迎驾迟缓对太子近臣大加治罪，使得满朝震惊。明眼人都能看得出来，其矛头指向显然是太子。朱高炽向来谨慎，哪里敢怠慢自己的父皇。朱棣小题大做，差点连太子也被废掉。当时，兵部尚书金忠也是太子辅导官，和黄淮、杨士奇一起辅佐太子监国。其他人被逮系入狱时，明成祖朱棣密令金忠侦察太子言行。金忠脱下官服，跪地叩头，流着泪说道："愿连坐以保之。"太子逃过此劫，金忠的这句话起到关键性的作用。

事情的转机出现在永乐十三年，这年五月，明成祖朱棣将朱高煦改封青州（今属山东潍坊）。朱高煦还是不想去，提出待迁都完成后要继续留守南京。以前说云南太远，他不肯去，如今改封近处，他还不去。他私自挑选各卫勇士，另外募兵三千人（不隶属于兵部的军队其实就是私人武装），在天子脚下骄横不法。朱棣这才察觉到这个儿子不是像自己，而是要学自己。此时，朱棣已经听说汉王朱高煦骄横不法的事。朱棣特地召来重臣蹇义和杨士奇质询。

蹇义沉默不语，杨士奇则委婉地说，他与蹇义都是皇帝选派为东宫服务的，外人不敢向他们说有关汉王的事。但两次遣汉王就藩，他都不肯去，如今迁都在即，汉王又提出留守南京，其用意不可不察。朱棣沉默不语，但心里已有分寸。几天之后，他命人侦报了朱高煦数十件不法之事，遂将朱高煦召来，严词切责，并命剥去他的冠服，囚禁于西华门内，甚至打算将其贬为庶人。太子哭着向朱棣求情，才保住了朱高煦的封位。朱棣虽对朱高煦恩宠深厚，但也决不允许他出现越轨举动，不许触碰他为诸位皇子设定的政治红线，更不允许有人打破他苦心经营的权力平衡。

时隔不久，朱棣下敕敦促朱高煦动身。既然受了藩封，怎么可以长期待在京师？以前让你去云南，你嫌路途遥远，这次改封青州，你又借故不去，你的真实用意究竟是什么?

朱高煦离开京城，虽然行动有所限制，但他夺嫡的野心越发膨胀。他人虽然到了青州，心却从未离开过京城半步，无时无刻不在等待时机。随着朱高煦的离开，朱高炽少了一个竞争对手，也因此打破了朱棣苦心经营的权力平衡。谁来填补这一空缺，唯有他本人，而他所能做的，就是利用一切手段监视、限制和打击太子及其周围文臣。永乐十五年，朱棣对监国的留守事宜在法律条文上做了更改和补充，这次调整使太子在用人、司法和祭祀等方面的权限大为缩小。同时，朱棣继续打击太子朱高炽及其东宫官属，使得侍从监国之臣皆朝夕惴惴，人不自保。

三皇子朱高燧年纪最小，也最受朱棣疼爱。赵王构陷太子不像汉王那样锋芒毕露，但一刻也没停息。赵王曾干过不法之事，有一次惹得朱棣大怒，杀掉了赵王身边的近臣。从此之后，明成祖不在北京时，就改由皇太孙朱瞻基留守。永乐二十一年，明成祖身体不适，多日未上朝立政。赵王派人极力散布诽谤太子的流言蜚语，说皇帝有意于赵王，将废掉太子。他们阴谋让宦官在明成祖的药中下毒，等朱棣毒发身亡，就立即收起宫中符宝，逮捕诸文武大臣，颁布伪诏，废掉太子，立赵王为皇帝。不料此事败露，明成祖大为恼怒，立命逮捕为赵王出主意的官员，全部处死。明成祖朱棣亲御右顺门询问，他注视着朱高燧问道：“尔为之耶？”不久后，朱高燧还是被打发到了彰德。

1424年，朱棣亲征漠北，朱高煦觉得机会来了，派儿子朱瞻圻在京城刺探消息，最多的时候，一昼夜信使往返六七次。这一年八月，朱棣在榆木川去世，随军的杨荣与另一位大学士金幼孜为确保太子顺利即位，封锁了皇帝去世的消息，秘作二诏，一为遗诏入朝，二为派人火速赶往留都，护送太子即位。朱棣的永乐朝谢幕，这个充满争议的帝王，一生分作三段论：

洪武年间，他是追随徐达北伐的年轻皇子，建立功勋，也夯实了北方基业。

建文年间，他是被建文君臣削藩的号角惊扰得日夜不宁的燕王，装疯卖傻，韬光养晦。

永乐年间，他是颇有建树的皇帝。如果说，朱棣夺位是非法的，是政治犯罪，那么他从登上皇位的那一天开始，就在赎罪，所做的一切都是为了重建和证明自身合法性。马基雅维利在《君主论》中写道：“征服的欲望是人与生俱来的一种本能，所以只要能够成功，总能得到人们的称颂而非指责。但若力不能及而又执意而行，很可能会铸成大错而受到谴责。”对于朱棣来说，起兵夺位的指责已经成为铁的事实，而他若能为大明开创一个盛世，他同样能像唐太宗李世民那样，赢得历史的歌颂。

随着皇位的巩固，我们将不断看到——

朱棣营建北京皇宫并迁都，永乐十五年六月兴工，历时大约三年半。《明史》则记载，“（永乐四年秋）闰月壬戌，诏以明年五月建北京宫殿，分遣大臣采木于四川、湖广、江西、浙江、山西”，紫禁城营建全面拉开序幕。筹备设计、造备砖瓦、疏浚河道……营建紫禁城之前，朝廷用了十多年时间来做大量的相关准备；

朱棣浚通大运河，贯通新旧京城（南京和北京）的漕运线，完全承担起南粮北运的任务；

朱棣修缮长城，大量修筑关隘和城堡；

朱棣组织满朝文化精英编写《永乐大典》，成为我国最大的一部类书；

朱棣选择郑和统率庞大的船队下西洋，以实现他“帝王居中，抚驭万国”的雄心；

朱棣修建南京大报恩寺的琉璃宝塔和武当山宫观。寺庙和道观是他为过度杀戮而忏悔赎罪的地点。

继位后的朱棣，急于要用宏大的功业来成就自己的“圣王之业”。如果一个帝王能够在他所统治的时代里，迎来四夷宾服，万国来朝的盛大景象，就能说明这个皇帝够得上一个圣君的标准。值得注意的是，亚洲封贡体系的存在为朱棣提供了想象和表演的舞台。他“欲远方外国无不臣服”，从而证明自己的天命所钟。不管出于怎样的考虑，大明以一种另类的姿态趋向了朱棣心目中的理想世界。

有人说“这种权力美学的打造，因其宏大性而成本过高，令朱棣在生前就陷入了类似嬴政的财政危机之中”。但不得不承认，朱棣的命比嬴政好太多。嬴政因为征集民夫打造长城和阿房宫，激起民变，成为秦帝国灭亡的逻辑动因。而朱棣同样是因为大肆消耗帝国资源，引发铜钱荒和白银荒，财政亏空严重，经济危机爆发。有个叫萧仪的年轻士子写过一首《续伐木谣》，永乐朝的经济危机从中可见一斑：

> 永乐四年秋起夫，只今三载将何如。无贫无富总趋役，三丁两丁皆走涂。山田虽荒尚贡赋，仓无余粟机无布。前月山中去未回，县檄匆忙更催去。去年拖木入蜀关，后困山里天正寒。夫丁已随瘴毒殁，存者始惜形神单。稚子多孤母多老，几度临门归望早。伙伴还家始报音，遗骸已润荒山草。官家役簿未除名，孤儿嫠妇仍登程。去年丁壮已损殁，今年孤弱知无生。君门如天多隔阻，圣主那知万民苦。但闻木数已将完，王事虽劳莫怀土。

史家做过统计，从1405年到1421年，明朝的物价飞涨了三百多倍。虽然朱棣为此付出高昂的政治代价，但这个帝国并没有因此像秦朝那样止步于“二世”。

朱元璋，至矣尽矣。

朱棣，至矣尽矣。

父子二人把自古以来帝王该做的，不该做的，几乎都示范了一遍。在不自觉间，他们所做的这一切，都将成为帝国传统，有如遗传基因，深植其子孙的每一个细胞，并宿命般笼罩于大明帝国的天空。朱棣的猝然而死，让朱高炽走到了政治舞台的中央。这个拖着肥胖身躯，走路一瘸一拐的太子，终于闯过一道道关隘，成为大明王朝的第四位皇帝明仁宗。

这场皇位继承权的斗争以朱高炽的胜利而告终。随着成祖朱棣在北征途中“晏驾”，朱高炽即位，三大中枢集团分立的态势失去依托，归并为一。蹇义、杨士奇因有翼戴之功，自然进入了政治中枢；夏原吉属于留守集团，又曾经多次护卫太子，也理应占据政治中枢一个名额；杨荣、金幼孜作为先朝旧臣，虽跟随朱棣北巡，但并未与朱高炽的监国集团交恶，因此二人也得以保留。至于黄淮、杨溥，因长期系狱，虽为监国旧臣，但已被排斥出既成的政治格局。总而言之，朱棣的中枢集团成员都进入了新朝中枢，并未出现某一势力清洗其他势力的局面，但官员在政治中枢中的地位已悄然变化。

明仁宗朱高炽即位之后，最受重用的是蹇义、杨士奇二人。夏原吉官居户部尚书，是正二品，杨士奇作为翰林侍讲，仅正六品，位次在夏原吉之后。朱高炽有意提拔杨士奇，但按照洪武祖制，翰林官最高只能升为正五品的殿阁大学士。面对祖制的限制，朱高炽采取迂回的办法，转而倚重虚阶，重新排定五大臣的位置。明代官制中，品级最高的莫过于正一品的“三公（太师、太傅、太保）”和从一品的“三孤（少师、少傅、少保）”。蹇义被授予少师之衔，地位仅次于三公；杨士奇从正六品，一跃而进少傅、礼部侍郎兼华盖殿大学士、从一品，地位仅次于蹇义；夏原吉被授少保，地位仅次于杨士奇，三人从而位列三孤。而杨荣和金幼孜虽然在永乐时期地位在杨士奇之上，但此时因为与仁宗朱高炽的关系疏远，让位于下。杨荣被授予太子少傅、工部尚书兼谨身殿大学士、正二品；金幼孜被授予太子少保、户部右侍郎兼武英殿大学士、正二品。在这些人中，朱瞻基最倚重的还是夏原吉。仁宗朱高炽去世后，身为太子的朱瞻基入宫后，还专门和夏原吉对话：“卿奉皇祖命辅朕有年，朕以卿非他人比，卿当以事皇祖者事朕。”由此可见，二人居守北京时结下的政治友谊一直延续到朱瞻基的宣宗时代。

有人认为，朱高炽的运气实在不好：继位前，遭受各种谗言诬陷，父亲不爱，兄弟构陷，数度险遭不测；受了二十多年的窝囊气，好不容易当了皇帝，还有朱高煦这样的强藩时时威胁着。朱高炽对朱高煦抚慰有加，增加了近一倍的岁禄，又赏赉数以万计的财物，但朱高煦还是不满足。对于一个想要江山的藩王，钱财算不得什么。

谁也没料到，朱高炽当皇帝不到一年就死了，死因蹊跷，有人根据宫内太监传出的死亡报告称，朱高炽是死于心脏病突然发作。从医学上说，朱高炽体胖且有足疾，身体状况不容乐观。至于心脏病的诱因，很多人说是因为两个弟弟对皇权的渴望，让朱高炽长期处于紧张、不安和忧虑中，身体每况愈下。

关于皇帝的猝死，除了官方给出的死因，民间还有种种猜测，比如雷击、中毒、纵欲过度等，不一而足。有个说法最为流行，说是一个叫李时勉的文官上奏揭短，将明仁宗朱高炽活活气死。新朝初开，皇帝鼓励大臣直言，于是，性格古板、耿直的李时勉就上奏言事除了行政事务，他还将仁宗守孝其间“不宜近嫔妃”一事带了出来。据说，朱高炽临终前还反复念叨：“李时勉竟敢在朝堂上侮辱我！”不过，这样的说法也不是凭空捏造。李时勉曾因此事被打得奄奄一息，投进大狱，被一个曾经受过其恩典的锦衣卫千户用特效药救了过来。

弗洛伊德曾说过，凡是被压抑的都会以更加丑陋的形式表现出来。朱棣死后，束缚朱高炽的枷锁突然消失，他成了这个王朝最有权力的人。据朝鲜《李朝实录》记载，仁宗即位后，不断派宦官到朝鲜，向当地大量索取一种猎鹰。他还在宫中纵酒欢宴，观看各种表演，每日“沉于酒色，听政无时，百官莫知早暮”，不知何时处理政务，不知早晚。朱高炽猝死，恐怕和他受刺激动怒有关。据说朱瞻基即位后，还专门找来李时勉痛骂：“一介小臣，竟敢触犯先帝，你在奏章里说了什么，从实招来。”李时勉便如实道：“臣说皇上在守孝其间不应该宠幸嫔妃，也不应将太子调到南京，远离皇上。”朱瞻基听后，怒气全消，并让他官复原职。可见，李时勉的话说到朱瞻基的心坎里了。

3. 止于宣德时代

藩王的困境

朱瞻基继位后，与朱高煦曾经有过短暂的安稳时光。在这期间，朱高煦还上了一道奏疏，向侄儿陈述了四件有关国计民生的事。明宣宗朱瞻基为此还与群臣说：“皇祖曾对父亲和我说过，二叔怀有异心，要时时戒备。今日看他奏事态度诚恳，看来已改过从善。”

对待这位皇叔，朱瞻基仍用其父的羁縻之策，厚给赏赐。朱高煦则不断提出一些过分要求，以此试探新天子的态度。两人像是商量好的，一个有求，一个必应。史书有称：“凡有求请，皆曲徇其意。高煦益自肆。”你来我往之间，朱高煦难免放松警惕。这不禁让我想到，当鱼咬钩时，不要急于往水面上拎。要以食为饵，让它放松警惕，逗引它吞下裹着鱼钩的诱饵。

宣德元年（1426年）九月，出使乐安的使者向朱瞻基报告，汉王谋反。朱瞻基虽然早有心理准备，但仍故作震惊。汉王朱高煦憋得太久了，父亲朱棣死了，长兄朱高炽也死了，他不愿再继续等下去。仁宗朱高炽去世时，朱高煦准备在半路上劫杀从南京赶往北京奔丧的朱瞻基，但朱瞻基早有准备，秘密改道，仅仅用了二十多天就到了北京，朱高煦的军队竟然没有赶上他。朱高煦知道这个侄儿不容易对付，只能趁对方刚刚即位，根基不牢，发起进攻。他将自己的部队分为五队，设立五军都督府，亲率中军，准备首先攻取济南，再进军北京。与此同时，他派亲信枚青潜入京师，约英国公张辅为内应。张辅将此人当场拿下，直接绑去见朱瞻基。此时，一名家在乐安的御史也冒着风险潜回京师报信。

朱高煦的谋反活动大白于天下，朱瞻基这才下令征讨。一边是侄儿皇帝，一边是藩王皇叔，眼看着历史又要重演二十年前的一幕。朱瞻基准备派阳武侯薛禄率军征讨，廷议时，遭到大学士杨荣、夏原吉的极力反对。他们提醒朱瞻基不要忘记当年李景隆误国之事。朱瞻基采纳了他们的意见，御驾亲征，威之以天下之力，龙旗征鼓，千里不绝，一下子在气势上就压倒了叛军。幸亏朱瞻基听得去意见，否则还真有可能重演当年的故事。据说，薛禄接到皇帝派他征讨汉王的命令时，不由脸色大变，甚至流泪。估计这位名将当年曾在“靖难”之役中与朱高煦并肩作战，结下了患难交情。也难怪朱高煦会派人到北京，与当年共过事的武将进行联络，争取他们作为内应。

朱高煦派出的说客与那些武臣联络的情况如何，无人知晓。那些武臣也不是头脑简单之辈，他们早就把朱高煦看透了，如果用十六个字来总结，那就是：人心未附，民心不归，内不服亲，外不服众。在内部，他无坚城可守，无良将可用，就连他的儿子朱瞻圻都和他作对，“瞻圻怨父杀其母，屡发父过恶”；在外部，他朝中无内应，地方无援兵，完全是孤立无援。

朱瞻基把中军大帐扎在乐安城北，然后下令将乐安城围了个水泄不通。诸将请攻战，朱瞻基不许，“王师发神枪铳箭，声震如雷”。为瓦解敌方意志，朱瞻基命人把招降书绑在箭上射入城中。朱瞻基虽然登基不久，处理问题却如此老辣。大军抵近乐安时，文武群臣提醒朱瞻基慎重，以防埋伏，他却命火速前行，他说：“兵贵神速，我抵城下营，彼阱中虎，爪牙安施！大军至，乌合之众方汹汹，何暇设伏！”也难怪有史家夸赞：“（朱瞻基）参加的对内对外战事中从未败阵。”

朱高煦等了二十年等来这样一个对手，也只能自认倒霉。按照史学家比较通常的看法，朱棣之后，大明再无用兵之主。人们在说的时候，不应忽略明宣宗朱瞻基。这是一场实力悬殊的较量，朱高煦的军队多是乌合之众，兵士鱼龙混杂。他甚至砸开州县监狱，放出里面关押的死囚罪犯，给这些人优厚待遇，训练他们习武打仗。与此同时，招募无赖子弟和逃亡人员编入军队。这都不是主要的，朱高煦夺位失败的原因，除了对手强大，还有天时地利人和皆不占优。

如果朱瞻基不亲征而是派别人去，武将们就会首鼠两端，心怀观望，朱高煦或许还有机会。当年朱棣敢于夺位，是因为他有武力资本。他是在洪武年间实行分封制的条件下，凭借军事实力才得以起兵夺权。洪武初年的政治体制中，很大一部分兵权是掌握在徐达、傅友德这些军事贵族手中，后来朱元璋杀戮功臣，逐渐将兵权转移到儿子的手中，也就是藩王手中。藩王势力坐大，大到可以与中央分庭抗礼。当时在皇族亲王中，不仅朱棣，还有好几个藩王都有起兵的念头。到了朱高煦举兵夺位时，藩王的势力无法与洪武末期相比，那时的藩王拥有强大的军事和政治势力，而如今的朱高煦只有王府城内的封地，军队只有少量护卫，花销用度全由朝廷拨给。

安乐城内人心惶惶，朱高煦绝望了，他没想到朱瞻基会御驾亲征，他决定投降乞得一条生路。这个当年随父亲朱棣南征的勇将，在生死关头退缩了。在这一点上，朱高煦还不如他的护卫指挥王斌。决战之际，王斌劝他："就死，辱也。等死，不如战。"由此可见，朱高煦之勇也是有时间的，有条件的，好汉难提当年勇。一个没有脑子又没有勇气的汉王，注定难成气候。那一瞬间，朱高煦内心建构了二十年的皇帝梦随之破裂。

群臣要求明正典刑，皇帝没有应允，把朱高煦和他的几个儿子一并擒拿到京。除了王斌等几个主犯，城中军民胁从者一概不究。据说，审判朱高煦之人是那个响彻明史的民族英雄于谦。那是他第一次在史书中留下姓名，也是他在历史舞台上的第一次亮相。他走出行列，开口历数朱高煦的罪行。年轻的于谦，声音洪亮，口齿清晰，讲起话来抑扬顿挫，引经据典，替明宣宗朱瞻基审判了朱高煦。

当时的情形，可以想象得到：朱瞻基端坐于大帐的主位，他看上去很满意年轻御史的表现。于谦义正词严的质问，让朱高煦低下了他骄傲的头颅。据说，回京之后，于谦得到了与从征大臣同样的赏赐。杨荣等人建议，不如趁此机会挥师彰德，把赵王朱高燧也一并拿下。但杨士奇和杨溥表示反对，毕竟尚无确切的证据表明赵王参与了此次谋反，再说，皇上只有两个亲叔叔，一个已陷身囚笼，为仰慰皇祖在天之灵，不宜再动刀兵。

虽然只用了不到一个月时间，朱瞻基就兵不血刃解决了困扰父子两代的隐患。但对于这样的兵事，朱瞻基的情绪似乎并不高。又或者说，他故意装出一副无奈的表情，以面对世人指摘。回京之后，文武群臣上表祝贺，他却说，这是国家的不幸，不值得祝贺。不久，各地亲王也要进京庆贺，他又叹道："这真是我们朱家的不幸啊！"他传令不许亲王祝贺。

这样的记录固然有史家美化的成分，但也符合当时的社会背景。在那个长幼尊卑等级森严的社会里，侄儿囚禁叔叔的确不是荣耀之事。就算君臣之礼在，道德意义仍有追心之问。传统道德的说教与政治斗争的残酷现实毕竟不同，朱瞻基在无形中背上了一个道德的包袱。自从他的皇祖朱棣开了头，皇位已不再是禁脔。只要有条件，大家都要跳一跳，试着去摘果子。朱高煦父子被贬为庶人，监禁在西安门内工部建造的一处名为逍遥城的院落。这真是极大的讽刺，人在逍遥城，却失去了自由。宁王朱权曾请求皇帝赦免朱高煦父子，没有得到同意。

朱高煦的最后结局，史传上只有寥寥几个字——"高煦及诸子相继皆死"，除此之外，再无其他记述。不过，历史的吊诡并不存在于一家之言。譬如《明史纪事本末》和《皇明史窃》中就用文学笔法描写了朱高煦惨烈的死法：

三年后的一天，宣宗朱瞻基忽然想去西华门内的逍遥城，看望关押在那里的二叔朱高煦。长期的囚禁生活不但没有磨去朱高煦的心气，而且更添戾气，估计他的精神已出现很大问题。朱瞻基进入囚室时，朱高煦眼里射出凶光，突然出其不意伸出一脚，朱瞻基没留神，狠狠摔了一跤。朱瞻基勃然大怒，立即命几个卫士搬来一口铜缸，扣在朱高煦身上。如果按照故宫太和殿旁的大铜缸的标准，这至少有三百斤重。朱高煦本来就是武将出身，悍勇有力，他竟然把这口缸顶了起来。宣宗气急败坏，他命人把一大堆木炭堆在缸上点燃，熊熊火焰，好似他心底的怒火。朱高煦被活活烧死，场面惨不忍睹。

朱高煦被杀的时间，在几个不同版本史籍中的记录各有不同。《明史纪事本末》没记年月，《明通鉴》记的是宣德四年四月，而《国榷》记的是宣德元年十二月。但可以肯定的是，朱高煦遭到囚禁后不久就被杀了，死讯并未公开。朱高煦死后不久，他的几个儿子也同时被杀，汉王一支等于绝后。这个狂妄的人，直到生命的最后一刻都不会想到，他走到这一步，完全拜他的父亲朱棣所赐。朱高煦因为得到朱棣的器重和宠爱，狂妄自负，目中无人。他常常将自己比作唐太宗："我英武，岂不类秦王世民乎？"这一点倒与朱棣颇为相似，朱棣也认为朱高煦最像自己，朱高煦以此自负，恃功骄恣，多行不法。

随着汉王朱高煦的覆灭，朱瞻基对藩王们进行了更多限制，比如诱逼拥有三支护卫的藩王献出两支，同时密示地方以各种借口削减藩王府护卫；纵容边镇军官，征调王府的护卫部队备边或服役；将王府管辖的卫所部队，划归地方军事机构管辖。有记载说，朱瞻基将审讯朱高煦的供词和大臣们弹劾赵王朱高燧的奏章送到朱高燧手上，并附上了自己亲手写的一封信。赵王看到这三份材料，激动地说："我得救了！"然后，他请求将自己仅有的一支护卫和群牧千户所仪卫司也削减。

有统计显示，明太祖朱元璋有二十六子，明太宗朱棣有三子，除去朱标、朱棣、朱高炽三人为太子、当皇帝外，受封的亲王共有二十六人。其中无嗣、早夭和自杀有五人，永乐时期被削去护卫和贬为庶人者六人，宣德时期被削去护卫和贬为庶人者七人，共计十八人。因此只剩下八位亲王留有护卫。其中，庆王、宁王、韩王等亲王又是从外地迁至封地的，实力大受影响。再加上不断征调和服役，王府护卫部队已大为减少，对中央的军事威胁也就自然解除了。藩王们成为大明体制躯体上的寄生虫，既空虚又贪婪。他们中的堕落分子，整日游手好闲，不务正业，不惜花费重金购鹰玩鸟。据说老代王经常身着短衣，头戴秃帽，领着两个儿子招摇过市，见人不爽，就随意击打。有些亲王还与当地军民赌博取乐，豪饮闹事。甚至还有个叫朱有熏的，他喜好诡道，天性狠毒，喜欢杀人取乐，还喜欢生吃人脑和肝胆，后来被朝廷囚禁。

从上述数字中，或许可以得出一个结论，朱元璋当年建立藩王制时埋下的火药桶，先是被朱棣引爆，再是被朱高煦弄了个哑炮，最后经朱高炽和朱瞻基父子二人的排爆，藩王牌火药桶的威力已不复存在。

"三杨"开内阁

王朝递延自有它的规律，大明也不例外。到了宣德年间，开国已将近六十年。在这六十年间，朱元璋、朱棣父子不要说在大明，就是在中国历史上都是少有的强势之主。他们掀起的时代飓风，让人不无凛然如冬之感。我们评价历史人物，通常会将其放在宏大叙事的主题下。用今日话说，不看细节看主流。所谓细节，就是附着于人物身上的性格、情感、谋略和精神；所谓主流，就是看他有没有推动社会发展，推动人类文明进步。于是，我们在帝国的凛然之势下，看见的是大明的国运在上行，各项典章制度也日臻完备。

如果说朱元璋父子经历了开国的凛冬时期，那么到了朱瞻基执政的十年间，大明走到了它的春天。史家评论明朝之有仁、宣二朝，犹如周有成、康，汉有文、景。如此高的评价，也算是对朱高炽、朱瞻基父子的交代。遗憾的是，朱高炽执政时间太短，所以功劳大多属于朱瞻基。这一时期，朝廷任用贤良、休养生息；政府高效运转，既无党争也无重大失误。尽管沉睡的宦官势力正在苏醒，但还没露出日后的丑陋面目。好景不常在，好花不常开，后来的离乱之世，常常让人怀念这黄金十年。诚如史家褒誉：

> 吏称其职，政得其平，纲纪修明，仓廪充美，闾阎乐业，岁不能灾。盖明兴至是历年六十，民气渐舒，蒸然有治平之象矣。

朱高炽虽然在位时间短暂，但他常年浸淫经史典籍，深知君王不可耳塞目盲，必须“上下情通”，方能政局安稳。他一上台，就开始有意识地修复开国以来不正常的君臣关系。他曾对杨士奇等人说：“前几代皇帝不喜欢听大臣直言，即使是身边亲信，也都在威胁下不敢进一言，使得一批贤良之臣退而卷舌，我们要引以为戒。”他保证，“群臣所言，有拂意者，朕退必自思”。

张太后（朱瞻基的母亲）也曾对朱瞻基说过，先帝（朱高炽）当年在东宫时，只有杨士奇敢于直言，不怕触怒他。虽然有好几次惹得先帝大怒，但事后先帝还是采纳他的意见，因而处事不败。

杨士奇、杨荣、蹇义和夏原吉四人从永乐时期开始，就已经从群臣中脱颖而出，上升为辅政集团的核心人物。宣宗在中枢决策中，发明了集体决策的形式。他命四人先用墨笔将对奏疏的批答写在小纸条上，再把小纸条贴在奏疏上面，称为“票拟”；自己看过奏疏之后，如果觉得票拟意见得当，就原样照抄，如果意见有所不同，就加以修改，用红笔在奏疏上写上最后处理意见，称为“批红”。这一时期的中枢政治，可以说是跨部门的贤臣政治。由于户部尚书夏原吉于宣德五年（1430年）去世，宣宗去世，明英宗即位后，张太皇太后将杨溥援引入内阁，形成所谓的内阁“三杨”。

杨士奇的府邸在城西，人称“西杨”。杨荣居东城，人称“东杨”。杨溥曾经自署郡望南郡，人称“南杨”。

“三杨”之首的杨士奇是江苏泰和人，少年时家境贫困，成年后以教馆授徒谋生。建文帝继位后邀集学者修《太祖实录》，有人举荐已担任府学教授的杨士奇，称他颇具史才，文笔亦佳。杨士奇遂被召入翰林充编纂官，后进为左中允。从史传上看，这个人处事严谨，一涉公务，则“举止恭慎”，私居从不谈公事，连最亲近的家人朋友从他这里也打听不到什么事。这样的人，天生适合官僚体制内的生活。永乐六年，朱棣征漠北，留他和蹇义、黄淮等人辅佐太子朱高炽。

朱高炽继位，杨士奇被擢升为礼部侍郎兼华盖殿学士，与杨荣、金幼孜、黄淮等有功的官员同在晋升之列。不久，这些刚升任侍郎的官员又各迁尚书，杨士奇也被委以兵部尚书一职。

“东杨”杨荣是建文二年进士，初任翰林院编修。“三杨”之中，要数杨荣最为圆滑，颇有心计。他谙熟专制制度的诀窍，尤其擅长揣摩皇帝的心理。明人叶盛在他的《水东日记》中记载，杨荣曾经向人传授为官经验：“为君主办事要得体，谏言要讲究策略，由于自己的怨恨和刚直得罪君主，惹祸上身，我不会干这种事。”他还举例，比如陪皇帝读《千字文》，第一句是“天地玄黄”，皇帝却读“天地玄红”，你不要急着反驳，或许皇帝是来考验你的。等他读第二遍，甚至第三遍，向你询问时，你才能回答：“臣小时读过《千字文》，见上面写的是‘天地玄黄’，不知对不对？”

官场上的不倒翁，哪个不是精明人。不过也有聪明反被聪明误的例子。皇帝纳谏是有限度的，一切要在不触犯皇权和皇帝的前提下进行。如果违反，再有价值的谏言都会被堵在门外，甚至遭受非常手段的打压。事君之道，的确是一门高深的学问，一般人还真是做不来。中国人，尤其知识分子，话说得漂亮的人不少，但身体力行，就不是人人能做到的。也正因为懂得这样的官场谋略，杨荣这样的官员才能历事四朝而不倒，“其恩遇亦始终无间”。时人评价杨荣处理国家大事，堪比唐时宰相姚崇，“疏闾果毅，遇事敢为”。想当年，朱棣率靖难之师进入南京城时，杨荣迎谒时拦住朱棣的战马，大声说：“殿下是先祭拜皇陵，还是先即大位？”这句话提醒了朱棣，他也因此得以入直文渊阁。朱棣曾派他去甘肃经画军务，他回来后把山川形势、军民情况详细上奏。时值盛夏，朱棣亲自为他剖瓜慰劳。在军中，朱棣常称他“杨学士”，不直呼其名。从永乐到宣德，他始终受到君王恩宠，与他身上这种有别于一般文臣的豪爽劲分不开。

杨荣与边关将领相熟，逢年过节或上京办事，他们都会送一些良马给他。这件事传到朱瞻基的耳中，他问杨士奇这是怎么回事。

杨士奇说，杨荣与各位将领有来往，皆因永乐年间随先帝北征，先帝命其掌管兵马之数，因此才和边将相熟。

朱瞻基笑道：“我听说他在背后说过你的坏话，你怎么反过来帮他说话？”

杨士奇回答：“愿陛下以曲容臣者容荣。”希望陛下像容忍我们一样容忍杨荣，这句话说得高级而巧妙。杨荣后来知道谈话内容，深感惭愧。

“南杨”杨溥，与杨荣是同科进士，最早也任翰林院编修。因为卷入东宫与汉王之间的政斗旋涡，被关进诏狱，一关就是十余年。朱瞻基继位，召杨溥入内阁，后迁礼部尚书。

在这里有个误会需要澄清，宣德时期并不是完全“政在三杨”。宣德前期，夏原吉在辅政集团中的地位相当突出。朱瞻基经常单独召见他，与其密谈良久，有时还会从袖子里掏出一沓小帖子，亲手交给夏原吉。夏原吉有什么事，也写在这种小帖子上呈给朱瞻基。可见，朱瞻基非常信任此人。各地呈上来的奏疏，朱瞻基几乎全部授权夏原吉代批，甚至让他带回家草拟处理意见。他们在留守期间结下的亦师亦友的感情，让朱瞻基对夏原吉非常倚重。据说，朱瞻基每天要派十几个使者往来于朝廷和夏府之间。夏原吉家里有一匹皇帝赐给他的名马，很有灵性，每当有使者前来，这匹马就一定会跑出来，用蹄子或嘴咬看门的人，提醒他赶紧通报夏原吉。待夏原吉穿好衣服戴好帽子出来，使者已到门口。夏原吉于宣德五年去世，在此之前，他一直是首席大臣。

内阁权力在“三杨”时代有了突破性扩张。要弄清楚内阁的权力边界，首先要明白“内阁”从何而来。从字面上理解，内阁之名与地处“大内”“内廷”有联系。让人不解的是，既然如此，明太祖当年为何不在建立文渊阁、东阁时，就将它们称为“内阁”？可见内阁比那些馆阁有着更为特殊的意义：内阁比文渊阁、东阁更深入内廷。也就是说，阁臣比翰林官更接近皇帝。洪武年间，普通的翰林官都可以与闻机密，但到永乐时期，只有出身于翰林的阁臣有此权力，而普通的翰林官则真正成为闲曹。这恰是明成祖朱棣设置内阁的初衷，即建立一套自己可以随时召问的顾问班子。阁臣既出自翰林，又不同于翰林。

杨士奇在《恭题三朝赐诰命刻石后》云：

> 惟永乐十年，文臣得赐诰及封赠祖父母妻者，尚书八人，太子少师一人，翰林则内阁之臣五人，臣士奇与数焉。盖时甚重之也。

杨士奇在这里仍以翰林官员的身份自称。可见，在当时的人们观念中，“三杨”等人只是一群受到皇帝亲信的翰林官员而已。不管杨士奇承认不承认，有一个事实摆在这里：他们不是普通的翰林官员。内阁的权力因为杨士奇、杨荣和杨溥官职的提升而迅速扩张。原先只有五品衔的内阁学士，这时候都跻身于公侯尚书之列。

内阁这样一个中枢辅政机构，因为手握票拟大权，事实上已被赋予宰辅之责。所谓票拟，也叫票旨、条旨，中央六部和地方的奏章在送呈皇帝前，先由内阁给出一个供皇帝参考的处理意见。这些建议写在小票上，贴在各封奏章的封面，以便御览时一眼就能注意到，这实际上掌握了代替皇帝起草批文的职权。

当然，“三杨”票拟的意见要变成朝野上下遵照执行的谕旨，在程序上还要经过皇帝的确认，即所谓的“批红”。仁、宣两朝君臣和谐，皇帝一般不否决内阁票拟，故有“仁宣之间，政在三杨”之说。时人评价“三杨”，杨士奇有“学行”，杨荣有“才识”，杨溥有“雅操”。三人中，杨溥的操守最值得称道。史传称“质直廉静，无城府，性恭谨”，与大臣议事争论，有人说话难听，他从不放在心上。据说，他每次入朝奏事，都贴着墙根走。十年牢狱，让一个本就拘于儒教的文人，越发谨小慎微。其深层次的原因，说白了，是恐惧，是对于未来的担忧。《明史》在三人的传记后，有一段话：“溥入阁虽后，德望相亚，是以明称贤相，必首‘三杨’。均能原本儒术，通达事几，协力相资，靖共匪懈。”

第三章　从土星到火星

第一节
帝国的风暴

1. 内廷出了个“王先生”

大明的内廷本不应该出“王先生”，可它不仅出了“王先生”，后面还有许多先生在排队，等着脱颖而出。“王先生”是个太监，名字叫王振。明朝以前的王朝，大多走的是皇帝和丞相的双核路线。丞相虽然不能完全限制皇权，但最起码可以在皇帝年幼或其他种种原因造成皇帝无法履行职责时，避免身边的近侍以皇帝的名义干预帝国的行政体系。

明朝行政体系的形成，使得帝国的核心指针开始慢慢偏向内廷，外廷反而成了花瓶似的摆设。在这种情况下，只要皇帝懈怠于政务，太监擅权时，外廷根本就没有可与之相抗衡的强人能够站出来。从某种意义上讲，大明的中央高层是一个由皇帝、内阁和司礼监构成的权力三角。皇帝作为三角中的制高点，一切权力应该归属于他。现实却并非如此，很多时候皇帝对皇权的掌控只是象征性的。皇帝是三角中的一角，一旦其他两角抽离，皇权将会陷入困境。

在这三角关系中，内阁大学士替皇帝思考治国之道，并以代皇帝拟旨的方式来分肥皇权这块大蛋糕。而要使内阁的治国理想变成具有法律效力的行动，则要通过司礼监秉笔之手。这样一来，司礼监秉笔就有了自己的权限，他既可以让内阁的理想化为泡影，也可以使内阁的理想成为全国一盘棋的统一行动。帝国文官集团再无核心可依，只能互相争斗，陷于党争的旋涡难以自拔。文官集团的势力本来就弱于宦官集团，再加上常年内斗，力量分散，就更无法与宦官们抗衡。

帝国从朱元璋削夺相权就定下了一个基调：权力要围绕皇帝转，要想尽办法压低官僚集团的权力值。自明成祖朱棣以后，宦官的势力逐渐坐大，而皇帝与朝臣都在行政体系中边缘化，帝国的命脉逐渐转移到宦官的手中。在古代官僚集团的博弈中，有一个非常形象的拔河论。拔河的双方，一头拴着皇帝，另一头则拴着官僚集团。其实这本来与宦官们并无多大关系，宦官在其中充其量扮演了一个“打酱油”的角色。作为开国之君的朱元璋将皇权看护得很紧，他废除丞相制，是因为在他的官僚体系中并不需要丞相来平衡权力，他以为凭借一己之力就可以把另一端的官员拉拽得脚步踉跄。他在刚当上皇帝的前几年，对宦官更是严加防范。彼时宦官的主要职责就是服务宫廷，其活动范围难以越出戒备森严的宫墙。

朱元璋曾经专门打造了一面铁牌，悬挂在宫门之上。铁牌上书：“内臣不得干预政事，犯者斩。”可以说，此时宦官的权力跌入了历史的最低谷。朱元璋刻在铁牌上的“宦官守则”可不是好玩的，也没人敢玩。宦官们不仅不能干预朝政，更不能与其他官吏串通一气，甚至连置办产业的权利都没有。太监无后，置办产业留与谁？朱元璋还以历史上宦官祸国乱政为鉴，他曾经感慨万分：“吾见史传所书，汉唐末世，皆为宦官败蠹，不可拯救，未尝不为之惋叹。”

朱元璋在感慨前朝往事的同时，也对自家后院里的宦官们做了种种限制。明确规定宦官不得兼外臣文武衔，不得穿戴外臣衣服、帽子，官阶不得超过四品，政府各部门不得与宦官公文往来，等等。

事物的发展，并不以个人意志为转移，无论皇帝还是草民。等到朱元璋的接班人做了皇帝的时候，这场权力拔河发生了微妙的变化。他的那些子孙发现自己在这样一场权力弈局中，渐渐力不可支，甚至在很多时候皇帝是被官僚集团拖着往前走。

宣德时期，宣宗朱瞻基正值大好年华，玩心颇重，即使是用红笔批复夏原吉起草的诏书草稿，他都觉得费事，但这个批红权是皇帝专有的，是决策权，不能轻易给别人。

这是一个空气中弥漫着享乐气息的年代，由于明宣宗朱瞻基是一个酷爱音乐和诗歌的文艺青年，国家庆典仪式上少不了诗歌助兴，君臣经常在一起搞些文人雅集，有时甚至通宵达旦。逢年过节，官员们还可以享受到悠长的假期。其他诸如巡幸西苑万岁山这样的游园活动，朱瞻基会带上亲信大臣、翰林学士在大自然中诗酒唱和。《实录》称宣宗后期，“臣僚宴乐，以奢相尚，歌伎满前，纪纲为之不振”，留给朱瞻基的时间不多了，他还要及时行乐。按照史家论言，明朝的皇帝好的少，坏的多，而朱瞻基应该算是一个比较好的皇帝。

当然，这种论断取自他执政十年的有限时间里的平均值。好皇帝、坏皇帝，都架不住时间的考验。人性为善为恶，只能此一时彼一时。就算是那百官楷模的“三杨”亦如此。明人蒋一葵在《尧山堂外纪》中有一则故事：

> “三杨”当国时，有一妓名齐雅秀，性极巧慧。一日，令佐酒，众谓曰：“汝能使三阁老笑乎？”对曰：“我一入便令笑也。”及进见，问何来迟？对曰：“看书。”问何书？曰：“《列女传》。”三阁老大笑曰：“母狗无礼。”即答曰：“我是母狗，各位是公猴。”一时京中大传其妙。

这样的段子像是取自《金瓶梅》那样的书，不无戏谑意味。三个阁老一同上妓院，场面“美”如画。狎妓虽不是什么高贵的行为，以当时的社会认知，似乎也没觉得下流到哪里去。故事里的齐雅秀不惜作践自己来取悦这些官员，一句“各位是公猴”，又将那些沐猴而冠的官员骂了个遍。在歌舞升平的背后，一个时代的暗疮正在悄然生发，刚开始不痛，只是痒，越痒越要挠，挠着挠着就挠出了事。或许有人看在眼里，听在耳里，但慑于皇权之威没人敢说。

朱瞻基沉浸于歌舞，忙于他的艺术创作。现存的朱瞻基的绘画作品有近十幅，文学作品有《大明宣宗皇帝御制集》数十卷，除了官样文章，还有近两千首诗，全方位多角度展示了这位青年皇帝的丰富多彩的宫廷游乐生活。我们没有证据说明，他因为热爱文艺，荒废了朝政。但我们可以从政务决策的变化来判断宣宗皇帝的时间都去哪儿了。

一是皇帝处理政务不再以朝会决策为主，转而以批答奏章为主。仁、宣二朝的父子皇帝都不太喜欢上朝。之所以如此，除了他们怠政，还有大明决策机制变化的因素。二是辅政集团功能日趋强大，票拟之责，更是将他们从议政之席推向决策之位。三是授权辅政集团的人兼管其他部门，因此这些人的权力都比较高，甚至超越内阁大臣和六部尚书。

宣宗朱瞻基轻松了，时间也有了，于是开始享受生活。据说，胡皇后因为多次规劝皇帝不可过分玩乐，惹得皇帝不满，最后被迫辞位。宣宗朱瞻基改立皇后带来的影响极坏，后来的景帝、宪宗和世宗都曾改立皇后，不能说有样学样，但是恶例如风，风气一开，自然可以援引先例。还有个叫陈祚的青年御史，见宣宗整天出去跑马射箭，便上疏劝皇帝读一读《大学衍义》。朱瞻基因此被激怒，他看完奏疏破口大骂："这个书呆子竟敢说我没读过《大学》，不可不杀！"身边近侍劝道："偏远之人，不知皇上无书不读。"这才化解了他的心头怒气。

内阁官员替皇帝起草处理意见之后，接下来的环节就是批红。批红本来就是皇权，是皇帝的法定决策权之一。宣宗发现批红也不轻松，官员们都很卖力，需要他拿主意的政务太过于繁杂。就在他暗暗叫苦的时候，转身发现了站在身边的宦官。于是索性将御笔一扔，奏章一推，说了一句"你们来帮帮我"。这就是一场拔河，先是皇帝单挑大臣。朱元璋和朱棣是皇帝中的强者，可以勉强与大臣势力持平，但他们的继承人一代不如一代。由于宦官的加入，这场皇帝与官僚集团的拔河才又开始平衡。不过平衡的代价，就是宦官势力的坐大。宦官作为帝国权力高度集中的衍生物，只要皇帝是个独裁分子，喜欢玩寡头政治那一套，帝国权力的运行轨迹早晚会走上重用宦官、使"刑余之人"干政的道路。

其实强如朱元璋，也无法完全堵住这条权力跑偏之路。尤其是在他废除了中书省和丞相制、对开国功臣一次次杀戮过后，整个朝堂为之一空，他环视四周，能够信任的只有那些朝夕相处的宦官。在朱元璋执政的中晚期，特别是到了晚年，宦官开始隐约现身于政治舞台的边边角角。

明朝的政治体系其实是各种力量在博弈过程中的此消彼长，在这种带有平衡和掣肘色彩的刚性结构中，文官是这场游戏的主角，作用也是最大的。作为官僚集团中的生力军，文官把持了官僚系统的关键点。作为皇帝要想实现政治理想，就必须突破制度上的刚性约束，这并不是容易的事。正因为如此，明代将近三百年，有一大半时间，皇权受到文官集团的强力限制。外廷的文官太自以为是，俨然一副真理在握的模样，正好培植宦官们来压一压。

宣德元年八月，朱瞻基在宫内太监王振等人的鼓动下开设了内书堂，专门用来教那些小太监读书识字。刚开始，内廷每年会选十岁上下小内侍二三百人，后来逐渐增至四五百人，授课教师则由王振这样识文断字的宦官充任。随着教授内容的增加，又专设翰林官四人任教习，大学士陈山、翰林学士朱祚等先后任过内书堂讲席。这一举措极大提高了宦官的政治地位，将原本不痛不痒的暗疮催发得又红又肿。

对此，《明史》有论：

> 初，太祖制，内臣不许读书识字。后宣宗设内书堂，选小内侍，令大学士陈山教习之，遂为定制。用是多通文墨，晓古今，逞其智巧，逢君作奸。数传之后，势成积重，始于王振，卒于魏忠贤。考其祸败，其去汉唐何远哉！

这些宦官从开始识字那一刻起，就被皇权赋予特殊的使命。皇帝要培养的是文官的天敌，并让他们以皇帝近侍的身份迅速渗入帝国的神经中枢。关于皇帝、文官、宦官三者之间的关系，可以作这样一个比喻：在我们面前摆一架天平，如果在天平的左侧放上九斤的物体，在右侧放上八斤的物体。那么这时候天平就会完全倒向左侧，但如果在右侧加上两斤的砝码，那么天平又会完全倒向右侧。很多自幼和太监一起长大的皇帝是把太监当成亲人的，就算换了你是皇帝，你是喜欢一个从小到大无话不说、十分听话的玩伴，还是喜欢那些表情严肃、经常批评自己、干涉自己行为的大臣？于是，皇帝们只剩下了一个选择：让太监去制衡大臣。

我们由这个比喻再回到明朝这架权力天平上，在皇帝与文官的博弈中，宦官就是那个后来加上去的砝码。砝码本身的重量微不足道，但是在势均力敌的关键时刻，它却决定着最后的胜负。宦官通过把自己押在皇帝这边，让皇帝在天平上获得优势，得到巨大的回报。其实在使用宦官这个问题上，打破种种禁令的并不是别人，而是朱元璋自己。这一点首先体现在宦官人数的急剧膨胀上，尤其是到了他统治的中后期，宦官的人数基本上是呈滚雪球状态在增长。

洪武十五年十月，一次便“增设内使三百六十人”，而洪武二十四年（1391年），明王朝竟一次性向高丽国索要二百多名阉人，安南国也不断向朱元璋进贡阉人，每次动辄几十人。

朱元璋在位期间，宦官机构及有关职官设置变动频繁，宦官数量不断增加，相关机构逐步膨胀。在洪武年间，宦官机构及职官设置就已基本形成定制。明代的宦官机构，以“二十四衙门”为基本主体。二十四衙门包括十二监、四司、八局。宦官除在内廷任职之外，还能出任各种外差使职。按照原来的规定，这二十四衙门主要只是为皇帝生活服务的部门。但事实上，明代的宦官已经发展成为极其重要的政治势力，不但掌管了宫廷内有关饮食起居的一般事务，还控制了全国的军政要务。

尤其是司礼监，它是明代宦官二十四衙门中的首席，也是整个宦官系统中权势地位最高者。可以说，司礼监这个职位虽无宰相之名，却有宰相之实。帝国如此庞大，它的管理和运行有赖于公文的有效运行，这些公文从内阁到中央六部，再到地方省府州县间，如同血液在帝国的血管里汩汩地流淌。一个王朝的生命力正来源于此。各地各部门的奏御文书，先由内阁提出票拟，再送到皇帝的御案上，待其御批后颁布四方。而这最后一道程序就是“批红”，不出所料，朱瞻基正是将最后一道程序让渡给了宦官。从内书堂走出来的宦官，通文墨、晓古今，知识为他们打开了那个潘多拉的盒子，释放出邪恶。

朱瞻基在他执政的中晚期，倦怠政务，除了偶尔御批文书，其他大多交给司礼监秉笔太监，遵照内阁票拟字样朱笔批行。朱瞻基让宦官代替自己批红，却很少让大臣代劳。他以为这样，就可以将决策权牢牢掌握在自己和家奴的手中。而这些宦官并非在任何情况下都能掌权。皇帝必须有较大权力，作为皇帝的家奴才有可能掌权。这是一个权力的双向驱动问题。皇帝懒政，宦官才有可乘之机；宦官勤政，皇帝索性做甩手掌柜。皇帝不太过问国事，内阁的权力随之膨胀，批红权就归了宦官。没有皇帝的支持，宦官便什么也不是，兴风作浪更是不可能的事。

既然皇帝不愿干活，活总要有人干。于是就有了宦官们代皇帝批答奏文，下行诏谕，这就等于将最高决策权与行政权转移到了宦官的手中。明朝外戚与朝臣的势力相对其他王朝来说，是非常孱弱的。这样就打破了相应的平衡，大权自然也就被宦官们接手。再加上宦官掌握东、西两厂，握有司法与缉查大权，朝堂内外敢怒而不敢言。权力本身有衍生的趋势，宦官的权力会向经济、军事、文化等领域渗透。宦官干政是违背常理的，在道义上得不到任何支持，所以纷争必然会在体制内部蔓延，最后扩大到民间。王振时代，斗争还停留在相关人物上；到了后期，打击面扩大到了整个官僚系统，甚至连平民百姓也不能免祸。

作为皇帝，一定要利用宦官，才能让自己的意志有更大的实现可能，这个看似荒诞的结论背后有着深层次的原因。一个皇帝，他的个人荣辱、羞耻观念和普通人并无二致，他突破舆论带来的弹性约束程度有限，使用廷杖、诏狱等手段的程度突破阈值的可能性较小。皇帝在做出一个决定的时候，通常会受到来自官僚系统的制约。就算他们能够做到完全不顾及官员和世俗世界对自己的评价，也要为祖宗留下的江山社稷考虑。

那些太监则完全是自由职业者的状态，他们可以把一切束缚在个体身上的顾虑统统甩掉，轻装上阵。他们甚至连自身的利益都不用做太多的考量，从进入这个圈子的第一天起，他们就割断了与外面世界的联系。这种顾前不顾后的变态心理，让他们在行动的时候更加肆无忌惮，毫无顾虑，更不会有精神和道义上的负罪感。其实这样做的结果，使他们自己的利益最终也受到损害，难以善终。而这一切，要从王振这个大宦官开始说起。

王振，这个日后臭名昭著的宦官，犹如历史暗影里突然冒出来的妖孽。官方史传只作如是言：“王振，蔚州人，少选入内书堂，侍英宗东宫，为局郎。”历史终将沉入时间的海洋，但人类从不甘寂寞。既然官方因传主的邪恶，不愿深究其来处。于是，那些民间史籍就给人想象的空间。据严从简的《殊域周咨录》、查继佐的《罪惟录》都有记载：

王振并非少小入宫，净身入宫前，也不是江湖浪荡子，而是山西大同蔚州的一介儒生。今日北京市东城区禄米仓胡同东口有一寺院，名唤智化寺。据说，这座寺院是王振出资、于正统八年所建的家庙。智化寺中，有王振遗留至今的唯一石刻像，其形象宛如一个书生的标准像，很难让人将其与史书中的奸恶之徒联系起来。和那个时代大多数的读书人一样，王振数次参加科举，只取得微薄的功名，被派往州县担任学官。他在学官这个位置业绩平平，九年考满，并无称道之处，史称“九年无功”。永乐末年朝廷出了一条新政，那些不合格的教职人员已有子嗣而自己又愿意净身入宫的，可以入宫教女官认字。“振遂自宫进，授宫人书，宫人呼王先生”。当时一共选拔了十几个人，其他人皆默默无闻，唯独王振得到皇帝的宠信。内廷多是不识字或粗通文墨的宦官，而王振在州县担任教职多年，再加早年曾混迹基层官场，很快从那群宦官中脱颖而出。朱瞻基命他陪太子朱祁镇读书，此时的朱祁镇还是个髫龄小儿，对于父亲指派的、来自成人世界的陪读者自然心存敬畏。朱祁镇尊称他为“先生”，从不直呼其名。

王振除了陪侍太子，还逐渐掌握了内廷权重最高的司礼监的大权。这是因为司礼监秉笔太监刘宁不认得字，无法替皇帝批红。王振就这样通过代笔，占据了司礼监这块风水宝地，也意味着他逐渐掌控朝政。司礼监掌皇城内一应礼仪、刑名、关防、门禁之事，作为皇帝的秘书部门，还有权知闻内外章奏文书，参与御前堪合。司礼监中，尤以秉笔太监最受皇帝器重，他们不离皇帝左右，代皇帝朱笔批红，还有机会提督东厂，管理帝国的特务部门。王振从代笔司礼监起步，很快炙手可热。

2. 内阁与内廷的缠斗

宣德十年（1435年）春天，明宣宗朱瞻基驾崩，年方九岁的太子朱祁镇继位，年号正统。他就是明朝历史上唯一一个两度坐上皇位的皇帝，明英宗。他的另一位同父异母的弟弟朱祁钰，同时被封为郕王。由于英宗年幼，无法主持朝堂议政，张太皇太后命令每日早朝，英宗仍然照常临朝，但文武官员只能上奏八件事，而且这八件事还要写好奏疏，与其他政务奏疏一同提前交给内阁，由内阁按照宣德时期票拟的惯例，预行决策。

中国历史上向来有“主少国疑”的政治难题，此时也有传闻，说朱祁镇那个能干的叔叔朱瞻墡将顶替他的位置。这又是老生常谈，燕王朱棣估计棺材板都快盖不住了。幸亏朱祁镇有个好祖母，仁宗朱高炽的皇后张氏。《明史》记载，这位张氏“中外政事莫不周知”，宣宗朱瞻基在位时，“军国大议多禀听裁决”，可见世人溢美的“仁宣之治”背后不乏这位张氏的色彩。如今，夫君去了，儿子也去了，她又将心思放在了孙子身上。

朱祁镇不满三个月时就被立为太子，足见宣宗朱瞻基对这个儿子或者他母亲的喜爱程度超乎寻常。关于朱祁镇的生母是谁，明代正史、文人笔记和民间传说莫衷一是。官史说他的生母是孙贵妃。朱祁镇出生不久，朱瞻基就废掉了胡皇后而册立孙贵妃为皇后。明人王锜《寓圃杂记》记载：朱祁镇是宫人之子，孙贵妃为了争夺皇后之位，把朱祁镇暗地抢了过来，假装是自己亲生。明末官员黄景昉指出，这一说法出自与朱祁镇感情最为深厚的钱皇后之口。可见，朱祁镇的生母大概率是一名普通宫女。这些八卦性质的宫闱秘事无关宏旨，对于朱祁镇的成长却有着致命的影响，甚至埋下了祸根。

朱祁镇登基时，只是一个孩子。面对庄重严肃的朝堂，他能够倚靠之人并不多，除了祖母太皇太后，还有父亲朱瞻基给他留下的五个“顾命大臣”。他们虽然宦海沉浮，经验丰富，但都已进入人生的暮年。从史料中可以看出，母亲孙皇后在朱祁镇的教育和成长中，好似完全缺位的隐形人。对于一个孩子来说，这个世界只有两张面孔：好玩的和不好玩的。我们可以推断，从朱祁镇几个月时被立为太子到九岁登基这段时间，他被严格的宫廷礼仪包围和教化。父亲朱瞻基对他寄予了无限的希望，正因为如此，日常教养的功课必不可少。

皇帝忙于政务，乐于文学和俗务，并无时间陪伴皇子。这个时期，经常出现在朱祁镇身边的人就是王振。这个人如他的父，如他的母，保护着他，陪他玩耍，解他孤独。待到朱祁镇登基，王振更是成了他的政治顾问和人生导师。正统初年的政坛上，张太皇太后，以及以“三杨”为首的顾命大臣，都是举足轻重的人物。小皇帝羽翼未丰，王振只有讨好那些实权人物。诚如王锜在《寓圃杂记》中所言：“正统初，太皇太后张氏同听政，元老杨士奇、杨荣、杨溥居辅弼，凡朝廷大事，皆自三公处分。数年间，政治清明，为本朝之极盛。”《明史》则说：“是时，王振尚未横，天下清平，朝无失政，中外臣民翕然称‘三杨’。”那是一个相对清明的时光，“三人亦自信，侃侃行意”。

正统时期，朝堂议政实际上被停废了，转而以奏疏批答形式替代。内阁由此排斥六部，垄断了预行决策的权力，从而在正统时期形成内阁“三杨”共同主政的格局。鉴于自身的这一权力只是特殊时期的权宜之计，阁臣竭力想将自己在政治中枢中的垄断地位保持下来。为此，阁臣致力于和朱祁镇形成私人关系，以维护未来内阁的地位。他们想到的办法，是创立教育朱祁镇的经筵日讲制度。

可见，所谓的“三杨”时期，内阁的地位才真正确立。明人沈德符评价：“阁臣自‘三杨’以后，体貌渐成真相。”自此，内阁一直延续“三杨”的政治做法，极力控制经筵日讲，切断六部与皇帝之间的密切接触，从而维护自身在帝国中枢的独大地位，并在合适的机会，通过人事安排和权力斗争，控制六部长官，甚至干预六部政务，从而实现内阁对六部的权力渗透。内阁权势虽然提升，但自始至终，内阁只是协助皇帝处理政务的秘书机构，并非法定意义上的丞相，更不是统领百官的文官之首。在职权上，内阁“不置官属，不得传制诸司”，只有议政权而无最终的决策权，更无执行权。因此内阁一直无法直接指挥以六部为首的文官集团。与此同时，小皇帝朱祁镇正沿着宦官王振为他设计的路子往前走。挟皇帝以令朝臣，王振主持的司礼监很快与内阁分庭抗礼。

在朱祁镇登基之初，太皇太后张氏对王振等宦官势力已经有所警惕。当时太皇太后张氏“垂帘听政”，王振有所忌惮。这天，太皇太后在偏殿对站立东面的皇帝说：“这五个人是前朝重臣，有什么事都应该和他们商量，他们不赞成的事，不可以做。”皇帝唯唯诺诺，只能应允下来。

王振最开始只是一个皇族意志的代理人，或者是政治工具，并不能参与中枢决策。他虽然可以代替英宗朱祁镇批红，但不能擅自更改票拟的内容。很多时候，只能写“知道了”“准拟”等字样。张太皇太后每天都会派宦官查票，如果发现不一致，便会责罚王振。

正统二年二月，连续发生了两起震惊朝野的事件：

第一件事：太后曾经遣王振去往内阁问事，杨士奇拟议未下，王振就不耐烦地催问。杨士奇气得三日不出。太皇太后向来将阁老们看得很重，听说王振冲撞，命人用鞭子狠狠抽了王振一顿。完事后，又命王振当面向杨士奇赔罪，并且警告说：“再有这样的事，必杀无赦。”

第二件事：一天，太后召英国公张辅、内阁杨士奇、杨荣、杨溥，礼部尚书胡濙入偏殿。只见太后身边女官杂佩刀剑，侍卫凛然。英宗朱祁镇立于太后西面，五大臣立于太后东面稍下。太后命人宣太监王振，王振进来，看见太后脸色铁青，吓得跪伏于地。太后开口道：“你平日侍候皇帝起居，多有不律，今日就将你赐死。”言罢，几个女官已经将刀剑架在王振的脖子上。小皇帝吓得跪下为王振求情，五大臣也跟着跪下。太后叹道：“皇帝年幼，怎知这样的人祸及家国。今日看在皇上和众大臣面上，饶你不死，今后切不可参与国事。”

面对太皇太后举起的惩戒之刀，朱祁镇跪下求情，“三杨”也随之跪下。这是他们政治软弱的具体表现。他们知道，如果真的赞同将王振处死，无异于宣布在政治上与朱祁镇分道扬镳，在感情上与其决裂。三个人退缩了，他们真的感到害怕。所谓“诸臣阿顺幼主，为身后计，故而隐忍保全”的说法，可以说是相对公允。

大量事实告诉我们，王振在正统元年不是“未横”，而是“已横”。宣德十年，王振已被委任为司礼监太监，位列宦官二十四衙门之首。司礼监太监在明朝有着“内相”之称。从他发迹，到登临宦官之首，必然得到张太皇太后和辅政五大臣的首肯。朱祁镇年幼，可塑性强，他感情上亲近谁，生活中信任谁，将来政治上就会离不开谁。明日的权力之争，始于昨日，成于今日。“三杨”和张辅等分任知经筵事、同知经筵事等职，他们不仅自己主持经筵日讲，而且选拔翰林院的官员，负责日常的经筵日讲授课。通过这种办法，内阁不仅将对皇帝的教育从宫廷的宦官那里夺了过来，而且阻断了六部与朱祁镇形成私人关系的机会。

以王振之狡黠，足以将冲龄幼主玩弄于股掌。内阁开设经筵，他则领着小皇帝登上将台，检阅京师各武官骑射。他逼着兵部上奏边务，甚至将无事可报的兵部尚书王骥下狱，过了几日又放了出来。让大臣无辜入狱，又转身开释，朝臣莫不畏惧。这时候，英宗还是个十岁的孩子，虽终日生活于皇宫大内，言行起居遵循戒律清规，但孩子毕竟是孩子，自有寻常少年的心性。一边是内阁大臣的经筵说教，一边是内廷宦官的出游骑射，显然后者更有吸引力。

早在太皇太后张氏鞭责和声言处死王振之前，王振已经挟皇权自重。比如，他指使御史，劾英国公张辅回奏稽延，并劾科道官员监察失职。张辅不比旁人，他是永乐、洪熙、宣德三朝勋臣之首，“靖难”功臣，爵拜国公，位晋太师，妹为成祖妃，崇冠朝班，又是太皇太后张氏钦点的辅政五臣之一。王振居然敢打击排陷张辅，说明他的权势已凌驾于勋旧大臣之上。虽然张辅被免于追究，但御史、给事中二十多人受到杖责。当时经筵正开，选拔翰林学士中品学方正之士为讲官，一月三讲。这些翰林学士听说二十多位官员受到杖责，极为愤慨。他们觉得皇帝已被宦官带坏，不值得再施以教诲，不少人因此挂冠而去。

随着英宗朱祁镇逐渐长大，王振作为他的亲信，影响力越来越大，从而在批红和传话的时候，慢慢渗透进自身政治利益的考量，逐渐在事实参与中枢决策。尽管张太皇太后对王振存有戒心，经常敲打，还是难以改变宦官专权的现实。一些无耻官僚，纷纷拜倒在其门下，趋炎附势，以求仕途发达。每到接见官员的日子，王振设在宫外的私邸都是车水马龙，官员来往络绎不绝。据说，他府上的门槛是有高度的。礼金一千两以上才有资格进入，并且酒食管饱。

这里有个可以当作笑话听的事，因其录入《明史纪事本末》，真伪也就变得耐人寻味。一个叫王佑的官员谄事王振，王振将其由工部郎中提升为工部侍郎。有一天，王振见王佑虽然长得好看，但没有胡须，便好奇地问道："王侍郎何无须？"对曰："老爷所无，儿安敢有。"这个笑话未必是信史，却让我们从时人口中体会到王振的嚣张气焰。

"靖难"功臣朱勇，爵封成国公，此人号称正统朝勋臣第二人。当他来到王振面前时，"有所建白，膝行而前"，活脱脱的奴才相。

正统六年（1441年），工期近二十个月的宫殿扩建完工，奉天、华盖、谨身三殿及乾清、坤宁二宫相继竣工，并投入使用。皇帝宴请百官，以示庆贺。按照皇家惯例，宦官不能参加外廷宴会。朱祁镇派小宦官告知王振，王振大怒道："周公辅成王，我独不可一坐耶？"小宦官将这句话学与朱祁镇听，"帝蹙然"，命开东华中门，召百官候拜于门外。王振趾高气扬地进入了宴会。王振对待皇帝尚且如此，何况其他官员。正统七年，太皇太后张氏病逝。估计王振长舒了一口气，他最忌惮的那个人走了。他派人偷偷摘掉了悬于宫门内高达三尺的铁牌，铁牌并不值钱，王振在乎的是铁牌上面镌刻的八个字："内臣不得干预政事"。王振以为盗走那块铁牌，就能当那八个字从来就没出现过，所谓"祖训"也就烟消云散。

辅政五臣对王振等宦官势力的膨胀，也是心急如焚。杨士奇曾上疏："自古圣贤之君，左右使令必用正人。今皇上富于春秋，凡起居出入，一应随侍及使用之人，皆宜选择行止端庄，立心行己正当者，使在左右。"他让皇帝要选择那些行止端庄、心思纯正的侍者。对于举动轻佻，语言亵慢，立心行己不正者，要趁早去之。若不早去，随侍时间久了，情谊相洽，不觉其非，言听计从，之后再想去除，其势难矣。

杨士奇作为辅政大臣、内阁首辅，虽然意识到问题的严重性，但无计可施。对朱祁镇来说，这样的说教，他只是姑妄听之，却从未引以为戒，更谈不上去除其势。在明英宗朱祁镇的袒护之下，王振“视勋戚如奴隶，目天子为门生”，为祸家国。一日，王振直接对“三杨”说：“朝廷的事仰赖三位先生，然而你们年事已高，为大明操劳了一辈子，也该歇歇了。”杨士奇听出弦外之音，说：“老臣当尽瘁报国，死而后已。”杨荣却说：“我们的确老了，应该推荐几个年轻后生来报效皇恩了。”第二天，杨荣就推荐了几个年轻后生。事后，杨士奇埋怨杨荣失言，杨荣解释道：“王振已经讨厌我们，一旦司礼监以皇帝名义召某人入阁，我们毫无办法。与其这样，不如推荐我们看中的人，事情或许还有转机。”

“三杨”尚且不能拿王振如何，何况资历尚浅的年轻后生。于是，朝廷大权完全落入王振之手，公侯勋戚见了都要喊一声“翁父”。内阁“三杨”面对王振的咄咄逼人，毫无招架之功。杨荣素有不廉之名，王振唆使言官，弹劾其受宗室靖江王贿赂。虽有杨士奇立解，还是被都察院和大理寺盯着不放。不久，年迈的杨荣忧愤而死。其后，杨士奇也因儿子杨稷杀人一案，受王振要挟，不得不离职。虽有皇帝降诏慰勉，终至“忧不能起”。“三杨”只剩下杨溥一人，新进的阁臣马愉、高谷、曹鼐等辈，王振更是不放在眼里。正统七年（1442年）张太皇太后去世，宫中对王振最后的抑制力量也失去了。一朝之中，抑制宦官、引导皇帝健康成长的良性政治力量至此终结。从此内阁、内廷之柄，皆为王振所攘，生杀予夺尽握于其手。

3.“土木之变”纪事

在明英宗朱祁镇的记忆中，没有比1449年的秋天更让他感到绝望的日子。北方的天空之下，秋阳高照，却难以驱散他心底挥之不去的寒意。他不敢相信，也不愿相信，他会成为一场战争的俘虏。他以万乘之尊，倾举国之力，亲率五十万大军御驾亲征，竟然败于小小的蒙古瓦剌部落。在异族军队让他们全军覆没的时候，他曾经试图自杀，但终究因为缺乏勇气而作罢。

“瓦剌，蒙古部落也，在鞑靼西。”这是《明史》给出的定位。

瓦剌部在成吉思汗时代从叶尼塞河与额尔齐河流域向南迁徙，逐渐摆脱传统狩猎和渔猎生活方式，开启了属于自己的时代。要知道，在黄金氏族执掌大蒙古国的时代，瓦剌部都处于边缘位置。在忽必烈入主中原建立元朝后，他们向南迁徙到了新疆阿尔泰山北部。元朝灭亡后，在蒙古高原上，仍然活跃着元朝的后裔——鞑靼，以及东边的兀良哈、西边的瓦剌，他们仍然对明朝北部边疆构成长期的威胁。随着北元小朝廷的黄金氏族蒙古可汗地位的丧失，曾经处于边缘位置的瓦剌部落，有了非分之想。汉人可以有“皇帝轮流做，明天到我家”的说法，他们也相信天道有轮回。于是，瓦剌部落开始向东方的鞑靼部渗透。其间，瓦剌积极介入与鞑靼部以及各个派系势力的纷争，他们很想趁北元孱弱之际压倒黄金氏族取而代之。

到了英宗正统年间，瓦剌陆续打败鞑靼、兀良哈、女真和哈密，统一了亚洲内陆东部的广阔地区，力量达到极盛。瓦剌此时已壮大成为蒙古高原的实际控制人，同时把势力范围推进到了大同附近。

在朱元璋的诸多子孙中，最有军事天赋的莫过于朱棣。从永乐八年到二十二年，朱棣五次御驾亲征北伐，其中四次都是针对鞑靼的，只有永乐十二年那一次针对瓦剌。想到曾祖父的英雄事迹，再联想到自己当下的处境，朱祁镇惭愧得恨不得去死。那一次，朱棣也是亲自披挂上阵，打得瓦剌溃不成军，主帅马哈木带着亲信残余逃到了土拉河。次年，他们便主动谢罪求和，恢复朝贡关系。经过这样一场战役，瓦剌暂时打消了进攻大明的想法。

历史证明，有些仗非打不可，打了还要打得赢。不然光是吃败仗，打仗就只剩下痛苦的回忆。马哈木去世后，接替瓦剌首领的脱欢、也先父子在其后三十多年中跟明王朝保持了理论上的朝贡关系。所谓朝贡，实际上是朝贡贸易，是一种大明让利于瓦剌的朝贡贸易。

一是通过朝贡贸易满足瓦剌部首领的一些经济需求，换取边疆安宁；二是通过贸易，维持对周边部族的宗主地位，满足其天朝大国、四方来朝的虚荣心理。

此时的瓦剌已逐渐开始成为蒙古高原上的主人，尤其在跟鞑靼部争夺可汗地位的战争中，瓦剌掌握了主动权。到了明英宗正统三年（1438年），执掌瓦剌的脱欢准备改变前辈的策略，不再一味寻求消灭鞑靼，而是扶持一个黄金氏族的傀儡可汗，让自己成为“太师（丞相）”，并铲除蒙古高原上所有反对他的力量，他用这个方法越过或者回避了身份障碍。正统四年脱欢去世，也先接过了他的权柄，自称“太师淮王”，而在实际上，傀儡可汗脱脱不花需要听太师也先的调遣。

也先还有一个名号为顺宁王，此名号乃是明朝册封的，这说明他还是大明的臣子，是替皇帝管理部族的。这一时期瓦剌虽然在名义上仍尊奉明朝为宗主，但已开始威胁明朝在东亚地区的统治地位。尤其在也先继位瓦剌太师后十年时间里，他把朝贡玩出了新花样，也让明英宗朱祁镇和他的帝国吃尽苦头。

朝贡制度不是明成祖朱棣的发明，但是将整个蒙古高原纳入明帝国朝贡体系，却是他的一个创造性的尝试。在保持优势的情况下，不去穷追猛打，而是威远怀柔，将局面导入彼此两利的关系模式中，以较小的经济成本换取政治和平，是“朝贡体系”的精髓。诚如陈福民所说：“与战争相比，经济上付出与回报显然更为柔性，‘入贡’与回赠更多是象征性的，你送我一只三足乌，我封你二品官，彼此开心而已。”不过，这种彼此开心的局面，是建立在中原王朝具有压倒性优势的前提下，否则，马刀从不服弱者。在朱祁镇执政之前，明朝和瓦剌的朝贡关系还相对正常，按照约定的时间、地点和人数，贡品有限，“赏赐”性的回赠自然会多一些，但也不算过分。正统四年，也先成为太师掌控了整个蒙古高原之后，事情渐渐变得不对了。瓦剌每年派人送来大量的各种鼠皮和马匹，有时候一年不止一次。东西越送越多，越卖越贵，派来的人也越来越多，最后演变成为强买强卖。

在这里将《明英宗实录》中两次朝贡的情形摘录如下，可做比较：

> 一、正统二年八月，瓦剌顺宁王脱欢遣使臣阿都赤等二百六十七人来朝，贡驼马、方物，赐宴及彩币，升阿都赤为都督同知。
>
> 二、正统四年十月，瓦剌脱脱不花可汗等遣都督阿都赤一千余人来朝，贡马三千七百二十五匹，驼一十三只，貂鼠皮三千四百，银鼠皮三百。赐宴并衣帽靴袜钞币有差。

数字变化越来越大，事情开始变得麻烦起来。遣使来朝的除了瓦剌太师，还有脱脱不花可汗，他虽然是个傀儡，但也要与瓦剌分别来朝索取，而且来朝人数与交易数量剧增。瓦剌让明帝国有苦说不出，他们名义上是合法“入贡”，朝廷不买也得买，买了还得花高价。这哪里是朝贡，分明是变个花样抢钱。我们再看《明英宗实录》记载：

> 正统七年正月，赐谕瓦剌朝贡使团人数不许过三百人，过者于猫儿庄等候不得入关。
>
> 正统七年十月，瓦剌贡使至关两千人，续至者又一百余人。英宗特旨准赴北京。
>
> 正统十三年十二月，瓦剌脱脱不花可汗、也先太师并买卖回回阿里锁鲁檀等来京朝贡，自报贡使三千五百九十八人。

正统七年初，瓦剌使团前来朝贡，半年之后竟然又来了一次，这次来有两千多人。这给山西大同官员带来巨大的压力，他们不敢擅作主张，只得向京城通报。英宗竟然不可思议地同意了，“特旨准赴北京”。不知道朱祁镇怎么想的，任由瓦剌将这道口子撕得越来越大。也不清楚，皇帝和他的“王先生”，以及朝中官员经历了怎样的一番议论、判断、斗争和决策。可以肯定的是，皇帝轻易就推翻了自己在半年前做出的“不许过三百人”的敕谕。政令如废纸，说扔就扔，只要皇帝和他的“王先生”同意，其他人的主张是不作数的。于是，正统十三年十二月。瓦剌脱脱不花可汗、也先太师并买卖回回阿里锁鲁檀等来京朝贡，自报贡使三千五百九十八人。

明帝国所建构的“朝贡体系”不仅仅限于蒙古人，还有占城、暹罗、爪哇、琉球、哈密、安南、曲先、吐鲁番、亦力把里、撒马尔罕等。除了瓦剌，明帝国每年有这么多外事接待。万国来朝，又岂能过于小家子气。但这么多“入贡”使臣都没破坏规矩，唯独瓦剌是这样的。

史料记载，宣宗朱瞻基在位十年，共接待过蒙古来朝二百三十七次，年均二十三次。这些来朝并非“入贡”贸易，而是礼节性访问或者商量具体事情，人数有限，动静都很小，不过访问次数也够多的。上述其他十几个国家也大抵如此。宣德末年蒙古来朝人数开始增加，最多百余人。但是正统四年以后，也先太师统治下的瓦剌蒙古，开始有意识地将“来朝入贡”作为一种索取和掠夺的手段。

据统计，正统六年春所赐礼物如下：赐可汗脱脱不花五色彩缎并纻丝蟒龙直领褡褸曳撒比甲贴里一套、红粉皮圈金云肩膝襕通袖衣一、皂麂皮蓝条铜线靴一双、朱红兽面五山屏风坐床一、锦褥九、各样花枕九、销金凉伞一、油绢雨伞一、箜篌火拨思二弦一副。赐太师也先蟒龙缎一，麒麟等兽缎四,五色缎五十，彩绢一百二十。其他首领、妃嫔各有所赐。

赐者愈厚，来者愈多。苍蝇从不叮无缝蛋，于是，缝越叮越大，苍蝇来得越来越多。据说正统六年瓦剌使团往返，仅大同一处供给米麦粮豆就达三十一万石之多。英宗主政后，也曾有意限制瓦剌使团的人数。越限制，人越多，毕竟只要带过去一点瘦马、鼠皮之类的东西就能换回来一大笔钱，即使不卖钱，来者有份的定额赏赐也是惊人的。漠北高原生活资料严重匮乏，对中原的物品视若珍宝。他们不愿与之等价交换，贫困和贪婪促成了他们掠夺的冲动，战争成为了必然结果。

除了财政问题，接待两千多人的使团也是个大难题。这些从漠北而来的精壮汉子，大多为勇狠之辈，长时间滞留于地方，明朝除了管吃管喝，还要防着他们寻衅滋事、非法交易，甚至侮辱女性，地方官吏为此头疼不已。

也先曾经通过这种“朝贡”，把大量毫无用处的东西强行卖给明朝。在正统十年九月的来朝交易中，瓦剌带来了八百匹马、十三万张青鼠皮、一万六千张银鼠皮、二百张貂鼠皮。已经十八岁的皇帝有了判断力，他下令不必全买，只挑选可以用的马买一些，另外青、银鼠皮各收一万张，由政府埋单。至于剩下的，瓦剌可以自由处理，或民间交易或带回去。

在朝贡贸易中，明王朝的布帛、绸缎、香料、瓷器及大量生活资料流入漠北，明王朝的弓矢、盔甲、铜铳、火药、硝磺等军用物资也流向瓦剌部。在这种不战不和，不好不坏的外交氛围里，大明和瓦剌如同一对维持了十年婚姻关系的夫妻，婚姻本身已经失去了存在的意义，只等有人站出来打破平静。

《明史纪事本末》中记载：

> （正统）十四年春二月，也先遣使二千余人进马，诈称三千人。王振怒其诈，减去马价，使回报，遂失和好。

也就是说，也先虚报空额一千多人。贸易讲究的是契约精神。瓦剌此前都过关了，没想到这次皇帝和“王先生”会如此认真。凡事就怕认真二字。其实王振并没打算撕破脸，只是按照实际人数发给赏赐，同时将虚高的马价拉回到正常的市价。

其实在清点人数之前，正统十四年一月，锦衣卫指挥使吴良带着翻译出使瓦剌，遭到也先扣押。吴良找了个机会逃了出来，他向朝廷发出预警，说也先正在准备秋天进攻九边一线。由此可以推断，瓦剌此时已下了开战的决心。我们用上帝的视角，回看历史，很多时候会觉得局中人愚不可及。就拿明英宗朱祁镇御驾亲征这件事来说，“土木堡之变”的惨剧，让我们可以尽情嘲讽这个二十二岁的年轻人和他的“王先生”。但在事件发生的当时，明英宗朱祁镇是难以推演出这一结局的。

吴良传回的情报引起了皇帝的注意，他也做了相应的准备：

> 夏四月……甲子，修省。诏河南、山西班军番休者尽赴大同、宣府。乙丑，西宁侯宋瑛总督大同兵马。己巳，赦天下。戊寅，平乡伯陈怀，驸马都尉井源，都督王贵、吴克勤，太监林寿，分练京军于大同、宣府，备瓦剌。

从四月开始，朱祁镇针对九边防务做了一系列部署。这个紧急布防，相对于也先在其部落一直奉行的军事战略，还是来得晚了，且力度不够。尽管如此，他不能说朱祁镇啥事没干就要御驾亲征。

也先兴兵犯边的消息传入京城，朝野震惊。朱祁镇在王振的怂恿下，只考虑了两天，就做出了御驾亲征的决定。亲征令发布次日，英宗就开始给京军散发武器装备、粮饷和赏银。直到十四日，才由礼部尚书王直牵头，联合在京各衙门长官署名，上奏章劝谏亲征。该谏章提出，对付瓦剌的战事，交给边防将士即可，皇帝所为只在于行赏罚、用良将，坚壁清野，按兵蓄锐，令来敌进不得战，退无所掠，待其人困马乏之际，奋力一击，可图必胜。因此，没有必要亲征。谏章又举出不宜亲征的三个理由：水草未丰、后勤保障困难；皇帝亲征，国家急务不能及时处理；车驾亲履险地，难保无虞。

兵者，凶也。战争历来都是危事，古之圣人对此都是无比敬慎，不可掉以轻心。但这些话又怎抵得过“王先生”的鼓动之言。面对皇帝的任性，只有吏部尚书带着几个大臣象征性地表达了自己的观点。至于听不听，且由他去。这种场面还不如当年大宋官员面对战与和的问题，至少他们在朝堂上争得天翻地覆，虽然没起到什么作用，甚至有贻误战事之嫌，但好歹让人觉得尽力而为。可眼下倒好，绝大部分官员都保持着优雅的沉默姿态，他们沉默于朝堂，又跟着朱祁镇和他的“王先生”沉默地踏上亲征之路，最后沉默地死于漠北之地。

当国十年，朱祁镇一直活在“王先生”为他营造的天朝上国的迷梦里。朱祁镇从小丧父，过早登位，是一种揠苗助长式的成长方式。他长于深宫，无论是学习还是玩耍，所见者皆残缺不全之才。年幼无知时正是一个人的人格成长时期，在这期间，他遇见了特别合他心意的佞人王振。而王振给他的影响又是非常恶劣的，让他变得妄自尊大偏狭固执。除了王振，他听不进任何人的话。他不知世道艰难，更不知战争为何物，只知成祖六征漠北，宣帝亲征汉王。在“王先生”的描述中，他将这场战争想象得过于简单。在他看来，漠北的蒙古部落不过是蕞尔小邦，或许连邦国都算不上。

王振在这件事上的鼓动是有限的，而且也有很大的偶然性。明朝以武开国，洪武、永乐、宣德时期都曾在蒙古高原取得重大胜利，成祖和宣宗还曾亲自北征。因此，明朝对于蒙古，始终保有一种心理优势，认为可以一战而胜。朱祁镇已经二十二岁，他需要一场战争证明自己。于是，北征指示才发布两天，一支由皇帝亲率、号称五十万的北伐大军就出发了。

难以想象，从发布指示到大军出发，仅有两天时间。《实录》记载：“命下逾二日即行，扈从文武吏士皆仓促就道云。”从这些只言片语中，可以想见出发前夜，那些随驾臣僚有着怎样狼狈不堪的表现。皇帝和他的“王先生”如此行事，让人难以理解，以致“举朝震骇”。这支由朱祁镇亲率的军队，实际指挥权在王振手里，它从一开始就定下“仓促”的基调。大军出城不久，至龙虎台驻营，当夜就虚惊不断。这样时惊时乍之事，贯穿整个行军途中。

就像是一幅乌云压顶的战争电影画面，大军出居庸关，过榆林、怀来，到达宣府河北宣化地区地界时，天降大雨，数十万人在风雨泥泞中艰难前行。“车驾次鸡鸣山，众皆危惧。上素以诸事付振，至是，振益肆其威。”随驾臣僚心底的畏惧，除了来自瓦剌军队的袭击，还有王振带给他们的。王振挟皇帝之威，规定汇报军务的武臣自成国公朱勇以下，都须膝行至前。忤逆他的王佐、邝埜等高级文官，被勒令在道旁草堆罚跪，直到天黑也不让他们站起来。

据说车驾至怀安城西，夜四鼓十分，有黑云一道，阔二尺余，离地一丈余，自南向北，飘过军营上空。随军的钦天监监正彭德清提醒王振，再进兵恐危及皇帝的安全。此人是王振亲信，并没有受到惩罚。根据情报，此前，总督军务西宁侯驸马都尉宋瑛、总兵官武进伯朱冕、左参将都督石亨率三万多人与也先战于阳和卫，全军覆灭。七月十一日，大同右参将吴浩全军覆灭。可见也先的主力就在大同一带。引发明军恐惧的骑兵，应该也在附近游弋，像只饿狼准备着随时扑向皇帝和他的“王先生”。

朱祁镇的军队八月一日抵达大同，也先却在大军到达前退回到大同以北。也先避而不战，朱祁镇不敢贸然追击。第二天大同方面得到的情报是也先在塞外布下口袋阵。这让朱祁镇和王振突感感到害怕和沮丧，他们居然在这时候想到撤军。于是，后队变前队，随着来时路往回返。这时候王振突发奇想，想让皇帝领着几十万人去他老家蔚州以便炫耀一下自己。

王振是儒士出身，入宫前做过九年碌碌无为的小官。书生本色，他仍怀有建功立业、衣锦还乡的人生梦想。机会难得，还有比陪着皇帝，领着几十万人马返乡更威风的事吗？对此，明英宗朱祁镇很能理解，作为一个有志青年，面对帝国边境危机，他来到这里不也是想成就一番帝王功名吗？他虽然行事鲁莽，但勇气可嘉。相对于他后来那些忙于鸡零狗碎的子孙，他似乎还有一点奋进的意思。只是作为皇帝，居然让太监产生衣锦还乡的梦想，真是愧对先人。史料记载：“振，蔚州人，因欲邀驾幸其第；既又恐损其禾稼，行四十里，复转而东。”这是一桩历史公案，没有证据表明，明英宗朱祁镇的军队没走本该走的紫荆关入京，导致受困土木堡，是因为王振想要衣锦还乡。一个早就成年的皇帝，领着一帮勋臣名将，在事关生死的回军路线上，不可能会如此儿戏。在大同到阳和路段，回师比出师多花一天，是天气原因造成的，和王振没有关系。回师绕道，地理上确实是抵达白登后，未沿出师路线返回，而是转向东南行军至洪州方城，而后又转向东北经怀安城西到宣府镇城。洪州方城往南，即是王振原籍蔚州。但是，这一绕道无法证实王振出于邀请英宗回其原籍显摆，而后又顾虑踩踏家乡庄稼复改往宣府的说法。

在回军路线的选择上，估计朱祁镇听取了有军事实践经验的将领们的建议，才会选择原路返回。即使朱祁镇会听取“王先生”的意见，那也不是提线木偶似的受他摆布。至于土木堡之败的原因，明史专家李新峰、罗冬阳指出，与军队内部派系之争、地理环境、战略设计均有关系，与王振本人反而并无太多关系。

据《明英宗实录》中，关于随后行程记录如下：

> 十一日，车驾次宣府东南，行五十六里。
>
> 十二日，车驾次雷家站，行二十里。
>
> 十三日，车驾仍在雷家站。是日，“车驾将发，宣府谍报虏众袭我军后，遂驻跸，遣恭顺侯吴克忠为后拒”。

由此日程可知，朱祁镇在宣府城仅住一宿，出城后，他并不急着往京城赶，而是悠然前行，丝毫不见躲避瓦剌兵锋之意。从宣府东南（鸡鸣驿）到达雷家站，竟然只走了二十里就停留了下来。第二天，明军刚要启程，就得到宣府方面“虏众袭我军后”的情报，朱祁镇不仅未下令加速行军，而是在派出断后部队的同时，竟然停留了下来。

八月十二日，也先的主力部队追上了负责断后的明军。统领断后部队的吴克忠、吴克勤兄弟是蒙古人，朱祁镇派他们与朱勇、薛绶的六万骑兵合击，这是大明亲征军战力最强的精锐部队。结果让人意外，六万精兵被包了饺子，全军覆没。瓦剌这种碾压式的胜利，若是没有绝对优势兵力难以办到，况且，那还是以冷兵器为主导的时代，可见瓦剌军实力强大。永顺伯薛绶也是蒙古人。据说，薛绶战至再无一兵一卒，弦断矢尽，犹持空弓击敌。他的精神激怒了瓦剌军，死后遗体被他们肢解。当他们知道薛绶是蒙古人后，瓦剌将士又哭了起来，他们说：“此吾同类，宜勇健若此。”至此，朱祁镇才算真正了解也先的实力，但一切都太晚了。

八月十三日，朱祁镇和王振领着这支败象已露的军队，抵达了土木堡。

八月十四日，瓦剌军将明军围困于土木堡。是夜，瓦剌兵连夜猛攻土木堡北面三十里的麻峪口。

八月十五日，瓦剌骑兵对土木堡形成合围之势。明军虽然饥渴难忍，但人数仍占据绝对优势。此时，瓦剌方面以讲和麻痹明军。瓦剌使者来到大营，朱祁镇写敕书派两通事随瓦剌使者返回。就在这时，瓦剌兵佯作撤去南面部队，王振一见对方兵退，急令移营。行军不到三四里，瓦剌兵再次合围，又以铁骑蹂阵而入，挥舞着长刀砍杀过来，明军阵脚大乱。关于王振的死，谷应泰在《明史纪事本末》中说："护卫将军樊忠者，从帝旁以所持棰捶死振，曰：'吾为天下诛此贼！'遂突围杀数十人，死之。"朱祁镇似乎并不认同这个说法，他对人说的是，王振是在跟瓦剌骑兵搏斗中战死的，"朕所亲见"。不过两种说法，王振死得各得其所。在皇帝看来，"王先生"不可能作为"此贼"死在自己人手上。死是必然的，死法却是有讲究的。臣僚口中的"此贼"，对于朱祁镇来说，是陪了他二十多年的"王先生"。"王先生"已经死了，他要守护他的名节。

朱祁镇在对待王振这件事上并不昏庸。他的个人性格和政治性格完全被扭曲了。既然扭曲已成事实，在他的认知世界里，他跟王振亦主亦奴、亦师亦友，彼此成全。王振在北征之事上持鼓动立场，但朱祁镇当时已经成年，最后拍板的人一定还是他。在他们看来，大明帝国是他们的玩物。朱祁镇不会因为玩物掉进沟里，而去踩踏玩伴。毕竟两个人是一起玩的，踩踏对方，就是踩踏自己。

《明史纪事本末》记载了朱祁镇被俘的细节：朱祁镇见突围无望，便盘膝向南而坐，身边只有一个叫嘉宁的宦官陪侍。一个瓦剌军士见皇帝衣着华贵，强行索要，朱祁镇不给，军士将其捆到也先之弟赛刊王那里。朱祁镇的一番话让他们震惊，他说："你是何人？是也先？是伯颜帖木儿、赛刊王，还是大同王？"赛刊王赶紧派人驰见也先，说部下抓获一人，行为言语怪异，可能真是大明天子？也先找来两个俘虏去认，发现真的是皇帝。也就从这一天开始，明英宗朱祁镇便成了瓦剌的俘虏，从帝王跌落尘埃。他作为阶下囚的日子虽然只有一年时间，但其心路历程已足够煎熬。

时在公元1449年八月，地点，土木堡。一场荒唐的游戏，到这里并没有结束，而是拉开另一场滑稽戏剧的序幕。

4. “英宗还朝”的君臣角力

“土木之变”的消息传至京城，举国震惊，北京城内一片混乱。翰林院侍讲徐有贞（原名徐珵）夜观星象，发现有南移之势，认为天命已经更改，唯有南迁能避开此祸。据说皇帝率师亲征时，他就发出过星象警示：“荧惑与南斗，天子下殿走。”他还对朋友说，皇帝出征吉凶难料，大祸将要临头。他甚至让妻子收拾行李，带着家人去南方。

徐有贞是苏州府吴县人，地道的南方人，他的想法代表了一部分北迁的达官、富户、巨贾的利益。当然，明朝的南迁条件要好于宋朝。明朝本来就实行的是两京制，南京保存着一套基本完整的官僚体系。虽然朱棣将都城迁到北京，但仁宗朱高炽长期在南京监国。即位之后，他曾动过回迁都城的念头。据说，仁宗命太子居守南京，一大任务便是筹备回迁事务。但仁宗在位一年就去世了。宣宗朱瞻基即位以后，想法和他仁宗又不同，他不想回迁南京。南京是他们父子二人的福地，他不便完全违背父亲的意愿。于是，出现了一个奇怪现象，那就是他长期住在北京，却将北京称为“行在”，也就是临时首都。正统时期，在“三杨”的主持下，明朝才最终决定定都北京。

徐有贞的话在朝堂上引起轩然大波，他人品本就不佳，为求仕进发达，经常会抛出一些术数天命之说耸人听闻。在诸多的反对声中，最为激烈的莫过于兵部左侍郎于谦。宣德年间，为加强中央对地方的控制，在布政使、按察使、兵马司之上增设宣抚，由各部右侍郎兼任，朱瞻基亲笔提名于谦，擢升兵部右侍郎，巡抚河南、山西，土木堡之变前一年，于谦以兵部左侍郎调任回京，兵部尚书邝埜随驾亲征时，他留驻京城主持兵部。

作为兵部主持的于谦，听不得徐有贞这种带有逃跑主义色彩的论调。他大声叱喝：“言南迁者，可斩也。京师天下根本，一动则大事去矣，独不见宋南渡事乎！”且不说南渡故事，在刚刚战败的情况下，九边、北京都将不守，华北、西北将沦于蒙古铁骑蹂躏之下，最好的局面也不过划淮或划江而治。也难怪也先俘虏朱祁镇后，会大喜道：“我常常祈祷上天，求大元一统天下，今天果然奏此大捷。”若是明廷都是徐有贞之辈，也先的铁骑长驱直入，明朝还真是难逃宋朝南迁的命运。

反对逃跑者除了于谦，还有礼部尚书胡濙、吏部尚书王直、内阁学士陈循等一班官员。徐有贞受到斥退，就此对于谦埋下恨意的种子。“土木之变”突发，皇帝做了俘虏，国家受辱，明王朝眼看就要重蹈宋朝的覆辙。在主守大臣的激励下，皇太后孙氏和监国的郕王朱祁钰将战守重任交到了于谦的手里。英宗被俘后，他的长子朱见深只有两岁，无法处理朝政，这时代表皇族，控制朝局的是孙太后。据说，孙太后就固守北京，还是南迁，还征求过宦官的建议。史传有记：皇太后禁中疑惧，问太监李永昌，对曰：

“是也，陵庙宫阙在此，仓廪府库百官万姓在此，南迁，大事去矣。且陛下不闻宋靖康乎？”因述靖康事，皇太后悟，自是中外始有固志。

也就是说，内廷和外廷在这件事上达成了统一。兵部左侍郎于谦挺身而出，开始加固城防，严阵以待。

所有人都想到了北宋靖康之变，但是与那时相比，此时明朝最大的顾虑在于，英宗被瓦剌俘虏，对方掌握着要挟明朝的筹码。于谦急调两京、河南备操军，山东及南京沿海备倭军，江北及北京诸府运粮军，驰援京师。于谦将京城官民的情绪从慌乱无措的失败情绪中拯救出来，让他们重新站在同一面旗帜下，鼓起同仇敌忾共赴国难的勇气。在北京保卫战拉开之前，清算王振成了应有之义。王振在这场惊天惨祸中到底要承担多少责任，这个问题意义不大。一再追究王振，只是为了洗脱朱祁镇在其中的责任。更何况按照中国人凡事辨真伪、分忠奸的思维模式，“土木之变”必须有人承担责任。王振的真正罪恶，在于他充分利用了他和皇帝的特殊关系。

《明英宗实录》里开列了两份官员名单，一份是当时随征的官员名单，一份是一个月后“土木之变”中死难殉国的官员名单。两份名单对照，可以发现内容基本雷同。也就是说，大明中央集团的一多半官员死于土木堡。如果不能给京城官民一个交代，北京保卫战就无法真正组织起来。这一日，郕王摄朝议事，地点在午门左门，还没开始，左都御史陈镒就伏地恸哭，要求对王振进行清算。王振的党徒马顺呵斥言官们胡说八道。给事中王竑当廷发作，与马顺扭打在一起。文官们群起而上，几下就将马顺打死了。正统时期，文官在宦官的长期压制下，所积攒的压抑、仇恨的情绪发作起来，继而转化为铲除王振余党的政治行动。

在文官集团捶杀马顺事件之后，王振全族又在于谦等人的强力主张下被诛，抄出金银六十余库，玉盘百余只，高达六七尺的珊瑚二十株，其他珍玩不计其数，悉数没入国库。不久，大同镇守太监郭敬、钦天监监正彭德清从大同逃向京城，也受到处罚。一系列非常事件，都在仓促之间发生，于谦当机立断，处理得体，使情势很快安定下来。

不久后，于谦等人联合诸位大臣向皇太后孙氏进言："国有长君，社稷之福"，请以朱祁钰即皇位以安人心。文官集团并未获得孙太后的诏书，便表达了拥立郕王的意愿。九月六日，朱祁钰在惶惑不安中即皇帝位，遥尊乃兄朱祁镇为太上皇帝，以次年为景泰元年，是为明朝第七位皇帝代宗。在这里有个细节需要交代：孙太后下诏册立郕王为帝，是为景帝。但诏书中孙太后留了余地，指出皇统本在英宗一系，应由太子继承，景帝只是在特殊情况下代任其位，但不得改变皇统世系，死后仍须由太子继承帝位。

正统十四年十月十一日，瓦剌骑兵抵达北京城下，列阵西直门外，置英宗朱祁镇于德胜门外空房中看守。当天，明都督高礼、毛福寿在彰义门袭击瓦剌军，杀敌数百人，夺回被掳掠民众千余人。在北京保卫战中，于谦居中指挥，而负责统率士兵作战的是石亨。石亨来自大同镇。在不同时期，明代九边各镇地位迭有沉浮，只有两大镇始终保持着较高的地位和较强的战斗力。即宣府镇和大同镇。大同镇地处蒙古高原、山西高原交界处，是扼守北方族群进入北方平原开阔地的战略重地，其驻军是九边诸镇军队中最勇敢的一支。

"土木之变"后，石亨最初兵败回京，朝廷本来准备将其削职，因为正在用人之际，于谦建议宽宥处理，令他总兵十营，担任京城守卫。这真是一个无比正确的决定。石亨知耻后勇，在北京保卫战中大发神威。史载："石亨从安定门，与其从子彪持巨斧突入中坚，所向披靡，敌却向西。"在击退瓦剌的攻城之后，石亨率军出击，一路追到清风店（今河北易县西南），又设计诱杀瓦剌士兵。明人南大吉认为石亨在"北京保卫战"中，有"再造社稷"之功，"当英皇北狩，群胡进围京城，四方震恐，中外戒严。大将元老，束手无策，微亨则国家几殆。然则亨此功虽谓再造社稷可也。"随着各路勤王兵马赶来，也先怕被断了后路，挟持朱祁镇仓皇北去。于谦指挥诸将追击，一直追到紫荆关才返回。

瓦剌开始回撤，沿长城沿线一路向西，寻找可以突破的缺口。但明军依托长城工事，坚决固守。在大同镇的威远卫，瓦剌军队还被石彪用火炮击伤百人，遭遇惨重失利。据明朝方面的资料记载，瓦剌军队在南下过程中，总共损失了上万人。因此，瓦剌此次南下，虽然取得“土木之变”的巨大成果，但也付出了不小的代价。

此番北京保卫战，以明军完胜告终，论功于谦当数第一。朱祁钰欲进于谦少保衔，总督军务，于谦推辞说，京师重地，四郊尚未安靖，这是做臣子的耻辱，怎么敢邀功领赏啊！他一面增兵守卫真、保、涿、易诸府州，一面请求皇帝，委派大臣镇守山西，以防瓦剌再次南侵。大将石亨因功封侯，上疏举荐于谦的儿子于冕。于谦不仅拒绝了他的好意，还说：“国家多事之际，哪里顾得了私恩，石亨身为大将，我从来没听说他举荐过一个隐居的高士，或者从底层选拔一个优秀的士兵。他现在举荐我的儿子，公理上说不过去。”“臣于军功，力杜侥幸，绝不敢以子滥功。”这样的话，在石亨听来是很难听的。

明朝与瓦剌在边境互有攻守，双方在朔州、宁夏、庆阳等处发生大规模冲突，战事互有输赢。因为战争，破坏了双方的马市和朝贡贸易，使在经济生活上对中原依赖过多的瓦剌损失严重。伴随着明朝政局的稳固，局势开始向着和平的方向转变。尤其是明朝拥立新皇，上下齐心，专务防守，使得朱祁镇成为一张废牌。既然毫无用处，杀又杀不得，只有送回去。于是，瓦剌主动联络明朝，表达了与明朝议和，送回英宗朱祁镇的意愿。

这里有一个完全可以作为悬疑小说文本的史事，不妨说一下。据说，朱祁镇在漠北期间，除了虚度光阴，还运筹帷幄除掉了一个奸细。一个叫喜宁的太监，原来在明朝宫内御用监工作，从征至土木堡，与朱祁镇一道被擒。

这个喜宁，既让人不喜，又让人不宁。喜宁被擒后，立即向也先投降，并泄露了九边及京师的虚实。此人很快获得也先的信任，成为瓦剌进攻明军的重要谋划之人。朱祁镇“以喜宁数导诱也先扰边”，且危及君臣的安全，早就有心将其除掉。他让也先派喜宁等人前往京师索要礼物，又派心腹袁斌以绝密文书告知宣府守将，在野狐岭设伏，擒获喜宁。喜宁果然中计，被押往京师处死。英宗听说后大喜："干戈久不息，人民被害，皆喜宁所为，今后边方宁靖，我南归亦有日矣。"

朱祁镇设计擒杀喜宁，这事被官史处理得很蹊跷：《明英宗实录》记录了喜宁被押解到北京，六科十三道弹劾其"以小人而为大奸，挟外寇而为内患"。喜宁罪大恶极，被磔于市，三日而亡。这份廷臣弹劾奏章都被记入《明英宗实录》，却只字未提朱祁镇用计智擒之事。而《明史纪事本末》中更是将智擒喜宁的最初动议之功按在于谦头上，令人难以理解。估计这也是官家修史者刻意为之，在世人观史的"忠奸"模式下，朱祁镇因宠信太监王振，而导致"土木之变"。太监喜宁也曾是朱祁镇的近侍之人，若是一味强调朱祁镇锄奸的事迹，难免会让人生出讽意。历史的诡谲，不是我们用常情常理就能看明白的。

瓦剌放出送回英宗朱祁镇的信息，犹如一块巨石投入本就不太宁静的湖面，一时水花四溅。文武群臣十分亢奋，他们在朝堂之上，大声商议如何迎回英宗朱祁镇，毫不顾及景宗朱祁钰的感受。朱祁钰心情复杂，甚至不惜和以吏部尚书王直为首的官员产生激烈冲突。那些主张迎回朱祁镇的官员，无非分两种：一是政治倾向并不明显，只是出于政治伦理考虑，主张迎回英宗朱祁镇，以雪国耻。比如，朝中元老重臣，武将之首的陈懋。二是景泰时期，受到景帝系势力压制的政治失落派，尤其是太子系势力，比如，表现得最为积极的王直，以及礼部尚书胡濙。

朱祁钰有想法也是人性使然，朱祁镇既回，自己该将他置于何地，而自己又将置于何地？为了阻止此事，他授意太监兴安对着群臣喊："公等欲报使，孰可者？孰为文天祥、富弼！"君臣双方争执不下，兵部尚书于谦说了句："天位已定，宁复有他？不过从情理上说，陛下还是要派人将上皇接回，要是也先另有所图，我们也有个说法。"朱祁钰阴郁的脸重新露出笑容，说道："从汝，从汝。"

在朝野舆论之下，即使朱祁钰一百个不乐意，也只能无奈接受。于是，这年六月，新迁为礼部右侍郎的李实和大理寺少卿罗绮前往瓦剌。出发前，李实发现他带的皇帝敕书中，并未写迎回上皇一事。据说，李实等人在蒙古营帐中晋见英宗朱祁镇。朱祁镇责问他："我在此一年，因何不差人迎我回？"

李实回答："四次来迎，俱无回报，因此特差臣等来探陛下回否消息。"

朱祁镇自然明白不急着迎回他的原因，让李实带话回去："你每回去，上复当今皇帝，并内外文武群臣，差来迎我，愿看守祖宗陵寝，或做百姓也好。若不来接取，也先说'令人马扰边，十年也不休'。我身不惜，祖宗社稷，天下生灵为重。"

也先对使节说："大明皇帝敕书内只说讲和，不曾说接驾。你每回去奏知，务要差太监及大臣来迎，我便差人送去，如今送去轻易了。"

细细品味起来，朱祁镇的话真是万千滋味。

李实等人回朝之后，告知群臣瓦剌确实有送回朱祁镇之意。这无疑再次掀起了迎回朱祁镇的更大浪潮。以宁阳侯陈懋、吏部尚书王直为首的官员开始联名上书。他们宽慰景帝朱祁钰，即使上皇回朝也不会形成政治威胁。这些朝中元老重臣的积极态度，让朱祁钰大为失望。他不无遗憾道："朕本不欲登大位，当时见推，实出卿等。"他最终也未派人迎回朱祁镇。在李实一行还没返回北京之前，瓦剌又遣使来京请和，明朝派出以右都御史杨善、工部侍郎赵荣为正使，都指挥同知王息等人为副使的使团。景帝朱祁钰所给的敕书里只有议和一项内容，还是未写迎回英宗朱祁镇之事。朝廷甚至没给杨善等用于赏赐也先的金帛彩缎。杨善只好典卖家产，又借贷于宦官，购买绮绣、师比、阿锡、女红、线扣之类以为赏格。

朱祁钰压根儿就没想过，要和瓦剌来一场以迎回朱祁镇为目的的谈判。但事情不以他的意志为转移，甚至超出他的预料。诚如赵现海所言："景帝为人简单而率真，因此能够在'土木之变'发生后，委任文武官员，推动明朝政局走向稳定。"一个皇帝，说他简单而率真，也就是说他政治上不成熟。在掰政治手腕上，朱祁钰明显不是那些官员的对手，缺乏政治斗争的心机和手段。既然不想让朱祁镇返朝，完全可以不予理会瓦剌的议和，更不能任由官员在朝堂大肆散布瓦剌愿意送回朱祁镇的消息。面对舆论汹汹，他只能被动应对，毫无主动作为的手段，直至事件的发展脱离自己的控制。杨善官员典卖家产，借贷于宦官，完全是个人行为。而杨善这个人的政治立场是早就有定论的，正统年间，此人曾亲附王振。景泰年间，他曾在公共场合表达过对于朱祁镇的思念之情。

在这场谈判过程中，景帝朱祁钰一直在回避迎复英宗朱祁镇，甚至敕书中只字不提。但他派出的谈判官员，好像只带着一个目的出发，那就是迎回朱祁镇。杨善不惜散掉家产，借贷备礼，而那边也先也急着要将朱祁镇脱手。其实迎回英宗朱祁镇已不再是简单的事件，而是一雪国耻的政治象征，这也是为什么朝堂上只要谈到这件事就安静不下来。景帝朱祁钰出于私心，站在文武官员的对立面上，显然也是不明智的。杨善出发之前，已将迎回英宗朱祁镇作为此行唯一的目的。果然，也先将无用的朱祁镇，作为回赠之礼慷慨地交给了杨善。

据说，英宗朱祁镇离开时，也先率部众送了大半日。直到车队消失在远方，他翻身下马，伏地大哭："皇帝行矣，何时复得相见？"两人相处一年，也先并不曾亏待这个做了自己阶下囚的明朝皇帝。

八月十五中秋佳节，朱祁镇将要回到了阔别一年有余的都城。一舆两马，迎于居庸关，至安定门再换乘法驾。一切从简，一切淡化处理，仪式极为简单。当朱祁镇自东安门入东城时，等候多时的朱祁钰迎了上去。兄弟相持而泣，场面甚是感人。按照礼仪必要的一部分，新旧两个皇帝还要就皇位归属，互相推让和客套。这样的场面没有剧本，却胜似有剧本。在眼泪和笑容背后，两人各有心事。固定程式都走了一遍，朱祁镇被送入南宫的崇质殿。如果不出意外，他将在这里一直住到老死为止。

对于朱祁镇来说，宫殿即囚笼，"在幽闭之中，至穴墙以通饮食，势同狴牢"。本以为离开漠北就获得了自由。不过是从一个地方换作另外一个地方，他还是俘虏，还是囚徒。他甚至有些怀念在漠北时啖肥羊、喝烈酒的生活。他活着，却又已经死了，麻木而隐忍。他偶尔会想到，先前在漠北之地收到朱祁钰写给的那封信，信中说："弟不得已受命主宰天下……大兄到京之日，君位之事，诚如所言，再有筹划，兄弟之间，无有不可，何分彼此！"或许这封信让他对回朝生活产生了幻想，但这才几日，现实就给了他重重一击。朱祁钰不要说让位，就连对他最起码的关心都不够。

这年十一月，万寿节将至，礼部尚书、太子太傅胡濙奏请，让百官给上皇贺节，未被允许。十二月，复请明年元旦，百官朝上皇于延安门。朱祁钰仍加以拒绝，但也没有开罪于他。甚至连孙太后对朱祁镇的探视，朱祁钰也设置障碍，导致孙太后在探视几次之后，非常知趣地不再前往。由于南宫设防甚严，朱祁镇一家人的生活困闷而窘迫，甚至需要他的皇后钱氏亲自做女红向外贩卖，才能维持生存。宦官对他也冷眼相待，甚至有出言讥讽者；朱祁镇生病时，请求医药也有不应者。尽管如此，朱祁镇与外界仍有一定联系，比如，阁臣高谷便曾暗中照顾朱祁镇，文武官员也通过宦官与朱祁镇有书信往来。

朱祁钰不仅幽禁朱祁镇，还废除了朱祁镇的儿子朱见深的太子之位，改立自己的儿子朱见济为太子。太子朱见深被废为沂王。景帝虽然废除了朱见深，但对他仍然心存温情，并未让他离开京城。对此，朱见深一直心存感念，后来他在即位之初，就恢复了被英宗革除的景帝帝号。太子的顺利更立，要归功于内阁学士们的合作。当群臣廷议通过易太子的方案后，大臣们得以加官太子公孤并兼支双俸。吏部尚书王直捶胸顿足道："此何等大事，乃为一蛮酋所怀，吾辈愧死矣。"王直虽内心感到羞愧，但逆鳞难犯，仅仅是叹息而已，不敢犯颜直谏，满朝文武大臣也无人敢犯颜直谏。

东宫易主，自己又被软禁于南宫。二十六岁的朱祁镇此时的心境，就好像一夜之间老去数十寒暑。他已不再是那个年轻人，而是皇宫里一棵沉默的植物。他知道，那个替自己坐在龙椅上的人，正在经受着来自四面八方的质疑。围绕安置他这个将要成为上皇的人、废黜太子这些问题，朱祁钰与文武官员爆发了多次冲突。据说，朱祁钰为压制舆论，甚至对谏言者采取廷杖之刑，御史钟同被杖死，礼部仪制郎中章纶重伤。朝廷内外对于朱祁钰开始滋生出明显的不满和怨愤之声。

朱见济在被立为太子的第二年，即景泰四年（1453年）便夭折了。由于朱祁钰并没有其他子嗣，太子储位就空了出来。储位问题事关重大，是宗社国家的根本问题。它关系到国家最高权力的继承和转移能否以和平的方式进行，关系到国家的政治能否稳定。储位确定，皇位继承人无可争议。当老皇帝老时，太子也就自然而然地成为新君。若储位不定，不同的政治派别和集团就会去寻找各自的代理人，以实现他们的政治野心和利益。

5．"夺门之变"的本与末

景泰七年（1456年）顺天府乡试，大学士陈循、王文因为他们的儿子没有被录取，直斥考官刘俨、黄谏在科考过程中另有情弊，要求下旨纠问。其他情弊暂且不表，这里只说“考题犯讳”一条。所谓“讳”，多指皇帝本人及其家人、祖宗的名讳要在文字中避免出现，不然就是不敬。此次乡试所犯之讳，是考题中出现了“虽欲自绝，有无正统”这样的字句。既有正统年号，又似乎暗指景泰帝无子和皇统本应在英宗一系传袭之意。

两名大学士挟私报复，历数洪武、永乐两朝科举弊案，太祖、太宗都是重手惩治，甚至有考官、状元为之丧命，处罚不可谓不严厉。正因为如此，大明科场风气为之肃然。这一年，景帝朱祁钰都在生病，很少上朝临政。对于这样一起涉及朝中重臣利益的科考案，他也是左右为难。经过再三权衡，为求两全，他特地下旨取陈循、王文的儿子为举人，许明年参加会试。至于涉案考官，受到几句斥责，宽宥不罪。此事说大不大，说小不小。大到人头落地，小到宽宥不罪。景帝选择小处落案。至于经义题中那句“有无正统”，若真要追究下去，又要触及他心中那份挥之不去的隐痛。不知这场考场风波，是有人故意为之，还是在朝臣和士大夫心目中这本就是在理之言，应有之义，无须遮遮掩掩。在他们看来，明英宗朱祁镇就是正统，而对于景帝朱祁钰，甚至有人认为他得位与太宗（明成祖朱棣）相似，缺乏合理性。之所以如此，是因为那位丧师辱国的明英宗的正统地位，像幽灵一样出没于整个景泰年间。

自从怀献太子朱见济夭逝后，不断有大臣上疏。比如，御史钟同在他的奏疏中就提到“父有天下，固当传之于子。乃者太子薨逝，足知天命有在”，所谓“天命”即太子之位本来就应该是朱见深的，最起码是英宗一系的。礼部郎中章纶上疏，其中有“上皇君临天下十有四年，是天下之父也。陛下亲受册封，是上皇之臣也”这样的句子，完全无视景帝是最高统治者的合理性，认为明英宗才是真正的“天下之父”。这样的话是景帝无法容忍的，所以“疏入，帝大怒。时日已暝，宫门闭。乃传旨自门隙中出，立执纶及钟同下诏狱。榜掠惨酷，逼引主使及交通南宫状。濒死，无一语。会大风扬沙，昼晦，狱得稍缓，令锢之”。景帝认为这些大臣极有可能“交通南宫”，私下与英宗有来往，或有人在幕后主使。

章纶和钟同在锦衣卫诏狱遭到残酷的折磨，二人被拷打得奄奄一息，仍紧咬牙关，不吐一字。据说，行刑当天，风沙漫天，天色晦暗如世界末日来临。他们并非受人指使，也不是期待得到明英宗的好处，而是认为理应如此。那些冒死进谏的大臣皆如此，他们或让英宗之子朱见深复位东宫，或建议别选宗室亲王之子养于宫中。这样的话，在景宗朱祁钰听来，无异于一道道催命符。

景帝在生育子嗣方面比不上他的皇兄朱祁镇，即使困于南宫，失去人身自由，也不耽误朱祁镇生养儿女，享受天伦之乐。据说，朱祁镇这些年在南宫又得了三个儿子，至于几个公主不得而知。估计每次听到南宫传来此类喜讯，朱祁钰的内心都会燃起愤怒的火焰。凭什么？凭他是个过期作废的皇帝？自己还年轻，又有那么多的妃子，难道就生不出一个太子来？朱祁钰急于要得到太子，整天忙于女色。越急越忙，越忙越不得其法。朱祁钰急火攻心，欲速不达，不但没得到龙子，反倒弄坏了龙体。

当了七年皇帝的景帝突然就病倒了，算起来也才三十岁的年华。景泰七年年初，皇后杭氏去世，从那以后，皇帝也就跟着病倒了。他的病时好时坏，到这一年十二月下旬，病体更甚。明景帝朱祁钰的健康状况开始恶化。岁暮去祭祀太庙的时候，他没有能亲自前去，而是派太子太师、武清侯石亨代他行礼。

景泰八年元旦，景帝强撑着自己的病体御奉天殿，百官们按朔望礼朝见；

正月初六是孟春，又要到太庙去祭祀列祖列宗，皇帝病体难支，无法行礼，也只好让石亨代行礼；

正月初九，因为还要大祀天地，景帝又御奉天殿誓戒，文武群臣致斋三日；

正月十一日，群臣到左顺门问安的时候，司礼监太监兴安“以指作十字，谓病之笃不过是日耳”。在兴安等近身太监看来，皇帝剩下的日子已屈指可数。

正月十二日，景泰帝强支病体，摆驾去南郊的斋宫。并传旨，明日将举行郊礼。

正月十三日，景帝病情转重，开始咳血，于是又不得不召石亨来到卧榻前，授命摄行祭祀事。大祀天地完毕，景帝又勉强来到奉天殿，命文武百官免行庆成礼。次日的庆成宴也免了。

生命进入倒计时，景帝几次将武清侯石亨召至病榻前，命他代行祭祀。石亨不是寻常人物，他曾于北京保卫战中立下不世之功。石亨是陕西渭南人，出身将门，擅长骑射，富于胆略，仪表堂堂，一副古代上等武将的资质与做派。景帝即位后，接受兵部尚书于谦的推荐，任命石亨为五军都督府，掌管五军大营，封为武清侯。他的侄子石彪也是一员猛将，屡立战功，由游击将军升任都督佥事。景帝这时候几次依托一员武将为自己张罗祭祀之事，除了极度信任，没有其他解释。祀天地属于大祀礼，并且是大祀礼中的第一祀礼。皇帝如果没有特殊原因，是应该亲自主行的。皇帝是天子，秉承天命治理国家，而且新年大祀天地也是为万民祈福，此礼不得不重。景帝将如此重要的祭祀之礼，交由石亨代行，可见此人在景帝心目中有多么重要。人在死亡前，精神是虚弱的，没有安全感的。弥留之际，最害怕的还是对生命，以及对人世的无从把握。北京保卫战时，石亨担任京营总兵官，和他的侄子石彪破敌千万骑，将也先的军队赶回漠北老家。如今，死亡正步步逼近景宗，他将这份信任又赋予石亨。石亨当时宿卫宫中，恐怕也有保护景帝、监视南宫的意思，但让景帝没想到的是，他视为定海神针的石亨，此时已经开始心思摇晃了。

皇帝病重，皇储还没有确立，这在任何时候都是朝廷急需解决的问题，更为严重的问题是，景帝膝下无子。此时的情形正如群臣联名所上的奏章中所说的“圣躬不宁，五日未朝。内外忧惧，京民震恐，盖为皇储未立，以致如此。伏望皇上早建元良，正位东宫，以镇人心。”朝堂内外呈现出一派令人慌乱且忧惧的政治气象，百官不知所谓，每天都到左顺门问安，每次都是太监兴安出来发布消息。时日一多，兴安就不耐烦了，说：“你们这些朝廷股肱之臣，要为江山社稷考虑，不要每天只是来这里问安。”

如果说易储在“父死子继”这方面还说得过去，群臣没有必要苦苦相争，但当景帝病重且储位空虚之时，大臣仍持观望态度，就让人难以理解。就连司礼监太监兴安都看不下去了。兴安的话最明显不过，皇帝命悬一线，问安无用，要赶快确定接班人。

当天都察院掌院左都御史萧维桢同左副都御史徐有贞集合诸御史，完成请求景帝立太子的奏疏。同时，太监兴安又找到大学士陈循、商辂商议，迅速召集群臣商议，达成“复立太子”的意见。与此同时，告病在家的少傅兼太子太师、礼部尚书胡濙在礼部侍郎姚夔等人的要求下勉强出来以礼部的名义召集群臣对此事进行商议，正月十四日商讨达成一致。

各方意见如江河入海，可大海是拒绝的。群臣请求景帝及早设立太子的奏章呈上后，景帝倔强地回应：“朕这几日偶染寒疾，是以不曾视朝。待正月十七日早朝，‘请择元良’一节难准。”所谓“元良”，即选择太子之事。立储一事不能再拖下去了，于是监察御史杨瑄、钱琎、樊英一起商议再次上疏请求立太子，同时，兵部侍郎兼内阁大学士商辂、礼部侍郎姚夔等人也在组织百官上奏。正月十五日，姚夔准备“率百官伏阙以请”，十六日，商辂、姚夔写定复立太子奏疏的疏稿，由众臣签名。联合签名的官员太多，直到傍晚才签完。景帝已对外讲明十七日早朝，所以众人准备十七日早朝上奏，就没有将此奏章递进内廷。

景帝朱祁钰真是好强之人，病入膏肓还死死地抓着皇权不放，可躺在病榻上的他早已身不由己。石亨虽是一介武夫，却机敏过人。他比任何人都清楚皇帝的病情，他几次来到景帝的病榻前，近距离观察。皇帝危在旦夕，一旦驾崩，拥戴谁即位？石亨不得不为自己将来计。何去何从，必须要做出一个判断和选择。人在巨变来临的时候，个人的选择，完全出于自己的利益取舍。

景帝病重，石亨不可能不考虑景帝驾崩后的事情，不过武将出身的他不谙典故，不敢贸然行事。据说，石亨要找的第一个人，是内阁首辅大学士少保兼太子太傅陈循。陈循是永乐十三年的状元，在翰林院和内阁供职几十年，熟悉朝廷典故，景泰三年易储时出力很大。显然，景帝一旦驾崩，陈循的地位和利益必然会受到影响。正月十四日内阁召集各部官员商议立太子之事，石亨借机对陈循说“上面有病，且休激他”，他暗示陈循“少停慢慢说话”。当日人太多，石亨没有机会与陈循私下商议。据说，石亨要与陈循商议的是“若请复立东宫，不如就请太上皇复位，可以得功赏”。即使石亨当日有机会与陈循说上这番话，估计也难以得到对方的支持。

对于一个年已古稀的老官僚，骨子里的傲慢，让他们很难说到一块儿。如果石亨和他商议的话，恐怕南宫复辟的方式会有所改变，是否发生都很难说。东方不亮西方亮，就在此时，一个叫万祺的鸿胪主簿对石亨说：“皇帝在宫，奚事他求。”这个万祺“素以星命交结曹吉祥等”，他可能看出了石亨的心思，也可能是曹吉祥派他去试探石亨，总之随后石亨就与曹吉祥、张軏成为一伙，确定了他们迎立太上皇复辟以谋取功赏的行动。

据《复辟录》引徐有贞外孙祝允明所作《苏材小纂》记载：

> 景泰皇帝有疾，都督张軏、武清侯石亨、太监曹吉祥，以南城之谋扣太常卿许彬。彬曰：“此社稷功也，虽然彬老矣，无能为也，盍图之徐元玉。”軏、亨等从其言。是月十四日夜会有贞，有贞曰：“太上皇

帝昔日出狩，非以游畋，为赤子故耳。今天下无离心，谋必在时，不知南城知此意否？”軏等曰：“两日前已阴达。”有贞曰：“必伺获审报，乃可启议。”軏等去两日夜，复会有贞，言：“报得矣，计将安施？”

从这段话中可以看出，在正月十四日的两天前，即正月十二日，曹吉祥、张軏已经偷偷向南宫传递了他们想要迎立英宗复位的消息，可见他们谋划的时间比石亨更早。景帝病重，作为宫内太监的曹吉祥知道得不会太晚，这个当年王振手下的亲信开始蠢蠢欲动。在正统年间征讨麓川的时候，曹吉祥是监军太监，张軏是副总兵；景泰年间张軏是京军的总兵官之一，曹吉祥又是监军太监，曹吉祥与张軏的关系不错，所以他们两人先联合起来。如果没有石亨等人的加入，曹吉祥、张軏可能没有胆量在十七日群臣上疏之前武装夺门，他们极有可能是在等待景帝弥留之际或是驾崩时武装拥立英宗。

石亨、张軏是武将，曹吉祥不通文墨，虽然他们有迎立太上皇复辟的计划，但这个计划太过庞大、太过危险，不是他们三人能够考虑完全的，且他们还要考虑这在法理上的合理性，于是石亨三人找到了许彬。许彬，永乐十三年进士，曾被选为庶吉士，时任太常寺卿，他“好交游，不能择人，一时浮荡士多出其门”，他与石亨的关系不错。此外，光禄寺处于东安门之里，东华门之外，南宫之北，由南宫进入大内最近的路线需要经过东华门，找许彬或许是为了摸清东华门附近的情况。许彬听了石亨等人的计划后说道：“此不世功也。彬老矣，无能为。徐元玉善奇策，盍与图之。”徐元玉即是徐有贞。于是当天夜里，石亨等人又找到徐有贞，这个最终使夺门计划确定并成功实行的人。

徐有贞，原名徐珵。此人其貌不扬，短小精悍，《名山藏》说他“有志当世，探究世务无不涉穿”，上知天文，下知地理，精通兵法、阴阳、方术。“土木之变”后曾借口星象历数，力主南迁，遭到于谦的斥责，也被金英、兴安等太监所耻笑。由于他的名字被内臣记住，升迁困难，后来改名徐有贞，又通过贿赂陈循，此时任都察院左副都御史。徐有贞前几日还和其他同僚商议复立太子，此时听完石亨等人的计划后大喜，加入了复辟集团，并成为主要的谋士。复辟集团的主要成员石亨、张軏、曹吉祥、徐有贞自此聚齐。

正月十四日夜，徐有贞在表示赞同拥立明英宗复辟的计划后，对石亨说陈循曾经说石亨是“无功封侯”，并不看好石亨；还说陈循若是知道景帝病重不起和石亨准备迎立太上皇，就会迅速“会集百官恳请太上皇复位，大众所为，必无功赏，切不可令知之，只纳内外典兵柄者三五人密为之，庶几功勋有归，权宠任己”。作为一个政治投机者，他们绝不能让别人钻了空子，占了先机。如果说机会是一块大蛋糕，分蛋糕的人越少，分得的蛋糕就会越大。

徐有贞这番话的意思是：第一，不可再与陈循商议，这样会导致他们得不到所追求的特殊封赏；第二，只要三五个有兵权的人秘密行事，人越少越好，既可防止泄密，又可以在事成之后便于揽权。徐有贞的这番话稳住了石亨，让他认为以徐有贞做谋士已足够，并且这次商议已经决定兵变。此外，徐有贞讲到“太上皇帝昔日出狩，非以游畋，为赤子故耳。今天下无离心，谋必在此”，英宗的信望还在，此事不会大失人心，在舆论上是可以通过的。徐有贞还问张軏等人此事英宗知不知道，张軏说两天前已经告知英宗，众人闻知，像是吃了颗定心丸。

此外还有一人也加入了复辟集团，那个人便是掌鸿胪寺事的左都御史杨善。当年，杨善用自己的家财贿赂也先和瓦剌贵族，凭借自己的辩才从也先那里迎回明英宗。虽然“举朝竞奇善功”，但是杨善违背景帝的意愿擅自迎还英宗，使得他并未获得实质性的奖赏，只是由右都御史迁为左都御史而已。杨善此人“家京师，治第郭外。园多善果，岁时馈公卿戚里中贵，无不得其欢心。王振用事，善媚事之，至是又与石亨、曹吉祥结”。石亨先后找了许彬、徐有贞两位在翰林院学习、供职过的人。许彬还是太常卿，比别人清楚国家典制，了解立储和迎立太上皇的礼制及相关规定。太常寺和鸿胪寺都掌管皇家典礼等事务，杨善与石亨、曹吉祥等人关系不错，石亨等人为了了解典制，也许会找到杨善，且杨善本身一直偏向于明英宗。

明英宗虽然是在被俘后被迎回的，但他曾经是这个王朝的最高统治者，景泰朝的朝中大臣乃至现任皇帝，在正统年号下的十四年里都曾是他的臣民。现在虽然成了有名无实的“太上皇”，并且软禁在南宫，但从礼法上来讲，景帝和大臣们仍然算是他的臣属。所以从明英宗迎回开始，礼部每年都会在元旦和英宗生日的时候代表群臣上表要求去南宫朝贺太上皇，这虽然是例行公事，但也代表他在朝臣心目中的地位。

令人遗憾的是，景帝一次也没有允许过。他可能已经忘记，当他还是郕王的时候，每逢节庆英宗都会让大臣去朝见，相比英宗，景帝出于私心拒绝群臣朝见的行为，引起当时已经深受程朱理学熏陶的士大夫的不满，使他们更加同情英宗，无形中增加了英宗的影响。

明英宗虽然不是孙太后的亲生子，但相对于景帝，他与孙太后更为亲近。景帝将明英宗软禁在南宫，又废掉孙太后所立的太子朱见深，孙太后必然会对景帝不满。况且，景帝登基之后，虽然尊孙太后为上圣皇太后，但对孙太后家族并无额外的赏赐，甚至没给孙太后之父会昌伯孙忠晋封或加岁禄。景泰易储之时，很多大臣都被加以东宫三师或东宫三孤的官爵，但此时承袭会昌伯的孙忠之子孙继宗却没有被加爵，更不用说孙太后的其他兄弟，这同样引起了孙太后的不满。

既然说到“三师”“三孤”，在这里插句不算题外的题外话：

“三孤”和“太子三师”这种荣誉很高，在北京保卫战后的一段时间内，大臣们提到于谦只称“少保”而不用提姓名，因为此时满朝只有一位少保。但易储之后，市面上流传这样一首打油诗：“满朝皆太保，一部两尚书。侍郎都御史，多似景山猪。”值得注意的是，易储之后，于谦的列衔排在胡濙、王直、陈循、高穀之后，由此可见于谦在班次上已经下降，或许是因为于谦对景帝易储的行为不赞同。赏爵太滥，对得到的人起不到应有的激励作用，而没有得到的人，有的就会去揣摩皇帝的心意，放弃原则迎合皇帝；而有的则会心怀怨恨，这首打油诗，很可能就代表某些官员的不满。

当然，引起孙太后更不满的是两则谣言：明英宗被迎还北京之后，被安置在南宫，孙太后时常去看他，后来有人通过宦官刘成转告孙太后说景帝的亲信太监王诚、舒良等人曾经秘密商议“俟太皇太后再至时，说有旨留南宫”，将孙太后也一起软禁。但这个告密者连孙太后并不是“太皇太后”都不知道，消息可信度并不高。再者，即便真有此密议，景帝也不敢施行。景帝被推上皇位，还是以孙太后的名义下的旨意，景帝在易储的时候尚需贿赂大学士，一旦软禁自己的嫡母孙太后，无疑会激起朝野的不满，其局面将是景帝无法控制的。这则谣言传入后，孙太后“自是不复至”南宫，说明她居然相信了，这无疑会导致她对景帝更加不满。再一则，是“王文、于谦已遣人赍金牌敕符取襄王世子去也”这句谣言。景帝此时已经没有儿子，皇位不出意外仍将归于明英宗一系，孙太后并不需过分着急，她只需要关注景帝的健康，等待景帝驾崩而迅速控制皇宫即可。而这则谣言一旦属实，皇位将可能不再在明宣宗一系传承，这不但会引起朝野内外动荡，而且作为明宣宗皇后的孙太后的利益会大受损害，这是她无法容许的。于是孙太后写敕旨给石亨等人，同意他们复辟南宫的计划。景泰帝病重且储位空悬，南宫还有一个太上皇的朱祁镇，后宫中身份最高、被尊为上圣皇太后的孙皇后又是明英宗之母，有些贪图功赏权势的投机者自然会发现这个机会，进行阴谋活动。

十六日，群臣写好恳请复立沂王朱见深为太子的联名奏疏，只等次日早朝呈上，并且姚夔等人已经下定决心，准备力争于朝。作为都察院副长官的徐有贞自然知道这件事，并且明白如果再不行动，一旦群臣力争于朝，那么他们武装复辟的影响就会大打折扣，复辟集团可能得不到他们所追求的特殊封赏。

然而，与上述时机比较起来，所有这一切理由都不能称其为理由，哪怕再加上十条八条类似不类似的理由。每个人都有自己的小九九要打，有的人打完付之行动，有的人打完静观其变。徐有贞属于前者，他于当天下午到了石亨家中，“燃烛时方出”，对石亨告知情况的变化。张軏告诉徐有贞，英宗已经同意他们的计划。徐有贞知道，这是一条没有后路可退的道路，必须走下去。他恐吓石亨等人景帝可能有逮捕他们的意向，他们必须坚定信念，一战而胜。为此，他还登上屋顶，装模作样地观测天象，然后故作神秘道：“时至矣，勿失。”

政变如同幽灵突然就降临在这个夜晚。它又好似一声惊雷，使原先的秩序分崩离析。一夜之间，江山大地重新组合。密谋者焚香祝天，而忠诚的守护人还没有睡去。比如，于谦仍与他的同僚们商议着明日如何劝请景帝复立沂王朱见深。据说，徐有贞与家人诀别时说道：“归，人；不归，鬼矣！”可见他对这次行动并没有十足的把握。在石亨、曹吉祥的策应下，徐有贞等人和参与政变的兵丁趁着天黑在四鼓时分顺利地被放入长安门。至于他们为何能如此轻松地进入长安门，除了有人接应外，还由于当时长安门守备松弛。

至于当晚张軏、徐有贞等人是如何进入皇城并实施夺门的，《明史纪事本末》是这样记述的：当时天色晦暝，石亨、张軏等人惶惑不定，心里都没有底，只有徐有贞坚信此事必成。一行人来到朱祁镇住的南宫，南宫宫门紧闭，叩之不应。徐有贞命人取来一根巨木，数十人举之撞门。又令身后矫健的勇士踰墙而入，内外合力，终于打开大门。英宗惊坐烛光下，不知外面发生了什么。直到石亨、张軏、徐有贞等人跪于眼前，请他登位。在烛光的映照下，兵士们的脸上也是噩梦醒来般的惊惧。朱祁镇神色惶然地登上辇架，那辇杆怎么也抬不起来，徐有贞还上前帮忙扶住。一行人向着东华门而去，途中击杀了景帝的心腹武将范广。此时忽然天开月明，漫天乌云散去，几近白昼。密谋者的脚步不觉轻松下来，这让他们感到光明就在眼前。

东华门的守卫挡住他们去路，朱祁镇高声喝道："吾太上皇也。"门卫不敢阻挡。众人簇拥着朱祁镇登上奉天殿，殿上的金瓜武士击打徐有贞，上皇叱之，乃止。朱祁镇端坐中央，升座，鸣钟鼓，开启通往大内的各道门禁。这一天，百官正齐聚阙下，等待景帝视朝。既入，见到太上皇朱祁镇，尚不知何故。徐有贞出来宣："上皇复辟矣。"并催促百官入贺。文武百官震骇不已，但见石亨带来的禁军虎视眈眈，只得就班入贺。等到官员们平静下来，新登基的朱祁镇就上朝了。朱祁镇口宣："卿等以景泰皇帝有疾，迎朕复位，众卿仍旧用心办事，共享太平。"百官皆呼"万岁"。

随后，明英宗从奉天殿到文华殿，命徐有贞兼翰林学士，进入内阁，与谨身殿大学士陈循等人起草复位后的第一道谕旨。明英宗看了他们起草的谕旨后表示同意，将谕旨在午门宣读：上皇帝宣谕文武群臣："朕居南宫七年，保养天和，安然自适。今勋戚文武群臣咸赴宫门奏言：'当今皇帝不豫，四日不朝，中外危疑，无以慰服人心。'再三固请复即皇帝位，朕辞不获，请于母后，谕令勉副群情，以安宗社。就以是日即位。礼部其择日改元，诏告天下。"这道临时赶造的谕旨刚刚宣谕完毕，就下令逮捕少保于谦、王文和司礼监太监王诚、舒良、张永、王勤等人。随后群臣穿朝服再举行典礼，正式对英宗复位表示祝贺。此时已经正午了，夺门就此成功。

据说石亨等人的复辟行动进行的时候，于谦之子于冕赶来告诉于谦，于谦呵道："小子何知？国家大事，自有天命，汝第去！""顷之，南内出矣，少保公神色不变，徐徐整朝服，入就班行。"当时于冕在不在北京难以确定，即使这段记载是真实的，但此时于谦还能有什么办法？"时来天地皆同力，运去英雄不自由"，于谦只能接受复辟的这个事实。"夺门"之变发生后，参与夺门的众人为了掩饰宫廷政变的本质，诬陷于谦和左都御史王文，指责二人打算迎立襄王世子朱祁镛入即帝位。他们拥立英宗复位，就是拥护国之正统，阴谋者就这样成为朝廷法度的捍卫者。

廷审时，徐有贞当众喝令法司把于谦等痛加拷掠，妄图逼迫于谦、王文二人承认诬陷给他们的罪名。但是于谦“俛首不辨，但言：‘亨等意已如此，辨之何益？’”石亨等人得不到证据，只能由徐有贞捏造一个莫须有的罪名：“意欲”谋立外藩；而且“事虽传闻，情实显著”，且要将二人按谋立外藩罪凌迟处死。徐有贞就是一个斯文败类，为发泄个人私怨睚眦必报并且心狠手辣。当仇恨与私欲变成一场肆无忌惮的屠杀虐杀时，他不仅毫无政治正义可言，人性指数也跌落到了黑暗的深渊。满朝文武只有刚刚被杨善推荐入阁的理学家薛瑄到英宗那里力争，得到的结果是减等斩首。天顺元年正月二十二日，于谦、王文身死西市。据记载，于谦被处决之日，天空阴霾四合，上苍似乎也在为忠臣之死而痛悼，天下冤之。曹吉祥部下的一个都指挥使，偷偷来到于谦就刑之地，以酒酹祭奠于谦，恸哭不已。曹吉祥大怒，将他责打一顿。第二天，他又来到那里祭奠于谦。还有个叫陈逵的都督同知偷偷收殓于谦的遗骸下葬。

这两个人都是武人，而不是平日慷慨激昂、动辄以道德节义自居的翰林言官们。弃市，籍其家，家属戍边，这样的结果似乎已成为历史上忠烈之士的标配。于谦的遗骸后来得以归葬杭州，在其死后十年的明宪宗成化二年，于谦“复官赐祭”，又二十多年后的“弘治二年用给事中孙需言，赠特进光禄大夫、柱国、太傅，谥肃愍，赐祠于谦墓曰‘旌功’，有司岁时致祭。万历中，改谥忠肃。杭州、河南、山西皆世奉祀不绝”。

于谦被杀，史家争论最多的是明英宗杀于谦时是否犹豫过，是否想过不杀于谦。这真是一个无比天真的想法，不杀而杀，杀而不杀，这样的争论是为了求证什么吗？伟大的杀人者，杀不该杀的人，与那些草菅人命、罔顾是非的杀人犯，没有任何区别。于谦之子于冕所作的《先肃愍公行状》记载：“上犹豫良久曰：‘于谦曾有功。’众相顾未及对”，徐有贞“直前对曰：‘若不置谦等于死，今日之事为无名。’上意乃决。”许多史书包括《明史》都采用这种说法。也有人认为，杀害于谦是徐有贞等建议，但也是英宗批准的。试想，没有英宗同意，徐有贞等人的违议又有何用处？如果说英宗对杀于谦一事真的感到后悔，那么，终天顺一朝，迫害于谦者先后都被剪除，于谦功劳已彰，为什么不给他昭雪，而要等到宪宗朱见深时才给予平反呢？

据于谦的儿子于冕回忆，英宗杀于谦，孙太后并不知道，后来听闻此事，“嗟悼累日”。有一天英宗前来问安，孙太后责备英宗道：“于谦曾效劳，不用当放彼归田里，何忍置之于死！”对于谦，明英宗可能心存芥蒂，但于谦被抄家时“家无余赀”，谋立外藩又查无实据。拟定于谦死罪的奏章送上两日后，明英宗才批准，除了是在看朝野的反应外，就是在犹豫了。天顺年间，接替于谦为兵部尚书的陈汝言因为贪赃被下狱。与之相比，于谦一生清廉，为此，英宗不无感慨，“益悟其冤而深悔之”。并在后来对夺门众人心生不满时，对着他们连喊数声“好个于谦”，吓得众人汗水直流。再后来，“有边警，帝忧形于色。恭顺侯吴瑾侍，进曰：‘使于谦在，当不令寇至此。’帝为默然。”吴瑾敢在英宗面前直接提于谦的能力，可见英宗对于谦并不是太仇恨。

诛杀于谦的重要原因是徐有贞所讲的“此举无名”，明英宗不想背一个枉杀大臣的恶名，但更不想使他刚刚完成的复位行为名不正、言不顺，而于谦、王文一起被指为是“谋立外藩”的主谋，为了这个“名”，就不能只杀王文而放过于谦。“于谦的政治悲剧，其根源主要不在佞幸弄权、奸臣陷害，也不在英宗昏庸糊涂，而在于皇权转移更迭过程中政治上的需要，从中国古代政治传统看，正是复辟成功的专制皇帝明英宗朱祁镇，为确立其重登皇位的政治合法性，为重建由本朝列祖创制，而因景泰帝继统遭到破坏的朱明皇家的皇统。”就算明英宗只是犹豫了一下，复辟的直接和间接的既得利益者们也已经“众相顾”而不安了，徐有贞更是站出来向明英宗表明必须杀于谦。不然，他们都将被钉在历史的耻辱柱上。

历史学家孟森不无感慨地说：“夺门案至此，前之功人多为叛逆，而所杀以为名之于谦，公道已大彰，然终英宗之世不与平反也。”这不只是孟森之问，也是很多读史阅世者之问。要解开孟森之问，不妨再添一问：明英宗凭什么要为于谦平反？皇帝杀人，哪有那么多错与对，错了就一错到底，对了就一对到底。至于平反，那也是后来人的事。蒙受数年监禁的屈辱，明英宗仍不过三十出头，但经历了被俘、废黜的人生波折后，尤其是在他同父异母的兄弟统治下，他内心的恨意早已大于温情。杀完于谦、王文等人外，他还杀了景帝任用的所有太监。

“夺门之变”后，景帝朱祁钰被转移到西内居住。英宗对于景帝，最初有保全其性命之念，据时人叶盛记载，英宗在复位两三天后，与夺门众人商议朝政时，曾高兴地说：“弟弟好矣，吃粥矣。事固无预弟弟，小人怀之耳。”尽管如此，景宗还是在一个多月后去世。据说，景帝并非病亡，而是被宦官蒋案“以帛勒死”。如此大事，若是没有英宗的暗示，宦官是不敢擅自行动的。虽然顾念兄弟亲情，但他在景泰时期积攒下来的仇怨，仍无法释怀。景帝的祭葬礼仪一如亲王，谥号是一个不好听的字：“戾”。这算是英宗给这个弟弟下的最后定义。

人说帝王无情，也不尽然。据说，一次与大臣李贤谈话后，英宗朱祁镇感觉到，自己被某些别有用心的人利用了。李贤说：“迎驾即可，夺门岂可示后？天位乃陛下固有，夺即非顺，幸亏政变成功了，万一天机泄露，那些密谋者死不足惜。他们就不想想，这样做会置陛下于何等凶险的地步吗？从当时的情势看，您的弟弟很有可能一病不起，那么，只要群臣表请复位，这天下还是您的。若真如此，此辈虽欲升赏，以何为功？老臣耆旧，何至杀戮降黜？招权纳贿，何自而起？”

李贤最后得出的结论是：国家的太平气象，“今为此辈损削过半矣”。

朱祁镇深以为然，不久便发布诏令，禁止在奏章和政府文告中出现刺眼的“夺门”二字，将1457年那个夜晚发生的一切定性为“复辟”，所有借政变之机冒功得官者限期自首更正。

从那一刻起，朱祁镇已不再信任那几个政变密谋者，准确地说，他成了一个怀疑主义者。在专制政治体制下，“为帝所疑”是极其危险的。更何况，皇帝已经有能力对付这个世界，也有能力对付那些欺骗自己的人和事。他对忠诚和背叛有了新的理解，在他看来，这个世上没有真正的忠诚，有的只是趋利者的阴谋。不久，徐有贞被削去所有官爵，流放云南怒江金齿卫，直到蒙赦回到苏州吴县，仍然没能恢复职务。1460年，石亨被下狱论死。曹吉祥日后也因叛逆案被处死。《明史》有论：“英宗始任王振，继任吉祥，凡两致祸乱。”

王振与曹吉祥两个首席太监，一个死得早，一个死得晚。杀完了人，洗干净手上的血，朱祁镇在紫禁城宫殿袅袅的浮香中，还是会想起他的“王先生”：“英宗复辟，顾念振不置。用太监刘恒言，赐振祭，招魂以葬，祀之智化寺，赐祠曰精忠。”无论是太监还乡，还是御驾亲征，那个陪伴了他人生上半场的“王先生”，再也无法与他一起分享彼此的光荣。

第二节
中国特色的守成之路

1. “恋母情结”的政治属性

明天顺八年（1464年）正月二十二日，太子朱见深即皇帝位，他这年说是十八岁，实际上刚过十六岁。定年号成化，是为成化皇帝，史又称明宪宗。按照当时官方的算法，他是大明帝国的第六位皇帝，按照后人的算法，他则是大明王朝的第八位皇帝。

这六与八之间，则包含了朱元璋子孙在帝国史上留下的一段尴尬，也包含皇家的诸多苦痛。这是庶民百姓无法体会的。戏台上的阴谋与攻伐，对于朱元璋及其子孙来说，都是血淋淋的事实。

朱见深一生都在治愈他的童年。他还不到两岁，父亲朱祁镇就被瓦剌军队掳掠北去。在国家深陷危机之时，他被皇太后诏立为太子，由他的叔父郕王朱祁钰以“监国”身份辅佐。从此，他经历了与其年龄不相符的诸多风波，起起落落。朱见深被立为太子后便在孙太后身边抚养，而服侍朱见深饮食起居的，便是万氏。

万氏，小字贞儿。万贞儿于宣德八年（1433年）四岁时选入宫，成了宣宗孙皇后身边的小宫女。其实，万氏与孙后身上真有许多相似处，万氏是山东诸城人，与孙后老家山东邹平相距不远，为同乡；万氏四岁入宫，孙后十岁入宫，经历相似；万氏父万贵初为县吏，孙后父孙忠也是吏员出身；万氏因聪明伶俐、善解人意为孙后所喜，孙后入宫时，同样以美而慧为仁宗张皇后所爱。所不同的是孙后入宫不久就被封为皇太孙嫔，后来成为皇贵妃，深得宣宗之宠；万氏却一直留在孙后身边，不知是孙后离不开她，还是不愿让她步自己的后尘，以免给儿子增添麻烦。本来，万氏小英宗三岁，年龄甚是相配，但孙后一直不让她与英宗朱祁镇接触。

万氏虽然没有机会与英宗朱祁镇结缘，却与他的儿子朱见深深度接触。万氏作为贴身宫女前往东宫侍奉太子，对她而言这是一次难得的机会。这个聪明的女人像亲生母亲般体贴，把孤寂的宫女生活中无法排遣的寂寞和热情全都倾注在这个男孩身上。心理学研究表明，一个两三岁的孩子，如果和最重要的抚养者有两个星期以上的分离，将会造成难以逆转的心理创伤。也许对于这个年龄的儿童来说，政治事件在他脑海里并没有很强的记忆，但是随着年龄的增长及后续事件的发生，给他心理上所造成的创伤将越来越凸显出来。

在这之后的七年时间里，朱见深在万氏的陪伴下，生活在他父亲异母兄弟朱祁钰（景帝）领导的国家里。他虽然贵为皇子，小小年纪却饱受弃儿般的恐惧与惊吓，因为他的叔父朱祁钰无时无刻不在想着夺走他的太子之位，让自己的亲生儿子接任。他还是个连话都说不出来的孩子，可没人拿他当个孩子，人们只关注他的太子身份。这种境况并没有随着一年后他父亲朱祁镇被遣回北京得到改善，因为他的父亲成了太上皇。一个过气的皇帝，失去的不仅是皇位，还有人身自由。他的父亲被排除在国家一切事务之外，并在严密的监视下居住在皇宫南城。不久，他那个贪恋皇位、性情偏狭的叔父为了确立自己的世系，废去他的太子身份，降位于沂王。他的叔父将自己的亲生儿子，也就是他的堂兄朱见济立为太子。他则与被废的汪皇后（不是他的生母）一起，被驱赶到皇城僻冷的一个院落生活。也就是说，从朱见深来到这个世界那一天起，他的生活就带着某种不确定性。正如明史专家毛佩琦所言："一个小孩子（宪宗），在政治的天平上被任意摆布，他可能对此全然不明白，但是人间冷暖在他心中必然已留下深刻的印记。"

朱见深在他的成长过程中，体验到的只有不安和恐惧，身心受到相当大的影响。《明宪宗实录》记载："年虽幼，已岐嶷如成人，视瞻非常，不轻言笑。”他成了一个不苟言笑的孩子，既无父母的疼爱，又无童年的欢乐，宫女太监们也没有谁敢对他表示关怀。他生活得艰难而孤独，周边还充满着恶意和危险，万贞儿的陪伴帮他度过了充满坎坷的童年时光。“恋母心理”在这个阶段迅速发酵，朱见深也渐渐对万贞儿产生了难以割舍的依恋。这种情感既有像对母亲一般的亲情，也有对异性的恋情。

人的命运真的不好说，事在人为，还要听天由命。比如，那个代替朱见深成为皇位继承人的堂兄朱见济，福薄命浅，在太子之位上只待了一年半，竟然一命呜呼。朱祁钰只有这么一个儿子，朱见深的机会又来了。这一变故，无疑给景帝朱祁钰的心理上造成巨大的压力。围绕着“国本”之争，一些努力使朱见深恢复太子身份的官员遭到处决和贬谪。对于一个七岁的孩子来说，他还意识不到这个世界的凶险，意识不到这个风波都是因他而起。他处于旋涡当中，又处于旋涡之外。但这种不安全感像是一粒种子，在他人生初年的土壤里生根发芽，让他变得柔弱和怯懦。他从小就被人告知，平日要谨言慎行，这让他差点就成了哑巴。据说，朱见深连话都说不清楚，尤其在发“嘶”音时，结巴得更厉害。在他闷闷不乐的童年时光里，一直是万氏负责照顾他。如果说，这一时期的他，身体还残存着不多的勇气和力量，那么它们都来自这位大他十九岁的万姓女子。在那幽暗清冷的宫殿角落里，她以只有女性才能具有的、真正慈爱而伟大的胸怀，给了这个可怜的男孩子无微不至的关爱。

在朱见深十一岁那年正月的那个夜晚，发生了著名的“夺门之变”。一伙另有所图的政治投机者闯入南城发动政变，拥戴他的父亲朱祁镇重新登上了皇帝宝座，而他则顺理成章地又回到东宫之位。此后，在他父亲重新执政的八年里，他作为皇储在大学士们指导下学习本朝历史、治国之要和种种礼仪。他也亲眼看到父亲毫不留情地剿杀景泰时期的决策人物——主要是1449年的危机中通过支持他的叔父朱祁钰当上皇帝的官员：兵部尚书于谦、大学士王文、都督范广及司礼监太监王诚、施良、张永、王勤。内阁、六部全部改组，部院大臣尽遭贬斥，取而代之的是夺门功臣及其亲信。随着年龄的增长，他还将见识到在人的忌妒和报复心理驱使下的一场场杀戮。

对于一个在动荡不宁中长大的少年来说，朱见深对安全感的需要甚于同龄人。在危机四伏的宫廷生活中，他的身边只有一个人，此人便是后来他终身迷恋的万贵妃。从两岁开始，直到十七岁做皇帝，整个童年和少年时代，朱见深从万氏身上得到的，除了母爱，还有成熟女人的温馨，机警的万贞儿在双重欲望的驱使下，顺利地将朱见深这种对母亲般的依恋转化成终身眷恋。

朱见深十六岁即位，万氏的年龄大他一倍。此时孙太后已经过世，他们的关系也由母子，由姐弟发展到夫妻。这个机敏的女人对少年皇帝的了解，超过对自己的了解。据说，每次皇帝出游，她都身着戎装，佩刀侍立左右。无论皇帝有多少烦心事，看见她就眉飞色舞。据记载，万氏的容貌并不出众，甚至偏男性化，"貌雄声巨，类男子"，这让那些朝中官员、学者文士，还有风闻宫廷秘辛的庶民百姓都无法理解。就连朱见深的生母周太后都不理解，曾质问："彼有何美，而承恩多？"宪宗也毫不避讳："彼抚摩，吾安之，不在貌也。"宪宗倒是个实诚人，这既是恋母心理在作祟，也是从小安全感缺失的需要。而《明宪宗实录》对此解释说："妃亦机警、善迎合上意，且笼络群下。"万氏不仅善于讨好皇帝，上下关系也都处理得很好。皇帝虽然专宠于她，但万氏要成为皇后却是万万不可能的。因为这份感情从未得到过皇家认可，更别说祝福。万氏出身既微，且年长朱见深这么多。只要钱太后、周太后（朱见深生母）还在，立万氏为皇后就是不可能的。

天顺八年，在朱见深即位百日之后，根据英宗皇帝的遗命立吴氏为第一任皇后。册制说："尔吴氏毓秀勋门，赋质纯粹，有端庄静一之德，有温和慈惠之仁，姆师之训素闻，礼度之容不爽。"令人震惊的是，一个月后，这位出身"毓秀勋门"的吴皇后就被废掉，打入冷宫。吴氏被废，朱见深在诏谕中给出的理由之一是"轻浮粗率"，而在给吴氏本人的敕谕中更说她"言动轻浮，礼度粗率"，"留心曲调，习为邪荡"。吴氏聪敏知书，爱好音乐，天性自然，就因为她不知宫门深浅，导致了最后的悲剧。大婚的册制和废后的敕谕用词天壤之别，不像在说一个人。官样文章向来如此，可说不可信，可信不可全信。

吴氏一个月即被废，也算是开创大明废后的用时最短纪录，如果不是因为什么激烈之事冒犯皇帝，或者太后，不会到此地步。《明史·后妃传》评价万氏："机警，善迎帝意，遂谗废皇后吴氏，六宫希得进御。帝每游幸，妃戎服前驱。"这句话的紧要之处在于"遂谗废皇后吴氏"。朱见深立后对万氏的内心产生了巨大的震动，她利用皇帝的宠信对新皇后的权威进行挑战，并且不断在皇帝面前使离间之计。吴皇后毕竟只有十七岁，面对大她一倍的万氏，无论心智和手段都远远不及。初涉后宫生活，又贵为皇后，她对后宫争斗的凶险估计不足。弘治朝大学士刘吉、刘健等所修的《明宪宗实录》给我们提供了更多想象的空间。其中说："吴后立未逾月而废，当时传言，或谓后宫先有擅宠者，被后杖责，故及。然宫禁事秘，莫得而详。又谓有恶牛玉之专者，欲夺其权，有所承望而然，故罪独归于玉云。"毫无后宫生活经验的吴皇后，一上台就摆出母仪天下的姿态。万氏本就揣着一肚子嫉妒之火，又碰上年轻皇后的张扬姿态。身为后宫之主，吴皇后自然看不惯得到皇帝专宠的万氏。万氏与皇帝十几年的骨肉相亲的关系，又岂是十七岁的吴皇后所能理解。

吴氏进入后宫只有一个月，肯定见识到万氏在皇帝面前卖弄她的中性风情，甚至看到二人毫不避嫌的亲热画面。万氏深受宠爱，比她这个新婚不久的皇后还得皇帝宠幸。感情是排他性的，女人之间的矛盾很快激化。终于，吴皇后找了个机会"摘其过，杖之"。皇后杖责宫女本无过错，但万氏岂是普通宫女可比，朱见深又岂能接受自己心爱的女人被杖责的事实。那一杖接一杖像是打在自己的身上，让朱见深心疼不已。相对于万氏，朱见深对吴皇后还谈不上感情。大婚之前，他们从来没有见过面；大婚之后，他觉得吴氏"言动轻浮，礼度粗率"。相对于万氏的成熟练达，十七岁的吴氏太过于生涩，完全不解风情。从朱见深记事起，他的衣食起居都是在万氏的照料之下，生活上须臾不可离。万氏早就摸透了皇帝的脾性，投其所好，所谓"机警善迎帝意"。在俘获男人的心这点上，十几岁的少女本就不是三十五岁成熟女性的对手。据说，每次皇帝驾临，万氏都会精心打扮，穿上戎装，英姿飒爽地出现在皇帝面前。

从各种史料看，朱见深性格偏于内向，在他人生的前半程，他接触最多的女性就是万氏。他对于女性的认知，万氏的言行举止始终是标杆式的参照。吴氏这种聪慧自信的年轻女子，尚不解男女风情，更不要说迎合爱抚。明末清初史学家查继佐在《罪惟录》中记载了皇后被废、牛玉被逐的事情。按明朝制度，皇帝"幸"后宫，是由司礼监安排的，这天轮到朱见深"幸"吴后，吴氏照例得沐浴以待。但万氏却不管这个规矩，她先在浴堂沐浴，全然未将吴氏放在眼里。牛玉作为司礼监太监，对此事大为不满，逢人便说万氏的不是。于是，朱见深便认为皇后与太监联合起来欺负万氏。加上牛玉自英宗后期便擅权内府，在朱见深继位之初便借故铲除王纶、钱溥，并牵连多人。如今，牛玉在万氏问题上得罪了皇帝，不满者便借机揭发了他在选后时接受贿赂的不法行径。本来行贿受贿这种事情司空见惯，可一旦有事得罪，这些事也就成了罪状。

朱见深废后便是以牛玉为突破口的，他先是将牛玉和另一太监吴熹下都察院，追究在选后问题上的作弊。牛玉供出了吴后之父吴俊。吴俊本为羽林前卫都指挥使，因女选后而升为中军都督府同知。吴俊和儿子吴雄被同时下狱。据他们供述，皇帝在东宫时，英宗为其选择配偶，榜谕中外，分命中官往来，得十二人，英宗亲自挑选了王氏、吴氏、柏氏三人，留于宫中。三人之中，英宗对王氏更为满意，准备册她为太子妃，但逢皇太后孙氏病逝，接着英宗去世，事情便拖了下来。宫内有人将孙太后和英宗相继去世的事情与三人尤其是王氏的入选联系起来，故有朱见深即位后皇太后重命择配之举。这其实是为了换掉王氏。吴俊父子得知消息，通过同姓宦官吴熹对牛玉行贿。牛玉说服太后，于是立了吴氏。

都察院将这份供词呈上，既然皇帝主意已定，牛玉、吴俊又对行贿受贿之罪供认不讳，经太后同意，便废了皇后吴氏，令其搬出坤宁宫。此后，可怜的废后便在西内别馆居住。吴后既废，中宫之位不可久虚。两个月后，王氏又做了皇后。虽然万氏无法登上梦寐以求的皇后宝座，但她可以骄傲地以向整个朝廷展示自己对皇帝的控制。后继的王皇后完全成了傀儡，因其能“委曲下之，故得安于位”。废后事件之后，万氏更加骄横于后宫，“中官用事者，一忤意，立见斥逐。”

万氏曾经在三十六岁那年为皇帝生下一个儿子，因此被升为贵妃。上天似乎和她开了个天大的玩笑，她的儿子不久就夭折了，从此她再也没能怀孕。作为女人，看着宫中其他女人母以子贵，对自己的地位构成威胁，而自己又无能为力，内心的嫉妒就像毒药一样弥漫开来，卑劣的手段便因此而生。从此，宫中凡是怀孕或生育过的妃嫔及其子女，几乎都被她动用非常手段害死。诚如《明史》所言：“掖庭御幸有身，饮药伤坠者无数。”朝臣们都对皇帝没有后嗣而感到担忧。京师和各省官员纷纷上奏，劝他疏远万氏，以便与宫中其他妇女生育子女。朱见深对此回答说：“内事也，朕自主之。”在皇帝的纵容之下，万贵妃甚至连已经三岁被立为太子的朱祐极也不放过，将他母子二人毒害。

纪氏是一个瑶族姑娘，来自广西。在接受初步举止、仪容训练后，她被分派掌管宫中的几间库房。某日，朱见深在内城遇见了她，随口问她一个问题，却被她应答时的仪态迷住了。于是，皇帝对这个宫女进行了“宠幸”。事后，纪姓女子怀了孕。耳目灵通的万贵妃很快知道了此事，便派人送服打胎药。可是这个孩子命大，没有被打下来。孩子出生后，被一个忠诚的内侍偷偷抱至西内别馆的废后吴氏处。因此，从某种意义上说，也算吴后以另一种形式完成了对万氏的复仇。这个侥幸活下来的孩子，就是后来的弘治皇帝朱祐樘。据说，朱祐樘的头发很稀疏，就是他母亲吃堕胎药的结果。万氏如此，朱见深并不是无所作为。时任侍读学士的尹直在他的《謇斋琐缀录》中记载：纪妃怀孕后，万贵妃非常伤心。朱见深密令纪氏称病，安顿到安乐堂，对万贵妃则说纪氏病“痞”，即肚子里长了硬块。古人畏“痞”，认为它是传染性极强的不治之症。待到纪氏分娩，朱见深又密令内侍近臣日夜看护。太子朱祐极去世后，外廷对国本问题极为关注，不断有人上疏劝皇帝广御诸宫，不可专宠万氏。这时，皇帝另有皇子的秘密已经泄露出去。据说，大学士彭时知道此事后，还委托司礼太监黄赐劝告皇帝：“汉高外妇之子，且明取入宫，今实金枝玉叶，何嫌而讳？”消息传至万氏耳中，她大为震惊，随即具服进贺，并厚赐纪氏母子，又请朱见深将皇子接入宫来，由内阁取名“祐樘”。

皇子朱祐樘的身份公开不久，周太后怕这个孩子也保不住，就将他要到自己宫里。她亲自抚养他，并且教导他如何防范万贵妃。有一次，万贵妃将朱祐樘接到自己宫里。奇怪的是，别人递给他吃的东西，不管如何引诱，他一概拒绝。万贵妃问他为何如此，朱祐樘的回答是“怕里面下了毒”。万贵妃惊怒不已，说：“此儿才数岁，就如此厉害，他日要鱼肉我了！”不过她死在宪宗朱见深前面，没给即位后的朱祐樘“鱼肉”她的机会。身为皇子的朱祐樘有人庇护，而他的生母纪氏却在这一年去世。纪氏一死，舆论哗然，大多猜测都指向万氏。有人说纪氏是被她赐死的，也有传闻说她逼纪氏自缢。据说，万贵妃为此在皇帝面前大闹一场。朱祐樘即位后，曾想要追查生母死因，并未成行。不过，《明史·后妃传》还是确认：“纪淑妃之死，实（万贵）妃为之。”对此，宪宗朱见深是心知肚明的，可他只能纵容，沉默，最后不了了之。

这看似无法理喻，其实在心理学上也可以做出比较合理的解释。弗洛伊德认为，人的潜意识中对某种独一无二、不能替代的东西的热恋，会表现为一种永无休止的追寻活动。万氏对于朱见深就是独一无二、不可替代的。他对于万氏的纵容和保护，是永无休止的。万氏估计也很委屈，她入宫后受宠于孙太后，又受宠于皇帝，却始终没有当皇后的命。皇帝的专宠对她来说成了原罪，台面上的指责，黑暗中的诅咒，让一个女人的心理产生了扭曲。

心理扭曲的不光是万氏，还有朱见深的生母周氏。她原来是英宗朱祁镇的一个妃子，地位低于钱皇后，儿子再度立为太子后，她母以子贵。朱见深登基不久，她就吵着要与钱皇后一样被册封为皇太后。大臣们认为，钱皇后虽然不能生育，但是她在英宗被囚南宫时一直侍奉在侧，相濡以沫，以致一条腿残疾，一只眼失明。英宗对这位皇后又是敬重，又是怜悯，临终特立遗命："钱皇后千秋万世后，与朕同葬。"尊奉钱皇后为皇太后是理所当然。但周贵妃却不依不饶。于是，两人都被尊为皇太后，钱太后系先帝正室，她的封号多了"慈懿"两个字，周氏又不高兴，常常借故向皇帝施压。钱太后去世，按例，将与先皇合葬。周太后以绝食相威胁，最后面对数百位官员的哭谏，才不得不屈服。朱见深置身于其间，烦不胜烦。宫事何其乱，政事何其多，唯有躺在万氏怀抱里才能让他睡上一个好觉。

成化十一年（1475年）十一月，朱见深立朱祐樘为太子。从那以后，万贵妃也不再干预朱见深与其他嫔妃接触，皇子们也就渐渐多起来。朱见深在位二十三年，共得皇子十四人，除长子、次子先后夭折，朱祐樘是三子。其余的儿子都出生于朱祐樘被立为太子后，即朱见深人生的后半程。

2. "守成之君"的另类解读

朱见深是明朝第一位不与大臣面议国事的皇帝，这曾引起朝臣的极度不满。生前荒唐，死后却落个堂皇之名。那些修撰《宪宗实录》的史馆诸臣，对此给出一个"不以为耻，反以为荣"的定论："上以守成之君，值重熙之运，兵革不试，万民乐业，垂拱而天下大治矣。"这个结论不可谓不精准。一句"守成之君"将朱见深定格于一个不高不低的档次上。中国历史对于"守成之君"的要求并不苛刻，只要国家不出乱子，王朝不泄元气，最后实现顺利交接，便可坦然受之。不可否认，朱见深虽然前半生命运坎坷，但他的执政生涯真是摊上了一个好时机。用今天的话说，无论国际国内环境都呈现出一派“守成之象”。

——外无强敌威胁。朱见深即位时，土木之变的危机已经过去，昔日强盛的瓦剌土崩瓦解，而正在崛起的鞑靼也是各部为政，互为雄长；建州女真虽然蠢蠢欲动，但羽翼尚未丰满；沿海时有倭警，却难以形成威胁。

——内无大敌生乱。再看国内，除了荆襄流民为求得生存而数生变端，成化时期可以说是内无大敌。至于西南瑶民、苗民时而生乱，西北“土达”偶尔生乱，这并不是成化朝独有的风景，而是历朝历代的遗留问题。此时，明朝开国已有百年，太祖开国、太宗创业的余泽犹在，民心思定，百姓乐生；官员畏于太祖朱元璋手定的刑典，政风也还过得去。和他的父亲英宗相比，朱见深颇有贤明之风。比如，他为冤死的于谦平反昭雪，恢复郕王朱祁钰的帝号，有一点拨乱反正的意思。

在这内外向稳的大环境下，只要皇帝不折腾，哪怕垂衣拱手，做个玉雕般的偶像，江山天下也会呈现并不难看的画面。有人说皇帝不作为，其实有时候不作为，要比乱作为，更有益于帝国官僚机器的运行。皇帝除了上朝、祭神和出席其他必须出席的大典仪式，并不处理政务。政务交给谁呢？所有事情都由各部门提出处理意见，大事经过廷议，形成书面文字，经内阁票拟、内监批红、六科签发。当然，皇帝也看奏疏，偶尔批上几个字，兴致来了，还会驳回询问，但就是不当面讨论。相对于官僚，没有出过紫禁城且少不更事的皇帝，对于政务的处理，大多时候靠的是自我意识，甚至是不够理性的情绪。一旦插手，适得其反，干涉越多，纰漏越大。

朱见深在位二十二年，无心插柳，却弄出一个可以被后世子孙继承的成法，弄出一个被史家大鸣大放的为君之道。待后来到正德、嘉靖时期，朱见深的“守成术”更是被继承和发扬。清人赵翼说：“自成化至天启，一百六十七年间，其间延访大臣，不过弘治之末数年，其余皆廉远堂高，君门万里。”明朝前期的几任皇帝都是亲自处理朝政。即使朱见深的父亲英宗朱祁镇，虽说缺乏长进，昧于世事，也在正统时请教司礼监太监王振，天顺时则征询大学士李贤的意见，在他们的辅助下亲自处理朝政。到了朱见深这里，他自成一派，坚决不与大臣面议国事。我们究其底里，无外乎两点：

——难言之一：朱见深犯有口吃。他生来有些舌短，谈吐不便。《万历野获编》记载："宪宗皇帝玉音微吃，而临朝宣旨，则琅琅如贯珠。"他在召见大臣、商议朝政的时候结结巴巴，惹得大臣暗自发笑，打击他的自信心。临朝宣旨时，他的口吃又突然消失。

陆容在《菽园杂记》中记载了一件事：每当上朝时，诸司奏事，朱见深若是同意，通常只说"是"，以避免多说话。他生来舌头短，成化十六年间又烂舌头，连"是"说起来都困难。鸿胪寺卿施纯想了个办法，让皇帝"以'照例'二字易之"。朱见深说"照例"两个字，觉得流畅许多。于是，施纯得升礼部侍郎，掌鸿胪寺事，不久又升为礼部尚书，加太子少保。当时有人以两句打油诗讥讽此事："两字得尚书，何用万言书。"此事虽无考证，也可见朱见深的难处。

——难言之二：朱见深有心理障碍，坐久或见生人便心里发慌，感觉不舒服。我们常说，有的人用一辈子治愈童年，有的人一辈子被童年治愈。一个人心理特征的形成，主要来自他的家庭和个人早期的经历。如果说朱见深是一个心理疾病的患者，万贵妃则是他的心理医生。在他发病的时候，就让万贵妃陪伴他，替他按摩，才能让他安静下来。他曾将这个秘密告诉他的生母周太后，却无法道与外人，也不能找太医治疗。宪宗性格懦弱，没有主见，应该与他的生理和心理疾病有很大关系。

成化七年十二月以后，成化皇帝朱见深再也不召见大臣，内阁也不再提出要面君。处理国事，全靠常朝面决及各衙门提出方案，内阁票拟批答。内阁大学士万安不会理政，只会高呼"万岁"，被人讥讽为"万岁阁老"。此人升迁靠的不是才能，而是攀附万贵妃及其兄弟，投皇帝所好。据说，孝宗（朱祐樘）即位以后，在父亲朱见深的寝宫发现一个纸袋，上面署名为"臣安进"，那是万安进献的奏折。孝宗打开来看，其中大多是"房中术"的秘方。皇帝为"垂拱天子"，宰相为"万岁阁老"。由万安、刘珝、刘吉组成的三人内阁，遇事不争，时人将他们称为"纸糊三阁老"，六部尚书也被称为"泥塑六尚书"。皇帝是玉雕的，阁老是纸糊的，六部尚书是泥塑的。帝国官僚机器离开了人的作用，靠着固有的惯性运转。

如此一来，法纪松弛，政风懒散，自然也在意料之中。有一次负责朝议的鸿胪寺官发现上朝的官员不足数额，经核查发现少了一百八十人。朱见深每次上朝，不是在奉天殿便是在华盖殿大殿内，有时在奉天门或西角门，能够见到的不过是有资格进殿或排在丹墀之上的高级官员。而那些站在殿外或御道两边的中下级官员，连皇帝的面都看不见，来了等于没来，没人管没人问。时间长了，他们懒得“起四更，待五更”地上早朝。朱见深对此早有耳闻，不过他没想到会少近两百人。他为此严旨切责：“人臣懒惰违礼，当正于法，以惩后。”按照朱见深的性格，他也不喜欢起早贪黑地跑到这里听几声万岁，然后各自散去，各忙各的。因此，那些等待被“正于法”的官员，等来的是朱见深的网开一面，“故宥之”，缺朝者每个人停发三个月俸粮。

作为皇帝，朱见深不接见大臣，不亲自向朝廷各部门发号施令，那么他的时间都用在哪些方面？除了珍玩、丹符和春药，他似乎别无所好。如同大多数守成之君，既无忧患之苦，又无昭名之累。很多时候，他沉浸于俗人之乐，庸人之欢。他的身边常常围绕着怀揣着不同目的、形形色色的人，他们是宦官、外戚、谄媚者、冒险家、方士、僧人、符术大师以及进献房中秘术的春药供应商。他几乎从不拒绝他们的靠近，他活得太紧张了，他需要松弛。他认为他们的出现，让他绷紧的神经渐渐松弛下来。

朱见深是个喜怒无常的人，高兴的时候，身边人如沐春风；厌烦的时候，身边人又如履薄冰。太监汪直是他们中的幸运儿。汪直是广西大藤峡瑶族人，早年在万贵妃的昭德宫当一内侍。史书说他“年少黠谲”，小小年纪，聪明而狡黠，善于权谋，在万贵妃身边办事得力。不久，他就被提升为掌管御马监的太监。1476年，妖道李子龙“以符术结太监韦舍私入大内”，秽乱后宫。虽然经人告发，李子龙、韦舍都被斩首，但此事却令朱见深耿耿于怀。没过多久，朱见深在上朝的时候，在东班文官中隐约听见刀兵相接的声音，殿内一片混乱，锦衣卫卫士们急忙持刀护驾。朱见深大为恼怒，让一百多个中下级官员跪于午门之外。一番追查，竟一无所获。后来有人说，这种有声无影的怪事是“鼓妖”在作祟。

仅过半年，京城传闻说西城一带有黑色怪兽，其状如犬，昼伏夜出，致人死亡。有一次，这怪兽居然窜入皇宫，一时人心惶惶。朱见深生性敏感，这种怪事接连发生几起，让他坐卧不宁。由于他经常出入万贵妃处，与侍候贵妃的太监汪直颇为熟悉。于是，办事稳妥的汪直就这样成为皇帝伺察百官的耳目，经常易容打扮出宫，刺探军民隐事。成化十三年年初，朱见深专门成立了一个直接向他负责的特务机构。这个名叫西厂的新机构索性交由汪直执掌。当年成祖设东厂，掌东厂太监逐渐专用司礼监秉笔太监的第二人或第三人。朱见深不信任东厂，又成立西厂。西厂所领缇骑比东厂几乎多一倍，势焰远出其上。西厂可以不奏请直接逮捕朝官，可干预内廷宦官的不法事，“自京师及天下，旁午侦事，虽王府不免。”

西厂成立后，汪直连续办了几件案子。西厂不问事实依据，不走司法程序胡乱抓人，并用酷刑逼供的做法，造成了社会恐慌，也引起了官僚集团的不满。于是，文官们推举大学士商辂率内阁同僚上疏，请罢西厂。

商辂历数汪直和西厂的十大罪状，认为由于皇帝信任汪直，使得“人心汹汹，各怀疑虑”，文武重臣不安于位，百司庶僚不安于职，商贾不安于道，行旅不安于途，庶民不安于业。他说，去年京城出现妖物伤人，今日汪直和他的西厂，便是妖物出现的应验。只有革去西厂，废黜汪直，才可顺应天意，安抚人心。朱见深看了奏疏，很不高兴地说：“用了一个太监，何至于危害天下！”在文官的压力之下，朱见深不得不撤销西厂。虽然西厂关闭，但皇帝对汪直的恩遇不减。

西厂废除不到一个月，有个名叫戴缙的御史却上了一份请求恢复西厂的奏疏。文官中从来不会只发出一种声音，每个人都有自己的算计。他们的声音，不一定代表他们的立场，但一定有他们的目的。有时候读史至此，不免让人对这帮士大夫心生失望。他们有时被宦官欺负得让人同情，有时也让人愤怒。难道皇帝仅仅是因为宠信宦官才不信任他们吗？他们中的小人使用的手段同样卑劣。既然有人支持，朱见深顺势复立西厂，汪直复出。其后不久，那些反对汪直和西厂的官员相继被迫致仕，其中包括大学士商辂、户部尚书、刑部尚书等数十人。《明史·商辂传》说，从此以后，“士大夫益俛首事直，无敢与抗者矣”。而那个支持汪直的御史戴缙，顿时仕途大开，晋升右佥都御史，又升副都御史，再升都御史，成为都察院的一把手。

不过，西厂重新开张后，汪直突然将他的目光投向边疆，不再满足于京师和内地的隐秘事。汪直虽然以立西厂为朝野瞩目，但他不过是一个二十来岁的小伙子。正统以后，宦官监军、镇守、提督京营渐成惯例。但被授予九边军事指挥权的，汪直是明朝第一人。汪直去往边疆，不仅为了要威风，也想立下军功。他曾和王越领兵打过蒙古人，一次斩首四百三十七级。据说，汪直到了边疆，风头更甚。有一次，他去辽东，辽东巡抚陈钺身穿戎装，前往郊外迎接。吕毖在《明朝小史》中说：官员们见到汪直“叩头半跪，一如仆隶……以是皆见喜，遂得进升工部、户部、兵部侍郎，时有谚云：‘都宪叩头如捣蒜，侍郎扯腿似烧葱。’”奔竞之甚一至于此。不过汪直最后还是败给了司礼监和东厂。汪直独领西厂风骚，难免会触动太监集团的利益。东厂太监尚铭在汪直离京期间，办了几件案子，汪直怪他没向自己通报。尚铭怕汪直以后报复自己，于是先跑到皇帝面前奏告，说汪直平日在他们这些太监面前泄露宫中秘事，并与兵部尚书王越过从甚密。尚铭还联络阁臣万安等人，把汪直的不法证据都交到皇帝手中。要知道，万安与万贵妃续谱认宗，依仗贵妃的权势把持外朝近二十年。汪直就此失宠，他想回北京，但朱见深已不愿见他。成化十八年，臭名昭著的西厂终于被废除，不久，汪直也被调往南京御马监，接着又被贬为奉御。据说，汪直南下时，所过州县，有司避之唯恐不及。孤灯萤火，昔日有多荣耀，今日就有多清冷。明人余继登的《皇明典故纪闻》中行笔于此，不无感慨：“小人得丧之态，可为世戒。”汪直就像大明天空划过的一颗彗星，一阵炫目过后，沉入茫茫黑夜。

无论是作为男人，还是作为皇帝，朱见深最为缺乏的是精神力量，于是他将大多数时间都花在崇僧佞道上。在明朝皇帝中，溺于僧、道两教最深，能与宪宗朱见深相提并论的，只有后来的世宗朱厚熜。沈德符的《万历野获编》中指出两朝区别：嘉靖朝是重道不重僧，成化朝是僧道俱重。自古以来，皇帝沉溺方术，多是为了强身健体，以求长寿。遗憾的是，朱见深却没能获得长寿。成化二十三年（1487年）正月初十，朱见深参加完庆成宴，疲惫不堪地回到乾清宫。去年八月以来，他的病时好时坏，直至无回天之力。朱见深尚未落座，便有安喜宫内侍前来报丧，说是万氏暴薨。据说，她是在鞭打宫女时，用力过猛，被痰阻塞气绝身亡。朱见深如遭雷击，哀痛至极，好半天才长叹一声：“万侍长去了，我亦将去矣。”她不是普通的贵妃，而是朱见深的精神支柱。朱见深为他心爱的女人辍朝七日。八个月之后，朱见深果然“甘弃臣民不顾”，追随万贵妃而去，致死的原因是服食壮阳的金石药，这一年他才四十岁。

3. “仁孝之君”的孤本分析

帝制时代，创业之主大开大合，金刀铁马，虽然不易，但也落得个快意。等到江山在手，一代一代往下传，有幸六世七世不倒，全赖守成之君的苦苦支撑。事后看，君权易手既有王朝周期律使然，也有运气的成分。运气在人，人又在命运的手里捏着。清朝历史学家谷应泰在《明史纪事本末》中有段话用在这里颇为合适，他说：“人主在襁褓，则有阿姆之臣；稍长，则有戏弄之臣；成人，则有嬖幸之臣；即位，则有面谀之臣。千金之子，性习骄佚，万乘之尊，求适意快志，恶闻己过，宜也。”一个守成之君的成长之路，需要一道又一道关，每一道关都藏着五花八门的诱惑。每一个诱惑都会将那个天选之子导向无所作为的境地。当然，闯过一道道关，他也可能会成长为一个有为之君。

需要在这里说明的是，谷应泰这段话是在评论明孝宗朱祐樘时发出的慨叹。在他看来，明孝宗朱祐樘便是那个有为之君。他恭俭仁明，勤于政事，广开言路，抑制外戚，杜绝嬖幸之门，压制宦官，并多方征求方正之士，因此终弘治一代可谓“众正盈朝”。

朱祐樘和他的父亲明宪宗朱见深一样，有一个沉郁黯淡的童年。幼时的他不敢大声说话，不敢自由奔跑。朱祐樘是他的父亲和一个地位低贱的宫女一朝欢愉的产物，在遍布万贵妃耳目的后宫，他能够活下来简直是个奇迹。在母亲的腹中，他就逃过堕胎药的一劫。在好心太监的帮助下，他的母亲东躲西藏，在惊惧不安中生下了他。他从小体弱，生性胆小，就像是一只受到野兽惊吓的兔子。忽如一夜春风来，他好似从一场噩梦中惊醒过来，人生转场，进入另一天地迥异、似幻还真、匪夷所思的境界，没完没了地接受叩拜、祝贺和颂扬，他成了东宫御座上的主人。人生如梦，大起大落如此突然，而变幅又是如此巨大，让他目晃神摇。

朱祐樘的母亲纪氏是广西土司的女儿，典型的南方人。“从朱祐樘成年后的画像来看，他的眼睛细长而明亮，颌下留着稀疏的胡须，整个面目呈现出南方人所特有的柔和气质。”而如果我们将明朝皇帝的画像逐一摊开，会惊奇地发现：从高祖、成祖到朱祐樘的父亲宪宗朱见深，面部特征基本一致，都是饱满的脸庞、大耳垂、有神的双目，外加修剪规整的小胡子。从体型到外貌，他们更接近于北方人的特征。一个王朝的气运，写在他们每个人的脸上。他们的精神气质，就是一个时代的气质。刚柔相济，阴阳互补，是大道也是帝王术。

朱祐樘在成化二十三年登基后，所做的第一件事，就是追封早已亡故的母亲纪氏为孝穆皇太后。关于纪氏之死，流传最多的说法莫过于万贵妃设计下毒。就连当初千方百计保护朱祐樘和纪氏的太监张敏，也因为害怕遭到万贵妃毒害，自尽而死。等到朱祐樘即位，御史曹璘请削万贵妃谥号（按：万贵妃谥“恭肃端慎荣靖皇贵妃”），还有鱼台县丞徐顼请求逮捕当年给纪氏治病的御医，逮捕万贵妃的亲属，究问当年纪氏的死因。朱祐樘居然没有同意，他说这么做有违先帝意愿。

对于当年被忌妒和迫害赶得东躲西藏的朱祐樘来说，他应该不会忘记那些日日夜夜，不会忘记母亲的死亡。他只是追夺了万家三代的诰封，并收缴成化年间朝廷所赐的内帑及珍物。万贵妃的父亲万贵生前忧虑福过灾生，御赐各物有一天都会“宣索”回宫，此时果然应验。即使如此，万家依旧不失为豪富之家。相对于历史上的类似情事，朱祐樘的做法可谓绝无仅有。不是他忘记母亲纪氏之死，而是他不愿因为削夺先帝妃嫔封号、诛戮其家属，而暴露先帝的失德。如果他不是顾虑到父亲朱见深，万贵妃的亲属必难逃死亡的命运。万贵妃的三个兄弟，万喜已当到都督同知，万达已当到指挥同知，并皆削职；老二万通已死，他的两个儿子之前都被授官，这时也都革职。

一个人是宽仁还是刻薄，是平和还是残忍，在处理个人恩怨上最能体现出来。朱祐樘的报仇适可而止，报恩则情意绵延。他派官员到广西去寻找母亲的族亲。纪太后姓纪，广西贺县人，是她入宫后告诉别人的。但除姓氏籍贯以外，再无其他有价值的线索。既然没有知情者，也就无人识真伪。据说宫中有一太监叫陆恺，广西人，本姓李。在瑶语中，李与纪发音相同，陆恺便自称是纪太后的哥哥，他在广西的亲族也就是纪太后的亲族，陆恺的一个姐夫韦父成，冒充姓李，地方官不察，以皇亲待之。广西贺县有两个人自称太后的堂兄弟，并呈递了纪氏家族的族谱。他们被带到北京，出任锦衣卫统领，不久被人识破，此二人被判处流放。此后，朱祐樘又多次派人赴广西查访，终无所获。时任礼部尚书的耿裕上奏，劝他不必再访外家，并以高皇后马氏的情况作比。太祖马皇后的父亲，当时以杀人亡命，不知所终。太祖定了天下后，也是到处求访不得。朱祐樘虽然心有不甘，但也只得接受现实。他在广西建了一座纪念母亲祖先的祠庙，还在寝宫东侧院子里修建了一个专门的祠堂，用来纪念他的母亲，安放他的一番孝心。

人的经历决定人的秉性，相对于他的父亲和祖父，朱祐樘身上少了皇族子孙的纨绔放纵，自律能力很强。朱祐樘六岁被立为太子，九岁出阁讲学。担任太子教育职责的官员基本上都是学养深粹之人。比如，当时担任朱祐樘讲读官的人中，就有彭华、刘健、程敏政等人。彭华是江西安福人，依附内阁首辅万安，品行虽有不端，但毕竟是景泰五年的状元；刘健是河南洛阳人，理学大师薛瑄的传人，天顺四年进士，进入翰林院后，一直闭门读书，官员们私底下称呼他为“木头”；程敏政是徽州府休宁县人，童年时在地方上就有“神童”之称，荐入翰林院里读书。由此三人，可知宪宗朱见深对于太子的教育重视程度。大学士们专门编选了一本记载历代东宫太子嘉言懿行的教材。朱祐樘是个用功听话的学生，除了不可抗拒的恶劣天气，他每天都会到文华殿听老师讲读。讲读的内容是四书（《论语》《大学》《中庸》和《孟子》）以及其他经书和史书，一般的形式是上午先读，下午再讲。除了读书，皇帝还必须练字，由专门的侍书来辅导，春、夏、秋三季每天写一百字，冬天每日写五十字。因此，从某种意义上来说，朱见深是集天下之英才来对太子进行教育。所以，朱祐樘从九岁出阁讲学到十八岁即位，接受了整整九年非常正规的教育。

明朝进入中期之后，虽然各项制度趋于完善，权力结构及统治相对稳定，但各种社会矛盾趋向尖锐和激化。为了缓和矛盾，政府在采取相应对策的同时，大力尊孔崇儒，提倡忠君仁孝，以图在精神上消弭反抗。比如，明宪宗朱见深修孔庙，立《成化碑》，将尊崇孔子提到空前的高度等，在帝国上下营造一种崇儒的氛围，也让身处其间的朱祐樘受到熏陶。朱祐樘即位后，朝臣们惊喜地发现，眼前这个年轻的皇帝与他的先人真的不同。他手不释卷，经常阅读《孝经》《尚书》《朱熹家礼》《大明律》，稍有疑问立即请教儒臣法吏。相比之下，本朝历史上还没有哪个皇帝比他更遵循儒家伦理规范。谷应泰在《明史纪事本末》中记录了朱祐樘即位后的一段话，他说：“朕方图新理政，乐闻谠言。除祖宗成宪定规不可纷更，其余事关军民利病，切于治体，但有可行者，诸臣悉心开具以闻。”朱祐樘意识到，作为皇帝，他要想稳定统治，必须以儒家思想为精神支柱，以儒臣为统治核心，而这一切都要在遵守成宪的口号下进行，于是维护传统成为其施政的宗旨。皇帝如此，那么他所重用的官员更是以遵守成宪为己任。

回顾成化年间为政之弊，文官们总结教训，得出结论：皇帝深居内廷，整日被宠妾、宦官和一群宵小之辈包围，失去与士大夫们的沟通、交流，致使上下不通，内外背离。朱祐樘让他们眼前一亮，也让他们对于即将到来的弘治时代生出更多想象。文官存在的意义，就在于将皇帝引导到他们为他设计好的道路上来，使之成为有为之君或者有道之主。他们通常采用的方法无非两种，一是帮助皇帝摆脱内廷的束缚，二是用儒家经典去塑造和影响皇帝。弘治元年，朱祐樘登基不久，时任吏部侍郎杨守陈上疏，请遵祖制重开大、小经筵，皇帝每日两次听朝论政。

明代经筵有大小之分，大者每月三次，仅成礼而已，小者原无定日，可每日常服进讲，故谓之日讲。朝会又分早朝、午朝。早朝受四方奏事，午后事简，君臣之间得以从容陈论，大臣口奏，皇帝可详问而裁决之。总之，日讲、午朝不仅使当政者资治勤政，更重要的是政事都与诸大臣当面商议裁处，而不用日后交与宦官调旨批答，减少了司礼监干政的机会。皇帝忙于讲经处政，接触士大夫之时多，对宦官宫妾之时少，儒臣的治国策略与道德修养对君主的影响明显增大。杨守陈还提议，在文华殿后面专门开辟一块地方，用来存放前朝典籍、祖宗谟训、百官章奏，供皇帝退朝后随时披览。每天还应在前殿右厢，常驻内阁学士一名，讲官二名，以备皇帝随时咨询。杨守陈说："一日间，居文华殿之时多，处乾清宫之时少，则欲寡心清，临政不惑"。只有这样，"使贤才常接于目前，视听不偏于左右，合天下之耳目以为聪明"，如此，"而致治之纲举矣。"

杨守陈给朱祐樘定下的这张日程表，将大明的皇帝装进了制度的口袋里。皇帝从睁开眼睛的那一刻，就像被上紧了发条的青蛙，蹦跶个没完。再想想朱祐樘的父亲和祖父，以及他后来的儿子，不禁为他感到难过。看来皇帝老实，大臣也会欺负他。年轻的皇帝居然接受了杨守陈等大臣为他开具的日程安排表。皇帝听话，最高兴的莫过于那些文官。为了表示对讲官的优礼，孝宗朱祐樘接受侍读学士李东阳的建议，规定不准纠劾进讲差错者。一天，清宁宫失火，朱祐樘一宿未眠，极为疲倦，想要免朝一天，也在经与阁臣商量后方做出决定。

朱祐樘执政之初，已近停滞的朝政又出现了复苏的迹象。一批佞幸之臣遭到罢黜，他父亲在位时蜂拥至京师的千余名方士僧人被遣散。同时，他对内阁、六部做了大幅的人事调整。一批品行端正的官员走到了前台。而在其中，内阁大学士万安的去职最得人心。此人当年靠巴结万贵妃及其兄弟上位，靠经常投宪宗所好进献房中秘籍获宠。这一天，朱祐樘检视先皇遗物，发现了那些污秽不堪的东西。朱祐樘让内侍怀恩捧着这些东西前往内阁当面诘责，羞辱万安一番。言官听闻此事，接二连三上疏弹劾万安。过几天，朱祐樘又让怀恩捧着文官弹劾万安的奏疏前往内阁，当面逐条宣读，万安数次打断宣读告饶。早就不耐烦的怀恩上前摘下万安身上的牙牌说："你怎么还不辞职啊？"万安被逼得没办法，第二天只好递交辞呈。

万安离开后，接下来被逐出内阁的是尹直。随着万安、尹直相继离开，内阁只剩下刘吉。不久，徐溥、刘健入阁，起用王恕为吏部尚书，再是吏部左侍郎丘濬入阁。弘治元年到弘治五年，此时的内阁首辅是人称"纸糊三阁老"之一的刘吉，他也是内阁最后一位旧臣。这段时间内阁的作用相对较弱，主要体现在内阁首辅的不作为和内阁成员的谨小慎微上。刘吉在内阁中稳坐了十八年，既无高超的政治才能，也无博学的才识和谏言践行的勇气。他所倚仗的，便是看人的眼光以及排外安内的手段。诸多史料中，都记载了因刘吉屡屡被弹劾，却依靠其卓越的伪装技巧而不失其位，甚至还能常常升迁，时人戏称他为"刘棉花"的事。棉花者，禁得起弹，且越弹越起。弘治五年，朱祐樘暗示他不必再恋栈，刘吉才上疏辞官。

此时的政局才算是崭新的，阁臣及七卿中，成化年间的旧人，只剩下一个工部尚书贾俊。随着旧人退出历史舞台，新一代的内阁焕发出新鲜的活力。徐溥逝世后，内阁首辅的职位由刘健接任。这时候的内阁三人组分别是刘健、李东阳和谢迁，三人中的刘健早就进入了内阁，其余两人在弘治八年同时进入内阁。时人对他们有极高的评价："李公谋，刘公断，谢公尤侃侃。"天下称贤相。

为了治世求当，朱祐樘不仅每事与大臣商议，而且主动要求他们直言无讳。比如，他在和阁臣刘健等议日讲事时曾说："讲书须推明圣贤之旨，直言无讳，若恐伤时，过为隐覆不尽，虽日进讲，亦何益乎！”谢迁感动地说：“圣明如此，臣等敢不尽心。”总的来说，年轻的皇帝懂得克制自己的欲望、尊重手下的官员是好事，但过于宽容而违背律例，有时候也会让人无法理解。据说，有一次吏部会同都察院考察天下官吏，当皇帝看到他们开出的罢免调用名单时，竟然为他们开脱，说人才难得：“人贵改过，祖宗爱惜人才，凡百官考满初任再任有平常不称者，俱令复职，必待九年然后黜降。”不久，当这些官吏被皇帝宽赦，回到各自旧任上以图后功时，大臣们纷纷上奏弹劾，非要朱祐樘给个说法。

随着时间的推移，上了发条的青蛙也有蹦跶累的时候，身上的种种劣根性也暴露出来。朱祐樘越来越像他的父亲，将人生的虚妄寄托于斋醮、炼丹，大臣们给他开列的日程表，他也隔三差五地溜号，视朝渐晏，奏章的批答也不及时了。《明史》对此有记：“或稽留数月，或竟不施行，事多壅滞，有妨得体。”每日的小经筵早就废止，大经筵一年也没几回。据说，有一次，朱祐樘召见内阁大学士徐溥等，每人赏茶一杯，满朝竟以为盛事。可见，君臣阻隔到了何种地步。

朱祐樘天性柔弱，仁慈宽厚，助长了外戚势力膨胀，这是大臣们最不愿意看到的一幕。明朝的外戚势力相对于前朝，根本不值一提。早在太祖朱元璋建国初期。他就对起用外戚定下基调：“朕观往古，深用为戒。然制之有道，若不惑于声色，严宫闱之禁，贵贱有体，恩不掩义，女宠之祸，何自而生？不牵于私爱，惟贤是用，苟干政典，裁以至公，外戚之祸，何由而作？”因此，朱元璋做了严格的规定，外戚只可以得到一些虚名，不能有实权，这一制度被后世子孙所谨记。他还下令修撰《女诫》，明朝的妇女地位急转直下，“女性不得干政”深入每个女人的头脑，这也为减少外戚祸患奠定了基础。

明朝除了前期有少数纳功臣子女为妃的例子，随着选秀女制度的成熟，之后的仁宣时期，皇帝身边的妃嫔，大多出身于贫寒之家。这样的选妃方式，使得皇帝的后妃，在成为妃嫔之初就没有宗族社会势力的支撑。《廿二史劄记》载明祖之制：凡天子亲王之后、妃、宫嫔，慎选良家女为之，进者弗受，故妃后多采之民间。以明朝的历任皇后为例，只有明初的徐皇后和常皇后出身显赫，分别为徐达和常遇春之女，其余的皇后，基本上都出身于寻常百姓之家，甚至在史官为她们立传时连她们的家世都搞不明白，又何谈有能够支撑祸乱的外戚势力。而这一切，似乎在朱祐樘身上失灵了，因为他有一个美貌且虚荣心十足的皇后——张氏。张氏出生于大运河边一个叫兴济的小城，这个小城离北京只有一百多公里。朱祐樘在感情生活上和他的父亲有相似之处，深情且专情。不同的是，他的父亲成化皇帝朱见深对万贵妃的专情，更像是童年“恋母情结”的延续。在春药和房中术的催情之下，朱见深让他的嫔妃为自己生了十几个龙子凤女。而朱祐樘一直深爱着张皇后，为此拒绝上其他嫔妃的床，只有张皇后为他生下两个儿子和三个女儿。

张皇后的得宠，激活了沉睡已久的外戚势力。虽然它还不足以威胁到皇权，但在张皇后的羽翼庇护之下，张氏家族大有与国争富之势。据说，张皇后的母亲金氏，经常自由出入皇宫，陪伴在帝后身边，这在其他皇帝统治时期是想都不敢想的。皇后的生父张峦，最初不过是国子监的一个监生。皇帝大婚后，他被提升为禁军都督同知，不久又封为寿宁侯。待到张皇后生下皇子，即后来的太子朱厚照，张峦还要父凭女贵，要求再升更高一级的侯。虽然诸多官员反对，但朱祐樘还是给他的岳父晋升了爵位，让他享受每年一千二百石的厚禄，且祖上三代一体追封。

几年后张峦死去，他的长子张鹤龄继承了寿宁侯的爵位，另一个儿子张延龄则被授予都督同知。作为皇后父亲的张峦被追封为昌国公，遗孀金氏被册封为昌国夫人。张峦的墓志铭也是交给内阁的三个大学士共同完成，可见圣眷之隆。尽管有官员指出，死去国丈的豪华陵墓以公帑建造，是大大违礼的行为。但是有张皇后罩着，此事不了了之。张氏家族的财产在呈几何级数飞速增长，除了不断获得的册封和田产，张家还从事土地买卖、放高利贷和贩盐。

张皇后的兄弟张延龄、张鹤龄利用孝宗朱祐樘的“仁厚”，更是横行不法。张氏兄弟通过张皇后，利用孝宗朱祐樘的“仁而不断”，软磨硬缠，以钦赐形式先后获得土地一万多顷。要知道，整个弘治年间朱祐樘收回的赐田和屯田也就四千七百余顷。一人得道鸡犬升天，张家的一大堆亲戚跟着扎堆逐利。从叔伯、堂兄弟以及门下食客，但凡能与张皇后攀上亲的，无不大行其道。这些权贵带头侵占土地，加速了明朝中期的土地集中，致使朱祐樘限制土地兼并的努力化为泡影。弘治十五年，当朱祐樘经过种种努力，使盐法刚有所恢复时，张鹤龄与周寿利用权势勾结奸商，贱买盐几十万引贩卖牟利，使盐法再次遭到破坏。

张氏兄弟的恃宠骄纵，甚至到了目无君主的程度。一天，张延龄、张鹤龄入宫内观灯，与孝宗朱祐樘对饮。酒过三巡，皇帝内急如厕时，二张竟然将皇帝摘下的御冠顶在头上玩耍。据说，张延龄喝醉后还经常侮辱宫女，连内监何文鼎都看不下去，“持大瓜幕外，将击之”。何文鼎第二天上疏谏言时，皇帝大怒，将其发往锦衣卫拷问幕后主使。御史黄山等朝臣纷纷出面营救，朱祐樘皆不听，最后何文鼎还是被张皇后偷偷杀死于宫中。对于这一不正常现象，当时最著名的学者之一李梦阳进言弹劾，他将张鹤龄比作一只长着翅膀的老虎，说皇帝给这些外戚们的权力过大，必将给大明埋下祸端，建议皇帝削减他们的权力。在这篇谏文的结尾，李梦阳说：“寿宁侯张鹤龄招纳无赖罔利贼民。”

张鹤龄为自己辩解，还专门挑出李梦阳奏章中的“陛下厚待张氏”之语，诬陷李梦阳把皇后谤讪为张氏，罪当论斩。朱祐樘刚开始是愤怒的，他下令把李梦阳投入狱中，然后又去征求几个大学士的意见。有人说李梦阳太过狂妄，也有人说他“赤心为国”。朱祐樘“仁而不断”的老毛病又犯了，这是一把双刃剑，既助长了外戚的势力，也宽恕了臣子的不恭。最后，朱祐樘只罚没了李梦阳三个月的官俸就将他无罪开释。

朱祐樘的“仁而不断”不仅放纵外戚，也宠坏了自己的儿子。或许是因为自己童年时的悲惨遭遇，弘治皇帝朱祐樘对儿子朱厚照近乎溺爱。由于他另一个儿子夭折，朱厚照是他唯一的儿子，也是大明唯一的继承人。少年时代的朱厚照相当聪明、懂事，也讨人喜欢。朱厚照不喜欢读书，偏爱骑射玩耍，朱祐樘不但没有给予规范和限制，反而带着一种欣赏的眼光给予关爱。中国人常说“慈母多败儿”，到了朱祐樘这里，仁慈的父亲也败儿。对于一个家庭来说，败了一个儿，等于败了一个家。可是对于一个王朝来说，败了一个儿，又将意味着什么？

弘治十八年（1505年）初夏的一天，尚未满三十六岁的朱祐樘因服用大量含有毒素的丹药而迎来了自己驾鹤归天的那一刻。临终前，他躺在病榻上召见了大学士刘健、李东阳和谢迁。除了感谢他们的辛劳付出，他还将那个不成器的儿子托付给这些股肱之臣，他说：“东宫聪明，但年幼，好逸乐，诸先生须辅之以正道，俾为令主。”朱厚照这时候已经十五岁，正在步入一个人叛逆、荒唐的青春期。他只能寄希望于大学士们尽心辅佐。这个宽仁的皇帝，以为这世上的人和事只要宽仁以待，无不能改偏纠错，包括他的儿子。但从现代教育心理学分析，对于一个整日放纵的十五岁少年来说，一切教育都显得太晚了。更何况，他还是至高无上的皇帝，对于这样一个身份特殊的少年，教育就更加无能为力了。

第四章　玩家的不同镜像

第一节
“八虎”与豹房内的政治

在明朝的皇帝中，正德皇帝（明武宗朱厚照）是最为特殊的一位。他是弘治皇帝与张皇后的嫡长子，在明朝的历代帝王中，朱厚照是唯一一个由皇后亲生的嫡长子。由于唯一的弟弟夭折，他又成了明孝宗朱祐樘的独子。他是本朝第一个以嫡长子身份登上皇位的人。大明开国，从来没有哪个皇帝能兼嫡子和长子身份于一身。一直以来，那些最后登上皇位之人，他们或是皇后所生，却不是皇帝的长子；或者是长子，却是“庶出”。而朱厚照却在命运的关照之下，成了独一无二的那个。有人推断，朱厚照的降世乃王朝的大吉之兆。

为了烘托朱厚照的与众不同，他的降生时刻也像是天意使然。按照中国传统的生辰八字算法，朱厚照出生于申时、酉日、戌月、亥年，“申、酉、戌、亥”恰好是地支的顺序。此命相在八字中属于“贯如连珠”，是大富大贵的极品星相。有资料显示，太祖皇帝朱元璋也是此星相。史书记载，朱厚照长得英俊不凡，又生来爱笑，散发着难得的喜乐之气。他生性活泼，看上去又极为灵动。朱厚照出生五个多月，便被立为太子。明孝宗朱祐樘对这个皇子寄予无限期望，为他取名“厚照”，取义“四海虽大，人民虽众，无不在此子照临之下，朕之江山，永为得人”。若无意外，这个孩子将成为明朝历任皇帝中的一颗福星。国家机器经过一百多年的运转，此时的大明王朝进入了一个相对稳定的时期，外无边患，内无灾荒。一切迹象表明，这个婴儿和这个时代同步而生，做个太平年景里的太平皇帝应是题中之义。

直到弘治十八年，一切情节都符合预言家的想象。这一年，弘治皇帝朱祐樘突然驾崩，太子顺利登基。朱厚照登基时已经十五岁，这个年龄当皇帝虽然略小了一些，但是优势更为明显。他继位的过程中既无即位前的宫廷斗争，又无父子猜忌、兄弟反目，总之，避免了封建政治中许多太子接班路上的磕磕绊绊。朱祐樘临终前或许是对这个沉溺于骑射玩要的儿子不太放心，将他托付给了刘健、谢迁、李东阳这三位“顾命大臣”。在朱厚照继位半年之后，刘健、谢迁等人便为他量身定制了一个学习计划：首先，皇帝要继续学习在东宫时未讲完的《论语》《尚书》的课程，每日各读五遍；其次，每日写一幅字；最后，午后开讲《大学衍义》《历代通鉴纂要》。如同大多数顾命大臣，以刘健为首的内阁辅臣想通过儒学传统思想教育，争取让武宗回到传统的、规范的帝王道路上来，并最终成长为一个勤政有道的君主。

想象固然美好，现实却总让人意外。朱厚照并不喜欢所谓的“顾命大臣”，更不喜欢迎合他们为自己设定的角色形象。这个十五岁的新君不喜欢居住在大内，经常会到南苑走马放鹰，行围打猎。处于这个年龄阶段的孩子，体内的荷尔蒙正满天飞，想让他不折腾几乎是不可能的事。我们平常人在这个阶段有老师和家长的管束，有国家法律的惩戒在那里悬着，虽然放肆却不敢过于造次。试想如果有一天，少年人拥有了一种魔法，可以让自己摆脱世间一切约束，由着性子为所欲为，那么结果会是怎样？少年皇帝朱厚照将会为你揭晓答案。

十五岁登基，对朱厚照本人和帝国高层而言，都是既无奈而又别无选择的事。明孝宗朱祐樘只有他这么一个皇子，无论是好是坏，这天上掉下来的馅饼都会毫无悬念地砸在他一个人的脑袋上。也许是缺乏竞争对手的缘故，朱厚照这个皇帝当得毫无忧患意识。一个政治家身处忧患，往往会激发他的生存本能。如果朱祐樘能够像历史上的大部分皇帝那样皇子众多，而朱厚照的皇位又是通过危机重重的宫廷斗争，冒着九死一生的风险才弄到手，也许他会加倍珍惜来之不易的胜利果实。

朱厚照执政时期，帝国的权力集团分化为两大派，一派是以内阁大学士刘健、谢迁、李东阳等为首的文官集团；另一派则是以“八党”势力为首的宫中宦官。所谓的“八党”其实就是正德皇帝身边的八个太监，他们分别是：刘瑾、马永成、谷大用、魏彬、张永、丘聚、高凤、罗祥。朱厚照两岁时被立为太子，终日与其厮混的就是这八个人。朱厚照习惯于把职业当作一种冒险，一种穿越宫廷禁令的趣味游戏，这为他枯燥的宫廷岁月平添了几许刺激。大臣们越阻拦的，他就越要去尝试。他像是一个急着要赶去写回忆录的人，忙着为自己攒履历。那时的他根本不会想到，时间将不会给他这样一个夸耀履历的机会。

在这个世界，为王是命，为奴也是命。上帝赋予朱厚照的那根魔杖，是至高无上的皇权。对于一个心性未定、心浮气躁的孩子来说，有一天突然间拥有任性而为的魔法，最有可能去做的事就是释放自己的天性。有人说玩是人的天性，不会玩是人泯灭了天性。的确如此，一个人从婴儿时代到耄耋之年，都离不开玩。历史上爱玩的皇帝一抓一大把，有打猎的、有游山玩水的、有沉溺字画的，不少皇帝玩过了火。他们玩的目的是享乐，结果乐是享尽了，国家也跟着“玩儿完”了，游戏于人类历程的积极意义让他们全给玩没了。

年幼的朱厚照在以宦官刘瑾为首的“八虎”的诱导下，日日宴游嬉戏，斗鸡走马，放鹰逐兔，舞唱角抵，形同倡优，丝竹钟鼓之声响彻宫外。皇帝每日沉溺于玩乐，荒废了顾命大臣为他量身定制的学习计划。正如吕毖在《明朝小史》中所说，这些人每天与皇上同睡同起，“为狗马鹰兔与舞娼角角抵戏，既而渐废万几，不亲庶政，时号八虎”。史料显示，朱厚照“频幸监局，泛舟海子”“鹰犬弹射，不离左右”“内侍进献饮膳，无不曲纳”“单骑驰驱，轻出宫禁”。通过史料可以发现，朱厚照真是一个闲不住的皇帝，兴趣广泛，精力旺盛。他在蹋球、骑马、射箭、打猎、音乐、戏曲等诸多方面都有不错的造诣。据说，朱厚照曾经独立创作过一首名为《杀边乐》的乐曲，据史书记载，“歇落吹打，声极洪爽，颇类吉利乐”，专家称其具有很高的专业水平。

皇帝住在紫禁城里，而紫禁城里到处是门、是墙；是清规、是戒律；是无法摆脱的身份限制。朱厚照宁愿和动物们待在一起，也不愿与人，尤其是那些板着面孔的文官待在一起。《宫女谈往录》里有句话：“宫里头无论上上下下全是假的，像一台戏。”宫殿是华丽的布景，而生活在其中的人，都像是拿着别人写好的剧本在演戏。据说，朱厚照在宫里开了个集贸市场，其中设有各种摊点，琳琅满目，看上去热闹非凡。他让宦官充当小商小贩，自己则身着普通人的衣装，穿行于其间，挑拣选购，和商贩们讨价还价。终其一生，朱厚照都喜欢扮演各种角色，或市井小民，或驯兽师，或武夫，或杀敌无数的将军。他热爱这些不同的角色，向往活在他们的世界里。让人遗憾的是，他从未想过要成为皇帝，也一直想要逃离生活赋予他的真实身份——大明的皇帝。帝国官僚系统内的饱学之士们开设的经筵日讲对于他来说枯燥无味，他宁愿逃课偷偷溜到豹房去做一个驯兽师，也不愿意做文官眼中假模假式的圣君。发展到后来，朱厚照索性连早朝也懒得再去上了。文官们不能眼睁睁地看着自己的皇帝堕落到如此境地，他们抱团轮番上奏，甚至以辞职来威胁，招数用尽，却无法改变现状。朱厚照依旧我行我素，一时之间，大臣们拿他毫无办法。

朱厚照在宫内玩腻了，大臣们又在旁边喋喋不休。眼不见心不烦，朱厚照索性离开紫禁城，住进了皇城西北的豹房内。所谓豹房，原本是宫中豢养野兽的地方。据《明通鉴》记载："于西华门别构院籞，筑宫殿，而造密室于两厢，勾连栉列，命曰豹房。"名为豹房，其实里面还有象房、虎房、鹰房等，可以说飞禽走兽应有尽有。元朝时期这里就是大型的皇家动物园，是皇家豢养虎豹等猛兽以供皇帝玩乐的地方。发展到后来，皇家动物园里不再只是豢养虎豹的地方，而成了皇帝们放松身心的休闲场所。豹房并非朱厚照的发明创造，他只是将其发扬光大。资料显示，正德七年工部为了扩建豹房，在原有基础上又增建房屋二百余间。到了朱厚照执政后期，豹房成为他居住和处理朝政的宫殿。里面不仅饲养各种各样的动物（豹子居多），还藏有享之不尽的美酒佳肴、取之不尽的美色佳人，是一个人挥霍时光的绝佳之处。朱厚照从正德二年（1507年）搬进豹房，一直到他离开这个世界，再也没有回到皇帝本该待的乾清宫去居住。

豹房在紫禁城红墙之外，红墙对于皇帝来说是规制，是祖训，是不可逾越的纲常；而红墙之外则意味着自由。皇帝虽然权力无边，但也不可为所欲为。他必须遵循传统伦理的束缚，更不得违背祖训，打破规制，逾越纲常。作为一名天生的顽主，朱厚照在玩上总是构思奇巧，创意迭出。他玩兴大发的时候，会把一只或数只野兽关进地牢，然后把肉悬于竿上，诱其上前撕咬，而那些宫廷乐师和宫女则在旁边奏乐起舞以助皇帝的玩性。时间久了，人没有被凶猛的动物玩残，动物却反过来被野性难驯的皇帝玩残废了。经过比较，朱厚照发现在这些动物中间，只有豹子可以满足自己奔腾的玩性，做到久玩不残，常玩常新。

正德皇帝移居豹房之后更是近水楼台，纵情逸乐。他广泛收罗天下美色置于豹房之中，这些不同身份的民间女子来自社会的不同阶层，其中有教坊司之女、高丽女、色目人女、西域舞女、扬州歌女、妓女、寡妇、孕妇及他人之妻等。豹房中的宠儿除了宦官和皇帝收的义子，还有边将、乐户、伶官、道士、番僧等各色人，正德皇帝领着这帮三教九流之徒在豹房中玩得天翻地覆。朱厚照在位十六年时间，从十五岁到三十一岁，时间刚好跨越了一个男人的整个青春期。

由于皇帝的屁股没有坐正，文官集团从一开始就处于劣势。为了自保，他们只能选择反击。刘健、谢迁、李东阳等顾命大臣相继上疏："皇上视朝太迟，免朝太数，奏事渐晚，游戏渐广。"相对于陪皇帝愉快玩耍的宦官，这帮空有抱负却无办法的官员只能用他们的碎碎念或是极端的方式，来匡正皇帝的行为。这让朱厚照不胜其烦，可又发作不得，只能应付了事。他常常喝得酩酊大醉，说出一些与身份不相符的让人震惊不已的话。据说，他经常在刘瑾的怂恿下，化装离开皇城，趁着夜色在北京的街道上闲逛。

岁在丙寅的1506年注定是一个多事之秋，接二连三的异常天象仿佛在向人间发出预警。先是云南地界地震不断，再是山东莱州大小余震数十次。这一年夏天，京城上空雷雨交加，雷电击中郊坛、太庙、奉天殿。这场雨经久不休，京城许多地方传言淹死了人。于是，有大臣进言，此乃阴阳不调，天象示警。希望新皇不要辜负四海之望，也不要辜负先帝的期望。

年轻的皇帝并没有醒悟过来，受顾命的内阁老臣在奏疏中，话说得越来越重，甚至出现大逆之言："近者地动天鸣，五星凌犯，星斗昼见，白虹贯日，群灾叠异，并在一时……诸司弊政，日益月增，百孔千疮，随补随漏……"最后他们得出结论，如果要改变这种倒行逆施的局面，只有一个法子，那就是将围绕在皇帝身边的几个宦官清理出内廷。那些自以为是的官员，还以为自己面对的是仁慈宽厚的弘治皇帝。他们哪里知晓，本朝再也不会出现那么好脾气、有耐心听取批评意见的皇帝。呈送给朱厚照的奏疏，基本上就一个主题：宦官祸国，内容大多集中于太祖皇帝开国时的警告"不许和宦官结交"，甚至将前朝所发生的"宦官祸国"的真实事件一一陈列出来。

文官们越是拼命上疏，朱厚照就越是反感。刘健还将那些规劝皇帝的奏章分门别类地整理出来，直接呈递到朱厚照的面前。对于一个正处于青春逆反期，沉溺于玩乐的少年来说，那些枯燥无味、循规蹈矩的言论，无疑是让人反感的，像是故意和他过不去。朱厚照认为，既然宫殿的主人是皇帝，那么这里的一切，都要以皇帝为中心，大臣们应该围着他转，而不是他们来教他怎么转。这帮不知死活的大臣每天吃饱了没事干，却要来干涉他的自由。

朱厚照两岁的时候就被立为太子了，终日与其厮混的都是这帮太监，他们之间关系密切程度可见一斑。在他的成长过程中，宫殿始终是作为一个巨大的枷锁存在的，这个巨大而沉重的枷锁，对于他这样一个从两岁就被剥夺了做一个正常孩童的资格的人来说，冷冰冰得近乎无情。只有那几个陪伴他成长的太监，愿意变着花样逗他开心，让他觉得做一个有意义的君王，不如做一个有意思的人。在这个野兽丛林般的宫殿中，作为皇帝的朱厚照表现得如此荒唐。在做皇帝和饲养动物之间，他显然更热爱后者。这个年轻人，有一个自由奔放的灵魂，可惜他生错了地方。在他看来，紫禁城就是一座巨大的游乐场，他是驯兽师，他是暴发户，他是无赖，而他从来就不拿自己当个皇帝。

顾命大臣之一的刘健跑到祖庙以头抢地号啕大哭，哭自己未能将皇帝教育成一个有德之君，哭自己辜负了临终托孤的先帝。户部尚书韩文每次退朝与同僚们说起此事，都是忧心忡忡，说到激动之处，也是涕泗横流。户部主事李梦阳看着这几位内阁老臣除了哭，就没有其他办法。他实在看不下去，就对韩文说：“韩公何必哭，官员们正在弹劾这批把持朝政的阉宦，当此之际，你应该率领大臣与其斗争，除‘八虎’并非难事。”

韩文听闻此言，不禁慨然道：“你说得对，即使功败垂成，能活到这把年纪也够了，不死不足以报国。”

第二天早朝，韩文与三位阁老密谈，得到了他们的支持，再去征求其他大臣的意见，也无不表示会鼎力相助。韩文领衔各部大臣联署，由当世文章高手李梦阳亲自操刀，一篇《代劾宦官状疏》问世：（太监马永成、张永、刘瑾等八人）置造巧伪，淫荡上心，或击球走马，或放鹰逐犬，或俳优杂剧，错陈于前；或导万乘之尊，与外人交易，狎昵媟亵，无复礼体。日游不足，夜以继之，劳耗精神，亏损志德。遂使天道失序，地气靡宁，雷异星变，桃李秋华。考厥占候，咸非吉征……

据说，朱厚照读完后，放声痛哭，茶饭不思。只是不知他是因悔恨而痛哭，还是被奏章里的预言吓哭了。宫殿中存在一条食物链，一个血连环，所有人都只是其中一个环节而已。为了应付愤然而起的舆论，朱厚照主动提出要将“八虎”安置在南京。这是一条两全之策，他既不想失去刘瑾等人，也不想与朝臣闹得不可开交。“八虎”闻讯，惊恐不已，离开皇帝，也就意味着他们的末日就要到来。他们一致推举“巧佞狠戾，敢于作恶”的刘瑾，由他来夺取宦官的最高权力机构——司礼监的位子，掌握实权。“刘瑾们”深知自己置身于一个血淋淋的战场，每个人都企图占据食物链的上游，这样不仅可以获得更多的食物资源，而且使自身的安全系数得以增加，然而，保护他们的只有皇帝。而众朝臣对武宗所做的决定也同样不满意，他们坚持要将刘瑾等诛杀，以免后患。于是，以刘健为首的朝臣决定第二天再次伏阙面争。

就在众朝臣决定采取进一步行动的时候，与刘瑾结好的吏部尚书焦芳连夜“驰白瑾”，向刘瑾告密。刘瑾感到命运前途危在旦夕，于是当夜率领“八虎”向皇帝求情。据说，刘瑾等人在那个夜晚大打悲情牌。他们跪在朱厚照面前，以头抢地说：“没有皇上的恩典，我们早已被碎尸万段喂狗了。”

朱厚照看着他们，为之动容。刘瑾等人继续道：“陷害我们的是王岳。他身为东厂提督，串通外廷，煽动大臣弹劾我们。所谓‘声马鹰犬’，王岳也买来进献，罪责却归咎于我们。”

刘瑾继续道：“夫狗马鹰兔，何损于万机，今左班官敢哗而无忌者，司礼监无人也，有则惟上所欲，而人不敢言矣。”这句话真是高明，也让朱厚照产生共情。朝臣之所以敢大肆攻击，是因为司礼监无人，否则的话，皇帝为所欲为，谁也不敢多言。

朱厚照听了刘瑾的一面之词，当即逮捕王岳等人，发配南京，任命刘瑾为司礼监掌印太监兼团营提督。“八虎”多是不通文墨的粗人，唯独刘瑾稍有文才，且野心不小，朱厚照平日就对他另眼相看。经历此番风波，朱厚照索性将刘瑾提升为司礼监掌印太监兼团营提督，马永成为东厂提督，谷大用为西厂提督，张永等掌管京营武装，分别把守要害地方，宫廷的机要、特务以及警卫部门被牢牢掌握在了“八虎”手中。朝臣们本来指望能够联手将“八虎”踢出中央朝廷，结果却成全了他们。他们以闪电般的速度获取了前所未有的巨大权力，刘瑾更是坐上了帝国宦官的头把交椅。

一夜之间，帝国的政治形势发生了惊天逆转。第二天，大臣们奉召入宫，他们满怀信心地等待着皇帝朱厚照下达最后的诏书。但结果却和他们所期待的完全相反，朱厚照的旨意是：“诸大臣爱君忧国，所言极是，可这几个奴才长期在朕身边服侍，朕实在不忍心用重典将他们治罪，希望能够从宽发落，由朕亲自处置。”既然是皇帝颁下的圣旨，大臣们就算心有不满，也不敢反驳。内阁大学士刘健等“倒虎派”官员见无力挽回败局，只好选择明哲保身。他们纷纷向皇帝提请辞职，以避“八虎”的锋芒。朱厚照顺水推舟做出批示：李东阳留任，刘健、谢迁等阁臣退休。刘健、谢廷离开京城前，李东阳为他们饯行。席间，李东阳数度呜咽出声，刘健正色道：“你有什么好哭的，要是当初你多说一句话，今日也会和我们一起离职返乡。”对李东阳在“倒虎”行动中的表现，时人多有议论，誉之者说他忍辱负重保全善类；诟之者说他委蛇避祸，保全禄位，全无操守。据说，李东阳事后上疏，要求与刘健、谢迁二人共进退，但是朱厚照并没有同意。

平心而论，李东阳在弹劾“八虎”这件事上，表现得相对缓和。也正因为如此，世人多有诟病。孟森在《明史讲义》中说：“（李东阳）未必遂为将来之善类计也，故嘲之曰‘伴食’‘恋栈’未尝无理。”史家焦竑则认为，李东阳当时若一走了之，“则国家之事将至于不可言，宁不有负先帝之托耶！文正（李东阳）义不可去，有万万不得已者”。对于历史人物的臧否，历来如此。有人将其放在当时的情况下，做一同情之理解；也有人将其放在道德的天平上加以称量。总之，李东阳不是佞臣，但一介文人卷入政治斗争时，往往顾头难顾尾。《明史》对李东阳的评价也是宽容、谅解的：“立朝五十年，清节不渝，既罢政居家，请诗文书篆者填塞户限，颇资以给朝夕。”他后来致仕归乡，依靠书法的润资贴补家用。有时他不想动笔，夫人就笑着劝他：“家中今日有客人来，难道你可以让桌上没有鱼菜吗？”于是他欣然提笔。一个随遇而安的老人形象跃然纸上，让人顿生亲近之感。

这次请留辅臣的运动，南京六科给事中几乎都卷入其中。南京户科给事中戴铣、御史李光翰、徐蕃等接连上奏请留刘健、谢迁二人。南京十三道御史薄彦徽、陆昆、蒋钦等人，则联名上疏，要求将刘瑾等人赶出京师，重用那些有能力又够忠心的大臣。南京言官们泣血上奏，不仅没有感动皇帝，反而让他心生厌烦。刘瑾对这帮言官采取了“廷杖除名”的手段，廷杖无情，打得他们皮开肉绽。打完之后，或是除名罢官，或是逮捕，投进锦衣卫的大牢。而在其中，就有历史上赫赫有名的思想家王阳明先生。

王阳明这时候只是一个区区六品官，但是他立场坚定，做不出屈身事贼之事。在京官的品级中，他只是小吏，日日以笔札事人。当戴铣等几个言官被从南方逮至京城，投入诏狱时，王阳明向皇帝递交了一封奏折《乞宥言官去权奸以彰圣德疏》。他请求皇帝追收前旨，恢复戴铣等人名誉和地位。其他人将弹劾的矛头指向刘瑾等“八虎”，而王阳明却指向皇帝。王阳明批评皇帝“赫然下令，远事拘囚”，“使陛下有杀谏臣之名，兴群臣纷纷之议”，圣德有亏。王阳明的奏疏虽然没有太大的杀伤力，却足以将自己划到“反刘瑾阵营”里，不出意外地将自己送进了监狱。为了震慑反对者，刘瑾以皇帝的名义，炮制了一份“奸党”名单，并且向全国公示。这份名单，包括大学士刘健、谢迁，尚书韩文，郎中李梦阳，主事王守仁（王阳明）等五十三人。之后，他又把早已脱离官场的刘健、谢迁、马文升、刘大夏、韩文等六百七十五名官员追夺官衔，充军发配。

随着刘瑾大权在握，整个朝堂陷入死一般的寂静。朝堂已非旧日朝堂，秩序已被扯得支离破碎，而新的平衡尚未形成。李东阳留在朝廷，还是可以做一些力所能及的事。这时候的文官集团处于一种分裂状态，并不是所有人都能做到像谢迁、刘健那样，敢拿身家性命与刘瑾等人抗衡。朝廷上永远不缺乏投机钻营的无骨奴才，毕竟生存才是第一选择。在刘瑾倒台之后，从他的豪宅内查抄出大量文武官员巴结他的信件。有人主张将这些人全部按阉党处置，李东阳却不同意。他认为，在当时那种情况下，连自己也要屈从让步，更何况那些进取无门的中下级官员。他命令将查收出的信件统统销毁。从紫禁城的旧宫殿到大大小小的府衙，每天都在上演同样的戏码，猖狂的得意者和落魄的失意人在这里相互排斥，又相互融合。

朱厚照赋予刘瑾很多权力，甚至架空了内阁。据说，皇帝多次通过刘瑾发布圣旨，而内阁毫不知情。刘瑾可以随意改动内阁票拟的朱批，或者把内阁的票拟留中不发，视为无物。身为皇权代理人的刘瑾有权批阅奏章，那些针对他的奏章，更是一封不落地到了他的手上。本朝的文官尤其是一些言官，在皇权与宦官的双重挤压之下，不得不屈从于官场规则，在可有可无的进谏中找到了存在的价值以及权力的乐趣。他们就算向皇帝展开激烈的进谏，最多也不过是落个皮开肉绽或是流放外地的惩罚，投入的成本尚可接受。这也是正德皇帝朱厚照在文官与宦官之间，将信任票投向宦官的原因之一。刘瑾曾说过："言官懂什么国家法度，好端端的朝堂被他们搅得鸡犬不宁。"这句话与正德皇帝朱厚照说的那句"天下事难道都是叫太监坏的？那文官里我看十个里也有四五个是坏事的"相合。

在这次政治斗争胜利后，朱厚照下的第一道命令，就是取消文书房记录皇帝日常生活的"起居注"制度，同时废除尚寝局的"就寝档案"。这个聪明的年轻人，就这样将捆绑自己的两道枷锁砸了个稀巴烂。他要躲开那些盯着他的眼睛，他要摆脱那些跟随他的脚步。朱厚照从未感到如此轻松，玩乐随性，来去自由。同时，他将普通政务完全甩给了司礼监太监刘瑾。据说，刘瑾经常乘皇帝玩兴正浓时，拿着各衙门的奏章请示处理意见。朱厚照不耐烦道："我用你干什么，为何一再烦我？"余继登的《典故纪闻》记载，皇帝多次说"吾用尔何为"。从此事无大小，刘瑾都按自己的想法裁决，即使颁发诏书、圣旨，也可以不用告知皇帝。刘瑾成了皇权的代理人，刚开始他还将书旨递送内阁"票拟"，但内阁大臣却反过来揣摩刘瑾的心思。遇到重大事情，还特地派人向刘瑾请示。后来，刘瑾索性闭门拟圣旨，然后将副本递交内阁过目。李东阳等看了还要附上处理意见，大多是"刚明正直""为国除弊"之类昧着良心的言辞。有一天早朝结束，宦官在丹墀下捡到一封匿名文书——告刘瑾不法状。刘瑾大怒，假传圣旨，命文武百官跪于奉天门下，逐一审问。最后，虽然没有问出结果，却因此逮捕了三百多名朝官，押入锦衣卫诏狱，继续审讯。刘瑾的党羽控制了锦衣卫、东厂、西厂，他还不满意，又另外设立了一个内厂。刘瑾用事期间，首设而且自领内厂，并且通过内厂紧紧地操控东西二厂。

正德五年（1510年）春天，大明的政治格局发生了颠覆性的变化。世居甘肃的安化王朱寘鐇以刘瑾乱政为名，举兵造反，给本朝历史增添了一抹复杂的颜色。朝廷派总制延绥、宁夏、甘肃三镇军务的杨一清前往讨伐朱寘鐇，又派宦官张永监军。平叛结束，皇帝设宴犒赏张永等人。宴席上，早就被杨一清做通工作的张永献上朱寘鐇讨伐刘瑾的檄文，并揭露刘瑾所犯下的十七宗罪。据说，正德皇帝朱厚照在听完张永的汇报之后，沉吟半晌，嘴里蹦出三个字："奴负我。"

朱厚照起初并不想杀了这个从东宫起就服侍自己的老奴，打算将其安置到凤阳闲住。但当他看到锦衣卫抄其家时收缴上来的数百万金银和无数珠玉宝玩，还有衮衣玉带、甲仗弓弩等违禁物品，尤其是从刘瑾经常把玩的一把扇子里搜出两把锋利的匕首时，这才动了杀机。他在盛怒之下说了三个字："奴果反！"便将刘瑾下了诏狱。人生枯荣，本是寻常事。言官们纷纷上疏请求杀了刘瑾，闹了不少笑话。有个叫李宪的都给事中，原是刘瑾提拔的人，也在上疏者名单中。刘瑾见了他的名字就笑道："这家伙居然也来弹劾我。"刑部、都察院、大理寺三堂会审之日，在场多名官员都是阉宦集团成员。刘瑾大喝道："公卿多出我的门下，谁敢审我！"

今生有债都还遍，人生的债是还不完的。据说，第一个低下头的是刑部尚书刘璟，其他人也躲闪着刘瑾的目光。只有驸马都尉蔡震站出来说："我是国戚，并非出自你的门下，该有资格审判你了吧？"随即命人左右开弓地扇他的耳光。有人根据刘瑾的贪赃数目，将其列为古往今来最大的贪污犯。几天之后，刘瑾的心腹党羽焦芳、刘宇、张彩、刘璟等六十余人全部被逮捕。在刘瑾这张大网中，牵连者众。其中有内阁大学士三人，北京及南京六部尚书九人，侍郎十二人，都察院十九人，大理寺四人，翰林院四人，通政司三人，太常寺二人，尚宝司二人等。作为刘瑾的党羽，这些网中之人或被诛杀，或被下狱，或被贬谪，或被罢黜。刘瑾在生命的最后一刻享受到的是本朝刑罚中的"顶级待遇"——凌迟处死。据说刽子手对刘瑾施刑整整用了三天，从头到尾共剐了他三千三百五十七刀，而他的每一片肉，都被那些蜂拥而来的围观者一文钱一文钱地买回去吃掉了。这得有多少恨，才能让人忍不住啖其肉，饮其血。

刘瑾倒台，起因是宦官集团的内讧，内外廷对立的情况并无改观。或许在朱厚照看来，这种对立和冲突才是权力的常态。更何况，他自己本来就是一个好冒险、易冲动、极富想象力的人，他才不想踏入那些大学士为他预设的人生轨道，做一个所谓的明君。相反，他更乐意以一种几乎是恶作剧式的心态，干出一些让朝臣们瞠目结舌的事来。刘瑾被诛后，西厂、内厂皆被罢设。锦衣卫这才相对于东厂而独立存在。

第二节
兵家与豹房外的政治

朱厚照从来不是慵懒之辈，他有着异于常人的运动天赋。据说，他第一次骑马，就可以在马背上做出各种高难度的动作；刚学会射箭，就可以轻而易举地射中靶心。明孝宗朱祐樘还为他专门请了武师，教他舞拳弄棒。他的武力值，估计在明朝皇帝中排名靠前。所谓艺高人胆大，朱厚照的胆量越来越大。他经常在没有任何保护措施的情况下，只身进入虎豹笼中，凭借着自己敏捷的身手和超凡的力量制伏虎豹。

朱厚照最为亲近的两种人，一种是太监，另一种则是军人。太监听话，能替他办隐秘之事，他待之如家仆；军人勇武，符合朱厚照的冒险精神，也是他最向往的职业。对于军人这一职业，他有着与生俱来的亲近、尊敬和羡慕。当了皇帝之后，他曾将驻守边疆的著名将军轮流召入宫中，与他们畅谈兵事，切磋武艺。早在他做太子时，就经常将太监分作两拨，相互攻守。当了皇帝之后，朱厚照每天都幻想着血战沙场，做个威风八面的大将军。他的军事行动并不仅仅满足于宫廷游戏，而是正儿八经的演习。按照明代祖制，“边兵不能调内”，因为边兵性子野，不容易驯化，害怕他们来到内地难以控制。朱厚照却不管这一套，他让宣府兵和京城兵对调。在他看来，京城兵久不历战事，身上已无杀伐之气。朱厚照的军事演习需要真刀真枪，只有边兵才符合他一贯追求的冒险精神。他把边兵分为“侍卫上直军”和“内操军”，共计一万余人。他经常在皇城内举行大型内操，顶盔掼甲，指挥士兵，像个真正的大将军那样。

朱厚照先后收养了一百多个义子，这些人的主要任务就是陪他玩乐，其中最为得宠的是江彬。此人不光脑瓜极其灵活，而且武功高强，异常骁勇。他是军官出身，曾经守过边关，并非庸常的兵痞流氓。当时，江彬官任大同游击，随大同总兵张俊入调。“过蓟州，杀一家二十余人，诬为贼，得赏。”江彬绝对不是太监那样阴柔便佞之人，他作战勇猛，将生死置之度外。在与农民军淮上交战时，身中三箭，其中一箭从面颊射入，镞出于耳，江彬手拔而出，拍马继续作战，确实是一员神勇猛将。朱厚照听说江彬的英雄事迹后，专门召见了他。

江彬是个外形硬朗的美男子，特别是在那张英俊的脸上有一道明显的伤疤。这道疤痕凸显了男人的阳刚之美，更让朱厚照知悉了他“拔镞”击敌的勇猛。朱厚照不止一次地在人前夸赞：“江彬真是勇健之士！”他就这样被留在京城，做了皇帝的贴身护卫。与江彬同时留下来的还有另一位宣府边将许泰。史料记载：有一次，朱厚照在豹房内逗引老虎，结果惹得老虎发威，直接扑向了真龙天子。眼看就要上演一场“龙虎斗”，朱厚照身旁的人都吓得呆立当场，不敢近前。千钧一发之际，江彬出手将老虎制伏。经此一难，朱厚照对江彬心存感激，也格外信赖和看重于他。朱厚照在豹房玩累的时候，常常躺在江彬的腿上睡觉，一连几个时辰，而江彬竟然能够做到纹丝不动，两人的关系极好。就连朝廷大员们想见皇帝都不容易，但他们只要看到江彬出现，就知道他们的皇帝也到了该现身时刻。朱厚照是明孝宗朱祐樘的独子，两岁时被立为太子。等到朱厚照即位，朝臣们格外关注立嗣一事。朝臣们关注之事，未必是皇帝关心之事。朱厚照忙都忙不过来，年纪轻轻的他又怎会想到立嗣。朱厚照玩得越疯狂，那些文官对他的意见也就越大，对他身边的那帮小人也就愈加憎恨。

御史周广宁提出一个建议：暂时先从皇族中遴选贤能者立为皇储，等到皇子降生，再把选立的皇储遣归藩府。这个建议透露出文官集团对于立嗣的焦躁心理，但是作为臣子实在不应该质疑皇帝的生育能力。朱厚照只有二十岁左右，青春正年少，恐怕连神仙也无法料到皇帝会终生无子嗣。周广宁等人的上疏言论，不仅容易激怒朱厚照，也不为朝中其他大臣所重视。但随着时间的推移，大臣们开始认识到立储问题的严重性。他们强烈地预感到，朱厚照如果再不从宗室中择立皇储，将有可能引发巨大的政治灾难。文官集团以此为由纷纷上疏，于是在帝国高层引发了一场关于储位问题的大纷争。

这次纷争是由马昂之妹有孕在身进入豹房引发的，一朝天子竟然不顾马姓女子已嫁作他人妇且有孕的事实，将其纳入豹房并恩宠有加。马昂是个因犯罪而被撤职的军官，他妹妹已经嫁给了另一个军官并怀了孕，可马昂却通过江彬将自己的妹妹介绍给了皇帝。据说，马姓女子不仅貌美如花，还擅长骑马射箭、歌舞等才艺。皇帝对其一见倾心，就将其带回豹房，其兄马昂因此被破格提拔为后军都督府右都督。

后来有一天，朱厚照到马昂家里喝酒，一眼相中对方的美妾。马昂推托爱妾有恙在身，拒绝了皇帝的寻欢要求。朱厚照心头大为不快，拂袖而去。第二天，马昂就被撤职，他的妹妹也因此受到冷遇，并被送进专门惩罚犯罪宫女的浣衣局，从此音讯全无。在这次事件中，朱厚照的表现可以说是毫无羞耻之心，文官集团实在无法忍受皇帝一再做出这种有违人伦之事，无法忍受他一再用自己的言行公然蔑视被常人视作立国之本的那套道德规范。很多时候，文官们对于皇帝的荒诞之举根本来不及做出调整和反应，一幕幕活闹剧就这样没完没了地在他们眼前上演，让这些读书人对于世间的人伦纲常有了重新的认识。想一想朱厚照所做的很多事情也的确疯狂，如果马昂之妹真将豹房变成自己的产房，那么对于整个朝堂来说，都将是莫大的羞辱。

文官们纷纷上疏要求皇帝诛杀马昂兄妹以平息朝堂内外的言论。朝臣们已经强烈地预感到立嗣的紧迫性，按照皇帝这种疯狂的玩法，帝国若再不立储，将来的皇位继任者是不是纯粹的皇室血脉都很难说。内阁大臣带领群臣纷纷上疏，要求朱厚照尽快立嗣，以安天下人心。由立嗣引发的矛盾冲突不断升级，君臣关系日趋紧张。其实整个事件自始至终，都是文官集团在那里唱独角戏。朱厚照按照自己的意愿，不反对不表态，一概不予理睬。文官集团在这里有一个认识上的误区，他们错误地估计了形势，以为自己已经拥有挑战皇权的威力。但是皇权的独尊性和排他性从一开始就决定了这场博弈的输赢，选定储君的权力始终不曾旁落，一直在皇帝的手里攥着。

我们有必要了解一下朱厚照的婚姻生活。朱厚照即位后，娶了夏皇后，接着又按照皇家制度配齐了所有妃嫔宫娥。但是朱厚照正德二年搬入豹房后，就再也没有与夏皇后等后妃同居过。这真是莫名其妙的做法。而在豹房，朱厚照在驯兽的同时，却放任着自己身体里的兽性发作。一些资料显示，朱厚照一生宠爱的女子，身份各异，其中有寡妇、妓女、怀孕后的妇女与有夫之妇。在明人的记载中，还有一个名唤刘良女的女子。这个女子和朱厚照的情爱故事，居然被后世之人搬上戏剧舞台，戏剧《游龙戏凤》中李凤姐就是以此为原型。《明史·佞幸传》中记载，朱厚照在江彬等人陪同下，微服出游。他们抵达太原时，朱厚照在晋王府看中了乐师杨腾的妻子刘氏，将她据为己有。江彬等"义子"认她为母，称她为刘娘娘。朱厚照带着刘良女一起游江南，二人经常公开露面。据说，他们在寺庙做法事的时候，落款都要写上"大将军朱寿"与"夫人刘氏"。

朱厚照再一次利用皇权挑战确立储位的规范制度，恶性膨胀的皇权又一次取得全面的胜利。文官们要求确立皇储不排除有满足个人权力欲望的成分在内，但更多是为了帝国的长治久安。难道对于朱厚照来说，除了醉生梦死的极乐生活，他就真的身无所恋吗？朱厚照在豹房、宣府折腾得鸡犬不宁的时候，他手中的皇权并没有旁落于他人，这也是帝国体制运行的神奇所在。朱厚照虽然平日里不入大内，但是他在玩乐之余也会上朝听政，批阅奏章，对重大事件做出决断。就算他玩性大发不愿意上朝，还是会通过司礼监来传达圣旨，然后交由内阁去执行。也正因为如此，司礼监宦官逐渐把持了批红权——代天摄政。

即使后来朱厚照出走紫禁城，远居宣府。他也不忘做出特别强调：大臣不许前来，但奏章必须要送到宣府，至于自己批复不批复则是另外一回事。所以说，朱厚照在当政期间虽然干下许多荒唐之事，但是对于皇权的把握不敢马虎。在那些文官中间有一个人，朱厚照对其有着特殊的感情，此人就是内阁首辅杨廷和。杨廷和是朱厚照的老师，两人之间保持着一种特殊的关系，既有一份情感上的尊重，也同样有一份君臣之间的碰撞。作为皇帝的老师，通常会在年幼皇帝的生命中扮演着双重角色——精神导师和事业上的助手。正德八年，李东阳退休，杨廷和升任内阁首辅，身处风口浪尖，艰难地行使首辅的职责。正德十年三月，杨廷和的父亲去世，请求回乡丁忧（守孝）。让人感到不解的是，崇尚自由的朱厚照竟然舍不得放人。在杨廷和离开后的很长时间里，朱厚照每当遇到工作上的难题，都会叹息一声："如果杨先生在身边，所有的问题就不再是问题。"

杨廷和回乡守孝三年，朱厚照因此失去了最后一道精神枷锁，更加肆无忌惮。在与豹房里的野兽厮混了一段时期后，朱厚照有了更为远大的理想之地。手握天下权柄，又怎能满足于京师弹丸之地。为了寻求更大的刺激，朱厚照开始玩起了御驾亲征的游戏。这种想法起源于他所宠幸的“义子”江彬，打过几天仗的江彬，经常在皇帝面前吹嘘，当年自己在战场上是如何的威风八面。

在江彬英雄事迹的感召之下，皇帝对领兵打仗产生了浓厚的兴趣。为实现自己“圣斗士”的光荣梦想，他下诏将辽东、宣府、大同和延绥四镇的边兵都调集到京城，由江彬统一指挥操练，号称“外四家军”。同时，朱厚照又将各镇领兵的武官收为义子，赐以国姓“朱”。他似乎觉得还不够过瘾，又把内宫的宦官也组织起来，教他们练习骑马射箭，编成一个大营，称为“中军”，并亲自担任指挥。有了军队，好战的皇帝更加心痒难耐。朱厚照一直梦想着能够像他的先人那样在广阔的草原上与南犯的蒙古兵来一场刺刀见红的战役，开创不世之业。更何况江彬还告诉他，那里牛羊成群，美女有着异域的风情，这就更加激发了他的勃勃兴致。国事朝政在朱厚照看来俨然就是沙盘兵推，他在其中得到了满足与快乐。

正德十二年（1517年）八月一日清晨，朱厚照化装成普通人，带着江彬、钱宁以及心腹太监等百余名随从出了德胜门，直奔昌平而去。消息封锁得很严密，皇帝离开京城半日，官员们才大梦初醒。内阁大学士梁储、蒋冕、毛纪随即驾车追赶，一口气追到沙河才撵上皇帝。这些文官进前轮番劝解，可他们的皇帝丝毫不为所动，毅然决然地直奔居庸关而去。

朱厚照差点就闯关成功，可就在关卡线上撞上了巡关御史张钦。张钦仗剑守关，死活不肯放行。就在双方僵持不下的时候，三位内阁大学士也快马加鞭地赶到跟前。在三人的轮番劝说之下，朱厚照只好怏怏而归。没有消停多长时间，朱厚照抓住张钦外出巡查的机会，再度闯关。没有了仗剑而立的张钦，皇帝和他的一帮拥趸轻松就越过了关卡。虽然避开了张钦，但是朱厚照仍心有忌惮。一路之上，他总是左顾右盼，频频向身旁的人发问：“御史安在？”由此可见，那个在关卡线上仗剑而立的张钦让朱厚照的心里蒙上了一层阴影。时过境迁，朱厚照并没有再去找张钦的麻烦。在这次君臣对决中，张钦以一种决绝的姿态对抗皇命并取得胜利，看起来似乎不合常理，可仔细分析却并不难理解。

朱厚照巡边是顶着文官的一片反对之声，带着一帮死党偷偷摸摸溜出紫禁城的，身为皇帝理屈在先。按照帝国制度规定，皇帝出行必须昭告天下，同时要安排代行权力的亲王和重臣留置京师处理朝政，以安民心。朱厚照从一开始就陷自己于被动状态，完全违背了游戏的规则。而那个站在边关线上的张钦就像一个执法严谨的裁判，面对犯规的皇帝亮出了红牌。如此一来，不遵守游戏规则的皇帝，纵有皇权护体也难以通行。制定游戏规则的皇帝都不遵守规则，这就难怪张钦敢于仗剑挡驾了。

朱厚照一行抵达宣化后，先后下达诏书，任命一位叫朱寿的人为“总督军务威武大将军总兵官”，后来，他又封朱寿为镇国公、拜太师。于是，这位名不见经传的朱寿，一身兼有三个最高的衔位——武将中最高的大将军衔，文臣中最高的太师官衔和贵族爵位中最高的公爵爵位。这位朱寿就此成为大明第一人。

朱寿，何许人也？诏书传至京城，引得舆论纷纷。不久，有消息灵通人士揭开谜底，朱寿者，当今天子朱厚照是也。既然皇帝出巡有那么多的限制，朱厚照只好另辟蹊径。一个人分裂为不同身份的两个人，前朝无先例，圣贤无指引，对于朱厚照的这种玩法，满腹经纶的文官们也不知如何应对。

当年九月，边境告急，蒙古族鞑靼部小王子率五万余骑集结于山西玉林卫附近，大有来犯之势。朱厚照立即以威武大将军关防征调粮草兵马，准备迎敌。

这次，是蒙古骑兵的又一次南下，他们意图深入腹地劫掠。朱厚照亲自带兵阻击。双方在山西应州附近的绣女村、五里寨、涧子村激战三次。其中尤以涧子村一战最为激烈。据说，此战蒙古兵五万人，明军六万人，双方交战百余回合，从上午辰时一直战斗到下午酉时，历时十二个小时。蒙古大军一度将明朝的军队分割包围，形势万分危急。十多万人马在北方旷野之上厮杀，何等惨烈，又何等壮阔，战场上的朱厚照兴奋得像个得到礼物的孩子。他真是一个称职的将军，有条不紊地向身边的太监下达着一个个战斗指令，忽而侧翼包抄，忽然正面击杀。战况胶着之时，他亲率大军赶到，将士们见状奋然而起，越战越勇。

令人感到不解的是，此次大战双方全部伤亡数字加起来不足一百人。如此不起眼的数字，让持续十二个小时的激战变得微不足道。这就像是蒙古人配合演出的一场战争戏。那种真实的效果，让朱厚照感到兴奋和满足。据说，他还在战场上亲手击杀了一名蒙古骑兵。不久，蒙古兵开始全线撤退，朱厚照以

“大将军朱寿”的名义调整部署，采取守势。在此之后，终正德一朝，蒙古人未再发动大规模的入侵。

第二年正月初六，正德皇帝朱厚照兼大将军朱寿班师回京。在他的授意下，文武百官在德胜门外列队相迎。“威武大将军朱寿”身着戎装，胯下一骑枣红色高头大马，身佩宝剑，耀武扬威地被簇拥在队伍中间。他趾高气扬地接受百官的祝贺，喝了大碗庆功酒后，兴奋之情自不待言。他要求那些前来迎接他的文武官员不要称他为“皇上”，也不能自称“臣下”，要称呼他为“威武大将军”。大学士杨廷和代表大臣上前敬酒，皇帝一饮而尽。朱厚照面向人群道：“朕在榆河曾亲斩虏首一级！”杨廷和赶紧叩头，奉上赞美：“皇上圣武无比，臣民倍感欣幸！”朱厚照闻言大笑，只见他催马前行，意气风发。作为内阁首辅，杨廷和丁忧期满复出不到一年。杨廷和此时心态如何？焦竑在《玉堂丛语》中记录：杨廷和入阁已久，无所建树，人们对他有意见。有一个狂狷书生写信给他，指责他的过错。杨廷和接见了这位书生，流着眼泪对书生说：“久当不负良意。”也就是说，当下的他只能等待机会，暂时的隐忍，是为了将来“不负良意”。谁也未曾料到，杨廷和要兑现这句承诺，只有等到明武宗朱厚照去世之后。

朱厚照通过各种形式来放大自己巡边的功绩，他把从敌人手里缴获来的武器装备陈列于宫门，以此来向官员们炫耀自己的丰功伟绩。他还专门为自己量身打造了一枚银质的纪念勋章，然后以皇帝的身份向自己的另一个身份“威武大将军朱寿”授勋。为了酬谢百官的称贺，朱厚照在奉天殿大宴群臣，按照官职品级赏赐群臣不同分量的银牌，上面刻有“庆功”或“赏功”二字。朱厚照的做法让官员们哭笑不得，他们更愿意将这一切视为一场闹剧。正因为文官集团的不认可，史料记载在这里也是大事化小，用一组不起眼的数字一笔带过。

这年七月六日，正德皇帝朱厚照发布诏书，鉴于威武大将军朱寿的战功，决定加封此人为镇国公，年领俸禄定为禄米五千石，由户部发给。朱厚照的做法令文官们百思不解，不明白他身为帝王之尊，为什么执迷于做一介武夫。有大学士质问说，皇上自我降格为公爵，如果追封三代，岂非要使先皇三代同样降格？朱厚照根本听不进这样的谏言，这些抱着祖制和规则不放的官员，又岂能理解一个自由主义者的快乐。不久，朱厚照又在宣府营建“镇国府”。于是，这里就成了大将军行辕兼镇国公公爵府兼太师府兼皇帝的第二豹房。

朱厚照经历了外面世界的疯狂，再也无法回归按部就班的生活。即使面对豹房里的猛兽，他也觉得索然无味。他忘不了马蹄催动人心的战场，忘不了血色残阳下的边关。每次想到这些，他的身体里都会掠过一丝战栗。不久，朱厚照再次离开京城，从八月十八日开始，到第二年二月八日，他用半年的时间巡视了西北边疆。最远抵达陕西榆林卫，行程一千两百多公里。只要出了北京城，朱厚照就会让大将军朱寿附体。据说，在整个行巡期间，“大将军朱寿”始终没有乘坐皇帝专用的暖轿暖车，而是身着戎装，与将士们一道悬弓佩刀。他在谈笑风生中与士兵们踏遍霜雪，共同经历患难。

朱厚照这次返回北京后，仅仅过了半个月，即正德十四年二月下旬，他突然发布了派遣威武大将军朱寿南巡的谕旨。此次动议遭到了文官们的极力阻拦。一百多名官员单独或联名上疏“谏南巡”，内阁一如既往地将他们所上奏疏留中不报。文官们在劝阻皇帝南巡这件事上表现出空前的热情，他们决定不惜任何代价，要将朱厚照留在京城。

三月二十日，在朝的科道官员全体“伏阙请命”，跪在宫中进行示威请愿。他们对这个好动的皇帝大加威胁恫吓，他们说人心的善念其体甚微，外界利欲的侵袭，不胜其多。所以静常吉而动常凶。

这次请愿从早晨持续到下午，直到皇帝做出表态，他们才肯退出宫去。文官见皇帝没有回应，百官纷纷上书劝谏。奏折语言之激烈，也是前所未有。比如，说朱厚照领兵与蒙古人作战，“首开边事，以兵为戏，使陛下劳天下之力，竭四海之财，伤百姓之心”，“陛下已成骑虎之势，不乱不止”，“将自取覆亡为天下笑”。这样的话，在朱厚照听来无异于烈火烹油。一直以来，他玩他的，言官科道说他们的，他听之任之。可是现在，他们的胆子越来越大，话也说得越来越难听，甚至诅咒自己将会埋葬祖宗基业。朱厚照传令将言辞最为激烈的六人执送到刑部，严刑拷掠。其余一百零七名官员在宫门外的广场上罚跪，限期定为五天。每天从早晨五点开始，到晚上结束。

第二天，三月二十一日，内阁首辅杨廷和等出面求情，未果。

第三天，三月二十二日，大理寺正等十人联名为他们申诉，皇帝恼火，将这十人关入镇抚司狱中。随后，又下令这十人戴刑具罚跪五天。

三月二十五日，罚跪期满，正德皇帝还不解心头之恨，又追加了惩罚。惩罚的形式就是在午门外对一百零七名官员实行廷杖，每人打五十杖。文官们的号哭之声，响彻殿宇。一通杖责下来，当场就打死了十一名官员。

为了谏阻朱厚照此次南巡，帝国的文官集团付出了血的代价。朱厚照虽然在与文官集团的斗争中打出了皇帝的威风，但并没有打出想要的结果。长期以来，他这种不管不顾的玩法，使得君臣之间处于严重的对立状态，他用自己的方式一次次挑战着皇帝应该遵循的制度底线。在上下翻飞的乱杖之下，文臣们被打得皮开肉绽，丧命失魂。血肉横飞之间，朱厚照尽失天下文人之心。

朱厚照很快缓过劲来，机会也如期而至。因为这时候在帝国的南方地区发生了叛乱，叛乱之人是宁王朱宸濠。朱宸濠算是五世宁王，一世宁王朱权是明太祖朱元璋的儿子。一世宁王朱权的封地原来是在山西吕梁山大宁县一带，位居北方要塞，号称“带甲八万，革车六千”。等到永乐皇帝朱棣登基后，就将宁王从北方要塞迁封到江西南昌，以此削弱宁王的势力和他的军事重要性。五世宁王朱宸濠继承先人的爵位时，宁王的实力早就大不如前。

六月十四日，朱宸濠正式起兵叛乱，率领军队攻打安庆。这场叛乱就像一场及时雨，为朱厚照继续南巡找到了一个充分的借口，那就是平叛。于是，朱厚照立即下令，由威武大将军朱寿领兵南征。同时，他还下了一道措辞严厉的圣旨，大意是凡妄行谏阻者，必处极刑。

八月二十六日，南征大军浩浩荡荡地上路了。谁知，当天走到良乡时，突然收到汀赣巡抚副都御史王阳明报捷的奏疏。宁王之乱于二十天前已经平息，朱宸濠被生擒活捉。朱厚照大失所望，本以为南巡变南征，既能堵住悠悠众口，又能在“威武大将军朱寿”的功劳簿上再记上一笔。没想到还没等到他这个“威武大将军朱寿”登场，宁王朱宸濠已经做了王阳明的俘虏。面对这份捷报，朱厚照哭笑不得。南征本来就是借口，南巡才是目的。朱厚照当场没收了这份报告，将其隐匿起来，作为国家机密，命众人不得对外泄露。朱厚照继续领着他的“南征军”，打着“总督军务威武大将军镇国公朱寿”的旗号，向江南之地进发。

从历史记载来看，这真是一场荒唐之旅。朱厚照完全不把自己当皇帝，和身边人不分尊卑，放着皇帝的舆辇不坐，常常和江彬等亲信和太监挤在一个大车上。据说，有一次地方巡抚设宴，酒过三巡，朱厚照突然发现自己面前连双筷子都没有。巡抚官员大惊失色，不知所措，朱厚照却一笑而过。事后，他还将此事当作笑话说与人听。

史书也很郑重地记载了朱厚照的“宽厚仁慈”。《明实录》中记载：

> （正德十四年）十二月辛酉朔，上至扬州府。先是太监吴经至扬，选民居壮丽者改为提督府，将驻跸焉。经矫上意，刷处女寡妇，民间汹汹，有女者一夕皆适人。

这里传递出三个信息：

其一，十二月一日，朱厚照来到繁华的历史名城扬州。

其二，在朱厚照到达之前，太监吴经打前站，经办各项事务。比如，征用大户人家的住宅作为皇帝歇脚处，同时按照户籍，逐一筛选，但凡家中有未嫁出去的女儿，以及有姿色的寡妇，都要登记在册。

其三，扬州人陷入从未有过的恐慌之中，一时间流言汹汹。家中有女儿者抢着在最短的时间内许配人家。据说，扬州民间上演了一幕幕“抢亲”大戏，不过抢的是单身男子。一夜之间，男女婚姻打破了门第和贫富差距。

就在这时，又有传言涌起，说皇帝喜欢有夫之妇、寡妇，于是，扬州城内大乱，妇道人家到处逃难躲藏。清初学者毛奇龄在《明武宗外纪》中记载：扬州知府蒋瑶见城内局势难控，去找为皇帝征召妇女的太监吴经，恳求他能饶过扬州百姓。吴经破口大骂：“你活得不耐烦了，不想要脑袋了？”蒋瑶也被逼急了，大怒道：“我死不足惜，一旦激起民变，怕你也负不起这个责任！”于是，吴经便放弃了抓捕处女的计划，只派人调查当地寡妇及倡优的住址。当天夜里，扬州城门大开，“传呼驾至，令通衢燃烛光如昼”，然后吴经亲自率领官校，按照地址抓人，如果找不到就拆房子，“必搜得乃已，无一脱者，哭声震远近”，然后将这些寡妇和倡优关在尼姑庵中，有些节烈的妇女绝食而死，蒋瑶让她们的家人将尸体收敛下葬。

朱厚照进入扬州城，当地官员设宴款待，并将扬州城里的歌伎舞女全部召来献艺。史料记载“帝阅诸妓于扬州”，看完舞伎的表演，“检阅”完妓女，皇帝就寻欢作乐去了。事后，朱厚照突然想起自己提前离场，没有参加宴会。于是，他令地方官将酒席宴的费用折算成银子交上来。

这次南巡，历时一年零两个多月，我国历史上首屈一指的大哲学家王阳明，按照皇帝的旨意，在叛乱平息一年之后，重新改写平叛报告，内容与先前大为不同。也就是说，平乱之功不在王阳明，而在“总督军务威武大将军镇国公朱寿”。皇帝身边的亲信觉得不够真实，准备将朱宸濠放回鄱阳湖里去，然后，由朱厚照亲临指挥，再活捉朱宸濠一回。他们真是将政治视为一场真人秀，不演到以假乱真不痛快。不知何故，此事最后没有成行，不然正德皇帝朱厚照的名下就又多了一个笑料。正德十五年（1520年）闰八月，在南京的校场上，一场别出心裁的献俘闹剧正在上演。在迎风招展的“威武大将军”的旗帜下，披盔戴甲的朱厚照威风凛凛地登上点将台。已经做了俘虏的宁王朱宸濠被押了上来，解除了身上的所有刑具，任其自由活动。朱厚照指挥军队，重新上演了一场宁王落网记。没有了战场上的血雨腥风，虽然不够尽兴，但朱厚照好歹算是过了一把瘾。

九月六日，朱厚照在回京路过淮安清江浦时，突然要求随行人员陪自己泛舟湖面。当船行至水中央时，朱厚照不幸落入水中，被救上来后就患了病，病情迅速恶化。皇帝病重，膝下又无子嗣。帝国的文官们再也坐不住了，他们在奏疏里毫不避讳地提及皇帝无嗣，要求朱厚照从帝国的大局出发，尽快从宗室子弟中选拔一名接班人（太子）。一直以来，朱厚照都非常抵制文官们要求自己立嗣的谏议，他实在无法承认自己断子绝孙的残酷现实。

从太祖朱元璋开始一直到朱厚照，虽然有过叔侄兄弟夺位事件，但基本上还是遵循父子相替八世一系的传统。朱厚照生龙活虎的时候，当然不愿意承认传统会绝于己手。但事已至此，朝臣们不得不认真面对储君的问题。此时，能够左右帝国政局的有两个人，那就是朱厚照的母亲张太后和内阁首辅杨廷和。杨廷和瞒着皇帝直接和太后私下讨论继承人的问题。张太后没有其他的儿子可供选择，她陷入巨大的迷茫中。杨廷和提出了他心中最合适的人选，兴献王世子朱厚熜。兴献王朱祐杬是明宪宗成化皇帝的次子，即朱厚照的父亲（明孝宗朱祐樘）最大的弟弟。如果朱厚照无嗣，那么明孝宗这一脉的子嗣从血统上来说，应该是绝了。按照大明祖制，正德皇帝朱厚照的接班人应该从他父亲的弟弟们的脉系里寻找继承人，同时根据长幼有序的原则，兴王一脉应该是最合适不过的。大明祖制有兄终弟及的规定，他的叔叔（兴王朱祐杬）是不适合继承朱厚照的皇位的。更何况朱祐杬一年前已经去世，被追封为兴献王，而他唯一的儿子朱厚熜正在服丧，还没有继承王位。

正德十六年（1521年）三月十三日夜里，正德皇帝朱厚照去世了。这个“混不吝”的玩家，即使在生命的最后一刻，陪伴在身边的也只有两个亲信太监。夜半时分，朱厚照突然醒来将两个太监唤到身边，交代后事：“我感觉自己快不行了，赶紧把太监张锐以及司礼监的官员们都叫过来，要他们给皇太后传个话，告诉她老人家，还是天下的事情最重要，要多和内阁商议，以前有很多错事都是我自己做的，与你们这些人无关……”

还没等两个太监反应过来，朱厚照已经咽下最后一口气。据史学家推测，他死于因肺炎引发的心肺功能衰竭，终年三十一岁。在这里交代一句，朱厚照还清醒时，出手制伏了豹房大总管钱宁。从历史记载看，钱宁在权势和财富两个方面并不输给刘瑾。朱厚照怀疑钱宁接受朱宸濠的贿赂，勾结谋反，于是在离开世界之前，将这位大总管及其爪牙灭掉了。世宗朱厚熜即位后，将钱宁处以磔刑。

朱厚照就这样结束了荒唐而短暂的一生，在他十六年的帝王生涯中，他总是用手中的皇权不断打破帝国的规范制度，毫无顾忌地将一个帝王的神秘与丑陋尽情地展现于世人面前。朝中的大臣们，尤其是那些文官，他们不允许皇帝的行为脱离既定的行驶轨道，总是想方设法捣鼓出各种规范制度把皇帝束缚在那些条条框框之中。正德一朝，皇帝与文官集团的纷争没有一刻消停过，君臣之间的恩怨纠纷至死方休。虽然他在临死前的遗言里做了忏悔：“朕疾不可为矣。其以朕意达皇太后，天下事重，与阁臣审处之。前事皆由朕误，非汝曹所能预也。”可是皇帝临死前说的话已经没人拿它再当回事，尤其是以杨廷和为首的内阁文官集团，他们不会轻易放过那些曾经围绕在正德皇帝身边的奸佞之人。其中江彬的下场就是最好的佐证。

皇帝病重期间，江彬以皇帝的名义降旨改团营为“威武团练”，同时任命自己为军马提督，兼掌京内大军。江彬的这一举措，使得武宗朝的文官集团坐立不安，他们最为担心的是江彬趁着皇帝病重之际调动京城兵马造反，那样的话，皇城之内无人可以掣肘。朱厚照虽然是一个荒唐的君主，可在他的权力体系内并不缺乏优秀人才，也正是这些人在关键时刻力挽狂澜，才让帝国摇摇晃晃地走过一个荒唐的时代。这一次挺身而出的是首辅杨廷和，他解散了由朱厚照组建、然后将指挥权交给江彬操控的团营；同时又委派心腹太监张永、武定侯郭勋控制京城防务，严禁任何人擅自调动军队。

被解除武装的江彬已经预感到等待自己的将会是一场风暴，为了摸清底细，他派亲信前往杨廷和家里试探。杨廷和却满脸不屑地说："今天下大定，江彬以何造反？即使他想造反，他的那些部下也没人愿意追随他。由此看来，江彬是绝对不会冒险一搏的。"

杨廷和认定江彬不会造反，这在很大程度上迷惑了江彬，让他放下了心头的戒备。正德皇帝驾崩后，杨廷和密不发丧，寻找机会除掉江彬。他以坤宁宫殿堂建成，朝廷要举行上梁仪式为由，邀请江彬进宫主持典礼。在这次除奸活动中，江彬轻易就落入圈套，被以杨廷和为首的文官集团控制起来。等到明世宗继位后，他下诏凌迟处死江彬，同时将其家人"俱发功臣家为奴"。在对江彬抄家时，共查得黄金七十柜，白银两千两百柜，其他珍宝不可计数。

第五章　嘉靖纪事本末

第一节
“大礼议”的狂飙

1.“继统”与“继嗣”之辩

1521年春天，朱厚照猝然而逝，没有留下关于皇位继承人的任何指示。他无嗣而崩，没有留下一个儿子，而其父孝宗子嗣单薄，仅养成他这一脉。这样的难题足以考验那些平日里习惯于小题大做的大学士。根据古代宗法制度的原则，大宗绝嗣后，应由小宗之长，即朱祐杬一支入继承祀。朱祐杬位列诸王第一，号称“长王”，在京时每逢国家典仪，都是他率诸王行礼，身份与弟弟们有些不同。大行皇帝绝嗣，最先想到的继统者应是兴王世子，以大明的皇室玉牒论列，朱厚熜理所当然为第一顺位的继承人。

朱厚照驾崩之前，张太后和内阁大臣杨廷和已经瞒着他定下朱厚熜为皇位继承人。一个王朝的兴盛衰微，也常由皇子的多寡体现出来。开国皇帝朱元璋就不必说了，百战艰辛，倒也不耽误传宗接代，光儿子就有二十六个，成活率也极高。在太祖后的诸帝中，宪宗也算得上子嗣众多，虽经万贵妃百般阻挠，暗中使坏，他还是先后有了十四个儿子，长成十一子。可他的儿子就没了老爹的本事，其中就有六个亲王因无子撤藩，剩下的总共也没给他带来几个孙子。

朱厚照崩逝当天，慈宁宫联合内阁颁布了朱厚照的遗诏：“朕疾弥留，储嗣未建。朕皇考亲弟兴献王长子（厚熜）年已长成，贤明仁孝，伦序当立，已遵祖训兄终弟及之文，告宗庙，请于慈寿皇太后，即日遣官迎取来京，嗣皇帝位。”虽然打着遗诏的幌子，其实这是杨廷和和张太后借朱厚照的皇帝身份联手发布的，与朱厚照本人并无关系，没有一个字是朱厚照的意思。

“遗诏”颁布之后，由内阁和礼部联合派出了一个由内阁大臣、礼部尚书、帝国功臣、宦官和皇亲外戚等帝国权力高层组成的庞大迎君团。数千人的队伍浩浩荡荡前往兴王府所在地安陆，迎接帝国的新主人。朱厚熜一直居住在湖北地界，那里是其父兴献王朱祐杬的封地。朱厚熜是朱祐杬的独子，兴献王将这个唯一的儿子看得很重。在朱祐杬的亲自调教之下，朱厚熜小小的年纪就已经通晓经史子集及修身齐家治国之道，是个遇事相当有主见的人。

同治《钟祥县志·杂识》有记：

> 世宗（朱厚熜）在藩邸，钱定侍读，一日忽问曰：“昨夜梦发白，当作何兆？”定曰：“王上添白，其吉可知！”

明武宗朱厚照驾崩之时，朱厚熜正静静地待在封地为父亲守孝。虽然他的父亲去世已有两年时间，但是服丧三年的期限还没有结束。按照明制，他只需要再熬上一年的时间，就可以名正言顺地继承大明王朝亲王的爵位，成为帝国的一个藩王。在当时，全国分封的藩王大大小小有四十多个。

当迎接新皇的首席大臣定国公徐光祚，将大行皇帝的遗诏郑重地交到朱厚熜手上的时候，不满十四岁的懵懂少年，跪伏在母亲蒋王妃膝上痛哭流涕，母子之间好似生离死别。大明开国以来，并不缺乏少年皇帝，比如，明英宗朱祁镇、明武宗朱厚照，但人家都是出生不久就被立为皇嗣，并且接受的是宫廷教育，辅佐他们的官员都是帝国的股肱之臣。与他们相比，朱厚熜显然要寒酸许多。

在朱厚熜的身边，除了王府长史袁宗皋，其他全是陌生的面孔。朱厚熜感觉自己就像被一股强大而神秘的力量裹挟上路，这让他根本无法体验到皇权给他带来的安全感。距离京城越近，这种感觉就越发强烈。

在这里我们不妨说一下那份以武宗名义颁发的遗诏，它的执笔人是内阁首辅杨廷和。其文如下：

朕疾弥留，储嗣未建。朕皇考亲弟兴献王长子（厚熜）年已长成，贤明仁孝，伦序当立。已遵祖训“兄终弟及”之文，告宗庙，请于慈寿皇太后。即日遣官迎取来京，嗣皇帝位。

这份遗诏写到即将继位的新君朱厚熜，尤其讲明了他得以继统的宗法依据，那便是《皇明祖训》中“兄终弟及”的条款。杨廷和引此，无疑是冒着一些危险的。因为《皇明祖训》在这一则分明写道：

凡朝廷无皇子，必兄终弟及。须立嫡母所生者。庶母所生，虽长不得立。若奸臣弃嫡立庶，庶者必当守分勿动，遣信报嫡之当立者，务以嫡临君位。

这段话明白无误地解读了“兄终弟及”的宗法内涵：其一，必须是同母所生兄弟；其二，异母兄弟或堂兄弟不在此列，不得嗣位。在封建君主制度下，皇位的传承脉络来不得半点马虎。既然选择朱厚熜作为皇位继承人，那么他就要和前面那些皇帝建立直系亲人关系。朱厚熜只是武宗的堂兄弟，而其父朱祐杬与孝宗虽属亲兄弟，却又系妃子所生，属于祖训所明禁嗣位者。难道杨廷和是读不懂《祖训》，还是他故意为之？应该都不是。作为内阁大臣，他鉴于形势严峻，不得已而用断章取义的办法，打出“兄终弟及”的旗号。如果说他有什么错，那就是他把一切都想得太简单。他以为只要镇住那些平日不读书的宦官和武臣，度过一时之险，就可以一世清宁。作为一个思维正常的文臣，杨廷和当然不想担骂名，更不想因为违乱《祖训》而人头落地。这个老于吏事、洞悉玄机的帝国大僚自有解决的办法：将朱厚熜过继给孝宗皇帝，则张太后仍为太后，武宗便成为皇兄，朱厚熜成为朱厚照的亲弟弟，如此一来，兄终弟及便顺理成章。甚至于他连兴王的后路都想好了。如果将朱厚熜过继给孝宗位下，兴王也就绝后了。于是，杨廷和等人又将益王第二子过继给朱祐杬，袭封兴王。

杨廷和的这套方案看似烦琐，但绕来绕去，还是绕出一条闭环式的血统逻辑。在这里，他高估了礼法之善，也低估了人性之恶。中国人衡量继统和嗣统标准，无外乎两条，一是儒家经典是否有出处；二是历史上是否有明确的先例。但是，具体到这件事上，还有很重要的一点，那就是当事人是否同意，即未来的皇帝是否接受他人对自己血统的改写和命运的摆布。杨廷和的方案，绝非他一人之智慧，肯定先要与各方要员反复计议，再呈请张太后谕允，所以这是集体的智慧。

这事做得圆满吗？几乎圆满。可我们不要忘记，在一个无缝的闭环中，一个小小的瑕疵，或者切口，就会破坏这个圆。他以为这份遗诏到了朱厚熜手上，他的历史使命就完成了。或许他也想到了那个十四岁少年的心思。他以为久居藩地、一跃而为皇帝的少年对自己只有感激，感激他冒着掉脑袋的风险为他谋得皇位。

人过于自信，容易犯下错误。杨廷和很快就意识到自己错了，他从谋立新帝的那个夜晚就陷入思维错格。他以为自己考虑得足够周全，却忽视了一个少年藩王的坚毅和执拗，也忽视了一个未来天子的决心和手段。四月二十一日，新天子的车驾抵达京师西南的良乡，礼部大臣已经在此准备好迎驾的仪仗。明朝的礼部是专门负责朝廷各种庆典及日常活动的部门，礼部搬出帝国的典章，恭请兴王世子朱厚熜明日以太子的身份从东安门进皇宫参加劝进礼，等待即位。据说，年轻的皇帝仔细将礼部具仪看了一遍，对侍立身边的老师袁宗皋说："遗诏以我嗣皇帝位，而不是嗣皇子位，如何用太子即位礼？"袁宗皋对此表示赞同。

次日上午，朱厚熜的车驾抵达京郊。大学士杨廷和率众臣出城迎驾。相见之后，杨廷和才知道朱厚熜对礼仪状不满，便解释说朱厚熜尚未即位，仍是藩王身份，应由东安门入居文华殿，从那里循礼登基。袁宗皋对此表示反对："今上继序即帝位，可复行藩王礼邪？"袁宗皋大声要求开启大明门，并由此入城。袁宗皋虽年长杨廷和七岁，中进士却晚了十二年。杨廷和翰林出身，任内阁首辅多年，甚有清望。而袁宗皋当年随兴王朱祐杬就藩，足不出兴邸，声名和威望无法与杨廷和相提并论。但那一刻，杨廷和肯定愣了一下，心头掠过一丝慌乱。

朱厚熜非常熟悉皇家礼制，既然礼部让自己以太子的身份进宫，那就要面对一个绕不开的问题：自己到底是谁的太子？朱厚熜从小熟读《孝经》，深受传统礼仪之道的熏陶，加上他性格深处的执着和倔强，在过继这个问题上，他始终不肯做出让步。在没有搞清楚这些问题之前，朱厚熜是不会轻易入宫的。他对杨廷和及一班阁臣大员说："杨先生和各位苦心，吾已尽知。然礼仪乃国家大典，不容不得其正。可着礼部再加参详考议，吾暂驻等待。”

这番话令迎驾的众官面面相觑，今天是礼部和钦天监选定的吉日，皇宫中早就做好新天子登基的一切准备。朱厚熜在礼仪之争上如此较真，这让杨廷和等内阁官员大为震惊，一场席卷帝国高层的大礼议之争就此拉开序幕。闻知这场争论的张太后最终向年轻的皇帝屈服。这场“入门之争”总算解决了。我们今日看来，“入门之争”太过小题大做，而在彼时则有必争之理：东安门，向来是藩王、臣子的出入之门。由东安门入，说明中央朝廷一开始就将朱厚熜摆放在嗣位的皇子地位上，但朱厚熜与朱厚照却是堂兄弟的关系，如何能不争?

报时的鼓声响了，大典吉时即到，可嗣君的御批迟迟未下。等待即位盛典的文武百官排列整齐，即位诏书却仍攥在朱厚熜的手中。在自己身份的界定上，朱厚熜表现出了一种决绝的姿态，他拒绝以太子的身份入城登基。双方互不相让，一个在城内，一个在城外，明朝中央朝廷陷入困境。张太后下懿旨令朱厚熜在行殿受笺，然后入大明门，解决了矛盾，却显示出了毫无原则的退让。朱厚熜与武宗旧臣的裂隙，于此已见端倪。如果按照杨廷和等文官的意愿来办，朝廷应该先在北京城外搞一个“皇子过继和太子受封”的仪式，然后朱厚熜以太子的身份昂首走过东安门，进入皇宫，完成登基大典。

想法总归是想法，实施起来并不容易。在双方的据理力争之下，最后各退半步。朱厚熜改道大明门入宫，但同时他也接受了被过继给明孝宗朱祐樘的现实。不过，在年号的选择上，少年皇帝又给自己当了一回家。据说，杨廷和新拟的年号为“绍治”，顾名思义为绍继弘治，不是分明要将朱厚熜纳入孝宗一系吗？朱厚熜当即将其用御笔抹去，添加上“嘉靖”二字。

嘉靖，意为美好的教化安定平服。语出《尚书·无逸》：“不敢荒宁，嘉靖殷邦。”蔡沈集传：“嘉，美；靖，安也。嘉靖者，礼乐教化蔚然于安居乐业之中也。”以此为年号，寄寓着朱厚熜对朝政和谐、社会安定的美好期待和向往。嘉靖，是朱厚熜心中早已确定的年号。从那一天开始，我们也可以用他的年号“嘉靖”来称呼这位新皇帝。据说，朱厚熜是穿了一套不大合身的衮冕登基的。他显得有些不满意，几次皱眉低头，看脚下擦着地面的裙边，又将责备的目光扫向旁边的司礼太监。

十四岁的少年从湖广安陆州来到京城，藩王府的王子就这样摇身一变成为明朝的皇帝。一切就像是在梦里，朱厚熜这时候需要有人帮助自己厘清现实中的各种关系。除了自己从藩王府带来的人，他将这份信任交给了首辅杨廷和。即位后的第三天，朱厚熜找来杨廷和等内阁大臣们商量：“朕入继大统，虽未敢顾私恩，然母妃远在藩府，朕心实切恋慕。可即写敕遣官奉迎，并宫眷内外员役，咸取来京。”皇帝思念母亲，这是人之常情，杨廷和等内阁大臣也挑不出毛病。于是赶紧派司礼监太监秦文和内官监太监邵恩等前去迎接嘉靖皇帝朱厚熜的母亲，好让母子在京城团圆。

事情还远远没有到结束的时候，两天之后，朱厚熜让文官们讨论给自己的亲生父亲兴献王朱祐杬加尊号的问题，要求追封已故的父亲为先皇。嘉靖帝只是想在祭祀父亲时有个名号，他并没想到此事会有多大的阻力，但是事态的发展却出乎他的预料。礼部尚书毛澄在接到嘉靖帝朱厚熜的指示后，感到左右为难。在苦无良策的情况下，他只好去请示首辅杨廷和。杨廷和的意见是，嘉靖帝既然已经过继给了弘治皇帝，那么就应该尊明孝宗朱祐樘为“皇考”，称兴献王朱祐杬为“皇叔父”。这样的话，其父朱祐杬就不可以再加尊号。不但不能加尊号，就是在祭告生父时，朱厚熜也要口称“侄”。

杨廷和的建议虽然符合皇位继承的宗法理论，却打破了嘉靖帝的忍耐底线。本来在过继给明孝宗朱祐樘这件事上，他已经做出了很大的让步，如今又要让他撇开生父，无论如何也说不过去。

古人行事，素来讲究历史先例。为了说服朱厚熜，杨廷和搬出了前朝的事例。西汉末年，汉成帝刘骜膝下无子。在这种情况下，朝廷便将共王之子定陶王接到宫中，立为太子，后来即位为哀帝。为了使共王后继有人，又别立楚孝王之孙刘景为定陶王，作为共王的继承人。而宋仁宗赵祯年老无嗣，又将濮安懿王第十三子接入宫中，改名曙，立为太子，后来即位为宋英宗。这两个皇帝都是由藩王立为太子，然后登基，属于宗法制中的过继法。而那些过继者要认被过继者为父，作为被过继者的后人而行事，也就是所谓“为人后者为之子”。

按照封建宗法制的过继原则，大宗是不可以绝后的。如果遇到大宗无嗣的情况，就要由小宗过继给大宗，来延续帝系，奉祀宗庙。就拿这一时期的皇权谱系来说，宪宗一孝宗一武宗是大宗，是帝系之所在；而兴献王一朱厚熜则是旁支，属于小宗。朱厚熜以旁支入继大统，自然要继大宗之后。

有学者发现，在历史的更替中有这样一个规律：当皇帝的子嗣发生问题时，往往会伴随着一个皇朝权力体系的逐步衰退。从生育学角度来说，如果一个男人难以生育或者所生儿女体弱多病难以养活，那么这个男人的体力或精力也相对较弱，也就没有太多的意志和力量去打理自己的政权。比如说眼前的嘉靖皇帝，他是因为正德皇帝在子嗣上出了问题，才从斜刺里杀出捞到一个皇位。他的儿子、孙子以及清朝的咸丰皇帝、同治皇帝、光绪皇帝，都在子嗣上出现问题。于是，明清两朝的统治也从这一时期开始走下坡路。而明太祖朱元璋，半生戎马，半生为帝，照样生了二十六个儿子，女儿还不算在内。清太祖努尔哈赤也是打了一辈子仗，也有十多个儿子；康熙帝更厉害，有一百多个孙子。明清两朝都是由这些生育强人创立或者在他们的统治下走向繁荣的。

杨廷和是从维护帝系继统的角度出发，他以为自己的建议符合中国宗法文化的传统，无人能够否定，也无人敢于反对。杨廷和的建议得到了官僚集团的积极响应。五月七日，毛澄会同公卿台谏等朝中大吏六十余人上议：

> 汉成帝立定陶王为嗣，而以楚王孙后定陶，承共王祀，师丹以为得礼。今上入继大统，宜以益王子崇仁主后兴国。其崇号则袭宋英故事，以孝宗为考，兴献王及妃为皇叔父母。祭告上笺称侄，署名。而令崇仁主考兴献王，叔益王。

至于皇帝亲生父母的尊号，礼臣也早有考虑，议曰：

> 然其所生之义，至尊至大，宜别立殊称……改称兴献王为皇叔父兴献大王，妃为皇叔母兴献王妃。凡祭告兴献王及上笺于妃，俱自称侄皇帝某。

文武群臣联名上奏嘉靖帝，要求他遵循祖制，将帝系归入大宗。客观上讲，这是一个违背常理、割裂亲情的设计。少年皇帝第一次见识到制度的不近情理，那些弯弯绕的设计，每一条都像是从礼法条文中抽取的钢索，将他捆绑得结结实实。他成了一个肉粽子，任由他们摆布。朱厚熜天性至孝，当然不能接受这种安排，在奏议后愤然批曰：

父母可移易乎？其再议！

朱厚熜的质问出自孝思，发自少年人的真性情，纯真挚切。阁部大臣却不为所动，认为这样做“天理人情，庶两无失”。在遵循封建礼法上，帝国的官僚集团表现得空前团结。毛澄又率六十余人上疏，坚持原议。君臣之间，新君与老臣之间，还没有进入蜜月期，就开始了一次漫长的政治角力。少年天子对年老重臣，孤家寡人对众臣群僚，这是一场完全不对等的抗衡。朱厚熜身边本来还有袁宗皋，即位当日擢升其任吏部左侍郎，后升为礼部尚书兼文渊阁大学士。虽然占据礼法之地，但袁宗皋又怎能抵得过一班习礼终身的礼部老臣。加上他年老多病，在朝中根基不深，即使心有余力也不足。

在这场博弈的初期，朱厚熜处于明显的劣势。无论是从个人资历，还是从人生经验、学识等方面来看，朱厚熜都不是那些朝臣的对手。还有非常重要的一点就是，他刚刚从安陆州来到京城，京城的皇权系统对他而言是陌生的。尽管如此，他的表现已让京城大佬们震惊不已，他们想不到十四岁的少年竟有如此城府。朱厚熜的想法简单，也不简单，他就是要淡化处理小宗过继大宗的事实，要告诉天下臣民，他这个皇帝并不是通过非正式渠道得来的。他不需要欠杨廷和和张太后的情，更不需要活在孝宗、武宗的阴影之下。他有自己的路要走，也有自己的父母要相认。

朱厚熜曾经想在这场博弈中争取到首辅杨廷和的支持，只要打开杨廷和这个缺口，一切问题就会迎刃而解。他在私下里不止一次地召见过杨廷和，以一个少年人的谦卑姿态，向一个长者虚心求教，希望能够得到理解与支持。可杨廷和显然无法接受小皇帝僭越法统规范的现实，任凭皇帝说破了嘴皮，根本不为所动。朱厚熜还试图用金钱和爵位收买内阁其他成员，仍是一无所获。朱厚熜深感孤处无援，君威难立。杨廷和、毛澄等也意识到他们在朝野士大夫中有巨大影响力。双方都无意退让，议礼陷入了僵局。

面对内阁及六部大臣咄咄逼人的气势，朱厚熜不得不采取守势。对于朝臣们挥舞的典则大棒，高举的史例旗帜，少年天子深感敬畏和忌惮。更重要的是，他对本朝继嗣的宗法依据也不甚了解。他所能做的只是章疏留中，以此表达心中的不满。在这个关键时刻，在官员一边倒的声浪中，一封名为《大礼或问》的奏疏横空出世，如同闪电为晦暗的天空炸开一道裂缝。其疏有云：

> 孝子之至，莫大乎尊亲。尊亲之至，莫大乎以天下养。陛下嗣登大宝，即议追尊圣考以正其号，奉迎圣母以致其养，诚大孝也……臣窃谓今日之礼，宜别立圣考庙于京师，使得隆尊亲之孝，且使母以子贵，尊与父同，则圣考不失其为父，圣母不失其为母矣。

这篇奏疏的始作俑者是一个叫张璁的人。这是议礼派所上的第一份奏疏。张璁是个很高明的辩士，他以其人之道还治其人之身，称嘉靖帝登基后即议“追尊圣考”“奉迎圣母”的做法合乎大孝之道，顺乎人情之理，不但没有违背礼教精神，反而彰显礼教精神。朱厚熜奉遗诏即位，与预立为皇嗣的汉哀帝、宋英宗不同，他们都是先期入宫，经过较长时间养育，而朱厚熜则是继承祖宗之统，直接登位。至于孝宗无后的问题，张璁认为，兴献王只生嘉靖帝一人，如硬要其嗣孝宗之统，不是“自绝其父母之义”吗？而皇帝对亲生母亲称皇叔母，见面时便应依君臣之礼，难道儿子可以以自己母亲为臣吗？张璁还引证史实，驳斥了非皇嗣不能继统的说法，并提出应在京师为兴献王建庙和推崇圣母。

我们可以想象到朱厚熜读到这份奏章时的欣喜。虽然年纪不大，朱厚熜并不害怕与阁臣、礼臣对抗。自己是皇帝，别看大臣们闹腾得欢，遥控器还是握在自己手里。他焦虑的是如何说服天下人心，他不能让大臣和士大夫们的说法摇晃人心。他需要有人站在自己的立场，为自己说话。他要在母亲进入京城前捋顺这一切，解决好追崇礼仪。张璁将史证和理论送到眼前，让内心焦灼的少年似久旱逢甘霖。朱厚熜一边激动地读着《大礼疏》，一边抹着眼泪道：“此论出，吾父子获全矣！”

朱厚熜命人将《大礼疏》送往内阁的同时，也派人打听张璁其人。张璁虽为新科进士，其年龄却已四十七岁。据《万历野获编》记载：张璁在中举后参加了七次会试，都是名落孙山。就在他准备偃旗息鼓，以举人谒选时，擅长星相之术的御史萧鸣凤对他说：“三年后你定能中进士，再过三年便会有大富贵。”这句话犹如一针强心剂，为陷入困境的张璁指明了方向。张璁将信将疑，正德十五年果然得中。这一年，四十七岁的张璁终于考中了二甲进士。这些生命中的异数，古今中外不乏其例。

张璁能够高中二甲进士，可见此人颇有才华。史家评论：“张璁秀伟美须髯，产不能中人，恢廓从性，动止若大豪。于书无所不窥，而尤精五礼。”由此可见，张璁既不是小人，也不是戏台上的丑角。他精通儒家礼制，讲话有理有据。经过个人的不懈努力，张璁接触到权力的中心，而就在这时候，帝国高层发生了议礼之争。嘉靖帝和以杨廷和为首的廷臣闹得不可开交，张璁默默地关注着这场争论。凭借着与生俱来的政治敏感度，他既看到了皇帝的势孤力单，需要援手，同时还发现了杨廷和等人的破绽所在，便静静地等待时机。

经过一番利害权衡，张璁决定将宝押在嘉靖帝朱厚熜身上。在帝国官僚的高层斗争中，这种押宝式的投资并不是空手套白狼，而是需要承担一定风险的，搞不好就会丢官丧命。张璁站出来力挺嘉靖皇帝，等于站在了全体廷臣的对立面上。虽然他有可能从皇帝那里捞到晋升的机会，但却失去了大多数朝臣的支持，为自己在官僚系统树立了更多的劲敌。话说回来，如果张璁没有博得皇帝好感，那么他就有可能会在官场上陷自己于危险的境地。当时支持杨廷和的礼部尚书毛澄，给事中朱鸣阳、史于光和御史王溱、卢琼等人纷纷上疏弹劾张璁，要求皇帝对其施以惩戒。朱厚熜根本不予理睬，事态发展也随之进入僵持状态。在杨廷和等高级文官的步步紧逼之下，朱厚熜迫不得已，只好在嘉靖元年下诏称孝宗为“皇考”，慈寿皇太后为“圣母”，兴献帝后为本生父母，不称“皇”。

朱厚熜虽然做出了妥协和让步，但是在这一回合的较量中，他还是为自己积蓄了爆发的力量。由于朱厚熜态度鲜明地支持张璁，部分朝中大臣的立场也发生了动摇，逐步分化为两派：一派支持为兴献王加尊号，是为议礼派；另一派则反对为兴献王加封号，是为护礼派。在这场君臣博弈中，有很多识时务的大臣也跟着张璁倒向嘉靖皇帝朱厚熜，议礼派队伍不断扩大，两派之间的争斗也由此进入到白热化状态。

就在双方陷入僵局之时，皇帝的生母、兴献王妃蒋氏从安陆州抵达通州，准备进宫。对于蒋氏进宫，朝廷也早就做了部署。礼部拟订的仪注有两套方案：一是让皇帝的母亲从崇文门入东安门进宫，如果第一套方案行不通，那么第二套方案是由正阳左门入大明东门进宫。进宫本无可厚非，但不同的宫门代表着不同的身份界定。

在蒋氏进宫这个问题上，皇帝的态度再度引起朝臣的不满，两套方案均被朱厚熜否决。按照他的意思：自己是皇帝，自己的母亲理所当然是这个世界上最尊贵的女人。她应该由大明中门入宫，然后谒见太庙。当他将自己的想法和盘托出时，那些护礼派官员们再也坐不住了——自古以来焉有女人谒太庙之礼？

朱厚熜刚刚登基，就在这场大礼议之争中表现出夺人的气势，这让护礼派官员极为不安。而这时蒋氏已经抵达通州地界，听闻北京的官员逼迫自己的儿子认先皇（明孝宗）为皇考，她愤怒地说："安得以我子为人之子！尔曹已极宠荣，献王尊称胡犹未定？"她坚决拒绝在蒙受羞辱的状况下进入京师。朱厚熜本来就是一个大孝子，他在听说母亲已到达通州，因父亲尊号未定，拒绝入京的消息时，不禁悲从中来。作为一个皇帝，竟然连亲生父母的尊严都维护不了，他这个皇帝当得还有什么意思？

谁也没有料到这个十四岁的小皇帝会在这个问题上表现得如此决绝。他先是一而再，再而三地召见杨廷和，与其促膝长谈。他多么希望身为首辅的杨廷和能够支持自己，可是杨廷和表现得比他还要决绝，在这个问题上没得商量。愤怒之余，嘉靖皇帝说出了一句过激之言：自己情愿不当这个皇帝（情愿避位），奉母回安陆州做一个普通的藩王，也不愿意伤害母亲的心。

少年皇帝铁石般决绝的态度，让杨廷和及其支持者们大为震惊，他们没料到母子二人在这个问题上会表现得如此倔强。如果双方互不相让，依然这么顶牛，事态的发展将会陷入更加恶劣的境地。经过一番利害权衡，议礼大臣们只好做出让步。这样一来，蒋氏就光明正大地从大明门中门进入了皇宫，朱厚熜亲临午门迎候母亲的到来。可以想象得出来，母子二人相见，肯定有一番内心的窃喜和言语上的唏嘘感叹。用我们今天的眼光来看，大礼议并不是什么大不了的事。可是在封建君主制的明朝，这就不是小事。虽然事情并不复杂，无非就是皇帝要给亲生父亲加个封号，但大臣们不同意，结果双方闹翻，最后升级为帝国的一场政治风波。刚刚进入官场的张璁抓住机会在权力场上实现成功突围，这在很大程度上刺激了其他官员。本来他们以为皇帝刚刚上任，在朝中没有援手，没想到半路会杀出个张璁。

在张璁的榜样示范作用下，刑部主事桂萼、兵部主事霍韬、礼科给事中熊浃，还有同知马时中、国子监生何渊、巡检房浚等文官也不断上书支持皇帝。议礼派的异军突起，使杨廷和等护礼派大臣在皇帝面前逐渐失去了优势地位。朱厚熜进一步主张在兴献“帝”“后”二字前，加“皇”字。杨廷和等人自然反对，如果加“皇”字，世宗（朱厚熜）的亲生父母便和孝宗夫妇处于同等地位，完全违背了宗法制度中的大宗、小宗观念，所谓“是忘所后而重本生，任私恩而弃大义”。杨廷和率领群臣，请求罢官辞归，以此要挟朱厚熜。朱厚熜无奈之下，加以折中，称孝宗为皇考，张太后为圣母，亲生父母为“本生父母”，既表明自己是继孝宗之嗣，又仍然保留了本支世系。嘉靖元年（1522年）三月，明世宗朱厚熜正式为生父上封号，在《兴献帝册文》中，朱厚熜本来想自称“子”，杨廷和不同意，朱厚熜又提出称“孝子”，杨廷和仍然不同意，指出应称“长子”“本生”，朱厚熜接受了这一方案。

嘉靖二年（1523年），围绕安陆兴献帝陵寝祭祀礼仪，双方再起争执。杨廷和等人认为太庙用八佾，兴献帝祭礼应该减少，“正统本生，义宜有间”。但这一提议被朱厚熜拒绝。因此，虽然兴献帝尚未被称为皇帝，但在祭祀规格上，已经与历代诸帝一致。随后，南京刑部主事桂萼上书皇帝，表示现有称谓并不适宜，应该重新议礼。桂萼全面批判了杨廷和的主张，从孝道出发，指出孝宗有子，不应过继他人之子，故而世宗（朱厚熜）不应继孝宗之嗣；武宗遗诏传位于世宗，不应隔开武宗而直接追溯孝宗，故而世宗应继武宗之统；因此，世宗应改称孝宗为皇伯考，兴献帝为皇考，在宫中为兴献帝立庙祭祀。朱厚熜接到这封奏疏之后，命群臣再次廷议。

嘉靖三年（1524年）正月，杨廷和鉴于朱厚熜如果尊亲生父亲为皇考，将意味着自己一直以来的继嗣主张被完全否定，于是选择了致仕回乡。在他之前，礼部尚书毛澄已经去职。据说，朱厚熜曾派一个内侍找毛澄商量，这个内侍一见毛澄就长跪不起，叩头不止。毛澄问他为何如此，他说，皇帝让他转告毛公，谁人无父母，为何他朱厚熜想要孝敬父母却无法达成，请毛公一定支持他。内侍还拿出一袋金子，要毛澄收下。毛澄叹息自己老了，不可以破坏朝廷典礼，“独有一去，不与议已耳”。一边是典例难破，一边是君命难违，唯有一去了之。毛澄请辞后，汪俊取代他出任礼部尚书。

无论是杨廷和，还是毛澄，他们已经为自己赢得了广泛的声望和赞誉，历史文本也将他们纳入贤臣良相的行列。尽管如此，他们还是无奈地离开朝堂。三年前，也正是他们主张迎朱厚熜入宫，那时的他们或许还做过君臣和谐，开创盛世基业的美梦。

美梦与现实就像隔着一层窗户纸，一戳即破。嘉靖初年的开局相当好，一大批围绕在杨廷和身边的大臣，在后世都享有贤明能干的声誉。可惜嘉靖帝用他四十五年的帝王生涯印证了一件事：在他心中，国事永远排在家事、个人私事之后。从后来的发展看，决定让朱厚熜坐上皇位的张太后和杨廷和，显然都有理由对自己当初的选择感到懊悔。诚如杨廷和离去时的叹息：

> 众尤交责，吾何逃乎？义之尤我，命也；人之尤我，遇也；事之尤我，时也。吾有去而已。

杨廷和的离去，使大礼议之争重新掀起了波澜。政治嗅觉灵敏的官员已经预感到，帝国的上空正在酝酿一场暴风雨。这时候的朱厚熜已经不是一个人在战斗，在他的身边围绕着一大批拥趸。而张璁作为第一个吃螃蟹的人，理所当然就成了其中的首脑级人物。虽然这些人都是一些中下级官员，在官场的地位无法与杨廷和等人相抗衡，但他们手中握着一张最大的牌，那就是明世宗朱厚熜。

2. 左顺门和文人的屁股

经过一段时间的酝酿之后，两大政治集团重新燃起新一轮的大礼议之争。

护礼派是以杨廷和为首，由九卿、科道官、诸司郎官等高级别文官所组成。杨廷和虽然甩手而去，但是并不代表反议礼集团就此瓦解。杨廷和的继任者们，大多是这一集团的核心人物。他们在大礼议事件中都扮演着反对者的角色，所以由这些人所组成的政治集团不会因为一个人的离去而消失，凝聚他们的不是某个人的力量，而是道德的约束力。明朝政府用道德统治国家的最初目的是约束武官，过程中也免不了约束文官，直至最后连皇帝也一并约束。

嘉靖三年正月，在母亲（兴国太后）过生日时，嘉靖皇帝朱厚熜传旨，让那些身负诰命的皇亲国戚以及文武百官的夫人们都进宫朝贺。过了不到两个月，在昭圣皇太后过生日时，朱厚熜竟传旨免命妇朝贺。他要用手中的皇权压制昭圣皇太后的势力，借以抬高母亲的身份。

显然，大礼议已日渐显出不祥之兆，少年天子摁下了快进键。朱厚熜不愿再磨磨蹭蹭，与那些反对者讨价还价。接到诏敕后，礼部尚书汪俊和吏部尚书乔宇等高级文官再集廷臣会议，会上拟订“于孝宗称皇考，于兴献帝称本生考”。

为了使皇帝满意，尽快平息这场扯来扯去的争论，护礼派官员又在本生考、本生母前加一个“皇”字。朱厚熜也同意了这个方案，先给昭圣慈寿皇太后加上“昭圣康惠慈寿皇太后”的尊号，然后给父亲加上“本生皇考恭穆献皇帝”的尊号、母亲加上“本生母章圣皇太后”的尊号，并宫中立庙。其实这个建议还是可行的，毕竟照顾到了双方的情绪。吏部尚书汪俊表示反对：“皇上入奉大宗，不得祭小宗。为本生父立庙大内，从古所无。”但朱厚熜并不接受。

就在这时候，张璁和桂萼抵达京城。两人立即上疏，推翻了护礼派大臣们的方案，并且斥责那些高级文官不学无术。按照二人的提议，应以兴献帝为“皇考”、以孝宗为“皇伯考”。此疏一出，立即在帝国高层引发了一场血腥的政治风波。内阁首辅杨廷和离职而去，为那些护礼派官员拉响了警报。为了避免树倒猢狲散的局面，内阁官员决定来一次疯狂反扑。在他们的直接授意之下，礼部尚书汪俊首先发动七十三名大臣和他联名上书，弹劾张、桂二人，反对议礼。他们声称：“八十余疏二百五十余人，皆如臣等议。”紧接着，给事中张翀率三十多人联名上奏，御史郑本公率四十四人联名上奏。

在这次联名上奏风暴中，朝廷的大小官员一口气上了十三道奏章，嘉靖皇帝将奏章扣在手里（留中不发），不予理睬。他在面对内阁大学士时毫不避让：“尔辈无君，欲使朕亦无父乎？”这话说得不可谓不狠。

嘉靖三年七月十五日，朱厚熜第二天就要为母亲上尊号。大臣们对朱厚熜的做法极为不满，情绪也颇为激动。等到散朝过后，护礼派二百多人迟迟不愿离去。他们集体跪于左顺门外，高呼太祖高皇帝、孝宗皇帝。杨廷和的儿子翰林学士杨慎慷慨陈词："国家养士百五十年，仗节死义，正在今日！"他们相互激励，相互感染。有人将下朝的群臣拦留在内金水桥，振臂高呼："万世瞻仰，在此一举。今日有不力争者，共击之！"这种召集，有鼓动，更有感染，其中也不乏裹挟的意味。总之群臣迅速集结起来。

以杨慎为首的新护礼派官员更是情之所至撼门大哭，声震阙庭，哭声和喊声冲破云霄。朱厚熜命太监传谕，命现场的官员即刻退去。但是，那些组团前来的官员到中午仍然伏地不起，甚至内阁大学士毛纪等也加入请愿队伍，跪伏于群臣之前。朱厚熜命司礼监记下所有参加者的姓名，至此他决心不再让步。

史料记载，参加此次集体示威的官员共计二百二十余人，其中六部尚书五人，监察院都御史二人，六部侍郎三人，另有三品以上高级官员三十人，翰林院、詹事府等十余个国家重要机关的官员一百余人。朱厚熜大怒，立即派锦衣卫将翰林学士丰熙等八人抓了起来。矛盾再度激化，官员的情绪就像被人点爆的汽油桶，左顺门前出现严重骚乱。朱厚熜见事态无法控制，下令将闹事的一百三十四位大臣逮捕入狱，其余八十六人听候处置。两名内阁大学士暂且免予处分。

朱厚熜的性格素来强硬，三年来，他对这些当朝大吏早就忍无可忍。随着锦衣卫的呼啸而来，这些向来以体面示人的官员，在暴力的加持之下毫无体面可言。他们有的被抓走，有的被踢翻，有的被吓得四处逃窜，左顺门很快被收拾成一片净土。次日是七月十六，朱厚熜如期将章圣皇太后的尊号定为"章圣慈仁皇太后"。在举行册礼时，一些朝廷官员拒绝参加册封典礼，可他们毕竟是少数。但凡到场的官员，一个个面目肃然，举措恭谨。七月二十日，锦衣卫请示朱厚熜，那些关在狱中的和待罪的官员该如何处理。朱厚熜没做过多犹豫就开出罚单：四品以上停俸，五品以下当廷杖责。其中八人在经过严刑拷打后被充军边疆，杨廷和的儿子杨慎被发往云南永昌卫戍边，带着一身杖伤上路，几乎死在路上。

皇帝如此决绝，那些执行者又怎能手下留情。廷杖自然是免不了的，明朝官员的屁股好像天生就是为此酷刑而准备的。除了明朝，其他朝代还真就没有这样的刑罚。廷杖是摧残官员尊严和肉体的双重酷刑。廷杖是一门技术活，火候的掌握更是高深的学问。有史料记载，那些行刑的武士都经过专业训练。在训练过程中，他们会用宣纸包着砖头，然后用棍子击打。直到练就宣纸不破而砖头尽碎的行刑手法，基本上就可以上岗了。对那些私下塞红包的，或是有上级官员打招呼的受刑者，执行者就手下留情，那些人虽然表面上被打得皮开肉绽，实际上都是软组织损伤，回家涂了药，起来就能游泳。要是既无关照，又有私仇的受刑者，那就用最高级别的杖法，一棍下去表皮完整，内部却大出血，使人就此丧命也是平常之事。

朱厚熜决定痛下杀手，那些五品以下的官员一个个被锦衣卫拖翻在殿廷上，一顿廷杖直打得他们皮开肉绽。在这次雷霆风暴中，有十七人被活活打死。这一顿棍棒，着实打出了皇帝的威风。自此以后，他不再是那个处处受制于人的少年皇帝。这一年，朱厚熜刚满十八岁。在棍棒的呼啸声中，皇帝完成了他的血色成人礼。朕即一切，君威不可犯。从此，他要强制推行一己之观念，强力清除那些阻挡他道路的人。

儒家的政治传统讲求的是忠君之道，要求以“道高于君”和“从道不从君”作为臣子的行为准绳，以不怕死的无畏精神，把直言敢谏、冒死强谏作为匡正君失的最佳选择。作为官僚集团中负有“言责”的一个特殊群体，言官理所当然地肩负着“以道事君”的使命。当然有言责的文官集团并非铁板一块，随着世宗不由分说打击言官的力度加大，随着一个个正直的言官在棍棒与血腥中倒下，那些逃过劫难的言官难免会削减政治热情而趋向缄默善变。他们中的很多人，由最初的一根筋开始变得阿谀逢迎。直言极谏的言官吃大棒子，而趋炎附势者分到的却是糖果，两下比较，大部分人都会选择趋利避害。

时隔不久，朱厚熜就将父亲的神主从安陆州迁到京城，安放在观德殿。他给父亲兴献帝的尊号为“皇考恭穆献皇帝”，先前的“本生”两个字已被悄悄抹去。为彻底平息反对之声，朱厚熜下令罢黜、逮捕众多文官。与此同时，将张璁、桂萼、席书、霍韬、方献夫召入京中任职。那些早已退休，甚至不在人间的元老，也未能逃脱厄运。杨廷和及其后的三任内阁总理大臣和他们当年的支持者，都被削去官职和荣誉。朝堂之上，行走的都是奉君若父的听话之人。

待到这一年的九月，明世宗朱厚熜令改称孝宗敬皇帝为皇伯考、昭圣皇太后为皇伯母。集议之时，上书支持此议的官员队伍明显增加，竟然有六十四人，其中还有张太后的弟弟张鹤龄。

廷杖这个下作且伟大的发明，打烂了文臣的屁股，也击碎了他们的痴念，以及他们持守的儒家教条。翻阅史料，我们会遗憾地发现，直到近四十年后海瑞出现之前，我们很难找到什么人，敢于和皇帝唱反调。

朱厚熜终于如愿以偿，追封自己的生父为明睿宗，其牌位入主太庙，摆放在明武宗之上，自己的生母也被封为皇太后。从这件事可以看出，当张璁议奏上前，朱厚熜虽然是一个刚愎自用的人，却不敢将自己的个人意志强制推行。因为那时候他心里也清楚，他的理由和依据是站不住脚的，他是在做一件违反儒家礼制、祖训的事。

凡此种种，正是内阁官员和大臣们借以限制皇帝独断专行的法宝。君主专制制度的时间越久，这类法宝就会积累得越多。在尊崇兴献王这事上，如果没有张璁这些权力投机者，光凭朱厚熜个人，是很难扭转被动局面的。而且即便有了张璁等议，拒绝中旨的斗争还是延续了两年多。由此可以看出，明代皇权受内阁、廷议的限制是何等之大。

嘉靖六年（1527年），朱厚熜开馆纂修《大礼全书》，后正式定名《明伦大典》。早在三年前，左顺门事件之后，方献夫便呈上自己编纂的议礼文献两卷。用他的话说，大礼议虽经圣上明断，然远没有尘埃落定，心悦诚服者少，腹谤私议者多。原因在于议礼的疏章未曾公之于世，议礼理论未能深入人心。世宗见疏大喜，即令礼部刊行天下。其后，世宗朱厚熜听从张璁之言，要将议礼疏章提升到“典则之体”“天子之书”的文献高度。于是，以阁臣费宏和席书为总裁官，张璁、桂萼为副，纂修《明伦大典》。书编成时，费宏已被张璁等人逐出内阁，席书病故，所有功劳也就落在张璁、桂萼头上。《明伦大典》作为“大礼议”的盖棺定论之书，对议礼反对派，即主张继嗣的官员群体进行了集体定性。

大礼议之后，一批支持嘉靖皇帝的权力投机者如张璁、桂萼等中下级官员进入内阁。杨廷和名义上被判处死刑，不过为示皇恩浩荡只是褫夺官阶，削籍为民。他的长子杨慎已经谪戍云南。蒋冕、毛纪、毛澄、汪俊、乔宇等所有卷入其中的高级官员都丢了官。皇帝还特别加注，以后每次大赦，这些犯官都排除在外。平心而论，新皇即位尊崇自己的亲生父母，也是人之常情。一班大臣却要改称亲生父亲兴献王为皇叔父，亲生母亲为皇叔母，确实有违人伦，毫不顾及皇帝的感受。

或许在他们看来，皇帝从来就不是世俗意义上的人。既然选择当皇帝，那就要遵循典例成法，不可越礼逾矩。他们秉持的“礼”，乃是本朝的立国之基，动摇不得。他们以为持礼就是占理，就可以像杨廷和那样，强硬地封还皇帝不合理的敕令。从表面上看，这是皇帝与群臣之间的意志对抗，究其实质，乃是皇权与传统力量的较量。而官僚集团则是传统力量的代表。至于张璁、桂萼，则是皇权意志的代表。这批人的生存之道，就是以绝对服从皇帝的权威为天职。在大礼议事件中与皇帝和议礼派苦斗三年的文官集团，在新的权力结构面前分崩离析。此后，帝国虽然也出现过海瑞这样直言犯上的人物，但就整个文官集团而言，却再没有了制衡皇权的心气。直到半个多世纪后，幼主万历继位，文官们才算稍稍恢复元气。

正德和嘉靖两位皇帝在自己执政期间都遇到了直面百官哭求的状况，万般无奈之下他们都动用了廷杖。但两人得到的结果却大相径庭，前者即便动用了廷杖，也没能完成自己的政治主张，依旧屈从于官员集团所带来的政治压力。后者则打出了威风，成了真正的胜利者。

如果从性格上分析明朝的十七个皇帝，他们中间的一半以上都偏于温和。相比较而言，朱元璋、朱棣和朱厚熜是他们中间行事最为果决，对大臣也是最酷烈的三个皇帝。朱厚熜初登大宝时，所拥有的政治经验和手段几乎是一张白纸。而大礼议事件的爆发，使一个懵懂的少年迅速脱胎换骨为老辣的政治家，并最终使其成为明朝最懂得控制权力的皇帝之一，尤其对于文官集团的控制更是达到了炉火纯青。此后他的历届首辅，从张璁、夏言、严嵩，一直到徐阶，都是他整个棋盘上的一个个棋子。

朱厚熜最擅长的手段就是利用官员来掣肘官员，他在任期间使得皇帝的权威性得到大幅提升，内阁的权力有了进一步的下降（当然太监的权力降得更低）。可惜他后来的那些继任者再没有学习到他身上的谋略之术，由他一手打造出来的强势皇权也很快走向衰落，阁权迎来了再次壮大的机会。

第二节
嘉靖政界往事

1.《谕对录》里的时代面影

嘉靖皇帝朱厚熜在位期间，内阁首辅的权力虽然在皇权的压制下有所收敛，但相较于前朝已经大到除了皇帝，无人可以约束的地步。正因为如此，文官们争夺首辅之位的斗争愈演愈烈。

朱厚熜将内阁办公的地点设在了午门之内，这样就与从前内阁所在翰林院和文渊阁区别开来。时人谈起内阁，不再简而化之地将这几个机构混为一谈。更为重要的一点，那就是朱厚熜在制度上将内阁大学士定位为文官之首，并且将那些既忠心又听话的文官选入内阁，赋予他们干预六部事务的权力。其实内阁制的演变，在很大程度上就是文官集团的权力演变。

需要在这里说明的是，朱厚熜对宦官控制很严，动辄将那些犯错误的宦官往死里整。朱厚熜执政时期，宦官的势力在帝国的权力分润中并没占据多大比重。宦官的权力受到限制，使得首辅争夺成为帝国的焦点事件。这一时期，首辅更替频率之高、人数之多，都创造了一个时代之最。

嘉靖初年，杨廷和执政，独揽票拟之权。后来朱厚熜因为“大礼议”事件而移情专宠张璁，使其平步青云，以火箭般的蹿升速度进入内阁班子，直至首辅。在这里，我们不妨通过张璁与皇帝之间奏对往来的书笺了解一个时代的侧面。嘉靖（朱厚熜）对于君臣奏对往来的解释是："朕与卿贴皆亲书，虽不甚楷正，恐代写有泄事情。"也就是说，这些奏对都是他们亲手所写，虽然字体不够端正，但这么做可以防止事情外泄。张璁后人在许多年后，将他们之间的书信往来以《谕对录》之名刊印成书。

这时候的朱厚熜已进入人生的二字头，而张璁也已经成为内阁成员中的一员。经历了"大礼议"事件，二十岁的朱厚熜向世人展现了他的钢铁意志和狂热的野心。从1527年朱厚熜任命张璁为内阁首辅，到1535年张璁致仕，在这八年时间里，君臣二人之间信笺往来达到三百六十多封，数量可谓惊人。如果将嘉靖一朝分作前中后三个阶段，两人的信息往来贯穿于嘉靖朝整个前期。从中，我们既可以看到张璁在朱厚熜的成长过程中扮演着怎样一个角色，也可以让我们从侧面了解那个时代。对于朱厚熜而言，张璁既是他的政治顾问，又是他的人生导师，甚至是他的心理治疗师。正因为如此，这些信笺为我们打开了见证那个时代的一扇窗户。

——"近日屡见尔等所奏，皆欲朕图新政治"，这是1527年农历十一月的一份信笺中，朱厚熜说的一番话。他说，满朝文武大臣都对他寄予厚望，让他深感重任在肩。他也想开创新朝气象，可问题是找不到合适的人担任内阁和各部职务。所谓合适的人，无非是经历过"大礼议"事件考验，支持自己，服从自己的人。为何他即位六年来，不但没能将辅佐他的人带入内阁，反而无人可用？其实他又何尝不想将大礼议的支持者塞满官场，并排挤持不同意见者。但以朱厚熜的性格特质，他既不会屈服于护礼派，也不会被支持自己的议礼派困住。因为在他看来，那些出入内阁的官员，"或罔上而欺朕冲年，或专柄以制驭群下，窃弄威福"。朱厚熜在大礼议中一步步获胜，内阁的对抗也变得越来越软弱和无意义。杨廷和在嘉靖三年春离职归田，三个月后蒋冕被罢，再两个月又轮到毛纪。在杨廷和告退后，蒋冕和毛纪先后短暂地做了首辅，其间上有皇帝的巨大压力，下有张璁、桂萼等议礼派的激烈抨击，然二人立朝刚正，始终不肯趋附，最后不得不黯然离场。

杨廷和等三人相继离去，仅留下改元后再入阁的费宏、石珤和贾咏，组成嘉靖朝第二代内阁。此三人也是前朝旧臣，复职或升任大学士入阁，则出于朱厚熜的旨意。他们对皇帝虽然不再顶撞，但从其故意拖延、借机推搪，还有对争大礼者的保护的态度中，还是可以看出与杨廷和内阁的继承性。此时，议礼诸臣已经在朝廷逐渐站稳脚跟，张璁、桂萼等政坛新星正发出夺目的光芒，这让费宏、石珤等人处于不安之中。不久，费宏成为内阁首辅。费宏是个端正之人，虽然没有杨廷和的政治能量和胆识，但出于议礼和道德上的分歧，他还是竭力抑制张璁、桂萼二人参与到内阁的重要事务上来。正因如此，他和石珤遭到张璁、桂萼等连章攻击。费宏与石珤于嘉靖六年二月离朝，半年后贾咏也被迫离开内阁，这个过渡的内阁班子就这样解体。接下来轮到杨一清，此前两任内阁班子皆为前朝旧臣，这时候内阁的组成起了变化，张璁进入了内阁班子。杨一清入阁以后，一直极力去获取朱厚熜的信任，从来不因议礼或祀典与皇帝对抗。作为四朝老臣，他对年轻的皇帝恭敬体贴，曾于奏疏中提请朱厚熜减少早朝，珍摄龙体。

当初为了将费宏逐出内阁，张璁、桂萼二人策动让赋闲在家的大学士杨一清重回内阁。在他们看来，杨一清资格最老，是替代费宏的不二人选。首辅的产生，常常是论资排辈。首辅与其他阁臣职权的分限，并没有明文规定，只有沿袭习惯，因此在首辅和其他阁臣之间经常暗流涌动。阁臣中不甘居下者时常觊觎首辅之位。首辅则为了顾全大局，既要防着次辅，又要维护内阁形象。阁臣往往给人处变不惊的感觉，暗地里却是各种斗法。而阁臣斗法，不外乎攻击对手，使之失去皇帝的信任，遭到贬斥或降调。因此这种政争的背后，总是充斥着人性的卑劣和丑陋。

——“卿同官四人（在内阁中），一清忠诚，朕知之。但一二或不同，卿当致其力也。又前朕说董玘（吏部侍郎）不逊。意为玘在朝班之行与人接耳语，仰面上视，吐笑不恭，兼行走搀越，行礼出位。”

这是1527年农历十一月十三日，嘉靖皇帝朱厚熜给张璁的密笺中写到的。张璁在第二天就做出了答复。他顺着皇帝的意思，客观地评价了官员们的举止，紧接着笔锋一转，开始谈论另外的事情——分析大礼议和大狱中抱团的护礼派集团是如何形成和组织的。或许在他看来，朱厚熜说起此事也是醉翁之意不在酒。

张璁结合内阁记录展开分析：大礼议中护礼派官员抱团对抗皇权，不是起于一时，而是始于正德时代的1511年，当时的内阁首辅正是杨廷和。善于雄辩的张璁接下来引用了一组数字，以此作为事实依据。他说，内阁当时夺取了选取翰林院庶吉士一事的控制权，并且选取了其中三十人（共三十七人）到各个职位上，十九人被派到翰林院的正式职位上，七人被派到科道职位上。1517年，选取的数量是三十四人，十五人留翰林院，十三人补科道官。1521年，八人留翰林院，十人补科道官。张璁因此总结道：“只此三科，便选庶吉士九十一名，臣于内阁簿内查实名数如此。是以连年议礼，内党则多翰林，外党则多科道。所以说牢不可破，大肆罔上之心，遂改彝伦攸废，人极不立。非天生大圣人，其孰能定之以中正仁义如此。今见选庶吉士二十人，又多是内阁私人。先后布列，渐至大位，必为后忧，臣恐一清不见及也。若终得尽去私党，量选中外有才行者充补，则恩出朝廷，必各思报效矣。”这句话不难理解，也就是内阁把持了翰林院庶吉士的控制权，使得这些翰林出身官员只知内阁，不知皇帝。当内阁与皇权发生冲突时，他们便会站在内阁一边。张璁在这里的分析，确实有几分真实。作为回应，朱厚熜下令将全部庶吉士派到其他职位上，结果遭到了首辅杨一清的反对。他说，按照常例，应当酌留三五人在翰林及选科道等官。进入内阁不久的张璁在备忘录中质疑道：“此辈心切奔竞，口尚且乳臭，不应处之翰林，而科道言官，又岂少不更事者之所宜。今悉处以部署知县等官，将来必无营求幸进者。”朱厚熜尚未想好变革之法，只好妥协道“祖宗旧制，不可自朕擅改”。朱厚熜在这件事上浅尝即止，说明他在“大礼议”事件中所表现出来的那股刚健激进之风，仅限于回报父母之恩的礼仪改革。为了父母的荣耀，他不惜改变祖宗之法。除此之外，他又显得小心谨慎，热情不高。由此，朱厚熜发出感叹：“奈一清循泥事例，待从容谕伊等省悟，朕于辅臣之言难便拒违。况彼云不可改祖宗之法，若有旨将庶吉士裁革，便可说朕擅改。呜呼，差矣！”

杨一清当上首辅之初，与张璁、桂萼合作得很好。但时日一久，“难免生隙，以至龃龉不断”。张璁在皇帝那里“受知特深”，皇帝曾赐给他两枚章，一为“忠良贞一”，一为“绳愆纠违”。这一期间，发生了聂能迁弹劾张璁事件。张璁恼怒，欲将聂能迁置于死地，但因为票拟的权力在首辅杨一清，处理意见没能如其意拟行，张璁因此怀恨在心。杨一清对此做出解释：如果因有人弹劾阁僚，便置之于死地，必然会影响上情下达，阻塞言路，这是他绝不敢做的。

张璁上疏为自己辩解，还专门提到浙江都司都指挥使张浩备倭失事，说这是杨一清在帮他营求复职。杨一清不愿与之纠缠，恳切地请求允许他致仕还乡。在朱厚熜的再三挽留之下，杨一清才回到内阁。至于张璁说他私用张浩等人，杨一清的反驳更加有力。他说张浩为张璁亲族，张璁想让张浩任浙江都司，又不便公开说，便对他说张浩有才华，他便告诉兵部尚书使用。而今张璁竟反咬一口，真是自欺之论。其后不久，不断有官员弹劾张璁结党营私，收受贿赂。这些奏章显然给朱厚熜以极大震动，以致张璁第一次被逐。据说，张璁接到敕旨之时，正值中秋佳节。月色凄清，人心凄凉。那一夜，张璁辗转难眠，他自我反省并坦承曾经过于"刚速"，"太刚则折，宜济以柔；欲速不达，宜济以缓"。

张璁、桂萼在朝中积下的仇恨毕竟太多，一旦失宠，便成为了众矢之的，甚至连他们荐引的官员也成为众人攻击的目标。于是，议礼派中的勇者立即做出反应，他们奋身上疏，揭发杨一清收受贿赂等一系列"奸赃罪状"，并为张璁辩白。他们抓住朱厚熜的软肋，说张璁之所以招致众多嫉恨，皆因其首倡议礼之事，使那些护法之臣受到打击。朱厚熜对议礼诸臣毕竟有一种特殊的感情，有一份永存心底的感激和眷注。他无法忘记当初举朝皆与自己对抗，唯有张璁以新科进士之身奋不顾身地上言，博采典籍以反驳旧说，使自己得以挣脱"大礼议"的政治旋涡。此时张璁正陪伴其灵柩走到半道，朱厚熜的一纸敕令又将其召回。那一刻，他一定对皇帝充满了感激之情。皇帝召还张璁，杨一清已然明白圣意，再上疏求退。于是朱厚熜把杨一清罢免，升张璁任首辅。出于感激，张璁请求皇帝允许他改去名字中犯了御讳的"璁"字，于是获赐名孚敬，字茂恭。

让我们再回到朱厚熜与张璁的信笺中，听一听皇帝的心曲。

——"况朕生性不好玩乐声色，最不迩则有其时，如人生孰不知好善远恶，而朕身为人长，奉荷天命，安得自逸？不图善治以光前烈乎？"这时候，朱厚熜年过二十，不贪女色，不喜宴饮嬉游，一切朱厚照所具有的荒淫病症，他都没有。统治初期，朱厚熜养成了一个习惯，除了生病，他每天都会出席早朝集会。早到什么时候，经常是天还不亮就秉烛登殿，官员们在烛光下窸窸窣窣地排好队列。杨一清在时，曾率内阁臣僚上言：“人主视朝当有常期，古礼朝辨色始入，君日出而视之。今陛下常于昧爽以前视朝，或设烛以登宝座，虽大风寒无间。是固励精图治之心，而圣躬得无因之过劳乎？”这样的奏疏充满关切，但又不能全然视为拍马屁。朱厚熜身体素质很差，经常闹病。据说，朱厚熜一次病咳，久治不愈，母亲蒋太后经常至病榻护理，忧急相迫，自己也病倒了。他身边不乏医术高超的御医，自己也因此熟读医案，却还是弄不清病因。朱厚熜曾在写给张璁的诏文中，经常坦承自己并不嗜欲。他说：“朕于后与二妃皆以礼接，以道率之，亦以正御之。”对于男女之事，朱厚熜有着区别于其他帝王的独特看法，诚如他所言：“但奈朕委不尚嗜欲，而于多欲丧身之戒或过之耳，兼以气质薄而实色荒为惧矣。”皇帝与他的皇后以及其他宫人的关系，还有繁衍后代的事，既是皇帝的私事，也是半公共事务。对于这样一个爱江山更爱自己的皇帝，床笫之欢非其所欲。张璁劝皇帝好好休息，不要过于劳累，那么孩子就会有的。嘉靖却不以为然，说：“斯（无子）皆朕无德所致，但朕尚在冲年，未甚壮健。卿可安心勿虑，须徐图之。”不过，根据记载，朱厚熜从继位的第三年就开始崇信道教，举行斋醮活动，并在整个大内广设醮坛，“举诸后宫，莫不有之”。从嘉靖十五年，即朱厚熜三十岁那年，他就以患病为由逐渐不视朝，躲在后宫里，从事道教的修玄斋醮活动。待到他的生母蒋太后去世后，他就开始长年不视朝。

这个自诩不好玩乐声色的皇帝，却玩出了新花样。以至于在他三十六岁那年，差点把自己的命也玩掉。杨金英等十六个宫女合谋，试图用绳子将皇帝勒死。他口口声声说他不好女色，但他的后宫妃嫔却不断增加，宫婢队伍过于庞大，究其缘由，与那些方术之士密切相关。自幼崇信道教的朱厚熜，身边渐渐聚集来一些方士，这些人多来自道教名山，能炼丹烧银，扶正祛邪，延年益寿，甚至能降雨，能求子，总之无所不能。有一嵩山道士蓝道行，年逾八旬，仍精神健旺，行走如飞。朱厚熜问他养生之术，答曰饮用朝露。于是，宫女和失宠的嫔妃便加入采露女的行列。朱厚熜此时长期服食丹铅，药性燥烈，使他喜怒无常，动不动便鞭笞宫女和内侍。因为不堪折辱，这十六个女孩子豁出去了，谁都知道这是灭九族的大罪，犯者难逃凌迟处死。可她们还是不管不顾地去做了。慌乱之中，她们把绳套打成了死结。结果，朱厚熜被勒得晕了过去。方皇后救下皇帝后，不由分说，干脆利索地杀掉了这些女孩子。

皇帝是天之子，是人间的神，那些穿梭于宫殿、面目模糊的宫女居然敢动手诛天子，杀人间的神。一时间，朝野震惊，流言四窜。民间流传最多的一个版本是：本朝太祖皇帝朱元璋的第十六女宝庆公主下嫁给了驸马都尉赵辉。赵辉是个养生高手，活了将近百岁，直到成化年间才逝去。据说这个驸马爷的养生术是采阴补阳。所谓采阴补阳，也就是一年四季，无论寒暑，坚持不间断地饮用女子经血。据有关史料记载，朱厚熜从二十岁左右开始，不断地从民间征索八到十二岁的处女，前后累积近千人，就是采集她们的初潮经血以入补阳之药。宫女不断受到凌辱，方才做出弑君之事。

就连朝鲜《李朝实录》中都记下一笔："盖以皇帝虽宠宫人，若有微过，少不容恕，辄加捶楚，因此殒命者多至二百余人，蓄怨积苦，发此凶谋。"当时，嘉靖皇帝朱厚熜被勒得晕了过去。御医们吓得不敢近前，生怕皇帝死在自己手上。最后还是一个叫许绅的御医，壮着胆子上前，开方下药，救活了朱厚熜。几天后，许绅却一病不起，他对前来慰问的亲友说："我知道不行了，此病是惊吓所致，无药可医。当时，我不去救或者救不好，都得杀头，太紧张了。"没过多久，许绅果然去世。

——"伏请慈亲安心，受养尊体以享福寿，此等之事甚非圣母之忧，子不胜待罪。"根据朱厚熜的转述，他的母亲蒋太后答复道："皇帝何只这等说？吾岂不知皇帝之心。其先帝奉还之事委实重大，亦扰百姓。但只他日（我去世时）是必将吾随之先帝南归。如是吾则无忧也。"这是朱厚熜与母亲的对话，他居然也说与张璁听，可见他对张璁的信任程度。朱厚熜和母亲蒋太后在讨论是否要将其父的梓宫从安陆迁出，并重新安葬于北京附近的明皇陵。朱厚熜一直赞成迁葬，礼官讨论后也表示支持，而蒋太后流泪反对。她不想夫君之灵受到侵扰，并要求死后与其合葬于安陆。

在这里插说一句：朱厚熜是个孝心极重的人，但他除了自己的生母蒋氏，似乎从来就没爱过任何一位女性。即使是母仪天下的皇后，他也是动辄施威，夫妻情爱淡薄：陈皇后濒死，他不准其见生身母亲；与张皇后一言不合，即当众痛打，将其削去称号。皇上身边岂能缺少女性，但她们一个个却活得战战兢兢，不知何时便会大祸临头。嘉靖后宫充盈，光是有封号见于载籍的后、妃就达六十多位，可以说是明朝嫔妃最多的一个皇帝。最后一位后宫之主方皇后虽干练且有定见，也免不了死于宫中大火。自此，嘉靖一朝再也没有立皇后。紫禁城的后宫，真可称得上是一个凶险之地，投身其间的女子，既幸运又不幸。显然，作为皇帝生母的蒋氏是幸运的。

——朱厚熜向张璁转述母亲的话："吾安然处之，但恐皇帝行礼过劳。虽曰尽礼，吾心何安哉？"即使宫廷中的母子关系只是半公共事务，朱厚熜还是表现得完美且扭曲。蒋太后实在是一个信赖儿子、体恤儿子的好母亲。自从蒋太后到了皇宫，朱厚熜就在紫禁城内建立起自己的家。他是一个孝心很重的人，他很爱自己的父亲，对母亲蒋氏感情尤深。为了母亲的名分，他宁可抛弃皇位，也不让母亲受任何委屈。登基之后，即费尽心力尊奉母亲为"兴献后"；元年上尊号"兴国太后"，三年改尊号"本生母章圣皇太后"；当年秋，去掉"本生"字样，直称"圣母章圣皇太后"；七年再加上尊号为"章圣慈仁皇太后"。至此，蒋氏的尊荣早已超过了张太后。这每一步虽然都走得艰难，但他一步不让。蒋太后病重期间，朱厚熜前去探望。蒋氏将儿子叫到病榻前，对他说，几天来很想见他，总觉得儿子忙，身体也不好，不愿意打搅。今天看来自己是撑不过去了，有几句话要交代。

为了父母合葬之事，朱厚熜离京南下，踏上了他在位期间唯一的一次出巡之旅。《大明会典》记载，这是一次隆重出巡，行前祭告天地、祖庙、社稷诸神，车驾出正阳门，后妃辇轿相随。精壮旗校八千人，内以六千人专管抬举上座舆辇，二千人专管摆执驾仪，至于护卫，则有兵部从京营抽调的六千骑兵。扈从人员，除却勋贵、内阁、五府六部各监寺之外，光是随行乐工就有二百人，光禄寺厨役也有二百三十人。南巡的终点就是钟祥的兴王府，朱厚熜的出生地。或许是由于对父母有着太多太多的孝心，向来做事果决的朱厚熜，在蒋太后病逝后，对于如何安排下葬，一直犹豫不决。京师与承天府相隔三千里，若要父母合葬，不是北迁，便是南祔，最后他终于决定将父母合葬于钟祥的显陵。

蒋太后病逝后，朱厚熜将自己对母亲的爱化作对张太后的恨。他怀疑张太后用巫蛊之术害死了自己的母亲。他甚至拟好诏旨，准备对张太后进行处置，幸得内阁大学士李时拼命阻拦，才避免了一桩宫门血案。不久，他将张太后的两个弟弟罗织罪名，革职下狱。张太后为两弟求情不通，日夜哭泣，“至衣敝襦席藁为请”。可以想象，这位年过七旬、领袖后宫数十年的太后，落得孤凄无告，身穿破衣烂衫，睡在草席之上，用折磨自己的方式，为自己的弟弟求情。与蒋太后享尽死后哀荣相比，张太后死后，丧仪草率简略，甚至皇帝都没有亲临哭祭，只让内侍代为出面。朱厚熜对议礼的固执，对营建世庙的坚持，对反议礼诸臣的打击，对张太后及其家族的切齿痛恨，都是对父母孝思的体现。

嘉靖皇帝朱厚熜给首辅张璁的最后一封信笺的日期注明为1536年农历六月二十三日，当时张璁已经致仕回乡。这是皇帝出于对致仕老臣的尊重，一如既往，谈的只是带有半公共性质的皇家私事：他又册封四人为嫔，皇帝陵墓工程已经开工，等等。朱厚熜并没有向他谈起事关国体的政策。他们更像是多年老友，只谈风月，不论国事。

2. 技术型官僚的悲剧

“大礼议”之后，大批忠于祖制和法度的“议礼”反对派官员或是致仕，或是被贬黜，使得正统以来朝臣欲建立制度化内阁地位，从而使内阁保持相对独立性的努力遭到了搁置。随后，在朱厚熜对内阁的两轮清洗中，内阁成员被彻底更换，朱厚熜完成了对朝中人事布局的重新调整。张璁在“大礼议”时给人的印象，是一个标准的政治投机客。但在继杨一清为首辅后，他却摆出一副刚直之臣应有的面目。张璁持身特严，对于贪赃之人深恶痛绝。在他执政出任首辅期间，官员贿赂之事绝少。有人说他性情冷酷固执，睚眦必报，好坏不分。不过，这样的人，还是不能和我们认知中的佞幸之臣画上等号的。陆应旸在《樵史通俗演义》中记载：嘉靖以前，凡入阁拜相者，必定耗费钱财宴请内阁先辈及司礼监太监，而且要让司礼监太监坐于首席。张璁入阁时，内阁办事人员提醒他这件事。他叱责道：“我是国师，怎么可以折节邀请太监。”

张璁在“大礼议”中紧跟皇帝，打击异己势力，遭人诟病。也正是如此，世人评论总是抱着对弱者的同情。人们把“左顺门案”的账都记在张璁名下，那些血肉模糊的屁股，响彻宫门的哀号，都是计量张璁人品的条件。史传称他“刚明果敢，不避嫌怨”，对于皇帝并不无原则地退让，时常发出正直之言。我们无法将史传中的褒义词，与历史事件中的人物想象合二为一。那些潜伏于朝臣内心的怨毒，就像一粒粒种子，只要借助风雨，就会开花结果。张璁以议礼得罪了许多朝臣，他虽可凭一时权威将他们压服，但一有机会，那些沉默的死灰仍会翻出接二连三的火星，即使不灼伤，也会灼痛他。是以，虽贵为首辅，张璁的日子也并不好过。不过，让张璁感受到威胁的是夏言，一颗冉冉升起的政治新星。

夏言虽是新星，年纪并不小。朱厚熜登基时，他已然四十岁。在君臣猛烈交火的大礼议事件中，夏言的分寸拿捏得十分到位。这时候夏言上疏建议请嘉靖皇帝亲耕南郊，让其生母蒋皇后亲蚕北郊，“为天下倡”。夏言这么做既表明了自己拥护皇帝的立场，也没将自己暴露于帝国官员内耗的火力网中，引起反对派的憎恨。由此可见，夏言是一个政治手腕高明的文官。如同十四岁那年从湖广安陆来到京城时那样，朱厚熜似乎对“礼”抱有与生俱来的热情。他即位后，先是改变了朝臣出席典礼的正式服饰，又提出要改定朝廷主要的大礼，对天、地、日、月进行单独献祭。张璁婉言拒绝了皇帝礼仪改革的主张，包括詹事霍韬在内的一班“大礼议”中站在皇帝一边的官员也都反对。就像当年一样，有人反对，就会有人支持。支持皇帝的人就是时任吏科都给事中夏言。他为此专门上了一道建议天、地分祀的疏文。

这道疏文写得相当有水平，引经据典，文采斐然，更重要的是疏中的观点与朱厚熜的想法不谋而合。皇帝由此龙心大悦，自然少不了一番嘉奖。朱厚熜将其调入翰林院，任侍读学士，专门陪自己讲读经史。夏言眉目疏朗，气度不凡，极具个人魅力。作为一名侍读学士，他讲读经史声音洪亮，说得一口标准的官话，一点也听不出江西贵溪乡音。朱厚熜喜欢听他讲读经史，每次授课结束，都会赐其茶饭，神情之中流露出“欲大用”的意思。

夏言的表现与张璁在“大礼议”事件中的表现可谓异曲同工，两人都是揣摩君王心意的高手，知道投其所好。“大礼议”事件的爆发，使得朱厚熜与廷臣之间的关系势同水火。“大礼议”事件虽然平息已久，朱厚熜对此仍耿耿于怀。他急于在礼仪制度改革上再做些文章，为自己纠结于此找到一条合法的通道。其实改变祖制这种事，历来都是讨好新君、惹怒旧臣的事。夏言的这道奏疏虽然赢得了皇帝的欢心，却也引起朝中诸多大臣的反对。张璁是皇帝在“大礼议”事件中的政治盟友，可在“天、地分祀”这件事上，他却和夏言各执一端。夏言似乎成了抗衡张璁等议礼大吏的代表。

嘉靖十年（1531年）七月的一天，行人司长官（司正）薛侃突然造访太常寺卿彭泽的府邸。在这次不请自来的造访中，薛侃交给彭泽一份文稿。这份文稿是他准备上疏给皇帝的，其中涉及皇家的禁区——继嗣问题。因为太常寺是专门管理礼仪祭祀的部门，所以薛侃才会主动上门请教。彭泽看完这份文稿，从中捕捉到了置夏言于死地的杀机。薛侃、彭泽和夏言是同榜举人，薛侃是夏言的死党，而彭泽却是张璁的幕后同党。只要薛侃罪名成立，作为死党的夏言就难脱干系。彭泽带着这份文稿找到张璁，密谋一番。张璁将抄录的薛侃的文稿交到皇帝的手中，并直接道明，这份文稿是夏言指使薛侃所写。

嘉靖皇帝一怒之下将薛侃收监，命司法衙门严查此事，从重治罪。经过三法司的细致摸排，终于得出结果：薛侃的奏折是他自己所写，彭泽指认夏言幕后所为，纯属栽赃诬陷。真相查明后，皇帝破格嘉奖夏言，赏赐其四品官服和俸禄，用来表彰他“不党”（不与廷臣结党）的忠心。其官职也由吏科都给事中兼任侍读学士、经筵讲官，再升为少詹事兼翰林院掌院学士，兼经筵讲官。

如此一来，夏言与张璁的矛盾走向公开化，那些在“大礼议”事件中敢怒不敢言的官员趁机站出来弹劾张璁。嘉靖十一年（1532年）秋，彗星见东井，疑心颇重的朱厚熜心疑大臣擅政，身为内阁首辅的张璁只得象征性地提出致仕请求，不料竟惹得一批言官交章攻击。与以往不同，嘉靖皇帝不但没有袒护他，反倒严加斥责：“张孚敬（张璁）初以建言大礼，朕特不次进用。继而被人弹劾，有旨令其省改，却乃不慎于思，罔悛于性。朕心腹是托，奚止股肱而已，望以伊、傅之佐，岂惟待遇是隆。乃昧休休有容之量，犯戚戚媚嫉之科，殊非朕所倚赖。”皇帝感觉到此人恃宠不让，已不再是自己信赖之臣。于是，张璁再一次被免职遣送回原籍。虽然半年后他再次回到京城，已不复昔日荣宠，但朝臣对他的攻击也一直没有停止。他离任的时候，一度由吏部尚书方献夫代行首辅职权。

夏言在帝国官僚集团内部的地位日益提高，大有取代张璁之势。夏言之所以能够在如此短的时间里，地位与声誉双丰收，主要得益于两方面。一方面由于“大礼议”事件，官场的士大夫讨厌张璁已经不是一天两天的事，他们希望借夏言之手，向张璁讨回“大礼议”事件的欠债；另一方面，夏言谨慎低调的处世风格为自己赢得了市场。嘉靖十四年（1535年），张璁患病，皇帝派太监赏赐药饵，以示安慰。朱厚熜也看出张璁在朝中举步维艰，有一次他对内阁首辅李时说，张璁为人执拗，结怨太深。不久后，张璁再次致仕还乡。第二年春天，朱厚熜心血来潮，派锦衣卫官员带了他的亲笔手书，督促张璁回京复职。这个断断续续执政长达六年的内阁首辅又上路了，可这一次张璁即使有心，也回不去了。他行至金华，疾病发作，不得不中途返回。从此，他再也没能回到京城，属于他的时代已经结束。

张璁离阁后，李时、翟銮曾短期出任首辅，但都属于过渡性人物。嘉靖十七年（1538年），阁权不出意外地到了夏言手中。夏言不属于议礼派，但也是以议礼起家的。他的议礼之举虽然起步晚，却走得更远。夏言主阁之时，桂萼已死，张璁退居乡里，病危濒亡，方献夫也退隐林下。夏言引起皇帝注意的是他关于“更定祀典”的态度，这迎合了朱厚熜的心意，与当年张璁在“大礼议”中的表现很相似。夏言是个明白人，懂得如何揣摩皇帝的心思。朱厚熜每次写诗，都会送给夏言。夏言不但写诗相和，还将皇帝的诗作制成碑刻送还。这种文人雅趣，在君臣之间互通。夏言算是一个兢兢业业、随时为皇帝排忧解难的人，“奏对应制，倚待立办”。更重要的是，每件事都办得贴合皇帝的心意，时人称其“善窥帝旨”。朱厚熜也曾赏赐给他一枚银质印章，上面刻着“学博才优”四个字，用来密封奏疏。皇帝的赏识，让夏言在这时到达权力的巅峰——少师、吏部尚书、华盖殿大学士。

或许由于是“大礼议”事件的惨痛教训，朱厚熜形成一个用人标准，那就是不结党。夏言揣摩上意，不但不结党，还专门和因“大礼议”而上位的官场新贵们较劲。但此人性格上有个软肋，那就是待人接物有一股傲气。史称夏言“豪迈有俊才，纵横辨博，人莫能屈”，可见其人还是不能摆脱恃才傲物的士人习气。一旦掌握了权力，这种习气很可能使一个人志得意满。而发迹前的顺上悦下，也就被人视作谋取政治高位的手段和策略。就连在皇帝面前，夏言也毫不掩饰自己的傲慢姿态。对此，当时的大臣就颇有微词，有“不睹费宏，不知相大；不见夏言，不知相尊”之语。朱厚熜是一个极要面子的皇帝，这就为君臣之间埋下了一颗随时都可能会引爆的炸弹。而此时，夏言的真正对手，已经在黑暗处注视着他的一举一动，随时准备施以致命一击。这个人就是明朝的重要权臣，擅专国政长达二十年的严嵩。

嘉靖时期，大明帝国先后涌现了四名内阁首辅，其中夏言和严嵩两人的任期加起来足有二十多年，整整占据了朱厚熜在位四十五年的半数以上时间。由此可见，两人在明中叶的帝国官场有着举足轻重的位置。两人都是江西人，年龄也接近，夏言只比严嵩小了两岁。严嵩虽然比夏言进入内阁晚六年，却比夏言早十二年得中进士，资历不浅。

两人虽然都是帝国的文官领袖，但他们有一个共同特点，那就是都并非生于知识分子家庭。夏言的籍贯是江西贵溪，隶军籍，祖上靠军功博取功名。严嵩是江西分宜县人，隶匠籍，祖祖辈辈都靠手艺吃饭的匠人。在严嵩的家族谱系里，最近的一个能够与帝国的权力沾上边的人，还是他的高祖父。其高祖父曾经做过省部级高官（四川布政使），只可惜后来家道中落。而夏言的父亲夏鼎则是因为投奔在京城任军职的兄弟，才有机会留在京城读书，最后通过个人的努力捞取到进士的资格，被派驻地方为官。夏言在京城一直长到十四岁才跟随父亲到地方，所以在他成人之后，能够说一口漂亮的京腔。

两人对混迹官场都有相当高的天分。就出身而言，严嵩的起步显然要比夏言略占优势。严嵩二十岁的时候就通过乡荐（举人），几年后又考中进士，而且还是第二甲第二名（即第五名），因此被朝廷以庶吉士的身份选拔进翰林院做编修。明代的翰林院实际上就是内阁的署衙，内中网罗了天下的许多科举人才，是朝廷的智囊团和书记处。在馆阁的日子里，严嵩的经义文章每每在馆试中列为首选，诗词唱酬之作每每在宴集中力拔头筹。人们在欣赏他的文章的同时，也领略了他的书法技艺，观其文便可获得双重享受。

夏言二十八岁中举，不久入国子监读书。一直到三十五岁才拿到进士资格。他的科考成绩并不理想，只能达到三甲水平。所以夏言刚进入体制时只能被任命为“行人”，隶属于行人司，专门负责在各个部门之间跑腿和打杂，比如送公文、传口信、寄信函等，后来才被调到兵科给事中的职位。与夏言所走的性格路线不同，严嵩的傲气是深藏不露的，用现在的话说就是做人相当低调。在外人看来，严嵩完全就是一个八面玲珑的老好人，甚至透着三分谄媚，七分奴颜。按照夏言的士人习气，他根本看不上严嵩的市侩圆滑。不过，在中国历史上，市侩之风大行其道，士人反倒寸步难行。

就在严嵩怀揣着政治理想准备在官场上好好打拼的时候，他忽然得了一场大病，不得不返回原籍养病。严嵩退出中央朝廷返乡养病的十年，正是宦官刘瑾权倾帝国之时。待刘瑾与其党羽被扫荡，严嵩北上顺天，才算正式宣告复出。嘉靖十五年（1536年），严嵩以为皇帝祝寿的名义来到北京。朱厚熜诚挚地邀请严嵩留在京师，严嵩没有丝毫犹豫就留了下来，也就此拉开他混迹帝国中枢的序幕。在其复出后的十多年里，他先后供职于北京与南京的翰林院。而当时他的同乡、内阁次辅夏言，已经成为朱厚熜身边最受信任的人之一。

虽然严嵩的年龄和科举资历都超过夏言，但是在夏言面前，他还是摆出一副后进晚学的姿态。在严嵩所著的诗集里，有不少诗句就是专门献给夏言的马屁颂。其中一句“少傅知予久，交承分愈亲”，尽显严嵩向夏言讨好献媚的嘴脸。由此可见，在严嵩向上奋进的过程中，夏言扮演了一个极其重要的角色。沈德符的《万历野获编》中有一个绝妙的比喻：严嵩在夏言面前唯唯诺诺，阿谀逢迎，“如子之奉严君”。也就说，严嵩对待夏言，就好像儿子对待严厉的父亲那样。夏言初入内阁虽为次辅，但是影响力早已超过首辅，为皇帝所信任和倚重。严嵩是个明眼人，怎能不清楚其中的利害关系。夏言从心里瞧不起这个江西老乡，经常在公开场合对他冷嘲热讽，严嵩不以为意，反而更加恭敬如仪。有一次，严嵩过生日，他向刚刚荣升首辅的夏言发出邀请。夏言却退回请柬，不想出席。严嵩便长跪于夏府门前，将请柬举过头顶，口中吟诵内文。可见严嵩当时的攀附之情是何等的炽烈。尽管如此，夏言还是没有赏脸，严嵩只好怏怏而回。开席之际，严嵩毕恭毕敬地跪在为夏言预留的席位前，为没有赏脸而来的首辅献酒。这件事传到夏言耳中，夏言颇为受用。但这件事对于严嵩来说，恐怕又是另一番心境。

夏言出任首辅时，力荐这位在翰林院任职的同乡接任礼部尚书一职，严嵩逐渐开始显达。对于严嵩来说，他既要巴结讨好夏言，又要揣摩皇帝的心思。据说，他在五十八岁那年撰写的两篇文章《庆云赋》和《大礼告成赋》，让朱厚熜龙颜大悦，使他很快获得赏识和提拔。

这时候的朱厚熜更加执迷道教，三天两头举行祭天仪式。到嘉靖十八年，朱厚熜在葬了自己的生母章圣蒋太后之后，就开始长时间不上朝了。他平日并不住在皇宫，而是住在一个叫西苑的地方，一天到晚就琢磨着如何长生不老。因为经常要搞祭天的仪式，这个祭天的仪式中有个重要环节就是火化青词。

青词，又称绿章，是道士斋醮时上奏天神的表章，用朱砂写在青藤纸上。旧时迷信之人信奉的神仙多，凡间要告诉天神的事也多，于是青词竟渐成一种流行的文体。

严嵩的青词写得极好，朝中官员无人能比。青词并不好写，那是一种赋体的文章，要求用极其华丽的文字表达出人间君主对上天神灵的敬意和诚心。朱厚熜求仙心切，想早日得道升天，官员们所写的青词无法满足他几近疯狂的想法。有一次，朱厚熜的一只猫死了，他十分伤心。除了用纯金棺礼葬爱猫，他还命官员们写青词为这只死了的御猫向上天祈福。翰林侍读袁炜所写的青词里用了“化狮为龙”这样一句妙语，皇帝读后龙颜大悦。于是，写出妙语的袁炜“简在帝心”，并在短时间内获得擢升，从翰林侍读晋升为户部尚书兼武英殿大学士，入阁预机务，时人称“青词宰相”。

严嵩本就是颇负盛名的诗人，又长袖善舞，在这方面十分用心钻营。在任何社会，像严嵩这样的人都容易受到重视，且不论他们的内心是高尚还是卑下。小人对于私欲的执着培养了他们的一技之长，这使小人在攀缘的过程中具备了更雄厚的资本，增加了更多的选择，强化了其竞争的优势。

夏言也是写青词的高手，不过他缺乏耐心。他压根儿就没拿这玩意儿当回事，认为这不过是糊弄老天的文字游戏。皇帝是此中好手，臣子用不用心，他心知肚明。焦竑的《玉堂丛语》中有两个细节：其一题为“汰侈”，说的是阁臣都有皇帝赏赐的工作餐，叫作“上官供”，每次严嵩都是毕恭毕敬地吃“上官供”，夏言则从来不吃皇帝赏赐的工作餐，而是吃自己家里送来的美食。其二题为“阴谲”，说的是皇帝经常派太监去内阁查看阁臣在做什么，太监来时，夏言往往早已酣睡，而严嵩通过讨好太监事先得到消息，经常会正襟危坐于灯下作起草青词状。太监回去汇报，朱厚熜自然对严嵩的表现更满意。两人一怠一勤，在皇帝心目中的位置也在悄然发生着变化。

时间一久，只有严嵩写的青词能够获得皇帝的欢心，正所谓“醮祀青词，非嵩无当帝意者”。不久，严嵩以礼部尚书加武英殿大学士，进入内阁。当时他已年过花甲，仍然如同少壮派一样，从早到晚都在西苑（皇帝已从大内移居于此）的板房办公，一连几天都不回家洗沐，皇帝对他勤勉赞叹不已。史家有评：“（严）嵩无他才略，惟一意媚上，窃权罔利。”严嵩表面上低调，却有一颗睚眦必报的小人之心。再加上夏言在政坛上三起三落，每一次官复原职后都能轻易地超越他，这让他很是嫉妒。夏言虽然不喜欢严嵩这个人，但是他倒没想过要将严嵩踢出局。因为在他看来，严嵩还不值得他这么去做。既然他没有把严嵩这个人放在眼里，他又怎会把对方当成潜在的对手置于死地呢?

夏言打心里瞧不起严嵩这类人，他们只懂得摇笔祸主，一副奴颜媚骨的贱样。《明史・夏言传》里说他平常在内阁，对严嵩是“直陵嵩出其上，凡所批答，略不顾嵩”。也就是他非常鄙视严嵩这种跳梁小丑似的人物，无论是大事小事，大权小权，他都自己一个人揽上身，权当严嵩是内阁飘荡的一缕空气。

慈庆、慈宁两宫皇后驾崩，武定侯郭勋建议将其中的一宫腾出来让太子居住。这个提议立即遭到了朱厚熜和夏言的一致反对。令人没有想到的是，朱厚熜转而询问夏言：“既然你反对，那么你说太子应该住在哪里？”皇帝的问话，让夏言一时没有反应过来，可他又无法给出解决的方案。没有办法，夏言只好出尔反尔，转过来支持郭勋的建议。这让朱厚熜很不高兴，他甚至怀疑言官们弹劾郭勋，都是夏言在背后捣鬼。

等到大享殿修缮完毕，朱厚熜让夏言草拟献敕稿。夏言迟迟没有动笔，这让皇帝大为不快。朱厚熜是个好道之人，渴望有生之年能够寻到长生不老之术。他不光自己信道，还要求朝臣们跟他一起做道教徒，使得朝堂上下看起来就像是一个大道场。那时，朝臣戴的是乌纱折上巾，是一种类似于唐朝的翼善冠样式的官帽。皇帝戴的帽子通常用乌纱折巾而成，称为翼善冠。朱厚熜推崇道教，不戴自己应该戴的翼善冠而戴香叶冠，也就是道士帽。自己戴着还不算完，他还制作了五顶道士帽和五双道士鞋，分别赐给当时的首辅夏言、次辅严嵩等五人。

我们再来看严嵩和夏言两人表现：严嵩得到皇帝的赏赐后，欣然戴上道士帽，穿上道士鞋，还在道士帽上罩上一层轻纱。皇帝很是欣慰，故意问他为何这么做，严嵩的回答是“天子所赐，不敢轻慢，恐灰尘玷污耳”。我们再看夏言，他不但将道士装束扔在一边，而且还教育了皇帝一番。他认为冠服礼仪是朝廷的大事，官员怠慢不得。朝廷规定了什么等级的官员穿什么样的冠服，道士鞋帽不在帝国制度规定之列。他说，堂堂宰辅，怎会穿戴这些奇装异服，像严嵩这种小人做派，只会为天下士人耻笑。这句话等于当面抽了朱厚熜一记响亮的耳光，他喝令夏言退出宫苑。夏言面无惧色，迎着皇帝的怒火而上，傲然道："须有旨，乃可行！"想让我离开这里，你得有旨可依。

朱厚熜示意廷尉将夏言赶出自己的视野，君臣之间形成顶牛之势。与此同时，皇帝下令，大臣们入值西苑时，都要按照道士的习惯骑马，不准坐轿。夏言根本不管这一套，依然是坐轿进出西苑。严嵩见时机已经成熟，便打算公开向夏言发动攻势。有一天，皇帝单独召见严嵩，与他谈到夏言，并问及两人之间的关系。严嵩先是假装害怕地沉默不语，待朱厚熜追问得紧，他立刻仆倒在皇帝脚下，颤抖不已，痛哭流涕。严嵩充满戏剧性的表演，果然收到令他满意的效果。皇帝大怒，指责言官身为朝廷耳目，不该专听夏言主使。他说："朕不早朝，夏言也不到内阁办公，在家里处理军国重事，把朝廷机密视为儿戏，欺君罔上，怒及神鬼。"皇帝怒极而言，夏言第一次受到皇帝如此训斥，闻之色变，赶忙谢罪。

此事过后不久，帝国的天空出现了一次日全食。古人迷信，认为天象的变化与世事、时政有着必然的联系，而太阳是帝王的象征，日食则寓意着奸臣佞人当道遮蔽了帝王的光芒。严嵩乘机陷害夏言，说放眼帝国，能够遮挡皇帝光辉的人只有一个，那就是夏言。天象已经做出预警，如果皇帝不尽快处治夏言，帝国将陷入危险的境地。朱厚熜本来就十分迷信，经过严嵩这么一说，更加深信不疑。嘉靖二十一年（1542年）六月，朱厚熜下旨将夏言免职，遣返老家。夏言的离去，最直接的受益者当然是严嵩。第二年，作为次辅的严嵩就如愿以偿地取而代之，登上了帝国的首辅之位。夏言的离去让严嵩更加肆无忌惮，时间一久，皇帝有所察觉。三年后，夏言再度重返帝国中枢，仍为首辅，严嵩再次退居次辅。

夏言的卷土重来是有准备的，他对严嵩实施了一连串的报复打击。经此一劫，他对严嵩这个人看得更为透彻。凡是严嵩决定的事，他全部推倒重来；凡是严嵩安插的亲信，他一个不留地排挤出要塞部门。严嵩对此毫无办法，只得打掉牙往肚子里咽。

严嵩担任首辅期间，将其子严世蕃安插于朝廷的机要部门——尚宝司。严世蕃得此肥缺，大肆捞钱。严世蕃是个比他父亲更加妖孽三分的人物，在那些文学家的笔下更是荒淫无耻。明朝小说家冯梦龙所著的《情史》中有这样一个故事：严世蕃在家中养了一些美女，一吐痰就让这些美女用嘴去接，他把这些用嘴为他接肮脏之物的女子叫作“香盂”。由此可见，在时人的心目中，严世蕃是个多么让人恶心的家伙。据《明史》记载，严世蕃的模样与他的内心世界一样丑陋不堪，“短项肥体，眇一目”。没脖子，大胖子，还瞎了一只眼，俨然一世间怪胎。《明史》记载其“由父任入仕”。作为“官二代”，严世蕃没有经过科举考试就直接进入官场。不过，外表丑陋的严世蕃并不是一个草包。如果他参加科举考试，高中的概率还是非常大的。他的文采并不输给他的父亲，严嵩为皇帝写的青词，有很大一部分出于严世蕃之手。

直到严世蕃贪污受贿的把柄被夏言抓在手里，父子二人才慌了神。严嵩领着儿子双双跪于夏言面前，哀求夏言放他们父子一马。其实夏言要的就是这样一种态度，他要挽回丢失的面子。他见严嵩已经服软，心理得到了平衡，此事也就算过去了。严嵩轻松过关，可他对夏言的仇恨却越发强烈。为了将夏言彻底打垮，让他永无翻身之时，严嵩一直在寻找机会——一个将夏言置于死地的机会。嘉靖二十五年（1546年），陕西总督曾铣提出要武力收复河套，以解决蒙古人后裔鞑靼在河套地区的威胁。朱厚熜刚开始也是倾向于支持这个方案的，但一直以来，明朝军队已经被蒙古人给打怕了，因此对于武力收复河套，朱厚熜和他的官员一直犹豫不决。

需要在这里指出的是，曾铣是夏言一手提拔上来的，算是夏言亲信之人。此时内阁的政治斗争进入白热化阶段，阁臣之间纷争不休，并且拉帮结派，互相吹捧或攻讦倾轧，形成朋党势力。朝臣一旦有机会进入内阁，便可以上通天子，下视群僚。他们要巩固自己的尊荣显贵，就要学着网罗党羽，培植帮派势力。严嵩之所以有把握利用这件事置夏言于死地，还有一个重要原因，那就是夏言的岳父和曾铣私交甚好。夏言让自己的岳父作为中央和曾铣之间的联系人，这犯了帝国公共事务操作规则的一个大忌——官员的亲人和家属不能参与朝政。

严嵩通过宦官里的内应了解到皇帝并不敢下收复河套的最后决心，于是就在皇帝摇摆不定的时候，严嵩乘机诬告夏言与曾铣内外勾结，借收复河套牟取私利，从而陷帝国于危难。严嵩能够利用这次机会，主要得益于皇帝身边的宦官送出来的情报。明代中后期，一部分无耻的士大夫倒向宦官的怀抱，形成了一个阉宦与官僚相结合的怪胎——阉党。

由于朱元璋废除相权，他的那些继任者日常处理朝政，主要依赖两大机构。一是外廷的内阁，二是内廷的司礼监。两大机构分工明确，内阁虽有票拟之权，但具有决定意义的批朱则“权在天子”，而实际执笔批朱的并非皇帝本人，而是司礼监。在激烈的政治斗争中，不是被对手打倒，就是被政敌置于死地。

历史的规律向来如此，一个执权者的垮台，往往会牵连一大批官员被贬谪或者遭杀戮，以致党祸接踵而至，国无宁日。明朝皇帝只给内阁以有限的权力，却放纵阉宦为所欲为，让其充当维护皇权的爪牙鹰犬。严嵩能够柄政二十余年，就在于他懂得“巧为迎合，结诸阉人”。与严嵩百般逢迎权阉不同的是，夏言在宦官面前常常摆出颐指气使的傲慢姿态。按照《明史》给出的说法，夏言在担任首辅期间，根本没有把内宦放在眼里。平日里皇帝派宦官到夏言家中传话，夏言都会端着首辅的架子，视他们为奴才。可想而知，那些在人格上备受屈辱的宦官在返回宫后，怎能放过夏言。本来已经失去皇帝的欢心，又遭到严嵩和宦官的内外双重诬陷，夏言不垮台才是怪事一桩。

嘉靖二十七年（1548年）正月，夏言罢官。皇帝虽罢了夏言的官，但也并无杀他之意。可是这一年三月，曾铣先是以误国通敌的罪名被抓起来，紧接着被处死、抄家，妻儿也被发配远方。当时，夏言正在回乡的路上，闻听曾铣被抓的消息，他的第一反应是仰天长叹：“噫！吾死矣！”

夏言不得不承认，在这场政治博弈中，他已经败在严嵩的手里。直到这一刻，他才算真正看清这场政治斗争的实质，它不是简单的利益之争，而是性命攸关的生死博弈。皇帝派来抓他的锦衣卫已经出发。这一年，帝国本无大事。兵部侍郎曾铣被拟以“交结近侍官员律”处死，屈斩于北京西市。几个月后，夏言也同样被处斩于西市。临刑前，夏言的遗言让人唏嘘不已：“我有志恢复河套，实欲自尽犬马之忠，不虞至此。”

一个堂堂帝国宰辅，还有一个总督陕西三边军务的兵部侍郎，就这样以莫名其妙的误国罪成为这场政治斗争的牺牲品。据《明史》记载，曾铣死得确实冤枉，在他死后，人们发现他的家里连一分赃钱都没有。作为一名武官，不克扣粮草、虐待士兵，还一天到晚想着为朝廷收复河套，如此死法不免让人心寒。

等到夏言人头落地，夏、严之争才算尘埃落定。严嵩就此取代夏言，成为嘉靖朝权势熏天的内阁首辅。以夏言当时的地位，突然被严嵩扳倒，而且遭到的不是什么勒令退休或者罢官之类的厄运，竟是“弃市”——绑缚西市斩首。帝国高层的血色争斗使得朝野上下大为震动。夏言在临死前曾经上疏，指出是严嵩陷害于他。夏言集团的轰然倒下，无异于帝国官僚系统发生了一场八级以上的地震。明眼人都能看出来，夏言早已在走下坡路，可谁都没想到他最后会滑进死亡的深渊。

3.“阳明学说”和内阁之争

明眼人都会发现，内阁权力在嘉靖朝以后逐渐膨胀，但它对皇权的依附性却不断加强。如果说，在此之前，阁臣尚能保持独立的立场，但到了嘉靖中后期，朱厚熜将阁臣的进退荣辱完全操控在自己手中，从而达到控制内阁的目的，使得内阁的地位发生了衰变。此后，君臣关系转变为以君主意志为前提的臣下无条件服从，皇帝大权独揽，君主专制进一步强化，内阁没有完成制度化的进程。在此之后，内阁权力的大小取决于皇帝的个人喜好，首辅的更替也取决于皇帝的信任和偏爱。这也是为什么首辅之争，往往伴随着对政敌的诋毁和诬陷。皇帝的好恶，决定着辅臣们的命运。

随着夏言的倒台，严嵩毫无意外地成为帝国内阁首辅，沿袭明朝成例，他独操相权。可是权力的递延规律不会因为一个人的离开就曲终人散，夏言的生命虽然画上了句点，可帝国的官僚机器仍在继续运转。严嵩在接过相权的同时，也接过了权力带给自己的麻烦与纷争。而此时，那些靠近体制中枢的文官，都在用他们精明的目光注视着内阁权力的交替和变化。徐阶也不例外。

徐阶是松江华亭人。《明史》中记载，此人小时候曾经两次大难不死，成为当地的传奇。一次是在他一岁时，他掉进一口枯井里，被救出来后，昏迷三天三夜才醒过来；还有一次是他五岁时，他跟父亲过括苍山，从山崖上摔下来，结果却挂在树枝上，大难不死。

徐阶十六岁时，遇上了改变自己一生命运的人，那个人便是华亭知县聂豹。聂豹见徐阶聪敏早慧、读书用功，十分喜爱，将其视为忘年之交，并利用机会向其讲授王阳明的良知之学。这时候，王阳明的心学早已风靡天下。在王阳明生前，聂豹并未以师事之，但他服膺阳明之教，热切地追随王阳明。王阳明逝世以后，聂豹才在王阳明的亲传弟子钱德洪的见证下拜王阳明为师，并以阳明学说为宗旨而论学。《明儒学案》上说，“阳明既殁，先生（聂豹）时官苏州，曰：‘昔之未称门生者，冀再见耳，今不可得矣。’于是设位，北面再拜，始称门生。”徐阶深受其影响，还常与王阳明的弟子欧阳德一起切磋学问。徐阶在当地缙绅士子中声名鹊起，其才学受到当地“诸贤长者交口称誉”。徐阶的成长与嘉靖的掌权可以说是同步共振的。嘉靖元年，徐阶通过应天乡试，第二年，二十一岁的徐阶又以探花（第三名）的好成绩中了进士。

按照史书记载，徐阶是个面目和善之人，“为人短小白皙，善容止”。在他入朝晋见皇帝的时候，内阁首辅杨廷和见他器宇轩昂，内心十分喜爱。嘉靖朝名士王世贞在《嘉靖以来内阁首辅传》中记载，杨廷和曾经指着徐阶说：“此少年名位不下我辈。”正是在杨廷和的大力举荐下，嘉靖皇帝授徐阶为翰林编修，让其为太子和诸王讲授儒家经典、参与编修《大明会典》，并参与祀仪等机务。徐阶在仕途起步阶段还是很有人缘的，夏言在当首辅期间，曾经在皇帝面前保举过徐阶。这也为后来徐阶和严嵩之间的斗争埋下了伏笔。

无论是夏言，还是严嵩，作为首辅之争的参与者，他们都不是只知权力政治斗争的政客。相反，他们都是具有极高文化水准的士大夫，深受儒家思想的熏陶。很多时候，他们会高举着“仁、义、礼、智、信”的精神旗帜，将自己划归为文人的行列。但是残酷的政治斗争，让他们将文骨狠狠地砸碎。为了在体制夹缝中求生存，他们需要学会结党营私，不择手段地打击政敌。

欲望和野心使这些儒家弟子摇身一变成为冷酷无情的政客，他们经常用阴狠残忍的手段置对手于死地。即使无法达到目的，也是“非不为也，是不能也”。这些以儒学起家的阁臣大僚，看上去一副道貌岸然的姿态，但在儒雅的表象之下，他们手法的阴狠险毒丝毫不亚于那些动刀动枪的武夫和不通文墨的宦官。在文官集团政治斗争的大背景下，王阳明横空出世。他提出了知行合一的“心学”理念，为那些在帝国官僚体制内苦苦挣扎的文官照亮了前进的方向。彼时，王阳明心学在京城之地受到怀疑和学禁，但在其他地方正处于蓬勃之势，许多士子、官员和平民投入它温暖的怀抱。徐阶从未见过王阳明，但和大多数士子一样，在他年轻的时候，也被心学这一儒学新门类所吸引。彼时，他还只是一名华亭县学的学生，刚从知县聂豹那里获得了王阳明学说的指引。从此，徐阶一生拜伏王阳明，也用实际行动践行“阳明学说”。

在这里，我们借着清末民初章太炎的做法，把徐阶和王阳明并而论之。王阳明死于嘉靖八年，而徐阶那时还只是翰林院编修。两个人在政治风波中，并无交集。徐阶曾经受教于华亭知县聂豹，而聂豹则宣称是王阳明的弟子，再加上徐阶为《王阳明全集》作序时自称“后学华亭徐阶”，因此世人将其视为王学门人。徐阶虽然从未见过王阳明，但他和包括欧阳德在内的王阳明亲传弟子是亲密的朋友。徐阶后来一度成为分享和讨论阳明心学的学术活动的重要发起人、赞助者。

王阳明发起的这场思想革命，对于中华文明的影响是划时代的。一个人降临世界是偶然，偶然的生命个体，绽放出必然的思想火花，是个体的造化，也是时代的需要。将王阳明放在明代中叶这样一个混沌的时代背景下，他所掀起的心学革命无异于一场“人的解放”。这也是为什么梁启超先生会说，王阳明“能做五百年道学结束，吐很大光芒”。

王阳明，名守仁，字伯安，浙江余姚人，因曾筑室于会稽山阳明洞，人称“阳明先生”，是明中期的思想家、文学家、政治家和军事家。王阳明的父亲王华，人称“龙山先生”，官至礼部左侍郎。王华不仅为人耿直，而且诗文隽永，留下多部著作。他在担任经筵官时，经常讽喻宦官干政。

王阳明是王华的长子。据说王阳明出生时天有异象。他的弟子钱德洪、好友黄绾，在王阳明死后，分别为他撰写年谱和行状，其中都记载了王阳明出生之时，他的祖母梦见神人穿着绯色玉带，在云中一边演奏乐曲，一边将男孩儿送给她。她醒来之后，便听到王阳明的初啼之声。王阳明身上散发着某种神异的光彩，这是其他儒者所不具有的。与同时代的士人相比，王阳明并没有沿着社会的轨辙前行，而是与社会主流保持一定的距离，从而维持了思想的独立。

但他也为此付出了代价。王阳明二十七岁考中进士，先是在工部观政实习，次年观政期满，改任刑部，被授予云南清吏司主事，后来又改任兵部武选清吏司主事。与其他士人科举考中之后便追名逐利的态度不同，他对仕途始终保持着若即若离的关系。

虽然科考获得成功，但王阳明对程朱理学仍存有疑惑。他一时难以从儒家内部寻找解决、超越之道，于是转向另外两大思想体系——道家、佛教，寻求思想滋养。据说，他曾在娶亲当天，跑到道观与道士通宵畅谈，而忘记洞房花烛夜。他还一度萌发辞官出世之念，在会稽山阳明洞修炼导引之术。但作为深受儒家影响的世家子弟，王阳明最终在世俗人伦的牵绊之下，仍决定留在红尘中。

虽然决定入世济民，但王阳明并未完全认同现实的政治规则，而是从儒家士大夫的立场出发，保持对权势的批判意识。明武宗时期，朱厚照大肆重用与他一起玩耍的宦官，朝中文官掀起巨大的反对浪潮，大量朝臣因此被罢官免职，其中也出现了王阳明的身影。他为拯救同僚上疏弹劾刘瑾，结果被廷杖四十，几乎死去，而后被贬谪贵州龙场驿做驿丞。如果说，在此之前，王阳明的思想体系是混乱的、相互矛盾的，他还只是儒学思想的接受者，而不是创造者。那么在贵州与世隔绝的群山之中，他远离体制的喧嚣和世俗的繁华，思想得以沉淀和反省。那种感觉如同武侠小说中所说的主人公“打通任督二脉”。不过王阳明是将之前所学所思融会贯通，形成自己的思想体系，这便是“龙场悟道”。王阳明领悟到理向心求，心若自足便不假外求的道理，从而将自己从人生的巨大旋涡中抽离出来。在他看来心即理，理即心，知行合一，从而将理学从外在追求转为内在诉求。因此，“王学”属于南宋陆九渊开创的“心学”的进一步发展。

王阳明在龙场不断招收弟子，“王学”开始逐渐形成。离开龙场之后，王阳明不断升迁。他被举荐充任南赣巡抚，弹压那里多次叛乱的边疆族群，曾创下连破四十余寨，斩首七千余人的重大胜利。王阳明在赣南一边用兵，一边讲学，向众多门生传播心学之理。不久，王阳明又领兵平灭宁王朱宸濠叛乱。一般儒士或通过修身以立德，或在官场上打拼以立功，或创建学说以立言，像王阳明这般三者兼得者少之又少。历经兵事，王阳明学说又有新的发展。他又提出“致良知”，即一切学问的目的都是获取良知，人人心中皆有良知，而知行合一便是将良知推广到其他事物之上，从而实现儒家的理想世界。

嘉靖六年，明世宗朱厚熜征召王阳明总督两广军务。王阳明在这一地区，采取剿、抚两种措施，先后平定思恩、田州、八寨、断藤峡的叛乱，并实行改土归流，加强了明朝对西南边疆的直接控制。嘉靖七年，王阳明肺病加剧，上疏请辞，朱厚熜没有批复。王阳明于是径直回朝，在归途中去世。弥留之际，他留下人生最后一句话："我心光明，亦复何言！"王阳明未接到朝廷命令而擅离职守的行为，让朱厚熜十分生气。朱厚熜自小浸润于程朱理学的圣人之说，自我标榜是最精通理学的有道帝君，而以杨廷和为首的朝廷新贵，更是程朱理学的忠实信徒。然而，彼时上至朝廷大臣、学者士大夫，下至贩夫走卒，到处都有王阳明的信徒。尤其是在中下层民众中，王阳明具有极大的影响力。"致良知""知行合一"等主张，是一种简单直截、当下即是的功夫，引发了中下层民众的极大兴趣，直接推动了儒学平民化运动，构成了对官学也就是朱子学的强烈冲击，起到了解放思想的作用。

嘉靖八年，王阳明心学被禁，信奉朱子学的反对者认为："守仁（王阳明）放言自恣，诋毁先儒，号召门徒，声附虚和；用诈任情，坏人心术。近年士子传习邪说，皆其倡导。"朝廷要求"都察院榜谕天下，敢有踵袭邪说，果于非圣者，重治不饶"。这年乡试，出卷多有隐诋良知心学的用意。他们攻诋良知心学是离经叛道的"异端"，祸世学说。不久后，巡按江西监察御史程启充、吏科给事中毛玉秉承杨廷和、费宏一班宰辅的意旨，上奏论劾王阳明在平乱期间，与反叛的藩王朱宸濠交通勾结的六大罪证。人类的品性之一或许即为斗性，与天斗，与地斗，与外物斗，更与同类斗。这帮以程朱理学禁锢天下士子头脑的权贵，攻得越急，谤得越凶，阳明心学就会越抵近他们的心口，滚落到他们的舌尖。他们即使不张口，良知说也长在他们的心上，而他们一旦张口，又成为良知说的宣讲者。

他们骂王阳明"窃负儒名""尤非圣门之士""诋毁先儒""传习邪说"，骂得多了，骂到明世宗朱厚熜的痛痒处，他马上下诏说："自今教人取士，一依程朱之言，不许妄为叛道不经之书，私自传刻，以误正学。"嘉靖"学禁"就这样从天而降，朱厚熜钦定王阳明的著作为"叛道不经之书"，良知心学为诡异的"异学"，禁革于世。但随着席书、方献夫、薛侃等众多弟子被起用入朝，良知心学的潮流也涌进了京都，这引起了卫道者的恐慌。这一年，恰逢绍兴守南大吉考满入觐，他是王阳明的得意弟子。南大吉入觐到京，很快以辟稽山书院讲良知心学、编刻《传习录》并传播等罪被罢归。是那个一天到晚闹着要“学禁”的朱厚熜，他的良知，日渐沉沦昏聩，不可救药。到后来，他不出理朝政，沉溺在道教炼丹长生不死的迷狂中。他已经顾不了神仙之外的事，也没人再相信所谓“学禁”。从朝中大员，到地方士子，纷纷要求为王阳明平反，解除“学禁”的呼声日益高涨。

作为心学创始人王阳明就是在实践中完善“心学”和“知行合一”，并最终悟道的。他跟其他的圣人或哲学家最大的区别，就是他不是纯粹的理论派，而是一个彻头彻尾的理论加实践派。那些在帝国官场上苦苦挣扎的文官，在宦海沉浮中痛苦地发现，自己在书生时代坚守的那份信念与现实有着很大的差距。圣人的说教没有用，士人的礼义廉耻没有用，忠孝节义也没有用。在剥除这个丑恶世界的所有伪装之后，他们在人生的转弯处终于找到了答案：“利益”。

可在痛苦过后，他们依然执迷不悔地陷落于这条人生的不归路。等到王阳明参悟了知行合一的真意，他们其中的一些人才醍醐灌顶。一个儒学之士无论有多么伟大正直的理想，如果要实现它，就必须懂得两个字——变通。唯有懂得变通，将自己的思想付诸实际的行动，才能适应这个变化万千的世界。追求光明的“心学”诞生于在这黑暗的世界中，倔强地闪耀着自己的光芒。

按照出道的时间先后，王阳明与徐阶本来是不应该存在生命交集的，幸好这个世界还有一种叫作“思想”的东西，它可以超越时间的界限，让人的精神实现时空穿越。

徐阶平生酷爱阳明心学，并且不遗余力地将其发扬光大。他在翰林院工作期间，多次聚集门生讲学。多年以后，他更以首辅之尊在京师举办大规模心学讲学活动，听者数以千计。根据当事人罗汝芳的记载：“以徐首辅为榜样，六部九卿、台阁大员们纷纷到场（灵济宫），与学术界的贤者们亲切会晤。徐首辅亲手誊写了程子著作中的精彩片段，来自兵部的某高官激动地出列，热情洋溢地向在场同仁们逐句朗读。与会人员纷纷要求徐公详细解释，徐公亦不吝赐教，耐心地为与会诸君一一解惑，受教的人无不欢欣雀跃。”王阳明学说的核心是“致良知”，一个人通过内向反省擦拭人性的镜面，使其恢复光泽。徐阶所做的正是将这种个人行为模式引入高层政治的领域，这使他成为一名非常与众不同的大学士。就像有学者说的那样，他“不同于犀利的意识形态战士张璁、杰出的技术专家夏言、操纵以腐败为基础的官僚机器严嵩”。

徐阶的喜好能够一度成为帝国的政治风向标，有赖于他手中握着的资源。权力主导话语权，中国历史的特性向来如此。心学成为人人崇尚之学，成为官场上追名逐利的一种手段。徐阶的祖上是土里刨食的农民，到他父亲徐黼才当上衙役，后升为宣平（今属浙江）、宁都（今属江西）县丞。徐阶五岁随父在地方为官，耳濡目染了父亲处理公务的那一套程序，这对于他后来官场生涯产生了很大的影响。

在嘉靖初年那场疾风骤雨的“大礼议”运动发生时，徐阶的父亲恰好去世，他必须离职返乡丁忧三年，因祸得福，躲过了“大礼议”的风暴，也躲过了左顺门外的廷杖之苦。等到嘉靖九年（1530年），朱厚熜趁着“大礼议”事件余波未尽，准备罢黜孔子文宣王的王号，并且将孔子的像改为木像。按说此举等于是要了天下书生的半条命，可奇怪的是，以时任首辅张璁为代表的文官们居然跟着附和皇帝的意见。只有徐阶持反对意见，他提出黜孔子的王号是非常不靠谱的事。

张璁很不高兴，当面质问徐阶：“你这么做，算是背叛我吗？”

徐阶的回答也很直接：“背叛的前提是依附，我既然从来就没有依附你，又何来背叛？”

徐阶因此开罪了皇帝和首辅张璁，被贬为福建延平府推官。由一名京官被贬为边远地方的七品刑狱官，对于正在成长中的官员，应该算是一次不小的打击。可徐阶不以为然，他于人前自我解嘲：“无论官职大小，不都是皇帝的臣子吗？”

徐阶用接下来的九年（1530—1539年）在地方获得了他的前任大学士们从未有过的经历。作为府推官，他判了三年案子，还协助制定了消灭一伙盗匪的战略，严厉打击当地银矿的腐败。他被心学吸引，模仿他的导师聂豹——从某种程度上也是模仿王阳明，自愿承担起教育地方青年士子的职责。他从福建的府推官任上，辗转任黄州府同知、浙江按察佥事、江西按察副使等职。他经常扪心自问，自己能否正确理解“致良知”的完整意义。他拒绝成为一名为经典文本作注的思想家，他将自己定位于一个“致良知”的实践者，而他的实践植根于体制和行政事务。

嘉靖十八年（1539年），太子出阁挑选属官。在这次全国性的海选中，徐阶有幸被选为司经局洗马兼翰林院侍讲，这对他来说无异于人生中的一次重大转折。正是他正直敢言的秉性和百折不挠的劲头，让夏言对他另眼相看。没过多久，他被拔擢为国家最高学府的主管官——国子监祭酒。随后，徐阶的仕途进入一个顺畅时期，先是礼部右侍郎，两年后改吏部右侍郎。这时候徐阶刚刚进入自己的盛年期，时年四十三岁。时隔不久，徐阶受命兼翰林院学士，教习庶吉士。翰林庶吉士品级虽然不高，却拥有实实在在的权力。翰林院是帝国高官的培养基地，朝廷遴选阁臣的重要场所。也就是说徐阶在这个位置上，担负着培养选拔国家高级官员的重要职责。据记载：“公虽名，不废课习，而脱去所谓骈俪帖括之旧，推所真得于身心者。”即使这里的“身心者”不完全等同于“良知”，也是相当接近。张居正就是徐阶在这一时期遴选出来的储相人选，二人因此结下师生之谊。徐阶以少保兼礼部尚书的身份进入内阁，参与机务。

阁权扩张，势必引起六部官员的不满，阁部之争也在所难免。同时，为了取信于皇帝，谋求快速晋升，许多投机取巧的官员附和皇帝心意建言，大大败坏了朝中的言论风气，助长了皇帝的贪婪、堕落，也为日后爆发的朋党之争埋下了隐患。

徐阶是个悟性极高、极富韬略之人。有心人会发现，在官方的《明实录》中，徐阶作为次辅的十年几乎是隐身的，极少出现。而他的个人文集却塑造了一个活跃的角色，其中光是写给北京以外官员的信件就达数百封。有人说，他这是绕过常规的官僚沟通渠道，在体制内部布局自己的网络。徐阶比夏言更圆滑，更懂得进退，也更容易博得皇帝的信任和好感。此时，朱厚熜修玄崇道，帝国高层的文官们为了迎合他的癖好，将大量的时间用于“青词”写作。徐阶能够回到中枢机构，也与他在“青词”写作方面的天赋和造诣有着莫大的关系。虽然严嵩也是“青词”妙手，怎奈年事已高，很多时候，他都是让儿子严世蕃为自己捉刀。发展到后来，离开严世蕃，严嵩就无法与皇帝进行“青词”交流了。这时候的朱厚熜沉迷修道，根本就没有心思打理朝政。他下的手诏，一些官员读来如天书密码，完全摸不清状况。只有严世蕃一览之下就能够破解其中玄机，猜中皇帝的真实意图（答语无不中）。通常情况下，严嵩接到皇帝的手诏后，所做的第一件事就是赶忙派人往家里送，以期从严世蕃那里找到正确答案。可是有一段时间，严嵩的夫人欧阳氏去世，其子严世蕃在家居丧，不能再跟在父亲身后帮着破解皇帝的“青词密码”。严世蕃不能陪伴在侧，严嵩就完全失去了主心骨。

严世蕃在居丧期间沉迷女色，根本无法腾出时间替自己的父亲分忧。严嵩派人来询问对策，他只管自己逍遥快活，并不按时回话。这种做法完全没有顾及自己父亲的尴尬处境，朱厚熜本就是性急之人，他无法容忍老迈的严嵩在那里一道命题拖上半天时间。严嵩磨磨叽叽又无法如实相告，说出以前所写的“青词”都是儿子的作品。没有办法，他只好自己硬着头皮去应付，可往往是词不达意（往往失旨）。严嵩突然大失水准，这让皇帝在疑惑的同时大为不满。

这时候的严嵩已经进入人生的古稀之年，而徐阶只有四十九岁，年龄上的差距让他们分出了高低。嘉靖以后，内阁首辅的权力超越其他阁臣，重大问题的“票拟”由首辅专决，故而首辅与其他阁臣之间的争斗从未间断。次辅因觊觎首辅大权而攻击首辅，首辅为避免次辅的威胁，也要全力驱逐次辅。斗争往往借助污蔑、诋毁等手段，破坏对手在皇帝心中的形象，以借皇帝之手除去异己。徐阶作为“青词”写作的后起之秀，大有取代严嵩之势。徐阶的异军突起，难免会引起严嵩的警觉，帝国的新一轮博弈也就此拉开帷幕。其实，严嵩与徐阶的矛盾并非一朝一夕形成的。当初夏言任内阁首辅当政期间，曾经推荐过徐阶。因此按照帝国官场的圈子定律，徐阶应该算是“夏言的人”。严嵩当初费尽心机除掉夏言，如今就不能不提防徐阶的报复。

其实在这一点上，徐阶心知肚明。他知道自己早晚要与严嵩上演一场龙虎斗，但眼前他还没有能力与对方掰手腕。更为重要的是，徐阶在很多事情上并没有完全赢得皇帝的信任。比如说，方皇后去世，朱厚熜打破成规，要按照原配皇后的礼仪把方皇后安葬在永陵，追谥为孝烈皇后，并且入太庙供奉。作为礼部尚书的徐阶强烈反对，反对的理由是皇后没有先入太庙的先例。朱厚熜半辈子都在与帝国的礼法制度较劲：刚即位时，为了父母的名分，与文官们斗得血染宫阶；如今为了自己的皇后又与官员较劲。即使到晚年，朱厚熜也不死心，还反复要求，要把皇后跟自己百年以后的神位并列在一起。其实他的所作所为，作为一个有感情的正常人都是可以理解的。令人遗憾的是，就算是皇帝，他的感情仍旧无法僭越无情的规定。

皇帝对待徐阶的态度，严嵩看在眼里。有一次，皇帝与他聊到朝廷官员孰优孰劣。当谈到徐阶的时候，严嵩给出的评价是："徐阶这个人不缺才华，却多二心。"由此可见，严嵩这时候对徐阶已经暗藏杀机。一旦皇帝认可了某个官员具有"二心"，不打入死囚牢就算客气了，更谈不上重用。这话后来传到徐阶耳朵里，他行事更加小心谨慎。严嵩在时刻盯着他，让他如临深渊。徐阶需要做的就是先麻痹对手，做好决战前的蓄势准备。为此他把自己的孙女许配给严嵩的孙子；在内阁事务中，他也是一切唯严嵩马首是瞻；借躲避倭寇之名，他把自己的上海户籍转到江西，就这样与严嵩攀上乡情。面对如此听话乖顺的下属，严嵩一度放松警惕。就连那些官僚都在私下里议论，说徐阶不过是严嵩的一个"小妾"而已。

十年以来，内阁是由严嵩、徐阶以及其他内阁辅臣组成的三驾马车。鉴于他们之间的差异，这是一个看上去相对稳定的结构。尤其是严嵩和徐阶，两人好似缔结了某种和平共处的合约，达成了某种默契。虽然皇帝经常支持严嵩并且压制批评他的人，但他也乐于让徐阶作为对严嵩势力的平衡。而徐阶在稳住严嵩的同时，也在尽可能地讨好皇帝。稳住严嵩是为了保住自己在内阁的席位，讨好皇帝是为了图谋更大的发展。徐阶示好皇帝的方法很简单，就是在"青词"写作上多下些功夫。虽然徐阶的谋略在不动声色中显露，可是一招一式中暗藏的杀机并不能迷惑老于仕途的严嵩。不久，咸宁侯仇鸾因为边关之事获罪。徐阶与仇鸾本是死党，严嵩想借此机会将徐阶一并除掉。可令他始料未及的是，告发仇鸾之人竟是徐阶，这件事让严嵩大为震惊。徐阶竟然不顾老友之情，抢先告状，以使自己摆脱干系，其政治手段之老辣狠毒，让官场老手严嵩也自叹弗如："我比徐阶年长二十余，智略却不及他啊……"

严嵩和徐阶争权夺利，幕后的真正操纵者是他们的皇帝。严、徐二人的共同之处，就是他们都在想尽法子博取皇帝的信任，只有抓住皇帝的心，才能攥紧权柄。首辅的进退始终掌握在皇帝手中，在不触动皇权的情况下，皇帝冷眼观看阁臣的擅权与争斗，在必要之时，协助顺从自己的一方战胜对手，从而继续控制内阁，使其为己所用。严嵩位极人臣，虽然时时处处谨小慎微，但也难免会有怠慢的时候。比如说嘉靖二十一年，因为宫婢之变差点丢了性命的朱厚熜不敢再居住在大内，移居西苑。可移驾不久，西苑的居所永寿宫又发生了火灾，这场大火是皇帝和宫姬在貂帐里玩火引发的。朱厚熜有心重新修缮，却遭到了严嵩的反对。严嵩的意思是让皇帝移驾重华宫，那里既不需要维修，并且居住条件也不错。皇帝大为不满，因为重华宫是当年景帝软禁英宗的地方。

在严嵩这里碰了钉子，朱厚熜转而征询徐阶的意见。徐阶不但没有反对，还提出了具体的实施方案。皇帝自然高兴，就顺势任命徐阶之子尚宝丞徐璠任工部主事，专门负责营建事宜。徐璠不负圣望，百日完工。公平地说，严嵩的反对是出于公心，因为此时正在维修奉天、华盖、谨身三大殿，国家财政相当吃紧。徐阶顺应圣意完全是谄媚之举，时人“颇善嵩对，而微谓阶之臾旨”。这件事让徐阶捞到了实实在在的政治资本，不仅皇帝给他加官少师，其子徐璠也由尚宝丞（正六品）破格晋升为太常少卿（正四品）。同时，这件事也让严嵩在皇帝心目中的印象分大打折扣。

老迈的严嵩已经意识到，自己的仕途如同渐渐老去的生命已经进入倒计时阶段。在与徐阶的斗法中，他始终不肯承认对方战胜了自己，只承认打败自己的是时间。严嵩最担心的是等到徐阶得势之后会报复自己及子女，他到了该示弱的时候。于是他摆酒设宴款待徐阶，领着自己的满堂儿孙跪拜在徐阶面前，举杯托孤：“我命不久矣，希望徐公将来能够放过他们（嵩旦夕且死，此曹惟公乳哺之）。”徐阶没有因为严嵩的示弱就结束这场博弈，政治斗争从来就不需要温情的面纱来遮羞。

明朝的权力是高度集中在皇帝手中的，他们在制度上对文官集团的功能和权力做了种种限制。各府衙部门成为具体的办事机构，为皇帝承担繁重的事务，但操控台上的按钮却攥在皇帝一个人的手中。自从嘉靖十一年发生“宫婢之变”，宫女合谋暗杀皇帝未遂后，朱厚熜干脆移居西内，连内廷都不去了。从嘉靖二十一年到嘉靖四十五年的二十五年时间里，除了曾有三次朝见群臣外，再也找不到朱厚熜上朝视事的记录，就连最起码的皇家文化课——经筵也被废止。皇帝与朝臣真正处于长期隔绝状态，刷新了历史上皇帝怠政的新纪录。

嘉靖时期，帝国的官僚体系很难有创造性的发挥。官员要想自保或有所发挥，他们首先需要做的就是想办法取得皇帝或宠臣的信任。从张璁、夏言、严嵩到后来的徐阶，都先后获得过皇帝的充分信任。究其根源，是因为他们都悟透了权力之道，那就是“君为臣纲”。可以说，他们在某个时期里都悟透了皇帝的心理，然后将政策按照皇帝的想法去大张旗鼓或潜移默化地推行，所以他们才能够长期占据帝国中枢而不被替代。其实这几个领头之人，没有一个算得上是治国良臣和道德楷模。他们最后之所以从权力高层一头跌落下来，甚至惹来杀身之祸，也是因为失去皇帝的信任。

如果有人问朱厚熜此时最信任的人是谁，答案无疑是能够为他带来长生希望的道士。朱厚熜将自己的时间和精神皈依，都交给了醮坛上的斋戒祷祀。他的性情越来越喜怒无常，忌讳也越来越多。沈德符在《万历野获编》中记录了一件事：某天，皇帝小恙，太医徐伟近前把脉。皇帝坐在榻上伸出手去，礼服的一角拖曳在地。徐伟见状，不敢上前。皇帝问他为何如此，徐伟答曰：皇上龙袍在地上，臣不敢进。诊毕，皇帝对值班的阁臣说：刚才太医说地上，可见其忠心，地上人也，地下鬼也。这件事后来传到徐伟耳中，他惊出一身冷汗。

时为次辅的徐阶揣摩圣意，趁机向朱厚熜推荐了道士蓝道行。蓝道行是山东地界的道士，会扶乩之术，其实这种法术就是道士和太监合伙蒙皇帝。扶乩的过程是这样的：先是由皇帝把要询问神仙的问题写在一张纸上，然后由太监带到扶乩的地方焚烧，请道士用乩语给予指点迷津。如果道士不灵验，就说明办事的太监污秽不洁，神仙不给面子。太监当然不愿意背这个罪名，就在焚烧之前先偷看皇帝的问题，然后偷偷告诉作法的道士。蓝道行的乩语一灵，徐阶就可以从中做手脚。

这一天，徐阶知道严嵩有密折呈奏，就让蓝道行扶乩说“今有奸臣奏事”。朱厚熜就问帝国为何会有乱象，蓝道行就借着乩语说道：“贤臣没有得到重用，小人把持朝廷。”

朱厚熜继续追问：“那么这朝堂之上谁是贤臣，谁又是小人？”

蓝道行就势说道：“徐阶是贤臣，严嵩是小人。”

不过这种装神弄鬼的把戏只能私下里说说，并不能成为皇帝拿出来整人的理由。堂堂一国之君，总不能昭告天下，说自己的治国方略是依据道士的乩语制订的吧。但是蓝道行的这句话却成为一粒种子在皇帝的心中生根，早晚会破土而出。嘉靖四十一年（1562年）春夏之交的一天，有一个叫邹应龙的御史从太监的口中听说了“神仙蓝道行”在皇帝面前说的这番话。邹应龙从中捕捉到了一个重要信息：严嵩已经失去皇帝的信任（帝眷已潜移）。

邹应龙拟了一份《贪横荫臣欺君蠹国疏》呈报嘉靖皇帝，这篇疏文指控严世蕃贪赃枉法、祸国殃民，应处死刑；严嵩溺爱恶子、受贿弄权，应予斥退。嘉靖皇帝没做过多犹豫，就做出批复：严嵩给米百石，打发回原籍养老，其子严世蕃发配雷州充军。当朱厚熜问徐阶，严嵩究竟犯了多大的错时，徐阶答曰：“嵩之才尽足辅政，其初皇上用之，未尝不是……过听其子，而子之贪狠又特异于人，遂致上负圣恩耳。”严嵩倒台，文官集团也无人站出来替他翻案。《明史》将严嵩列入奸臣行列，应该算是中肯的评价。在他擅专国政的二十年的时间里，他并没有尽到一个帝国肱股之臣的职责。光是贪污受贿一项罪名就足以将其定为死罪。嘉靖四十四年（1565年）秋天，严嵩家产被抄，共抄得黄金三万多两，白银二百万两，相当于当时全国一年的财政总收入，此外还有田地上百万亩，房屋六千多间，以及数不胜数的珍稀古玩和名人字画。就连张居正也说，严嵩当国，其实就是“商贾在位”，利字当头。

另外，被严嵩打压和整死的官员也不在少数。在《明史·奸臣传》中开列出一份长长的名单，其中最有名的是沈炼和杨继盛。这两个七品小官，都是因为弹劾严嵩而被害死的。沈炼是锦衣卫经历，经历是个管文书档案的七品小官。沈炼虽然在帝国的特务机关锦衣卫工作，但还算是个正直的官员。史书对其评价是“为人刚直，疾恶如仇”。沈炼的上司陆炳和严嵩父子关系很好，陆炳常常带沈炼到严世蕃家去喝酒。尽管如此，沈炼还是不愿与严嵩父子同流合污，上书弹劾严嵩。他在奏疏里警醒嘉靖皇帝：“人皆伺严氏之爱恶，而不知朝廷之恩威。”官员和老百姓都活在严嵩的淫威之下，拿朝廷和皇帝根本不当回事。严嵩当然不会放过他，就随便捏造了一个罪名将沈炼杀害。

同样是七品小官的兵部员外郎杨继盛也是同样的遭遇，他上书弹劾严嵩，在奏疏里为严嵩开列了“十项罪名，五大奸事”。在“五大奸事”里，杨继盛将皇帝也裹挟进去：“陛下之左右皆贼嵩之间谍”“陛下之喉舌皆贼嵩之鹰犬”“陛下之爪牙皆贼嵩之瓜葛”“陛下之耳目皆贼嵩之奴隶”“陛下之臣工皆贼嵩之心膂”。严嵩跑到皇帝面前说：“这不是在骂我，而是在骂当今圣上。”就这样，严嵩借着皇帝之手将杨继盛下狱治死。

八十二岁的严嵩就这样走到了穷途末路，其子严世蕃没有到达发配地就逃回老家。

据说，严嵩被抄家时，请求领头的官员念在他年岁已高，允许他留下一些药品。

那位官员问道：“留下的药品中有治疗刀剑红伤之神药否？”

严嵩答曰：“有很多。”

那位官员肃然道：“那些药，能治好杨继盛脖子上的伤否？”

严嵩自然答不上来。这次徐阶取得了较大的成功，严嵩被令回籍休养，严世蕃送交法司讯问后被判充军。严嵩离京时，徐阶还亲自登府探望，说了许多安慰严嵩的话，对严世蕃也礼数有加。回到家中，其子问：“父亲受严嵩父子之辱已达极点，正是报仇之时。为什么还要对他们以礼相待？”徐阶假装生气，对儿子大骂：“若不是严氏，我便没有今天，怎么能负心与严家为难？”据说，徐阶的府上有严嵩安插的卧底，这些话都是说给严嵩听的。当时，严嵩和徐阶两人之间，时常通信，礼貌性地互相问候，他们之间就好像从无芥蒂。徐阶刻意做出这种假象，是因为皇帝仍未完全忘情于严嵩。史书记载：“久之，世蕃亦忘旧事，谓‘徐老不我毒’。鸠工大治馆舍，阴贼弥甚。”也就是说，时间久了，严世蕃将过去的怨恨淡忘了，认为徐阶不会害他们父子。于是又开始大兴土木，私下更为阴毒。严世蕃如此大张旗鼓地一番折腾，地方官员实在看不下去。而自认为见过大世面的严世蕃，根本就没有将那些七品的地方官放在眼里。

袁州府的官员就将严世蕃告到巡江御史林润那里，林润早就对严世蕃不满。他将严世蕃定了个“里通倭寇”的死罪上报朝廷，罪名成立的依据是严世蕃与倭寇汪直的亲戚罗龙文过从甚密，而罗龙文也是从流放地潜回原籍的。林润上奏朝廷，状告严世蕃网罗江洋巨盗，私用违制车服，日夜诽谤朝廷，聚众四千余人，意欲谋反。严世蕃就这样再度被押解进京，交由三法司，也就是刑部、都察院和大理寺“三司会审”。刑部尚书黄光升等人欲置严世蕃于死地，将严世蕃的各种罪责做了一个打包处理，就连迫害沈炼、杨继盛等官员的罪责也列入其中。

当徐阶拿到这份准备呈递给皇帝的判决书时，他认为，这是一群不懂政治的官员，这份判决书不但要不了严世蕃的命，还可能会救了他的命。比如说，迫害官员这件事，皇帝也有份参与，善护己短的朱厚熜是不会承认的。徐阶从袖中拿出自己早已写好的奏章，让审判官员誊清上交。徐阶所写的奏章抓大放小，大到足以置严世蕃于死地。只要严世蕃被处死，严嵩也就完了。徐阶这份准备好的奏章里只写了两条：严世蕃纠集亡命之徒，勾结倭寇，蓄意造反；见南昌仓地有王气，乃大造府第，图谋不轨。

自古以来，凡是与谋反扯上关系的，都是板上钉钉的死罪。正如徐阶所料，朱厚熜下令处死严世蕃，籍没严氏家产。关于严嵩的下落，说法不一，有一种说法认为，他寄居在过去的亲朋故旧家里，老病而死。还有一种说法是他临死前几年靠乞讨为生，最后死于一个看守坟墓的草棚里。那些痛恨或讨厌他的人，在心里自然愿意他死得更凄凉些。据说，有人当面赞美徐阶为朝廷铲除大恶，他却面露忧色道："严惟中（嵩）杀夏公谨（言），惟中的儿子，又由我杀了，必然有人不会理解，而我的心境，只有上天能够知晓。"

随着严氏父子的倒台，帝国高层的政治斗争暂时告一段落。当然，这种斗争从来就没有真正的胜利者，伤人一千，自伤八百。在这场权力博弈中，徐阶虽然笑到了最后，但也同样付出了惨痛的代价。当初为了讨好严嵩，徐阶将其长子徐璠之女许配严世蕃之子。后来严世蕃判处斩刑，徐璠迫于无奈将亲生女儿毒杀。当徐阶得知孙女已死，居然能够做到笑着默许。这让人体会到在帝国的权力斗争中，人性有着怎样的扭曲和不堪。

第六章　隆庆政治的困境

第一节
言论多歧途

1. 嘉隆朝的碰撞与叙事

徐阶担任首辅的时间并不长，却为自己赢得了一代名相的声誉。据说，徐阶在入驻严嵩先前在内阁使用的办公室后，立即在墙上大书条幅“以威福还主上，以政务还诸司，以用舍刑赏还公论”。他要将严嵩在内阁揽下来的威福还给皇上，政务还给各部门，赏功罚过还给公论。这样的话自然能使三方，尤其是嘉靖皇帝朱厚熜满意。朱厚熜待徐阶如同家人，得知徐阶生病，他会亲笔写信慰问。徐阶对皇帝也十分尽心，每有朝事相托，徐阶即使不眠不休也要完成。让朱厚熜深感欣慰的是，新首辅徐阶并没有趁着政权的嬗递进行大规模的清洗，对待那些曾经阿附严嵩父子的官员，他也表现出难得的持平态度。

此时的徐阶，颇得朱厚熜的欢心，除了因为他会揣摩圣意，更重要的是他的办事能力强。譬如，他能够鼓励人们畅所欲言，以便纠正弊端；尽其所能为受了冤屈的官员恢复名誉与工作；在潜移默化之间，改变皇帝以往猜疑苛刻的习惯性思维，以宽大之意引导皇帝，等等。史书上说，嘉靖皇帝对待徐阶“恩礼特厚”“谆恳如家人”“帝日益爱阶”，君臣关系进入前所未有的和谐之境。史书上记载了不少徐阶在此期间的作为。大体上，他在使皇帝感到愉快的同时，也把事情办得让各方满意。徐阶的出现，使嘉靖一朝四十年来绷紧的乖戾之气，松弛了不少。

嘉靖四十五年（1566年）的春天，在徐阶的大力荐举下，吏部尚书郭朴和礼部尚书高拱先后进入内阁班子，分别担任武英殿大学士和文渊阁大学士。二人在官僚体系内都属于能力超群、才华出众之人，并且为官资历匪浅。尤其是高拱，在裕王朱载坖身旁担任讲官长达九年，与裕王结下深厚的情谊。后经严嵩、徐阶等内阁班子推荐，高拱由翰林院侍讲学士升太常寺卿，分管国子监祭酒事宜。《明史》中记载："始阶甚亲拱，引入直。拱骤贵，负气颇忤阶。"这话的意思是，高拱并不领徐阶举荐他的这份情。或许在他看来，自己是裕王的亲信之人，徐阶是在拍自己的马屁。高拱离开裕王府赴任新职时，裕王朱载坖哽咽送别，给了他丰厚的物质奖赏。高拱虽然离开裕王府，但是府中事无大小，裕王都会派人前去征询他的意见，可见双方的信任度有多高。据说嘉靖帝居住在西苑，大臣们在苑中听候敕令，为了保证内阁办公的有效性，皇帝下令每天一人轮流在内阁办公。首辅徐阶为了避免其他阁臣亲近皇帝，以皇帝片刻不能离开为由不去内阁办公，让高拱等人非常不满。

随着嘉靖皇帝身体的日益衰病，朝中官员将目光投向了帝国未来的接班人。早在嘉靖十二年，二十六岁的嘉靖皇帝就有了第一个皇子朱载基。载基者，承载国家之基业也，从这个名字，我们可以获知皇帝对这个儿子还是有所期许的。可惜的是，两个月以后，这位短命的皇长子就夭折了。就在朱厚熜陷入丧子之痛时，他所信任的道士陶仲文说皇子早夭，是因为"二龙不相见"的谶言。也就是说，太子是一条潜龙，而皇帝是一飞冲天的真龙，二龙相见，必有一伤。时间仿佛也在用事实验证这句话。两年后，皇帝又先后生下了三个儿子，分别是二子朱载壡，三子朱载坖（后来的隆庆皇帝），以及四子朱载圳。

三年之后，嘉靖皇帝册立朱载壡为太子，朱载坖为裕王，朱载圳为景王。此次册立大典中，出现了一个小小的意外。仪式结束以后，太子和裕王回到各自居所打开册宝，结果发现他们的册宝拿错了，太子的册宝进了裕王府。后来朱载坖当了皇帝，好事者以此为噱头，说裕王为帝，是冥冥之中早就注定的。嘉靖二十五年，太子已经十一岁，官员向皇帝要求太子加冠礼出阁讲学。这在无形之中就触犯了朱厚熜内心对于那条谶言的忌讳，他当然没有同意。不仅严词拒绝，明世宗还对那些疏请的大臣进行了严厉的惩戒，有人因此被充军到边疆。从此以后，太子的出阁问题就成了嘉靖最为忌讳的一件大事，也是引发皇帝和官员冲突的一根导火索。

朱厚熜在这个问题上再三纠结，难免会引发朝中大臣们的无限遐想。由于朱厚熜对皇后向来刻薄，大臣们都认为他对太子的漠不关心以及后来对裕王、景王的态度都因为他的冷漠无情。事实并非如此简单，翻阅史料，我们会轻易就找到皇帝与皇子之间存在着浓浓的世俗父子情的证据。有一次太子突然出水痘，朱厚熜焦急万分，他在宫中不停地祈祷（尽管用处不大）。等到太子病愈，皇帝却累得病倒了。到了太子十四岁的时候，朱厚熜再也顶不住来自大臣和太后的压力，又或许出于对太子的关心，允许太子出阁讲学。然而隆重的典礼过后，太子突然病倒。有记载说，太子在病重之时，突然从床上爬起来，向南跪拜说："儿去矣！"然后盘腿而坐，溘然长逝。

又一个太子倒了下去，本来毫无继位希望的裕王朱载坖依序成为帝国的皇长子，法理上的皇位第一继承人。老天似乎要和他开个天大的玩笑，一直等到朱载坖即位那一天，他都没有尝过做太子的滋味。作为明朝历史上最为尴尬的储君，身份也是最为特殊的亲王，他长时间承受着来自体制内部的压力以及精神世界的质疑与煎熬。明朝的官僚集团围绕着皇位继承人废立的争论，从来没有消停过。大臣们请求立裕王为太子的奏疏在御案前堆积如山，而朱厚熜始终无法摆脱内心的愤怒，他将这种愤怒投射于那些没完没了纠结于皇位继承的言官们。他们催逼得越紧，他就拖得越久。如此一来，害苦了裕王朱载坖。谁都知道他是理所当然的储君，可皇帝对他的冷漠和固执，引发了诸多不和谐的声音。朱载坖的母亲是杜康妃，朱厚熜并不喜欢她，而景王朱载圳的母亲卢靖妃，却很受皇帝宠爱。有人据此猜测，皇帝打算立景王为太子。

来自官僚体制内部的猜测是危险的，尤其是对于法理认可的继承人朱载坖而言相当不利。这种猜测很容易导致派系之争，官员们会为了各自的利益，互相倾轧。明朝并不缺乏誓死捍卫体制的大臣，而且此类人还相当的多。但是也不排除有人为了在储君之争中捞取个人私利，转而帮助景王夺权。严嵩父子没有倒台之前，官员们的立场就一直处于摇摆不定中。在官员的撺掇之下，景王朱载圳也跟着蠢蠢欲动。朱厚熜似乎有意平灭储位之争带来的议论，他命令大臣为景王选择藩地，最终确定为湖广德安府。他并没有为裕王选择就藩的地点，而是将其留在京都，这基本上算是宣告了朱载垕的储君地位。虽然景王并不甘心退出这场游戏，但是在大臣们一再要求下只好选择就藩。所幸的是，没过多长时间，景王朱载圳病逝于就藩之所，整个帝国也为之松了一口气。朱厚熜听到景王的死讯后，在徐阶面前长叹道："此子素谋夺嫡，今死矣。"

事已至此，即使朱厚熜再如何看不惯裕王的行事作风，即使朝臣们心底再如何怀疑裕王的智商，裕王都已经成了无人可以替代的独苗，嘉靖皇帝唯一的接班人。裕王虽然没有被正式册立，但实际已与储君无异。向高拱示好，就等于向裕王示好。裕王继承大统后，持有这份好感的人便可立于不败之地。时人眼中，徐阶所走的这步棋还是颇有远见的。

嘉靖四十五年十二月十四日晨，昏睡在榻不省人事的朱厚熜被抬进大内寝宫，那座他已经离开二十余年的宫殿在他的最后时刻接纳了他。正午时分，这个服过无数仙丹，经过无数斋醮，又领受过无数上天恩惠的皇帝在执政四十五年后，死于那个寒流来袭的季节。朱厚熜虽然修仙不修己，晚年又坚僻怙过，性情越来越古怪，但他遇事时的果决干练仍是史学家们津津乐道的。先后出任首辅的杨廷和、杨一清、张璁、夏言、严嵩、徐阶俱是他棋盘上的棋子，他们都未能挣脱朱厚熜那双控制棋局的手。如今朱厚熜这个好仙之人离世飞升，皇位自然落到了第三个儿子裕王朱载垕的身上，而这一年朱载垕已经是三十岁的成年人。朱载垕即位，是为明穆宗，也以年号称其为隆庆皇帝。

徐阶越发强烈地感觉到，让高拱入阁是上天和他开的一个玩笑。高拱恃才傲物，对他这个首辅兼恩人全无感激之意，处处喜欢与其争锋，尤其在朱载垕即位后，表现得更甚。也就在嘉靖帝崩逝前几个月，发生了一件不愉快的事：吏科给事中胡应嘉弹劾高拱，他说高拱从辅政之初就把家搬到直庐附近，经常偷偷回家，懈怠公务。皇帝病重之时，高拱不守直庐，反而移器外用。因为胡应嘉是徐阶的同乡，又受过徐阶的提拔，所以高拱认定胡应嘉弹劾自己是受徐阶的指使。

在此期间还发生了一件事情，导致了高拱对徐阶的彻底不满，并为以后与张居正的决裂埋下伏笔。嘉靖皇帝死时，按照惯例，要由首辅负责起草老皇帝遗诏。通常来说，此类遗诏是对过去的盖棺论定，并由此生发出对未来的展望。那些有作为的首辅，常常借此契机，给国家带来全新的气象。徐阶把握住了这次机会，遗诏公布后，朝野上下悲号痛切，感念不已。据说，徐阶在起草这份遗诏时“倾心委居正”，全心全意地依靠张居正。这件事惹恼了阁臣高拱和郭朴。

他们很快从遗诏内容中发现了对先帝不恭的嫌疑，这让本就对徐阶不满的高拱、郭朴等人攥住了把柄。怨气难以消解，恨意充塞内心，郭朴甚至背后大骂“徐公谤先帝，可斩也”。这些政治人物使起性子比屠夫都要狠，那是要见血的。文人一旦化身言官，言语即刀，唾沫即血。

徐阶于张居正有知遇、提携之恩。早在嘉靖二十六年（1547年），张居正科举中第被选为庶吉士，教习他们的，正是刚刚来到翰林院不久的徐阶。

从那时候起，徐阶就特别欣赏张居正，一直予以栽培奖掖。到嘉靖末期，在他的苦心提携下，张居正已经基本接近了帝国政治的核心层，并为后来的快速上升打下坚实的基础。张居正后来在写给徐阶的信中不无感激：“丙寅之事，老师手扶日月，照临寰宇，沈几密谋，相与图议于帷幄者，不肖一人而已。”这里说的便是嘉靖遗诏之事。此时的徐阶尚且无法预知，正是依靠这位在自己面前执弟子礼的张居正，他才得以安度晚年。万历十一年，八十一岁的徐阶去世。在此前一年，即万历十年，比他小得多的张居正已先他而去。

隆庆元年（1567年），四十三岁的张居正由翰林院侍读学士进礼部右侍郎，兼翰林院学士，不到一个月，又进吏部右侍郎兼东阁大学士，正式入阁，又进礼部尚书兼武英殿大学士。同时入阁的还有他参加丁未会试时的房师陈以勤。这样一来，此时的内阁，加上早先在阁的徐阶、李春芳、郭朴、高拱，共计六人。张居正入阁并接连获得升迁，除了因为他曾担任裕府邸讲官的经历，更重要的还在于首辅徐阶的荐举。他的经历和高拱差不多，都算是徐阶援引入阁的，但他们对徐阶的态度截然不同。徐阶、高拱之争即将上演。

在这里，我们有必要认识一下朱载坖这个皇帝。

朱载坖是个不快乐的人，准确地说，他失去了对人生快乐的感受力。朱载坖的生活长期置于朱厚熜的阴影笼罩之下，人生难免处于一种晦暗状态。作为递补的皇位继承者，朱载坖并没有早早地就被立为太子。在他的成长过程中，朱厚熜也没有对他表现出高看一眼的恩宠姿态。就算朱载坖后来被立为太子，他也没有如我们想象的那样享受到一个太子应该享有的待遇。从表面上看来，朱厚熜对于自己将来的接班人并没有表现出应有的热情，以至于有官员私下里议论，朱载垕只是一个挂名太子，最后能不能顺利完成权力的交接还是未知数。嘉靖皇帝朱厚熜在位四十五年，漫长的等待过程，对朱载垕的心理甚至生理上都产生了严重的消极影响。

朱载垕本来就不是心智聪慧之人，按照大学士高拱后来的回忆，隆庆皇帝是个智力平平、笨口拙舌、优柔寡断、经常沉默不语的人。甚至有大臣以为皇帝是一个哑巴，还有人怀疑他患有轻度的精神失常。历史并没有为隆庆皇帝朱载垕留下多少篇幅，在这有限的篇幅里既没有证据表明他是英明果断的明君贤主，也同样没有证据表明他是一个智力迟钝的精神病患者。据说，朱载垕临朝时从来不发一言，所有的批答和政令发布都交给大学士们，他自己则如同泥塑菩萨一般象征性地高居御座。这样的情形持续了三年。有一个尚宝丞上疏如是质问："陛下御极三祀矣，曾召问一大臣，面质一讲官，赏纳一谏士，以共画思患豫防之策乎？"

文官们有时会拉他参加一些场面盛大的典礼，想让皇帝在百官万民面前树立一个正面的形象。但是朱载垕的表现往往让他们大失所望，因为隆庆皇帝压根儿就不愿做一个场面上的政治人物，他甚至不把该在这种场合说的套话说完，就让大学士们代他发言。

或许是误打误撞，也或许是故意为之。隆庆皇帝朱载垕这种无心插柳的执政方式，在某种程度上收到的实际效果超过了朱厚照、朱厚熜两位先辈。朱载垕在政治上表现出来的无能或不愿处理朝廷具体事务的超然态度，使得他手下那些有能力的文官放手去行使朝廷赋予的权力，将一个偌大的帝国治理得井然有序。虽然朱载垕在位只有六年时光，但这六年居然是帝国相对稳定和繁荣的时期。谁也不会料到，就是这样一个在官员看来类似精神病人的隆庆皇帝，居然在自己短暂的政治生命中，开启了帝国的第二次中兴（第一次是弘治中兴）。

或许每个男人在青春期的时候，都玩过骑自行车双手撒把的刺激游戏。双手离开车把，自行车依旧会稳稳地向前行驶。皇权上的双手撒把游戏，朱载垕并不是首创。他的父亲朱厚熜也是一个痴迷于此道的高手，当政的四十五年时间里，竟然有二十多年不上朝理事，任由严嵩擅权达十七年之久，可谓疯狂至极。让人不解和惊叹的是，帝国的权力运行机器好像在故意证明就算没有皇帝的操作，它照样能够运转如风，甚至在某些时候做得比那些勤政之君更好。

隆庆皇帝朱载坖的执政风格，在无形之中为他幼小的儿子朱翊钧，也就是后来的万历皇帝的执政理念种下了善根，树立了一个道德标杆。可以说，由于拥有一个相对稳定的内阁班子，足以应付朝廷事务，因此，冲龄即位的万历，虽然不能随心所欲地行使皇帝的权力，但仍能依靠强大的文官班子来治理帝国，不致发生统治危机。不过，这种做法虽然没有导致体制系统的崩塌，但它却存在着致命的缺陷。

朱载坖显然对帝国的政治制度和自己的能力有着清醒的认识，他既做不到像孝宗朱祐樘那样一心扑在工作上，又同样无法做到像武宗朱厚照那样离经叛道和世宗朱厚熜那样刚愎自用。这难免让人怀疑，他是一个揣着明白装糊涂的人，要知道在他执政时期，活跃着明朝文官中的几位顶尖高手。无论是大学士徐阶，还是紧随其后的高拱和张居正，哪个不是精明强干又野心勃勃的政治狂人。朱载坖并不想让自己卷入皇帝与文官的争斗中，正因为如此，隆庆皇帝朱载坖在位期间，才以隐形人的姿态示人。他从来不做出任何重要的政治决断，这么做就是为了避免卷入皇帝和文官的权力纷争。上不夺权，权必下移。皇权的下移，容易导致两种情况。一是中央权力系统由数位权臣共同掌权，其后果是极易引起文官之间的倾轧或党争，并由此影响到朝政。二是在中央权力格局中出现一位大权独揽的权威型人物，并由他以皇帝的名义来行使皇帝的大部分行政权力。如果出现第二种情况，会带来两个棘手的问题。一是如何保证这位文官独裁者不用手中的特权为自己的圈子或个人谋取私利，甚至威胁皇帝的地位，动摇王朝的根基；二是如何避免这位文官独裁者的权威一旦失去时所带来的各种灾难性的后果。

朱载坖在位六年时间里，他所推行的政令可以用“简单”二字来形容，这和他隐形的执政方式有着很大的关系。在个人生活作风方面，朱载坖并不像他的父亲嘉靖皇帝那样喜欢干一些炼制仙丹、收集青词、玩弄女性的荒唐之事，应该算得上是一位靠谱的君主。也许是性格使然，朱载坖在执政方面表现出柔性有余，刚性不足的缺憾。如此一来，在其执政期间，帝国的权力运行为后世埋下了太多的伏笔。比如说，辅政的各大臣之间争权夺利，互相倾轧，这就是朱载坖的隐形权力留下的祸患。皇帝既然喜欢当甩手掌柜，就为那些内阁官员的明争暗斗腾出了巨大的空间。官员之间的争斗变得尤为激烈，就连宫中那些掌权的太监也都被裹入其中。

隆庆元年，胡应嘉掌管吏科，辅佐部院主持京察。在此次京察中，包括御史、给事中等大批官员被降黜，而吏部尚书杨博的同乡都得以保全。对此，胡应嘉在事发当时没有异议，事后又上疏营救被黜官员。隆庆帝朱载垕责备他前后抵牾，让内阁商议给予处罚。郭朴认为胡应嘉无人臣礼，应贬为庶民；高拱也因之前胡应嘉的弹劾怒气正盛。在这种情况下，徐阶只好勉强同意对胡应嘉削籍的处理。结果一出，言官们一哄而上，交章弹劾高拱，说他因私人恩怨驱逐胡应嘉。兵科给事中欧阳一敬弹劾高拱“奸险横恶，无异蔡京”，御史郝杰直攻高拱无宰辅器。徐阶虽一面斥责言官，一面慰留高拱，但当高拱要求徐阶拟旨廷杖弹劾自己的言官时，徐阶没有同意。这使得高拱更认定言官对自己的攻击出自徐阶的指使，遂指使亲信御史齐康发动对徐阶的攻击。

齐康对徐阶纵容儿子和家人横行乡里进行弹劾，当然这也不是无中生有。彼时，言官攻伐除了嘴上功夫，私下也要下功夫，比如，布控暗哨、收集情报。只有做到有理有据，方能一击即中。

徐阶出生于一个品级很低的小官僚家庭，家境相当贫寒。但在他做了十几年次辅、首辅后，他的家族已是松江地区最大的地主之一，其弟弟与三个儿子横行乡里，巧取豪夺，成了真正的土豪劣绅。有学者认为，他家的土地至少有六万亩，还有人说是二十四万亩甚至四十万亩。后来，海瑞成了徐阶家乡的最高长官后，收到了许多乡民控告徐氏家族的信件。因此海瑞与徐氏家族和当时已退休乡居的徐阶发生了激烈冲突，弄得徐阶下不了台，最后只好交出许多土地，险些吐血而亡。

徐阶也因此陷入被动之中，他请求致仕。此举激起朝中官员公愤，他们纷纷弹劾高拱，称赞徐阶。最终齐康被罢黜，高拱也不堪压力，于是年五月以养病为由离职而去。支持高拱的郭朴也遭到弹劾，被迫辞职。朝堂如战场，一时硝烟弥漫，攻守无忌，乱作一团。刚入阁的张居正对言官们抱团而战的行为，心生厌恶，他认为这时的朝堂“士习人情，渐落晚宋窠臼”。但一些人认为，在高拱辞官后，张居正“不欲阶久居上”，已经开始筹划驱逐徐阶。在王世贞《嘉靖以来首辅传》中有记载：当年高拱辞官时与张居正有密约，但密约内容无从知晓。相信此说之人推测内容不外乎两点：一是二人相约，张居正日后驱除徐阶，还高拱一个清白；二是张居正将为高拱复官出力。无论张居正私下与高拱做出何种约定，都有私下背叛徐阶的嫌疑，因为张居正与高拱曾共侍裕王（隆庆皇帝朱载坖），二人都曾是裕王的侍讲官。

高拱去职后，隆庆皇帝朱载坖对高拱念念不忘。第二年七月，朱载坖要巡幸南海子，徐阶反对，但朱载坖坚决要去。徐阶发动言官干涉皇帝的私事，引起皇帝的不满。他还因支持言官谏阻宦官组织京城“团营”在宫内校场操练军事等事得罪了宦官。皇帝对徐阶不满，宦官又在皇帝面前火上浇油，一个叫张齐的户科给事中还在背后推了一把。他上奏章弹劾徐阶，说他“为臣不忠，为友不信”。在这种情况下，徐阶多次请求致仕，最终隆庆帝准其所奏。对于徐阶的离开，张居正有着清醒的认识。他说，老师之败，败于“谗言外哄，中人内构”，这一切发生于隆庆二年七月。

送别恩师离京，张居正也是百感交集。他既不愿徐阶久居其上，也不想看到他黯然离去的背影。但个人的温情在冰冷的官僚机器面前渺小得不值一提，在他写给徐阶的这封信中，我们可以窥知一二：

> 昨都门一别，泪簌簌而不能止。非为别也，叹始图之弗就，慨鄙意之未伸也。天实为之，谓之何哉！大丈夫既以身许国家，许知己，惟鞠躬尽瘁而已。他复何言。

老到圆滑的张居正，待到徐阶去位一个月后，才上了《陈六事疏》。他有意错开徐阶，足见他高人一筹的洞察力和政治艺术。徐阶已去，继任的李春芳性情宽和，不会对他的仕途构成威胁。这道《陈六事疏》在他心中酝酿已久，其中就省议论、振纪纲、重诏令、核名实、固邦本、饬武备提出种种主张。此文尽显一个成熟政治家的实干与质朴。此疏不仅得到隆庆皇帝的嘉许，“览卿奏，俱深切时务，具见谋国忠恳，该部，院看议行”，还赢得大部分朝臣的赞许。一时间，士习人情小有变化，浮议渐省，实意渐孚。

隆庆三年（1569年）十二月，内阁迎来了一场大风波。吏部尚书杨博致仕，朱载坖召高拱复入内阁，兼掌吏部事。从此内阁和吏部的大权就集中到高拱一个人手里，他成为名副其实的首席内阁大学士，也就是首相。

高拱重获起用的原因有多种说法，这里且举两例：一个说法是张居正惮于赵贞吉入阁，于是策动高拱重返朝庙。《明史》载："居正与故所善掌司礼者李芳谋。"其目的很明确，即"召用拱，俾领吏部，以扼贞吉"。王世贞的《嘉靖以来首辅传》中称，是张居正与司礼监李芳策划了高拱的再度入阁，其目的是制衡赵贞吉，并夺取李春芳的首辅之权。还有一个说法更为传奇，说是一个人称"丹阳大侠"邵方的在野人士，上下奔走，通过非常之手段，让高拱又获起用。种种迹象表明，高拱此次重获信任进入内阁，还是皇帝身边亲近之人的功劳。从高拱出任首辅后推荐陈洪任司礼监太监来看，为高拱进言的应该是陈洪等围绕在皇帝身边的太监。随着高拱的回归，李春芳、赵贞吉、陈以勤、殷士儋等内阁辅臣先后离职。短短的两年时间里，内阁掀起了离职潮。而在其间，殷士儋的离去最具有戏剧效果。

据说，高拱当时准备提携张四维，偏偏有人弹劾张四维。高拱猜测是殷士儋在背后指使人干的，于是让御史赵应龙弹劾殷士儋，说他是由宦官陈洪进用，不可以参国政。殷士儋忍耐不住，在内阁里任情爆发了一次。他指着高拱痛痛快快地大骂："驱逐陈阁老的是你，驱逐赵阁老的是你，驱逐李阁老的也是你，如今因为要提拔张四维，又来驱逐我，内阁就是你一个人的！"张居正上前劝解，也招来一顿痛骂。堂堂的内阁差点演变成街头流氓打群架的战场。此事不久，殷士儋上疏请求致仕，隆庆五年冬天，这位山东来的大学士也悄然离开内阁。殷士儋一去，内阁便成为高拱、张居正二人的联立内阁。

2. 双人舞与三人角力

隆庆皇帝朱载坖是个相对宽厚之人，但是他和大臣平日里联系极少，关键时刻能够左右他的思想与行为方式的，都是那些伺候在身边的宦官。隆庆初年最得皇帝信任的宦官是滕祥、孟冲、陈洪，他们整日领着皇帝吃喝玩乐，消磨着宫廷时光，也消磨着皇帝的意志。徐阶被迫离职返乡，便是因为和宦官关系紧张，被滕祥、孟冲、陈洪等一帮宦官在皇帝面前集体中伤。等到高拱入阁以后，文官集团与宦官的关系得到极大改善，尽管如此，各方矛盾冲突仍然无法得到圆满的处理。比如，司礼掌印太监出缺时，冯保认为应由自己顶补，谁料高拱推荐了陈洪。等到陈洪出缺时，高拱再次绕开冯保，推荐了孟冲。几次三番，冯保失望之余更加仇恨高拱。这也为后来张居正和冯保联手对付高拱埋下伏笔。

张居正对高拱的回归，寄予厚望。他在写给朋友的信中说："喜高老起用，素在同心，世事尚可为也。"他与高拱有着某种公开且隐秘的关系，他们之间曾经夹着一个徐阶。高拱下野前，张居正"与高拱有宿约"。如果属实，两人之间就有着非同寻常的关系。在张居正看来，高拱与他持有相同的政见，即所谓"素在同心"。高拱的复出，极大地鼓舞了张居正的为政信心。高拱是个颇有能力的行政官僚，当年他以阁臣兼掌吏部，曾命吏部司官将所有官员的姓名籍贯，以及他们的为政履历编造成册。如此，在官员调动和提拔时就可以按图索骥，既有说服力，又能严肃纲纪。为加强边关事务，他又加强军事人才的培养，规定不可轻易变动兵部司官，从兵部遴选人才入职地方督抚和兵备道。

高拱、张居正二人本来私交甚密，如今一阁仅容二人，他们成就了一段政治舞台上的双人舞时光。虽然是双人舞，但是带动舞步的是高拱。这年年底高拱六十大寿，张居正在一篇序文中给高拱戴高帽将其比作辅佐周成王的周公。张居正摆正位置，也是借以缓和双人舞的尴尬。因为这时候，高拱已有打击报复徐阶的动作。

——在政治上，他要清算徐阶，所谓"尽反阶所为"。高拱这个人虽然忠于谋国，但是度量不够。三年前，徐阶不让他参与发布遗诏一事让他耿耿于怀，他报复徐阶的核心举措便是从那篇遗诏入手。在那篇遗诏中，徐阶借嘉靖皇帝之口，为"大礼议"之争中所有受处罚和牵连的官员平反昭雪，遗诏中不乏嘉靖皇帝自我检讨之语，比如整日沉迷求仙炼丹，朝政荒废。徐阶本想以罪己诏的形式，为嘉靖皇帝赢得身后名。伴随着遗诏的发布，徐阶起复了议礼得罪的官员。如今，高拱卷土重来，他要"尽反阶所为"，把遗诏起用的官员再一次罢黜，把入狱待斩的方士都免死。高拱给出的理由是，起复议礼获罪的官员，将会使先帝在天之灵不得安宁。

——在人事上，他要清算当年逼自己下野之人。许多科道官和大臣当年为驱赶高拱，奔走上疏，所谓“举朝大臣各具一疏，劾新郑（高拱）及康，……凡二十八疏，大略保华亭（徐阶）之功，劾新郑之罪，以为不可一日使处朝廷。”当初不遗余力弹劾高拱的科道官欧阳一敬和胡应嘉惶惶而死，另有一些科道官和大臣也接连辞职。从心理学角度分析，他们的恐惧无非担心高拱报复，但文献记载有人惊恐而死显然有所夸大。高拱也明确表示，当以朝政为重，不会计较个人恩怨。据说，高拱私下说过：“华亭（徐阶）有旧恩，后小相失，不足为怨。男儿举事要正大磊落，若恩怨二字不能摆脱，尚何可云？”这样的话，让人听来不敢相信。如今，高拱起用对徐阶怀有怨恨的人来清算徐阶。于是，地方官和有关部门的官员纷纷将矛头对准徐阶，监察部门也紧盯他不放。虽然徐阶最后被免于刑事责任，但他的两个儿子被充军，田产被充公。

张居正是1567年遗诏发布的参与者之一，他无力阻止高拱这么做。两人曾经都是裕王府的侍讲官且关系不错，所谓“江陵张公居正与新郑厚”。二人在很长时间里并无冲突，高拱首次下野时张居正还曾向徐阶求情。徐阶、高拱和张居正三人之间的关系很微妙。高拱复出后，与张居正有过一段美好的时光。高拱对徐阶的态度，不仅触动了张居正，也对政局产生了影响。

高拱选择遗诏作为突破口，否定徐阶和徐阶政治，这深深伤害了张居正。徐阶提携张居正，并在离任之际以家国之事相托。正因为这层关系，张居正不可能坐视不理，但他又不想因此与高拱搞得无法相容。他在写给经办案件的官员和故交门生的信中，嘱咐他们对此案慎重对待。一边是徐阶，一边是高拱，他既想让徐阶全身而退，又不得罪高拱，即所谓“存老之体面，玄翁之美意，两得之矣”。他在给门人梁梦龙的信中，他说自己这么做的苦心，保全徐阶也是为高拱着想。张居正为徐阶受此折辱深感自责，他在信中说：“以不肖之浅薄，猥辱老师甄陶引拔，致有今日，恩重于丘山，报微于毫末。”此时此刻，张居正的内心该有多么无奈。他不由叹息：“计自今以往，世局又当一新矣。冥鸿迹远，缯缴安施？惟强饭自持，以慰耿耿。”

张居正不敢动作，生怕不小心卷入其中。王世贞在《嘉靖以来内阁首辅传》中如此评价高拱，“高公持正，而暗于事几”，“性刚而机浅”。也就是说高拱刚性有余，柔性不足，让人不容易接近。在与阁臣同僚相处中，高拱锋芒毕露的傲慢常常让人陷入难堪的境地。尽管他并无半点恶意，但这种性格还是会让人感觉到不快。这是一名成熟的政治家不应该有的性格缺陷，也可以说是大忌。

这样的人在激烈的政治角逐中容易落入别人的圈套，遭人暗算。与高拱相比，张居正擅于心计，为人深沉。虽然表面顺从于高拱，但他的内心已有计较。当时礼部尚书潘晟致仕时，张居正在写给他的信中不经意流露心声："白首相知，犹按剑也，况他人乎？然义命之学，窃尝闻之矣。自检平生，不敢有一事负国家，不敢有一念负于天下贤士大夫，至于去就，有命存焉，惟静以俟之而已。"此时的内阁几乎成了高拱的一言堂，张居正的处境越来越艰难。这一年，徐阶生日，张居正在写给他的信中称，"不敢走介，畏行多露"，又说"鄙怀种种，亦噤不敢言，临褚惆怅而已"。从高拱复出之日起，张居正就在为自己留后路。按说内阁是没有人事任免权的，重要官员的任免，按照制度是不允许内阁干预的。但是高拱作为帝国权力集团的核心人物，又是吏部尚书，双重权力赋予一人之身，可见高拱的权力有多大。内阁的大权完全在高拱手里，言官们也听他指挥，张居正不敢说错一句，不敢走错一步。

高拱在一些官员的任命上，有时也会听取张居正的意见。高拱任命的官员当中，不乏张居正推荐的人选。高拱在官员任免上征求张居正的意见，等于是赋予了张居正一定的人事权。如此一来，那些想要得到重用的官员也会跑到张居正那里活动。高拱是个不容易变通之人，很难做通工作。而张居正作为高拱的政治盟友，懂得攻守进退。当时官场上流传着一些话，比如，"某某人得到职位，那是张居正向高拱推荐的结果"，还有"某某人丢了职位，是因为高拱不满意，而张居正再三求情，可是高拱就是不听"。无风不起浪，有传言的地方就有人心向背。这些传言真真假假，让那些受到提拔的人觉得张居正才是他们恩人；而那些遭到撤职或者降级的人，也对张居正心存感激。也就是说，好人都让张居正当了，恶人都让高拱当了。据说，高拱死后，张居正曾对高拱的亲属说："不穀与玄老（高拱）为生死交，所以疏附后先，虽子弟父兄未能过也。叵耐中遭人，交构其间，使之质疑于我。又波及于丈，悠悠之谈，诚难户晓。"张居正已经走得小心翼翼，可还是让高拱对他起了疑心。诚如朱东润所说，"黑暗中的动物又被动员了，他们要报效高阁老，便得搜求居正帮助徐阶的动机"。

高拱和张居正两个政治强人能够合作多久，的确无法预判。他们的性格、意志、能力、抱负都极为相似，不同的是为人处世的手段。高拱和张居正私交本来不错，但是现在他们的地位太过接近。舞台的聚光灯下只能容得下一个人，两个人太过接近，不是产生温度，就是产生芒刺。作为内阁的首辅和次辅，他们身边都有大量的追随者。这些追随者以言官居多，某些言官存在的意义，无非是替主子制造敌人，然后再群而攻之，打倒所谓的敌人以邀功获利。徐阶秉政期间，穆宗朱载垕要求徐阶对文官言路进行整饬。那些言官抱团上疏，动辄"举朝腾疏"，弹劾大臣。高拱吃过言官的亏，也领教过他们的厉害。此次回归，他借着人事调整，该惩治的惩治，该调离的调离。而且，他还不忘对言官提出告诫："科道系朝廷耳目之臣官，责任甚重。今后都要秉持公正遵守成宪，谨修其职，不许恣意妄言，摇乱国是，倚借言路报复恩仇，有这等的，重治不饶。"

换句话说，隆庆时期实为大改革的始创期，也为万历时期的改革奠立基础和确定政策走向的关键性时期。由张居正总揽大权以主持的万历十年改革，基本上是高拱在隆庆时期推行改革方案的合理延续和发展。帝国官员中无论喜欢不喜欢高拱的人，都不得不承认高拱的执政能力。还有就是高拱的意志力非一般人可比，金钱、美女、糖衣炮弹很难将其打倒。当然更为重要的一点就是高拱有和隆庆皇帝朱载垕深厚的私人感情，皇帝对他完全是一种无条件的信任。

事实证明，君臣之间建立起来的私人感情，既成就了高拱，也同样害了高拱。但是在高拱发迹之初，这种勾连关系是高拱的一笔雄厚的政治资本。不管官员如何看待他，至少在隆庆皇帝眼里，高拱是个集人品、学识、能力、功勋于一身的文官楷模，是帝国百年不遇的大才之人。这是皇帝在公开场合说的话。以一国之君的身份如此公开褒扬一个官员，可以说，这是帝国建制以来，绝无仅有的。由此可见，在皇帝的心目中，高拱作为一个帝国官员是无可挑剔的。当然这只是隆庆皇帝个人的看法，并不代表其他人的意见。

高拱与张居正在隆庆朝后半段的良好合作有目共睹，最为典型的事件是促成俺答封贡，通读二人的疏文、信函，不能说他们的政见高度一致，也极为接近。二人何时开始交恶，从政治盟友到关系破裂，不免令人疑惑。明清士大夫对此有很多分析，比如认为"居正次拱相，拱多面折，居正衔之"，"张居正素妒臣夫（高拱）轧己，欲共排挤，谋夺其位”，“居正深居多智，耻居拱下”。在相当长的时间里，张居正都处于内阁权位次席，所以心理难免会起变化。两人于政事极少出现分歧，政见和学术思想的一致性成就了两人的合作，也让他们完成了一系列重大改革。当然，两人在政治决策中也有分歧，比如在海运政策上，比如在推行改革中，但这些都不足以让二人走向决裂。

让张居正难以接受的是高拱在对付徐阶的过程中，不时敲打张居正，有意无意地将张居正置于被审判者的席位。而让两个人彻底走向决裂的是，他们的权力诉求有了分歧。比如张居正受贿事件，王世贞在《嘉靖以来首辅传》中记载：高拱无子，而张居正多子。这一天，高拱对张居正开玩笑道：“造物者胡不均，而公多子也！”张居正答曰：“多子多费，甚为衣食忧。”高拱这时候忽然严肃地说：“公有徐氏（徐阶）三万金，何忧衣食也！”张居正当时脸色大变，然后极力否认。一番指天画地的剖白过后，高拱才将自己听来的传闻予以澄清。《明史》也说：“拱客构居正纳阶子三万金，拱以诮居正。居正色变，指天誓，辞甚苦。”高拱因为风闻之事而指责张居正受贿，引发了张居正激烈的反应。从此，两人从信任走向怀疑，从相互支持走向相互背离。据说，高拱后来回忆，也认为此事让他们关系恶化，并逐渐走向敌对。高拱回忆：“辛未秋，徐（阶）因一通判送银三千、玉带、宝玩等物于渠（张居正），渠受之。有松江人顾绍者知其事，揭告于予，证据明白。”高拱当时并没有意识到问题的严重性，待到时过境迁，离职归乡冷静下来，才恍然觉醒。张居正从那一刻开始，已记恨于心，“于是遂造言讪谤，发意谋去我矣”。实际上，这只是高拱、张居正争斗表面上的导火索，真实的原因在于，在俺答封贡、重开互市贸易等事情的处理上，张居正立下大功，表现出卓越的执政能力，高拱担心他威胁自己的首辅地位，而张居正资历渐长，亦不甘屈居人后。

隆庆六年（1572年）闰二月丁卯，皇帝御临皇极殿门，疾病发作，急忙还宫。三月二十四日，言官曹大埜上疏弹劾高拱，即所谓高拱“大不忠十事”。曹大埜的疏文虽然冗长慷慨，但基本上都是诬陷之言。疏文所列十事，上纲上线，却缺乏事实依据。对于曹大埜之疏的由来，高拱事后回忆道：张居正的幕僚曾省吾向门生户科给中曹大埜授意说，皇上病重，凡事都有冯太监（冯保）与张相公（张居正）主行，而冯太监与张相公实为一人。如曹大埜此时弹劾高阁老（高拱），必定成功。张相公一旦秉政，一定大力提拔曹大埜。于是，曹大埜立即上疏弹劾高拱大不忠十事。二十七日，高拱上疏答辩求退，并对十大不忠予以反驳。

对于言官来说，上疏弹劾真是屡试不爽的手段。慷慨激昂的疏文犹如一面照妖镜，它让那些被权力外衣层层包裹的内阁重臣现出原形。若是言官群起而攻，二十篇疏文便是二十面照妖镜。即使照的是人不是妖，人的内心也会生出妖的惶恐。高拱的反驳有理有据，皇帝没有同意高拱的辞退请求，而是调曹大埜为陕西乾州判官。曹大埜的背后一定有人指使，对此，高拱当时已经有所察觉。清初历史学家谈迁曰："大埜亦张居正所指也。"高拱与张居正的矛盾已呈公开之势，山雨欲来风满楼。

1572年夏日某一天，朱载垕坐朝时突感不适，他起身走了几步，嘴角开始抽搐，发出一连串呜呜噜噜的奇怪声音，随后瘫软在地。这明显是中风的症状。离他最近的司礼监秉笔太监赶紧上前扶住，朝班位置靠前的一班大臣也抢前搀扶。回到乾清宫，隆庆皇帝朱载垕紧急召大学士高拱、张居正及一个月前刚入阁的高仪。当高拱、张居正等入觐时，皇后、皇贵妃在帷后，垂眉落泪，虚龄才十岁的太子朱翊钧在御榻左下侧，神情茫然。斜躺在御榻上的皇帝已人事不省，内监向三位大臣宣诏，宣毕，帷中传出皇贵妃口谕："江山社稷要紧，先生每要尽忠为国。"

次日，皇帝龙驭上宾。三位大学士聚哭内阁直房。高拱更是哭得背过气去，捶胸顿足道："十岁太子，如何治天下！"三大臣相互期许，要尽心辅佐幼主，渡过眼前难关。高拱的眼泪既是为隆庆皇帝朱载垕流的，也像是为自己而流。最信任自己的皇帝走了，高拱为自己叵测的命运而流泪。让他措手不及的是，一道引穆宗遗诏授冯保为司礼监掌印太监的中旨即被送至内阁，高拱对此十分不满，怒斥传旨太监。此事传至冯保耳中，冯保对高拱怨恨之至。

在这里，冯保从内廷和外廷两个方面同时发力：

一是冯保借重内廷之力。神宗朱翊钧即位，即颁中旨到内阁，诏授司礼监冯保为掌印太监。高拱最痛恨的便是中旨。中旨是皇帝的手谕，在明代君主制度下，诏令要经过内阁。在内阁之外，有通政使司和六科，对于皇帝的诏令都有随时覆奏封驳之权，因此皇帝颁布手谕的自由受到制度约束。制度毕竟是死的，人是活的。在非常规的状况下，仍旧会有手谕，即所谓“斜封墨敕”和“中旨”，这也是身为首辅的高拱最头疼的事。他不由冲着传旨的太监斥道：“中旨是谁的旨意？皇上的年龄小得很呢！一切都是你们做的，早晚要把你们都赶走！”

如此声色俱厉的言论，自然会传到冯保的耳朵里。冯保免不了要到皇后、皇贵妃那里去哭诉一番。再加上穆宗逝世当天，高拱发出的那句“十岁的孩子，怎样做皇帝啊”的抱怨，她们感到悚惕，就连十岁的皇帝也感到不安。冯保的阵线联盟已经形成。

冯保在嘉靖朝已是司礼监秉笔太监兼提督东厂，算是太监中的二号人物。隆庆朝时冯保有两次机会接掌司礼监，结果因为高拱推荐陈洪及孟冲，坏了冯保的好事。史书记载，“保疾拱弥甚，乃与张居正深相结”——冯保因此痛恨高拱，这才与张居正深入结交。从帝国制度出发，高拱实有不到之处，作为大学士，他没有理由破坏帝国规制，一再排挤冯保。这种傲慢且强横的做法不可能不招人憎恶，异化内廷的政治气氛。但换个角度看，高拱作为大学士，他不会坐视宦官们的权势扩张而置之不理。王振、刘瑾的前车之鉴犹在。诚如李亚平所说：“我们找不到冯保在此之前得罪过高拱的记录，表明高拱不是因为个人原因，而是出于政治目的在刻意打压冯保。冯保手中的权力已经很大，他的资历、素养与能力越强，对内阁决策管理权限的破坏力就可能越大，高拱就越要抑制他。”

明朝的宦官系统，机构庞大，位高权重，号称“内府”，可以和宫廷外面的中央政府相比拟，共有二十四个衙门，即十二监、四司、八局。其中权力最大的部门是司礼监，它设掌印太监一员，有秉笔太监、随堂太监等。地位最高的是掌印太监，其次是秉笔太监兼东厂总督太监，然后是秉笔太监、随堂太监，相当于内阁诸成员。明中期时，逐渐形成内阁的“票拟”，司礼监“批红”的决策体制，造成了司礼监专权干政的局面。

二是冯保和张居正内外结盟。政治人物在做出选择时，既有理性化的考量，又难以摆脱情绪化的选择。无论是感性的缺失，还是理性的缺失，都将会使帝国与所有参与者个人，在这场游戏中，承担巨大的风险与成本。即使杰出如徐阶、高拱、张居正这样的人物，也难以摆脱规则的束缚。它始于个人意志，却难以终结于个人意志。

冯保的机会，出现在隆庆皇帝重病弥留之际。时在隆庆六年五月二十五日。据说，那一天隆庆皇帝紧紧抓住冯保的手，说："朕不回宫里了。"

冯保连忙劝解："皇上不回宫怎么能行？还请皇上还宫为是。"

皇帝面色晦暗道："有人欺负朕。"

冯保问道："何人胆敢无礼？有祖宗重法在。请皇上告诉臣，臣依法治他。"

皇帝深深谈了口气："哎，还不是宫里的那么些事。"

冯保此时已从隆庆皇帝的病容看出其生命接近尾声的迹象，也就是在此前后，张居正察言观色，看到皇帝"色若黄叶"且神已朽矣，也已猜出皇帝命不久矣。于是，张居正起草了十余条关于皇帝后事处理的意见，他将这些意见密送秉笔太监冯保。张居正为何会选择冯保作为政治盟友？据高拱那本有名的遗著《病榻遗言》中记载：张居正与冯保结拜为兄弟，逢迎谄媚无所不至。冯保有一个亲信名叫徐爵，每天都会到张居正的府上去。只要他想要的，张居正会千方百计满足他。徐爵特别感激张居正，不遗余力地为张居正和冯保密约之事奔走。张居正只要捣鼓出什么，就会交由徐爵递送给冯保，冯保再以皇帝的名义批出来，张居正则装作毫不知情的样子。高拱说："此事已久，予甚患之，而莫可奈何。"

当然，高拱的《病榻遗言》过于情绪化，不乏风闻和揣测之处，不可不信，也不可全信。高拱虽然早就知道张居正和冯保之间有往来，但他毫无办法。就拿起草皇帝的遗诏这件事来说，本来应该由首辅高拱来主持，结果，却让张居正代劳。不然的话，也不会在三个内阁顾命大臣之外，又出现一个冯保。在高拱的《病榻遗言》中，全文照录了隆庆皇帝的两份遗嘱。从各种记载中，我们可以复原当时的情形：隆庆六年五月二十五日，由皇帝身边的太监冯保，当着神志清醒的皇帝的面，将遗嘱宣读给皇后、皇贵妃、太子和三位顾命大臣。第二天，皇帝死去。三位内阁大学士全部是顾命大臣。新旧交替之际，冯保成为最大的赢家，他不但也成了顾命大臣，还掌司礼监兼东厂提督。也难怪高拱拍案惊奇："自古有国以来，未曾有宦官受顾命之事。"

于是，在隆庆皇帝宾天的半个月后的六月初十，万历皇帝朱翊钧登基当天，高拱上了一道《特陈紧切事宜以仰裨新政事》的奏疏。这篇奏折表面上只是按照帝国政治制度理论上的规定，辅导小皇帝如何处理朝政，实际上则暗含玄机。其言外之意不过是要剥夺冯保的批红大权，遵循内阁票拟批行的程式，让权力回归内阁。小皇帝自然不明就里，冯保直接替代他拟旨，曰："知道了，按老规矩办。"这种大而化之的回复，自然无法让高拱满意。于是，高拱再上一书，强调了前者的重要性，请发回票拟，"免失人心之望"。

冯保只有将奏疏发回内阁票拟，高拱为皇帝草拟的批语是："览卿等所奏，甚于时政有裨，具见忠荩，俱依议行。"——就按照奏折上说的办。

高拱上的这道奏折，吹响了他攻击冯保的号角。他以为借着皇帝的名义，就可以扳倒冯保。我的奏折由我复，无异于一个人的自说自话。高拱这么做是为了鼓舞他的追随者们，新一轮的攻势开始了。于是，一批监察官员轮番上书，猛烈弹劾冯保。六科给事中程文上奏弹劾冯保"四逆、六罪、三大奸"；吏科都给事中雒遵上疏明指冯保篡改遗诏，辅政地位来历不明；此外御史刘良弼和礼科都给事中陆树德等也上疏指斥冯保。一道道奏疏，犹如一颗颗子弹，直取冯保的性命。冯保一时慌了手脚，他与觊觎首辅地位的张居正迅速达成了驱逐高拱的协议。据说，冯保派往张居正府上密议的徐爵，和张居正派去给他面授机宜的姚旷二人，违背皇家制度，连夜三番五次开东华门，遂定计，由冯保去面见皇后、贵妃和皇帝，揭发高拱的不臣之心。

我们可以想象，冯保在皇后、贵妃和小皇帝面前又说起高拱那两句话："十岁太子，如何治天下？""十岁孩子，如何做人主？"据说，冯保还谈到了高拱意图拥立一位成年藩王入继大统之类的话。这样的话，肯定会让皇后、皇贵妃大惊，小皇帝更是被吓得不轻。

第二天，即隆庆六年六月十一日早朝，高拱、张居正接宫中传话，召内阁、五府、六部大臣到会极门集合。另一位内阁大臣高仪告病在家。张居正本来也在家养病，几经催促，不得不扶病而来。据说，在大殿的台阶上，高拱与张居正曾有一段对话。高拱说："今日召我们，只怕是为监察官们弹劾冯保一事。我会据理力争，也会因此惹恼皇帝。你正好留下，我走后保朝堂清宁。"

张居正回答道："你总是说这种话。"

果不其然，一切如高拱所料。只见太监捧着圣旨走到众人面前，用尖细的嗓音喊道："张先生接旨！"按照惯例，皇帝颁布的诏诰应由内阁首辅高拱接旨。而现在由次辅张居正取代首辅高拱接旨。在这篇以隆庆帝皇后、皇贵妃（朱翊钧生母）和皇帝三人名义颁发的诏书中，毫无回旋的余地："今有大学士高拱专权擅政，把朝廷威福都强夺自专，通不许皇帝主专。不知他要何为？我母子三人惊惧不宁。高拱著回籍闲住，不许停留。"

巨大的打击让高拱全线溃败，这一年，他已经六十二岁。直到六年后去世仍对这一幕意气难消。《明史》至此道："拱伏地不能起，居正掖之出。"穿过时间的帘幕，望着相掖而出的背影，隆历交替之年的内阁之争，也就此画上一个绝妙的句号。在这里值得注意的是，以朱东润先生为代表的诸多史家，或言张居正尚在病中，并没有出现在当日的会极门；或言张居正当时正在大峪岭视察陵寝，未归京城，"比归而拱已去位矣"。张居正在他的《谢召见疏》中，也自称事发时，自己尚在病假中。本月十四日辰科"忽闻中使传奉圣旨，宣召臣入"。这样的说辞，无论虚实都无关宏旨。重要的是张居正和冯保联手，达到了他们想要的目的。

也就在农历六月十四日辰科，高拱被驱逐的第三天。朱翊钧召见张居正，说道："先生为父皇陵寝，辛苦受热，国家事重，只在内阁调理，不必给假。凡事要先生尽心辅佐。"这是张居正任首辅后第一次受到召见。在《谢召见疏》中，张居正感激涕零，表示要为国家养护人才，不敢以私意用舍，更要"矢坚素履，罄竭猷为，为祖宗谨守成宪"，从而使宫府一体，上下一心，达到长久之治。面对十岁的小皇帝，张居正几不能仰视，俯伏而奏。

时隔数日，本就病体难支的另一位顾命大臣高仪，在听到高拱被驱逐的消息后，呕血而亡。至此，那日跪于隆庆皇帝病榻之侧、痛苦地接受托孤顾命的三位国家重臣，只剩下张居正，还有一个颇多争议的冯保。那些忧心帝国命运的大臣、官员和士大夫们不禁百感交集。据说，驱逐高拱的诏诰颁布后，张居正与高仪曾联名请留高拱。张居正故作姿态地表示，他绝对不相信高拱不忠，要是高拱有罪，那他张居正就是同党，连他也一并撤了吧。

到此为止，在构陷、驱逐明朝杰出的政治家、正直有为的高拱的大政变中，张居正这个幕后导演，却一直展示出局外人的面目。严格地说，他表现得还不完全是局外人，而是高拱的同党和辩护人、保护者。在高拱行将离京时，张居正说已为老先生申请好了“驰驿”，可以让六十二岁的高拱免去行路困顿，安然返回河南新郑老家。

按说张居正和冯保已经得偿所愿，如果见好就收，也让人能够看到斗争中的人性之光。可惜，他们玩的是一场专门考验人性的游戏。利害算计才是游戏的法门，只要游戏继续，算计就继续。至于人性，则另当别论。这也是为什么，回到河南老家的高拱在他的那部名为《病榻遗言》中，情绪激烈，发泄着对政敌的愤怒。半年后，即万历元年1573年正月，爆发了著名的“王大臣案”。张居正和冯保在此事件中的一番操作，让人心生寒意。远避新郑乡间的高拱，几乎就要陷入灭门之境。

关于“王大臣案”，历史文献有太多记载，也有太多版本，且扑朔迷离之处甚多。虽然陷害高拱的阴谋没有得逞，却让人看到了权力斗争的残酷性以及官员的失德之处乃至人性之恶。这个案件中最大的争议之处，在于张居正有没有参与其事，参与程度有多深。

此案发生万历元年正月十九日，这一天清晨，小皇帝朱翊钧在众人簇拥之下出宫上朝，刚出乾清门，有一宦官模样的男子，从西阶直奔而来。此人看上去鬼鬼祟祟，形迹可疑，被皇帝身边的侍卫当场拿下，并从他身上搜出两把利刃。审讯过后，得知此人本名章龙，化名王大臣，从戚继光处来。

本来这是一桩常见性案件，因为当时确有一些闲杂人员借守卫官兵搜检不严，冒穿内侍巾服混入宫内，朝入暮出。明中叶以后的宫禁，混乱无序的事情多不胜数，此类案件也时常发生。对其处置，无非是由厂卫及五城兵马司审明，杖责充军了事。但此时不同往日，张居正与冯保地位未稳，高拱随时有复起的可能。隆庆三年十二月，他就有过东山再起的先例。当冯保派人将此事通报张居正，张居正通过来人密嘱冯保：“戚氏方握南北军，地在危疑，且禁毋妄指。此可借以除高拱也。”张居正的密谋十分明确，要使戚继光摆脱干系，借助此案除掉高拱。随后，他代替皇帝起草一道谕旨：“着冯保鞫问，追究主使之人。”

根据密谋，冯保亲自去东厂审问。据说，冯保关闭门窗，屏退左右，采取刑逼和利诱的方式，唆使王大臣诬咬高拱的同乡、前司礼监太监陈洪为主使者，继而逼诱其供认是由高拱派人入宫行刺。经过一番密谋，一场以诬陷高拱为主旨的冤案悄然发生。一时间，朝政笼罩在恐怖气氛之中，大有血雨腥风来临之势。

冯保根据威逼利诱王大臣得到的伪供，逮捕陈洪，并派遣四缇骑星夜赶往河南新郑县，捉拿高拱家人。县官派人包围高拱宅邸，逼得高拱几欲饮鸩自裁，只是在仆人的劝阻下，才没有实现。而他家中的亲友、仆役则将家中的钱财珠宝席卷一空，作鸟兽散。

冤狱发生后，由于案情离奇，手段过于毒辣，朝野舆论大哗。那些具有正义感的科道官员纷纷上疏，要求彻查此案，务必查明案情。比如，刑科给事中提出这是他们司法部门的职责所在，不能由东厂擅权专办，并议论说："此事关我刑科，若无一样，遂使国家有此一事，吾辈何以见人！"他们不愿承担枉法杀戮顾命大臣的责任，上疏要求将此案移交法司审理。此时，就连同乡亲近之人都来劝告张居正，不要做这种承担千古恶名的事。

谈迁《国榷》记载，当吏部尚书杨博、都察院左都御史葛守礼愿意担保高拱绝非王大臣的主使人，张居正为表明自己的清白，愤然拿出东厂结案报告。葛守礼识得张居正的笔迹，发现报告上"历历有据"四字系张所写。场面甚是尴尬。迫于舆论的压力，张居正不得不放弃追查幕后主使人的主张。他在东厂揭帖上窜改"历历有据"四字，既是违制之举，又留下谋杀高拱这一铁铸难移的把柄。由是，张居正不得不来个急刹车。

随后，在主管锦衣卫的左都督朱希孝、都察院左都御史葛守礼和冯保共同参与的三堂会审中，冯保受到更大的羞辱。按照惯例，审案前先要打犯罪嫌疑人十五大板。王大臣吃不消质问冯保："原说与我官做，永享富贵，如何打我？"

冯保叱问："是谁指使你来的？"

王大臣瞪着冯保道："是你指使的，你岂不知？却又来问我？"

冯保拍案道："你昨日说是高阁老让你来行刺，今日为何不说！"

王大臣答道："是你教我说的，我何曾认识高阁老？"

朱希孝见此已明白案情真相，害怕再审下去难以收场，便厉声喝止："这奴才连问官也敢攀扯，只该打死。冯公公，不必再问。"

朱希孝又命将河南新郑逮捕而来并被指为"同案犯"的李宝、高本、高来等高府家人，混杂于众犯之中，王大臣均无法辨认。据说，冯保当日回到宫中，仍向皇帝回复“高拱行刺”。有一个七十岁姓殷的太监突然跪到皇帝面前，说道：“万岁爷爷不要听他。那高阁老是个忠臣，他如何干这等事！他使臣子来行刺，是为了什么？必无此事，不要听他的。”接着，他又对冯保说：“冯兄，万岁爷爷年幼，你当干些好事，扶助万岁爷爷，如何却干这等事？高胡子（高拱）是忠臣，受顾命的，谁人不知？那张蛮子（张居正）夺他首相，才要杀人灭口，你我内官，又轮不着做首相。干吗死乞白赖替他出力。若做下此事，我辈内官必然遭祸，不知要死多少人。万万使不得。”

此时，皇帝身边还有个管事太监也劝告冯保，此事不可为，高公不可枉。冯保知事难办，即差人报于张居正说：“内边有人说话，事不谐矣。”至此，张居正和冯保不得不收手。

第二天，即二月二十日夜，始将王大臣送三法司会审，然而王大臣已被张居正、冯保派人用生漆酒灌哑，随后又被匆匆处死。

张居正于隆庆六年六月驱逐高拱之后，如愿以偿荣登首辅之位，冯保亦晋升为司礼监掌印太监，并与神宗生母李太后结成牢固的政治铁三角，高拱难以对其构成威胁。但不可原谅的是，张居正完全从个人利益出发，假借王大臣一案，试图谋杀昔日好友高拱，诛杀高氏九族，清洗朝中所谓的“高党”，其险恶用心可见一斑。当然，在一边倒的指责声中，为张居正站台的也大有人在。比如，沈德符在《万历野获编》中说到此案，认为高拱在《病榻遗言》中指控王大臣来自戚继光处，只是一个被迫害妄想症老人的揣测。张居正借此除掉高拱，除了积怨于文官，败坏自家名声，又能捞到什么好处呢？沈德符的意思是，此案系冯保一人所为，“实非江陵意”。

在这之后的时间里，高拱在家乡过得并不安泰。张居正不断对他“嘘寒问暖”“寄药访医”。后来，当张居正唯一一次衣锦还乡路过河南，来回都特意改道前去专程看望高拱。高拱得到消息，抱病出来迎接，两人相对痛哭一场。真亦假时假亦真，这或许就是所谓的“政治家风度”。

第二节
世间再无张居正

1. 蜜月期、改革期及丁忧风暴

贤后：居中制衡的技巧

这是一个不争的事实：张居正坐在火山口上，并且一坐十年。在帝国历史的暮光时代，那一束耀眼的光，既是暮光，也是世人投去的目光。暮光是天上的火光，目光是地上的火光。经历了宪宗、孝宗两个“守成之君”的惯性治理，帝国需要一个打破历史沉闷的小高潮。

随着徐阶、高拱的黯然离去，历史把她的绣球抛给了张居正。对于张居正来说，他“江陵秉政”的十年，是转移世运而大行改革的十年，是兴衰交替而锐意进取的十年。他就像是川剧里的变脸艺人，意到手到，变来幻去，不知哪一张才是自己的真正面目。这个人争议太大，忽而被捧到天上，忽而被打落尘埃。于是，功也成了过，真面目也就成了大花脸。历史的诡异，在于局中人看不透。你以为的“胜者通吃，败者候死”，根本不是那么回事。

张居正的幸与不幸，不仅在这十年，还在十年之外。诚如帝国政治的百转千回早已不是创业者的最初设想，从张居正一生行状来看，他或许真的无意成为活在历史页面上的那个“张居正”。有人说，张居正不惜名，不然他不会那么糟践自己的名声。其实大可不必那么看，但凡人过留名，从来都是打破和重建的关系。已近天命之年的张居正，已然是帝国首辅，他早已不是二十五年前投身帝国官场的小小庶吉士。从庶吉士到内阁首辅，他不知打碎了多少个自己，才成就了今日的自己。按照帝国官场的逻辑推演，庶吉士是储相，是内阁大学士的后备军。昨日的他向往今日，却望不见今日。从昨日到今日，有无数的可能性被吹成泡泡，又被化为泡影。如今，他似乎已抵达昨日向往的彼岸。然而，张居正却很有可能完全没有意识到——从他上岸的那一刻，那只载他来此的船已完成使命。从此以后，他倾尽心力为这个帝国所做的一切，都是在加速那只船的沉没而已。

从后来所发生的一切看，的确很难给张居正最重要的十年下其他的定义。

许多年后，张居正还记得李太后在帷后的嘱托："江山社稷要紧，先生每要尽忠为国。"那一刻，张居正的心情诚如他在写给提督两广军务殷正茂的信中所说："所幸主上年虽幼冲，聪睿异常，又纯心见任，既专且笃，即成王之于周公，恐亦未能如是也。但自愧菲劣，不足以堪之。目前景象，似觉穆清，自今而往，惟当益积悃诚，恒存兢业，恪循轨辙，按辔徐行耳。"

在张居正看来，虽然朱翊钧尚未成年，但在自己悉心教导下，已处处流露出一个有德之君的风度。君臣之间的和谐，甚至超越成王与周公。"锐意学问，隆寒不辍，造膝谘访，史不殚书。"张居正乐观地认为，属于他的时代已经到来。那是一个朝政清泰、法度严明、大有可为的美好时代。

张居正的自信来自各方关系的融洽，除了与司礼监掌印太监冯保之间的默契相知，还有小皇帝朱翊钧和他的母亲慈圣李太后的"倾心委倚"。凭借着所谓的"宫府一体"，张居正自然有大展拳脚的底气。万历皇帝登基第九天就特别召见张居正。这是张居正第一次以顾命大臣兼内阁首辅的身份觐见朱翊钧。此次君臣相见，具有授受治权、代帝摄政的性质。从此，张居正和万历皇帝之间，开启了将近七年的政治蜜月期。

《明史·外戚传》序中称："明太祖立国，家法严。史臣称后妃居宫中，不预一发之政。"但是有些后妃并未死守祖训信条，在特殊时期的特殊情况下，她们挺身而出，使不少纷争不决的问题得到了解决，充分展现了她们的政治才能。而李太后就是其中最为典型的一位。

这是明朝历史上第二次出现幼主执政的情况，之前英宗八岁即位，朝中大事依靠其祖母张太皇太后主持。而此时，神宗朱翊钧的母亲李氏也要和当年张太皇太后一样，掌控政局。按照《明史》所载，李太后本是北直隶顺天府漷县的一个普通的农家女子。漷县治所在今天的北京通州东南的漷县镇。李氏家境贫寒，其父李伟是个瓦匠。传说李伟曾梦到有一“五色彩辇”，在“旌幢鼓吹”的引导之下进入他家，之后李氏便出生了。后来，李伟一家为躲避战乱，迁入京城，李氏的命运由此改变。李氏初入裕王府时，只是一个身份低微的侍女，后来获得裕王的宠爱，被封为王妃，并生下皇长子朱翊钧，即万历皇帝。隆庆元年，李氏被晋封为皇贵妃。而正宫陈皇后体弱多病，未能留下子嗣，一度被“移居别宫”。种种迹象表明，她与李贵妃和做太子时的朱翊钧相处融洽。这是极为难得的。

朱翊钧即位后，按说他的生母李氏理应成为太后。但是，李氏之前只是贵妃而非皇后。依照大明礼制，应“尊皇后为皇太后，若有生母称太后者，则加徽号以别之”。为了让朱翊钧和李氏满意，张居正想出一个两全其美之法：尊陈皇后曰“仁圣皇太后”，尊李贵妃曰“慈圣皇太后”。从此，两宫太后皆大欢喜，不分高低，遂成大明定制。陈太后住在慈庆宫，李太后住在慈宁宫。张居正请求李太后看护小皇帝的起居，于是李太后迁居乾清宫，直到朱翊钧大婚。李太后一生最大的心愿，莫过于让自己的儿子成为名垂青史的贤君。

朱翊钧待两宫皇太后极孝，在她们面前唯唯诺诺，从不敢违抗她们。从地位上看，李太后和陈太后并无区别，不过李太后作为皇帝的生母，在后宫中的权势要更大一些。但李太后为人谦虚保守，一直与陈太后相处融洽。在李太后的影响下，朱翊钧还是太子时，每天早上在奉先殿拜见穆宗朱载坖和李氏之后，也一定会去向陈氏请安。即位后，更是“孝事两宫无间”。《明史纪事本末》中记载，一日，小皇帝对内阁首辅张居正说：“昨日，大内百花盛开，我陪母后赏花饮宴，她老人家开心极了。”他在这里说的是陪自己的生母李太后。张居正进言：“仁圣皇太后一个人清冷寂寞，恭请皇上能够放在心上。”朱翊钧虽然年纪小，但他对此颇为上心。他回宫报告生母后，亲自驾往陈太后的寝宫，将其接到百花盛放处，再设盛宴赏花，尽兴而归。

自从1572年夏天登上皇位，冲龄十岁的朱翊钧除了出席朝会，便是学习，他必须习惯很多事情，其中一件，就是必须习惯接受盯着自己的两双眼睛，那就是皇后陈氏和生母李氏。两位皇太后对他期许甚高，尤其生母李太后。李太后为人内敛低调，“家人尝有过，命中使出数之，而抵其家人于法”，不像有些后妃，纵容家人违法乱纪，贪赃敛财。而她对自己儿子的教育尤其严格。

从某种意义上说，朱翊钧的存在是为了满足李太后的期待。李太后从慈宁宫搬到乾清宫，每逢早朝，她五更时就来到儿子的住处，招呼道：“皇上应该起来了。”如果朱翊钧动作稍有迟缓，她便命令左右内侍扶皇帝起来坐下，取水为他洗脸，然后领着他乘辇而出。对于朱翊钧的学习，李太后也总要亲自过问。每次小皇帝读书下课回宫，太后总要让他模仿讲官，在自己面前复述讲习内容，遇到朱翊钧有背诵不下来或讲不清文理时，便命其长跪，以示惩罚。而且，为了给儿子做榜样，李太后每天都在宫中坚持读书习字，同时还要求三十岁以下的侍女也要如此。看着小皇帝在朝堂上笨拙地表演，她的满足感便油然而生。

朱翊钧在母亲的操纵下，唯命是从，不敢有越轨之举。就连那些奉李太后之旨的宦官，也会拿着鸡毛当令箭，对小皇帝施以挟持与管束。朱翊钧总觉得李太后的目光无处不在，这让他在每一个将要放纵自我的瞬间，克制住自己的想法。那段时间，乾清宫里服侍皇帝起居的两个小太监，想着法子给皇帝找乐子。在他们的导引下，朱翊钧突然发现皇宫里竟有许多有趣好玩的地方。他们避开皇后的耳目，在夜间陪着他饮酒、听宫女唱曲，撺掇他主持太监们的射箭比赛。有一次，朱翊钧在西城曲宴上喝多了酒，命内侍唱新曲给他听，内侍推辞说不会，他便要取剑杀他。慈圣皇太后听闻儿子背着他如此放荡不羁，大为恼火，她令司礼监冯保逮住这两个小太监，痛打一顿然后将他们逐出宫去。

还有一桩改变大明命运走向的事件和李太后有关，此事的源头起于1581年深秋。这一天，万历皇帝朱翊钧来到慈宁宫向生母李太后请安，刚好李太后不在，宫女王氏上来奉茶。或许是对方眉眼中躲闪的娇羞之感击中了他心底里柔软的一角，又或许是年轻人随时激荡的春意是不分时间、不分地点的。他就这样顺情遂性地临幸了一个宫女，这便是所谓皇上的“私幸”。李太后让儿子立王氏为恭妃，并且告诉儿子说：“吾老矣，犹未有孙。果男者，宗社福也！”自己年纪已经大了，但还没有尝过抱孙子的滋味，如果这个宫女生个男孩，也是宗社之福。这话说得语重心长，朱翊钧也就认下了。这个女人果真为朱翊钧生下了一个儿子，就是皇长子朱常洛。许多年以后，在那场给帝国晚期政治带来重大影响的“国本之争”中，万历皇帝对册立自己不喜欢的皇长子为太子一事迁延不决。李太后问他什么理由，万历皇帝回答说：“因为他是都人之子。”李太后闻之大怒道：“你也是都人之子！”所谓“都人”即宫廷内对低级宫女的称呼。后来，朱翊钧最为宠爱的郑贵妃，想借着为太后祝寿的名义，让自己亲生并备受皇帝喜爱的福王留在北京。李太后反诘：“我的儿子潞王是不是也要进京为我祝寿？”潞王朱翊镠是朱翊钧同母弟弟，李太后的亲生儿子。按照明朝分封制度，凡成年的皇家亲王，必须到各自的封地去。非皇帝宣召，藩王永远不准离开封地，更不准轻易来京师。群臣本已屡屡进言，现又有李太后的严厉干预，皇帝最喜欢的皇子——福王朱常洵不得不去封地洛阳，这也为后来那位不讨万历皇帝欢心的皇长子最终成为太子并登上帝位扫清障碍。

明朝祖训禁止后宫干政，之前英宗时，张太皇太后面对群臣的请求，也以不合祖制为由，拒绝垂帘听政。因此，李太后必须寻求朝中贤臣来辅佐神宗。驱逐高拱之后，她对张居正寄予无限希望与信任。于是，李太后便命司礼监太监冯保负责处理宫中事务，内阁首辅张居正管理国家大事，自己辅导神宗，居中制衡。这与英宗时的政局颇为相似，张太皇太后命“三杨”辅政，促进了内阁权势的崛起。李太后任用张居正辅政，也大大强化了内阁的地位，甚至远超“三杨”时代，张居正内阁成为明代历史上最具权势的内阁。

内阁的极致：大柄悉以委之

李太后训斥万历皇帝朱翊钧时最喜欢说的一句话是：“使张先生闻，奈何！”也就是说，这事让张先生知道，看你怎么办？我们每个人幼时，都有过类似的经历，不是母亲拿父亲的权威恐吓我们，就是父亲拿母亲的权威恐吓我们。这种恐吓对一个尚未成年的孩子来说，既能培养他的敬畏之心，却也能在他的内心埋下反抗的种子；而这粒种子需要时间的孕育。

公元1572年，即隆庆六年六月十九日，朱翊钧登基后的第九天，十岁的朱翊钧召见了张居正。这是一场录入各类史籍的君臣见面会，场面温馨，话语恳切。两人的对话，大体确定了万历初年的政治基调。在朱翊钧的人生初年的记忆里，这个身材颀长，美髯拂胸，不怒自威的元辅张先生，既是顾命大臣，又像是朱翊钧成长之路上的监护人，怎不令人既敬且畏。在一个十岁孩子的眼睛里，张居正就是学识、智慧和典章制度的化身。

朱翊钧表达了对张居正的信任和倚重，他说："先帝在世时称先生是忠臣，今后，凡事还要请先生尽心辅佐。"

张居正感动得泪流满面，跪伏于地，顿首泣谢，说："臣叨受先帝厚恩，亲承顾命，敢不竭忠尽力，以图报称！方今国家要务，惟在遵守祖制，不必纷纷更改。至于讲学亲贤，节用爱民，是为君之道所最首要的，恳请皇帝圣明留意。"

十岁的朱翊钧回答："善。"

一个年仅十岁的小皇帝，无论如何也不能支撑如此内外交困的政治局面。当此新旧交替之际，为了避免引起万历，特别是李太后的疑虑，张居正并没有抛出自己的政治主张，而是强调"惟在遵守祖制，不必纷纷更改"。所以，所谓"惟在遵守祖制"，应是策略性的应对，而非政策导向的规范。这是张居正给小皇帝及生母李太后吃下的定心丸。召见后，估计张居正激动得心绪难平，一夜未眠。第二天，他就向小皇帝献上一份情真意切的《谢召见疏》。篇幅虽然不长，但忠心可鉴：

"人臣之道，必秉公为国，不恤私心，才能称为忠。臣子我从小受父亲和老师的教诲，对此字早就烂熟于心。进入仕途以来，我兢兢业业，不敢有丝毫堕落之心。如今，承蒙皇上天语谆谆，恩若父子，人非木石，我怎能不奋力而为。"

"臣以区区之身，矢坚素履，鞠躬尽瘁。为祖宗谨守成宪，不敢以臆见纷更；为国家爱养人才，不敢以私意用舍。这是臣子我忠于皇上的职分。臣念念不忘先帝顾命之托，讲学勤政，亲贤远奸，使宫府一体，上下一心，以成悠悠之治。"

这样一封奏疏，今日读来，仍不免让我们感到心潮激荡。

这里张居正用"宫府一体，上下一心"两个词语，释放出一个强烈的政治信号，那就是将自己和李太后、朱翊钧母子视作"一体一心"，这里既有外朝与内廷的一体化，又有四人同心（包括冯保）的感情交融。当然，他们都明白，感情建立在政治基础之上。一旦政治架构出现问题，感情也就跟着摇晃起来。忠心，这正是李太后母子最为看重，也最为乐见的事。张居正又喂他们吃下了一颗定心丸。因此，奏章送上后，“上又善之”。

受到李太后的委托，张居正全方位掌控朝政。他秉承李太后的旨意，严格教育神宗（万历皇帝朱翊钧）。这是一个互相成全的游戏，张居正要成为一代贤臣，而朱翊钧则要成为一代明君。张居正督导皇帝学习十分严格，经筵日讲风雨无阻。朱翊钧一天的学习是这样安排的：晨起早膳毕，日出时分出席经筵，虽仪式从简，不用侍卫、侍仪、执事等官，只用讲读官、内阁学士侍班，但日讲的功课却至为重要。先读《大学》十遍，再读《尚书》十遍，讲官随即进讲，讲读毕，皇上进暖阁少憩，司礼监将备衙门章奏，进上御览，大臣在西厢房随时等候诘问。近午进讲《通鉴节要》《贞观政要》等，主要内容为可资借鉴的前代兴亡之事。张居正处理政务的余暇，也会亲自授课。他还为小皇帝编订教材，选取尧舜以来历代君王可以参照学习的言行汇成书册，并绘制配图，名为《帝鉴图说》。据说，有一次小皇帝读《论语》时，把“色勃如也”之“勃”读成“背”，张居正在旁疾言厉色道：“当作‘勃’字。”小皇帝吓得惊慌失措，在场的官员也大惊失色。张居正还恢复了起居注制度，命人朝夕跟随皇帝，记录下他的一言一行，从而时刻保持对他的监督。

朱翊钧是个聪慧的孩子，只是因为年纪小，不得不待在由太后、首辅（张居正）和“大伴（冯保）”为其构建的“三重门”内。虽然他们当面称他为皇帝，可心里还是将其视为孩子。比如，他觉得自己的大字写得不错，偷偷练了几次，就兴致盎然地将书法作品赏赐给大臣们时，张居正愤怒了，搬出隋炀帝、宋徽宗等亡国之君，训诫小皇帝。他认为艺术是政治家的天敌，玩物丧志，玩艺术也同样丧志。

朱翊钧年幼登基，李太后在乾清宫中陪伴、照顾他数年。随着他逐渐长大，按照规制，李太后需要回慈宁宫居住。在离开乾清宫之后，李太后将小皇帝托付给了张居正。当时，小皇帝对张居正的信任和倚重，几乎是毫无保留的。他不止一次说，张居正“有非常之才，立非常之功”，甚至信誓旦旦地说：“先生精忠大勋，朕言不能述，官不能酬，惟我祖宗列圣，必垂鉴知，阴佑先生子孙，世世与国咸休也。”这样饱含溢美之词的话，出自少年人之口，并不让人感到矫揉虚饰。万历皇帝对张居正的态度，更多来自李太后对张居正态度的折射。在相当长的时间里，母子二人给予张居正的信任和支持，是无条件且非常规的。沈德符在《万历野获编》说：“（张居正）宫府一体，百辟从风，相权之重，本朝罕俪，部臣拱手受成，比于威君严父，又有加焉。”他将内廷和外朝的事权集于一身，相权之大，本朝无人可出其右。张居正对此显然有着清醒的认知，他经常在下属面前说：“我非相，乃摄也。”张居正的自我认知，与朝堂上下对他的认知基本一致。也就是说，他的权力并不仅限于首辅，而是摄政。如此威权赫赫，各部大臣自然将其视为“威君严父”，争相攀附。据说有人送给张居正一副用黄金打造的对联：

日月并明，万国仰大明天子。

丘山为岳，四方颂太岳相公。

制作对联的人真是太过用心，居然将“大明天子”与“太岳相公”分别镶入联语中，文字虽然工整，但不乏僭越之意。对此，张居正安之若素。别说官员逢迎他的这些话，就是天子给他的最高赞赏，他也消受得起。张居正在京城的宅邸建筑楼堂，万历皇帝亲赐“捧日”之名，以大力辅佐“幼主当阳”也；堂名“纯忠”，表彰其忠诚也。他还赐御笔大字两幅，一曰“社稷之臣”，一曰“股肱之佐”；对句一联，曰“志秉纯忠，正气垂之百世；功昭捧日，休光播于万年”。如此高度赞扬一个臣子，尚属本朝首例。此时的张居正又怎能感觉到自己坐在火山口上。他只知道太后的嘱托，小皇帝的依赖，官员的仰望。至于其他，不足为念。

对于张居正的改革，一直以来争议颇多。史家常将他与王安石并而论之，认为他们都是中国古代历史上的伟大改革家。甚至在张居正最为炙手可热的政治成熟期，已有人将他比作王安石，对其展开猛烈抨击。王安石遇上宋神宗，张居正遇上明神宗，这是巧合，也是造化。两个神宗，很显然小皇帝明神宗更容易掌控。小皇帝将张居正奉若神明，对改革更唯居正是从。因此，明神宗朱翊钧这时不过是皇权的符号，张居正才是真正的掌权者。而王安石则不同，宋神宗对王安石的信任是有条件的，也多有牵制。对神宗的态度，王安石的感受则是“天下事如煮羹，下一把火，又随下一杓水，即羹何由有熟也”，并暗责神宗“只从得五分时也得也”。

近年来，张居正以改革者的形象跃然于各种文本和论坛上，学者和史家也想要继王安石之后，在中国历史上再度塑造一个高大全的伟大改革家，而这也正是张居正这样的政治人物在历史的长河中蹭蹬不休的动力。张居正渴望在“江陵柄政”的十年时间里，把握机遇，通过一场政治改革，达到缓解社会矛盾，将帝国带出危机四伏的泥沼的目的。但遗憾的是，他并没有实现这一目标。为史界所津津乐道的“考成法”“一条鞭法”“清丈田亩”等，在张居正生前身后都未被完全废止。尽管如此，这些改革举措并没有缓解帝国的财政困境，更未触及造成明代财政困境的深层体制问题。无论争议如何，不可否认的是张居正的改革，在有明一代，的确难能可贵。与历史上出现的大大小小改革有着相同的命运，它们只能治一时之标，而无法治一世之本，更难以开创更高一层的境界。或许，正如张居正所说，他半生努力，“惟在遵守祖制”，“为祖宗遵守成宪”。

如果改革是一汪池水，王安石这汪池水似乎更纯粹一些。所谓“纯粹”来自王安石自身所具有的行政管理能力。他在财政、金融与改革理念等方方面面都要超前于那个时代。他也的确做到了在大宋帝国的政治、经济、文化、军事等诸多领域进行了深入的制度变革。而张居正这汪池水，似乎更混浊一些。所谓“混浊”也同样来自张居正的思想理念。张居正从政以来，并不像王安石那样，辗转于地方任职，有丰富的地方从政经验。张居正进士出身，授庶吉士，从翰林院到各部衙门，进入内阁。“他更多凭借的是申不害、韩非子，古老术家与法家那一套权谋智术。”也正因为如此，张居正所追求的目标，也大多建立在谋略和手段之上。最后实现从“祖制”到“祖制”，从“成宪”到“成宪”。如果非要找出改与不改的不同，不同就在于，用改革的拂尘扫去“祖制”盖子上的那层灰，恢复朱元璋时代的新鲜活力。万历初年，张居正延续了隆庆时期的改革脉络，在政治、经济、军事和文化领域推行改革。

张居正改革，首推“考成法”。有学者在考成法前面加了“神奇”二字，仿佛此法一出，百病皆除。“考成法”究竟有多神奇，不妨了解一下。公元1573年，即万历元年，张居正上《请稽查章奏随事考成以修实政疏》。在他看来：“天下大事，难处不在于立法，而在于有法必行；不在于说什么，而在于说出来就一定要有效果。”面对官场日渐懈怠萎靡之势，张居正主张恢复明初的威权政治。他曾向万历皇帝说道：“高皇帝得圣之威者也。世宗能识其意，是以高卧法宫之中，朝委裘而不乱。今上，世宗孙也，奈何不法祖！”考成法规定：中央六部与都察院应将所办之事，按照道路远近、事情缓急，给出完成期限，然后再将这些信息记录在三套账簿上。一套留存于部、院，一套送六科监察部门以备注销，一套报呈内阁查考。中央六部与都察院对于所有承办官员的工作，每月检查一次，完成一件则注销一件，未能按期完成者，需如实申报，否则以违制罪论处。六科监察部门稽查六部执行情况，每半年上报一次，并对违限者提出处分意见；内阁则稽查六科，并对违限与欺瞒者予以惩处。如此，月有考，岁有稽，使必中实，事可责成。通过这种方式，张居正在相当程度上实现了内阁对于官僚集团空前严格的监督和控制，也将内阁权力推至历史的巅峰，一扫官场颓靡之风。

万历元年十一月，张居正凭借内阁元辅代帝拟旨的职权，将自己“大事芟除，廓清氛浊”的思想变成皇帝的旨意。就这样，考成法以雷厉风行之势予以颁行，所达到的广度和深度世所罕见。帝国官场早已习惯了形式主义、文牍主义的那一套，可忽然有一天公文应虚之风被刹住，官员无法再混日子，改革的阻力可想而知。

考成法仅施行半年时间，就达到立竿见影的效果。按照考成法的制度，有人受到嘉奖，也有人受到扣工资、降级、强迫退休、开除公职的惩罚。比如，一批完成考核的兵部官员，受到赏银、提级与加薪奖励。再过半年，即万历三年正月，五十四个官员则受到停发工资三个月的处分，涉及未能按期完成的工作事项两百七十三件，其中，包括一批省级行政官员与监察官员，最为严重的，被朝廷勒令致仕闲住，即强迫退休。这种做法类似于我们今天的绩效考核，任务分解下去之后，给出完成时限。不过，考成法对于责任人的奖惩力度似乎更大。据万历六年正月户科给事中石应岳等的报告，“自考成法一立，数十年废弛丛积之政渐次修举。今逾岁终，例当纠举。臣等节据吏部等衙门开报……逐款稽查，共一百三十七事，计抚按诸臣胡执礼、郑国仕等七十六员，完报属愆期，法当参奏”。作为独揽大权的一朝元辅，张居正对官员的任用，坚持贯彻“重实绩、破资格”的精神。他认为，“窃闻致理之要，惟在于安民。”“欲民之安，责在守令”。也就是说，在整套国家机器中，中枢只能制定和推行政策，对全局实施驾驭督导的功能，但真正推行改革和安抚百姓的责任，则要落实在基层政权及其官佐，甚至胥吏以及辖区的低层士子（如贡生等）身上。

张居正的想法是好的，但由于私心作祟，考成法成了他检验官员忠诚度的一把尺子。由于内阁权力的扩大，本来有权监察百官包括监察内阁的科道部门，也唯内阁马首是瞻。在官员看来，考成法是内阁的考成法，而不是祖宗之制。至于“祖宗之制”的成分有多少，不看祖宗，而看张居正能够取用多少。也难怪有人说，考成法一出，最先“蒙圈”的是监察御史和给事中（六部设立的六科官职）。他们本来应该听从皇帝指挥，由于所谓“宫府一体”，自然也就成了内阁首辅张居正的爪牙。稍不用心，他们就会受到斥责，长官随即受命对其进行考成。张居正将六科的职能予以扩大，并且让其直接向内阁负责。张居正向来以是否有利于本人集中权力和顺畅运用权力作为用人的标准。据王世贞的《万历以来首辅传》中评论：“御史、给事中们虽然畏惧张居正，但他们心中大多愤愤不平。”

张居正在经济上实行“一条鞭法”。所谓“一条鞭法”，即在赋役征发中将名目众多的赋税逐渐归并、折银的做法。“凡额办、派办、京库岁需与存留、供亿诸费，以及土贡方物，悉并为一条，皆计亩征银，折办于官，故谓之一条鞭。”张居正命令全国丈量土地，收回大量被各种势力侵占的土地。但这又是一把双刃剑，丈田既以清查隐占、裁革非法利益为目的，就必然引起权贵、豪绅和富户的强烈反对，丈量越彻底，贫弱之户得以免除的苛派越多，则豪富的利益特权被剥夺得越多。东林党领袖邹元标说：“丈田之法，缩此伸彼，利东害西。”对于豪势之家的抵抗，张居正支持地方官按律办事，执法以绳。半个多世纪后，顾炎武指出，正因为张居正改革思路大体是利于下不利于上、利于百姓不利于士大夫，他才会在死后那么快地被清算，“祸发身后”。

同时，在军事上，张居正进一步巩固与蒙古的“和议”局面，推动明蒙之间的经济交流。他尤其重用戚继光，命戚继光负责蓟镇防务，在京城外围构建起严密的长城防御体系。在文化上，张居正主张加强对思想舆论的控制，借助《皇明祖训》中禁止生员议政的规定，严禁生员在野“清议”，并拆毁士人私自建立的书院。

平心而论，张居正改革虽然不够纯粹，也不够彻底，犹如浑水摸鱼，但也摸出几尾大的，许多小的。在所谓“江陵柄政”十年里，张居正让逐渐没落的帝国恢复了几分元气。对此，《明史纪事本末》如此评价：十年来海内肃清，用李成梁、戚继光，委以北边，攘地千里，荒外詟服，南蛮累世负固者，次第遣将削平之；力筹富国，太仓粟可支十年，冏寺积金，至四百余万。成君德，抑近幸，严考成，核名实，清邮传，核地亩，一时治绩炳然。

“夺情”引发的反对浪潮

万历二年（1574年）五月，翰林院飞来一只白色的燕子。恰好此时，内阁也有碧莲花早开，张居正把它们作为祥瑞献给小皇帝。结果，这件事遭到冯保的当面批评：“皇上年纪还小，不可以用那些奇异之物开启他的玩乐之心。”碍于冯保的特殊地位，张居正并没有反驳。不料，南京户科给事中余懋学却上疏论劾张居正：皇上正为地方大旱忧心忡忡，甚至下罪己诏，张居正却在此时献什么祥瑞，实在不是元辅大臣该做的事。

万历三年二月，又是余懋学上疏言事。此次，他将矛头指向考成法，并暗指张居正、冯保为谀佞之臣。张居正看了此疏，勃然大怒，十三岁的小皇帝也大怒。于是，他们给这个不知好歹的家伙安了个“乱政险人”的罪名，革职为民，永不叙用。

余懋学拉开了弹劾张居正的序幕，万历三年年底到万历四年年初，傅应祯与刘台的上疏才是重头戏。河南道试御史傅应祯的奏疏名为言三事，实为弹劾张居正误国，讽谏明神宗朱翊钧失德。他甚至搬出了王安石的“三不足”之说，即“天变不足畏，祖宗不足法，人言不足恤”。他以此指责小皇帝误国且自误，攻击张居正以“三不足”带坏皇帝。万历皇帝下旨，着锦衣卫将其拿送镇抚司监狱，“好生打着问了来说”。傅应祯被打成重伤，最后被押发浙江定海充军。据说，在傅应祯被收押期间，有几位御史和给事中潜入监狱，为他送药并抚慰他。

还有一个名叫刘台的御史，他对于张居正钳制言论、动辄斥责言官、树党行私、贪赃枉法、擅改祖制的做法极为不满。此人是隆庆五年进士，算是张居正的门生。不仅如此，张居正曾举荐他担任正七品的巡按御史。有人将座主和门生之间的关系，比作一棵大树与一群猢狲，树大则猢狲多，树倒则猢狲散。话虽如此，现实却另有乾坤。座主对门生有提携和保护之效用，而门生对座主也有依附和顺从之责任。人毕竟是一种感情动物，人与人之间也不全是利来利往。那些在仕途上努力打拼的门生对有权位的座主报恩是很自然的事，虽然他们的心思并不纯粹，也满心期望能够获得座主的提携，但尊师重道是学生的本分。

一个人如果和自己的老师都搞不好关系，谁还敢用你。虽然考官因赏识考生答卷上所表现出来的才华而将其录用，属于分内职责，但是对于那些被录考生来说，这无异于天大的福报。投以木瓜，报之以琼瑶；任以功名，则求之以师门。门生与座主的关系不仅体现在座主在任时，更延续至座主致仕后甚至去世后。有的门生甚至为已故座主修墓、治丧，这就不是一句利益使然可以概括的。刘台不顾师生之谊，下笔五千言，将自己的座主攻击得体无完肤。知师莫若徒，这个刘台毫不留情地直击要害，什么“子弟何功，而尽列巍科”，这是说张居正任人唯亲，将没有功劳的子弟列入科班，进取功名；什么“家殷甲于全楚，道路喧言”，这是说张居正大肆敛财，富甲一方，尽人皆知；什么“居正之贪不在文吏，不在内地而在边鄙”，这是说张居正和戚继光等边将走得很近。若干年后，当满世界开始清算张居正时，人们才发现，刘台弹劾的这一切并非无中生有。

如果说，余懋学和傅应祯的弹劾尚可辩解，刘台的弹劾才让张居正陷入被动。张居正不得不上廷向皇帝当面奏辩。他在皇帝面前慨叹，自遭刘台弹劾，“其门巷寥寂，可设雀罗”。他说，大明开国两百年，从来没有师长被他的门生弹劾，现在他开了这个先河。随后两天，或许觉得脸上无光，或许被门生攻击得心里发虚，张居正连续两次提交辞呈。据说，张居正向万历皇帝提出辞呈时，激动得伏地痛哭流涕，不肯起身。小皇帝亲自走下御座，搀扶起张居正，并对他说：“先生请起，我要逮捕刘台，让他在监狱里受尽折磨，以慰先生。”

几天后，刘台被送入锦衣卫监狱。此人受尽严刑拷打，并不屈服，言辞更加激烈。最后，御史刘台被削籍为民，遣送回乡。可不久，他又被几个官员指控为贪赃枉法，死在了监狱。这种不明不白的死法，难免引起世人的猜测。有人说，是张居正授意几个官员做的这件事，又或者是刑案人员为讨好张居正才这样做。这个世上从来没有无解之谜，所有的谜团都有破解之法。

万历五年（1577年），张居正次子嗣修会试中试。随后的殿试不出意料，张嗣修进士及第。这一天，适逢万历帝讲读毕，张居正便向皇帝说："臣男嗣修，钦蒙圣德，赐进士及第。"万历帝直言道："先生大功，朕说不尽，只看顾先生的子孙。"与历朝的科场舞弊案相比，这算是最大的舞弊。皇帝直接开后门，可见万历帝对张居正的依赖已到了为他"看顾先生子孙"的地步。

这种敬重和信赖，在这一年秋天，张居正的父亲在湖广江陵去世时达到了极致。对于一般人而言，父亲的去世，不过是家庭私事。然而，对于张居正这样权倾朝野的元辅大臣来说，处理父亲的丧事，不啻一场可大可小的政治事件。事情起于九月十三日，张居正的父亲去世。九月二十五日，消息传至北京。次日，张居正在内阁的同僚，内阁辅臣吕调阳、张四维上书皇帝，引用先朝"夺情"起复的案例，请求皇上谕留张居正。

"丁忧"制度是我国一项相当古老的制度。按照这套制度，父母去世，其为官且承担主要家庭责任的儿子必须离职。返回家为父母守孝二十七个月，当时的术语称之为"丁忧"，也叫"丁艰"。离职以闻丧月日始，不计闰，期满后再继续出来做官，叫作"起复"；倘若身为国家重臣，离职后可能造成重大影响的，作为特例，需皇帝下令，免去离职丁忧，穿孝服直接起复视事，术语叫作"夺情"。按照明代典制，官员丁忧不许夺情起复，所以吕调阳、张四维援引前朝的几处特例，希望皇上"夺情"。帝国以孝治天下，忠臣出孝子，不孝者必然不忠。这是一次重大事件，其重大程度，超出我们想象的边界，超出当事人无法承受的边界。

这个难题不仅难倒了张居正，也同样难倒了万历皇帝。作为元辅之臣，张居正是百官之首，也是百官表率。若是张居正都不遵守祖制，做了不忠不孝之臣，何以率领百官。张居正被困在人伦亲情的大网中，动弹不得。皇帝在看着他，百官在看着他，门生在看着他，朋友在看着他，同僚在看着他，他似乎别无选择。虽然他常以豪杰自许，认为必有非常之人，方可为非常之事。可如今事到临头，他又难以一脚蹬开常情常理。他能够想象到，如果他不遵守祖制，等待着他的将是一场怎样的风暴。对于张居正来说，他当然不愿离职，"自以握权久，恐一旦去，他人且谋己”。他是一个权位欲极强的人，认为既握权便不可弃权。更重要的是，他实施的这场改革正进入深水区，绝难半道而废。离开朝廷二十七个月，旋涡般的政局随时会吞噬掉他此前所有的努力。

张居正闻讣后，几天未入内阁上班，却发生了一桩让他对前途更为忧虑的小事。按照帝国惯例，首辅去位三日，次辅的座位就可以挪到主位上，僚属也就可以身穿绯衣向次辅道贺。据说，次辅吕调阳虽然没有坐到主位上，但他却接受了同僚的祝贺。张居正听说后，不禁喟叹：“我尚在，不少顾忌，如一出春明门，宁我入乎？”面对人情淡薄的官场，离开，意味着放弃更多；而可能产生的更严重的影响，恐怕连当局者也难以计算，这是最为可怕的。

从当时的情形判断，皇帝、李太后、冯保、张居正身边的支持者，甚至包括他同期为官的儿子，应该都发自内心地希望他不要离开。这年万历皇帝朱翊钧已经十五岁了，但他无法想象，没有张居正的朝堂将会怎样。小皇帝在接到内阁辅臣的奏疏后，随即下旨：“元辅张先生亲受先帝付托，佐朕冲年，安定社稷，关系至重，况有往例，卿等亟为朕劝勉，毋事过恸。”皇帝还亲手写手札给张居正：“朕今日览读两位辅臣所上奏疏，得知先生之父已去世十余日，痛悼良久，先生哀痛之心，当不知如何哩！然天降先生，非寻常者可比。”他希望张居正以国事为念，不要沉溺于个人哀情，以成就大孝。接着，万历皇帝又给吏部发去谕令：元辅朕切倚赖，岂可一日离朕！父制当守，君父尤重，准过七七，照旧入阁办事，侍讲侍读，期满日随朝。

皇帝的态度就是李太后的态度，这给张居正吃下了定心丸。为了堵住悠悠众口，张居正连着上了几次奏疏，要求离职守制。第一次，他向皇帝剖示心曲，“臣以二十七月报臣父，以终身事皇上”。第二次，皇帝半是命令半是恳请让他留下，毋得再奏。随后，张居正又递上《三乞守制疏》，表示今日在廷之臣，个个都是一时之选。臣子我只是暂时离开，皇上何必专任一人，而让天下贤者失去施展才华的机会。

君臣二人心照不宣地做戏。既然“君命不可以屡抗”，张居正遂接受皇帝三番五次的慰留，夺情视事，在官守制。但让张居正和万历皇帝始料不及的是，尽管他们已经把戏做足，“夺情”这一有违常例、有悖常情的做法还是在文官集团中掀起轩然大波。让张居正更想不到的是，最先发难的是吏部尚书张瀚。张瀚认为首辅“夺情”必将使帝国纲常扫地。要知道，张瀚是在内阁首辅张居正的破格提拔下才出任吏部主管的，平日办事唯内阁是从，向来被视为张居正的亲信。据说，他带着数十名官员到张居正私邸劝说其离职丁忧。结果，他们刚开口请求张居正回家丁忧，就遭到张居正的一番驳斥。随后，有两位科道官员上疏弹劾他，万历皇帝怒而下旨，吏部尚书张瀚被勒令致仕，捏造的罪名是藐视皇帝，无人臣之礼。

就在这时，司天监官员报称，连日来天上突现异象，有一颗巨大的彗星飞临帝国上空，其状如虹，颜色惨白，拖着长达数丈、预示着不祥的大尾巴。它从西南尾星、箕星直射东北，越过牵牛星，逼向织女星座。据说，西长安门上居然贴出张居正谋反的传单。翰林检讨赵用贤还拿“星变”说事，说为了避免“士气之日靡，国事之日淆”，首辅必须守制丁忧。新科状元沈懋学与张居正的儿子张嗣修是同年好友，想要通过这层关系改变现状，也遭到拒绝。张居正真的被他们逼急了，跪在他们面前泪流满面道：你们要我离开朝堂，可皇帝却不放我走，我有何办法？你们给我一把刀，让我把自己杀了吧。

明人朱国桢在他的《涌幢小品》中记载了礼部尚书马自强登门劝说张居正时的情形：马自强曾多次反对过张居正，张居正并不介意，还荐举他出任礼部尚书。此刻，马自强也登门劝说张居正。说到情急之处，张居正居然跪在马自强面前，大呼：“您饶了我吧，您饶了我吧。”马自强见状，只好叹息而去。这里的张居正与现实里那个冷峭孤傲的张居正相去甚远。或许可以这么说，张居正还是张居正，只是事情已到了无可挽回的境地。

此种情形之下，反对的浪潮越推越高。不少人认定，张居正是个贪恋权位的伪君子。十月中旬连续数日，京城陷落于愤怒的海洋当中。吏部尚书罢官，星变未弭而朝中火起，紧接着又有四位官员相继上疏，反对夺情，弹劾张居正。他们是刑部的两位官员艾穆和沈思孝，还有翰林院的两名官员——编修吴中行和检讨赵用贤。两位翰林官员都是张居正在隆庆五年取的进士，算是正式门生。他们义正词严地发出质问，大意都是，对于国家来说，三纲五常是最重要的，可皇帝的老师，国家的元辅大臣，乃纲常之代表，却置纲常于不顾。比如，吴中行上疏称，首辅父子一别十九年，音容不接，如今天人永隔，为人子者不匍匐夜奔，凭棺一恸，实在不近情理，首辅自己常说圣贤义理、祖宗法度，他现在这样做又置祖宗之制于何地？据说，吴中行上疏以后把底稿交给老师过目，张居正看后愕然，问他这奏疏呈上去了吗，吴中行道："没有上奏前，不敢告诉老师"。

文官集团真是一个特殊的群体，他们熟读圣贤书，遍知兴亡事，为了维持纲常，维护良知，他们不惜得罪皇帝和重臣，更遑论私情。张居正愤怒了，同样愤怒的还有万历皇帝，面对奔涌而至的浪潮，他们无计可施，只能祭出"廷杖"这个大杀器。吴、赵被责打六十杖，杖毕，拖出长安门，再用门板抬出北京城。赵用贤是个胖子，廷杖过后脱落的肉有手掌般大小，他的妻子遵循"身体发肤，受之父母"的古训，将丈夫的肉风干腊制珍藏起来。艾穆、沈思孝受刑更重，被廷杖八十以后，手足加了镣铐，再遣戍边疆。对于张居正而言，他并没有复仇的快感。这四个受刑者中，有两位是他的门生，有一位是他的老乡。帝国官场向来看重师生情和同乡谊，再加上门生刘台弹劾的那次，张居正觉得一张老脸无处安放。他不由悻悻然："当年严嵩都没有受到过同乡的攻击，我还不如严嵩。"

反对之声又岂能因廷杖而止。开国以来，廷杖之事几乎史不绝书。据说，一些官员无罪被杖，天下以为至荣，终身受人倾慕。国家脸面上的事，到了这里，却成了屁股开花的事。反对者中不乏别有用心者，他们以此为标榜之资，提高自己的知名度。借别人的酒杯，浇自家的块垒，谋求一逞。我们难以理解人处身于病态社会中的心理，悲苦不相通，人性却是相通的。廷杖落下，廷杖又起，刚中进士不久的见习官员邹元标上书皇帝。据说，邹元标写成此疏后，揣在怀里，入朝时正逢吴中行等人受廷杖。邹元标不但没有被吓退，反而激起他更大的愤怒之火。他将自己的奏疏交给一个太监，谎称是告假本。他又厚加贿赂，才使此疏得以呈进。他在奏疏中有言："今有人于此，亲生而不顾，亲死而不奔，犹自号于世曰：'我非常人也。'世不以为丧心，则以为禽彘，可谓非常之人哉？"这里将张居正"非常之人"的自诩，说成实则猪狗不如的禽兽。

邹元标也逃不了廷杖八十，被充军到贵州都匀地区，并终生落下跛脚的残疾。同样是这个邹元标，四十多年后到了天启年间，他已成为国家重臣，东林党的领袖。彼时，他居然为张居正平反昭雪奔走呼号。真是此一时彼一时。据说，邹元标有一次进侍经筵时摔倒，有大臣为他说话："元标在前朝，因为直言受杖，至今步履犹艰。”

随着“倒张”官员的离开，抗议也由台面上的堂而皇之，转为地下暗流。皇帝为此发出狠话“再及者诛无赦”，喧腾一时的“夺情”风暴暂时平息了下来。可是，平息下来的是风暴，无法抚平的是精神的创伤，无论对于张居正，还是那些不得不学会沉默的文官来说都是如此。廷杖之下，血肉横飞，是非善恶，君子小人，一股粗蛮霸狠之风充斥着人心，也悄然改变着世风。《明史》记载，夺情风波之后，张居正的执政之风也陡然生变。他本就是孤傲之人，经此风波，越发变得偏颇乖张。尤其在用人方面，他不再相信“门生和乡人”之类的私情俗念。他提拔或惩处官员时，常出自个人爱憎，身边的亲近之人“多通贿赂”，他府上一个家奴也花钱买了一官半职，而他的三个儿子先后中进士高第。帝国的文武大员纷纷与其往来交好，甚至谈婚论嫁。《明史》为此评论：“世以此益恶之。”世人越来越憎恶张居正。

与世人的态度相反，皇帝却越来越离不开他。朱翊钧曾对张居正说：“先生精忠为国之心，天地祖宗知道，圣母与朕知道。那群奸恶小人乘机排挤，自有祖宗的法度治他们，先生不必介怀。”张居正首辅的岁俸既已停发，皇帝就命加赏银；张居正家中用度紧张，宫中就按时送去日用品。皇恩眷顾如此，明朝开国两百年也难得一见。

1578年，是十六岁的朱翊钧大婚之年。皇帝大婚，也就意味着他成年了。脱下皇帝大婚的吉服，张居正换上素服角带要回江陵老家葬父。他在出发之前，也对内阁人事做了安排。他除了担心内阁只剩吕调阳、张四维二人忙不过来，更重要的是害怕在离京期间发生意料之外的变动。政局如虎，搞不好就吃人。张居正将马自强、申时行二人推荐入阁。这样内阁在他离开期间，已有四个大学士，但马自强入阁不过半年，突然病逝于任上。算起来，这是君臣二人时间最长的一次分离。临行前，朱翊钧不舍之情溢于言表：“圣母与朕意，原不肯放先生回，只因先生情辞恳切，恐致伤怀，特此允行。先生到家事毕，即望速来。国家事重，先生去了，朕何所依托？”据说，张居正退出西殿时，皇帝还在和身边近侍念叨：“我有好多话，要与先生说，见他悲伤，我也哽咽难言。”

人类的真实情感固然可贵，但附着于目的之上的情感同样值得怀疑。或许万历皇帝与张居正悲剧的根源，也来自这种真挚与深切的感情。

张居正于万历六年三月十一日离京，六月十五日回京，离任三个月，南北来往三千里。张居正这一次回乡葬父，所受的恩赐和尊礼，又是本朝从无先例的。据王世贞在《万历以来首辅传》中记载：张居正此次返乡，受皇帝委派参加葬礼的特使有司礼监太监魏朝、锦衣卫指挥佥事史继书及中央六部代表。张居正坐的特制大轿由三十二个轿夫抬着，前面是起居室，后面是寝室，两廊一边一个书童焚香挥扇。除由兵部指派千骑马警卫外，又从戚继光蓟门前线，调来一队鸟铳手。沿途巡抚、巡按御史及各府、州、县官无不越过疆界亲自迎送。据说，所经封地的藩王想要接待张居正，被婉言拒绝。王世贞认为，这是因为张居正不愿意见面时对藩王下跪。

值得一提的是，张居正经过河南新郑县时，专程去见了被废乡居的前首辅高拱。六年不见，高拱已病得不复昔日神采。两任首辅，敌友莫辨，一个如日在中天，一个如日薄西山。两人相见恍如梦境，少不得一番唏嘘感叹。张居正抵达江陵，又给高拱去了一封信："相违六载，只于梦中相见，比得良晤，已复又若梦中也。"张居正还京途中，又去见了一次高拱。几个月后，高拱病逝。让张居正想不到的是，高拱缠绵病榻留下的那本回忆录《病榻遗言》，会成为日后清算自己的一把利剑。

七月中旬，张居正回到北京，皇帝又是一番恩遇，设宴、召见、赏赐自不待言。待到秋天，张母由太监魏朝陪同，经由运河水道抵达北京，两宫皇太后即派宫中管事太监慰劳，送去各种珍贵礼品及御膳、饼果、羊酒等赏赐，令张居正母子感激涕零。不久，两宫太后又召张母入宫相见，加恩免行国礼，行家人之礼。张居正在上疏称谢时说："惊传闾巷，荣感簪绅，实臣子不敢觊之殊恩，亦载籍所未闻之盛事。"为报答皇恩，他只有"当移孝以作忠，苟利国家，敢惜捐躯而碎首"。

对于张居正来说，1578年前后，是他个人荣耀的巅峰时刻。那一刻，他显然忘记了盛极而衰的道理。正是如此不平常的恩遇，使他不自觉地显示出骄奢的气焰和唯我独尊的心理。

2. 生前身后的激烈变局

大婚之后，万历皇帝成了真正意义上的成年人，“以一身为天地神人之主”。如此一来，必然导致由李太后、张居正和冯保联合组成的对他的监管和辅导的松弛。自此以后，他便可以较少受限制地自作主张，可以更多地使用“中旨”的形式裁决事件。凡此种种，都直接冲击着当时由张居正主持的、正在大规模进行的各项改革。年岁渐长，万历帝不愿再做个傀儡似的皇帝。但在张居正在位的时候，他绝难摆脱既成的监管格局。尽管他感觉到屈辱，感觉到皇权被侵犯，但也只能无奈地接受。

下面发生的这起突发事件可能是引发变局的导火索。

万历八年十一月，朱翊钧经常在乾清宫管事太监孙海、客用二人带领下夜游别宫，走马持刀，莺歌燕舞，有一次喝醉后差点将两名内使杖责而死。冯保将此事告知李太后，李太后召皇帝到慈宁宫罚跪。据说，罚跪时长达三个时辰，也就是六个小时。在暴雨般的痛斥中，愤怒而伤心的李太后甚至宣称，要废掉这个失德之君，由他的弟弟即位。朱翊钧长跪告饶，痛哭流涕表示悔改，事情才算暂时过去。事后，李太后又命张居正代拟罪己诏，颁示阁臣。张居正所撰诏书，“词过挹损。帝年已十八，览之内惭，然迫于太后，不得不下。”对于尚处于青春期的皇帝来说，这真是一次巨大而令人印象深刻的羞辱，让他对冯保产生了怨恨。张居正又连续上了两道奏疏切谏，要求加重对孙海、客用二人的处分，并扩大惩罚的范围，劾去司礼监秉笔太监孙德秀、温太及掌兵杖局周海等人，更令所有内侍都自我剖示，听候处理。如此一来，事态再度升级，万历皇帝迫于压力，不得不自我检讨“一时昏迷”，表示“朕悔过，并去奸邪”。

张居正对万历皇帝寄予殷切期望，无微不至地希望“致君尧舜上”，恨不得手把手地教他做皇帝，但却很少警惕到皇帝内心的愤怒由来已久。张居正以为其管教出于拳拳忠爱，但对于已经成年的朱翊钧来说，却难以接受。朱翊钧从少年步入成年，从幼稚逐渐走向成熟，他急于摆脱元辅张居正的扶持，亲自处理朝政。对于一个权力欲极强的皇帝来说，这种长期遭受压抑的心情，是难以承受的，它总有一天要爆发。

这一年朱翊钧年满十九岁，张居正历官一品也已十二年，考满自陈时，他向皇帝提出了解职还乡的请求。当皇帝将此事说予李太后时，李太后却明确地告诉他："张先生亲受先帝托付，岂忍言去！待辅尔到三十岁，那时再作商量。先生今后，再不必兴此念。"太后要留人，怎奈天不留人。到了万历十年初春，张居正的病势日渐沉重。张居正患病期间，朱翊钧曾经为之难过得落泪，吃不下饭。京城各部院、科道官员也纷纷为首辅建斋祈福。其中几分真情几分假意，也只有天知晓。在此期间，张居正晋封太师（正一品），加岁禄二百石。这又是本朝历史上文臣从没有达到过的至高的官衔。张居正病倒了，在病患面前人人是平等的，即使荣耀加身、财富敌国也无济于事。随着病情的加重，张居正再次向万历帝提出退休的请求。他在奏疏中说"及今若不早求休退，必然不得生还"，希望能早赐骸骨，生还乡里。这个从不向命运低头的政治强人，终于屈服于疾病。

万历十年六月，五十八岁的张居正在北京任上病逝。噩耗传至宫中，万历皇帝震悼，下令辍朝一日。对于张居正的死，皇帝给予了最为崇高的待遇，赐谥号"文忠"，赠上柱国衔。当张居正死讯传开，朝堂内外有人痛惜，有人称快。只是谁也未曾料到，一个时代将随之落幕。对于大明王朝来说，暮色中的最后一缕光芒已然消逝，等待着它的将是长夜如渊，日落星陨。

张居正荐举入阁的潘晟从原籍浙江新昌出发，刚走到杭州，突然接到"着以新衔致仕"的圣旨。阻挠潘晟入阁的幕后人物，正是张居正援引入阁的张四维。据说，冯保生病在家调理，闻讯后气愤地说："我小病也，而遽无我！"潘晟是他和张居正极力推荐的，而今却遭阁臣的拒绝与言官弹劾。这是一个政治信号，张居正已死，坐镇内朝的冯保失去了外廷支撑。

《明史·冯保传》中说："慈圣皇太后遇帝严，（冯）保倚太后势，数挟持帝，帝甚畏之。"每次小皇帝与内侍玩乐，只要听说冯保来了，立即正襟危坐，并大呼："大伴来矣！"这样的场面，不免让人想到李太后说的那句："使张先生闻，奈何！"两句话都有"狼来了"的意味，无论是张居正，还是冯保，在皇帝的心目中都是令人生畏和恐惧的。

在王世贞的《觚不觚录》中，冯保得意忘形之态，溢于言表：据说，李太后的父亲，也就是皇帝的外祖父、武清侯李伟见了冯保，也叩头惟谨，尊称他为“老公公”。冯保居然安然受之，只是微微曲膝道：“皇亲免礼！”如此而已。而驸马见了他叩头，他甚至倨傲地垂手小扶，根本不还礼。冯保倚仗太后的宠幸与张居正的支持，颐指气使，对皇帝的钳制过甚。在朱翊钧的记忆里，李太后、张居正和冯保犹如“三把钳子”，将他牢牢地控制于皇位之上。某天，皇帝讲读完毕，兴致大发，书写大字赏赐辅臣及九卿等。冯保在一旁伺候。突然，皇帝将饱蘸墨汁的笔掷向冯保，冯保的红衣上溅满了墨渍。众人大惊失色，皇帝却表现得若无其事。后来申时行的长子对沈德符谈起这一逸闻，不无感叹道：“此时上意已视（冯保）李辅国、鱼朝恩之想，而冯珰尚以少主视之，了不悟也。”李辅国、鱼朝恩是唐代安史之乱后两名飞扬跋扈的宦官，因权势过甚为唐代宗所杀。也就是说，万历皇帝已视冯保为佞宦，冯保却依然视他为任性的孩子。

张居正死后半年，即万历十年的十二月初，一封弹劾冯保十二大罪的奏疏摆在了皇帝的御案上。皇帝不禁道：“我等这篇奏疏，已经等了很久。”不久，皇帝没收了冯保的财产，并将其发配到南京看守孝陵，等同于软禁了他。据南京兵部郎中陈希美报告，冯保由北京抵达南京时，“犹携带佞儿数十辈，装载辎重骡车二十辆”。冯保就这样消失于大明政坛，无人知晓他带走了什么。冯保是张居正通向内廷的主要桥梁，两人政治上一体，荣枯一致。冯保失势，张居正必然成为受清理的总对象。

驱逐冯保不久，一个对政治气候极度敏感的叫杨四知的御史，终于把故太师当作靶子挂了起来。他上疏列出张居正的十四大罪：贪婪僭奢、招权树党、忘亲欺君、蔽主殃民等。万历皇帝收到这样一份奏疏，心情是复杂的。在五年前，那场因为“夺情”倒张的浪潮中，他坚定不移地站在张居正身边，让倒张者吃尽了苦头。如今，张居正已殁，冯保已去，他俨然已是堂堂正正、不受任何约束的皇帝。面对这份奏疏，他诏复：居正朕虚心委任，宠待甚隆，不思尽忠报国，乃怙宠行私，殊负恩眷。念系皇考托付侍朕冲龄，有十年辅理之功，今已殁，姑贷不究。

杨四知用一道奏疏试探出了万历皇帝朱翊钧的心思，而朱翊钧则用一道诏旨表明了自己的立场：张居正有罪，姑贷不究。杨四知的奏疏写得并不高明，却提供了一个极佳的机会。而万历发出的这道诏旨无异于“倒张”动员令，皇帝的倾向性再明朗不过。风向即变，人心大动，点名直指张居正的劾疏纷至沓来。估计连万历皇帝也没想到，会有那么多人反对张居正。积怨者卷土重来，投机者愤然而起。而在其中，最卖力的莫过于张四维的门生李植，还有两名御史江东之、羊可立。三人疏文用词夸张，上纲上线，极具蛊惑效应。不久，此三人俱从从七品御史连升六级，一跃成为正四品的京堂显职。万历皇帝如此做法，等于鼓励廷臣们以“倒张”作为进阶之路。于是，各种五花八门、有的没的罪名都往张居正身上招呼。到了第二年初春，朱翊钧诏夺张居正上柱国、太师名号，再诏夺文忠的谥号，还将张居正生前倚重的臣僚也一一罢黜或法办，借此对朝廷人事进行全面的清洗。张居正执政十余年中的许多改革举措，也如同冰消雪融般迅速瓦解。

坐在宫殿里的朱翊钧，透过那些虚构和写实的文字，再加上他心底阴暗处生发出的想象力，为张居正塑造出了一个丑恶的面目。而在这满朝揭批张居正的非常时期，高拱的回忆录《病榻遗言》的问世，更使他对张居正的最后一丝温情化为乌有。那个被他和母亲李太后尊奉了十年的“张先生”，面目竟是如此不堪：张居正为了排挤高拱，夺取首辅之位，与冯保里应外合，制造冤狱；以圣贤之道教诲他这个皇帝，私下里生活却奢侈糜烂，纳娶两位貌美的姬妾，偷偷研习房中术，并因此而死。王世贞说：“得之多御内而不给，则日饵房中药，发强阳而燥，则又饮寒剂泄之，其下成痔。”这些被公开的个人隐私完全摧毁了张居正的形象。在朱翊钧看来，张居正就是一个卑鄙、无耻、卖友求荣、结党营私的阴谋家和独裁者。

这还不算完，既然清算就要彻底。当时有传言，说当年抄没辽王府时，数以万计的金银财宝落入张居正在江陵的府邸。这时候已经没有人愿意客观公正地对待张居正的功过是非。这场来势汹汹的清算，像是一场蓄谋已久的政变，它裹挟着太多仇怨和嫉恨的情绪，又夹带着太多报复和宣泄的快感。

一个二十岁上下的年轻人，既无人生阅历，又无城府和谋略，却有的是自以为是的想法。从万历皇帝一生行事来看，他并不是一个善谋行远之人。在大多数时候，他更像是一个意气用事的孩子。当“倒张”的声音铺天盖地响起时，他一定会想起许多往事，越想越认定张居正是一个彻头彻尾的伪君子。他辜负了自己的信任，玩弄了自己的感情。朱翊钧无比愤怒，他要报复。人性的丑恶，往往更容易集中于权柄在握之人。其伪善与狰狞，其恩怨易位的彻底和急猛，其背信弃义的程度，往往超乎常人，甚至背离常情常理。

当朱翊钧听闻张居正侵盗辽王府金银财宝，特别是听说“金宝万计，悉入居正家”，他迅速做出反应，要求对张府财产查抄充公。清查队伍还没到江陵地界，当初对张家百般讨好的湖北地方官就为防张家转移资产，把张家大门封了个严严实实。若干天后，当皇帝的钦差赶到进行查抄时，张家已有十多人饿死，有些骨骸被恶狗啃噬且尽，惨不忍睹。主持抄家的刑部右侍郎邱橓对张居正有私人恩怨，下手毫不留情。张居正长子礼部主事张敬修因熬刑不过，自缢而死。张敬修自杀前留下一封绝命书：“邱侍郎、任巡按，活阎王！你也有父母妻子之念，奉天命而来，如得其情，则哀矜勿喜可也，何忍陷人如此酷烈……”

张家饿毙十余口，长子自杀的消息传至京城，朝野哗然。开弓没有回头箭，不知年轻的皇帝在午夜惊梦时会不会暗生悔意，但这不足以让他改变心志。几个月后，朝廷正式公布张居正的罪状为：“诬蔑亲藩，侵夺王坟府第，钳制言官，蔽塞朕聪，专权乱政。”本当断棺戮尸，姑念其多年效劳，姑且加恩宽免，他的弟弟和两个儿子发戍边疆，恩准张家留空宅一所，田十顷，赡养八十母亲。

当时能够制止这场悲剧发生的，或许只有皇帝的生母慈圣李太后。这位在张居正生前给予其无限信任和支持的老太太，在“倒张”事件中像是穿了隐身衣，不见其人，也不闻其声。据说，她此时正为自己另一个儿子的婚事发愁。朱翊钧告诉她，张居正和冯保都有家财百万，抄没他们的家产，不敢说解朝廷财政之忧，最起码，可以不用为她的另一个儿子的婚事开销发愁。李太后居然相信了儿子的话。结果，张居正所有财产查抄变卖后加起来，大约是二十几万两白银，不到严嵩的二十分之一。至此，张居正全家家破人亡。

“只看顾先生的子孙”——不知朱翊钧是否还记得他当年对自己的恩师良相说出的那句承诺。如今想来，真是让人感到既悲且讽。清人秦大樽在其所著《消寒诗话》中，指万历对张居正为“寡恩”。张居正为国任事十年，纵有过错，但还不至于落到“老母幽囚、弱子投缳”的地步。对于万历皇帝来说，张居正受顾命辅政，相权之重，本朝罕俪。“比之威君严父，又有加焉。”蓄之既久，其发必速。十年是个不短的时间，压抑了那么久，朱翊钧的爆发来得迅猛。这就像是西方传统的弑父文本，添加了东方的情感。万历皇帝和他的臣僚只有将张居正打翻在地，再踏上一只脚，才能翻出属于自己的新篇。可是新篇哪有那么容易翻出来，张居正十年苦心经营的业绩摆在眼前，这是擦不掉的。既然擦不掉，那就将能打翻的都打翻。朝堂上下，阵营对立，非此即彼，不被贴上“君子”的标签，就是“小人”。

“倒张”是块试金石，凡是张居正反对的，都要去赞成；凡是张居正赞成的，都要去反对。朱翊钧突然觉得当皇帝并不难，没有张居正，事情变得容易多了。年轻人的热血容易被现实煮沸。朱翊钧准备大干一场，他的自信来自对张居正的全盘否定。他太过意气用事，以反对张居正为正途，为了反对而反对。十年辅政，要将张居正的一切与他这个皇帝切割得干干净净，几乎是不可能的。可他还是那么干了，翻案之风一开，引起的连锁反应超乎他的想象，官僚间互相弹劾的奏章如雪片般飞向乾清宫。万历帝将张居正罢黜的大批慵懒之徒全部复职，将张居正时期事实证明相当能干的一些文官武将放逐投闲。一代名将戚继光镇守蓟辽，十余年间，蒙古骑兵不敢在他面前轻举妄动。如今，戚继光被放逐到无事可做的广东，几年后抑郁而终。还有替张居正说公道话的潘季驯，此人治水有成，在“江陵柄政”时期较受重用，此时也被勒令回家。据说，后来黄河泛滥，朝廷只好又将他请了出来。

诚如樊树志所说：“张居正悲剧的根源就是八个字——‘威权震主，祸萌骖乘’，悲剧的表现形式——‘功在社稷，过在身家’”。或者就像海瑞所说：“居正工于谋国，拙于谋身”。张居正身家之罪，并不足以导致他身败名裂，最根本的原因同样可以用八个字概括——“操弄之权，钳制太过”。

3.“道德楷模”的反伤害能力

万历十五年（1587年）十月十四日，南京吏部右侍郎海瑞逝世。这条消息犹如一道惊雷滚过阴霾沉沉的天空，却无法给这个步履沉重的帝国带来改变。相反，北京城里的皇帝和吏部官员却大大地松了一口气，他们再也不用为海瑞的使用问题而大伤脑筋。海瑞去世后，他的生前挚友，时任佥都御史的王用汲到他家中探视，看见这样一幅景象：海瑞房间所用的帷帐都是葛藤皮做的，而且破损不堪：身上的衣服也是补丁摞补丁，破旧得不成样子。一个国家副部级官员的生活如此寒酸，怎不令人百感交集。海瑞膝下无子，王用汲就承担起丧葬事宜。

王用汲整理海瑞遗物：八两俸银、一顶头巾，几件旧衣服。这点人生积蓄，就连自己的下葬之资都不够，见者无不落泪。最后，还是在王用汲等人的号召之下，同僚们凑份子将海瑞下葬。官员们的眼泪是真实的，但这份感动里却透着虚伪的成分。他们无法从海瑞这里，获取到体制带给自己的那份温暖。海瑞的形象越高大，他们内心的寒意就越深重。海瑞为官二十载，充满了各种各样的矛盾与纠纷。他的人生信条和充满争议的个性既受世人尊重，也让体制中人保持疏离。就连仰慕他的人，也没几个愿意走他的路。海瑞死后，万历皇帝朱翊钧一语道破玄机："当局任事恐非所长，而用之以镇雅俗，励颓风，未为无补。"也就是说，朝廷用海瑞任事非其所长，将他打造为帝国的道德楷模，最为适合不过。

海瑞，字汝贤，海南琼山县人。四岁时，其父海瀚去世，母亲谢氏独自将海瑞抚养成人。母亲粗识书史，在海瑞幼时即口授《孝经》《大学》等典籍。有史家认为，刚直勤苦的母亲对海瑞一生影响极大，世人似乎可以从海瑞的言行中看到那个忠贞不渝的女人。海瑞参加了嘉靖二十九年与三十二年的会试，均告落榜，最后不得不听从吏部选调，受任福建延平府南平县教谕之职。海瑞任教官长达四年，而后迁至淳安县令，这时候他已四十五岁。淳安地处交通要道，来往官员路过之时，必要索取钱物。历任官员为保住自己的乌纱帽，自然墨守成规，不敢得罪。有一次，浙江总督胡宗宪的家奴路过淳安，本想大肆索取，却被海瑞严辞拒绝。胡宗宪闻知，只是一笑了之，还对手下官吏说："昨天听说海令为其母做寿，买了两斤肉，真是难得啊！"

嘉靖四十三年，海瑞携二仆赴京，授户部云南司主事。一年后，即嘉靖四十四年，他冒死上了那道令他名动天下的《治安疏》。据说，他在上这道奏疏前，曾交给好友二十两银子道："我死必以此葬我。"

在这篇惊世骇俗的奏疏中，海瑞无情地揭露了嘉靖皇帝朱厚熜即位以来的种种过失，言辞极为犀利。他指责皇帝"专意修炼，竭民脂膏，滥兴土木，二十余年不视朝，导致法纪废弛；数年滥封侯爵，名器贬值；与皇子不相见，薄于父子之情。以猜疑诽谤戮辱臣下，薄于君臣之恩；乐西苑而不返，薄于夫妇之德；吏贪官横，民不聊生。水旱无时，盗滋炽。”“且陛下之误多矣，其大端在于斋醮。”这样的话在独断专行的朱厚熜听来，更是无法忍受。他大怒，将奏疏扔在地上，咆哮道：“赶快将此人抓来，不要让他跑了。”在旁的宦官黄锦却平静道：“此人素有痴名，听说他在上疏之时，知道所奏定会触怒皇上，所以事先已安排好后事，买好了一口棺材，与家人诀别，正在朝房待罪，手下僮仆已全部遣散，因而臣等料定他不会逃跑的。”

世人皆说，海瑞胆大妄为，敢“骂皇帝”。其实，海瑞奏疏内容除了上面引用的逆耳之言，还有听着顺耳的话。比如：“陛下天资英断，睿识绝人，可以成为像尧、舜、禹那样的贤明君主”，“即位初年，革除积弊，焕然与天下更始”。明世宗（朱厚熜）反复披阅后，也不得不叹息道“这厮有比干之忠，不过朕非纣王”。怒气难消的朱厚熜还是把海瑞抓了起来。

嘉靖四十五年，当海瑞在监狱里听闻嘉靖皇帝驾崩的消息，大放悲声，将刚刚入口的酒菜呕吐出来，彻夜痛哭不止。新即位的隆庆皇帝朱载垕对于“海刚峰”的大名早就耳闻，他重新起用海瑞。

隆庆三年夏天，苏州街头弥漫着一种异样的气氛，豪门权贵忙着把自家红色的宅门涂抹成黑色，平时在街上飞扬跋扈的地痞流氓也都不见了踪影，就连一向趾高气扬的江南监织造的官宦们也都低着头赶路匆忙，一些平常恶名昭彰的官吏更是主动请求免职。

究竟是谁能够拥有如此大的威慑力，让平日里繁华异常的苏州城突然变得如此异常？老百姓心中疑惑，私底下纷纷猜测。当谜底揭晓，他们无不额手称庆，原来是当朝最著名的廉吏海瑞大人要来巡视。这里有一个细节：豪门权贵将自家大门的红色涂成黑色。当时的住宅是分等级的，只有豪门望族的人，才有资格拥有朱漆大门，平民百姓只能用黑漆大门。那些豪门望族生怕被海瑞盯上，然后查出问题来，所以就把自家的大门给涂黑。这一年，海瑞升任都察院右佥都御史，巡抚应天十府，辖区有应天、苏州、常州、松江、镇江、徽州、太平、宁国、安庆、池州等地。这是明朝最为富庶之地，大批致仕官员的乡居之地都在辖区内。当时的有识之士就说过“天下财货，皆聚于豪势之家”，而应天一带正是地主集团力量最为集中的地区。当地占地最广的士绅之一竟是对海瑞有恩的退休首辅徐阶，产业之大，令人惊骇。海瑞一视同仁，逼着徐阶退其田亩的半数以上。明朝的应天十府，社会结构复杂，并不是简单的穷人和富人之分。除了富户官绅、农民佃户，还有不少中间阶层。比如那些无所事事的游民，他们平日里就爱干些坑蒙拐骗的事。海瑞拿富人开刀，也让他们看到了捞取油水的机会。于是他们也冒充小民，跑去状告富户官绅。一时之间，社会局面陷入失控状态，告状的人越来越多。据说，每日都有上千人在徐府门前示威哄闹。徐府的管家徐成、徐远的劣迹被揭发，受徐府仆人欺压的乡民们就这样将徐阶推上了被告席，最后以徐家退还房产，兑现乡民田产赔偿金而收场。一时间，松江一府的富户乡绅，人人都是被告。在乡民看来，种肥田不如告瘦状，仅松江一地“告乡官夺产者几（几乎）万人”。有人说海瑞在对待徐阶这件事上太不近人情，而海瑞却表示“为此公百年后得安静计也”。否则，“民风刁险，可得而止之耶”？

海瑞的不近人情不仅对人，也同样对自己。海瑞骂嘉靖皇帝被逮捕后，户部司务何以尚上疏救援，结果被逮入监狱。海瑞在监狱里没怎么受刑，何以尚却被日夜拷打，遍体鳞伤。后来等海瑞出任吏部右侍郎时，何以尚正巧是他属下。两人相见，海瑞待以长官接见下属之礼。何以尚问：“咱们当年同生共死的交情，难道你不能以客礼相待？”海瑞坚持朝廷礼制就是如此。何以尚和他当场绝交说：“不及黄泉，无相见也。”

不需要朋友的海瑞，好像连家庭生活也不需要。他的第一任夫人过门刚一个月，和婆婆发生了矛盾，海瑞毫不犹豫地休了她。海瑞五十三岁那年，发生了更黑暗的事情。他的妾韩氏忽然上吊自尽，十一天后，结发妻子也跟着自杀。整个事情透着诡谲的气味，但没人知道原因。海瑞对此悲痛不已，他提到此事时，说自己“每一思及，百念灰矣”。在攻击海瑞的奏疏里，居然指责他“无故而缢其女”，说的真是惊心动魄。明人姚士麟在《见只编》记载了另一个说法。据说，海瑞的女儿五岁时，从男僮手上接了一个饼吃。海瑞勃然大怒，说：“男女授受不亲，你不是我的女儿！你要是能饿死，才配是我的女儿！”于是女儿啼哭不止，不肯进食，家人怎么劝也没用，最后活活饿死。

一个官场上的道德模范，断绝朋友，伤害亲人，把自己的生活弄得不成样子，那这个道德到底有多可靠？也许这正如奥威尔之言：“追求圣人之境的人是可怕的。”而这些无法证实真伪的诡事，是不值得过多解读的。在这里，我们再来看看海瑞的另外一项重要改革。说它重要，是因为它激起了整个官僚集团的反感，一度让天下皆知的“海青天”陷入孤立状态，这就是“裁减邮传冗费”。明代开国之初，朱元璋制定了较严格的规定，“州县理民事，驿递管过客”，州县管理不准参与驿递之事。但随着时间的推移，这种制度形同虚设。地方官为讨好路过的高官也主动提供方便，而这种额外的费用都摊派到农户头上。海瑞到任后，却以“恢复祖制”为旗号，一味削减官吏驿站待遇，使过往官吏陷入无人理睬的境地，扛夫与驿马不足，只得自己掏钱另外雇请。海瑞在江南之地对官员的费用做了种种限制，颁布了一份《督抚条约》。这个条约可谓事无巨细，就连各地方官员参见巡抚时应该穿什么服饰，招待巡抚应该采用什么标准，巡抚临时的住宅应该如何装修都做了详细规定。他要求物价高的地方，在招待巡抚的时候，只准花银三钱；物价低的地方只准花银二钱，菜肴只能三菜一酒，严禁海吃海喝。甚至还规定公务用纸，不许用高价厚纸，只能用低价草纸等。一句话说到底，能省则省。海瑞就任应天巡抚仅仅半年，那些被动了奶酪的官员就连续上疏弹劾海瑞。在一片反对声中，海瑞被命以原官总督南京粮储。

海瑞清廉到了让同僚们无法忍受的地步，他平日里放着八抬大轿不坐，偏要骑个毛驴去上班。他这样的高官都不坐轿子，其他官员谁还敢坐？应天府那些当差的“属吏惮其威，墨者自免去”。海瑞清官的权威是树立起来了，可没有人愿意再替他干活。海瑞所效忠的明朝，是一个过度强调道德意识形态的朝代，开国皇帝朱元璋为了维护农民利益，不惜牺牲官僚利益。他通过酷烈的手段打击地方豪族、限制官吏伤农以及事无巨细的道德教化，将王朝的官僚系统打造成为扁平化结构。国家上层建筑方面，他除了动用酷烈的惩戒手段，更是通过高尚的道德标准和低水平的薪俸制向帝国官员进行道德规训。

然而事后官僚集团们发现，在这种高姿态里面其实充满了谎言。随着时间的推移，官员们对这个特定时代的道德指令产生了厌弃，同时夹杂着对道德专制的逆反，进而变成对道德本身的怀疑与不信任。到了海瑞所生活的晚明时期，官场腐败，贪官横行，社会矛盾日趋紧张。即便如此，这时候左右着帝国命运的文官集团，并没有完全摒弃儒家的道德观。从嘉靖朝的“大礼议”事件，再到万历朝群臣抗议张居正“夺情”风波，帝国的官员们可以为了一个虚无抽象的道德目标，不惜罢官流血，犯颜上书。

正是在这样的政治生态中，海瑞才会挥舞着道德的大棒与富户贪官一较高下，才会敢于和皇帝公开叫板。他把朱元璋提倡的各项原则都奉为自己的金科玉律，对自己和身边的人要求近乎苛刻的节俭。他的道德大棒是从朱元璋手里接过来的，他和太祖皇帝都天真地认为只要官员都回到社会的道德规范中去，很多违法乱纪的行为就能避免。比如，贪污就是因为官员们道德败坏而产生，所以需要加强社会道德建设。对于制度性的腐败，历朝以来可供借鉴的办法只有两个：一个是“杀”，也就是从肉体上消灭贪官；另一个就是“教育”，通过苦口婆心的说服教育，来感动人、转化人。而朱元璋希望两手抓两手都硬，他除了派发道德指令，还动用了残酷的整治手段。

在权力结构中，作为皇帝的朱元璋这么做可以做得百无禁忌；而作为官员的海瑞要想将朱元璋的这些金科玉律使用到位，就可能会处处受到掣肘，还有可能会被已经变灰甚至变黑的制度反咬上一口。明穆宗朱载垕在位仅仅六年，在其去世后，明神宗朱翊钧登基，即万历皇帝。在张居正专政时期，海瑞有长达十余年的赋闲生涯。待到万历十年，张居正死去并遭到清算，吏部开始起用一些被张居正贬抑的官员，海瑞也在其中。万历十三年，海瑞就任南京吏部右侍郎。初到南京之时，附近穷乡僻壤都在交口相庆“海都堂”的来临。

万历十四年（1586年），七十三岁的海瑞上书恳请致仕，兼论时事。他指出张居正在乾纲独断时，整顿之举收效不大，其原因在于刑罚太轻。由于海瑞在上疏中明确指出当时“无一衙门无有”的贪污腐败现象，引起了一些官员的仇恨，借口海瑞倡言酷刑，请皇帝予以斥责。万历皇帝朱翊钧虽然看到海瑞奏疏“词多迂戆”，但他还是想借助海瑞的名望，因此不仅特加优容，还对弹劾官员进行了处罚。朱翊钧甚至还动过将海瑞调入北京委以重任的念头，但是遭到京城中以首辅大臣为首的利益集团的阻挠。无奈之下，朱翊钧才将海瑞擢为南京右都御使。

海瑞虽以年迈之身莅任新职，但并没有畏首畏尾，依然全身心致力于他的改革蓝图。他每下一令，都成为世人关注的焦点。而当地官员更是“自大僚至丞郎，无不凛凛奉法”，不敢以片纸擅取市中粮物，不敢相聚饮为大宴，南京城里的官吏们吃尽了苦头。很快，海瑞又受到提学御史房寰的攻击。房寰两度上疏弹劾他的顶头上司——南京右都御史海瑞，他抨击海瑞“大奸极诈，欺世盗名”，“莅官无一善状，唯务诈诞，矜己夸人，一言一动无不为士论所笑”。措辞之激烈，近乎人身攻击。明人沈德符在《万历野获编》中记录了当时朝廷的反应：房寰疏至，“举朝骇惑，俱相顾”。而按房寰政治对手的记述，则是“朝野闻之，无不切齿抱愤”。政治对手的说法不可尽信，但也不完全是虚饰之词。朝中官员一定被房寰的举动吓得不轻。海瑞感到万分委屈，自己一心报国，两袖清风，结果却换来了弹劾。他把一腔怒火，烧向朝中众大臣，怒斥“今举朝皆妇人也”。首辅李春芳自我调侃说：“满朝都是女流，那我不就成老婆子了？”事已至此，海瑞这个巡抚是没办法再干下去了。海瑞在离开江苏地界时，沿路百姓欢送，但南京的官吏、乡绅，躲在人群中以手加额，弹冠相庆。提起海瑞，不少论者都认为海瑞不得官心，在当时的官场上孤立无援，但我们从房寰事件中可以发现，海瑞绝不是一个人在战斗，他虽无严嵩、张居正的炙热权势，却有强大的道德动员力，凛然而不可侵犯。纵然诸多同僚不喜欢他，但首辅亲信的房寰连疏攻击也扳他不倒，反而被海瑞及他的追随者扳倒了。从某种意义上说，海瑞恪守祖制所塑造的“祖制”成了他的护身符。

海瑞有一个强大的内心世界，而支撑这个强大内心世界的，就是他为之奋斗了终身的“祖制”。如果说孤独的海瑞还有一个知心人，那么这个人就是朱元璋。朱元璋究竟在开国之初，为他的殉道者海瑞铺陈了怎样的画面，让海瑞九死而不悔？少年时的生活经历深深地影响了朱元璋当国后的治国理念，他生来是一个赤贫者，是最接近社会底层的人，遭受过人间最为惨烈的困苦。他曾经不止一次地在大臣面前念叨，自己在乡下时，经常会看到官吏饮酒作乐、不务正业、欺压百姓，闹灾时下乡放赈的官员会公然把赈米贱价卖给大户，收取佃户的租子时，他们会千方百计搜刮盘剥。这些人这些事让人愤恨。每每想到那一幕幕的过往岁月，朱元璋的心里就会升腾起愤怒之火，恨不得拔刀杀了那些人。

他曾经不止一次地总结元朝灭亡的原因，并且不止一次地重复过那两个字：贪腐。开国初年，朱元璋定下了历代以来最低的俸禄。正所谓“存天理、灭人欲”，低薪制其实是中国基于儒家学说的一种政治传统，只不过其他朝代没有低到明朝的地步。一方面是官俸低得不足以维持正常开支，另一方面是各级官员权力不受约束，制定各种土政策，进行各种乱收费几乎没有任何障碍，官员贪腐自然屡禁不绝。朱元璋最初并没有想到要用屠刀为一个继往开来的清明世界开道。他首先想到的是完善帝国的官僚制度，比如，他制定了大量的官员考核办法。

在朱元璋看来，别的罪过都可以饶恕，唯有贪污，一个也不能放过。他常常感叹："我处乱世，不得不用重典。"

"国初至今，将二十载，无几时不变之法，无一日无过之人。"

"天下初定，民顽吏弊，虽朝有十人弃市，暮有百人而仍为之。"

在颓风肆意、腐败横行的大环境下，像海瑞这样不参与逐利的官员真正成了异类。而他的同类们，那些饱读儒家典籍的士大夫，早已认为圣贤之事不合时宜。即使那些口碑尚好的公卿大臣，也不过是手伸得不太远，钱捞得有节制而已。在他看来，举国上下，已经没有一个人称得上正人君子。那些特立独行的孤高之士，在他看来做得远远不够，而贤士大夫则都是些污秽之人。他恨这些摇摆不定、首鼠两端之人甚于大奸大恶，因为他们盗用了圣人的名义，对圣人之道为害更大。

其实，海瑞所向往的世界，并不是像我们想象得那般遥不可及。大明开国之初，朱元璋已经为这个世界制定了一幅美好的蓝图，他制定了一系列夯基固本的祖训家规，对帝国生活的方方面面都做了详尽得无以复加的规定，可以说是为自己的子孙定下了万年之基。在海瑞看来，朱元璋的这些规定接近于完美。从某个角度来说，海瑞的心和朱元璋是相通的。海瑞对朱元璋的残酷惩贪措施完全赞成："我太祖视民如伤，执《周书》'如保赤子'之义，毫发侵渔者加惨刑。数十年民得安生乐业，千载一时之盛也。"海瑞总是喜欢把祖制挂在嘴上，要求大家不折不扣地执行。他在南京为官时，有位御史在家里办堂会，请了一群戏子演戏，这在当时是司空见惯的事。但是海瑞知道此事后，居然要当众杖责这位御史。官员们大惊失色，苦苦恳求。但是海瑞不为所动，理由是太祖皇帝定下的祖制就是如此。

这时候距离大明开国已经两百多年，而海瑞就像是一个从洪武年代穿越过来的人，怀揣着朱元璋给他的一道道祖制。祖制在明朝享有宪法一样的崇高地位，海瑞将其挂在嘴上，表现在行动上，也就等于占据了道德的制高点。别人没法还嘴，却可以孤立他，这也是海瑞在官场上人缘差的主要原因。

在海瑞看来，所有的错误，所有的丑恶，都是因为人们不能严格遵守圣人和祖宗的教训，放任私欲蔓延所造成的。和那些奉行“以德服人”的官僚不同，海瑞并不完全相信治国的根本大计是上层提倡的一个抽象而至善至美的道德标准。这个标准责成下面的人在可能的范围内照办，行不通就打折扣。有一位叫王弘的人在《山志》里说：海瑞品格高尚，确实无人可及。但他要是掌了大权，“吾不知其竟何如也”。一位叫何良俊的人也夸海瑞“不怕死，不要钱，不吐刚茹素，真是铮铮一汉子”，然而话锋一转，又说海瑞执政，终究会坏了国家大事。朱元璋为官员们定下了历朝以来最低的俸禄。低薪制其实是中国基于儒家学说的一种政治传统，只不过其他朝代没有低到让人吃不饱饭的地步。

帝国的官员们一方面是官俸低得不足以维持正常开支，另一方面是各级官员的权力根本不受制约，他们可以通过各种管道榨取油水。这种“灰界限”的荒悖，正如同“渴马守水，饿犬护肉”，导致帝国权力集团的整体腐化成为一种不可避免的趋势。在这种制度下，帝国的文官集团也自然化作两大主流：一种是做清官，一丝不取，结果就是像海瑞这样甘于正常人无法忍受的贫穷；另一种就是浊流，他们遵照官场惯例，通过灰色管道来维持开支，支撑所建立的关系网。而一旦越限，人们的欲望就会变得一发而不可收拾，就像癌细胞遇上了适合的环境就会疯狂生长，直至吞噬掉一个庞大的帝国。海瑞最后在绝望失意中死去，他倾尽全力也无法扭转王朝日益深重的危机。这是海瑞的悲剧，也是一个时代的悲剧。

4.“国本之争”的阴阳两面

经历了张居正事件，朱翊钧明白了一个道理：人都具有两面性，一面向阳，一面背阴。既有阳，就有阴，阳面铺满伦理道德的锦绣，阴面则爬满私心贪欲的虱子。在阳面，勤政后的朱翊钧并非庸碌之辈，在处理朝政时，常常流露出励精图治的英才之气；在阴面，朱翊钧逐渐走向独断专行，名义上要内阁拟票，实际上常常推翻重拟。张居正辅政时实际上代为摄政，朱翊钧的权力欲受到压制。待到他亲政以后，被压制的权力欲如猛兽野物脱笼而出，无所顾忌地得到释放，他处理朝政的口头禅是："如今用人哪一个不是朕主张。""朕亲览章奏，何事不由独断。"他亲操政柄后，花了很大的精力，改变自己以往凡事听凭元辅和太后吩咐的"乖宝宝"形象，强调"事事由朕独断"，令满朝文武刮目相看。

酒色生出的"国本之争"

万历皇帝朱翊钧并不是生来体弱，而是被酒色掏空了身体。据宫中记载：万历十四年以后，他放纵于酒色之中，每餐必饮，每饮必醉，每醉必怒，每怒必迁怒于身边侍者。他经常会出现头晕眼黑、浑身无力之感。外间传言，皇帝的病根在于"衽席之娱"，即耽于女色，房事过密。此后，朱翊钧的身体时好时坏，朝讲也时行时停。这年年底，大理寺左评事雒于仁鼓足勇气写了一本奏疏，呈递上去。文字大胆，直击要害："皇上之恙，病在酒、色、财、气者也。夫纵酒则溃胃，好色则耗精，贪财则乱神，尚气则损肝。以皇上八珍在御，宜思德将无醉也。何酰味是耽，日饮不足，继之长夜？甚则沉醉之后，持刀舞剑，举动不安。此其病在嗜酒者也。"纵观中国历史，身患这"四大病症"之人，不独万历皇帝，不过万历帝表现得更为突出。表面上看，这"四大病症"是帝王个人小节，无伤大雅，其实不然。朱翊钧身上的这些秉性癖好，几乎每一件都连带着政治。比如，正是因为朱翊钧的好色，导致李太后身边的宫女王氏怀孕，并生下皇长子朱常洛。也因为他的好色，宠冠后宫的郑妃为他生下皇三子，取名朱常洵（皇帝的次子已夭亡）。因为皇后无子，郑妃又是皇帝的宠妃，生了儿子后，朱翊钧立即晋封郑妃为贵妃。朱翊钧见他的宠妃喜得贵子，比皇长子诞生还要高兴，准备大加奖赏，特地传旨户部："朕生子喜庆，宫中赏赉，内库缺乏，着户部取太仓银十五万两进来！"后宫之中，皇贵妃的地位仅次于皇后而在其他妃嫔之上。按照子以母贵的常例，皇三子朱常洵的品级已在朱常洛之上，由谁来继承皇位，成为每个人心头的待解之谜。有人不禁为皇长子朱常洛担忧，虽然说以幼凌长不符合伦常之理，但又有什么能够阻挡皇帝的意志呢？

这一造成君臣对立的重大事件犹如释放邪恶魔瓶，而打开他的人正是朱翊钧。此后十余年里，每个人都或深或浅陷落于此。这是一道非选不可的二选一，选择权在朝臣，也在皇帝。如果皇帝和朝臣心往一处，那就皆大欢喜。历史的经验告诉他们，一步错满盘皆输。它不仅关系到国运，还有个人前程，甚至家族命运。大多数官员还是维护长子继承权，并将其视之为朝廷礼制的重要部分。问题是，官员的遵循并不能取代皇帝的好恶。

内阁首辅申时行等倡议，皇长子朱常洛年已五岁，应该早定名分，早建储位，以慰天下人心，以固万世之基。万历皇帝朱翊钧的心里却另有打算，他一生挚爱郑贵妃，想立其子朱常洵为太子。他并不满意皇长子朱常洛，嫌他是宫女所生。皇长子母王恭妃一直未曾加封，但郑妃刚生下皇三子，即晋封册，显然是不同人不同命。朱翊钧做得太过明显，大学士们心生忧虑。在郑贵妃的枕头风下，朱翊钧一直想立朱常洵为太子。与一般的妃嫔不同，郑贵妃能够像民间夫妇一样，较为平等地与朱翊钧相处，聆听他的倾诉，因此深受朱翊钧宠爱。朱翊钧在心中认为立太子是自己的家事，而文官集团认为立太子是国事，这使万历皇帝产生逆反心理。大臣们虽然催得紧，但是皇帝却一再拖延。太子又称为国本，因此，皇帝与大臣间的此次斗争又称为“国本之争”。“国本之争”是继嘉靖朝“大礼议”后又一次大规模的皇帝与大臣的冲突。谁也未曾料到，君臣间的这场对抗长达十五年。自古以来，立嫡长子是万世上法，太子必须立皇后所生之嫡子，无嫡立长，在皇帝无子的情况下，可以兄终弟及。若要立郑贵妃之子为太子，需要满足两个条件：王皇后病逝，立郑贵妃为后。如此朱常洵的身份就变成了“嫡子”，名分自然超越朱常洛的长子。

王皇后虽然体弱，但距离死亡尚远。不仅如此，皇后还仗着李太后撑腰，对王恭妃所生的皇长子朱常洛爱护有加。朱翊钧将立储之事一拖再拖，官员们自然不乐意，上疏者前赴后继。他们还是维护皇长子继承权的，并视之为朝廷礼制的重要组成部分。就在册封皇贵妃不久，一个叫姜应麟的户部给事中上疏指出皇帝偏心，他说，礼贵别嫌，事当慎始，恭妃生下皇长子已有五年，按功进封，这个皇贵妃的位置应该轮到她才对，怎么让郑氏后来居上？如此，以伦理论之则不顺，以人心度之则不安，流传天下万世则名不正，他请求皇帝收回成命，先封恭妃，再封郑妃，如此既不违反礼法也不伤害感情。如果陛下真的要定名分、分主次，那也应该听从阁臣的建议，以长子为东宫储君，以定天下根本。

朱翊钧坚决否认他有废长立幼的念头，否认册妃与立储之间有任何关系。他解释说，之所以不即立东宫，是因为皇长子年龄尚幼，身体又弱，“俟二三年”，等到长大些再说。姜应麟以疑君卖直的罪名，被发配到大同府广昌县，做了一个不入流品的典吏。但这并没有阻止文官们，吏部和刑官的两名官员继续在立储问题上建言，他们都遭到了处罚。

大学士申时行此时站出来，劝说文官们暂且忍耐，等待皇帝意识到问题的严重性，然后自行改变主意。他相信皇帝不是一个没有脑子的人，假以时日，必然会找到一个合乎情理的办法，此时过分施加压力也于事无补。就在不久后的一次例行的春节拜会中，大学士们再请皇帝早定册立大计，朱翊钧表示，册立按长幼伦序，待再过一段时间候旨举行。礼部尚书于慎行却不耐烦了，他说皇长子都已九岁，册立大典却至今尚未举行，皇帝一拖再拖焉知不是缓兵之计。朱翊钧说，他本无意废长立幼，但是他不能接受于慎行这样的为臣子者的要挟。如果廷臣不再以立储一事烦扰他，明年就可立朱常洛为太子。在此期间，若有人再敢提及此事，册立大典就要等到皇长子十五岁后再说。

距离皇帝承诺册立朱常洛为太子的时间越来越近，册立大典却毫无动静。文官们愤怒了，他们感觉到被愚弄。燃烧的火焰很快波及了首辅申时行，文官们认为，正是申时行的不作为，才让朱翊钧一再拖延此事。而申时行却认为君臣睽隔到如此地步，责任还是要归咎于文官们过于好名，致使事情一步步走向无可挽回。他这个首辅当得远不如张居正，就像是一只活在风箱里的老鼠，两头受气。文官们步步紧逼，甚至联名弹劾。内阁的朝房里已容不下申时行的一张书案，除了辞职，他似乎别无选择。于是，在做了八年的首辅后，申时行终于脱离京城苦海，获准还乡。

万历二十一年（1593年），朱翊钧提出同时册封他的皇子们（皇长子常洛、三子常洵、五子常浩）为藩王而不册封太子。理由是，皇后还很年轻，仍有生育的可能。如果皇后生下儿子，那么太子也就无可争议了。如此一来，廷臣们又一次炸开了锅。他们猜测，这又是郑贵妃在背后捣鬼，这哪里是等待皇后生子，分明是等待皇后早日升天，到时郑贵妃就可以递补上去，立皇三子为太子在法律意义上也就顺理成章。

朝中大臣们对此宗社大计，寸步不让，纷纷挺身上言，反对三王并封。他们在奏疏中明确主张：皇长子当立，三王并封不可行。有言官上疏，历数万历十四年以来朱翊钧一次次言而无信，发出质问：“陛下言犹在耳，岂忘之耳？”君臣之间陷入漫长的冷战，甚至连皇长子出阁受教育这样的事都可以被忽略。直到万历二十二年（1594年），朱翊钧才在舆论压力下让皇长子接受翰林学士的教育。这一年，朱常洛已是十三岁的少年。据谷应泰在《明史纪事本末》中记载，朱常洛出阁讲学时，正值酷寒时节，他冻得瑟瑟发抖，而内侍们则躲在旁边的密室里烤火。担任讲官的郭正域看不下去，大声说：“天寒如此，殿下当珍重！”他喝令班役生火御寒，才让朱常洛读书时有了一盆火烤。朱翊钧对皇长子的出阁读书并不重视，据那些讲官自己说，原先他们进讲结束，照例必定赏赐酒饭，所赐比常宴更为讲究，而他们给皇长子讲学，却要自己带饭盒，从未得到赏赐的酒饭及早先常有的银币、笔墨、节钱之赐。

朱翊钧一再拖延立储之事，又一再弄出新的花样，不免让廷臣们忧心忡忡。迫于各方压力，朱翊钧不得不将皇长子朱常洛立为太子。这一年朱常洛已经二十岁，国本之争看似尘埃落定，实则余波未息，朱翊钧与他的臣僚们从最初的正面相抗，走向消极怠政。为了表达自己的愤怒，朱翊钧采取了较为极端的方式，比如沉溺酒色、消极怠工和不择手段地敛财。

此时已被封为福王的朱常洵和他的母亲郑贵妃仍在虎视眈眈，看似平静的朝堂暗流涌动。按常例，朱常洵封藩后就应该离开京城去他的封地河南，但万历皇帝还是将他留在身边，并在京城操办了他的婚礼，史称“福王婚费至三十万，营洛阳邸第至二十八万，十倍常制”，廷臣们要求福王朱常洵就藩的奏章就有上百件。诚如时人所言：“从万历十四年阁臣申时行等请立太子，至二十九年太子之位始定。自古以来，未有受命如此之难也。”

一个关系国本的案件，从来就不是简单的，它有自己的逻辑和条理。连续几年的册立东宫之争，导致两名内阁首辅的辞去，这让万历皇帝感到了外廷的压力。自从万历十四年申时行提出建储——建立太子，一直拖到万历二十九年（1601年），储位始定，经历了十五年之久的磨难。清人蒋棻评论：“自古父子之间未有受命若斯之难也！”

“争国本”置下的气

万历皇帝朱翊钧做得最绝的事情，则是与大臣置气。雒于仁当年指出他的四大病症，并附带为他开出了一张药方“四勿之箴”，即戒酒、戒色、戒财、戒气。大臣冒死进谏，朱翊钧却并不买账。头晕目眩，腰痛脚软，是好色的结果，也算是遗传病，乃祖乃父皆如此，他的祖父世宗“志在长生，半为房中之术所误”，父亲穆宗也精于此道。

至于尚气，也算是帝王的又一通病。不过即使在明朝皇帝中，万历也排不上号。虽然朱翊钧最后不得不妥协，但他与大臣之间的关系已势同水火。在二十多年的时间里，朱翊钧拒绝群臣朝见。他处理朝政的方式主要是批阅奏疏、发布谕旨。尽管如此，他依然牢牢控制着朝中大权。臣子们的奏疏被大量积压或留中，哪怕是战争或灾难的紧急报告。一位大学士感叹：“一事之请，难于拔山。”——请求批准一件事情，真的比拔山还难。其实朱翊钧怠于临朝，并不是完全托病偷懒，而是病体难支。据说，有一次病情加剧，皇帝单独召见首辅沈一贯进入他的寝宫，当着李太后、太子及诸王的面交代后事。一个人的身体若不是虚弱到了极点，怎会有此安排。人的身体越虚弱，精神就越萎靡。即使心有余，力也不足，怠政成为一种常态。重大政务无法决断，致使中央和地方衙门缺官日增，而且长期不补。

据统计，万历三十年，南北两京共缺尚书三名，侍郎十名，科道官九十四名；各地缺巡抚三名，布政使、按察使等官六十六名，知府二十五名；全国御史巡行差务共十三处，有九处缺官。短短两三年时间，南北大僚，强半空署；督抚重臣，经年虚席；藩臬（布政司、按察司）缺官五六十员，郡守（知府）缺至四五十员。缺官如此严重，在职官员眼见升迁无望，心灰意懒。于是，他们纷纷求去，使得大小衙门处于半瘫痪状态。身为吏部尚书的孙丕扬，接连二十次提出辞职，企图改变缺官不补的现状。直到孙丕扬离职，缺官不补却愈演愈烈。而在诸多辞官者中，最让人感到荒唐可笑的莫过于首席大学士李廷机。万历三十八年，他从上任那一天开始，就自称有病，不肯料理公务，同时开启漫长的辞职生涯。直到三年零九个月以后，在他呈递了第一百二十三封辞职报告，并搬出北京城以示决绝后，皇帝才批准他的请辞。

这时候围绕“国本之争”，先后爆发了“妖书案”与“梃击案”，使得君臣离心，纷争四起。尤其“梃击案”的发生，让“国本之争”演化成为赤裸裸的宫廷仇杀事件。《明通鉴》曾简单记述事发经过：“五月，己酉酉刻，有不知姓名男子，持枣木梃入慈庆宫门，击伤守门内侍李鉴，至前殿檐下，为内侍韩本用等所执，付东华门守卫指挥使朱雄等收系。”

太子朱常洛住在慈庆宫，而该名男子携带凶器闯入，目的很明确。这一严重威胁皇储生命安全的案件，引起朝野震动。此案经三法司会审，案情逐渐明朗，种种迹象表明，这起谋杀太子未遂案是由郑贵妃策划。贵妃伙同外戚，意图谋杀太子。此案若是坐实，由此引发的政坛地震将是本朝前所未有的。事已至此，迫于外廷压力的万历皇帝，不得不在内阁及六部官员面前有所表示。

朱翊钧举起太子朱常洛的手对群臣说：“此儿极孝，我极爱惜。”他还说：“外廷纷纷怀疑我有另立福王为太子的意思，但福王（朱常洵）已去往封地，离京数千里。外廷之臣心怀何意，离间我父子？”

太子生性温顺孝敬，也顺着皇帝的意思说：“我父子何等亲爱，外廷有许多议论，尔辈为无君之臣，将使我为无父之子乎？”

一场令人费解的“梃击案”，就这样在父子亲情的互表之下，发生了微妙的变化。主犯张差被判凌迟处死，将其引入宫中的庞、刘两名太监也被杀人灭口。为了将郑贵妃从案子里摘出来，万历皇帝煞费苦心。查继佐在《罪惟录》中记载：“时（郑）贵妃甚恐，上令诣太子自解。贵妃拜，太子亦拜，且泣，上亦掩泣。因内竖（庞）保、（刘）成二珰，以灭迹。”在“争国本”过程之中，文官群体立场不一致，从而导致其内部的分裂。万历皇帝朱翊钧怠于临朝，阁臣中缺乏干才，而部院大臣关门闭户，无人可堪大用。到了万历后期，党争加剧，形成了齐、楚、浙三党与东林党对峙的局面。东林，原本只是削职官员顾宪成与好友高攀龙、钱一本等人创立的一个讲学场所——东林书院。诚如云南道御史过庭训所言：“顾宪成以聚徒讲学，而东林之名立，自东林之名立，则有真见真君子。”这批真君子不甘寂寞，讲习之余，往往讽议朝政，裁量人物，朝士仰慕其风，多遥相应和。

酒色生事，而财生是非

正如樊树志所说，万历帝怠于临政，却勇于敛财。他是一个贪财的君主，一生勤于聚敛财富，后半生疾病缠身，很多朝政弃之不顾，独于聚敛财富抓得很紧，毫不放松。万历嗜钱如命，是因为他真的缺钱。对于一个国家来说，烧钱最快的莫过于战争。对于万历皇帝，最受史家推崇的莫过于“万历三大征”。即在西北、东北、西南边疆几乎同时展开军事行动。

平定宁夏哱拜叛乱，不仅让西北边境获得安宁，也让沿边的蒙古各部落慑于威势，不敢轻易越境骚扰。而两次援朝抗倭，不仅保住了朝鲜，也让辽东、山东及东南沿海获得一时清宁。这场战争耗费了巨额财力，但换来了长期安宁，其意义不可低估。而平定播州杨应龙叛乱，更是被视为“此唐宋以来一大伟绩也”。播州从唐乾符年间由杨氏世袭统治，绵延二十九世八百余年之久，到杨应龙及其儿子死亡而告终。

而帝国的财政状况也在此期间重新陷入入不敷出的窘境。

万历二十五年（1597年）农历六月十九日，北京城的上空乌云密布，惊雷滚过天际，发出山崩地裂的轰鸣。是夜，紫禁城内火光滔天。一场天雷勾动地火的烈焰，从金水桥西侧的熙和门骤然腾起，很快便蔓延至皇城中央的皇极、中极、建极三大殿。狂风裹挟着火焰，卷成几丈高的巨型火舌，狂暴地舔着木质结构的楼堂宫轩。那些高耸的檐脊、飞扬的屋角，很快便与大火融为一体，照亮了半个夜空。黑沉沉的宫殿，在火焰的背景下勾勒出清晰的轮廓。

大火来无影，去无踪，没人知道雷火从何处烧起来的，但它很会选择时机，总是会在重要的时刻发生。被烧毁的三大殿是皇帝处理公务和举行重大仪式时用的宫殿，并非休息玩乐的普通之所，可以说是紫禁城中最为重要的建筑。

三大殿起火的1597年，有人说那是一个多事之秋。多事，历史上的哪年不多事，少了事还能叫历史？聪明的人类，想着法在时间里生出是非，无非就是想要不朽，让后人记着他们曾来过这里，曾在这里活过。《明神宗实录》记载：“宫殿俱灾，则国朝以来所未有云。”紫禁城起火的这一年，日本的丰臣秀吉调动十二万大军，兵发八路杀奔朝鲜；播州的杨应龙出尔反尔，引苗兵攻入四川、贵州和湖广；朝堂之上，刑部右侍郎谢杰直谏神宗“节用不如初，勤政不如初”，刑部左侍郎吕坤更是直言朝廷摊派过重，民不聊生。

多事就算不是乱世，也算不得太平世，皇帝眼皮子底下都会燃起一场冲天之火，何况其他地方。火不烧着谁，谁不知道疼。火熄了，宫殿塌了，皇帝自然要重新修建。彼时的大明财政，皇室费用、官俸支出、军费糜耗等日常开支如同滚雪球，越滚越庞大。修建三大殿的钱从哪里出？这是一道难题。很长一段时间，万历皇帝的梦境里经常会出现火光、毁灭、灾祸和痛苦，虽然有方士解梦，熊熊大火意味着帝国的飞黄腾达，但他还是无法接受金色的宫殿成为眼前的一堆残骸败骨。在君臣的一番论辩之后，万历皇帝拍板定下“开矿增税”的筹钱思路。

紫禁城里的宫殿不同于百姓的栖身之所，对名贵木材需求量很大，尤其是金丝楠木。此种珍贵木材，出产于西南部的深山老林，采伐成本极高。朝廷购置金丝楠木的费用，就这样被强行摊派到地方，各地不得不加赋一年来凑这份巨资。而明朝特有的皇木采办体系，又是贪腐重灾区，皇亲和太监在地方上吃拿卡要，各省叫苦不迭。户部官员韩光祜上书，弹劾监工太监陈永寿勒索物料，“指一倍百”，导致三大殿光木料成本就高达九百三十万两白银，比嘉靖朝修三大殿高了数百万两。最终三大殿的修建，一直到万历的孙子，那个著名的木匠天启皇帝朱由校手里才算真正完工，天启年间耗资六百万两白银。

也就是说，1597年紫禁城的那场火，烧掉了大明朝整整一千五百万两白银。

一千五百万两白银在彼时是什么概念？明末辽东的军费支出，支撑几十万兵马的军事行动，一年耗银五百万两。也就是说，这笔修建宫殿的巨资可供袁崇焕的部队在辽东支撑至少三年。等到1644年李自成兵临城下时，崇祯皇帝号召群臣捐款给士兵发饷，一共只募集了二十万两白银。

那场炫目的火焰，犹如历史推手画出的一道诡异的时间曲线，使得三大殿的落成、修补、雷击、起火、重建、崩塌，就像是明代财政和王朝命运的一个缩影。

修复两宫是一项耗资巨大的工程，这样一来，国库再次吃紧。于是万历皇帝又一次将“抽水管道”伸向地方。有“管道”，还得有“水源”。他命地方四处开采金银矿和原砂矿，只要发现矿源，就立刻派个宦官下去管理。明朝的税收本沿用两税法，是由户部主持，但皇帝又另外设立了一个专门的征税系统，由他亲自指派的宦官来负责，称为“某地某税提督太监”，老百姓则戏称他们为矿监、税监、盐监、珠监等等。太监，也的确太能监，无所不监。太监税使是个专业性很强的职业，他们是只管税收而不管其他地方事务。他们的顶头上司只有一个人，也只对一个人负责，那就是皇帝。他们的政绩也仅仅体现在税收的量化上，以数字说话。与地方的官府衙门相比，他们的权力行为只看重眼前，只对上负责，不需要对下有所交代。因此，他们所采取的手段往往是杀鸡取卵式的。

我们就拿矿监为例，按道理说，派个矿监就是一个宦官，可事实却并非如此。挂实职的是这一个宦官，但屁股后面最起码还要带上百个随从。在这上百个随从里面挑选出来负责干实事的就那么十来个，其他都是吃闲饭的。这还不算，这十来个官吏也不是单架子，每个人起码又要带上百个手下。这样本来是几个人就可以搞定的活，跟滚雪球似的滚来滚去就滚成了一个庞大的矿监集团。

粗略一算，就算每个随从五个家人，一个矿监就解决了五千多人的吃饭问题。比如说矿监税使每年盘剥近千万两白银，上缴内廷的只有百万，也就是说，只有十之一或二的数目作为任务被上缴，而十之八九的数目都要落入了矿监、地方官员、各级胥吏的个人腰包。从万历二十五年到三十三年（1605年），各路矿监、税使共搜刮三百万两，并隔三岔五地向皇家奉献金珠、貂皮、名马等。皇帝下派太监到基层搜刮地皮的做法，激起了官僚集团的强烈反对。时任吏部尚书李戴就指出了其中的猫腻，他说：矿监、税使到地方征税，如果以十分计算，落到皇帝手里的只有一分，矿监税使本人私入腰包二分，他们的随从人员就地分取三分，当地土豪恶棍中饱私囊占去了四分。史书记载，有些城市里高达百分之五十以上的商人富户为之破产。

这些矿监税使向来是以“搜刮天下之民脂民膏为己任”的，而且来头不小。他们一个个披着权力的虎皮深入地方，“口衔天宪，手握皇纲”。表面看上去他们是替中央在收钱，实际上干的更多的是个人敛私财的勾当。这些奉旨敛财的太监根本不把地方官员和在京科道官员放在眼里。皇帝的偏袒使得在京科道官员除了愤怒只剩无奈，而日趋紧张的党争迫使那些高级官员在这件事上保持沉默，他们不敢贸然表明自己的立场，只能持观望态度，由此加剧了皇帝和科道官之间的对立，也消耗了帝国的权力能量。明神宗和科道官员对立关系的日趋紧张传递出了一个信号，那就是太监税使们手里把持的才是皇命所在的正式权力，而那些不配合他们工作的州府官员却成了对抗皇命的逆臣。

当这些地方官员准备动用权力与之周旋，以万历皇帝为首的中央集团就挥动自己手中的大棒，给他们以沉重的打压。地方权力空间被压缩得越来越小，太监们在地方所占据的空间也就越来越大，搜刮得也就越发厉害，而这一系列行为的最终结果则是加速国家的衰亡。

矿监税使制度持续二十四年，祸满天下，激起近百次民变与兵变，直到万历皇帝临死才下诏罢停。据说，该诏发布时，朝野内外许多人痛哭流涕。不知是在哭一个时代的落幕，还是为即将到来的江山风雨落泪。孟森把朱翊钧在位的四十八年分作三个时期：第一时期为冲幼时期，朱翊钧尚处于成长阶段，由张居正当国，基本上是内阁政治；第二时期为醉梦时期，成年后的朱翊钧亲操权柄，清算张居正，其后怠于临政，勇于敛财，不郊不庙不朝三十年，矿使税使，毒遍天下，边患日亟，尚未引起足够重视；第三时期为决裂时期，万历四十六年，清太祖努尔哈赤公然起兵，入占辽沈，朝中震动，而征兵征饷，骚动天下，民穷财尽，铤而走险，内外交困，明事不可为矣。

其中醉梦的三十年里，朝廷分裂为若干派别，党争之势已成。日后稍有风吹草动，各个政治派别便会闻风而起，旧恨新账都要一一清算。“庸主济以庸臣，所以合而酿亡国之祸也。”明之亡，实亡于万历皇帝朱翊钧。

第七章　党争的猜想

第一节
重整道德的十字军

美国学者贺凯在《明末的东林运动》一文中曾说过："明末东林运动的失败，代表传统儒家价值观念与现实恶劣政治势力斗争的一个典型，他们是一支重整道德的十字军，但不是一个改革政治的士大夫团体。"黄宗羲在《明儒学案》中记载了顾宪成与王锡爵的一场绝妙对话：

王锡爵问："你在家待这么久，可知北京近来有一件怪事？"

顾宪成回答："愿闻之。"

王锡爵说："内阁所是，外论必以为非；庙堂所非，外论必以为是。"

顾宪成不以为然道："还有一件怪事。"

王锡爵问："何事？"

顾宪成说："外论所是，内阁必以为非；外论所非，内阁必以为是。"

二人说完，相视大笑。王锡爵这时候的身份是内阁辅臣，而顾宪成则刚刚结束三年长假，出任吏部主事。官场犹如江湖，各有各的规矩。顾宪成自视清高，无视政治规矩，他在王锡爵面前直指内阁才是万恶之源。站在"外论"立场的顾宪成与站在"内阁"立场的王锡爵，由于政见不同，双方处于对立状态。这里的"外论"，并非民间的议论，而是外廷文官们的言论。他们这番对话还有一个时代背景：在京的各方政治势力借着六年一次的京察，趁机罢免对方派别官员，形成难以破局的门户之争。对于内阁与监察部门在京察中的矛盾和对立，王锡爵把责任归于外廷文官们，也就是那些喜欢动辄上奏弹劾的言官。而顾宪成则认为是因为内阁不辨是非，才会生出没完没了的是非。

此次谈话不久，顾宪成就被连降三级，贬为桂阳判官。起因是都察院左都御史辛自修主持京官考察工作，把工部尚书何起鸣列入“拾遗”名单，引起内阁辅臣不满，导致辛自修与何起鸣同时罢官。对于此类不辨是非、不辨君子小人的做法，顾宪成自然不会放过。他慷慨陈词，批评内阁首辅申时行、次辅许国与王锡爵，“以智角智，以力角力”。遇上见不得容不下的事，顾宪成一定会愤然而起。据说，朝野人士对顾宪成的看法源于“祈福”事件：当时张居正病重不起，京城各部院官员们聚集在东岳庙，自发为内阁首辅祈福，刚中进士不到两年的顾宪成因故没有到场，有同僚出于好意，为他在文书上代签了名。顾宪成闻知此事，骑着马狂奔到东岳庙，当着众人的面将自己的名字抹去。

一个文官如此珍视自己的名字，只能说明此人有着强烈的道德洁癖，不愿与他人同流合污。顾宪成此后的政治主张和官场表现，也是这一洁癖的外化。时至今日，高悬于帝国天空的那轮道德明月，早已失去了它应有的光泽，但谁也不敢道破真相，还要装出奉为圭臬的样子。在一个封闭完足的文化体系包裹下，一切都有现成的正统解释，人们已经丧失了有建设性地解决问题的能力，丧失了用自然的方式思考的能力，只能在恶性循环中越陷越深。

顾宪成的理想是构建清明澄澈的政治局面，他向来视海瑞为楷模。海瑞去世前一年，曾遭到他的下属——时任南京提学御史房寰两度上疏弹劾。而当时，身为新科进士的顾允成（顾宪成的弟弟）对房寰弹劾海瑞的做法不胜愤慨，联合同年彭遵古、诸寿贤参了房寰一本。三位血气方刚的士子在奏疏上说：“房寰妒贤丑正，简直不知人间羞耻事。臣等自幼读圣贤书，十余岁时已知都御史大人之盛名，即知以大人为榜样。大人德高望重，堪称当代伟人，万代瞻仰，望之如在天上，人不能及。”顾允成倡导以海瑞这样的正人君子为榜样，重建符合儒家伦理的政治局面。顾氏兄弟的理念是一致的。顾宪成则主张像海瑞那样反对“乡愿”：“乡愿之同流合污，从而不倡者也。大家如此，一滚随去，凡事都不做头，既以忠信廉洁媚君子，而其同流合污又不为倡而为从，则君子亦宽之而不责矣；既以同流合污媚小人，而忠信廉洁又不为真而为似，则小人亦安之而不忌矣。”海瑞对道德教条的死忠，虽然受到时人的讥讽，但同时也感召了一批像顾宪成这样的有道德理想的士子。

顾氏兄弟视海瑞为榜样，他们不愿同流合污的高蹈姿态，与卑下的政治现状格格不入。顾宪成先后被调任处州府推官、泉州府推官，政绩卓异，以“天下推官第一”显名于世，于万历二十年被提拔为吏部主事、吏部员外郎，再度回到权力中枢。恰好这时候，万历皇帝朱翊钧在“国本之争”中玩出新花样，提出同时册封他的三个皇子为藩王而不册封太子。顾宪成上疏强烈反对，并写信给同意并封的首辅王锡爵，反复论辩，使得“三王并封”之事不了了之。顾宪成还直接指出了万历皇帝的意图，所谓“三王并封”不过是待嫡之举动，目的还是废长立爱。《明史·顾宪成传》中写道：“（顾）宪成既废，名益高，中外推荐无虑百十疏，帝悉不报。”可见顾宪成既得罪了内阁，又违背了帝意。

回到京城的第二年，即万历二十一年，时任吏部考功主事的顾宪成参加了这一年的京察，他是以吏部中下级官员的身份参与这项工作的。京官六年一察，地方官三年一朝，铨权在吏部。张居正死后，万历皇帝对他进行了彻底的清算，内阁势力也骤然衰弱。同时，庙堂之上被张居正长久压制的言论也随之倾泻而下。张居正之后，再没有一个首辅具有张居正那般掌握全局的气魄。继之者如申时行、王锡爵等只关注个人荣辱升降，只顾取媚皇帝，使得事关官员前途的“京察”成为斗争的导火索，内阁、吏部、言官之间常起争执。大抵上是吏部锐意澄清吏治，极力罢黜内阁的私人，因此引起内阁的不满；而言官内部也不断产生分歧，有人迫于内阁强权，有人尊奉道德原则，以至于形成所谓的东林党与齐、楚、浙党等多方势力。

这里的“党”是朋党，是官僚结成的派系。既是官僚结成的派系，那么也就与民间人士无关。所谓东林党，只是后来顾宪成罢官返乡，领着一帮读书人在东林书院讲学，讲习之余讽议朝政，裁量人物，引得朝中政敌不满。

万历二十一年的这次“京察”，主事者为吏部尚书孙鑨、考官郎中赵南星。为示考察的公正无私，孙鑨撤掉自己外甥的文选司员外郎职务，赵南星则把自己的儿女亲家逐出文官队伍。这次京察动了真格，甚至连一个大学士的兄弟也在贬斥之列。尽管如此，仍有几个言官对考察结果提出异议，大学士们指责吏部做手脚，京察主持者有专权结党的嫌疑。赵南星受到连降三级的处罚，孙鑨主动提出辞职。孙鑨离职之前，说了一句：“大臣不合，惟当引去，否则有职业在，谨自守足矣”，一时赢得朝野人士无数赞誉。

这一年，因王锡爵离任回籍，需要推举一名大臣入阁。顾宪成和吏部长官毫不避嫌地将去职不久的孙鑨列入其中，惹得万历皇帝大怒。顾宪成被削籍回家，而日后成为东林党领袖的高攀龙，也同时被贬为揭阳县的一个典吏。从京城部吏落入乡间林下的顾宪成并没有不闻不问政事。据高攀龙所写的传记，刚回到无锡老家的顾宪成一时调整不过来，经常会梦到朝局中的人事变动，惊叫着醒来，泪水打湿枕头。顾宪成在他那篇著名的《寐言》中，记录了他梦境中的种种际遇，借以抒发自己的政治见解。他说，今日朝政议论纷纷，阁臣与吏部互相冰炭，从他这个旁观者的角度看去，全都是起于识见之歧，成于意气之激。要弥合这一越来越大的裂缝，唯有“转移联合”，即局内人要从局外人的角度看问题，多一份虚心；而局外人则要从局内人的角度看问题，多一份公心。

返乡之前，顾宪成担任吏部文选司郎中，品级不高，肩负的却是考察和选拔官员的重任。明代官场有句话“堂官口，司官手”，更何况是吏部的司官。对于自负而使命感极强的顾宪成来说，他的仕途留下了太多的遗憾。诚如他所言：“官辇毂，志不在君父，官封疆，志不在民生，居水边林下，志不在世道，君子无取焉。”在朝为官，要时刻想着为皇帝尽忠；出为疆臣，则要关注当地的民生；像自己现在这样居于水边林下，返归一介书生本色，则要致力于匡教世道人心。这才是君子之道。在这个越来越讲究实利的年代，做个道德楷模太过于理想化。顾宪成决心从讲学做起，他看中了无锡城外的东林书院，相传那里是宋代杨龟山讲学的地方。

万历三十二年（1604年）秋天，东林书院在地方有名望的士绅的支持下落成，常州知府、无锡知县也竭力赞襄其事。据说，东林书院落成之日，举行大会，长江中下游数省的学者大儒几乎都在邀请之列。就在这次会上，确定了《东林会约》：每年一大会，或春或秋，每月一小会；会各三日。小会在每月九、十、十一三日。大会之首日诣圣像前行礼，礼毕入讲堂。与此同时，已经有一份密报驿递送往京城，密报称“江南豪荡之子暗相号召，包藏祸心”。

这一年九月，无锡东门苏家巷，顾宪成领着一班读书人走进了东林书院。顾宪成这一年五十五岁，一个经历过宦海浮沉的老人归隐故里，走进书院讲学，这样的归宿在由文人出仕的官僚中并不多见。一般来说，到了这时候，当事人热血已凉，讲学与其说是造福桑梓，不如说是打发寂寞的时光。但顾宪成绝对不是此类老朽之人，他是个使命感很强的人。对于一个把时代的道德扛在肩上的人，他的心情比较复杂。我们可以想象，返乡归田的顾宪成倚在窗前，想到的绝不仅仅是山水田园，而是朝政、时事和民生疾苦，是经济天下的宏愿大志。顾宪成起草的《东林会约》明确规定："每会推一人为主，主讲四书一章，此外有问则问，有商量则商量。凡在会中，各虚怀以听，即有所见，须俟两下讲论已毕，更端呈请，不必搀乱。"很显然，东林书院诸君子聚在一起，交流研读四书的心得，由一人主讲，然后讨论，互相切磋。至于政治话题，政治人物的臧否，只是茶余饭后的谈资。

书院里的学术气氛相当宽松，也相当活跃。此时，聚集在顾宪成身边的大多是和他一样解职的官员，其中有高攀龙、钱一本、薛敷教、史孟麟、于孔兼等人。他们是顾宪成最早的追随者，也是书院最早的一批讲学者，致力于拉近程朱理学与阳明心学的距离。

这群人虽不得已离开官场，却都是志在世道之人，并不喜欢空谈。他们以东林书院为平台，"讽议朝政，裁量人物"。或许是读书人与生俱来的理想主义情怀，让他们很快达成共识：一个时代的政治清明与否，取决于君子之风有没有得到张扬。诚如东林运动的同情者赵南星所言，"天下之所以治安者，君子之气恒伸也；天下之所以危乱者，君子之气恒郁也。万历壬辰以后君子之气渐郁，至丙辰丁巳而极矣"。为了让政治恢复清明，必须有一批具备君子之德的人站出来。

这是万历三十三年（1605年）秋天，东林书院第二次大会时，顾宪成所做的一个发言。东林书院的精神，或许从中可以体会二三：

> 自古圣贤，未有绝类离群，孤立无与的学问。吾群一乡之善士讲学，即一乡之善皆收而为吾之善，而精神充满乎一乡矣。群一国之善士讲习，即一国之善皆收而为吾之善，而精神充满乎一国矣。

值此秋风乱草时节，何处能安放下一张书桌。东林书院，在令人窒息的时局中横空出世。无数在野官员和文人在这里发出振奋人心、激发志气的呼声，他们以精神感通天下志士，实现救世的政教理想。江南富足的经济和稠密的水网交通，又为学者们的聚合提供了便利。每逢一月三日的讲会和每年秋季举行的东林大会，来自各地的儒生把书院的学舍都住满了。如同蒋平阶在《东林始末》中说："宪成讲学，天下趋之，一贯持权求胜，受黜者身去而名益高，此东林、浙党所自始也。其后更加倾轧，垂五十年。"如此大规模的聚集，自然会引发当局关注，尤其在沈一贯、王锡爵任首辅期间，监视更密。

从严格意义上说，东林只是一个讲学之所。一座不大的书院，聚集着一群狂悖傲世的文化人。更有甚者，一些知识精英从北京、湖广、云贵、闽浙等地千里趋附。虽然每月的讲坛，展开的话题不外是思想学术，但延伸之处皆是时事政治。顾宪成作为主要的讲演者，更是纵横捭阖，议论纷飞。作为一个道德家，他习惯于凡事拿道德尺子量一量，在他那把尺子下，被他丈量过的多是当朝官员，因为有头有脸的官员是公众人物，人所共知，只有他们才有对比的价值。

据说，"东林党"这一称谓真正被广泛提出，起因在于一个叫李三才的官员。李三才是顾宪成的好友，两人经常书信往来。万历三十七年（1609年），李三才升任南京户部尚书，又被提名为都察院都御史。此时适逢内阁缺人，有些官员建议，内阁不当专用词臣，应该参用外僚，意在荐举李三才。这样的举动，显然触犯了某些阁部大臣的利益，于是他们联合策划了一场诋毁李三才的运动。他们攻击李三才"大奸似忠，大诈似直"，并且罗列贪、伪、险、横四大罪状，甚至夸张地说"一时只知有三才，不知有陛下，主上势孤，党与日甚"。字里行间影射李三才与东林书院的顾宪成"结党"。逼得李三才连上四本奏疏，主动请求辞去官职，杜门谢罪。皇帝不表态，诽谤者越发嚣张。这场风波，绵延数月不止。

身处东林书院的顾宪成目睹这场聚讼，心中愤愤难平，一反桃花源人的常态，写了私人信件，寄给内阁首辅叶向高、吏部尚书孙丕扬，为李三才讲了几句公道话，希望朝中两位实权人物能够平息持续数月的"朝端聚讼"。

顾宪成太天真，也太自信，政治斗争从来不以人的善良为转移。他的意气之举不但救不了李三才，反而让他和东林书院受到牵连。顾宪成想得简单，但做得并不过分。这其实是很正常的舆情反映，也是人之常情，况且这是私人信件，并非公文。孰料他写的信件被别有用心的人利用，登于邸报。一时间，顾宪成被置于舆论的风口浪尖。早就对东林书院怀有怨念的官员，转而诬陷顾宪成以在野官员的身份，插手朝廷政务，可见东林书院企图“遥执朝政”。自此，“东林党”的标签就这样贴在与东林书院相关的每个人头上，再难撕下来。李三才虽然被人诬告与东林结党，但是他自己并不以东林人士自居。他说：“今奸党仇正之报，不过两端：曰东林，曰淮抚。”东林是东林，李三才是李三才。这应该是当时许多人的自我认知，外界给他们贴上“东林党”标签，但他们个人并不认同。一些政客将李三才与顾宪成一并扣上“东林党”的帽子，严厉声讨。顾宪成在《以俟录》中说，自己给叶向高、孙丕扬写信，并没有“遥执朝政”之意，纯粹是好善、忧世的本性使然：“生平有二癖，一是好善癖，一是忧世癖。二者合并而发，勃不自禁。”

顾宪成显然低估了宵小之徒的险恶用心，低估了政治斗争的复杂性，及至事态扩大到不可收拾时，他才意识到给阁部大臣写信之举大为不妥，自己管了不该管的事。为此他悔恨不已——“去岁救李淮抚之书，委是出位”，“忏过而亦悔且恨”。在顾宪成等后来被冠以“东林党人”的朝野之士看来，一个官员的毕生追求不是官做多大，权有多重，而是有没有在这个过程中修养品性。他们以道德英雄的姿态在政治斗争中为自己赢得名声，也因门户之见、壁垒森严招致树敌过多。东林成员以他们的影响力介入朝廷官员考核，他们的偏执也日渐暴露出来。东林一派得势时，与他们关系亲疏程度成了官员贤良与否的一个考核标准。对此，《明史》也有定论：“方东林势盛，罗天下清流，士有落然自异者，诟谇随之矣。攻东林者，幸其近己也，而援以为重。于是中立者类不免蒙小人之玷。核人品者，乃专以与东林厚薄为轻重，岂笃论哉！”齐、楚、浙三党得势时，打击东林党人也毫不客气。所以有史家说，万历年间的政治，可以说是东林与三党消长的历史。他们势力消长的焦点，就是吏部对京内及外省官吏的考察。

顾宪成虽然离开北京，但东林与三党政治势力的消长仍在继续：

万历二十二年，孙鑨离任，继任吏部尚书的孙丕扬推出掣签法，并将这种方法用于考察外省官员，但并未解决纠纷。一些官员的受贿问题，反而使党派之见更为严重。

万历三十二年，浙江宁波人沈一贯入阁，后任首辅，此人集结浙江士大夫，成为东林党的最大反对派，时称“浙党”。后来，齐党与楚党也纷纷依附浙党，合称齐楚浙党，他们攻击东林党，是为东林党争。由于沈一贯“好同恶异”，内阁和吏部关系急剧恶化。

万历三十九年的京官大计，孙丕扬再次主察，联合东林党人逐斥了大批浙党人物。

万历四十五年京察时，方从哲为首辅，三党又占上风，这样到四十七年会推内阁成员时，已经几乎没有一个东林人物在朝。而此时三党内部却又闹起意见，一个个走向衰微。据《明通鉴》等史书记载，徽州府歙县人汪文言用离间计破齐、楚、浙三党联盟，使得东林一家独大，所谓“众正盈朝”。东林的一家独大让其他政治对立面感受到了威胁，促使东林对立面抱团，组成了一个庞大的政治势力“阉党”，开启了明末党争。而阉党真正清算东林党，是从汪文言开始的。彼时，东林书院的“东林先生”顾宪成已经看不到这一幕，他已在1612年去世。据说，他在临死前，握着儿子的手说：“做人只讲伦理二字。”自视道德君子的顾宪成，最终只能以宽容的姿态回应天下流言。就像他的人生偶像海瑞，据说海瑞生前被官员连疏攻击时，万历皇帝曾为其说话：“（海瑞）虽当局任事，恐非所长，而用以镇雅俗、励颓风，未为无补，合令本官照旧供职。”万历皇帝是在委婉地告诉那些不懂事的官员：别闹了，大明需要海瑞这个“古怪的道德楷模”，海瑞是被立起来的“贞节牌坊”。同样是道德至上，海瑞是一个人的战斗，而顾宪成则是一群人、一派人的战斗。皇帝容得下一个人，却未必容得下一派人。顾宪成认为，“夫救世者有二端，有矫之于上，有矫之于下”，所谓“矫之于上”，即以理学标准约束矫正皇帝、内阁、六部的胡作非为，阻止人欲横流。“矫之于下”就是联络同道，以集团和舆论的力量，行其道于天下，同时，四处讲学，以教化为先务，纠世风之偏。黄宗羲在《明儒学案》中说：“东林讲学者不过数人耳，其为讲院，亦不过一郡之内耳……凡一议之正，一人之不随流俗者，无不谓之东林。若是乎东林标榜，遍于域中，延于数世。东林何不幸而有是也，东林何幸而有是也。”正因为如此，东林党不会因顾宪成的逝去而偃旗息鼓。东林书院不仅是一团火，更是一粒火种。在当时与东林书院有关系的人物，都被魏忠贤一伙强权指控为“东林党”。后来，甚至与东林书院全无关联，只是与当权者意见不一者，也被视为“东林党”。

第二节
末世大珰的政治叙事

万历四十八年（1620年）是一个多事之秋。七月二十一日，万历皇帝驾崩。八月初一，泰昌皇帝朱常洛即位，史称明光宗。在朱常洛三十多年的生活中，最让他感到担惊受怕的是郑贵妃。直到万历皇帝驾崩，他已登基，仍难以摆脱心头的阴影。万历皇帝驾崩前给朱常洛留下遗言：尔母皇贵妃郑氏，侍朕有年，勤劳茂著，进封皇后。当时宫闱之中情况相当微妙，郑贵妃唯恐朱常洛挟前嫌而嫁祸于她。于是，她勾结朱常洛的宠妃李选侍积极活动，为她请封皇后。

据时人记载，朱常洛性情沉郁，虽然贵为太子，但并没有受到过重视。他和他的祖父隆庆皇帝颇为相似，都是在极度郁闷中度过了自己的青少年时代。由于郑贵妃的紧盯不放，他也时刻面临着被父亲废黜或者抛弃的厄运。因此，他处处谨小慎微、循规蹈矩。《先拨志始》中说："光庙（朱常洛）御体羸弱，虽正位东宫，未尝得志。登极后，日亲万机，精神劳瘁。郑贵妃欲邀欢心，复饰美女以进。一日退朝内宴，以女乐承应。是夜，一生二旦，俱御幸焉。"朱常洛的身体本来就衰弱，继位后又一改其父万历帝懒政怠政的作风，日理万机。郑贵妃这时候投其所好，送来美女八人。一个长期处于压抑困闷中的人，一旦拥有至高的权力，往往会从一个极端走向另一个极端。就像一个饿鬼，面对华席盛宴，不撑死不罢休。他拖着羸弱之躯，白天忙完政务，晚上与数位美女交欢。就像歌里唱的那样，"死了都要爱"。因此，他的病情越来越重。

八月十四日，掌御药房太监崔文昇进药。崔文昇原先是郑贵妃宫中的亲信太监，朱常洛继位后，升为司礼监秉笔兼掌御药房太监。据说，朱常洛患病后，郑贵妃指使崔文昇向皇帝进献通利药——大黄。朱常洛服药后，一昼夜连泻三四十次，支离于床褥间，身体趋于衰竭。朱常洛病倒后，外戚王、郭二家发觉郑贵妃和李选侍私下有异谋，遍谒朝中大臣，哭诉皇帝陷身凶险之境，指出："崔文昇药，故也，非误也。"迫于外廷的强大压力，郑贵妃不得不移出乾清宫，搬往慈宁宫。随后，朱常洛下令将崔文昇斥逐出宫，并收回封郑贵妃为太后之成命。

八月二十九日，鸿胪寺官李可灼进献红色的丸药，自称仙丹。朱常洛服用后，感觉暖润舒畅，病情有所缓解。于是，到了傍晚，朱常洛又服用一颗。谁也不曾料到，到了次日（九月初一日）五更，朱常洛突然死去。专家推测，崔文昇进献的大黄，乃性寒之物；李可灼的红丸，乃性热之物。寒热两物，同时用于朱常洛极度虚弱的身体，结局可想而知。这就是明末著名三大疑案的第二案——"红丸案"的大致经过。朱常洛从登基到死去，刚好一个月时间。用客观的眼光来看，他还算通情达理、仁慈宽厚，在极其短暂的时间里，他居然做出了几件令人称快的好事。比如说，他即位后做出的第一项决策，就是从内库取出两百万两银子犒劳正在辽东作战的将士。同时，他取消了万历中后期以来扰乱地方经济秩序的矿税和商税，并召回派往各地督税的太监。帝国这架老旧的机器在吱吱嘎嘎声中有了重新启动的迹象。然而，一个月后朱常洛突然死亡，历史的巨手再次按下了暂停键。

朱常洛驾崩，李选侍册封皇贵妃的心愿落空，更不用说当皇后。于是，郑贵妃与李选侍密谋，把皇长子朱由校扣留在乾清宫，"欲邀封太后及太皇太后，同处分政事"。李选侍在万历时期便与郑贵妃过从甚密，因此能够打压比她地位更高的王才人。王才人虽然生下了朱由校，但仍然时常遭受李选侍的欺凌，最终丧命。她临死之前说："与西李（李选侍）有仇，负恨难伸。"王氏去世以后，朱由校改由李选侍抚养，同样备受虐待。可见，朱由校与其父朱常洛虽然名为储君，但偌大的宫殿，对于他们而言，只是一个长期受到压抑的幽怨空间，乃至埋葬至亲的黑暗之地。对于李选侍的所作所为，朱由校并没有想过去反抗。

司礼监太监王安获悉李选侍与郑贵妃的密谋，出具揭贴，遍投外廷各大臣。最后，东林党人杨涟、左光斗和王安联手，迫使李选侍迁出乾清宫，夺回朱由校。这就是明末著名三大疑案的第三案——“移宫案”。

九月初六日，朱由校在皇极殿即皇帝位，下诏以次年为天启元年，史称明熹宗。在这里需要强调的是，作为“国本之争”的延续，在明末“三案”之中，东林党人竭力维护朱常洛父子，反抗郑贵妃，并攻击其他政治势力，从而在天启之初，形成了东林党人布列朝廷，控制朝政的局面。但由于东林党人砥砺名节，严君子小人之辨，对于政治人物的道德品质太过苛求，“士有落然自异者，诟谇随之矣。”凡不入东林人士法眼者，就被视为小人。如此一来，自然无法因时就势地联合其他政治势力，反而将他们推向对立面。而反对东林党的政治群体开始聚集，并逐渐归于宦官魏忠贤。从而在天启时期，形成了东林党、阉党政治对立的局面。

在朱常洛的十六个儿子中（活到成年的只有五个），朱由校的资质不算高，也不算太差。一个不读书的皇子，他在宫中的地位本来就令人担忧，而这与他父亲朱常洛有很大关系。朱常洛常年不被重视，也牵连到儿子们的成长，他们在应该接受教育的年纪，却被严格的宫廷教育放任自流，让人难以想象。当时在宫中当太监的刘若愚如此描绘朱由校：“上性好走马，又好小戏，好盖房屋，自操斧锯凿削，巧匠不能及。”“又好油漆，凡手用器具，皆自为之。性又急躁，有所为，朝起夕即期成。”这个备受冷落的男孩竟然在宫中的土木营建中迷恋上了这门手艺。虽然没有资料显示，朱由校曾经师从何人学习手艺，但也不难推测。在他的青少年时期，皇宫里几大建筑屡遭大火焚毁。其中尤以万历二十五年的那场大火为最，除了皇极、中极、建极三大殿被付之一炬，皇极门（今太和门）及其两侧的掖门也全部被焚毁。最终三大殿的修建，一直到天启七年才算真正完工。也就是说，在朱由校成长的青少年时期，紫禁城里的土木营建就从未停止过。他目睹了能工巧匠们化腐朽为神奇的能力，创造的潜能就这样被激发出来。从此，他迷恋上了这种富有创造乐趣的劳动。在这个领域里，他表现出惊人的天赋与才华。

很多资料可以告诉我们，朱由校的这门手艺并不只是玩玩而已。

内宫太监刘若愚在《酌中志》中记载：当时宫中流行一种水面木偶傀儡

戏，各种木偶的表演动作由人力控制。朱由校运用自己高超的木工技艺，对此进行了创造性的加工，他亲手雕刻的木偶，男女不一，高约二尺，有双臂无腿足，均周身涂五色油漆，每个木人下面的平底处都安榫卯，用长三寸多的竹板支撑着。另外朱由校还用一块大木头，凿钉成长寸余、阔数尺，深二尺余的方木池，里面添水七分，水内放活鱼、蟹虾、萍藻之类的海货，使之浮于水面。再用凳子支起方木池，周围用纱围上一圈，竹板在围屏下游移拽动，这样就形成了水傀儡的戏台。屏幕后面，一个艺人随着剧情将小木人托浮水上，游动玩耍，鼓声喧天，看客们看得兴致盎然。

明末清初人吴宝崖在《旷园杂志》中记载：“（明熹宗）尝于庭院中盖小宫殿，高四尺许，玲珑巧妙。”朱由校若是生在今天，他的许多发明完全可以申请专利。比如说，他曾经在一个大缸里盛满水，把一只圆桶放在大缸上，缸底、桶底都穿凿成孔，开启设置在缸底的机关，便水势逆飞，如瀑如雪，最后形成水柱。此时，水通过桶底形成喷泉，将放置于此的许多鎏金木球汇于喷水处，水打木球，木球盘旋，经久不息。

我们只能从文字里领略一个皇帝的匠人情怀，感佩他的高超技艺。虽然朱由校木工的传说大多出自时人笔记，留存于世的成品甚少，但可以肯定的是，他迷恋刨子、斧子、锯子等工具，胜于治国。正当天启皇帝朱由校醉心于绳墨斧凿之技时，从他的祖父万历时代遗留下来的党争之风越来越强劲。他习惯性地将国家事务交给宠信的内侍们去处理，也由此豢养出明朝两百余年来最大的一场阉祸。而他最宠幸的那个叫魏忠贤的大太监，日后也将成为中国历史上最臭名昭彰的人物之一。

让我们把时间的钟拨回到万历末年，当时京城的朝天宫住进一位落魄道士。这位道士说了两句莫名其妙的话：“委鬼当朝立，茄花满地红。”这句话在当时看来并不靠谱，但随着时间的推移，等到大太监魏忠贤把持朝纲时，人们自然会将这两句谶语与帝国的命运牵强附会起来。“委”“鬼”放在一起就是魏字，而“茄”字按当时畿辅地区的发音，同“客”字接近。魏忠贤的老相好刚好是客氏，这个客氏是天启皇帝的乳母。

当时内廷之中能够让朱由校倍感亲切的，只有一个人，那个人就是他的乳母客氏。客氏当时已经是二十五岁的妇人，幸运当选皇长子的乳母。有史料记载，进宫前的客氏已经结婚生子，丈夫侯二是京城一个普通百姓。乳母在宫中的地位要超越普通宫女，更何况她乳的又是皇长孙，将来的皇位接班人。母凭子贵，作为乳母自然少不了荣华富贵。但是从人性的角度出发，客氏作为年轻的母亲又很不幸。宫廷里的女人同外面的世界永远处于一种隔绝状态，虽然客氏用不着为宫外家中的衣食生计所担忧，但是却不得不承受与自己亲生骨肉分离的那种痛苦，同时还要面对宫中那种森严、刻板、冷寂的生活。

在客氏入宫后不久，丈夫侯二就死了，这进一步切断了她同外部世界的联系。此后，客氏就在深宫中一心一意地养育着朱由校。魏忠贤起步于万历皇帝当政时期，当时他还是太监群体中一个小角色。对于初登大宝的朱由校来说，无论是精神上的依赖，还是现实中的需要，他身边亟需一位强势的政治代理人，作为自己权力之路上的清道夫。这时候谁也不会想到，魏忠贤这个胸无点墨、起点又低的家伙日后会成为本朝最有权势的太监。世人只知魏忠贤，不知天启皇帝朱由校。这只寄生于皇权的虱子，在皇权的喂养与呵护下，迅速成长为一只庞然大物，一头权力的怪兽。

魏忠贤原系河北肃宁县的一个街头无赖，少年时家境贫寒。直到他进宫当了多年太监之后，他的侄女、外甥女还被卖给京城的官僚为奴做婢。他也曾经娶妻生女，过着底层小民的日子。明人朱长祚的《玉镜新谭》中有魏忠贤小传，说他“形质丰伟，言辞佞利，目不识丁，性多狡诈。然有胆气，日务樗蒲（赌博）为计，家无担石而一掷百万。若其歌曲弦索，弹琴蹴踘，事事胜人。”魏忠贤长得一表人才，高大伟岸，虽然不通文墨，但是他能说会道，出手大方。他还是一个文艺人才，不论琴瑟鼓乐，还是歌舞蹴鞠，处处胜人一筹。但他的坏名声同样传遍乡里。“里中少年竞相与狎，迷恋青楼翠袖之间，落魄无行，依人醉醒，不问妻子饔飧韦布，游手好闲，以穷日月。”他是一个好吃懒做的街头混混，沉迷于赌博嫖娼，不问妻女死活，整日游手好闲。据说，他还逼着自己的母亲和妻子改嫁，甚至将女儿卖给人家做童养媳。这家伙真是一个披着人皮的恶魔。当时的内宫太监刘若愚在《酌中志》中记载：“忠贤少孤贫，好色，赌博能饮啖嬉笑，喜鲜衣驰马，右手执弓，左手彀弦，射多奇中。”现在的影视作品中，将魏忠贤塑造为一个武术高手。对照历史资料，似乎也不算无中生有。魏忠贤善于骑射，驰马如飞，执弓搭箭，不能说百发百中，也算是箭不虚发。又说他“亦担当能断，顾猜很自用，喜事尚谀，是其短也。”这算是一个有担当的无赖，遇事善决断，为人机智幽默，擅长插科打诨。这样的人在社交场上，常常立于不败之地。

作为一个有家室的成年男子挥刀自宫，割断与宗法世界的联系，走上一条新的生活道路需要的不光是勇气，还要有一定的外因，推动着他走向这一步。史料记载都说是因为他“与群恶少博，不胜”，被债务迫得走投无路，只好“自宫”做了太监。魏忠贤所生活的年代恰好是帝国宦官制度最鼎盛的一个时期，宦官总数达到十万之众。作为皇帝的家奴，宦官们不但丰衣足食，而且在管理皇帝庞大家族的饮食起居的时候，可以从中捞取油水以自肥。许多贫苦农民，特别是京城周围地区的贫苦农民，在生存陷入绝境的时候，经过一番利益考量，都会做出这样一种趋利避害的无奈选择。对于生命个体而言，生存才是第一位的，不论是阉割孩子还是阉割自己，这都是绝境求生的极端方式。因为天灾人祸层出不穷，人们走投无路的也就特别多，才会出现这种情况。随着参与人员的不断增加，自行阉割要求录用的人大大超出宫廷的实际需要。

在帝国中后期，社会上出现了很多已经净身却不能得到宦官差事和俸禄的人，他们有一个专门的称呼“无名白”。“无名白”的去向与生计反而成了帝国经济社会发展中的一个包袱，甚至引起过社会骚乱。阉人供大于求，这一社会现象背后折射出帝国底层民众生存的心酸与艰难。

首先，在当时的卫生条件下施行阉割手术，本身就是极大的生理冒险。

其次，如果在考察中落选，当了“无名白”，那么以后的日子将是十分可悲的。以万历时期而论，“无名白”的出路大概只有两条：一条是在京城各寺院附设的浴池里专门为太监们擦澡，地位既卑微，收入又十分有限，糊口而已。另一条路是参加死乞强夺的丐阉团伙，“其稍弱者则群聚乞钱，其强者辄勒马衔索镐。”魏忠贤的运气不错，竟安全地闯过了两重风险，成为帝国宦官中的一员。

初入宫门的魏忠贤长期处于内廷系统的最底层，一待就是十余年。他还曾经得到一个绰号，叫作“傻子”。由此可见，魏忠贤刚开始在内廷是不受待见的，就像一只每日进出宫门的蝼蚁，没有谁会在意一只蝼蚁的生存。直到有一天，他凭借着自己的本事，与地位较高的宦官魏朝结为同姓兄弟。后来，他又经魏朝引见，结识了当时名望极高的大太监王安，颇为后者赏识。据说，有一次魏忠贤犯罪当死，王安救了他一命。在此期间，魏忠贤进入太子朱常洛的东宫当差。万历皇帝生前并不重视朱常洛父子，因此这也算不上一份好差事。朱常洛有一房并不得宠的妾侍王才人，魏忠贤就是为王才人管理伙食，当时称为“办膳”。王才人后来为太子生了一个儿子，这个儿子就是后来继承皇位的天启皇帝朱由校。魏忠贤日后的发达在此埋下第一道伏笔。他这时候认识了朱由校的乳母客氏，两人结成“对食”。

所谓“对食”，即“对面而食”，结成“对食”的宦官与宫女要彼此忠于对方。后宫是个女儿国，除了皇帝和几个未成年的孩子，没有其他男子。如此一来，宦官就成了宫女们寄托感情的对象。有能力、有办法的宫女大都有个相好的太监，而那些与宫女相好的太监在当时就被称为某某的“对食”。客氏原来的相好是魏朝，也是皇长孙一房中的管事太监。魏忠贤能进太子宫中服务，靠的就是魏朝的推荐。客氏选择了魏忠贤，也从此决定了“二魏”的不同命运。魏朝被魏忠贤排挤出宫门，后来被魏忠贤的党羽抓获后缢杀在一个小县城里。

魏忠贤没读过书，不识字，入宫以后因为年纪太大也没能进内书堂，而那些有权势的大太监多数毕业于内书堂。魏忠贤已经过了五十岁“知天命”的年龄，个人求生存的路上并没有丝毫突破的迹象。客氏是朱由校的乳母，朱由校不但是吃她的奶长大，而且在他备受冷落的青少年时代，客氏一直陪伴在他身边。作为一个女性离开自己的子女，把母爱的天性全部贯注在朱由校身上也是可以理解的，这除了工作使然，还有天性使然。客氏毕竟是一位出身卑贱的妇女，不论皇帝对她怎样恩宠，也无法付之以国，让她去充当自己的政治代理人。在这种情况下，魏忠贤的特殊地位才显出了优势——他是客氏的“对食”，一个类似于丈夫的角色。

朱由校即位时已经十六岁，在当时应该算是成年人，不好再与自己的乳母共处。大臣们曾经强烈要求按照惯例将客氏送出皇宫。这次迁居活动搞得既隆重又热烈，皇帝给足了面子，“亲临为之移居，升座饮宴”。结果，客氏出宫不到一天，皇帝就不吃不喝，以泪洗面，于是只好又将她请回宫来。对于客氏，《明史》虽然冠以“淫而狠”的三字评语，但并没有任何证据足以支持和证明这一点。史料记载，这位客氏身材窈窕，姿容冶艳，是个风流女子。清人抱阳生在《甲申朝事小纪》中描绘客氏其貌“妖艳”，常有秽闻传出，朱由校大婚之前，她“先邀上淫宠”。据此，有史学家推测，朱由校与这个妇人有一种不伦之恋。抱有此类观点的大多是私家笔记，说魏忠贤和客氏引导皇帝“淫乐”。幸好朱由校沉迷于木匠手艺，也因此省去了太多感情的负累，为他洗脱不少“淫字当头”的脏词。但不管怎么说，朱由校对这位乳母的依赖到了言听计从的地步。诚如李亚平所说，朱由校的日常生活离不开客氏，而客氏在他身边的功能，大约是那种集母亲、大姐、妻子、密友、保姆、顾问、助手、监护人和保护者于一体的角色。一般说来，那种从小缺乏关爱、缺少亲情、缺少玩伴的孩子，似乎对此有着格外强烈的心理需求。朱由校这个活在万历皇帝视线之外，连最基本的知识教育都无法得到保障的孩子，就像一只小兽，在这个世界的幽暗处孤独地活着。向他伸出援手的，除了客氏，再无他人。

这种关系有点类似于明宪宗朱见深与万贵妃，不过朱见深将这份精神依赖转化为了男女之情，而朱由校虽然并不掩饰自己与客氏的感情，但对外仍以大家所共知的关系示人。朱由校能够为客氏做到的，也就是登基后封客氏为“奉圣夫人”，将其家人也封官进爵。正是通过客氏的关系，魏忠贤被破格提升为司礼监秉笔太监，兼提督东厂。魏忠贤大字不识一个，担任司礼监秉笔太监实在说不过去。《明史》说：“（魏）忠贤不识字，例不当入司礼（监），以客氏故，得之。”仗着皇帝这份恩宠，客氏在宫中的势力很大。由于没有文化又缺乏见识，客氏表现得有些飞扬跋扈。

公元1621年，魏忠贤杀死大宦官王安，就此奠定在宫廷中无人敢于挑战的地位。王安在万历时期曾是保护与辅佐朱常洛、朱由校父子的主要人物。据说，此人的学问、品行在整个中国历史上的太监群体中都是数得着的，在当时的宫廷内外、朝野上下也拥有不错的口碑。他为人冷峻严肃，不苟言笑；自幼在内书堂读书，颇具文采。王安一直看不惯宦官们的蝇营狗苟的生活方式，他同朝中的士大夫们走得很近。东林党中许多干将都是他的好朋友，东林党人能够在政治上迅速崛起，也多亏他从中协助。王安的鼎盛时期随着短命的泰昌朝的结束而结束。朱常洛登基后，王安已经是司礼监秉笔太监。朱由校当皇帝后，又准备晋升他为掌印太监。按照当时帝国官场的惯例，任何官员在接到晋升的通知时，必须假模假式地上疏推辞，以显示自己谦逊低调的做派。

恰好王安此时生病在家中静养，只是偶尔到宫中值班。在这期间，朱由校把辽东经略熊廷弼和顾命大臣杨涟撤职，赶出北京。王安知道后，很是气愤，因为这两个人都有大功劳于朝廷，且很有才华。因此，王安在接到晋升的通知时，负气道："臣愿领罪，不领官。"这触怒了朱由校，认为他作为一个内廷大太监竟然如此不识好歹。魏忠贤见机会来了，不顾王安曾经有大恩于自己，与客氏等人一起，在皇帝面前屡进谗言。朱由校一怒之下，下诏将王安贬到北京南苑的一处皇家游猎场做苦力。随后，魏忠贤派了个心腹杀死了王安。

天启三年（1623年）年底，魏忠贤被任命为提督东厂太监。当时魏忠贤的头衔有"钦差总督东厂官旗办事，掌惜薪司、内府供用库、尚宝监印，司礼监秉笔，总督南海子，提督宝和等店太监"。从理论上讲，他已经掌控了惜薪司、内府供用库、尚宝监、南海子、宝和三店等五处重要的内官职司，占尽内廷所有的肥缺，同时还是东厂的最高首领和能够参与机要决策的司礼监秉笔太监。

实际上，魏忠贤握在手中的权力要大于自己所挂的那些头衔。在天启朝的最后几年时间里，他几乎成了帝国的实际主宰者，皇帝的全权代理人。皇帝曾赐给魏忠贤一方金印。这方金印方二寸余，四爪龙钮，玉筋篆文，印九字三行，曰："钦赐顾命元臣忠贤印"。在此之前的皇帝虽然也有过赐宠臣或宦官印章的事，但所赐之物多为银质或牙质小印章，很少有金印。皇帝赐予魏忠贤的大块龙钮金印，实属特例。我们再结合上面所刻的"顾命元臣"的文字来看，这次赐印具有某种政治意味。自古以来，"印"在中国都被视为权力的象征。这样一次有意为之的事件，可以视为皇帝向魏忠贤授予皇权经纪人的资格证书。

皇帝不识字，皇帝的经纪人也不识字。明朝是一个文牍主义盛行的时代，不识字的政治家让人难以想象。魏忠贤虽然不识字，但身边有秉笔太监们辅助办公。鸡毛蒜皮的小事，助手们可以搞定，军国大政还是魏忠贤拍板决定。据说，天启皇帝经常象征性地在清晨由秉笔太监们簇拥着"览文书"，只是他从来没有真正了解过本章的内容。这种象征性的办公，使得魏忠贤不得不实行个人专政。魏忠贤一旦因事离开京城，各种题奏本章和票拟之旨都要飞马驰送到他的身边，由他拍板再行批朱。"一切事情，必星夜驰请意旨，票拟必俟贤到始敢发批。”帝国的权力运行，在外在表现形式上主要是通过对官员奏章的批复而实现的。“而逆贤不识字，从来不批文书。”不认识字的魏忠贤只能由秉笔太监代为朗读讲解，而且朗读讲解的奏章只是文字中的一部分。他实在没有耐心听完洋洋洒洒上万言的鸿篇巨制。虽然为他看奏章的太监都是他的亲信，不敢忽悠他，但是这种请人代理的处理政务方式在很大程度上限制了魏忠贤对于政治全局的掌控。魏忠贤执政的最大软肋就是对政治常识的无知，他没文化，没经验，却有的是权力。而且这种权力犹如赛道上的脱缰野马，虽有规则，却无法制约。

第三节
危局下的救赎，还是祸根

天启三年（1623年），东林领袖赵南星任左都御史，利用六年一次的京官大计，清算“梃击”“红丸”和“移宫”三大案等政治旧账，许多过去反对东林的官员被黜。其后不久，赵南星转任吏部尚书，继续他的整顿，与原齐、楚、浙三党的官员结怨更深。此时，原本在野的东林党人已然掌握了朝中的人事大权。大学士叶向高、黄尊素、魏大中等一批正派官员居于言路。因拥立新皇之功，杨涟由一个七品的给事中，升到了正三品的左副都御史，左光斗也由七品御史升到了右佥都御史。同时，一些赋闲的老资格东林党人也重回政坛出任要职。因此，这次京察就成了一次东林党排除异己的派系斗争。“邪党人士”在这次斗争中遭到清洗，东林党人几乎占据了帝国的所有权力要塞。因此，这一时期也是“东林党”势力最为鼎盛的时期。

站在道德制高点上的东林党人，很难做到团结大多数，他们在提拔正人的时候，总是不忘打击他们眼中的小人。他们利用京察的机会排除异己，造成了政坛的激烈冲突。道德至上，难免水清无鱼。太深的党见，成就了他们，也同时堵住了他们的自新之路。一些原本与东林党人并无重大冲突的官员，也都投靠到了阉党那里，以此与东林抗衡。比如，那个日后写出《燕子笺》等优秀剧作的阮大铖就是其中之一。当时，吏科给事中一职出现空缺，身为同乡的左光斗建议由阮大铖进补。而赵南星、高攀龙、杨涟等人却认为阮大铖“轻躁不可任”，他们推举资历和排名都靠后的魏大中。于是，阮大铖转而投靠权力日重的魏忠贤。从此以后，阮大铖视东林党人有如仇雠。

与阮大铖有着类似经历的还有大学士魏广微，此人投靠魏党后，每次派人到魏忠贤处的书札都签上“内阁家报”，清流们背地里称他为“外魏公”。魏广微的父亲魏允贞乃万历朝的名臣，与赵南星、顾宪成等交情匪浅。魏广微入阁后，曾以子侄礼拜访赵南星，赵闭门不出，与人说“见泉（魏允贞）无子”。御史李应升还劝诫他，要他好好读读父亲的遗著，不要倚着三党与言官们为难，日后也好与亡父相见于九泉之下。不过，在杨涟、左光斗等“六君子”遇难后，他曾劝告皇帝停止仇杀，并给予东林遗孤以怜恤。最后，魏广微担心自己的安全，也请辞离任。

再比如，巡按御史崔呈秀由于贪污受贿，被革职查问，将被惩以重罪。危急之下，他通过熟人的引见，趁夜造访魏宅，痛哭叩头，一面申诉自己受了东林党人的排挤，一面要求做魏忠贤的养子。两人一拍即合，崔呈秀很快复职，后来又迅速上升为左都御史、少傅兼太子太傅。

在极短的时间里，帝国的一些文臣大员就以这种方式纷纷聚拢到魏忠贤的身边，而且形成了滚雪球效应，越聚越多。小农社会中人与人之间的信任基础主要来自血亲关系，只有自己的家人亲戚才是最可靠的。魏忠贤在组建自己的权力集团时，本能地就运用了这种模拟血亲关系。在魏忠贤的权力集团中担当主要角色的基本上都是他的干儿义孙，他对这些人能够放心使用。当时的内阁首席大学士顾秉谦在一次家宴中，竟然对魏忠贤叩道：“本欲拜依膝下，恐不喜此白须儿，故令稚子认孙。”拐弯抹角地硬要给魏忠贤当儿子。而曾以兵部侍郎衔总督川贵的张我续手法更为高明，他因有一个女仆是魏忠贤的本家，于是“加于嫡妻之上，进京八抬，称‘魏太太’”，公然以魏家姑爷自居。

那些内阁、六部大臣乃至封疆大吏，个个以当魏忠贤的干儿义子为荣，这帮人的数量是不小的。如魏广微、顾秉谦、崔呈秀、王绍徽、田尔耕、许显纯等人在当时都是阉党中的代表人物，他们都是官场上的活跃分子。这些人特别善于钻营，也不顾廉耻。阉党中的“十狗”“十孩儿”和“四十孙”中的大部分人都是两榜进士，他们俯首甘为魏忠贤的孝子贤孙，只有一个目的，那就是为自己的政治前途加码。“十狗”之一的曹钦程原本是东林党中的小人物，后来东林人士大倒其霉，他立即反戈一击，并巴结着当上了魏忠贤的干儿子。“十孩儿”中有给事中李鲁生和御史李藩两人，他们刚开始依附魏广微，魏广微势衰，则改事大学士冯铨，冯铨失魏忠贤宠，又改事崔呈秀，经过多番周折，才找到了更有前途的“职业”——当魏忠贤的干儿子。他们都不是糊涂蛋，大部分都是饱读诗书的文人，在明朝及以前各代的依附太监者，无不身败名裂，这一点他们比谁都清楚。但在巨大的现实利益面前，他们已经顾不了身后名。他们就像是一群末世赌徒，将前世今生都押在了魏忠贤身上。

天启三年，御史周宗建上书把魏忠贤比作前朝太监刘瑾，说他“千夫所指，一丁不识”，要求朝廷立即罢黜他。据说，他后来被阉党鞭打杖责时，打手们一边施刑，一边刻毒地骂道：“尚能谓魏公一丁不识否。”

天启四年（1624年），东林党人的代表，左副都御史杨涟上书历数魏忠贤的二十四条大罪，指责魏忠贤夺皇帝之权，恣意专擅；指责魏忠贤擅改成例，破坏法度；指责魏忠贤僭越，出行时俨然一副皇帝的派头。这次上书成了东林群臣对魏忠贤发起总攻的动员号令。有资料显示，杨涟的这封奏疏是这年上半年东林党人秘密会议的产物，当时他和左光斗、缪昌期等人讨论过，他们还帮助起草了这封著名的奏疏。在其后的三个多月时间里，帝国官员组团弹劾魏忠贤的奏折蜂拥而至，竟有七十余章。从大学士、尚书，到普通的京官，都加入了到这场声势浩大的倒魏运动中。

以东林党为首的官员掀起的这场倒魏运动，让魏忠贤陷入恐惧当中。据说，他听手下人读完奏疏后，放声大哭。他找到自己的相好客氏，两人一起跪在皇帝面前哭诉。明熹宗朱由校本就对东林官员没有多少好感，连最起码的信任都谈不上。在东林官员和魏忠贤之间，皇帝坚定地选择了后者。他同意魏忠贤把杨涟等人的奏折留中不发，不予答复。同时，朱由校颁旨表彰魏忠贤乃帝国的忠勇之臣，以此堵住东林党人的汹汹流言。皇帝的庇护对于魏忠贤来说，就像是武术家修炼了一身的金钟罩，即使刀箭袭来，也不会受到任何伤害。同时，朱由校发布圣旨，斥责杨涟捕风捉影，捞取名声。结果，这场得到广泛同情与声援的、东林党人对魏忠贤阉党最猛烈的一次进攻，就这样风流云散。

天启五年（1625年）年初，魏忠贤开始向东林党人及其支持者，发起猛烈的攻击。阉党选择从一个小人物着手实施攻击，此人即汪文言。移宫案前后，汪文言奔走于大太监王安与廷臣之间，起到了联络的作用，也间接为护驾立过功。东林党对他大为赞赏，不少人将其引为知己。汪文言长年混迹于京城，捐了个国子监监生的资格，又通过首辅叶向高的关系捐了个内阁中书的小官。汪文言虽然职位不高，却是个极其活跃的人物，尤其用计破齐、楚、浙三党，使其名声大噪。他和东林党人杨涟、左光斗、魏大中过从甚密。阉党曾经以此人为突破口参论党人，审讯了一段时间，没得到有价值的线索，就将其削职回籍。汪文言是徽州人，此时人已在徽州乡下。

为了将杨涟、左光斗置于死地，阉党指控他们收受熊廷弼、杨镐等疆臣的贿赂，收受疆臣贿赂事大，杀之有名。为了坐实二人的罪名，他们又将汪文言逮捕，罪名是为收监多年的熊廷弼奔走活动。熊廷弼曾被任命为辽东最高行政长官，在广宁之战中丧失了辽河西岸的最后一个重要军事据点。他和辽东巡抚王化贞双双被下狱论处，如今已在狱中关了数年。汪文言被解往京城不久，魏忠贤指使死党、新掌镇抚司的许显纯，对之进行了严刑拷打。汪文言咬紧了牙关不牵连杨涟、左光斗等人，实在受刑不过了，就仰天大呼：世岂有贪赃杨大洪（大洪是杨涟的别号）哉！

不久，汪文言在监禁中被折磨至死。尽管汪文言已死，许显纯还是捏造了一份指控杨涟、左光斗受贿两万两的口供，把已经削籍的两人重新逮捕，一同被逮的还有朝中对阉党攻击最有力的四个东林人物，分别是给事中魏大中、御史袁化中、太仆寺少卿周朝瑞和陕西副使顾大章。此即史称的东林“六君子”。

左光斗从安庆原籍押解赴京时，出现了“父老子弟拥马首号哭，声震动原野”的感人场面。在杨涟的老家，数万市民拥道攀号，所经行的村庄和集镇，都有百姓自发为他焚香建斋，祈佑他早日生还。先前出京时，杨涟致信左光斗，说自己宁愿自杀也不想落到奸人手中受辱，左光斗则回信说，入狱受刑而死，方为死得其所。“六君子”在狱中都遭受了非人的折磨。据说，杨涟曾在堂上对家人高呼：“汝辈归，吩咐各位相公，不要读书。”一介儒士叫子孙不要读书，这样的话听来令人动容。

杨涟生前曾留下遗言：“仁义一生，死于诏狱，难言不得死所，何憾于天，何怨于人？”杨涟是朱由校的父亲临死时的托孤之臣，在朱由校登基前后立过大功，竟然落到如此悲惨境地。面对死亡，杨涟悲呼：“大笑，大笑，还大笑！

刀砍东风，与我何有哉！”《明通鉴》记载杨涟的被害惨状：“土囊压身，铁钉贯耳，最为惨毒。”当时正值盛夏酷暑，他的尸体很快腐烂，等到家人收殓时，只剩血衣数片，残骨数根。同一晚上，遇害的还有左光斗和魏大中，他们在酷刑拷讯下也是血肉淋漓。魏大中死后，拖了六天才准许从牢房中抬出来，尸体腐烂，沿途“臭遍街衢，尸虫沾沾坠地”。

我曾于数年前在桐城的左光斗纪念馆里，见过他在狱中所写家书的影印本，至今忘不了那句：又责十棍，苦上加苦，痛上生痛，如人不顾我，我也自家顾不来了。天启五年的夏天，东林人士都在呼啸的棍棒下呻吟。打，打你个清白正直，打你个傲骨凛凛，打你个忧念时事，打你个党同伐异，打你个满肚子学问。这一年秋天，黑压压的云层倾覆下来。那些监禁在北京诏狱中的前官员都遭到秘密杀害，此即史称的东林“六君子”事件。

天启六年（1626）暮春时节，朱由校传旨江南：“苏常等地书院尽行拆毁，刻期回奏。”顾宪成当年创建的东林书院首当其冲。这座象征着东林党人精神的书院，就这样被夷为平地，甚至连一瓦一椽都没有留下。资料显示，这已是明末第四次禁毁书院并扩及全国书院。明代书院由明初沉寂多年到明中期的空前兴盛，再到明末的连续遭受禁毁，这种忽生忽灭的曲折历程潜伏着帝国体制的深层危机。据说，书院被拆毁的木料与田地作价变银六百两，被全部运往苏州，用作魏忠贤生祠的修建之资。这真是一个巨大的讽刺。

此时顾宪成已死，主持讲会的是高攀龙。当高攀龙闻知逮捕他的缇骑已进城，他镇静如常，与家人交代完后事，投井自沉。魏忠贤矫旨再兴大狱，将前应天巡抚周起元，左都御史高攀龙，吏部员外郎周顺昌，御史周宗建、李应升、黄尊素等七人逮捕。黄尊素罹难时，他的长子黄宗羲还是一个十七岁的少年。为了提醒他不忘复仇，祖父在他每天都要面对的一面墙上写下：尔忘勾践杀尔父乎？

这次被逮捕的七个人，与前面的“六君子”一样，都是极有名望之人。当缇骑在苏州抓捕周顺昌时，激发了民变。据谷应泰的《明史纪事本末》记载：缇骑见议久不决，手掷锒铛于地，厉声曰：“东厂逮人鼠辈何敢置喙！”于是市人颜佩韦等前问曰：“旨出朝廷，乃东厂耶？”缇骑曰：“旨不出东厂将谁出？”众怒，閧然而登，丛殴缇骑，立毙一人。那一天大雨滂沱，万余市民集聚衙门前，他们手执香火为周顺昌请命。数名乡绅充当民意代表，请求巡抚向皇帝转奏民意。缇骑等得不耐烦，强行捕人，并说出旨出东厂这样的狂悖之言，最终引发了一场群体性冲突，打死了两名缇骑。

缇骑们前往江阴逮捕李应升时，在常州也发生了类似事件，事态进一步扩大。苏州两名缇骑被杀死后，五个为首者为了不连累江南士大夫，挺身而出，甘领一死。苏州市民为这五位义士立碑纪念，日后的复社领袖张溥在《五人墓碑记》中记述五人被杀情形："五人之当刑也，意气扬扬，呼中丞（苏州巡抚毛一鹭）之名而詈之，谈笑以死。断头置城上，颜色不少变。有贤士大夫发五十金，买五人之头而函之，卒与尸合。"据说，五位义士的墓是后来拆毁魏忠贤的生祠建造的。这真是特别有意思，东林书院被拆毁，做了魏忠贤的生祠；魏忠贤的生祠被拆毁，又做了护持东林党人的义士之墓。在这天道轮回般的拆建之中，不仅隐藏着政治更迭的繁复性，而且昭示着历史发展的某种必然。最后，这七个人无一幸免，全部被迫害致死。

在此期间，朱由校颁布诏书，正式将东林党人定为"奸党"。有人将这一切归罪于魏忠贤。最流行的一种说法是，魏忠贤已经可以为所欲为地"矫旨"，恨东林党人的不是皇帝本人，而是魏忠贤和他的"阉党"成员。话说回来，就算坏事都是魏忠贤干的，也无非还是证明朱由校是个糟糕的皇帝。

打击东林党之后，魏忠贤专制朝政，内外大权一并收揽。人们习惯于私下里把皇帝称为"万岁爷"，但"万岁爷"毕竟不是官方的称谓。等到魏忠贤专权的时候，帝国那些平日里看上去道貌岸然的官员竟然当面诚惶诚恐地称呼魏忠贤为"九千岁"。在明人吕毖所著的《明朝小史》中有这样的记载："举朝阿谀者俱拜为干父，行五拜三叩首礼，口呼'九千九百岁爷爷'。"从字面上来理解，九千岁或是九千九百岁所表达的意思是一样的，都是离"万岁"最近的那个位置。魏忠贤凌驾于众人之上，是真正的一人之下，万人之上。"九千岁"的称呼虽然听上去透着阿谀拍马的恶心，却也是真实无误的。若以实际权力而论，皇帝手中的权力值恐怕也要小于魏忠贤。天启六年，由浙江巡抚潘汝帧发起的向大太监魏忠贤献媚运动很快推广至全国，几乎所有的帝国官员都加入了向一个宦官歌功颂德的行列。各地也纷纷建立起金碧辉煌的魏氏生祠，不断在生祠里举行各种庄严盛大的祭拜活动。山东临清在修建生祠时，拆毁民房一万余间；河南修建生祠拆毁民房一万七千余间，仅开封一地，就毁掉民房两千多间。

魏忠贤就这样被人为地捧为半人半神的九千岁，被誉为再世的孔圣人，甚至被歌颂为只有上古时代尧和舜才能与之相提并论的旷世伟人。史料记载，天津巡抚黄运泰率领全城文武官员，列队于魏公祠阶下，对木像五拜三叩头后，自己又单独趴到供桌前膜拜，口称“某年某月某事蒙九千岁扶植”，叩头谢恩。致词完毕，再回到班列，率领众官再行五拜三叩头。在这股妖风弥漫的日子里，对待建祠的态度成了衡量帝国官员忠诚度的重要标准，成了官员奖惩的重要依据。

原任提学副使黄汝亨路过西湖，见魏忠贤生祠极为壮丽，不由发出惊讶叹息，守卫生祠的人发现之后，乱棍齐下，将黄汝亨活活打死。

蓟州道胡士容不愿为魏忠贤修建生祠，被人告发，立即被逮捕下狱审问；遵化道耿如杞入祠，见魏忠贤像未行五拜三叩之礼，结果被锦衣卫逮捕关进大牢，后与胡士容一起判处死刑，实行秋决。所幸的是，由于后来皇位发生变化，两人才死里逃生。

儒家将天下人分为君子与小人两大阵营，其实这种划分是不严谨的。然而世界上的事就是这么妙不可言，自从有了君子、小人的分野之后，拥有权力的士子也自然分成了君子与小人两个团体。君子有君子的坦荡活法，小人有小人的阴毒杀招。相对于历史上的其他时期，明朝士大夫是标榜道德，崇尚气节的一个特殊群体。但同时，明朝士大夫中卸去所有的道德负担、不要任何廉耻的人也比前朝要多。这些人一边高举道德的大旗，一边又活得七扭八歪。如果按照这两大阵营划分，东林党人应该属于君子行列，而所谓的阉党则是小人群体。魏忠贤一身而兼公、侯、伯三爵，魏家子弟的地位也跟着水涨船高。魏忠贤的侄子魏良卿也因魏忠贤而官升九级，以至于加至最高级别的太师之后仍然剩余一级没办法再加，只得再加禄米三百石。一个从孙被封为安平伯，一个从子被封为东安侯。对于还差一步就变成万岁的魏忠贤来说，奖赏已经毫无意义。此时的魏忠贤所要面对的两个问题，一是阉党高级成员对自己的忠诚度难以把握，二是随着地位的提升，他在内心深处早已视自己为帝国的另一个王者。当他被人们装扮成圣人模样供奉在辉煌殿堂的时候，在无形中也渐渐脱离了组织。

这种隔绝状态对于阉党集团的权力运作是非常不利的。正是从建生祠之议初兴、造神运动正渐入佳境的天启六年六月起，一些在朝中举足轻重的官僚开始逐渐脱离魏忠贤专权的政治体系。首席大学士顾秉谦致仕；刑部尚书徐兆魁去职闲住；大学士冯铨和吏部尚书王绍徽相继免职；工部尚书（管侍郎事）徐大化离职闲住；就连兵部尚书霍维华也寻找机会摆脱魏忠贤。他们的相继离开，虽然各有各的原因，但有一点却是共同的，那就是为形势所迫。随着魏忠贤势力的急剧膨胀，那些追随他的官员承受着巨大的现实压力和精神压力。阉党的打击面越来越大，得罪的人也不断增加。那些跟在魏忠贤身后寻求庇护的官员越来越难以承受压力，他们中的很多人深知官场生存的法则。帝国的官僚系统就像是一个巨型弹簧，压得越低，反弹力就会越大。他们即使身为阉党一分子，也不想将来成为魏忠贤权力祭坛上的祭品。当反弹力越来越强，难以承受的他们只有选择离开。

魏忠贤掌权时期，帝国共有四名大学士。其中除了老病不能正常上班的丁绍轼外（后病亡），另外三人都是阉党分子。而在合称七卿的六部尚书和都察院左都御史中，阉党占去五个席位。阉党在各地的总督、巡抚中所占比例要相对少一些，在总共三十名总督、巡抚中，最后因“阉党”获罪的有十三人。相比于中央机构的百分之七十以上的占有率，地方权力的把持率相对较低。当然这并不能说明阉党对于总揽一省乃至数省，或是一处边防要冲地区军政大权的总督、巡抚职位就不感兴趣。魏忠贤之所以没有在地方上实现半数以上的掌控，主要是因为地方大员们的任免调派程序复杂，并不像中央政局那样见效快，地方权力系统的布局调整有一个时间差。

到了天启七年（1627年），阉党逐步把持浙江、江西、宣府、湖广、甘肃、凤阳等六处的巡抚权柄。如果魏忠贤当政的时间能够再久一些，估计连西南偏远地区的总督、巡抚位置都有可能会被阉党分子逐一拿下。不夸张地说，到那时整个帝国的权力系统就会被完全阉化。除了那些居于高层的卿相督抚，还有更多的阉党成员处于枝节部门。他们上下齐力，维持着整部帝国机器的运转。在阉党成员中，绝大多数人不过充当着马仔的角色，真正能够有机会与魏忠贤有意见交流，并参与制定政策的，也就是几个实权派人物。这帮人围绕在魏忠贤的身边，构成了帝国政治体系的核心集团。

阉党成分复杂，除了宫中的太监、魏忠贤的亲属，以及东厂和锦衣卫的特务头子之外，剩下的就是那些士大夫出身的文官。在帝国政治系统发生变化之时，他们已顾不上士人坚守的道德底线。阉党中的文官主要来自三方面：一是在魏忠贤得势前就已经居于高位的官员。二是以徐大化为代表的“邪党”人士。他们由于同东林党人作对，一度在政治上很不得志，魏忠贤的迅速上升及其同东林党人的对立却给了他们在政治上翻案倒算的天赐良机。三是魏忠贤的嫡系，也就是阉党的生力军。他们的发迹与魏忠贤的发达几乎同步，在魏忠贤专权之前，他们只是权力系统外围的小角色。他们投靠阉党只是为了能够在官场上迅速发达起来，并无政治立场意识。

当时有一国子监生，竟然向皇帝上奏请求将魏忠贤配祀孔子，于是在国子监西侧又建起魏忠贤祠。一个宗奉孔子的读书人，竟然让一个文盲阉宦来配祀大成至圣先师，居然还赢得了那些文官儒臣的喝彩。他们并无政治原则，每一个政治行为都不过是权力场上的钻营手段，随着事态的变化调整自己的人生方向。阉党中有一位特别善于捕捉政治风向的贾继春，此人在魏忠贤得势时跟得很紧，可这边魏忠贤刚刚失势，他就第一个将攻击阉党首领的奏折递了上去。初定逆案的时候，此人成了漏网之鱼。崇祯皇帝却坚持把他归入了阉党，而且说他是“惟反覆，故为真小人”。就是说他是反复无常的真小人。中国传统社会中，政治实践与道德伦理好像总是相背而行。如果我们非要对阉党集团进行简单的评价，那就是贪婪、无耻、毫无原则的机会主义。

宦官政治的发展，使文官和士大夫在道德斜坡上急速滑落。原本，对于皇帝而言，阉宦是奴婢，廷臣是师友，但自从阉人攫取权力，一切都颠倒了。廷臣不再是皇帝的师友，而是阉宦的奴婢。诚如黄宗羲在《明夷待访录》中所说“阉人即以奴婢之道事其主……其主亦即以奴婢之道为人臣之道”，如此一来，焉有不乱之理。

第八章　亡明者谁

第一节
空有补天志

1. 近乎完美的开局

如果我们把视野放得更加宏阔一些，放诸全球范围，我们会发现，十七世纪是一个动荡不安的时代。不论东方还是西方，全球共此凉热，基本都处于山河摇晃中。正因为如此，英国历史学家E. J. 霍布斯鲍姆才会提出一个著名的概念，即“十七世纪危机”。

在西方，1648—1653年，法国兴起投石党运动；1642—1649年，英国发生资产阶级革命，国王查理一世被送上断头台；1633—1649年，莫斯科陷入了大动乱的旋涡；1647年、1644年，墨西哥市民暴动……绝大多数学者认为，气候是造成这场世纪危机的罪魁祸首。十七世纪初，全球经济、人口增长过快，十七世纪中叶，农作物大量减产，全世界都发生了粮食严重缺乏的问题，从而引发了饥荒、瘟疫以及政治和社会的动荡。之所以形成巨大影响，与这一时期世界开始步入早期全球化阶段，各种历史因素传播、交流、整合的程度和频率远超以往有直接关系。

如果我们把视野往回收，收回到明朝的中国，我们同样会发现，与其他文明一样，十七世纪的明朝在各方面都面临着严重问题，不仅灾荒频发，瘟疫流行，而且内外局势严重恶化。天启七年，对于大明来说，又是一个糟糕的年份。年初以来，传入宫禁的坏消息接二连三：陕西和广西等地爆发了无数起义，饥寒交迫的农民冲进地主的庄园杀死有产者，朝廷派去进剿的军队连吃败仗；东南沿海一带，身份不明的海盗继续骚扰袭击；最让人忧心的是辽东，后金完成了对明朝驻朝鲜军队的进攻，随后单方面撕毁同辽东经略袁崇焕达成的停战协议，袁崇焕在内外交困中辞职。

这一切，于帝国而言虽然至关重要，但不是火烧眉毛的急务。对帝国来说，最为重大的事件是天启皇帝朱由校突然驾崩。朱由校的身体本来就不好，但还不至于说死就死了。两个月来，他缠绵于病榻，开始时腰疼、发热，之后又浑身浮肿，一日甚于一日。究其原因，乃是去年西苑泛舟嬉水溺水落下的病根儿。也只短短的两个月时间，他已经呈现出大限将至的迹象。在这期间，魏忠贤表现出了一个奴仆的忠贞本色。他住进了离皇帝寝宫很近的懋勤殿，日夜侍候皇帝起居。为了挽救天启皇帝，他想出了无数办法，包括请巫师为皇帝驱邪。他在宫中发放金寿字大红贴裹，要用一片金色红色的喜庆气氛驱赶病魔。据说，随着皇帝病情日渐加重，他多次暗自垂泪，不知是为皇帝，还是为自己不测的命运。天启皇帝的病危给魏忠贤及其阉党集团带来了一种危机感。

朱由校病情加剧，不仅灼烧着魏忠贤的身心，也让朝臣们陷入焦灼。他们最关心的是皇位继承问题。朱由校的妃嫔先后生育了三男两女，但全部夭折于幼年。正宫皇后张氏也怀过一胎，但不足月即流产。《明史》对此事的解读是："（天启）三年，后有娠，客、魏尽逐宫人异己者，而以其私人承奉，竟损元子。"原来是魏忠贤、客氏在背后使坏。抱阳生《甲申朝事小纪》也说："天启时，客氏以乳母擅宠，妒不容后有子……及张后有孕，客氏暗嘱宫人于捻背时重捻腰间，孕坠。"在此之后，朱由校又连失两子，史家推测很可能也是出于魏忠贤的毒手。朱由校本来应该有三个儿子，若有一人存活，大明皇位也就轮不着朱由检来坐。但既然朱由校绝嗣，皇位的继承人只有按照"兄终弟及"的原则，在他的弟弟们中选择。而泰昌皇帝朱常洛共生七子，仅存朱由校和朱由检两个儿子。如果朱由校因病而亡，继位的只能是信王朱由检。朱由检生于万历三十八年（1610年），论排行是明光宗朱常洛的第五子，朱常洛的其他儿子都早殇，长大成人的只有朱由校与朱由检。

和朱由校一样，朱由检也是幼年失恃，在他五岁时生母刘氏故去，幼年的朱由检由父亲的宠妾，在“移宫”事件中极其闻名的李选侍监护。“移宫”事件后，李选侍失势，朱由检又被移交给另一位李选侍看护。“移宫”中的李选侍人称“西李”，后封康妃；后来监护朱由检的称为“东李”，后封庄妃。朱由检于天启元年受封为信王。依照明朝祖制，宗室贵族绝对不可以干预朝政，因而这位少年亲王在天启朝的政治生活中几乎无声无息。不过当他一旦成为皇帝，他所表现出来的个性与其兄截然不同。

八月二十二日，年仅二十二岁的朱由校驾崩，谥号为熹宗。由于膝下没有皇子，朱由校在临终之前将皇位传给了十七岁的弟弟朱由检。据说多年前，当朱由校从他的父亲手里接过皇位时，他的这位信王弟弟羡慕道：“做皇帝真威风，你这个官我做得否？”朱由校不以为意，戏言道：待我坐上两年，再让给你坐。这本是无心之言，怎奈一语成谶。当时魏忠贤专权，朝廷内外人人自危，身为信王的朱由检也感受到了威胁。《崇祯长编》中有一句话可以窥见他当时的心境：“帝（朱由检）初虑不为忠贤所容，深自韬晦，常称病不朝。”对于魏忠贤，朱由检只能使用韬晦之计，避其锋芒。这个在不安定的环境里成长起来的少年，总是格外敏感。朱由校临终前，与朱由检有交代：“皇后德性幽闲，你为皇叔，嗣位以后，须善为保全。魏忠贤、王体乾等，均恪谨忠贞，可任大事。”面对朱由校的临终遗言，朱由检虽然表面上答应，但他的心中早已有了自己的主张。阉党布满朝堂，谁也不敢轻举妄动。因为朱由校没有儿子，这种兄终弟及的安排顺理成章。但是史料笔记中也有另外的说法。《先拨志始》中记载，天启皇帝逝后，魏忠贤等人故意密不发丧，准备让某妃假称有娠，而以魏良卿的儿子顶替，做一个孺子皇帝。这件事不可能绕过皇后，魏忠贤于是命人对其委婉劝讽。但张皇后却说：“从命亦死，不从命亦死，等死耳。不从命而死，可以见二祖列宗在天之灵。”估计整个皇宫中，敢于和魏忠贤叫板的也就是这位张皇后。有一次，天启皇帝朱由校到后宫中，见张皇后正在读书，便问他读的是什么？张皇后回答：“赵高传。”这句话后来传到魏忠贤的耳朵里，他感到震惊且怒。不久，他不动声色地将皇后宫中全部换成自己的人。据说，后来在张皇后腰间用特殊手法点了一下，导致其流产的宫女，就是魏忠贤安排下来的人。张皇后抱定必死决心，魏忠贤反倒没了办法。张皇后在朱由检继承皇位这件事上出力不小，在其后十多年中，朱由检也给予了这位皇寡嫂足够的尊敬与爱戴。

魏忠贤对朱由校情近父子，朱由校的突然崩逝，对他的打击是致命的。魏忠贤全身心地沉浸在悲痛之中，丝毫没有意识到危险正悄然逼近。他能够想到的最坏结果，也只是新皇登基以后，或许不会再像先帝那样信任自己，自己也不会再有以前的风光。可是凭自己对皇家的一片赤胆忠心，他估计朱由检也不会亏待自己。这个权力的投机者，终究成不了政治上的聪明人。他甚至比不了阉党集团的其他人。虽然那些人也是投机者，但他们的政治嗅觉是天生的。在天启皇帝病重期间，就已经有先知先觉者在朝政上反对魏忠贤，以此划清界限。据说，魏忠贤曾图谋篡位，时任兵部尚书的崔呈秀以时机未成熟阻止了他。在谈迁的《国榷》一书中有着更为详尽的描述：参与密谋的还有一名锦衣卫都督，此人跃跃欲试，而崔呈秀的说辞是，“恐外有义兵”。朱由检奉皇嫂之命为兄长守灵，张皇后秘密派人告诉他，不要吃喝宫中的任何食物和饮料，以防有人下毒。

从这些记录中，我们大致可以知晓，皇位交接前后并不平静，可谓凶险万端、杀机四伏。尽管如此，信王朱由检最终还是进入皇宫，并于二十四日即位于皇极殿，接受文武百官的朝拜，宣布次年改元“崇祯”。据说，朱由检登基之时，九月的北方天空突然惊雷滚滚。十七年后，当大明覆亡的钟声敲响，有人突然想到那一刻。他们说新皇登基，雷霆震怒，这一切都是不祥之兆。从当时的情况看，朱由检也是怀着一颗惶恐不安的心登上皇位。为了逃避伤害，他甚至将信王府中的亲信调进皇宫，环卫在自己身边。不管怎样，十七岁的王爷就这样成了帝国的新主人，这时候没人会料到，他还将是一个亲手敲响帝国丧钟的人。刚上台时，朱由检慑于魏忠贤的巨大权势，只能装出一副敬畏的样子。而魏忠贤也在时刻观察和揣摩新皇的动向。这一时期，各方政治势力处于短暂的僵持之局。即位两个月之后，朱由检开始有所行动。他示意官员，新一轮的倒魏运动已经到来，有仇的报仇，有冤的申冤。朱由检的态度，为长期以来聚集的反魏能量撕开了一道缺口。一些政治嗅觉灵敏的官员马上投入其中，这些人中不乏当年遭受阉党打击的东林党人的残余和他们的同情者。当着魏忠贤的面，朱由检让内侍把弹劾的条文一一读给他听。

此后不久，朱由检将魏忠贤的亲信、兵部尚书崔呈秀削去官职，令其归乡守制。第一个为魏忠贤建生祠的浙江巡抚潘汝祯也被削籍议处。随后，那些被阉党压制的力量开始彻底爆发，一封出于兵部某主事的奏疏指名道姓对魏忠贤进行声讨，检举他遍列私人、分置要津、诛锄士类、伤残元气、阴养死士，陈兵自卫等诸多罪状，建议把魏勒归私第，物资收缴充公，从而“使外廷无厝火之忧，外廷无尾大之虑”。

天启年间，魏忠贤作为皇权代理人在很大程度上不是出于争权夺权的意图，而是基于与朱由校之间的一种默契。皇帝不喜欢处理政务，魏忠贤为主分忧，君臣之间相处和谐。这种君臣默契到了朱由检这里被完全打破，对于不需要代理人的朱由检来说，他无法容忍拥有全面实际权力的魏忠贤，更无法接受与代理人政治相适应的整套机制。因为这一切，都意味着天子神圣权力的被剥夺。如此一来，朱由检这边刚即位，就已经无可挽回地和魏忠贤集团形成对峙。这是一种“天无二日”式的对抗性冲突，只有一方消灭了另一方，矛盾才能彻底解决。回过头来看，立一个婴儿皇帝继续代理人制度，或许才是魏忠贤体制维持延续的唯一出路。然而阉党中缺乏有远见又有魄力的人才，只能让机会白白流失。不久，朱由检发布文告，宣告魏忠贤是帝国的大恶之人，“本当寸磔，念梓宫在殡，姑置凤阳”。随着一声令下，前朝老仆魏忠贤只能乖乖地卷起铺盖，到凤阳祖陵去守陵。然而，皇帝的“姑置凤阳”只不过是一句客套话，算是给尸骨未寒的先帝留个面子，朱由检怎么会真的养虎遗患。过了五天，魏忠贤带着他庞大的扈从队伍到达北直隶南部的阜城。史书上说，当时有四十多辆大车为他运送珍宝细软，马有千匹，千余名随从身怀利器，沿途护卫。

崇祯皇帝得知魏忠贤如此张狂做派，勃然大怒，立即下令捉拿他。当天晚上，魏忠贤住宿在阜县县城。当他闻知皇帝已派人前来捉拿他，绝望之下，他与死党李朝钦相对悬梁自尽，在秋风冷雨中结束了自己的生命。魏忠贤的尸身最初被草草埋葬在阜城，后来为了昭示国法，又被挖出来处以凌迟之刑，并在他的家乡枭首示众。魏忠贤的死党、前兵部尚书崔呈秀听到魏忠贤自杀的消息，也在惊吓中自缢而死。随后，客魏集团的核心成员被一一肃清。客氏被逮到宫中浣衣局处死，她的一个儿子和一个弟弟被弃市。魏忠贤的侄子魏良卿，也被弃市。

崇祯元年（1628年），是一个真正属于崇祯皇帝朱由检的年号。这年夏天，朱由检下令将魏党在天启朝编撰的号称“金石不刊之论”的《三朝会典》

禁毁。众所周知，《三朝会典》是一本充满了谎言的政治邪书，此书重新评判万历、泰昌、天启三朝发生的梃击、红丸、移宫三案，编造种种虚妄之词。这本书是魏忠贤为迫害忠良、擅权乱政所作的一本伪书。在朱由检的大力策动下，清查逐步引向深入。

崇祯二年（1629年）三月，朱由检钦定逆案，把阉党集团二百五十八人，分别按磔、斩、秋后处斩及充军、坐、徒、革职、闲住等罪名议处。有明一代，宦官擅权乱政共有三次，即王振、刘瑾、魏忠贤，而魏忠贤之乱几乎打穿了大明体制的这块朽木。之所以其杀伤力更甚，是因为阉宦与朋党内外交合，结成所谓的阉党。在那个动荡之世，魏忠贤本想成为时势的创造者，但最后还是做了一颗棋子。他的所作所为在后世之人看来，不过是跳梁小丑的表演。在正常政治体制的苟延残喘之下，世风沦丧，道德堕落，不过是亡国景象的注解而已。

至此，势焰熏天的魏忠贤阉党烟消云散。随之而来的是，皇帝决定为东林党人平反。对于已经冤死的官员，朱由检认为必须平反昭雪，不然不足以宣扬士大夫崇尚气节的精神道德。当这个消息传至江南，那些冤死者的后人和亲属奔走相告，他们压抑已久的愤怒之火喷薄而出。前都察院御史、“七君子”之一黄尊素的儿子黄宗羲写好为父申冤的血书，身藏一种叫锥的利器，踏上去往京城之路。当黄宗羲在刑部举行的公开审理中，见到当年陷害其父的许显纯，便趁人不注意掏出那把锋利的锥刺向许显纯。许显纯虽然没有死在黄宗羲的锥下，但还是被判死刑。据说，黄宗羲还把陷害父亲的另一个官员痛打了一顿，并拔去他的胡须祭祀父亲亡灵。更让人震惊的是，他还找来一帮死难官员的子弟闯进监狱，当众打死两个直接杀害其父的牢头。

前吏科都给事中魏大中的儿子魏学濂听说可以为父亲平反，一路乞讨赶至京城，刺血上书。当审判结束后，魏学濂和东林遗孤们在诏狱中门公祭死难者的亡灵，哭声震动宫廷。朱由检不禁叹息：“忠臣孤子，甚恻朕怀！”并把黄宗羲、魏学濂等一班少年表彰为孝子。当黄宗羲抚柩南归，他的声名早已传遍江南。历史学家邵廷采所撰《遗献黄文孝先生传》有记“当是时，姚江黄孝子之名震天下。事定还里，四方名士无不停舟黄竹浦，愿交孝子者。”黄宗羲和魏学濂两人亲密如兄弟，他们的父亲同朝为官，又遭受同样的命运。后来，两人又同以拔贡入读南京国子监。

如果时间停止在这一刻，朱由检的帝王生涯就会上交一份近乎完美的答卷。遗憾的是时间滚滚向前，不到最后一刻，我们都无法给一个帝王盖棺定论。朱由检从一开始的懵懂无知，到恐慌无措，再到对皇权的自我认知，到建立自信，直至出手斩魏忠贤及其阉党于马下，毫不拖泥带水。魏忠贤虽然被阉党分子唤作“九千九百岁爷爷”，可较量下来，让人感觉不过是生祠里泥塑的偶像，面相再欢喜，腹内也是空空如也，一戳即破，一捅即烂。在帝国庞大的国家机器面前，谁拥有皇权，谁就是必然的刀俎。魏忠贤虽然是皇权躯体上的寄生物，也是刀俎下的鱼肉。别看今日闹得欢，就怕明日拉清单。在这一点上，朱由检还要感谢自己的祖先，他们为了坐稳屁股下的这张龙椅，打造出坚固的制度壁垒。正因为如此，两百多年来，外人从来没有攻破这座壁垒。

2. 毛文龙之死及其他

明朝此时所面临的危机，尤以陕北军民起义和辽东女真叛乱最为严重。二者虽为一内一外，但都处于长城边疆。陕北起义发生在榆林长城的内侧，而女真叛乱则处于辽东长城的外侧。明朝最终亡于长城边疆人群内外夹击的事实，刚好印证了“明长城时代”的历史特征。明初收复元朝旧疆之后，朱元璋和他的子孙放弃了北进的军事进攻，剪断本可以继续飞翔的翅膀。他们一方面在北部边疆大规模修建长城，另一方面在东部沿海构建类似长城的军事防御体系。正因为如此，有学者才会将明代中国的历史时代称作“明长城时代”。他们认为，明朝让出沿边和沿海两处纵深地带，为其他文明的东进提供了历史空间，也为近代中国被其他文明赶超埋下伏笔。今天的东北三省及外兴安岭的广大地区，系女真人的地盘。女真人当时分为建州女真、海西女真和野人女真三部分，努尔哈赤和他的家族，属于建州女真。一直到努尔哈赤时期，他们还自称女真人，到了清太宗执政，方才改称满洲。

万历前期，虽然女真开始崛起，但这一时期，李成梁镇守辽东，二十余年间多次取得对蒙古和女真战争的胜利，诚所谓“先后奏大捷者十”，明朝东北边境相对安定。但朝鲜之役改变了这一局面。为了援朝抗日，明朝征调了当时最为精锐的军队，其中包括距离朝鲜半岛最近的辽东军队。明军最初取得平壤大捷，但在此后的碧蹄馆遭遇失利。李氏家族长期培养的最为敢战的家丁卫队，几乎丧失殆尽。经此一役，辽东军队的战斗力被严重削弱，对东北地区的控制力大为减弱，这也给努尔哈赤的崛起提供了历史空间。

万历四十四年（1616年），努尔哈赤建立后金。

万历四十六年（1618年）四月十三日，努尔哈赤以“七大恨”告天，控诉明朝对女真的迫害，煽动军民的反明情绪，随即以突然袭击的方式轻取抚顺，拉开与明王朝长期战争的序幕。此后，努尔哈赤挥师南下，占据辽河以东沈阳、辽阳等大小七十余城，兵锋直指山海关。

天启元年，努尔哈赤迁都辽阳。按学者阎崇年的说法，辽沈之战是“明清激烈军事冲突的高潮，标志着双方政治形势的转化——明朝在辽东统治的终结，后金在辽东统治的确立”。沈辽之战惨败后，明廷重新起用熊廷弼为辽东经略。熊廷弼乃进士出身，是典型的文人，但他的气质和性格更接近于武人。据说，他膀阔腰圆，能够左右开弓，这在文臣中极为罕见。

熊廷弼在辽东地区为官多年，现在又被委以辽东防务重任。而此时，攻下辽阳的努尔哈赤并未满足于此，而是完成了对军事重镇广宁的备战。由于明军中出现叛将，广宁城很快沦陷敌手。熊廷弼虽然不是直接责任人，但还是和辽东巡抚王化贞一同被捕下狱。熊廷弼被捕入狱，阉党诬陷他贿赂杨涟等，魏忠贤捏造一纸诏书将他处死。熊廷弼含冤被杀后，他的头颅被传送九边，向大明九个军事重镇的戍边将士展示。阉党诬告他生前贪污大量军费，逼得他家破人亡。他的长子自杀，女儿因悲痛过度，吐血而亡，就连他的夫人也遭受百般凌辱。史家谈迁认为，熊廷弼之死传递出一个信号，那就是镇辽者“益非其人”，最终的所作所为，“必尽掷于强邻，而社稷随之矣”。

明朝几易疆臣镇帅，也未能扭转东北边防风雨飘摇的态势。山海关一失，努尔哈赤的虎狼之师便可长驱直入，要不了两天便可抵达北京城下。关外的局势到底怎样，传到皇帝和官员耳朵里的消息也是说法不一。局势越是被动，谣言就越是传得汹涌不已，这是人类社会的通例。谣言满天飞，谁也无法辨清真伪。就在京师人心惶惶之际，兵部主事袁崇焕却骑上一匹马，孤身一人出关去考察。不久他回到北京，向上司详细报告关上形势，宣称："只要给我兵马粮饷，我一人足可守得住山海关。"这一举动虽然让人无法理解，但由此可见，袁崇焕身上有着区别于其他文臣的行动力，他是一个真正的行动派。后来的事实证明，这个行动派富于理想和激情，却也失于理想和激情。他为了理想而独断专行，甚至不惜破坏游戏规则。若在平日，这样不打招呼就擅离职守，肯定要受到严厉惩罚。但朝廷正值忧急彷徨之际，而考察归来的袁崇焕将关外局势梳理得头头是道。兵部主政官员一番权衡之下，袁崇焕非但没有受到应得的军事审判，还被擢升为兵备佥事，类似于文职军官中的政治部主任。既然袁崇焕已经将大话说出去了，那朝廷就索性让他去驻守山海关。

袁崇焕，字元素，号自如，祖籍广东东莞县，落籍于广西藤县，万历四十七年进士。袁崇焕和熊廷弼都是以进士出身而后接触兵事，他们的个性颇多相似之处，既有文人的自负自傲，又有武人的刚烈不驯。从后来所发生的事来看，袁崇焕的个性比熊廷弼还要刚愎自用。两个相似之人，最后连结局也颇为相似，这固然和他们所处的时代不无关系，但自身的性格因素也占很大比重。《明史》称袁崇焕"为人慷慨负胆略，好谈兵……以边才自许"。据说，他每次遇到从边塞退伍回来的老兵，总是拉着对方大谈边塞之事。正因为如此，身为知县的袁崇焕才会被破格提拔为兵部主事。

袁崇焕驻守的山海关是防守京师的第一要塞，虽是军事要塞，但它根本不具备要塞的条件，顶多只能算是孤悬于外的一处关口，没有外围阵地。若是敌军来攻，千军万马会直接冲到关门前。如此一来，明王朝将所有的防御力量囤积于此，是非常危险的事，一旦战事陷入被动，将会失去回旋的余地。山海关若是失守，来犯之敌便可直面北京城。所以在战略形势上，必须将防线向北移，越是推向北方，山海关就越安全，北京也就越安全。袁崇焕极力主张筑城宁远，结果招致朝中大臣的极力反对。在他们看来，宁远距离山海关太远，根本守不住。幸好时任兵部尚书孙承宗是个还算有见识之人，他接受了袁崇焕的意见。不久，孙承宗亲自出任督师，并派袁崇焕驻守宁远。

天启三年九月，袁崇焕到达宁远。他到任后，做的第一件事就是筑城，准确地说是按照他所制定的严格标准筑城。城墙高三丈二尺，城雉再高六尺，城墙墙址广三丈。次年完工，城高墙厚，成为关外的重镇。这座城墙将清朝重兵挡在山海关外长达二十一年，如果不是吴三桂把清兵引进关来，不知道还要阻挡多少年。关外终于有了一个安全的地方。这些年来，辽东、辽西的汉人流离失所，他们若是被满洲人掳去，便会成为他们的奴隶，于是关外的汉人纷纷涌到宁远，都将这里视为乐土，宁远城中人口大增。宁远城一筑成，明朝的防御线向北推进了二百余里。宁远城犹如一道屏障扎在土地上，只要城不破，后金就难以冲破山海关。

孙承宗担任辽东经略的这段时期，也是袁崇焕进入辽东最为快乐的时光。可是好景不长，时局日渐败坏，魏忠贤的势力越来越大，无法无天。他们早就对镇守辽东的官员不满，孙承宗带兵十多万，粮饷丰足，却从不供奉魏忠贤这个帝国的“九千岁”。不识时务者只有靠边站，魏忠贤派兵部尚书高第去代替孙承宗做辽东经略。高第到任之后，执意要撤去关外各城的守御，将部队全部撤入山海关。

袁崇焕极力反对，他不想看到多年的经营毁于一旦。双方相持不下，倔强的袁崇焕只有抗命不听：“我做的是宁前道的官，守土有责，与城共存亡，决计不撤。”高第也清楚，袁崇焕虽然是他的部属，但此人在辽东之地根基深厚，尤其在军队中拥有极高的人气和威望。若他执意抗命，自己也只能接受。对于袁崇焕来说，他的刚愎自用是把双刃剑，用好了，可以扭转时局；用不好，就会伤了自己。让袁崇焕想不到的是，几年后他侍候的新主子崇祯皇帝，也同样是个刚愎自用的人。两个刚愎自用的人相遇，犹如两块铁疙瘩相撞，碰撞出的绝对不会是爱的火花。眼见得与高第难以相容，袁崇焕心生退意，他上奏章要回家守制。早在一年前，他的父亲去世时，按照大明法度，身为人子的他就应该回家守丧。皇帝驳回了袁崇焕的请求，命他在职守制。天启六年早春，努尔哈赤统领十三万大军，号称二十万，横渡辽河，兵锋直指宁远城下。大战将至，袁崇焕聚众誓师，他拔出佩刀刺破手臂写下血书，表示与宁远共存亡。据说，袁崇焕的母亲和妻子此时也在辽西，大概住在山海关或前屯卫后方。他在战时将母亲和妻子接到宁远城中来住，可见全家和宁远共存亡的决心。袁崇焕曾派人给山海关守将杨麒送信，要他把从宁远城逃出去的溃兵一律杀掉，一个不留。

宁远城内的军队不足两万人，这是一场以多打少的攻防战。袁崇焕凭借拥有巨大威力的西洋“红夷大炮”，以及一种叫作“万人敌”的火器，伤敌无数。五天后，当宁远天空弥漫的硝烟散去，人们惊奇地发现，这座千疮百孔的古城依然挺立于大明的版图之上。一场艰苦卓绝的战役让明、清双方都损失惨重。宁远城注定是努尔哈赤的滑铁卢，他这一辈子的胜利将在这里走向终结。而最不幸的是，他在指挥攻城时被红夷大炮的流弹击中，身负重伤。宁远之战使袁崇焕在历史舞台上崭露头角，也是明军一次久违的胜利，史称“宁远大捷”。在大明王朝的长城防线接二连三地倒下之后，袁崇焕就这样从血泊中树起了那面属于自己的旗帜。连清人编撰的《明史》也不由感慨：“我大清举兵，所向无不摧破，诸将罔敢议战守。议战守，自崇焕始。”

宁远大捷的消息传至京城，明廷上下为之一振，天启皇帝擢升袁崇焕为辽东巡抚，仍命其驻扎宁远。从未尝过败绩的努尔哈赤虽然心有不甘，但此后伤势一直未愈，不得不返回沈阳休养，最后在离沈阳四十里处的叆鸡堡逝世，享年六十八岁。努尔哈赤去世时，身为宁远最高指挥官的袁崇焕未经朝廷授权，自作主张地派人前往吊唁，同时庆贺皇太极继位。袁崇焕后来在题本中阐述了他遣使吊丧的三个目的：“臣先于镇守内臣刘应坤、纪用，镇臣赵率教东巡而得奴死之信，盖闻之而未见其的也，无一确采以相闻。边臣所任何事，亟往侦其虚实，一也。因离间其诸子与夷上下，二也。且谕其毋前叛逆，束手归命，听朝廷处分，三也。”也就是说，袁崇焕的三个目的分别是探察虚实、离间努尔哈赤诸子关系、劝降皇太极。《清太宗实录》也有类似记载，袁崇焕遣使吊丧系“潜窥我国情形”。由此可见，袁崇焕借吊丧探虚实的意图已被皇太极识破。至于离间诸子关系，袁崇焕早有此心。尤其当他听说努尔哈赤留下“八大贝勒共治国政”的遗训后，更坚定了自己的想法。袁崇焕认为这是分裂后金政权最好的时机，他甚至说出“八犬同牢，投之骨必噬”这样有把握的话。即使以上两个目的无法实现，还有第三个，劝降。总之，袁崇焕的感觉从未如此良好，他在奏本中声称：“奴子（皇太极等）不降，必为臣擒矣。”袁崇焕把能想到的都想到了，唯独忘了他自己。要知道，后金已是大明多年来的强硬对手，没有朝廷的命令而擅自互通往来，实在是为将者的大忌。

天启七年春夏之交，后金新汗皇太极为洗雪其父之遗恨和巩固初登之汗位，加紧对辽东用兵。他先攻打锦州，锦州久攻不下，只好又回兵进攻袁崇焕防守的宁远。二十多天后，后金军再次无功而返。这是继宁远之战后又一次告捷，朱由校也在嘉奖谕旨中称：“十年积弱，今日一旦挫其狂锋。”两大战役的胜利不但没能为袁崇焕带来更好的命运转机，反而惹来无端的指责和迫害。早就对他不满的阉党以他没有及时派兵援锦为由，再加上他自作主张派人借为努尔哈赤吊唁之名刺探情报的事，弹劾袁崇焕。在阉党的弹劾下，袁崇焕只好被迫辞官而去。山河震荡，风雨飘摇。袁崇焕离开宁远时，纵然心有千般不甘，也只能换来一声叹息。这些年他所经历的大劫难和大幸运真如过山车一般。此时的袁崇焕只有四十岁左右，正值一个男人的壮年时节，也是政治上趋于成熟的年龄。一直以来，他恨不得将自己成熟的心智和能量全部用于建立和维护大明王朝的帝国尊严。可是到头来，反倒落得个千般不是。袁崇焕在一首诗里深有感触地写道：

五载离家别路悠，送君寒侵宝刀头。
欲知肺腑同生死，何用安危任去留。
策杖只因图雪耻，横戈原不为封侯。
故园亲侣如相问，愧我边尘尚未收。

朱由检即位后，所办的第一件事就是清除阉党。那些被魏忠贤逆党排挤罢官的官员重新回到帝国的权力场中，包括袁崇焕。朱由检极为认可袁崇焕的存在价值，将其任命为兵部尚书兼右副都御史，督师蓟辽、兼督登、莱、天津军务。崇祯元年七月十四日，朱由检在紫禁城的平台上第一次召见袁崇焕。君臣初次见面，朱由检直接问道：“建部（建州女真）跳梁十载，封疆沦陷，辽民涂炭。卿万里赴召，忠勇可嘉，所有平辽方略，可具实奏来！”

袁崇焕慨然道：“倘皇上能给臣便宜行事之权，五年而辽东外患可平，全辽可复。”新君初登大位，就如此倚重自己，这让袁崇焕受宠若惊，也让他的内心有些膨胀，脑袋有些发昏。或许是因为与生俱来的轻狂自傲，又加上宁远、宁锦两大战役的胜利，让他领教到战无不胜的后金铁骑也不过如此。如此大鸣大放的话最容易博得君王的欢心，就连一旁的内阁辅臣们也大受鼓舞。他们称赞道：“崇焕肝胆识力实在不凡，真是一位奇男子！”据说，趁皇帝暂退偏殿休憩的机会，兵部给事中许誉卿当面向袁崇焕请教五年平辽的韬略，袁崇焕只是回应了四个字“聊慰上意！”许誉卿听了大为震惊，低声提醒他：“皇上英明至极，你岂可浪对？到时按期责功，看你怎么办！”事后来看，许誉卿的这句话就像是为袁崇焕量身定制的人生预言。

当朱由检再次回到平台，袁崇焕立即对五年计划开出了长长的清单：第一要户部保证钱粮；第二要兵部保证武器；第三要吏、兵二部保证给他用人之权。对于袁崇焕开出的近乎苛刻的条件，朱由检居然毫不犹豫地应承下来。这个理想主义的行动派，实在无法拒绝袁崇焕做出的“五年而辽东外患可平，全辽可复”的承诺。在这个诱人的条件之下，朱由检几乎满足了袁崇焕提出的一切要求，而袁崇焕也在不知不觉中将自己逼到命运的死角。曾亲历过甲申之变的明季文人张岱对这次平台召见和袁崇焕本人的悲剧性格做出评价，他说：“袁崇焕短小精干，形如小猱，而性格躁暴，攘臂谈天下事，多大言不惭，而终日梦梦，堕幕士云雾中，而不知其着魅着魇也。五年灭寇，寇不能灭，而自灭之矣。”虽然评价略显刻薄，但不失为一种参考。士人出身的袁崇焕，虽然久历沙场，过着铁马冰河的行伍生活，却依然摆脱不了士人长于清谈，好为大言的特性。也难怪会有人质疑，平台召对中的袁崇焕五年复辽的豪言壮语如同痴人说梦。这也是为什么，很多时候我们在面对这样的知识群体时，无法给他们准确的定位。他们的人品似乎都没话说，谈起家国之事常常慷慨激昂，涕泗横流。但那一瞬间，我们总会忽略一个事实，那就是他们往往有自信过头的嫌疑。

袁崇焕并没有迷失于眼前的幻象，为此还专门上了一道奏章。在奏折中，他提出了自己经营辽东有可能遇到的困难：一是皇帝和朝中大臣的疑虑和怨恨，二是遭到敌人的离间，散布谣言。不幸的是，这一切都被他言中。尽管他再三强调，军中可惊可疑的怪事多得很，不必苛求于一言一行之微瑕，不必苛求一时一事之得失。这是一场持久战，求的是长远的成功。对于将来发生的事，袁崇焕似乎都预料到了。既然做了过河的卒子，只有拼命往前拱。

这真是一个天地和人心都开始摇晃的季节，袁崇焕尚未出山海关，辽东就传来了宁远兵变的消息。起因还是辽东将士长年领不到兵饷。兵事即粮事，无粮不稳，不稳则乱。就在袁崇焕赶往辽东时，又一惊人消息传来，辽东巡抚毕自肃被士兵羞辱后，愤而上吊自杀。袁崇焕到任后，朝廷虽然给辽东拨来三十万两军饷，却也只是在袁崇焕请求之数上打了个四折。与巨大的开支相比，这些钱实在是杯水车薪。回到辽远后，袁崇焕开始整体上布置复辽方案。袁崇焕捧着尚方宝剑而来，辽东将领大多能听命于他，唯独一个人，始终保持着相对独立的姿态，此人便是驻军皮岛的毛文龙。据说，袁崇焕离京前夕，大学士钱龙锡亲自来到袁崇焕寓所，咨询袁崇焕“五年复辽”的方略。袁崇焕说：“当自东江始。文龙用则用之，不可则处之，易易耳。”袁崇焕必定十分清楚，擅杀主帅的做法太过冒险。因此，他最初想的是以非暴力手段争取毛文龙为己所用。收附而用，为上策；驱之投敌，为下策；易将驭军，为中策；任其所为，则为庸策。彼时，袁崇焕将会对毛文龙采取何种谋策，并不完全取决于他的主观愿望。毛文龙盘踞的皮岛，又称为椵岛、东江，是位于渤海中的一座长十五里，宽十里的岛屿，它与鸭绿江口的獐子岛和鹿岛遥相呼应，呈三足鼎立之势。皮岛地处当时的后金、朝鲜和明朝的辽东、山东登州、莱州之间，战略位置十分重要。

毛文龙，系杭州府钱塘县人。年轻时穷困潦倒，靠给人看相谋生。三十岁那年，他只身北上，由他的舅舅推荐给当时的辽东巡抚王化贞，成为标下游击。辽阳失陷，他从海道遁回，乘虚攻下鸭绿江边的镇江堡（九连城）。镇江堡失守后，他率部撤往鸭绿江口近海的皮岛，随后晋升为总兵。而彼时，袁崇焕刚出山海关，尚未建功。随后，毛文龙率部攻下金州，因此受到朝廷嘉奖，擢升至佐都督挂将军印，赐尚方剑，认可他设镇皮岛。据说，天启皇帝朱由校活着时，每次提到毛文龙从不直呼其名，而是亲切地称呼他为“毛帅”。此后，毛文龙率军进驻皮岛，利用该岛的地理优势，召集流民垦荒，同时通商开发，几年间就使该岛“遂称雄镇”。皮岛地处后金海上咽喉之地，当明军在辽东的几座重镇相继失守后，皮岛的战略意义更为突出。明朝专门在此设立了东江镇，委任毛文龙为总兵官。对于毛文龙的作用，翰林院编修姜曰广认为：“建州之有东江，犹人身之有蚤虱也。撮之则无处著手，听之则吮肤而不宁——使无东江，则彼得用辽人耕辽土矣。”也就是说，毛文龙的存在对于后金来说，就像是人身上的一只跳蚤，无处下手，只能任其搅扰自己的安宁。当时朝廷上下都认为毛文龙在海外有牵制努尔哈赤军队的功劳，兵部给他的评价是：毛文龙灭奴不足，牵奴则有余。崇祯皇帝朱由检也在谕旨中称赞他：多方牵制，使奴狼狈，而不敢西顾，惟尔是赖。

皇太极继位后，为解除这个心头大患，曾派军队攻打毛文龙。毛文龙五战五胜，重创后金主力镶蓝旗。毛文龙的军队在作战中发展壮大，由当初不到两百人发展到四万人。后金连年用兵都无法消灭毛文龙，只好竭力劝降，许愿“将军若来”，位在“佟附马与辽东广宁诸将”之上。后金军缺少船只又不习惯海战，对毛文龙也是有心无力。前有袁崇焕，后有毛文龙，这让皇太极不敢放开手脚。皇太极接位之时，满洲政权遇到了极大的困难，而明朝方面也承受着不小的压力。双方都期望有一段休战期，以便重新调整自己的作战计划。明方是练兵、筑城、屯田，清方是进攻朝鲜，巩固统治。如此局势下，双方都具备了议和的条件。

当时议和的障碍，主要来自明朝的文官。他们熟悉史事，一提到与金人议和，他们的政治神经立马变得敏感起来。他们最先想到的是那场著名的南宋和金国和议，人人都不愿做秦桧，人人又做不来岳飞。国难当头，这只是知识分子心中那一刻的“条件反射”。袁崇焕从现实出发主张议和，朝中大臣并不买账。有官员为此一再弹劾袁崇焕，说这种主张就像宋人和金人议和那样愚蠢自误。袁崇焕和皇太极的信使往来，也因朝中大臣视和议如洪水猛兽的反对声而变得异常艰难，所谓的谈判仅限于文来文往，并无实质性的进展。皇太极想把和议作为一种策略而服从于对明的战略全局，通过议和，他的军队可以避免两线作战。不管和议谈判结果如何，皇太极和袁崇焕都认为和议可以争取到更多的时间。明军可以补充战争资源，巩固全辽境内的防御体系。而皇太极则认为，在这场与时间赛跑的战役中，他可以借此威服朝鲜，撤去大明王朝的这道东方屏障，也趁机将毛文龙困于海岛一隅，使其难有作为。两相比较，皇太极以和佐战、各个击破的策略还是取得了成功。

在袁崇焕担任督师之前，经略、总督和巡抚换了好几拨人，毛文龙几乎从未受到节制，犹如一个孤悬于海外国的皇帝。他处于明廷、后金和朝鲜之间，利用他们的矛盾，虚张声势，冒功縻饷。毛文龙向朝廷虚报兵额二十万，其实手下只有不到五万兵马，其他十几万人的军饷都落入了他自家口袋。皮岛的驻军俨然成了毛文龙的私人武装，军中将领除了子侄和义子，其他人也全部改姓毛。袁崇焕任督师蓟、辽、登、莱、天津军务后，毛文龙身为平辽总兵，理应受其节制。在这种背景下，袁崇焕申严海禁：不许登州一船出海，凡运往东江

（皮岛）的物资装备，都要运至宁远近海的岛上，经督师衙门查验后，再经由旅顺港运至皮岛。这一举措控制了毛文龙的粮饷装备供给渠道，切断了海上贸易的命脉，无异于给了毛文龙致命的打击。此时的毛文龙无法接受任何人动摇他安坐岛中、富比王侯的现实根基。要知道，毛文龙军队主要依赖朝廷供应物资，并凭借在东北亚的枢纽地位，开展走私贸易。他在此期间购买了大量火器，尤其是火炮。毛文龙专制一方，权力很大，不仅有天启皇帝赐给他的尚方宝剑，而且可以自主委任将领。对于辽西明军的指令，经常采取推诿的态度。正因为如此，毛文龙才会难以接受袁崇焕的军事节制，说对方以兵变相胁，以逮死相吓，“拦喉切我一刀，必定立死！”

当处境日益艰困时，毛文龙甚至动过与皇太极密谋图明、中分天下的心思，并与皇太极讨价还价准备献岛降金。《李朝仁祖实录》中记载，朝鲜备边司对他的国王说：“毛将不得志于天朝，则必投于虏，难以久立，形势危殆。他试图降附后金，以脱窘境。”毛文龙通好后金，上背朝廷旨意，下违辽民之心，只能进行秘密通好。这对宁远来说，是相当危险的动作。为实现“五年肃清边陲”的目标，袁崇焕只能协调右翼东江力量。他对毛文龙晓以大义，希望他能够听从指挥，共同抵御后金。袁崇焕赴任之前已大致定下对付毛文龙的处理办法：可用则用之，不可用则杀之。两人并无私人恩怨，驱使袁崇焕这样做的，还是出于个人的道德好恶，以及“五年肃清边陲”的目标考虑。他看不惯毛文龙的骄纵不法，更看不惯他对朝廷阳奉阴违。谈迁在《国榷》中肯定毛文龙初定皮岛之功：“岛帅初陷镇江，开皮岛，人俱以为功。”崇祯初翰林院编修姜曰广阅视后曰：“其言牵制，非也。鞭长不及马腹也。”而在袁崇焕看来，毛文龙已然成为东江的包袱，既挪不动，又用不起。正因为如此，他才会想到毁了他：十年开镇，不闻复土于辽东；一味欺君，徒见私多官于毛氏。据子女、据金帛，明明御人国中；杀降夷，杀乱民，日日功报于司马。袁崇焕到任后，和毛文龙关系极为紧张。袁崇焕出关后一时忙于平息宁远、锦州兵变，以及收拾关宁兵马，无暇顾及毛文龙之事。待到收拾停当，他转而对付毛文龙。袁崇焕此次上任抱着与后金和谈的想法，“恶文龙扰之，乃决计斩文龙。”毛文龙反对和议，使得袁崇焕大动肝火，他在写给兵部尚书王在晋的信中说：“建虏屡欲求款，庙堂之上主张已有其人。文龙能协心一意，自当无嫌无猜，否则斩其首，袁崇焕效提刀之力”。

在袁崇焕看来，只有拔掉毛文龙这个钉子户，他才能成为实至名归的辽东主帅，并且是唯一的主帅，更主要的是能够借此解决辽东的“人事问题”。为了逼毛文龙就范，袁崇焕断绝东江粮饷八个月。崇祯二年六月三日，袁崇焕亲自登上旅顺以西的双岛，毛文龙率东江将官列队欢迎。袁崇焕表达了他要改变毛文龙部队的想法，并让毛听从节制，甚至提出设置道厅行政机构，分旅顺东西节制的方案。据说，两个人支开其他人，密语三日夜，而毛文龙丝毫没有松口的迹象。

六月五日，袁崇焕在双岛召集毛部将士，犒赏随毛文龙前来的三千五百名将士，并煽动他们：“像你们这样的好汉，人人可用。我宁远的官有俸，兵有粮，尚且不能吃饱。你们海外劳苦，每个人只得米一斛，无法养家糊口。”袁崇焕恩威并施，将矛头直接指向毛文龙。不待毛文龙分说，袁崇焕当众宣布毛文龙“十二大罪”。这十二大罪中只有二三条能称为“大罪”，其他不过是官僚习气和顽疾。若以此定下当斩之罪，那么天下当斩的官僚、将领多如牛毛。当然，该杀而不杀，不该杀而杀，从来就不是值得讨论的话题。既然“莫须有”都能成为杀人罪，那么这“十二大罪”也就没什么好说的。毛文龙当即被斩首于帐前，在请出尚方宝剑之时，袁崇焕曾面向京师方向叩首请旨道：“今日杀了毛文龙，本部院若不能恢复全辽以还朝廷，愿试尚方（剑）以偿尔命！”斩杀毛文龙时，袁崇焕的亲信中军何可纲对他说：“生文龙，国不幸；用文龙，朝廷不幸；杀文龙，公不幸。”事后看来，这样的话不免令人深省。

朱由检接到这一消息，大为震惊。虽然他赐给袁崇焕可以便宜行事的尚方宝剑，但他从未想到过袁崇焕会用它来斩杀毛文龙，并且是先斩后奏。毛文龙不比一般人，大敌当前，竟然斩杀一名大帅。朱由校虽然心有不满，但事已至此，今后还要倚靠袁崇焕完成平辽大业。他不得不改变先前对毛文龙优容态度，下诏对袁崇焕表示赞许。他能够容忍袁崇焕的一切难容之事，是因为那个五年平辽之约的诱惑在前方召唤着他。如此一来，袁崇焕相当于把自己逼上了绝路。史家谈迁总结说，袁崇焕杀毛文龙无异于“适所以自杀也”。于国而言，临阵斩帅乃兵家大忌。

袁崇焕杀毛文龙四年之后，毛文龙旧部孔有德、耿仲明、尚可喜降清。论者以此断定毛文龙被错杀，似乎有些说不过去。彼时，袁崇焕已死，三人的叛变与毛文龙被杀没有必然联系。但有一点可以肯定，毛文龙的这些降清旧部，日后成为了清军南下的一支极具杀伤力的武装。据说，三个人降清时，将东江镇、登莱镇最为先进的火器技术，尤其是火炮技术，带给了清人。也正是他们带过去的火炮技术，使清军能制造出同明朝一样的大炮，火炮成为他们攻占辽西、入主中原的强大武器。今日再论“毛文龙究竟该不该杀”这样的问题，恐怕连袁崇焕本人也有不同的解法。他在杀了毛文龙后，又以朋友身份主持了毛文龙的葬礼。而在归途中，袁崇焕曾赋诗一首，毫不掩饰自己的复杂心曲：

战守逶迤不自由，偏因胜地重深愁。
荣华我已知庄梦，忠愤人将谓杞忧。
边衅久开终是定，室戈方操几时休？
片云孤月应肠断，桩树凋零又一秋。

3. 倒下的最后一根擎天柱

辽东明军内部同室操戈，袁崇焕斩杀毛文龙之后，正忙于处理善后，而皇太极此时已完成绥服宁、锦以北的蒙古各族。崇祯二年十月下旬，皇太极亲率十万大军，避开袁崇焕在宁远、锦州一线的重兵，绕道辽西经蒙古地界，由蓟门的薄弱地带入侵。当皇太极的军队越过喜峰口长城兵临遵化城下时，袁崇焕才恍然惊醒，急忙亲率主力进入山海关增援。遵化县城距离北京只有二三百里，满洲铁骑一日便可抵达北京城下。

袁崇焕太过专注于毛文龙之事，以至于皇太极出兵二十八天之后的十月二十九日，从宁远奔往山海关，途经中后所才获知皇太极的军队已经跨过长城的消息。一直以来，袁崇焕以为只要在宁远、锦州一带把防御工事筑得坚不可摧，意图南犯的后金部队就会束手无策。更没想到的是，遵化守军一触即溃，巡抚王元雅自缢，副总兵朱来同等人弃城逃跑，总兵朱国彦与夫人一同自杀。同时战死的还有山海关总兵。这时候，京城已宣布进入戒严。崇祯帝一面起用孙承宗守卫京师，一面调外地军队勤王。

在这危急的时刻，袁崇焕又犯了个致命的错误。他在发现敌军越过蓟州向西进发时，并没有进攻，而是率兵跟蹑。他本应拒敌于蓟州至通州一带，可是他并没有那么做。他先是跟在敌人后面，然后又退保京城。这样做无异于诱敌深入，把战火引到北京城下。按《大明律》，封疆失守，“情罪深重，国法难容”。也就是说，皇太极跨过长城之时，就是袁崇焕死期临近之日。

袁崇焕从宁远经山海关、中后所日夜兼程，回京勤王。两日两夜急行军三百余里，比清军早到了两天。手握重兵的袁崇焕要求入城抗敌，被崇祯君臣拒之门外。即使袁崇焕这时候捧出一万颗赤胆忠心，紫禁城里的朱由检也只能报以怀疑。人在刀兵面前，又何来理性可言。袁崇焕不得不驻军于广渠门外。袁崇焕的消极战略，引发了各方不满。尤其是那些在城外有资产的皇亲国戚和太监。他们在城外修建的园亭庄舍，遭到后金军队的洗劫和焚毁。他们将这一切归罪于袁崇焕。朱由检心中存有疑忌，坚决不放袁崇焕的部队入城。就连屯兵外城，朱由检也不准，一定要他们在城外野战。有人说君王无情，可谁又能体会一个被十万军队围城的皇帝的内心是怎样的忧惧难安。也就在一年前，刚刚当上皇帝的朱由检把袁崇焕当作最后一根救命稻草，紧紧地抓住不放时，对方拍着胸脯向他保证，五年收复全辽。铿锵之音犹在耳，后金军却已兵临城下，他的内心又怎能不生出被人戏弄的恨意？

一切就像是梦境，口口声声要拒敌于长城之外的袁崇焕却将战场摆到了皇帝的眼皮子底下。两军在德胜门和广渠门殊死相搏。这样一场实力悬殊的较量，让朱由检和他的官员、百姓看得心惊肉跳。事后，祖大寿在奏疏中说：二十二日和二十七日，广渠、左安等门，“两战皆捷，城上万目共见，何敢言功？露宿城濠者半月，何敢言苦？”这场血战中，后金军劲旅阿巴泰、阿济格、思格尔三部都被击溃，袁崇焕也中箭受伤。皇太极在诸贝勒面前说：“十五年来，未尝有此劲敌也！”于是不敢再逼近北京，驻兵在海子、采囿之间。对于袁崇焕来说，这一切并没有改变他的命运走向。和他作战的又岂止一个皇太极，他的每个胜利，都把小人召唤到自己身边，而受其诬谤与攻讦。后金骑兵抵至京师，小人攻讦也随之达于顶点。在这些小人之中，有旧时同僚、有朝廷中贵，更有阉党余孽。而此时，一个更大的阴谋如猛兽出笼。

有人说皇太极运用了离间之计，就让袁崇焕从封疆大吏、抗敌英雄的高台上跌落尘埃，沦为阶下之囚。为此，史料中记载了这个全须全尾的故事：说后金进逼京城前，曾抓到了几个明朝太监，其中有一个地位较高的太监叫杨春。皇太极安排两名部将在杨春隔壁高声谈话，有意让杨春听见。一个部将说，刚才看见皇上接见两个人，他们说了很久的话才离开，听说是与袁督师有密约，那件事不久就可以成功了。第二天，看守士兵故意疏漏，杨春得以逃脱。杨春回宫后将听来的话向皇帝报告。生性多疑的朱由检很容易就相信了杨春的话。

定计者为皇太极，中计者为崇祯帝，据说献计者为范文程。其实早在袁崇焕与后金军队决胜关外之时，明朝境内就开始流传大量有关袁崇焕投敌的谣言。从京城民谣“投了袁崇焕，东人跑一半”“毛公死，世所冤，袁公死，人不怜”等话语的背后，可以看出社会舆论对袁崇焕已形成围剿之势。被愚弄的京城官民感到无比愤怒，这些民间谣言不仅破坏了袁崇焕军队的战斗力，更撕裂了京城军民同关宁军队的血肉联系，导致了“声声口口只说辽将、辽人都是奸细”的恶劣后果。

在这种情况下，袁崇焕不可能有自我辩护的机会，因为没有人会选择在这时候再相信他，包括皇帝。二十三日，朱由检在平台召见了袁崇焕、满桂、祖大寿等将领。在这次召见中，袁崇焕提出连日征战，军队疲惫不堪，准予入城休整，朱由检毫不犹豫地拒绝了他的请求。袁崇焕当日话语中，极力夸大敌军不可抵挡之势。他甚至向大臣们说，皇太极此来要做皇帝，已算好登基之日。——如此犯禁之言出自袁崇焕之口，满朝震惊，闻者咋舌。有史家说，这是袁崇焕想以议和为自己找退路。只要朝臣们向崇祯帝提出与后金议和，他的五年平辽计划也就不再有人追究。当天还有一个细节，朱由检把自己身上的貂裘大衣解下来，给袁崇焕披上。主子虽然心生恶念，但还是脱下自己的华服给臣子披上。臣子除了感恩戴德，暗自许下为主子流尽最后一滴血的决心，还能想到些什么？

城外是敌人，城内也视自己为敌人，袁崇焕就这样成了全民公敌。一年前他在给朱由检的奏疏里，预言过眼前的一幕。可是他没想到，现实要比自己想象的要糟糕一百倍。他所有付出和努力都在证明那些山呼海啸的指控是真实存在的，他欲辩无言。谣言可以让真相更像谣言，让谣言更像真相。当真相混杂于谣言之中，人们自以为了解了真相，可他们又不完全相信真相，从而彻底丧失对真相的辨别能力。崇祯帝就像是一个输得急红了眼的赌徒，将自己乃至整个帝国的命运都押在了袁崇焕一个人的身上。对于袁崇焕来说，这无上的荣耀背后蕴含着巨大的风险。

十二月初一，朱由检再次于紫禁城平台召见袁崇焕、祖大寿、满桂等将领。召见之前，朱由检做了一系列人事部署，把京城及皇城的警卫置于自己的直接控制之下，以应对不测事件。这是两人在平台的第三次见面，也是最后一次。见面后，朱由检直截了当地问袁崇焕杀毛文龙、致皇太极兵犯京城，以及射满桂三件事。这样的话虽然没有直接挑明袁崇焕通敌，但其意也呼之欲出。袁崇焕有些摸不着头脑，不知如何应答。朱由检以为他默认了，大发雷霆，并让满桂脱去衣服验伤。满桂所受伤乃城上守军发炮所致，如今也赖在袁崇焕的头上。朱由检真的愤怒了，他将大兵压境带来的恐惧感和江山危急产生的挫败感全部发泄到袁崇焕身上。最后，这位暴怒的君主下令："着锦衣卫拿掷殿下！"

"五年复辽"的誓言成了愚弄君主的戏言，"必不令越蓟西一步"的承诺也成了巨大的讽刺。据说，袁崇焕的爱将祖大寿在旁目睹他所敬仰的督师被逮的情景，大为惊讶，以致战栗失措。在一旁的官员观察到了祖大寿的"心悸状"，立即上前劝谏，朱由检不听。此后大半年时间，袁崇焕一直被关押在狱中。种种迹象表明，朱由检始终没有抱定非杀不可的决心。当他听说袁崇焕的部将祖大寿收复失地时，还禁不住赞道："守辽非蛮子不可！"——蛮子，也是朱由检对袁崇焕的一种昵称。但是，袁崇焕所处的时代和环境之险恶，远远超出局外人的想象。朝廷大臣中，为袁崇焕喊冤者有之，落井下石者有之。还有一些人坚信袁崇焕已经投敌，他们义正词严地上书，要求予以严惩。祖大寿上书，愿削职为民，为朝廷死战尽力，以官阶赠荫请赎袁崇焕之"罪"。袁崇焕的部属何之壁率同全家四十余口，到宫外申请，愿意全家入狱，代替袁崇焕出来。关外的将吏士民不断到总督孙承宗的衙门去号哭，为袁崇焕呼冤，愿以身代。

其中不乏别有用心者，他们唯恐天下不乱，乘机制造事端。而阉党余孽的跳梁表演，更是将袁崇焕案演变为党争。如山东道御史史范在奏疏中，捏造事实诬劾已经辞官的钱龙锡"主张袁崇焕斩帅致兵，倡为款议，以信五年成功之说，卖国欺君，秦桧莫过”。他还胡诌钱龙锡曾接受袁崇焕贿赂马价银数万两。

崇祯三年（1630年）八月，崇祯帝再度驾临紫禁城平台，他对群臣说：“袁崇焕付托不效，专恃欺隐，以市米则资盗，以谋款则斩帅，纵敌长驱，顿兵不战，援兵四集尽行遣散，及兵薄城下，又潜携喇嘛，坚请入城，种种罪恶。”崇祯帝见官员们没有任何表态，便宣布他的决定——“依律磔之！”也就是对这位卫国功臣处以凌迟之刑。对于如此重大事件，又在这个节骨眼上，早已失魂落魄的帝国官员不敢造次，只能听凭皇帝发落。

凌迟，俗称“千刀万剐”，是在处决犯人时，将犯人身上的肉一刀刀割去，使受刑人在极度痛苦中慢慢死去的刑罚。祸害国家的大太监刘瑾享受到了这一待遇，而为国效忠的大英雄袁崇焕也同样领受到这一奖赏。大太监刘瑾的凌迟，总共持续了三天，共四千七百刀。而一个英雄究竟能够承受多少刀，史料没有记载，或者说不忍记载，但根据明朝的凌迟风格，至少三千刀。

大兵压境，伴随的是近乎疯狂的烧杀抢掠，那种人间地狱式的战争气氛，失去家园和亲人的痛苦回忆，漫天飞舞的飞短流长，终于成了人们的恐慌、愤怒、焦虑、无助等混合的激情。袁崇焕被绑上刑场，刽子手一刀刀地将他身上的肌肉割下来。众百姓围在旁边，出钱买他的肉，一钱银子只能买到一片，买到后咬一口，骂一声。因为北京城的百姓认定，去年清兵围城是袁崇焕故意引来的。张岱在《石匮书后集》中描写道：割肉一块，京师百姓从刽子手争取，生啖之。刽子乱扑，百姓以钱买其肉，顷刻立尽。这样的场面，不忍细想，对一具被制度的刀具细心洞穿的身体来讲，再多讲一个轻慢的字就是丧尽天良。

这是一个悲剧性的场面，任何词汇都无法抵达生命不堪承受之痛。即使对杀人如麻的职业刽子手来说，刀子触肉时发出的“噬噬”声响，也会让他不寒而栗。袁崇焕之死有着多层面的、极复杂的原因，可谓多因而一果。袁崇焕曾在奏疏中，陈述自己的性格称：“臣孤迂耿僻，原不合于边臣旧格”。孤迂、廉直、耿僻——这是袁崇焕给自己的画像。从心理史学视角看，袁崇焕孤迂耿僻的性格与朱由检刚愎暴戾的性格相撞，撞出来的结果只能是悲剧。这个民族从来就不缺少英雄，可英雄也救不了一个走向腐朽的帝国。在这样一个山摇地晃的时代，意义与价值崩溃、道德与伦理破产。在血光冲天的时代更替中，到处是混乱的逻辑和空洞的情感。袁崇焕死后，骸骨被弃在地下，无人敢去收葬。

他有一个姓余的仆人，顺德马江人，半夜里偷了他的骸骨，收葬在广渠门内的广东义园。隔一道城墙，广渠门外的一片广场之上、城壕之中，便是八个半月之前袁崇焕率领将士酣战的地方。他拼了性命击退来犯的十倍敌军，保卫了皇帝和北京城中百姓的性命，而皇帝和北京城的百姓则将他割成了碎块。

那姓余的义仆终生守墓不去，死后就葬在袁崇焕的坟墓旁边。非常奇怪的是，余君的子孙世世代代都在袁崇焕墓旁看守。直到民国五年，看守袁墓的仍是余君的子孙，他们说是为了遵守祖宗的遗训。

事实上，从崇祯三年开始，就预示了这位亡国之君根本就不配享有更好的命运。袁崇焕是大明帝国唯一一位连续两次重创清军的将领。如果崇祯皇帝朱由检能够给予他足够的信任，袁崇焕或许有可能成为力挽狂澜的历史人物。可惜历史从来没有“如果”两个字，面对摇摇欲坠的江山，固执己见的朱由检很容易就走进皇太极为他量身定制的那场并不高明的局。而袁崇焕之死，也不仅仅是他个人的悲剧。这个王朝在将袁崇焕送上祭坛的同时，也将自己送上了死亡之路。袁崇焕死后，旧部祖大寿、何可纲率军驻守锦州、宁远、大凌河要塞，清军始终不能越雷池一步。崇祯四年八月，皇太极以倾国之师，在大凌河将祖大寿紧紧包围，十月间祖大寿不支投降。吴三桂是祖大寿的外甥。十三年后，山海关总兵吴三桂剃去自己的长发，正式降清。在经历了血淋淋的撕裂与麻木后，就算是英雄也开始相信“人不为己，天诛地灭”的最高真理。就在他终于低下那颗桀骜不驯的头颅，任长发随风飘落的时候，山海关的大门轰然打开，大清军队如潮水般涌进来。

第二节

细数同声一个无

1. 群小欲翻逆案

将近三百年的漫长接力赛，从朱元璋开始起跑，到朱由检接棒，如果说第一棒或者前几棒带有统治者的个人色彩，那么经过时间的冲刷，统治者的性格缺陷已经不是最重要的，帝国的病变血液已经渗进制度体系的肌理。遗憾的是，崇祯皇帝朱由检作为帝国赛道上的最后一个接棒人，在病变四起的制度体系下将自己的性格缺陷暴露无遗。当两者结合，帝国的死穴也因此被点中，并最终成为历史的一道无解之题。

对于十七岁就除掉魏忠贤的朱由检来说，他在人事管理与调控上的表现糟糕之极。由于缺乏对世情人情的认识，由于自身眼界的狭窄和内心的不自信，他在用人上犯下了致命错误，用了不该用的两个人。于是在短短的一年时间里，本应走向清新的帝国时局被带入新一轮的党争旋涡中。年轻的皇帝对待文官，就像是在翻版有情男女的交往史。双方在刚交往的时候，对未知的生活都抱有美好的幻想。等到庸常的日子消磨了激情，涌动的暗流就会浮出水面。

崇祯元年初秋，钱谦益正在从江苏常熟应诏赴阙的途中。作为万历三十八年会试的探花郎，钱谦益的仕途可谓一波三折。二十九岁点中探花，高中三甲的新鲜感还没结束，他就因父亲去世而回籍丁忧。服除后，又因名列东林党籍而失去补官的资格，闲置了十年的大好时光。等到朱由校登基，他以翰林学士主持浙江乡试，却遭浙党人物构陷通贿请托，又被调任编修实录。史称的所谓“浙闱关节”一案如影随形，伴随着钱谦益的一生。每一次党争，对手都会翻出这笔烂账，作为攻击他的把柄和口实。之后几年里，他好不容易爬升到左春坊左谕德的职位，执掌起居注和国子监。这时候，恰好遇上阉党对东林人士的清洗，钱谦益被劾辞职。在崔呈秀开出的黑名单《同志录》中，钱谦益位列守护中军大将十二员之一。在《东林点将录》中他的名字也赫然在列，名号是天巧星浪子。

钱谦益曾向好友倾诉党争风潮中身不由己的苦恼：万历三十八年庚戌科进士及第，出耀州东林党人王图门下，自此名列党籍，入甘陵之部，刊元右之碑，除名削籍，备受摧残。

在十七世纪的第一个十年间，钱谦益已日渐崛起为江南文坛领袖，门生遍及大江南北。东林诸名士被害后，他更是当仁不让成为领袖人物。进入二十年代后，他在阉党的首轮攻击中应声落马，被参劾削职。此番应诏赴京，他已俨然是党魁的角色，朝野对他入阁的呼声日高。如今他已是“四海宗盟”。以他的才学、名望和资历，宰辅之位早就应该是他的囊中之物。新君登基，万象更新，为了摆脱前朝党争的阴影，朱由检从上古典礼中找到枚卜的方法。这种方法类似于民间的抓阄，先让朝臣们把有资格入阁的官员名字写好，投入金瓶，逐一封闭。然后再举行类似于宗教仪式的大典，由皇帝亲手拈出，确定阁臣人选。

在钱谦益的同乡门生、户科给事中瞿式耜等人奔走之下，吏部最后推荐的七人名单中，钱谦益赫然在列。不过让人感到意外的是，极受皇帝重视的礼部尚书温体仁和侍郎周延儒却不在其间。周延儒是文官中的翘楚，早在万历四十一年，刚满二十岁的周延儒参加京城会试、殿试均中第一，集会元、状元于一身。这个成绩还是相当耀眼的，要知道明朝连中三元者，只有洪武年间的黄观和正统年间的商辂二人。周延儒的仕途较为平坦，崇祯初年，官居礼部右侍郎，成为部级高官，这时候的周延儒还是一名三十五岁的少壮派。

另一个非党人士温体仁是个颇有心机的政客，“外表曲谨而中猛鸷，机深刺骨”。虽然名气比不上周延儒，但他比周延儒大二十岁，混迹官场的时间也很长。温体仁此时任礼部尚书，是周延儒和钱谦益的顶头上司。按照入阁的游戏规则，既要确保自己进入名单，也要确保竞争者不能进入名单。在这份名单中，礼部有三位侍郎入选，而作为礼部尚书的温体仁却被排除在外，同样是礼部侍郎，被皇帝眷顾的周延儒也未能进入这份候选人名单。此前，朝臣们看好他们进入新改组的内阁，可现实是残酷的。眼看着刚召回来钱谦益后来居上，他们立即联手相抗，共同对钱谦益的候选资格提出疑问。

他们抓住朱由检疑心重的性格软肋，向钱谦益及其同党展开疯狂反扑。周延儒到处散布流言蜚语，指责钱谦益及其同党在此次会推中暗箱操作。温体仁还专门呈上一本《直发盖世神奸疏》，直接攻击钱谦益在天启元年以翰林院编修之职主试浙江时，接受考生钱千秋的贿赂。为朝廷选拔人才都敢徇私舞弊，这样的人根本就没有资格当阁臣。皇帝命令钱谦益与温体仁当庭对质。在朱由检的亲自见证下，一场由温体仁挑起的召对，从白天持续到深夜。虽然钱谦益据理力争，怎奈温体仁早有谋划。他先是将钱谦益推进科场舞弊之中，接着指责会推阁员的吏部及科道官员与钱谦益“结党”，这让那些为钱谦益辩护的官员陷入被动境地。“结党”，一个多么敏感的词语。或许是眼前的情景勾起朱由检对前朝文官们朋党之争的回忆。这场会推之战，最终以钱谦益被革职听勘、钱千秋被重新提审而画上一个牵强的句点。几个支持钱谦益的官员也受到惩戒。

本以为新主临朝，万象更新，怎料到头来仍是昙花一现。钱谦益屁股底下那张礼部右侍郎的位子还没焐热，便仓皇离京，不仅大学士做不了，连原职都丢了。据说，他的朋友文震孟曾劝他不要急着参与高层权力之争，枚卜一事应从长计议。但对前景的过于乐观，让钱谦益把朋友们的忠告抛之脑后。说来不免让人替他惋惜，这个从青年时代就被期许为宰辅的钱谦益，从万历三十八年进入官场到帝国大厦倾覆的三十五年间，在朝为官的日子加起来不足三年。南归之后，他寄身林下，追随者越来越多。一如其弟子顾苓所言：“阁讼削籍，于是士大夫之尚风节，谈经济者以及诸生老将，尽在公门下矣。”或许是性情使然，他始终没能成为另一个顾宪成，而是活成了他自己。虽然他的书斋里挂着“永绝仕进之路，进可以收晚节，退可以保全残生”的规箴，但做起来似乎并不容易。日后，他还是进入了南明小朝廷，不顾晚节与阮大铖、马士英等同流合污。待得清军入关，他仍好端端地活着，活成世人眼中的“贰臣”。当然，他最为世人津津乐道的，还是晚年与名动江左的绝色名妓柳如是的一段感情，这弥补了官场失意带给他的痛苦与遗憾。而他的崇拜者们也不无戏谑地将他称作“广大风流教主”。就像他的忘年交黄宗羲所说，“柳姬定情，为牧老平生极得意事，缠绵吟咏，屡见于诗”。

在这一战中，温体仁、周延儒虽然取得胜利，但他们从此与东林党人结下了梁子。崇祯皇帝对于“党争”一向是持否定甚至深恶痛绝的态度，而温体仁和周延儒等非党人士以“不组党羽”“忧国恩民”的虚伪面目示人，占得一时先机。不久，东林党官员卷土重来，向温体仁和周延儒展开攻击。东林党的攻击波一浪高过一浪，他们甚至将温、周二人直接定性为“阉党”分子。在痛恨结党的朱由检看来，这时候弹劾温体仁和周延儒的人越多，就越说明二人没有结党营私，否则他们不会陷入孤立无援的状态。他们受到的攻击越猛烈，皇帝对他们的信任度就越高。

不过温、周二人比那些所谓的“党人”更加可怕，东林党人失势后，先前结盟的二人挑起了新一轮的“温周”党争。周延儒与温体仁组成内阁后，各自组党。温体仁与东林党人本无交情，又加上先前与钱谦益交恶，于是开始有意将东林党敌对的阉党残余势力转变为自己的势力，以对抗东林党人。自从1628年，周延儒、温体仁联手赶走阁臣最有力的竞争者钱谦益后，开始了他们跌跌撞撞的合作。

如果说，温体仁攻讦钱谦益事件是前朝围绕东林的党争延续，那么由袁崇焕之狱引发的钱龙锡案，上演的则是阉党余孽翻案的大戏。夏允彝一言洞穿：“当袁崇焕之狱起，攻东林之党，欲陷钱龙锡，以遍织时贤，周、温实主之。”幕后主使者就是周延儒、温体仁。朱由检不辨好歹，毫不犹豫地剥夺了钱龙锡作为辅臣的“八议”特权，当即降旨，遣锦衣卫缇骑逮捕钱龙锡。朱由检的推波助澜，无疑助长了别有用心者的嚣张气焰。他们想的是借袁崇焕牵连钱龙锡案，由钱龙锡再牵连一大批异己者，然后诬袁崇焕为逆首，钱龙锡为逆党，这样就可以再立一个逆案。黄宗羲把周、温二人称为逆案之外把持局面的小人，他说：“小人不同，有把持局面之小人，有随波逐浪之小人。虎、彪、十孩儿之类，随波逐浪，吾所谓胁从者也。逆案内之杨维垣、徐大化等，逆案外之王永光、温体仁等，把持局面，吾所谓魁之十数人者也。”群小另立逆案的阴谋虽然没有得逞，但钱龙锡却难逃厄运，被发配定海卫。直到崇祯十七年，他才得以无罪恢复原官，回归故里。

在围绕钱谦益案、钱龙锡案的党同伐异的争斗中，周延儒与温体仁是最大的受益者。他们先后进入内阁，把持朝政十余年。而他们之间的关系，也由最初的狼狈为奸，转而互相倾轧。在对待东林党和阉党残余势力的态度上，周延儒与温体仁之间产生了严重的分歧。周延儒深知东林党人在帝国官僚集团中的影响力，赶走钱谦益，已报了自己的一箭之仇。如果从长远角度考虑，得罪东林党人不是明智之举，只有拉拢东林党人，为自己培植更多的政治支持者才真正可靠。而温体仁的想法却是团结其他党派，继续打压东林党。

东林党在与阉党的斗争中一败涂地，却获得了社会舆论的广泛支持和同情。东林党式微之后，各地士人纷纷选择以结社的方式，以东林党的继承者自居。而在其中，尤以复社最为瞩目，复社的主要领导者，则为张溥和陈子龙。就像另一位复社领袖侯方域所说："张公为诸生，以天下为己任，追念东林先贤，慨然欲复之。"事实上，复社的不少成员就是东林党人的子弟。复社的政治影响力远逊东林党，东林党人大多是朝中高官和名士，复社成员则多是地位较低的乡绅、秀才和生员。他们的社会活动也不尽相同，复社很多时候不过是文人雅聚。据吴应箕在《复社姓氏录》中所记：复社同志多达两千零二十五人，其中不乏名利奔竞之徒。张溥、张采创设复社最初动机是"兴复古学，将使异日者务为有用"，但人多难免庞杂，后来反倒成了追名逐利的场所。

1631年春天的北京会试，南方举人纷纷北上，张溥借机发展壮大复社队伍。这次会试的主试是周延儒。按照惯例，周延儒作为内阁首辅因阁务繁重，通常只挂名不出场，主试之事交由次辅。周延儒以首辅出任主试的越例行为，让身为次辅的温体仁大为不满。待到结果出来，更是舆论大哗。周延儒的姻亲陈于泰会试廷对第一，他的朋友吴禹玉之子吴伟业则考中会元。据史料统计，此次中进士者三百四十七人，其中六十二人为复社成员，占了总数的将近五分之一。张溥和他的弟子们同登进士榜。尤为突出的是吴伟业，在会试中名列榜首，其后又在周延儒主持的殿试中获第二名。

这次会试周延儒之所以亲力亲为，目的很明确，那就是网罗更多的优秀门生为己所用。据说，周延儒秘密嘱咐各分房考官在呈卷前，偷看中试封号，从中舞弊。吴伟业的卷子作为第一名，就是因为做了手脚。这一舞弊行为被温体仁的党羽故意泄露出去。复核中，周延儒将吴伟业的试卷送皇上御览，朱由检阅后写下“正大博雅，足式诡靡”八个字。既然皇上表态，此事便大事化小。而另一个复社领袖陈子龙，虽然被考官一致看好，但因周延儒害怕其政敌抓住更多口实，不得不让其落榜。后人在评述此事时，道出事情真相：“此温、周相轧之第一事也。”

周延儒大权在握，任人唯亲，提拔的官员都与他有着不可告人的关系。他的子弟家人横行乡里，激起民愤。于是，言官们掀起了一场弹劾周延儒的高潮。而这离不开温体仁暗中使力。温体仁几次起用阉党官员，周延儒都投了反对票。当然，周延儒这么做的真正想法也是怕温体仁结党后势力太大，不好挟制。这时候，两人之间关系已经呈现出微妙的变化，表面上还是合作关系，但内里关系已经势同水火。温体仁整倒周延儒的手段算不上高明，无非是利用宦官，大打“辽东牌”。待到毛文龙旧部孔有德、耿仲明等在登州发动叛乱，并俘虏登莱巡抚孙元化，舆论哗然。人们再次将矛头指向重用孙元化的周延儒，甚至说登州兵变的幕后主使是周延儒。温体仁看到了这个问题背后暗藏的杀机，他私下重金贿赂太监，以“辽东”视察不力为由，试图将周延儒逐出内阁。太监之祸本来就是帝国的第一祸端，而辽东战事更是帝国的一个死穴。如果谁能够将两者结合起来做一篇文章，那无疑是一把插进帝国心脏的利器。恰巧这时西协监军太监邓希诏与蓟辽总督曹文衡之间互相攻击，又牵连到周延儒。面对言官们的穷追猛打，周延儒虽然一再为自己辩解，朱由检也多次慰留，但他对周延儒的宠信已不复从前。

朱由检刚刚即位时，因为不信任武将，也是为了遵循帝国文官带兵的旧制，尽撤镇守中官。他就像是一个春播秋收的农夫，将那些文官像豆子一样撒在辽东这块肥沃且危险的黑土地上。这时候辽东和内地的战事屡遭失败，粮饷无着，而廷臣根本没有能力解决。在这种情况下，朱由检派遣内廷的太监监察各镇，结果可想而知。不但没有起到任何作用，反而使太监专权的风气重新形成。

温体仁与周延儒之间的斗争完全是出于个人权力私欲的争夺，对于帝国人事制度的破坏性极大。在这之后，官僚集团内部的党争进入不可控制的阶段。朱由检不是聋子和哑巴，更不是一个傻子，他对官员弄权之事也有耳闻。朱由检深知党争之害，也备受宦官弄权之苦，他从接手政权的那一刻起，这根弦就一直紧紧地绷着。温体仁能够得到信任，无非是投皇帝所好，知道皇帝怕什么。他曾自告奋勇地向朱由检表示，愿意彻底清除一切党派活动，以防党争再次爆发。温体仁曾将与东林党有联系的几十名官员赶出政府，同时起用了与阉党有瓜葛的一些谪官出任政府要职。伴随着温体仁势力的迅速抬升，周延儒不得不辞职离京，回家乡隐居。

周延儒失势后，在心里仍将温体仁视为头号死敌。正因为如此，他才会想到联合东林党及复社成员。虽然回归乡里，但周延儒的心思从未离开过朝堂。他指使亲信礼部仪制主事吴昌时与庶吉士张溥为其奔走，策划重新起用之事。还暗中指使刘宗周等人奏劾温体仁的“十二大罪”，同时，复社以入股的方式筹措六万两银子打点宫廷朝贵。复社为了改变被动受制的处境，迫切需要在中枢有一个强有力的后台，复社领袖张溥便将这个宝押在周延儒身上。他们成功收买司礼太监曹化淳，由曹化淳出面告密，指称温体仁有党羽。对温体仁专权已有警惕之心的朱由检这才如梦方醒，革去温体仁的阁辅之职。周延儒靠东林党人扶持，再次成为继任首辅。

这场温、周党争之乱持续十年之久。十年对于一个大厦将倾的帝国而言，朝纲破裂之势已然形成，可以说是最为要命的十年。周延儒重新上台后，他的用人政策其实并无新意。后金势力越来越大，辽东败绩连连，周延儒依旧关起门来玩党争，内廷（官僚集团内部）党争不断，外廷（辽东）战事吃紧，将大明这块烫手的山芋烤得里焦外嫩。

对于首辅之臣的表现，朱由检渐渐失去了耐心。在这个关头，周延儒犯了一个不该犯的错误：他自恃已经取得皇帝的信任和各派政治势力的支持，于是奏请削弱厂卫缉事之权。厂卫是特务组织，与内阁不同，厂卫直接听命于皇帝，所以刺激厂卫，无疑是太岁头上动土。与厂卫关系恶化后，锦衣卫渠帅骆养性和东厂太监“尽发所刺军中事”，开始暗中监视周延儒，并将他巡视辽东时稽延不战和谎报战功的实情报告皇帝。周延儒对此毫无察觉，反而在这时候又树强敌，这个敌人是前任首辅薛国观的门生——阁臣魏藻德。其实这个梁子结得有些牵强，真正得罪魏藻德的人并不是周延儒，而是他的学生吴昌时。因为吴昌时在赐死魏藻德的老师薛国观一事上颇起作用，又对魏藻德多方打压。魏藻德自然痛恨吴昌时，时时寻找替座师报仇的机会，也因此牵连到周延儒。

党争的一个主要特点就是，门生之间的仇恨可以扩大化到老师。而魏藻德也清楚，只要周延儒在现在的位置上多待一天，他就别想登上更高的平台。他们不是一个派系的，除了斗下去，没有别的选择。另一位想要扳倒周延儒的是他的内阁同僚陈演，周延儒不喜欢陈演的为人，对他十分冷淡。如此一来，陈演与魏藻德就走到了一起，与厂卫合谋攻击周延儒。东厂与锦衣卫掌握了吴昌时贪污受贿的罪行，于是将其缉拿，并由此牵连周延儒。厂卫头子骆养性本来就讨厌周延儒，又岂能放过这样一个大好机会，他马上着手缉拿周延儒。魏藻德、陈演为此事出力很大，趁周延儒督师之际，他们在崇祯帝面前不断地吹耳边风。于是周延儒被抽调回京接受审讯，而这时，吴昌时已在酷刑面前招供。周延儒非常害怕，走到半路不敢走了，陈演便奏报皇帝，说他心中有鬼。崇祯帝强命他进京，将其安置于正阳门外，并不召见他。周延儒上疏哀求，自请戍边，崇祯帝也不予理会。崇祯十六年（1643年）十二月，崇祯帝下令将吴昌时弃市，勒令周延儒自尽，并籍其家。与上一任首辅温体仁相比，周延儒的下场要凄惨许多。而此时，距离大顺军攻陷京城也就只剩下一年的时间。

之后魏藻德、陈演相继成为崇祯帝宠信的内阁首辅。在整倒周延儒的时候，他们的道德水准令人不敢恭维，二人结成同盟后，新的“党”又出现了。崇祯皇帝一直怕臣子结党，可惜终其一生，也无法改变“党争”的现实。温、周斗法，前后持续十几年，相继牵连进东林党人、阁臣、宦官、厂卫等多方组织，对明朝人事制度产生了极大的破坏。而最可怕的是，这场斗法导致了朱由检的心态发生了变化。这位本来充满理想主义情怀的少年，在他很信任的温体仁和周延儒的身上，发现了以前他所没有见过的人性丑恶的一面。而且在温、周二人相继执政的十几年间，朱由检发现，他接过来的那些巨债并没有还清，相反，更为严峻的现实问题又摆在他的面前。流民没有扫清，边境并不平安，财政依然是赤字连连，朝臣们忙于内斗，每日萦绕在耳边的是各种谎言和欺骗，还有各种信任危机。崇祯帝开始由不信宦官信大臣变成了怀疑大臣，信任厂卫宦官，也持续产生了对大臣道德水准的怀疑。对于他来说，这是一个重要的转变。由此，朱由检对整个文官制度由将信将疑转为对立，从一个“明君”开始一步步转化为偏执狂、迫害狂，并将这种不信任的对立情绪持续到他死亡的那一刻。

2. 丧钟为明而鸣

崇祯二年，朱由检下旨裁撤驿站。这年年底，银川驿被裁撤，陕西米脂人李自成被裁员，又逢饥荒，一饱难求，便带领同伙投入造反大军的洪流之中。明末田赋加派，陕西比其他地方受害更甚。有一派史家从地理天气的角度分析，晚明的这一历史阶段恰好处于欧洲史上“路易十四的小冰河时代”初期，由于太阳黑子频繁活动，这个时期是“太阳能量最小的时期”，其间，地球表面的气温降到千年来的最低点。十七世纪的中国遭受了严重的干旱和低温侵袭，致使北方农作物生长季节比正常年景缩短了两个星期。

连年的天灾加剧了人祸，百姓饥寒交迫，官府仍征收苛捐杂税，这势必激起民变。以崇祯元年为例，“自四月至七月不断，八月恒雨，霜杀稼，冬大雨雪，木冰，岁大饥”。据当时的延安府官员呈报：自去岁一年无雨，草木枯焦。八、九月间，民争采山间蓬草而食，其粒类糠皮，其味苦而涩，食之仅可延以不死。至十月以后而蓬尽矣，则剥树皮而食。诸树惟榆树差善，杂他树皮以为食，亦可稍缓其死。迨年终而树皮又尽矣，则又掘山中石块而食。在这种情况下，官府仍严加催科，幸存的百姓只有一逃了之。此处逃往彼处，彼处又逃于此处，逃来逃去转而为盗。在他们看来“死于饥，与死于盗等耳，与其坐而饥死，何不为盗而死，犹得为饱死鬼也。”叛军的活动范围波及湖广、河南和陕西交界处的大片山地。到崇祯朝中期，各路乱军在李自成和张献忠的旗帜之下会合，形成了更为强大的军事武装。尤其是在1635年荥阳大会后，他们向东攻下凤阳，焚烧了皇陵，震动朝野上下。消息传入京城，朱由检放声痛哭道：“朕非亡国之君，事事皆亡国之象！祖宗栉风沐雨之天下，一朝失之，何面目见于地下！朕愿督师亲决一战，身死沙场无恨，但死不瞑目耳！”

崇祯十四年正月，李自成奔袭河南，攻下洛阳，处死了福王朱常洵，还把他的尸体与鹿肉一起泡酒，谓之福禄酒。福王的封地据说有四万顷，王府内储备的粮食更是多达数万石。起义军将这些粮食全部散给农民，一时义军队伍迅速扩充至数十万之众。同年，张献忠从四川回师湖北，攻下襄阳，处死了本朝的另一个藩王。与此同时，满人的攻势也越发凌厉。崇祯十六年，后金军队攻陷京师东北的重要门户蓟州，紧接着挥师南下，穿过北直隶，一直深入山东和苏北。

面对帝国上下民不聊生，饿殍遍野的艰难境况。崇祯皇帝虽然不止一次地下“罪己诏”，但是这种批评与自我批评的理想主义道德境界对于国计民生来说是没有任何意义的。巨额的战争费用和臃肿的官僚体制所造成的耗费无度，使得任何具有“悲悯情怀”的政策在转眼之间就被具体执行者转化为帝国的“苛政”。所有的治国方略本来都是用来灭火的，结果却引得火上浇油。朱由检在位期间先后六次向天下臣民颁布“罪己诏”，要知道皇帝颁布“罪己诏”等于是在向天下臣民认罪。普通人犯错误都不愿意低下头，何况是天子。这无疑是一件极其尴尬和汗颜的事情，尤其对于朱由检这样一个刚愎自用、殚精竭虑、乾纲独断、励精图治的奋进之人。然而，朱由检不仅做到了批评与自我批评，而且还成为中国历史上颁布罪己诏最多的皇帝之一。

崇祯十年（1637年）闰四月大旱，久祈不雨，崇祯帝颁布“罪己诏”自曝官场腐恶内幕：“出仕专为身谋，居官有同贸易。催钱粮先比火耗，完正额又欲羡余……又如勋戚不知厌足，纵贪横于京畿；乡宦灭弃防维，肆侵凌于闾里。纳无赖为爪牙，受奸民之投献。不肖官吏，畏势而曲承；积恶衙蠹，生端而勾引。嗟此小民，谁能安枕！”帝王的“罪己诏”折射着中国古代政治文化传统的某些特点。国家危难，帝王“罪己”，借此消除民怨。“罪己诏”诚然有欺骗性的一面，却也包含着帝王对自身过错的反省，其中不乏真诚的忏悔。朱由检这么做，折射出了帝国的社会矛盾和治理危机已经走到分崩离析的边缘地带，不然一国之君何至于此？

朱由检下定决心颁布“罪己诏”，以图消弭天怒人怨，挽回世道人心，匡扶江山社稷于风雨飘摇。可是现代经济学理论告诉我们，任何制度变迁都必须建立在一定的物质基础之上，而促进生产力发展的最根本的制度安排就是对私有产权的保护，对民间创造力特别是制度创造力的充分尊重、引导和肯定。中国的历代帝王（包括朱由检在内）当然不会为了时髦的“民主”，让自己的臣民富裕和强大到能够与朝廷分庭抗礼的地步。因此那些打着“仁政”旗号的政治蓝图终究不过是摆出来的花架子，隔靴搔痒而已。对于一个刚刚登上政治舞台的男主角，朱由检的表演并没有让他的臣民们失望，他通过一系列的雷霆手段展现了一个演技派皇帝的实力。他先是以令人钦佩的魄力，夺回了把持朝政的阉党魏忠贤一伙窃取的权力，同时又罢免了一大批阉党分子的官职，起用了一批官员到中央权力机构任职。

这真是一个糟糕的时代，内忧外患让大明王朝陷入泥潭之中。随着国事的日渐崩坏，朱由检也变得越来越暴躁易怒。崇祯十二年（1639年）三月，朱由检先后以失地之罪，斩杀了蓟镇总监邓希诏、分监孙茂霖，顺天巡抚陈祖苞，保定巡抚张其平，山东巡抚颜继祖，蓟镇总兵吴国俊、陈国威，援剿总兵祖宽、李重镇等三十六名地方高级官员。

再后来，朱由检又开帝国三百年未有之先例，带着年幼的皇子们在殿堂上亲自主持审问官员，并且主持行刑。他在行刑中不惜动用重刑，以夹棍断了朝官的双腿，当头棒打那些不听话的朝臣。朱由检在位的十七年里，先后诛杀两位首辅大臣，撤换五十位内阁大学士，另外又撤换了十四名兵部尚书，十七名刑部尚书。在被撤换的十四名兵部尚书中，有九人被治了重罪，其中斩首者一人，治死者一人，自杀者三人，下狱者两人，革职查办者两人。处死或被逼自杀的督师、总督，包括袁崇焕在内，达到十一人之多，其中有蓟辽总督刘策，漕运总督杨一鹏，督师熊文灿，陕西三边总督郑崇俭，蓟州总督范志完、赵光抃等。由于皇帝的喜怒无常，滥施淫威，那些阁臣、尚书的下场大多也是极其悲惨的。这种情况不仅在明朝，就是放在中国历代帝王中都是一件罕见的事。一个频频使用酷烈手段践踏朝臣肉体与尊严的皇帝，群臣自然不会死心塌地为他效劳尽忠。朱由检的信任和怀疑是随时降临的，他会轻易怀疑一个人或者一拨人，也会轻易相信一个人或者一拨人。他就像是一个双手互搏的武林高手，自己挑战自己，自己限制自己。这种自废武功的做法放在治国理政上，根本不利于他对皇权的掌控。整个崇祯时期，朱由检先后任用了五十位首辅大臣，平均算下来一年要更换三人，数字可谓惊人。说实话，崇祯帝最为宠信和依赖的内阁大学士们，除极少数几个，其他几乎全部是奸佞或庸贪污之臣，而内阁大学士、总督、总兵、五府六部的长官、皇亲国戚、世袭勋贵等一大批权臣巨阉，到最后也大部分投靠了农民军或清朝政权。

崇祯十六年九月，一个时代已进入它的倒计时。李自成的起义军击败孙传庭，控制了战略要地潼关。几天后，起义军又占领陕西首府西安，随后渡过黄河，既而席卷山西。前线传来的消息如同瘟疫弥漫京师，几乎人人自危，那些有钱人开始盘算着作南逃之计。据说，朝廷命一名官员前去统辖陕西明军时，他竟在皇帝面前大放悲声，说若无粮饷，去了也无济于事。事已至此，户部官员请求将国库存银八万两拨给戍边的军队。朱由检拒绝了，因为他打算将这笔钱用来加强京师守备。可笑的是，一次廷对中有官员谈及道德乃当前头等重要之事时，朱由检反问道："倘若道德果真如此重要，在拖欠前线军饷时，将如何以之解救国难呢？"

李自成军队的马蹄声已经哒哒作响，文官们还要和皇帝大谈道德。皇帝说，道德能当饭吃吗？在那个时代，这不是一个人发出的疑问，而是深埋于每个文人心底的疑问。当功名与灾难一起来临时，他们没想好如何去应对，只能随波逐流。迫于无奈的大明皇帝朱由检终于向全国下达了总动员令："各路官兵，凡忠勇之士，倡义之王，有志封拜者，水陆并进。"就在朱由检君臣陷入亡国之忧时，南京的才子们依然沉浸于诗酒风流中，尽情享受着末世来临前的最后狂欢。据说，当时南京最有名的当数阮大铖的戏班。这个当年投靠魏忠贤的伟大的剧作家用他的新戏《燕子笺》，为看戏的人营造了一个个梦幻般的世界。每当剧情渐入高潮，众人如醉如痴，或击案长啸，或抚胸叹息，或悲壮激怒，俨然末世来临前的世情百态。且歌且哭的不止平民百姓，还有帝王人家。

崇祯十七年（1644年）的春节就在这种诡异的气氛下来临了。

正月初一日，北京城内，"大风震屋，飞沙咫尺不见，日无光"。懂得天象的官员们以为是一种不祥之兆，占卜过后，证实了这种预感："风从乾起，主暴兵至，破城，臣民无福"。

这一天早朝，朱由检接受群臣朝贺。上朝的钟声早已响过，仍不见一人上朝。朱由检下令再鸣钟，直到文武官员陆续从东西长安门而入。结果发生了文臣直入武班，从螭头下佝偻着身子而入东班；武臣也直入文班，从螭头下蹲伏而入西班。人们以为这是不祥之兆——不出百日，上手撞钟，百官无一至者，兆已见于此矣！据说，这一天朝贺礼毕。朱由检留下阁臣议论国事。阁臣们说：库藏久虚，外饷不至，一切边费又刻不容缓，现在唯一可以仰赖的就是皇上的内帑了。朱由检听闻，居然落下泪来。他沉默良久，叹息道："今日内帑有难以告先生者！"言下之意，内帑所剩无几，不必对此抱有任何幻想。其实朱由检并不清楚内帑还剩多少，最后还是李自成三个月后打入北京城替他摸清底数——三千七百万两金银。这一数字引来崇祯年间的进士杨士聪在《甲申核真略》里的一番感叹："呜呼，三千七百万，捐其奇零，即可代二年加派，乃今日考成，明日搜掠，使海内骚然，而扃钥如故，策安在也？"

就在同一天，陕西的长安（西安）城内却显出一派欢乐的气象。李自成称王，改国号为大顺，改年号为永昌。把大明崇祯十七年改为大顺永昌元年，正式向天下人表明要取明朝而代之的勃勃雄心。

置官如弈棋，崇祯朝的最后几年，朱由检心力交瘁。治国理政毫无章法，处置官僚随心所欲。面对眼前如火烹油的时局，他表现出一种无力感。除了埋怨，就是愤怒。朱由检在他人生的最后阶段，无奈地道出那句经典的亡国言论：君非亡国之君，臣是亡国之臣。临到最后，他还认为，亡国的责任不在自己，而在臣子。由此可见，他对帝国官员的成见和敌意有多么深刻。

意思大致相近的话，朱由检在他最后的日子里不止一次地表露过。

第一次是在三月初四，朱由检面对满朝文武劝说他"南迁"时，说了一句黯然神伤的话"国君死社稷，朕想往哪里去！"后，又恨恨地补充了一句"朕非亡国之君，诸臣尽亡国之臣尔！"然后拂袖而去。

第二次是在三月十七日早朝时分，崇祯皇帝看着下面哭天抹泪的大臣，陷入无言的境地。他用手指在桌案上狠狠地写下了"文臣个个可杀"的字句，让身边的司礼太监看了看，然后随手抹去。

第三次是在三月十九日凌晨，崇祯皇帝在登上煤山之前写下的那封血书里，再次提到"朕误听文官言，致失天下"。在这里，朱由检两次提到"文官（文臣）"，一次是在自己痛下殉国决心时对在朝诸臣愤愤而发。朱由检并没有提到那些在外征战、给自己带来无数战败消息的督师武将。哪怕是对左良玉、吴三桂那几个端着架子的地方军阀，他也没有恨到要杀了他们的地步。到底是什么样的原因让他在生命的最后时刻，还对帝国文官们恨意不绝？

"明末士大夫，问钱谷不知，问甲兵不知"，这些文官一生所经营的是程朱理学，是苦苦修炼的八股文章。而帝国晚期任用官员的传统，要职非进士出身者不用，内阁非翰林进身者不用。这些进士翰林虽然享有特权，但是在非常时期并没有起到与君分忧，与国分忧的作用。朱由检在位期间，朝中阁臣、尚书要员就像走马灯似的来了又去。直到魂飞煤山前一刻，他还是固执地认为自己绝对不是亡国之君，而那些在纷乱时局中和稀泥的官员才是误国之臣、亡国之臣。这种纠结得近乎变态的心理魔障无时无刻不在提醒着他，不是自己太无能，而是官员太狡猾。这种怀疑精神在他与官员之间筑起了一道无法逾越的鸿沟，将整个帝国一步步逼向绝境。而每一步都是助他登上煤山的台阶，直接通向死亡殿堂。在朱由检看来，如果说煤山歪脖子树上吊死他的地方有一个打不开的死结，那么这个死结就是文官们留给他的夺命结。

崇祯十七年三月十八日，即公元1644年4月24日，李自成大军攻破北京城的前夜。崇祯皇帝朱由检命侍从传旨给后宫嫔妃及皇后，要她们自尽，“莫坏皇祖爷国体”。随后，他左手掩面，右手挥剑，一边砍杀自己的女儿长平公主，一边喊出那句著名的话：“尔何为生我家！”或者说，你们为何生于帝王家！

当朱由检做完这一切已是4月25日凌晨。他在熹微的天光中敲响了上朝的钟声，却没有一个大臣赶到他的身边。那沉闷的钟声撞不破黎明前的黑夜，也敲不醒这个行将灭亡的帝国。没人知道，那一刻朱由检的内心有着怎样的失落与痛苦。他在司礼监太监王承恩陪同下，来到煤山（景山）寿星亭旁的一棵槐树下上吊自杀。此时，李自成的军队正潮水般涌入京城的街区。很多文献都说朱由检的衣带中夹有遗书，内容不尽相同。兹从谈迁的《国榷》录如下：“朕自登基十有七年，东人三侵内地，逆贼直逼京师。虽朕薄德匪躬，上干天咎，然皆诸臣之误朕也。朕死无面目见祖宗于地下，去朕冠冕，披发覆面，任贼分裂朕尸，勿伤百姓。百官俱赴东宫行在。”朱由检至死都没有原谅他的大臣。事实上，在突如其来的政治变故中，明朝的官僚迅速分化瓦解。一小部分崇尚传统士大夫气节的人，选择了杀身成仁的归宿。而他们中的绝大多数则改换门庭，苟活下来，他们或许会在内疚和羞愧中度过余生。

崇祯十七年，岁在甲申，三月十九日，即公元1644年4月25日，李自成的军队从德胜门打进北京，历时二百七十六年的大明帝国就此画上句点。

跋

我想让纸上的墨水说话

落下最后一个字，我长长地吐出一口气。这幅明朝历史长卷的书写，让我的心力抵达了某种极限。比如，人物摹写、文献考据和历史推演，都超越了我以往任何一部作品。我是一个无趣且缺乏想象力的人。但这部作品打破了我对自己的限定，整部作品犹如舞台剧一般，有一种刻意营造出来的喧闹。我是书写者，也是表演者，但我从来就不是导演。导演是历史本身，而历史的使命则是为了“安抚历代亡灵，让羊皮纸上的墨水说话”。

套用狄更斯的话“这是最好的时代，也是最坏的时代；这是智慧的时代，这是愚蠢的时代；这是信仰的时期，这是怀疑的时期……”这句看上去隐约有智者的思辨在其中闪烁其词的话，其实细究起来，是经不起任何推敲的。也就是说，你可以把这句话作为一顶帽子扣在任何一个过往时代的头上，都不会觉得言过其实。因为是过往，所以我们做任何推断性的报告都是可以达成谅解的。我们和历史对峙，正应了那句，我见青山多妩媚，料青山见我应如是。

夏日的暑气在渐凉的秋风中还未消失散尽，立于淮水岸畔翘首东望，凤阳近在咫尺。安徽凤阳是明朝开国皇帝朱元璋幼年、少年时期的成长之地，与我的故乡直线距离不足二十里。我曾经不止一次地深入凤阳腹地，漫步于村落、田野，驻足于明中都皇故城、皇陵、鼓楼、龙兴寺（皇觉寺）等遗址，那些被时光摩挲的雕栏画栋早已不复昔年神韵。白云苍狗，沧海桑田，故纸堆里翻翻拣拣，让我越发困惑。很多时候，我们对于历史表象背后的行为逻辑总是感到无从把握。难以计数的文献史料，使得人物的命运如同一个个孤立的点，难以将他们捏合成形。就拿朱元璋来说，在封建王朝的绵延长河中，没有一个帝王能够像他和他所建立的王朝那样，展示出与这个民族如此契合的历史况味和人性的复杂与诡异。每一种解读，都像是在解读我们自己。

列车飞驰，城市从我们眼前，水一样向后洇去。很多时候，消失的又何止是我们眼睛所看见的。抬眼看时，我们眼睛所占有的只是这一瞬，与下一秒无关。火车的位移让时间变得支离破碎，不堪一击。眼见不为实，耳听也不为虚。眼睛看见的，耳朵听来的，不过是时间大厦的碎片。我们不能因为自己的记忆模块占有了其中的吉光片羽，就说这座大厦原来是这样的。

就像我们每天都在打量自己所生活的这座城市，怕一眨眼错过了什么。我们会惊叹于某条路上开满了花朵，惊叹那么多的庞然大物拔地而起。可直觉告诉我们，那是时间一寸一寸筑垒起来的，而恰好这一刻你路过。就像人的心病，是靠情绪的尘埃一粒一粒积攒起来的，与星座和家族病史没有太直接的关系。

历史是过去发生的事情，它在时间里消失了，如同水融入了水。你不能说，你写的是历史。你只能说，你写的是当下，是这一刻。风吹过的大地，卷走了在时间里凋零的花朵，也卷走了一代又一代人的无常命运。我曾经尝试着走进那个风云际会的大时代，想要更多层面地展示一个王朝的前行历程，一个民族的精神困惑。可最后发现所有的近距离，都无法抵近历史那秘而不宣的核心地带，这不免让人好生泄气。除了那些早已消失无影的当事者，其他任何人的视角都带有限制性。我们所面对的不过是一些支离破碎的时间，以及在时间里消失的人和事。望着暮色苍茫里的古战场，看着貌似庄严的旧宫殿，仿佛能听见久远的喧嚣在时间的深处魂不守舍。这是历史吸引我们的神秘力量，让人穷追不舍，又让人徒劳无功。

这让我想起自己第一次坐飞机时的感觉，俯瞰苍茫大地，突然发现我们所生活的这个星球布满了各种交集后又散开的曲线，像一盘无法掌控的棋局，所有人的命运都可能会因为一个偶然的机缘，来一场多米诺骨牌似的改变。与古人对话何其荣幸，我多么希望在自己的文字里，不只有袖手观棋的理性，更有扬眉阅世的感动，毕竟历史并非单纯的始于事，止于事。如果我们只是一味地将历史放在显微镜下作标本研究，倒也未必真能深入地了解那段历史。不如将那些人和事置入广阔的历史背景之下，围绕在他们身上的一些盲点也许就容易被衬托出来了。于是我便将自己探究的目光做了一些适当的放大，我深信，阳光之下大概确实并无新事。

明朝之所以会成为研究中国历史的标志性时代，很大程度上源于它的开国皇帝朱元璋的存在。从降生到这个世界上起到十七岁以前，朱元璋一步也没有离开过农村。世界在他眼里，就是从南岗到北坡之间熟悉的一草一木。他所接触过的人，不过是村子里那百十口老老少少。在社会底层的摸爬滚打中，底层文化精神全方位地渗透朱元璋的身心。而随着命运的风云突变，赤贫出身的朱元璋登上皇位，因此不可避免地将他性格中的贫困文化因子更为广泛深刻地传播到整个国家和民族精神里面。

历史并不是单纯的是与非、好与坏、正与反的问题，单纯的歌颂与批判也是不适宜的，因此对于历史的评价也就不能是千人一面。近年来，明朝被人反复拿出来评说，各种声音汇流成河。就好像面对一面白墙，我们的想象力仅限于这是一面白墙。如果有一天，突然闯进一群抽象派涂鸦者，他们将那面白墙涂抹得天马行空。那么同样是这面墙，我们在面对它的时候，我们的猜测，我们的推断，我们的想象，也随之活跃起来。这也是为什么，在面对那些面目全非的文本记录时，我们反而会更容易看清楚所谓的真相，因为我们的推断更多元，我们的猜测更繁杂，我们的想象也更开阔。数年间，我沉浸于明朝三百年间的史料档案，从《明史》《明实录》《明通鉴》等官修史籍到各种私家记述，我像一个炼金术士一样，提炼了明朝中国的主要角色，或者说人性图谱。他们是言官、雄主、幼帝、悍将、背叛者、思想者、流寇，我端详他们的画像，读解他们的文字，想象他们的黑夜和白昼。我仰慕他们，甚至也同情他们，他们是朱元璋、朱允炆、朱棣、朱厚熜、朱见深、朱厚照、朱翊钧、朱由检；他们是李善长、胡惟庸、刘基、解缙、方孝孺、于谦、王守仁、高拱、严嵩、张居正、顾宪成、钱谦益，人只是某种历史任务的道具，制度即命运。历史是版画，制度是装置版画的木框，而命运则是画面上相互纠缠的线条。

在最好的时代行走，在最坏的时代思想。今人不见古时月，今月曾经照古人。在这块曾经风云际会、战火弥漫的大地上，我们每个人就像是痴迷的寻宝人在历史的瓦砾中寻寻觅觅，翻翻拣拣。在往事的蛛丝马迹中让久远的回响在心灵中震荡，在天地间复苏。对于生活在今天的我们，历史的价值就在于，它让我们从中读出人性的幽暗与光辉，读出现实问题之所在，引领我们走出一个时代的迷宫。

最后，让我在这里感谢你们，我的读者朋友。没有你们的喜欢和厌恶，我一个字也写不下去。古人说，书生的人情纸一张。我愿将此书献给你们！

附　录

一、明朝皇帝年表

明太祖朱元璋

洪武元年——三十一年（1368—1398年）

明惠帝朱允炆

建文元年——四年（1399—1402年）

明成祖朱棣

永乐元年——二十二年（1403—1424年）

明仁宗朱高炽

洪熙元年（1425年）

明宣宗朱瞻基

宣德元年——十年（1426—1435年）

明英宗朱祁镇

正统元年——十四年（1436—1449年）

明代宗朱祁钰

景泰元年——八年（1450—1457年）

明英宗朱祁镇

天顺元年——八年（1457—1464年）

明宪宗朱见深

成化元年——二十三年（1465—1487年）

明孝宗朱祐樘

弘治元年——十八年（1488—1505年）

明武宗朱厚照

正德元年——十六年（1506—1521年）

明世宗朱厚熜

嘉靖元年——四十五年（1522—1566年）

明穆宗朱载坖

隆庆元年——六年（1567—1572年）

明神宗朱翊钧

万历元年——四十八年（1573—1620年）

明光宗朱常洛

泰昌元年（1620年）

明熹宗朱由校

天启元年——七年（1621—1627年）

明思宗朱由检

崇祯元年——十七年（1628—1644年）

二、主要参考书目

《三垣笔记》 李清著　中华书局　1982年版

《明季北略》 计六奇著　中华书局　1984年版

《黄宗羲全集》 沈洪善主编　浙江古籍出版社　1985年版

《甲申朝事小纪》 抱阳生著　书目文献出版社　1987年版

《万历传》 樊树志著　人民出版社　1993年版

《崇祯传》 樊树志著　中华书局　1997年版

《万历野获编》 沈德符著 北京燕山出版社 1998年版
《明清之际党社运动考》 谢国桢著 辽宁教育出版社 1998年版
《张居正与明代中后期政局》 韦庆远著 广东高等教育出版社 1999年版
《明史简述》 吴晗著 中华书局 2005年版
《帝国政界往事》 李亚平著 北京出版社 2005年版
《国榷》 谈迁著 中华书局 2006年版
《明朝的皇帝》 高阳著 广西师范大学出版社 2006年版
《张居正大传》 朱东润著 人民文学出版社 2006年版
《大明王朝七张面孔》 张宏杰 广西师范大学出版社 2006年版
《游民文化与中国社会》 王学泰 同心出版社 2007年版
《万历十五年》 黄仁宇著 中华书局 2007年版
《明史讲义》 孟森著 上海古籍出版社 2008年版
《帝国的疼痛》 聂作平著 中华书局 2008年版
《明成祖传》 晁中辰著 人民出版社 2008年版
《明通鉴》 夏燮著 中华书局 2009年版
《朱元璋传》 吴晗著 北方文艺出版社 2009年版
《明朝大人物》 樊树志著 复旦大学出版社 2011年版
《明朝的四季》 赵柏田著 新星出版社 2011年版
《跑偏的帝国》 宗承灏著 现代出版社 2012年版
《明世宗传》 卜健著 人民出版社 2013年版
《高拱与隆庆政治》 赵世明著 西安交通大学出版社 2014年版
《明实录》 上海书店出版社 2015年版
《明史》 张廷玉等著 中华书局 2015年版
《明英宗传》 赵毅、罗冬阳著 人民出版社 2019年版
《明宪宗传》 方志远著 人民出版社 2019年版
《嘉靖帝的四季》【美】窦德士著 九州出版社 2021年版
《袁崇焕研究论集》 阎崇年著 故宫出版社 2021年版
《十字路口的明朝》 赵现海著 天地出版社 2021年版